2022 개정 교육과정을 담은

초등 국어과 교육의 이해

이병규, 손희연, 심유나, 이현진, 홍인영

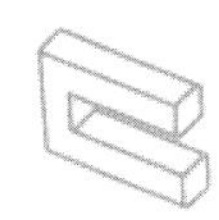

2022 개정 교육과정을 담은

초등 국어과 교육의 이해

이병규, 손희연, 심유나, 이현진, 홍인영 지음

집문당

저자 소개

이병규 서울교육대학교 국어교육과 교수

손희연 서울교육대학교 국어교육과 교수

심유나 서울강덕초등학교 교사, 서울교육대학교 국어교육과 강사

이현진 서울송전초등학교 교사, 서울교육대학교 국어교육과 강사

홍인영 조선대학교 자유전공학부 교수

2022 개정 교육과정을 담은

초등 국어과 교육의 이해

2026년 2월 28일 1판 1쇄

저자 | 이병규, 손희연, 심유나, 이현진, 홍인영
발행인 | 임동규
발행처 | **(주)집문당**
등록 | 1971. 3. 23. 제2012-000069호
주소 | 03134 서울시 종로구 돈화문로 82, 5층
전화 | +82-1811-7567
이메일 | sale@jipmoon.com
홈페이지 | www.jipmoon.com

ISBN 978-89-303-1984-3 93700

가격 38,000원

(주)집문당 이순신돋움체B (저작권자 아산시, 무료글꼴)

머리말

인간을 다른 동물과 구분 짓는 가장 결정적인 특징은 무엇일까요? 여러 가지 답이 있겠지만, 인류학자와 교육학자들은 공통적으로 '고도로 발달한 언어의 사용'을 꼽습니다. 언어는 단순히 정보를 전달하는 수단을 넘어, 인간이 세상을 이해하고 타인과 관계를 맺으며 자아를 형성하는 근간이 됩니다. 특히 초등 단계의 국어 교육은 한 인간의 언어적 기초가 형성되는 결정적 시기라는 점에서 그 중요성은 아무리 강조해도 지나치지 않습니다. 이 책은 이러한 인식과 책임감을 바탕으로, 급변하는 시대적 요구 속에서 초등 국어과 교육이 나아가야 할 방향을 제시하고자 기획되었습니다.

국어과는 우리 삶의 모든 영역에 깊숙이 뿌리내리고 있는 핵심 교과입니다. 이 책은 다음과 같은 네 가지 관점에서 국어 교육의 본질적 가치를 탐색합니다.

첫째, 인간다운 삶을 위한 근본으로서의 국어입니다. 인간은 언어를 통해 문화를 향유하고 정체성을 확립합니다. 국어과 교육은 단순히 글자를 깨우치는 과정이 아니라, 인간이 세계와 소통하고 자신의 삶을 주체적으로 설계하기 위한 가장 기초적인 힘을 기르는 과정입니다.

둘째, 모든 학습의 기제로서 '도구적 성격'을 지닙니다. 국어는 원활한 의사소통의 도구일 뿐만 아니라, 수학·과학·사회 등 타 교과 지식을 습득하기 위한 핵심 학습 도구입니다. 더 나아가 고등 사고력을 가능하게 하는 사고의 도구로서, 국어 실력은 곧 모든 학습 능력의 근간이 됩니다.

셋째, 매체 환경의 변화에 따른 대응 능력을 중시합니다. 정보 전달의 방식은 음성에서 문자로, 이제는 디지털 기술이 접목된 복합 매체로 급격히 변화하고 있습니다. 국어과는 이러한 매체 특성의 변화에 발맞추어 학생들이 다양한 형태의 텍스트를 비판적으로 수용하고 능동적이고 창의적으로 생산할 수 있는 문해력을 갖추게 합니다.

넷째, 인공지능(AI) 시대에 요구되는 인간 고유의 지성을 강조합니다. 인공지능이 시를 쓰고 정보를 요약하는 시대가 도래했지만, 로봇은 정보를 조합할 뿐 그 속에 담긴 맥락과 가치를 깊이 있게 성찰하지 못합니다. 미래의 국어과 교육은 로봇이 생성한 방대한 정보 속에서 진위를 판단하고 취사선택하는 결정권자로서의 비판적 사고력과 인간만이 가질 수 있는 공감적 소통 능력을 함양하는 데 집중해야 합니다.

오늘날 우리 교육 현장은 대전환의 물결 속에 있습니다. 이 책은 '2022 개정 국어과 교육과정'의 핵심 정신을 전면적으로 반영하였습니다. 새 교육과정이 지향하는 '비판적·창의적 사고 역량', '디지털·미디어 리터러시', 그리고 '자기 주도적 학습'의 가치가 실제 초등 교실 현장에서 어떻게 구현될 수 있는지 구체적인 이론과 전략을 담았습니다. 변화된 성취기준과 교수·학습 방법의 변화를 체계적으로 정리하여, 독자들이 변화하는 교육의 흐름 속에서도 본질적인 방향성을 잃지 않도록 구성하였습니다.

이 책은 초등 국어 교육이라는 드넓은 바다에 첫발을 내딛는 이들을 위한 친절한 안내서가 되고자 합니다. 우선, 학부 과정이나 대학원에서 국어 교육을 처음 접하는 예비 교사나 대학원생들이 기초 이론부터 실제 현장의 흐름까지 한눈에 파악할 수 있도록 평이하면서도 깊이 있게 서술하였습니다. 또한, 2022 개정 교육과정의 핵심 내용을 충실히 담아냄으로써 임용 시험을 준비하는 수험생들이 최신 교육 경향과 핵심 개념을 효율적으로 정리하고 실전 역량을 쌓을 수 있도록 돕고자 하였습니다.

이 책의 가장 큰 강점은 '이론과 실제의 조화'에 있습니다. 집필진은 대학에서 국어 교육 이론을 깊이 있게 연구하는 학자들과 교육 현장에서 아이들과 호흡하며 생생한 교육적 통찰을 쌓아온 현장 전문가들로 구성되었습니다. 특히 듣기·말하기, 읽기, 쓰기, 문법, 문학, 매체 등 국어과의 각 영역별 전공자들이 각자의 전문 분야를 맡아 깊이 있게 집필하였습니다. 이러한 유기적 협업을 통해 독자들은 파편화된 지식이 아닌, 각 영역이 긴밀하게 연결된 통합적인 국어과 교육의 안목을 갖게 될 것입니다.

초등학생 시절 경험하는 국어 수업 한 시간은 아이의 평생을 좌우하는 사고의 틀이 됩니다. 아이들이 자신의 생각을 올바르게 표현하고, 타인의 마음에 공감하며, 세상을 읽어 내는 능력을 기르는 그 중심에 바로 여러분이 있습니다.

이 책을 손에 든 예비 교사들과 연구자들이 국어 교육의 숭고한 가치를 깊이 공감하고, 아이들의 삶을 가꾸는 따뜻하고 유능한 교육 전문가로 성장하기를 진심으로 기원합니다. 새로운 교육의 시대를 여는 이 책이 여러분의 든든한 학문적 동반자가 되기를 바랍니다.

2026년 2월 저자들 씀

차 례

제1장

국어과 교육의 이해

언어가 인간을 인간이게 하는 가장 중요한 도구라는 것은 이론의 여지가 없다. 개인과 공동체 모두에게 언어는 그 존재를 표상해 주는 기능을 한다. 한국어도 한국인과 공동체로서의 한국에 그러하다. 오래지 않은 역사에서 경험한 것처럼, 한 공동체가 다른 공동체를 예속하면 그 공동체의 언어를 구속한다. 반대로 그 예속에서 벗어나게 되면 의사소통의 불편함을 무릅쓰고 전광석화처럼 이전 공동체에서 사용하던 언어를 되살려 사용한다. 모두 언어가 인간에게 중요하기 때문이다. 언어가 의사소통의 도구로만 사용되는 것이 아니기 때문이다. 국어과 교육을 하는 사람에게도, 국어과 학습을 하는 사람에게도 한국어는 그러하다.

이 장은 한국어와 교수자, 학습자의 관계를 이와 같은 관점에서 규정한다. 이 장은 국어과의 성립과 특성, 국어과 교육의 관점의 변화, 국어과의 성격과 핵심 역량, 국어과의 목표와 내용 체계를 설명한다. 이를 통해 국어과 교육 특히 초등 국어과 교육의 전반과 2022 개정 국어과 교육과정의 중점을 이해해 나가도록 한다.

1. 국어과의 성립과 특성

가. 국어과의 성립

세계에는 5,000여 종 이상의 언어가 있다고 한다. 한국어도 그 중 하나이다. 보통 인간을 다른 동물과 구별하는 기준으로 '언어'를 들곤 한다. 다른 동물들도 의사소통을 하지 않는 것은 아니다. 그들만의 소통 수단이 있다. 예를 들면 꿀벌은 꿀샘이 아주 가까이 있으면 둥근 춤을 추고, 멀리 떨어져 있으면 팔자 춤(∞)을 춘다고 한다. 춤의 모양이나 춤의 속도 등이 특정한 뜻을 전달하는 것에 관련되어 있다. 이뿐만 아니라 어떤 동물의 울음소리는 짝짓기를 위한 신호가 되기도 하고, 어떤 경우에는 영토를 주장하는 신호가 되기도 하고, 위험을 알리는 데 사용하기도 한다. 그러나 동물들의 소통 수단은 언어에 비해 매우 제한적이고 유전적이며 본능적이다. 생김새에 있어 인간과 가장 비슷한 원숭이는 몇 개의 단어를 습득할 수 있지만 한계가 있고, 단어와 단어를 연결하여 구나 문장, 담화를 구성하는 능력은 거의 없다는 것은 밝혀진 바이다. 소통 수단을 창조적으로 사용하지 못한다는 것이다. 이런 이유로 사람만이 '언어'를 가지고 있고, 언어를 창조적으로 사용하며, 언어가 인간을 다른 동물들과 구분해 주는 중요한 특성이 된다고 말하는 것이다.

사람의 의사소통 수단으로서의 언어와 동물의 소통 수단이 되는 신호 그리고 각종 다른 부호들과의 차이는 언어의 특성(사회성, 역사성, 분절성, 자의성, 체계성, 창조성), 언어의 기능(제보적 기능, 지령적 기능, 선언적 기능, 정서 표현적 기능, 친교적 기능, 약속의 기능)으로 구분할 수 있다. 이에 대한 자세한 설명은 7장 문법 영역의 교수·학습의 이해에서 이루어진다. 여기서는 교과로서, 교과목으로서 '국어'가 왜 필요하고 왜 중요한지를 설명하는 데 필요한 부분을 간단히 설명해 보기로 한다.

어느 민족이나 어느 국가나 언어가 없는 경우는 없다. 대한민국에 거주하는 사람들도 한국어를 공용어로 사용하고 있다. 한국 사람들에게 한국어는 공용어로서의 기능과 의미 이상이다. 한 국가에 공용어가 여럿인 경우는 그리 이상한 것이 아니다. 캐나다의 경우 영어와 불어가 공용어로 사용되고 있고, 인도는 힌디어·영어, 필리핀은 타갈로그어·영어, 카자흐스탄은 카자흐어·러시아어, 우즈베키스탄은 우즈베크어·러시아어, 앙골라는 반투어·포르투갈어, 남아프리카공화국은 줄루어·아프리칸스·영어 등 이외에도 여러 국가들에서 복수의 공용어를 채택하고 있다. 단순히 경제 논리로 생각해 보면 한 국가의 공용어가 1개인 것이 가장 효율적이다. 그럼에도 불구하고 이들 국가는 공용어를 둘 이상을 사용하고 있다. 그 이유는 각각의 언어를 사용하고 있는 사람들에게는 자신의 언어가 단순히 의사소통 수단 이상의 의미를 가지고 있기 때문이다.

언어는 의사소통 수단임과 동시에 구성원들의 행위를 조종하고 변화시키는 수단이고, 경험을 축적시키고, 경험을 분류하고 특정한 개념이나 의식을 형성하고 범주화하며, 조직적인 사유를 가능하게 하고, 사회 연대의 매개 기능을 한다. 언어의 이러한 기능은 그 언어를 사용하는 사람의 정체성의 근간이 된다. 한 개인이나 공동체의 의식이나 사고방식, 정서, 행동 양식 등은 사용하는 언어와 상호 작용하며 정립되고 변화해 간다.

한국 사람은 한국어를 매개로 공동체 의식을 갖게 된다. 다른 나라에서 한국어를 사용하는 사람을 만나게 되면 반갑고 동류의식이 느껴지는 것은 이 때문이다. 한국 사람들이 예의를 중요시하는 생활양식과 사고방식, 행동 방식(고개 숙여 인사하는 행동 방식, 큰절, 작은절을 구분하는 행동 방식 등)을 가지고 있는 것은 한국어의 존대법의 발달과 밀접한 영향 관계가 있다. 그리고 '우리 남편', '우리 아내', '우리 가족' 등의 '우리'라는 한국어는 단순히 '나'의 복수를 의미하지 않는다. 그 말에는 한국인의 정서와 사고방식이 내재되어 있다. 이를 단순히 영어의 'we'로 번역하여 'our husband', 'our wife', 'our family'로 하면 전혀 다른 의미가 된다. 즉 정서, 사고방식 등이 달라지게 된다. 또 한국 사람들은 '푸른 산', '푸른 들', '푸른 하늘', '푸른 바다'와 같이 '산', '들', '바다', '하늘'을 모두 '푸른 색'으로 개념화하고 범주화한다. 그러나 영어에서는 'verdant mountains', 'green fields', 'blue sky', 'blue sea'로 표현하는데 이처럼 색을 개념화하고 범주화하는 것에 차이가 있다. 따라서 생각하는 방식도 차이가 날 수밖에 없다.

이상에서 한국 사람에게 한국어는 단지 의사소통의 수단으로서만 기능하지 않는다는 것을 설명했다. 한국어와 한국 사람의 이러한 관계 때문에 한국어와 한국 문학을 교수·학습의 내용이자 자료로 하는 국어 교과가 필요하고 중요한 것이다. 국어과의 성립은 여기에서 비롯된다.

단지 듣고, 말하고, 읽고, 쓰는 기능이 뛰어난 학습자를 기르는 것이 국어과의 목표라고 하면 굳이 한국어와 한국 문학을 교수·학습의 내용이자 자료로 하는 교과일 필요가 없다. 영어과여도 무방하다. 오히려 경제적인 측면을 고려하면 그것이 더 효율적인 교육이 될 수 있을 것이다. 한국어와 국어 교과의 이와 같은 관계는 2022 개정 국어과 교육과정의 '성격'에도 그대로 반영되어 있다.

> 국어는 대한민국의 공용어로서 사고와 의사소통의 도구이자 문화를 창조하고 전승하는 기반이다. 학습자는 음성 언어, 문자 언어, 시각 언어 등 다양한 양식의 기호와 매체가 활용되는 국어를 통하여 자아를 인식하고 타인과 교류하며 세계를 이해한다. 또한 다양한 국어 활동을 통해 지식과 정보를 교류하며 사회적 관계를 형성하고 문화를 향유하면서 민주시민의 소양을 기른다. 이러한 과정에서 건강하고 행복한 삶을 영위하기 위해서는 일상생활 및 사회생활에서 요구되는 높은 수준의 국어 능력을 갖추어야 한다. 특히 과학기술의 고도화로 급격하게 변화하고 있는 의사소통 환경에 능동적으로 대처하기 위해서는 학교생활을 통해 폭넓은 국어 경험을 쌓으면서 체계적인 국어 학습을 할 필요가 있다. 이를 바탕으로 학습자는 더 깊이 있게 사고하고 효율적으로 소통하면서 개인과 공동체가 직면하는 문제를 해결하고 나아가 국어문화를 향유하면서 삶의 행복과 공동체의 발전을 추구할 수 있을 것이다(교육부, 2022:6).

한국어의 기능, 가치, 중요성을 핵심 역량과 관련지어 국어과 교수·학습의 필요성을 설명하고 있다. 요약하면, 한국어는 단순히 의사소통의 도구에 그치는 것이 아니라 한국인의 사고의 도구, 한국 문화 창조 및 전승의 도구이며 자아 인식은 물론 타인 나아가 세계와 교류하고 그것을 이해하는 도구 즉 자신의 정체성 인식에 대한 도구이며, 공동체를 형성하고 문화를 향유하는 도구임을 설명하고 있다. 그리고 이러한 한국어의 기능에 대한 이해와 한국어의 사용 능력을 기르는 교과가 국어과임을 밝히고 있다.

나. 국어과의 특성

1) 교육적 보편성과 교과적 개별성

교과 교육은 교육적 보편성과 교과적 개별성을 동시에 가지고 있다. 교육적 보편성은 교과 교육이 교육의 하위 분과라는 점에서 개별 교과의 목표는 교육의 목표에 부합해야 한다. 특히 AI 시대의 교육의 목표가 고차적 사고력의 신장이라는 점은 누구도 부인할 수 없다. 사고를 여러 단계로 재인, 이해, 적용, 분석, 종합, 평가로 나눈다고 하면 '종합', '평가'적 사고를 고차적 사고의 두 축으로 삼는 것에도 크게 이론이 없다. 종합적 사고를 달리 표현하면 창의적 사고라고 말하고 평가적 사고는 달리 비판적 사고라고 말한다. 그래서 대부분의 교과에서는 교육의 보편적 특성으로 '창의적 사고'와 '비판적 사고'를 교과 목표와 교수·학습의 내용에 반영하고 있다.

한편, 개별 교과는 교과 고유의 지식, 기능, 가치, 태도 등을 교육 내용으로 삼고 있다. 교과 교육의 이러한 측면을 '교과적 개별성'이라고 말할 수 있다. 최현섭 외(1996/2001: 33~35)에서는 개별 교과의 목표를 사고력 신장에 둘 것인지, 지식의 학습에 둘 것인지는 각 교과의 난제로 본 바 있다. 예를 들면 사회과와 수학과의 경우 모두 사고 활동으로서의 사회과 교육, 수학과 교육을 강조하는 경향으로 흐르고 있다고 한다. 교과 교육에서 사고 교육을 강조하는 특성은 교육과정이 거듭 개정되어 갈수록 강화되고 있다.

2022 개정 교육 과정의 각 교과 목표에서도 마찬가지이다. 수학과의 '문제를 합리적이고 창의적으로 해결', 사회과의 '현대 사회의 문제를 창의적, 합리적으로 해결', 과학과의 '개인과 사회의 문제를 과학적이고 창의적으로 해결', 미술과의 '미술 활동을 통해 자신의 느낌과 생각을 창의적으로 표현', 음악과의 '음악의 의미를 탐색하고 새롭게 표현하며 만들어 갈 수 있는 창의성을 기른다' 등을 통해 교육적 보편성과 교과적 개별성을 확인할 수 있다. 교과 고유의 활동을 통하여 교육적 보편성으로서의 창의적 사고력 신장과 함께 각 교과의 지식, 기능, 태도, 정서 등의 학습을 의도하고 있다.

여기서는 교육적 보편성으로서의 사고 가운데 가장 고차원적 사고인 '창의'를 반영한 목표를 제시한 것이지만 이 밖에도 대부분 교과의 탐구적 사고, 도덕 교과의 도덕적 사고 등 교과 목표에서 사고 교육이 강조되고 있다는 것은 쉽게 확인할 수 있다.

이런 추세는 전통적인 사회과 교육, 수학과 교육을 비롯한 교과 교육이 그 교과의 배경 학문의 연구 결과로서 지식의 학습과 활용을 강조한 것과 차이가 크다. 국어과 교육에서도 다르지 않다. 국어과의 경우 4차 국어과 교육과정을 지식 중심 교육과정이라고 일컫곤 한다. 국어과의 하위 영역을 '표현·이해', '언어', '문학' 셋으로 설정하고 국어과의 목표를 이 3영역의 배경 학문(수사학, 문법, 문학)에서 연구한 결과로서의 지식을 학습하면 달성할 수 있는 것으로 보았다.

그러나 5차 국어과 교육과정 이후 지금까지는 듣기, 말하기, 읽기, 쓰기 활동, 문법 탐구 활동, 문학 창작 감상 활동을 통한 국어적 사고력 교육을 강조하고 강화해 왔다. 즉 국어과 고유의 듣기, 말하기, 읽기, 쓰기 활동을 통해 각각의 기능을 숙달하고 그 과정에서 비판적이고 창의적인 사고력을 신장하도록 한다. 그리고 국어 현상이나 국어 사용 현상에 대한 탐구 활동의 과정에서 문법 지식에 대한 학습과 탐구적 사고력의 신장이 함께 이루어질 수 있도록 한다. 문학 창작과 감상 활동의 과정에서 문학 지식과 창작, 감상 기능 학습은 물론 창의력이나 한국적 정서를 함양할 수 있도록 한다. '창의적인 국어 능력 신장'이라는 국어과의 본질적인 목표에는 교육적 보편성으로서의 '창의'와 국어과적 개별성으로서의 '국어 능력'이 함께 반영되어 있다.

이상에서 설명한 것처럼 각 교과는 개별성으로서의 고유한 지식, 기능, 태도 학습을 통하여 교육적 보편성으로서의 사고 능력을 신장하는 것을 지향하고 있다. 인공 지능으로 대표되는 미래 사회를 살아갈 인간이 AI와 차별화해야 하는 유일한 능력이 고차적 사고, 그 가운데서도 창의적 사고라는 것에는 이론의 여지가 없다.

2015 개정, 2022 개정 교육과정에서는 교육의 보편성으로서 6대 핵심 역량을 제시하여 각 교과에 반영하도록 하고 있다. 2022 개정 교육과정 총론에서 제시한 핵심 역량은 '창의적 사고 역량, 지식정보처리 역량, 협력적 소통 역량, 공동체 역량, 심미적 감성 역량, 자기 관리 역량'이다. 국어과에서는 이를 토대로 국어과의 개별성을 반영하여 '비판적·창의적 사고 역량, 디지털·미디어 역량, 의사소통 역량, 공동체·대인 관계 역량, 문화 향유 역량, 자기 성찰·계발 역량'을 설정하고 국어과 교육을 통하여 기르고자 하는 인재상이 갖추어야 할 역량으로 제시하고 있다(교육부, 2022:3).

2) 초등 국어과의 특성

초등 국어과 교육학을 정립하기 위해서는 초등 국어과 교육 현상을 탐구하여 유아 대상의 국어 교육과 중등의 국어과 교육[1]과의 차이가 무엇인지를 밝혀 정체성과 특수성을 정립해야 한다. 초등 국어과 교육은 유아 국어 교육, 중등 국어과 교육과 공통점도 있고 차이점도 있다. 차이점에 대한 인식이 초등 국어과 교육의 특수성을 밝히는 시작이 될 수 있다.

초등 국어 교육의 특수성을 이루는 요소에는 학습자의 특수성, 지식 인식의 특수성, 기초 능력의 도구성, 기초 기능의 통합성, 활동 중심 교수 방법의 다양성, 상황 맥락 관련성을 들 수 있다(황정현, 1999 참고). 초등 국어과 교육의 특수성을 구성하는 요소들은 초등 국어과 교육 연구자들이 교육 과정 체계를 설계하거나 교과서를 비롯한 교육 자료를 제작할 때 중요한 고려 사항이 된다.

가) 학습자의 특성

(1) 학습자의 인지적 특성

교과 교육학은 각 교과와 관련된 교육 현상을 분석하여 교과의 성격, 목표, 교수·학습의 내용, 교수·학습 방법, 평가 방법 등을 밝혀 체계적으로 정리하는 학문이라고 말할 수 있다. 이 가운데 특히 교수·학습 방법, 평가 방법을 체계화하기 위해서는 그 대상에 대한 이해가 필수적이다.

초등 국어과 교육의 학습자와 중등 국어과 교육 학습자는 인지적 특성, 사회·정서적 특성, 행동적 특성에서 차이가 크다. 초등학교의 학령은 6세에서 12세의 아동기로 피아제의 인지 발달 단계에 따르면 주로 전 조작기에 입학하여 대부분 구체적 조작기를 보내고 형식적 조작기 무렵 졸업을 하게 된다. 전 조작기의 특성을 요약하면, 언어, 그림, 상징을 사용하여 사물이나 사건을 표상하고 이해하는 상징적 사고가 발달되고, 논리적인 규칙이나 원리가 아닌 눈에 보이는 것에 의존하여 판단하는 등 직관적인 사고를 하며,

---

1) 여기서는 국어과 교육과 국어 교육을 구분하여 사용한다. 국어과 교육은 학교의 정규 교과의 하나로 다루어지는 교과 교육을 뜻하고 국어 교육은 교과 이외의 제반 국어 교육 현상을 가리킨다. 유치원의 경우 정규 교과로서 국어과가 설정된 것이 아니기 때문에 국어 교육이라고 표현하기로 한다.

타인의 관점이나 생각을 이해하지 못하고, 모든 사람이 자신과 같은 생각, 감정, 지각을 갖는다는 자기중심적 사고를 한다. 물체의 모양이 바뀌어도 양이나 수가 변하지 않는다는 것을 이해하지 못하며 무생물에도 생명과 감정이 있다고 믿는다. 따라서 이 시기 학습자는 구체적인 사물을 활용한 경험과 상징 놀이(역할놀이)를 통해 인지 발달을 촉진하는 것이 효과적이다.

구체적 조작기는 눈에 보이는 구체적인 사실에 근거하여 논리적 조작으로 문제를 해결하게 되는 등 논리적 사고를 하게 되고 액체의 양, 수, 무게 등 대상의 형태가 바뀌어도 그 속성은 변하지 않고, 어떤 조작을 반대로 하면 원래대로 돌아간다는 가역적 사고를 할 수 있게 된다(예: 2+3=5 이고 5-3=2). 자기 중심적 사고에서 벗어나 여러 측면을 동시에 고려하여 대상을 이해할 수 있게 되며, 사물을 공통의 속성에 따라 분류하고, 크기나 순서에 따라 배열할 수 있는 등 분류 및 서열화 개념을 이해할 수 있게 된다. 따라서 이 시기 학습자는 실제로 해 보는 구체적인 학습이 가장 효과적이며, 논리적 사고의 기초인 읽기, 쓰기, 셈하기로 대표되는 기능 학습(skill learning)이 중요하다.

형식적 조작기는 추상적 사고가 가능해지며 성인과 유사한 인지 능력을 갖추게 된다. 즉 직접 경험하지 않은 내용이나 도덕, 정의, 철학 등 추상적인 개념에 대해 생각하고 이해할 수 있는 단계이다. 특정 가설을 세우고 체계적인 실험을 통해 결론을 도출하는 연역적 사고, 과학적인 사고와 여러 변인을 동시에 고려하여 문제를 해결하는 종합적 사고가 가능해진다. 어휘력이 폭발적으로 증가하며 복잡한 논리적 사고와 비판적 사고, 문제해결 능력, 미래에 대한 계획 수립 능력까지 가능하게 되는 시기라고 말한다.

초등 교육의 경우는 주로 구체적 조작기에 이른 학습자를 대상으로 교수가 이루어진다. 이들 시기는 앞에서 설명한 대로 논리적 사고가 가능하고 대상을 객관적으로 볼 수 있지만 추상적인 사고에서는 미흡하기 때문에 개념이나 기능에 대한 지도를 글이나 말 즉 언어적인 설명에만 의존하는 것은 지양해야 한다. 초등 학습자들은 오감으로 체험이 되지 않는 개념에 대한 이해가 어려워 추상적 개념을 추상적 상징 부호인 언어로 설명하는 방식은 흥미와 동기 유발이 되지 않는다.

Bloom에 따르면 개념이나 의미를 표상하는 방법은 인지 발달 단계에 따라 차이가 있다. 전 조작 단계는 실물을 직접 보거나 만지는 등 감각적 체험을 통해 의미를 받아들이고 구체적 조작 단계는 이미지나 영상을 통해, 형식적 조작 단계는 추상적인 상징 부호들의 조합을 통해 표상되는 개념이나 의미까지 수용을 할 수 있다. 따라서 초등 교육의 전문성은 초등 학습자의 이러한 인지 수준을 고려한 교재, 교구, 교수·학습 방법, 발문 등을 제공하는 능력이라고 말할 수 있다.

(2) 학습자의 정의적 특성

학습자의 학습 동기나 학습의 흥미, 집중도의 면에서도 초등 학습자와 중등 학습자의 경우 차이가 매우 크다고 볼 수 있다. 초등학생의 경우 또래 집단에 소속되고자 하는 욕구가 강하고, 호기심, 재미, 흥미 등과 같은 내적 동기[2]가 강하여 자발적 학습 집중도가 높다. 그러나 그 주기가 짧다는 특성이 있다. 따라서 인지적, 사회·정서적, 문화적, 행동적 발달의 기초 능력을 학습하는 단계에 있는 초등 학습자들에게는 어떤 외부적인 보상이나 처벌과 같은 외적 동기보다는 내적 필요, 놀라움, 호기심 등 내적 동기를 자주 유발해 줄 수 있어야 한다.

이에 비해 중학교 학습자는 신체적 변화, 인지적 변화에 민감하며 또래와의 관계를 중요시하는 특성이 있으며, 학습에 있어서도 내적 동기가 감소하기 시작하고, 성적, 진학 등 외적 동기[3]가 증가되기 시작한다. 심지어 학습에 전혀 동기 부여가 되지 않는 경우도 생기게 되며 급격한 신체적, 인지적, 관계적 변화로 혼란기에 접어들게 되어 주의 산만의 요인이 되기도 한다.

고등학교 학습자는 자기 정체성을 탐색하게 되고 진로와 대학 입시에 대한 압박을 받게 되며 학습에 대한 동기 부여가 전혀 되지 않는 무동기 상태가 증가하기 때문에 자기 조절 능력의 중요성이 강조되는 시기이다. 자신의 관심 사항에 따라, 필요에 따라 목표 지향적 집중력을 발휘하는 특성이 있다.

이처럼 동기 요소는 학령기 학습자의 발달 특성에 따라 차이가 크다. 따라서 각 학령기에 맞는 맞춤형 학습 동기 유발 전략을 마련하는 것 역시 초등 교육의 전문 영역이라고 할 수 있다.

---

2) 내적 동기(intrinsic motivation): 학습 그 자체에 대한 호기심, 재미, 성취감 등에서 비롯되는 동기
3) 외적 동기(extrinsic motivation): 보상(성적, 칭찬)이나 처벌 회피 등 외부 요인에 의해 유발되는 동기

(3) 학습자의 사회·문화적 특성

Vygotsky에 따르면, 모든 정신 기능은 사회적 상호작용을 통해 형성되어 가며 이것을 개인이 내면화하여 개인의 심리적 과정으로 발전해 간다. 따라서 학교에서 교사, 유능한 또래와의 협력적 학습과 대화, 상호작용이 인지 발달의 핵심 동력이 된다. 특히 문화적 도구로서의 언어(국어), 쓰기 등 해당 문화에서 생성된 매개물을 통해 사고방식이 형성된다고 본다. 따라서 초등학교 시기에 읽기, 쓰기 등 상징 체계(언어) 활용에 대한 기능을 습득하는 것은 추상적 사고 능력의 발달에 매우 중요한 것으로 보고 있다. 따라서 근접 발달 영역[4] 내에서 교사에 의해 적절한 비계(scaffolding)[5]가 제공됨으로써 학습자의 발달과 성장을 견인할 수 있도록 하여야 한다.

유치원, 중등 학령기의 국어 교육이나 국어과 교육과 변별되는 초등 국어과 교육의 정체성을 이해하고 정립하는 데 우선적으로 고려해야 하는 요소가 바로 학습자의 특성 요인이다. 이에 따라 교수·학습의 내용 선정과 선정을 위한 기준, 내용 체계, 교수·학습 방법, 평가 방법, 교과서, 교구, 교수·학습 자료 등이 결정되기 때문이다. 초등 국어과 교육을 연구하는 연구자나 초등학생을 가르치는 교사가 갖추어야 할 전문성은 초등 학습자의 특성을 기반으로 한 국어과 교육론의 체계이다.

나) 기초 능력의 도구성

초등 교육의 목적은 초·중등교육법 제38조[6]에서도 명시하고 있듯이 기초 교육이다. 2022 개정 교육과정 총론에서도 초등학교 교육은 일상생활과 학습에 필요한 기본 습관 및 기초 능력을 기르고, 바른 인성을 함양하는 데 중점을 둔다. 초등학교 교육은 중등교육의 기본 교육을 위한 기초가 된다는 점에서 중등교육과 구별된다. 초등학교에서의 기초 교육은 모든 국민이 인간다운 삶을 영위하고 사회 구성원으로서 역할을 수행하기 위

---

4) 근접 발달 영역(ZPD, zone of proximal development): 아동이 혼자서는 해결할 수 없지만, 교사, 유능한 또래 등의 도움을 받으면 해결할 수 있는 잠재적 발달 수준과 실제적 발달 수준 사이의 영역

5) ZPD 내의 아동에게 제공되는 적절한 수준의 도움, 힌트, 각종 자료 제공, 시범 보이기, 격려 등 발판 역할을 하는 지원 체계로, 교사는 아동의 능력에 맞게 도움의 양을 점차 줄여나가며(점진적 이양), 독립적인 학습이 가능하도록 지원해야 한다.

6) 초·중등교육법 제38조에는 "초등학교는 국민 생활에 필요한 기초적인 초등 교육을 하는 것을 목적으로 한다."로 명시되어 있다.

해 반드시 갖추어야 할 최소한의 지식, 기능, 태도 등을 습득하는 교육이라고 말할 수 있다. 즉 일상생활과 학습을 지속하는 데 필요한 읽기, 쓰기, 셈하기 등과 같은 기초 능력과 기본 습관을 의미한다.

초등 국어과 교육은 이런 도구적 측면 즉 일상생활을 위한 기초 도구, 교과 학습을 위한 기초 도구가 되는 국어 사용 능력을 길러 줄 수 있어야 한다. 특히 일부의 초등 학습자는 한글 해득을 비롯한 기초 문해력을 초등 저학년에서 함양할 수 있도록 하여 학습의 결손이 누적되지 않도록 하는 것이 매우 중요하다. 이러한 점은 초등 국어과의 특성 중 하나라고 하겠다. 한글 해득은 기초 능력의 도구가 되는 읽기와 쓰기의 기초이기 때문에 기초의 기초가 되는 학습 요소라고 말할 수 있다.

삶의 도구가 되고 다른 교과 학습의 도구가 되고 중등 교육의 도구가 되는 읽기와 쓰기를 위한 한글 해득을 위한 교육도 초등 학습자의 인지적, 정의적, 사회·문화적 특성을 바탕으로 효과적이고 효율적으로 이루어질 수 있다. 이에 대한 자세한 설명은 이 책 11장에서 이루어진다.

다) 기초 기능의 통합성

시회가 진보되고 과학이 발전하면서 학문의 영역이 점점 확징되고 세분화·진문화되어 왔다. 그 결과 학문의 연구도 교육의 내용도 점점 세분화되고 분절적이 되어 현실이나 현상과의 괴리가 점점 커지는 상황이다. 초등 교육에서는 세분화되고 전문화된 학문의 분야를 다 교과로 수용하는 데 한계가 있을 수밖에 없다. 더 기초가 되는 것, 더 기본이 되는 것, 더 확장성과 전이성이 높은 것을 중심으로 교과를 구성할 수밖에 없지만 시대의 변화와 함께 교과의 필요성과 중요성도 변화되어 가고 있는 것이 사실이다. 예컨대 한문 교과, 국사 교과, 윤리 교과, 영어 교과, 제2 외국어 교과, 컴퓨터 교과 등의 위상 변화에서 이를 잘 확인할 수 있다.

이에 따라 최근에는 다시 학문의 융합·통섭, 융합·통섭 교육이 부각되고 있다. 사실 국어과의 현상만 봐도 말하기, 듣기, 읽기, 쓰기, 문법, 문학, 매체 활동이 완전히 분리되어 분절적으로 이루어지지 않는다. 쓰기를 위하여 읽기도 듣기도 말하기도 함께 하여야 한다. 읽기를 위하여 쓰기도 토의·토론도 하여야 한다. 실제 국어생활은 국어과의 각 영역과 같이 분절적이지 않고 연계되고 통합되어 이루어진다. 이러한 국어의 통합적 사용의 현실이 교육적 국면에서도 잘 반영되어야 한다. 초등학교 학교급은 인지적, 정의적, 사회·정서적 발달이 비교적 덜 분화된 시기라는 점에서 통합, 통섭 교육이 고려되어야 한다. 따라서 초등 국어과에서는 듣기, 말하기, 읽기. 쓰기, 문법, 문학, 매체 영역의 기초 기능과 영역별 지식에 대한 통합 교육이 강조되어야 한다는 점 역시 초등 국어과 교육의 특성이 된다.

초등 교육 현장은 한 명의 교사가 한 학급 학습자에게 여러 교과를 가르친다는 점이 중등과의 차이다. 따라서 교과 간의 통섭, 한 과목 내 영역 간의 통합, 영역 내 성취기준 간의 통합 교육을 위한 내용, 방법, 자료 등을 구성할 수 있어야 한다. 이러한 점도 초등 국어과 교육의 특성이라고 말할 수 있다.

라) 활동 중심 교수 방법의 다양성

"움직임 활동은 언어 능력을 촉진하고 창의성을 키우며 억눌린 에너지를 풀어 주고 신경 계통에 영양분을 준다(황정현 역, 1998:187)."라는 낸시 킹의 언급은 초등 교육에 시사하는 바가 크다. 초등 학습자에게 활동은 다양한 종류의 사고력을 높일 뿐만 아니라 심리적, 생리적인 균형 감각을 형성하는 데 있어 필수적이라고 한다. 초등 학습자의 생리적, 심리적 특성과 긴밀한 움직임 활동은 감수성을 일깨우고, 잠재된 학습 능력을 자극하기도 한다. 반대로 움직임 활동은 외부 자극에 대한 잠재된 내부 의식의 적극적인 표현이며, 능동적으로 세계와 소통하고 관계를 형성하는 방법이라는 점에서 초등 교육에 시사하는 바가 크다.

학습자 중심의 학습, 자기 주도적 학습, 협력 학습, 역할 수행 학습 등 일련의 활동 중심의 교수·학습 방법은 초등 학습자의 특성을 반영한 교수·학습의 개념이다. 초등 교육은 중등 교육과 달리 지식에 대한 교육에 초점을 두기보다 듣기, 말하기, 읽기, 쓰기 등의 기초 기능의 학습, 지식을 다루는 방법에 대한 학습, 바른 태도와 정서를 함양하기 위한 학습에 초점을 둔다. 이를 고려하여 중등학교 교사 양성 방법은 학문 분야에 대한 전공별로 자격이 부여되고 중등의 교육과정 역시 그 교과의 배경 학문의 지식의 비중이 높다.

그에 비해 초등학교의 경우는 전 교과의 지식적인 측면은 매우 기초 수준에서 다룬다. 오히려 그 기초적 지식을 다루는 방식(탐구 방법, 문제 해결 방법, 듣기 방법, 말하기 방법, 읽기 방법, 쓰기 방법 등)에 초점을 둔다. 그리고 교사 교육의 관점도 추상적이고 상징적인 언어로 지식을 설명하여 지도하는 것에 초점을 두는 것이 아니라, 언어적 설명은 최소화하면서 초등 학습자가 이해할 수 있도록 가르치는 방법에 초점을 둔다. 따라서 다양한 학습자를 위한 활동 중심의 교수·학습 방법과 자료의 재구성 방법, 평가의 방법 등에 대한 이해가 매우 중요하고 필요하다. 학습자 활동 중심의 교수·학습 방법이나 교수·학습 자료는 초등 학습자의 흥미와 동기 유발에 효과적이고 학습자 주도적인 활동과 오감으로 체험하는 과정에서 학습됨으로써 성공의 보람과 학습의 효능감을 높일 수 있다. 자발적, 주도적, 능동적 참여로 학습된 결과는 내면화의 정도도 더 깊다고 말할 수 있다. 이러한 점에 대한 이해와 수행력이 초등 국어과 교육의 특성이자 전문성이라고 말할 수 있다.

마) 상황 맥락의 실제성

듣기, 말하기, 읽기, 쓰기 활동은 발신자(화자, 필자)와 수신자(청자, 독자)가 일정한 맥락 속에서 서로 일정한 의도와 목적을 지님으로써 이루어진다. 의사소통을 위해서는 발신자와 수신자를 둘러싸고 있는 일정한 상황 맥락이 매우 중요한 요소이다. 그러므로 국어과 교수·학습의 국면에서도 탈맥락적인 국어 사용 학습을 반복적으로 수행하는 것은 효과적이지 않다. 실제 학습자들의 다양한 경험과 상황을 그대로 교실로 옮겨와 학습의 장이 되도록 하여야 한다.

교수·학습의 장면으로서 상황 맥락 요소가 특히 초등 학습자에게 중요하다는 것은 초등학생이 개념이나 의미를 표상하거나 이해하는 방식과도 관련되어 있다. 초등학생의 경우에는 그 인지 발달의 특성상 개념이나 의미를 언어와 같은 상징 부호로 표상하거나 그렇게 표현된 언어를 이해하는 데 어려움을 느낀다. 따라서 더 쉽게 표현하고 이해하도록 하기 위하여 학습자를 둘러싸고 있는 다양한 상황 맥락적 요소를 교실로 옮겨와서 학습에 활용하도록 하는 것이다. 이러한 상황 맥락적 요소의 활용 없이 추상적 개념을 언어적으로 설명하여도 이해할 수 있는 중등 학습자의 경우와 그 교수·학습 환경에서도 차이가 있다.

이뿐만 아니라 탈맥락적으로 학습한 내용은 실제 상황에서 제대로 활용되지 못하거나 쉽게 떠올려지지 않는 경우도 많다. 미리 준비를 하고 외우고 있더라도 '지금, 여기에서'와 같은 실제 상황에서 언어는 살아 움직인다. 특정한 상황에 민감하게 반응하는 언어를 상황과의 유기적 관계 속에서 조절할 줄 아는 능력, 그에 필요한 사고력, 그리고 창의적인 국어 사용 능력이 초등 국어과 교육에서 매우 중요하다. 왜냐하면 이런 능력은 초등 국어과 교육에서부터 상황 맥락과의 관계 속에서 반복적으로 학습이 이루어져 자동화 단계까지 이르러야 하는 것이지, 아무리 인지 발달이 되었다고 하더라도 어느 한 순간에 한 번에 길러지는 능력이 아니기 때문이다.

한편, 실제 의사소통 과정을 살펴보면 언어적 요소 외에 표정, 몸짓, 말투, 말소리의 높낮이나 장단 등 많은 비언어적 요소가 의사소통에 개입을 한다. 이들 비언어적 요소는 단지 언어적 요소를 보완하는 것이 아니라 의미 구성에 적극 개입한다고 말할 수 있다. 같은 언어적 표현이더라도 비언어적 요소를 어떻게 첨가하느냐에 따라 의미는 완전히 달라질 수 있다는 것은 굳이 예를 들지 않아도 이해할 수 있다.

심지어 심리학자 Mehrabian과 Ferris는 메시지의 전체 효과 중 7%가 기본적인 음성 상징들에 의해 이루어지는 데 비해, 38%는 억양, 강세, 연접 등 반언어(paralanguage)에 의해 전달된다고 한다. 그리고 메시지의 55%는 얼굴 표정, 자세 등 몸짓에 의해 결정되는 것으로 추정하고 있다(Stewig & Buege, 1994:42). 이처럼 언어는 구체적인 삶과 상황에 따라 민감하게 반응한다. 즉 구체적인 삶과 상황에 따라 같은 표현에 언어 외적 요소가 결합되어 다른 의미를 전달하게 된다.

따라서 초등 국어과 교육은 실제 삶 속의 다양한 환경, 상황 속에서 국어적 표현만이 아니라 국어 외적 요소들과 결합한 표현 방식과 그 표현에 대한 이해 방식을 교수·학습의 대상으로 삼는다. 초등 국어과 교육에서부터 다양한 삶 속에서의 국어 사용 경험을 반복 체험하게 함으로써 국어적 민감성에 바로 반응할 수 있고 주도적으로 반응할 수 있는 능력을 기를 수 있어야 한다.

바) 사회·문화 맥락의 연계성

상황 맥락뿐만 아니라 사회·문화 맥락 또한 중요하다. 국어 문화는 어느 날 갑자기 형성된 것이 아니다. 한국어와 그것을 사용해 온 사람들과 함께 존재해 오면서 만들어진 것이다. 국어에는 국어를 사용하는 사람들의 사고방식과 문화, 풍습이 자연스럽게 녹아들 수밖에 없다. 당연히 그 과정을 거치면서 한국인 고유의 국어 사용 방식과 관습이 만들어지게 되고 이를 국어 문화라고 하는 것이다.

국어과 학습에서 이런 국어 사용상의 특성, 국어 문화를 인정하고 존중하는 태도를 초등학교 교육부터 길러 주어야 한다. 예를 들면 한국인의 사고방식이나 생활문화가 반영되어 있는 국어 예절과 국어 관습 및 관용구, 속담, 어휘, 말하기 방식 그리고 공시적인 관점에서의 국어 문화가 담겨 있는 지역어에 대한 학습도 초등 국어과 교육에서부터 이루어져야 한다.

이뿐만 아니라 초등 교육에서는 학교와 가정, 지역 사회와의 연계 교육 역시 특징이라고 말할 수 있다. 가정에서의 국어 사용 환경, 지역 사회의 문화 기관과의 협력과 연계는 초등 학습자에게 국어 사용, 국어 문화를 통합하여 학습하는 데 중요하다.

2. 국어과 교육의 관점의 변화

국어과 교육 현상에 대한 주요 관점은 세 가지 정도로 정리될 수 있다. 구조주의와 텍스트 중심의 관점, 구성주의와 학습자 중심의 관점, 그리고 생태학적 관점이 그것이다. 각 관점은 교육학이나 심리학, 언어학 등의 관련 학문에 기반한 것으로 국어과 교육 현상을 설명해 내기 위한 이론적 틀로 작용한다. 국어과 교육 현상은 바로 이런 관점에 따라 교수·학습 내용과 방법을 다양하게 탐색하고 체계화할 수 있다.

세 가지 관점은 서로 대립되는 면도 있고 상보적인 측면도 있다. 이 세 관점에 대하여 차례대로 알아보도록 하자(신헌재 외 2005:2~5 참고).

가. 구조주의와 텍스트 중심

국어과 교육의 주요 관점으로 먼저 구조주의를 들 수 있다. 구조주의는 모든 대상을 유기적 구조로 이루어진 체계로 파악하는 이론으로, 소쉬르의 구조주의 언어학이나 레비스트로스의 문화 인류학적 탐구 방법에 근간을 둔 세계 인식의 한 방법이다. 구조주의에 기반한 텍스트 이론도 문학 작품을 여러 문장들의 연쇄로 이뤄진 텍스트[7])로 보면서, 그 텍스트의 구조와 기능을 분석하는 문학 이론의 하나다. 텍스트의 구조와 기능을 분석하는 방법론은 비단 문학 작품 분석에만 적용되는 것이 아니라 설명적 텍스트(expository text)에도 적용되며 이 텍스트 분석 방법론에 따라 텍스트를 분석하는 분야를 텍스트 언어학이라고 한다.

구조주의와 텍스트 중심의 관점은 교수·학습 상황에서 학습자의 학습은 물론 교사의 교수에도 영향을 미친다. 대상을 객관적으로 인식하되 대상을 구성하고 있는 요소와 요소들의 유기적인 관계를 중요하게 여긴다. 대상을 구성하는 요소들이 모여 전체를 구성한다고 보는 관점이다. 따라서 이 관점에서는 대상을 구성하고 있는 요소들의 분석과 요소 간의 관계 파악이 중요하다. 예컨대, 한 문장은 주어부와 서술어부로 이루어지고 주어부는 수식어와 주어로 구성되며 서술어부는 목적어와 서술어로 이루어진다. 한 편의 텍스트는 문장 성분들의 결합으로 이루어진 문장의 연결로 구성되는 것으로 본다. 따라서 텍스트의 이해는 텍스트를 구성하고 있는 직접 구성 요소들 간의 유기적 인과 관계를 분석해 나가면 전체 구조를 파악하게 된다고 본다.

구조주의적 관점에서는 텍스트(담화와 글)를 문장보다 큰 단위로 간주하고 텍스트의 의미는 텍스트 속에 내재해 있다고 보는 관점이다. 그래서 단어의 결합으로 이루어진 문장은 단어들의 의미 합으로써 파악할 수 있고, 문장의 연쇄로 이루어진 텍스트의 의미는 문장들의 의미를 파악함으로써 파악할 수 있다고 본다. 전체의 의미는 부분의 합과 같다는 관점이다.

이 관점에 따른 교사의 역할은 전체를 구성하고 있는 직접 구성 요소들을 분석하고 각

---

7) 여기서의 텍스트(text)는 국어과 교육에서 담화(discourse, oral text)와 글(written text)을 통칭하여 이르는 말이다. 텍스트, 담화, 글의 관계에 대해서는 이병규(2026) 참고.

각의 의미가 무엇인지를 알도록 설명해 주고 시범을 보여 주는 데 초점을 둔다. 그리고 직접 구성 요소들을 조합하여 전체를 만들어 나가는 방법을 설명해 주고 시범을 보여 주는 것이다. 한편 학습자는 교사의 설명과 시범을 바탕으로 텍스트를 구성하고 있는 요소들을 분석하여 수용적 의미를 구성하고, 그 반대 과정을 반복 연습함으로써 표현적 의미를 구성할 수 있게 된다.

따라서 구조주의적 관점에 따른 주요 교수·학습의 방법은 객관적인 인식 구조의 획득이라고 할 수 있다. 즉 객관적으로 밝혀져 있는 대상에 대한 인식의 구조를 학습자들에게 이해시키고, 이를 이용하여 같거나 유사한 대상을 인식하거나 표현하게 한다. 국어과의 이해와 표현을 설명해 보면 객관적인 텍스트 구성 요소와 텍스트 구조에 대한 이해 학습이 선행되고, 학습한 이들 요소와 구조를 이해 활동과 표현 활동에 적용함으로써 국어 능력이 신장된다고 본다. 그렇기 때문에 이해 활동의 경우 학습자는 한 편의 텍스트를 읽기 전에 텍스트와 관련된 구조화된 인식 구조를 습득해야 하고, 발표·회의·토론·토의를 하기 전에 각각의 구성 요소와 구조화된 인식 구조를 알아야 한다고 보는 것이다. 그 구성 요소와 인식 구조를 활용하여 텍스트나 담화를 수용하고, 이들 구조를 이루고 있는 요소와 요소들 간의 관계를 분석하여 텍스트나 담화의 내용을 이해하게 된다.

그런데 구조주의 관점의 국어과 교육의 접근은 의미 구성에 상황 맥락을 고려하지 않아 텍스트나 담화의 의미를 사실적 의미에만 국한시켜 버렸다는 점에서 한계를 내포하고 있다. 텍스트와 담화의 의미는 사실적 의미만 구성되는 것이 아니다.

나. 구성주의와 학습자 중심

구성주의는 인식론적 교육 철학으로, 이를 바탕으로 하는 학습자 중심, 협력 중심의 이념은 5차 교육과정 이래 2022 개정 교육과정까지 우리나라 교과 교육의 근간을 이루고 있다. 인식론적 철학으로서 구성주의는 구조주의와 대립되는 관점이라고 볼 수 있다. 구조주의의 세계에 대한 인식은 세계를 구성하고 있는 유기체들의 객관화된 구조를 학습을 통해 습득함으로써 가능하다고 보는 데 비해, 구성주의의 인식은 인식 주체가 각각의 내재적이고 주관적인 인식의 구조로 세계를 인식하고 의미를 구성한다고 본다. 이런 관점에 따르면 세계를 이해하는 것은 의미 구성 주체의 내재적인 인식 구조와 인식 방법이 중요하다.

내재적인 인식 구조는 인지 심리학에서 스키마(schema)로 일컫는 주체의 인지적 구조, 정신적인 틀(mental framework)이 중심이 되고, 인식의 방법은 개별 학습자의 사고 작용이 된다. 따라서 구성주의의 의미 구성은 인식 주체의 배경 지식으로서의 스키마와 사고 작용에 의해 이루어진다고 보는 것이다. 이 관점에서는 정보의 해석, 기억 강화, 예측 및 추론에 주체의 스키마가 중심적인 기능을 하는 것으로 본다.

구성주의는 다시 크게 둘로 하위 구분할 수 있다. 인식 주체로서의 개인이 독자적으로 의미를 구성한다고 보는 인지(개인) 구성주의와 공동체 구성원 간의 상호 작용을 통하여 의미를 구성한다고 보는 사회 구성주의가 그것이다. 개인 구성주의는 세계와 대상에 대한 인식이 인식 주체로서의 개인의 스키마(인식 구조)로 이루어진다고 본다. 따라서 개인의 스키마가 중요하다. 반면, 사회 구성주의에서는 공동체 구성원 간의 상호작용을 통해 그 사회 또는 그 공동체의 인식이 이루어진다고 보기 때문에 개인의 인식 구조보다는 타인과의 상호작용을 통한 공동체의 인식 구조의 확장과 변화를 강조한다.

구성주의적 관점에서는 교수·학습은 각 개인이 스키마를 확장하고 이를 능동적, 주체적으로 활용하여 정보를 처리하고, 의미를 구성하고, 예측 및 추론을 하도록 지원하는 것을 중요시한다. 이 관점은 객관적으로 형성되어 있는 인식의 구조를 교사나 교과서의 설명을 통하여 수용하는 것이 아니라, 인식의 주체인 학습자가 자신의 인식 구조로서의 스키마를 주체적으로 형성하고 이를 활성화하여 세계나 대상을 인식한다는 점에서 구조주의와 차이가 있다.

따라서 국어과 교수·학습에서 인식 주체로서의 학습자 개인의 스키마, 인식 구조를 강화 및 확장해 주는 것뿐만 아니라 이를 잘 활용할 수 있는 방법(전략)을 지도하는 것이 중요하다. 국어에 대한 지식 자체보다 국어를 이용하여 지식, 정보를 처리하여 문제를 해결할 줄 아는 방법이 국어과의 주요 교수·학습 내용이 된다.

한편, 개인 구성주의 교수·학습에서는 주로 학습자의 스키마와 사고 작용에 관심을 가지는 반면, 사회 구성주의 교수·학습에서는 개별 학습자의 사고 작용은 물론 공동체의 구성원 간의 스키마 확장의 방법으로서 토의와 협력에 관심을 갖는다. 그러나 인식 주체로서의 개인 학습자의 인지적 활동이든 구성원 간의 상호 작용을 통한 인지적 활동이든 결국 구성주의에서는 학습자의 인지적 작용이 전제될 수밖에 없기 때문에 교수·학습의 중심으로서 학습자가 중요하다.

구성주의에 따른 국어과 교육에서는 스키마(인식 구조, 배경 지식)가 매우 중요하다. 스키마는 인식의 주체인 학습자가 세상을 이해하고, 기억하고, 예측하고, 사회적으로 적응하는 데 필수적인 인지적 도구임은 물론 변화무쌍한 AI 시대에 정보를 빠르고 효율적으로 처리하게 해 주기 때문이다. 그런데 스키마가 너무 강력하게 작용하면 새로운 정보에 대한 민감성과 수용성이 떨어져 편견이나 고정관념에 빠질 수 있다는 점은 주의하여야 한다.

학습자 중심 교수·학습은 총체적 언어 교육(whole language)의 관점과 밀접하게 관계되어 있다. 총체적 언어 학습은 국어과 교육이 국어 사용(듣기, 말하기, 읽기, 쓰기) 영역이나 각 기능을 분절적으로 분리하여 교육하는 것은 효과적이지 않다고 보고 총체적으로 이루어져야 한다고 주장한다. 즉 국어과의 각 영역들을 별도 교과서, 별도 단원, 별도 차시로 따로 지도할 것이 아니라 듣고, 말하고, 읽고, 쓰며, 문법을 탐구하고, 작품을 향유하는 등 모든 영역을 통합하여 총체적으로 지도해야 한다는 것이다. 나아가 국어과의 교수·학습은 다른 교과나 일상생활과 함께 통합하여 지도함으로써 실제적인 국어 능력을 신장할 수 있다고 본다.

총체적 언어 교육의 관점에서는 교수·학습의 내용이 언어를 중심으로 서로 긴밀하게 연결되어 있는 전체라고 본다. 그래서 국어를 중심으로 해서 교과의 통합이나 영역의 통합, 학습과 생활의 통합을 강조한다. 교과 학습과 생활은 국어의 사용을 통하여 이루어지기 때문에 국어를 중심으로 통합할 수 있다는 것이다.

2022 개정 교육과정의 교수·학습의 주안점 중, 통합 학습, 협력 학습, 프로젝트 학습 방법을 강조하는 것 역시 총체적 언어 학습의 일환이라고 말할 수 있다. 이들 방법을 포함한 총체적 언어 학습 역시 학습자를 강조한다. 모든 교수·학습 활동은 학습자가 흥미와 호기심을 유발할 수 있어야 하고, 학습 활동에 능동적으로, 적극적으로 참여할 수 있는 환경과 기회를 제공해 주어야 한다. 학습자의 특성과 요구를 존중하여 개별화 교육도 함께 고려함으로써 학습자의 총체적인 성장이 이루어질 수 있어야 한다.

다. 생태학적 관점

초등 국어과 교육에 대한 생태학적인 관점은 국어과 교육이 인위적으로 조작하여 만들어 놓은 상황에서 이루어지는 것이 아니라 실제 국어 생활 맥락 속에서 이루어져야 한다고 본다. 생태학은 모든 생물들이 주변 환경과 서로 영향을 주고받으면서 존재하는 것을 설명하는 학문이다. 초등 국어과 학습자도 가정, 지역사회 등의 주변 환경과 영향을 주고받으며 존재하는 것으로 본다. 그러므로 학습 활동은 학습자를 둘러싸고 있는 자연스러운 가정, 사회 환경 속에서 수행되어야 한다는 것이다.

5차 교육과정 이래 국어과 교육이 학습자의 사고 활동을 강조하며 자연스러운 국어생활 환경보다 인위적이고 조작적인 상황을 설정한 면이 없지 않았다. 교수·학습의 내용도 국어 사용의 특정 요소들에 국한한 측면이 있었다. 그 결과 국어과 교육이 학습자의 실제 국어생활과 유리되어 학습자의 자연스러운 국어 능력을 길러 주는 데에 한계가 있었다.

생태학적 관점에서 한 개인이 사용하는 언어는 다른 사람이나 주변 환경 등 사회·문화적인 영향 관계 속에서 의미가 있다. 언어의 사용도 특정 개인의 사고 활동에 의해서만 또는 특정 공동체와 같은 한정된 세계 속에서만 이루어지는 것이 아니라 그 언어를 사용하는 사회·문화적 맥락 속에서 이루어진다. 따라서 학생들의 국어과 교수·학습은 실제 생활 속에서의 국어 사용을 강조한다. 이것은 다른 사람과의 상호 작용 속에서, 사회·문화적 맥락 속에서 이루어지는 국어 사용에 대한 학습을 의미한다. 국어과 교육이 단순히 몇 가지 기능과 전략을 익히는 데에서 나아가 또 교실이라는 한정된 세계가 아닌 국어를 사용하는 실제 삶의 맥락 속에서 국어과 학습을 수행할 때 실제적이고, 자연스러운 국어 능력을 신장할 수 있다. 국어과 교육의 내용도 단순히 개인의 국어 사용 맥락에서만 찾으려고 할 것이 아니라 그 사회 다른 구성원과 상호 작용하는 맥락, 그 사회의 문화적 맥락 속에서 도출해 내어야 한다. 이 관점에서의 국어 학습자는 사고하는 고립된 학습자가 아니라 다른 사람과 관계를 맺으며 상호 작용하는 학습자이다.

구조주의적 관점이 교수·학습 대상으로서 텍스트(담화, 글, 복합 양식 텍스트)에 중점을 두고, 구성주의 관점은 학습자의 인지 구조(스키마) 및 인지 활동 그리고 학습자 의미에 중점을 둔 것이라면 생태학적 관점은 다른 사람이나 세계와 상호 작용하며 국어를 사용하는 학습자 즉 사회·문화적 관계 속의 국어 학습자에 중점을 둔다는 점에서 구별된다. 생태학적 관점에서 학습자의 국어 능력은 다른 사람과 원만하고 효과적인 상호 작용을 위해 필요하고 다른 사람과 상호 작용하며 영향을 주고받으며 신장된다고 본다. 따라서 생태학적 관점에서의 국어과 교수·학습은 학습자가 어떠한 사회·문화적 관계 속에 위치하고 있는지가 매우 중요하다. 요컨대, 학습자의 국어 학습은 학습자가 상호 작용하며 관계를 맺는 다른 사람, 학습자가 놓여 있는 사회·문화적 관계의 영향이 크다고 말할 수 있다.

3. 국어과의 성격과 핵심 역량

가. 국어과의 성격

국어과의 성격에는 앞에서 설명한 한국어와 한국 문학을 내용이자 자료로 하는 교과라는 측면이 반영되어 있다. 국어과는 도구 교과, 사고 교과, 기능 교과, 지식 교과, 내용 교과, 문화 교과, 예술 교과적 성격을 포함하고 있는 교과이다. 이에 대해 하나하나 알아보기로 하자.

국어과가 도구 교과라는 것은 전통적으로 강조되어 왔고, 여전히 가장 유효한 성격으로, 세 가지 측면에서 설명할 수 있다. 먼저 국어는 의사소통의 도구이다. 의사소통의 도구가 될 수 있는 것은 국어(언어) 외에도 그림, 동영상, 도표, 숫자, 멜로디 등이 있다. 모두 생각을 주고받는 도구이지만 국어가 가장 정확하고 체계적으로 생각을 주고받을 수 있다. 국어과의 목표를 국어 사용 능력의 신장이라고 보는 것은 바로 이러한 도구성과 관련이 깊다.

다음으로 국어는 사고의 도구이다. 국어를 통해 사고방식, 개념을 형성할 수 있는 것은 물론이고 국어로 생각을 정리함으로써 논리적인 사고가 가능하게 한다. 국어과에서는 표현과 이해 능력을 신장하는데, 표현 과정의 내용을 생성하는 전략, 내용을 조직하는 전략, 이해 과정의 추론하는 전략, 비판하는 전략, 종합하는 전략 따위는 모두 사고력과 관련이 깊은 국어과의 교수·학습의 내용이다.

국어는 다른 교과 학습의 도구로 기능하기도 한다. 국어과에서는 타 교과를 학습하는 데 요구되는 읽고 쓰는 방법은 물론이고 사회과, 과학과, 미술과 등에서 자주 등장하는 복합 양식 텍스트에 대한 이해와 표현 방법을 교수·학습의 내용으로 하기도 한다. 이러한 점 때문에 국어과를 범교과적 교과라고 말하기도 한다.

사고 교과로서의 국어과는 5차 교육과정 이래 교육의 보편적 가치를 사고력의 신장에 두면서부터 강조되어 왔다. 국어과를 고등 정신 기능을 기르는 교과로 규정하면서 교수·학습 내용으로 사고를 본격적으로 포함시켜 왔다. 표현(말하기, 쓰기)과 이해(듣기, 읽기)의 과정이 사고의 과정과 다르지 않고, 문법 영역의 경우 탐구 기능(비교, 분석, 평가, 종합)이 교수·학습의 내용으로 포함되었으며, 문학 영역의 창작과 감상의 과정 역시 사고의 과정과 다르지 않다. 이처럼 국어과를 통해서 사고력을 신장할 수 있기 때문에 국어과를 사고 교과라고 말하기도 한다.

국어과는 기능 교과의 성격을 띤다. 기능 교과의 대표적인 것으로는 '체육', '음악', '미술' 등을 가리킬 수 있다. 체육에서 신체(운동) 기능을, 음악에서 연주 기능을, 미술에서 그림, 조소, 공예 기능 등을 학습할 수 있다. 국어과에서는 듣기 기능, 말하기 기능, 읽기 기능, 쓰기 기능, 글씨 쓰기 기능을 배울 수 있기 때문에 기능 교과적 성격이 있다고 말한다. 기능은 그 방법(절차적 지식)을 익힌 후 그 방법대로 반복 연습하여 숙달한다. 국어의 듣기, 말하기, 읽기, 쓰기, 글씨 쓰기 기능 역시 방법을 익힌 후 지속적인 반복 연습이 병행되어야 유능한 화자, 필자, 청자, 독자가 될 수 있다.

국어과는 지식 교과적 성격도 띤다. 듣기 방법, 말하기 방법, 읽기 방법, 쓰기 방법에 대한 절차적 지식, 담화의 특성과 글의 특성에 대한 지식, 국어 문법 지식, 문법 탐구 방법에 대한 지식, 문학 창작과 감상 방법에 대한 지식, 문학 갈래의 특성에 대한 지식, 매체와 매체 양식, 매체 텍스트에 대한 지식 등은 국어과의 교수·학습 내용으로서의 지식에 포함된다. 그래서 국어과는 지식 교과적 성격을 띤다고 말한다. 국어과를 지식 교과로 본 것은 4차 교육과정이 대표적이다.

국어과는 내용 교과적 성격도 있다. 지식이 곧 교수·학습의 내용일 수 있지만, 국어과를 내용 교과라고 할 때는 지식은 아니지만 교수·학습의 내용이 될 수 있는 실체를 가리킨다. 도덕 교과의 경우 대표적인 내용 교과라고 할 수 있는데 태도, 가치, 중요성, 습관 형성 등 정의적인 측면이 교수·학습의 내용이 될 경우가 이에 해당한다. 국어과의 경우에는 문학 작품을 통해 한국적인 정서를 함양할 경우, 인물들의 성격이나 가치관에 대해 학습하는 경우, 국어와 한글의 가치와 중요성에 대해 학습하는 경우, 국어 사용의 중요성에 대해 학습하는 경우, 독서 습관, 쓰기 습관 등 바람직한 국어생활 태도나 습관을 기르고자 하는 등은 모두 국어과의 내용 교과적 성격에 부합하는 교수·학습의 내용들이다.

국어과의 문화 교과적 성격은 교수요목기를 비롯하여 1, 2, 3차 교육과정 시기에 두드러졌다. 올바른 국어생활, 국어 문법, 국문학 작품 그 자체를 한국 문화의 중심으로 보고, 이를 문화 국민으로서의 소양을 갖추기 위한 교수·학습의 내용으로 삼았다. 일제 강점기에서 벗어나 한국어와 한글을 올바르게 사용하여 의사소통을 하는 능력, 우리말의 규칙(국어 문법)에 대한 이해, 우리 문학 작품을 감상하고 한국적 정서를 기르는 것은 다문화시민의 소양을 다져나가는 것으로 본 것이다. 지금도 이러한 성격은 여전히 유효하다고 말할 수 있다.

국어과의 예술 교과적 성격을 살펴보자. 음악과, 미술과는 대표적인 예술 교과인데 사람들의 사상이나 생각, 상상력, 삶 따위를 아름다움, 감동, 공감 등의 심미적 요소를 가미하여 다양한 매체로 상징하거나 표상하는 방법을 교수·학습의 내용으로 삼는다. 국어과의 문학 영역에서도 한국 사람들의 사상이나 정서, 삶, 상상력 등을 아름다움, 감동, 공감의 요소를 가미하여 한국어로 표상하는 방법과 그런 방법으로 창작한 작품을 감상하는 방법을 배운다는 점에서 예술 교과적 성격을 띤다고 볼 수 있다.

한편, 2022 개정 국어과 교육과정에서는 인공 지능(Artificial Intelligence:AI), 로봇, 뉴미디어를 특성으로 하는 미래 사회에 요구되는 인재 양성을 위한 국어과의 성격을 6대 핵심 역량과 연결 지어 다음과 같이 설명하고 있다.

> 초등학교 및 중학교 '국어'는 국어를 정확하고 효과적으로 사용하는 능력을 기르고, 가치 있는 국어 활동을 통해 바람직한 인성과 공동체 의식을 함양하며, 비판적이고 창의적인 사고와 활동을 바탕으로 국어문화를 향유하도록 하는 교과이다. 학습자는 '국어'의 학습을 통해 국어 교과에서 추구하는 다양한 역량을 기를 수 있다. '국어' 학습자는 다양한 매체를 효과적으로 사용함으로

> 써 일상생활은 물론 학교생활을 포함한 사회생활에서 요구되는 지식과 정보를 수용하고 생산할 수 있다. 다양한 담화와 글, 국어 자료, 작품, 매체로 표현된 텍스트를 분석하면서 비판적 사고력을 함양하고, 자신의 생각을 창의적으로 표현할 수 있다. 의사소통 참여자를 존중하면서 개방적이고도 포용적인 자세로 협력적인 의사소통을 하는 것 또한 국어를 통하여 기를 수 있는 중요한 역량이다. 학습자는 자신이 속한 공동체의 언어문화에 관심을 가지고 이를 탐구하면서 자신의 언어생활을 성찰하고 개선하는 태도를 갖출 수 있다. 이와 함께 다양한 사상과 정서가 반영되어 있는 국어문화를 감상하고 향유할 수 있을 것이다(교육부, 2022:6).

교육부(2022:6)에 따르면, 국어과는 공동체와의 협력적 의사소통 능력(의사소통 역량), 인성과 공동체 의식 함양, 개인의 공동체의 언어문화 관심 및 탐구(공동체·대인 관계 역량), 비판적 사고 활동과 창의적 표현(비판적·창의적 사고 역량), 사상과 정서가 반영된 국어 문화 향유(문화 향유 역량), 지식과 정보 처리(디지털·미디어 역량), 자신의 언어생활 성찰 및 개선(자기 성찰·계발 역량)을 기르는 교과로 규정하고 있다.

나. 국어과의 핵심 역량

인공 지능 및 뉴미디어 시대의 도래와 함께 이 시대를 살아갈 인간에게 필요한 역량으로 2022 개정 교육과정 총론에서는 '자기 관리 역량, 지식정보처리 역량, 창의적 사고 역량, 심미적 감성 역량, 협력적 소통 역량, 공동체 역량'을 제시하고 있다. 모든 교과 교육은 이 여섯 가지 역량을 기를 수 있는 교육을 지향하라는 취지다. 이에 따라 2022 개정 국어과 교육과정에서는 '비판적·창의적 사고 역량, 디지털·미디어 역량, 의사소통 역량, 공동체·대인 관계 역량, 문화 향유 역량, 자기 성찰·계발 역량'을 국어과 역량으로 설정하였다. 이 중 '비판적·창의적 사고 역량, 의사소통 역량, 공동체·대인 관계 역량, 문화 향유 역량, 자기 성찰·계발 역량'은 2015 개정 국어과 교육과정 역량을 유지한 것이고, '디지털·미디어 역량'은 디지털 다매체 시대로 변화한 언어 환경을 고려하여 2015 개정 교육과정에서 설정한 '자료·정보 활용 역량'을 수정한 것이다. 이에서 알 수 있는 것처럼 핵심 역량은 2015 개정 교육과정에서 처음 도입된 개념이다.

2015 개정 국어과 교육과정에서는 총론의 6대 핵심 역량을 바탕으로 '비판적·창의적 사고 역량, 자료·정보 활용 역량, 의사소통 역량, 공동체·대인 관계 역량, 문화 향유 역량, 자기 성찰·계발 역량'을 제시하면서, '비판적·창의적 사고 역량'은 다양한 상황이나 자료, 담화, 글을 주체적인 관점에서 해석하고 평가하여 새롭고 독창적인 의미를 부여하거나 만드는 능력이고, '자료·정보 활용 역량'은 필요한 자료나 정보를 수집, 분석, 평가하고 이를 효과적으로 활용하여 의사를 결정하거나 문제를 해결하는 능력으로 설명하고 있다.

'의사소통 역량'은 음성 언어, 문자 언어, 기호와 매체 등을 활용하여 생각과 느낌, 경험을 표현하거나 이해하면서 의미를 구성하고 자아와 타인, 세계의 관계를 점검·조정하는 능력이며, '공동체·대인 관계 역량'은 공동체의 가치와 공동체 구성원의 다양성을 존중하고 상호 협력하며 관계를 맺고 갈등을 조정하는 능력이고 '문화 향유 역량'은 국어로 형성·계승되는 다양한 문화를 이해하고 그 아름다움과 가치를 내면화하여 수준 높은 문화를 향유·생산하는 능력이며, '자기 성찰·계발 역량'은 삶의 가치와 의미를 끊임없이 반성하고 탐색하며 변화하는 사회에서 필요한 재능과 자질을 계발하고 관리하는 능력으로 설명하고 있다.

이들 역량은 미래 사회에서 필요한 핵심적인 능력 요소로서, 국어과는 이와 같은 역량을 신장하기 위해 의미 있는 목표를 설정한 것이라고 밝히고 있다. 그러나 다음 절에서 확인할 수 있겠지만 2015 국어과 교육과정의 목표는 핵심 역량을 고려하지 않았던 2007 개정 교육과정, 2009 개정 교육과정의 국어과 목표와 크게 차이가 없다. 2022 개정 국어과 교육과정에 와서야 비로소 비판적·창의적 이해와 표현, 협력적 의사소통과 공동체 문화, 언어생활에 대한 성찰과 개선, 문화 향유 등을 국어 교과의 목표에 직접적으로 반영함으로써 핵심 역량이 실질적으로 고려되었다고 말할 수 있다.

4. 국어과의 목표, 영역, 내용 체계

가. 국어과의 목표

교육의 목표는 교육을 통하여 기르고자 하는 인재상을 서술형으로 진술해 놓은 것이다. 목표는 전통적으로는 인지적인 요소와 정의적인 요소, 심동적 요소를 고려하여 구성하기도 하고, 인지적 요소, 사회·정서적 요소, 행동적 요소를 고려하여 구성하기도 한다. 전자는 Bloom의 교육 목표 분류학에 따른 구분이고, 후자는 유네스코(2015)에 따른 분류이다(이병규·김경하 외, 2021:11 참고).

인지적인 요소는 세계와 그 복잡성, 세계의 상호연계성 및 상호의존성을 이해하는 데 필요한 지식과 사고 기능을 의미한다. 지식은 주로 아는 것과 관련된 기초적인 지적 과정이자 모든 지적 능력의 토대를 이룬다. 사고 기능(thinking skills)은 과제를 효과적으로 성취하기 위하여 정보나 자료를 조직하고 이용하는 정신적 능력이다. 그래서 사고 기능에서는 정보의 분류, 해석, 분석, 요약, 종합과 평가 능력이 요구된다. 특히 사고 기능은 분석적, 비판적, 통합적 사고가 핵심을 이루고 있다.

사회·정서적 요소는 가치와 태도, 사회적 기능을 의미한다. 이 중 가치와 태도는 정서적 영역에 해당한다. 가치는 사람의 전반적인 신념 체계에 핵심적으로 자리 잡고 있는 믿음이다. 이런 가치는 행동과 행위의 기준이 된다. 반면 태도는 어떤 방식으로 반응을 할 정신적 준비 상태를 말한다. 그래서 가치는 곧 태도로 나타난다. 사회적 기능은 사회적 영역에 해당한다. 사회적 기능은 더불어 사는 사회에서 타인의 감정과 권리를 존중하고 민주시민으로서 요구되는 기능이다. 이를 위해서는 배려, 존중, 연대 등이 필요하다.

행동적 요소는 행위, 수행, 실천 및 참여, 즉 실천적 행위를 강조하는 영역이다. 이것은 사람이 자신의 가치, 지식과 의사결정을 행동으로 전환하는 능력을 의미한다. 여기서는 시민 행동, 사회 참여, 민주 시민 행동 등을 강조하며, 행동을 하기 위해서는 동기부여를 필요로 한다. 사회·정서적 영역은 주로 동기를 강조하고, 행동적 영역은 주로 행위를 강조한다. 예를 들어, 공감(sympathy)은 동기에 해당하고, 이를 바탕으로 한 나눔(sharing)은 행동에 해당한다.

국어과의 교과 목표는 주로 인지적인 측면과 정의적인 측면이 제시되어 왔다.8) 2015

개정 국어과 교육과정의 국어과 목표를 살펴보자.

〈표 1-1〉 2015 개정 국어과 목표

①[9] 국어로 이루어지는 이해·표현 활동 및 문법과 문학의 본질을 이해하고, ② 의사소통이 이루어지는 맥락의 다양한 요소를 고려하여 품위 있고 개성 있는 국어를 사용하며, ③ 국어문화를 향유하면서 국어의 발전과 국어문화 창조에 이바지하는 능력과 태도를 기른다. 가. 다양한 유형의 담화, 글, 작품을 정확하고 비판적으로 이해하고 효과적이고 창의적으로 표현하며 소통하는 데 필요한 기능을 익힌다. 나. 듣기·말하기, 읽기, 쓰기 활동 및 문법 탐구와 문학 향유에 도움이 되는 기본 지식을 갖춘다. 다. 국어의 가치와 국어 능력의 중요성을 인식하고 주체적으로 국어생활을 하는 태도를 기른다.

〈표 1-1〉의 국어 교과의 목표는 전문에서도 하위 목표에서도 모두 인지적인 측면과 정의적인 측면으로 구성되고 있음을 알 수 있다. '①, 나'는 인지적 측면 중 지식 요소를, '②, 가'는 기능 요소를, '③, 다'는 정의적 요소를 진술한 것으로 볼 수 있다.

이 목표 진술이 핵심 역량이 고려된 것이라고 볼 수 없는 것은 핵심 역량의 도입과 무관한 2009 개정 국어과 목표와의 비교를 통해 이해할 수 있다.

〈표 1-2〉 2009 개정 국어과 목표

① 국어 활동과 국어와 문학을 총체적으로 이해하고, ② 국어 활동의 맥락을 고려하여 국어를 정확하고 효과적으로 사용하며, ③ 국어를 사랑하고 국어 문화를 누리면서 국어의 창의적 발전과 국어 문화 창조에 이바지할 수 있는 능력과 태도를 기른다. 가. 국어 활동과 국어와 문학에 대한 기본적인 지식을 익힌다. 나. 다양한 유형의 담화와 글을 비판적이고 창의적으로 수용하고 생산한다. 다. 국어의 가치와 중요성을 인식하고 국어 생활을 능동적으로 하는 태도를 기른다.

①, ②, ③을 서로 비교해 보면 2015 개정 교육과정의 '전문'과 2009 개정 교육과정의 '전문'은 표현의 차이가 조금 있지만 '지식', '기능', '태도'의 내용 요소에서는 크게 차이

8) 국어과에서 쓰기, 읽기, 말하기, 듣기 등은 심동, 행동 영역으로 보지 않고 인지 영역으로 본다. 그래서 국어과에서는 심동(행동) 영역은 특별히 언급할 필요가 없다.
9) 목표 설명의 편의를 위하여 원 번호는 필자가 붙인 것임.

가 없다. 그리고 전문의 하위 항목에서도 '지식'과 '기능'에 해당하는 목표의 제시 순서와 표현의 차이가 일부 있을 뿐 내용 요소는 크게 차이가 없다.

이에 비해 2022 개정 국어과 교육과정의 목표는 핵심 역량과 연계되어 있으며 목표를 인지적 요소와 정의적 요소로 나누었다기보다 인지적 요소와 사회·정서적 요소, 행동적 요소로 구분하여 제시한 것으로 이해된다.

〈표 1-3〉 2022 개정 국어과 목표

① 국어 의사소통의 맥락과 요소를 이해하고 ② 다양한 의사소통의 과정에 협력적으로 참여하면서 ③ 언어생활을 성찰하고 국어문화를 향유함으로써 ④미래 사회에서 요구되는 높은 수준의 국어 능력을 기른다. (1) 다양한 유형의 담화, 글, 국어 자료, 작품, 복합 매체 자료를 비판적으로 이해하고 자신의 생각을 창의적으로 표현한다. (2) 다양성에 대한 이해를 바탕으로 타인의 의견과 감정, 가치관을 존중하면서 협력적으로 의사소통한다. (3) 민주시민으로서 의사소통에 적극적으로 참여하여 개인과 공동체의 문제를 해결한다. (4) 공동체의 언어문화를 탐구하고 자신의 언어생활을 성찰하고 개선한다. (5) 다양한 사상과 정서가 반영되어 있는 국어문화를 감상하고 향유한다.

①은 인지 요소 ②는 행동 요소 ③은 사회·정서 요소 ④는 앞의 모든 것을 종합한 인지 요소라고 말할 수 있다. 2009 개정, 2015 개정 교육과정에서는 전문을 지식과 기능의 인지 요소를 포함하여 전체를 태도 즉 정의 요소로 종합한 것과 대조를 이룬다. 국어과 목표의 전문 기술에 이런 차이가 있는 이유는 핵심 역량을 고려하였기 때문인 것으로 판단된다. 즉 2022 개정의 ①은 의사소통 역량을, ② 공동체 대인 관계 역량을, ③은 자기 성찰·계발 역량, 문화 향유 역량을, ④는 ①, ②, ③을 갖춘 상태를 국어 능력을 갖춘 상태로 본 듯하다.[10)]

하위 항목 (1)은 국어 사용 기능에 해당하는 인지적 요소와 비판적·창의적 사고 역량을, 그리고 복합 매체 자료에 대한 이해와 표현에서 '디지털·미디어 역량'을 관련 지어 제시한 목표이다.[11)] (2)는 '타인의 의견과 감정, 가치관을 존중'은 사회·정서적 요소로,

---

10) 사실 ①, ②, ③과 ④의 문법적인 관계와 의미적인 관계가 무엇인지 명확하지 않으며, ①, ②와 ③의 접속 관계도 이해하기 어렵다.

11) '담화'는 음성 텍스트로 듣기, 말하기의 내용, 자료가 되고, '글'은 문자 텍스트로 읽기, 쓰기의 내용이자 자료가 된다. '국어 자료'는 문법 탐구의 대상으로 음성, 문자, 음운, 형태소, 단어, 구, 문장,

'협력적 의사소통'은 행동적 요소로 볼 수 있는데 앞의 것은 '공동체·대인 관계 역량'과 뒤의 것은 '의사소통 역량'과 연결 지을 수 있다. (3)은 행동적 요소이며 '공동체·대인 관계 역량', '의사소통 역량'과 관련지을 수 있다. (4)는 언어문화 탐구에 대한 인지 요소를 언어생활의 성찰과 개선 즉 '자기 성찰·계발 역량'과 연결 지어 제시한 목표라고 말할 수 있다. 그리고 (5)는 사회·정서적 요소를 '문화 향유 역량'과 연결 지어 진술한 목표라고 말할 수 있다.

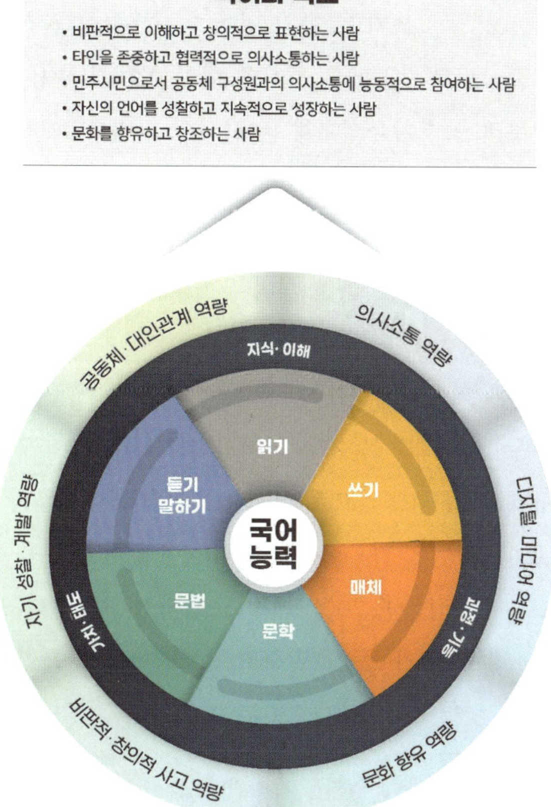

〈그림 1-1〉 2022 개정 국어과 교육과정 설계 개요

발화, 담화, 글을 아울러 가리킨다. 그리고 '작품'은 문학 작품을, '복합 매체 자료'는 복합 매체 텍스트를 가리킨다. 즉 '담화'는 듣기·말하기 영역, '글'은 읽기 영역, 쓰기 영역, '국어 자료'는 문법 영역, '작품'은 문학 영역, '복합 매체 자료'는 매체 영역에 대응된다.

이상의 분석과 같이 2022 개정 국어과 교육과정의 목표 구성 요소 및 진술 방식은 이전과는 현저한 차이가 있다. 미래 사회를 살아갈 인재가 갖추어야 할 역량을 국어과 교육의 도달점으로 설정하고 이를 교과 목표에 반영한 결과이다.

나. 국어과의 영역과 내용 체계

2022 개정 국어과 교육과정에서는 국어과의 영역을 여섯 개로 나누고 있다. '듣기·말하기', '읽기', '쓰기', '문법', '문학', '매체' 영역이 그것이다. '듣기·말하기'는 음성 언어 의사소통을 중심으로, '읽기', '쓰기'는 문자 언어 의사소통을 중심으로, '문법'은 국어에 대한 이해와 탐구를 중심으로, '문학'은 문학에 대한 이해와 수용·창작을 중심으로 하여 내용을 구성해 온 전통적 영역이다. '매체'는 신설한 영역으로, 기존 영역에 부분적으로 반영해 온 매체 관련 내용 요소를 수정·보완하되, 디지털 매체를 기반으로 하여 새로운 의사소통 환경에서 중요하게 부각되고 있는 내용 요소를 교육 내용에 포함하였다. 국어과 여섯 영역은 언어 사용의 실제성과 학습의 유기성을 고려하여 영역 간 연계성이 확보되도록 내용을 구성하였다.

국어과의 영역 구분은 교육과정의 변천과 함께 변화를 거듭해 왔다. 1차 교육과정부터 3차 교육과정까지는 '말하기', '듣기', '읽기', '쓰기' 4영역이 있었다. 4차 교육과정에서는 이 4영역을 '표현·이해' 1영역으로 통합하고 '언어[12]', '문학' 영역을 새롭게 신설하여 모두 3영역으로 나누었다. 5차 교육과정에서는 '말하기', '듣기', '읽기', '쓰기', '언어', '문학' 6영역으로 재조정하여 2007 개정 교육과정[13]까지 이어졌다. 2009 개정 교육과정에서는 '듣기', '말하기'가 '듣기·말하기' 한 영역으로 통합되고 5개 영역으로 바뀌어 2015 개정 교육과정까지 이어졌다. 2022 개정 교육과정에서는 '매체' 영역이 신설

12) 여기서의 '언어' 영역은 지금의 '문법' 영역을 가리킨다. 4차부터 6차까지 '언어'라는 명칭이 사용되었고 7차 교육과정에서는 '국어 지식'으로 명칭이 바뀌었으며, 2007 개정 교육과정부터 '문법'이라는 명칭이 사용되기 시작하여 지금에 이르고 있다. 그러나 고등학교 선택 교과의 문법 영역은 여전히 '언어'라는 명칭이 사용되고 있다. 선택 과목의 명칭이 2009 개정 교육과정에서 '독서와 언어', 2015 개정 교육과정에서 '언어와 매체', 2022 개정 교육과정에서 '화법과 언어'로 불리고 있다.

13) 2007 개정 교육과정에서는 영역 제시 순서에 변화가 있었는데 '말하기, 듣기'의 순서가 '듣기, 말하기'로 바뀌어 지금까지 바뀐 순서로 사용하고 있다. 태어나면서 가장 먼저 그리고 가장 많이 이루어지는 활동이 '듣기'라는 점에서 그리한 것이다.

되어 6영역으로 변화되기에 이르렀다.

2022 개정 국어과의 '내용 체계'에는 6영역별로 '핵심 아이디어'를 각 4개씩 밝히고 '지식·이해', '과정·기능', '가치·태도'의 세 범주와 그에 따른 학년군별 '내용 요소'를 제시하였다. '핵심 아이디어'는 국어과 영역을 아우르면서 영역의 학습을 통해 일반화할 수 있는 내용을 핵심적으로 진술한 것으로, 국어 학습을 통해 학습자들이 성취하기를 기대하는 결과이면서 교수·학습 과정에서 지속적으로 주목하여야 할 내용으로 구성하였다. 이러한 지향에 따라 학습자를 언어 주체로 보고 국어 활동을 수행하는 언어 주체의 역할에 주목하여 핵심 아이디어를 영역별로 3~4개의 문장[14]으로 기술하고 있는데, 내용 체계의 설계를 위한 핵심 조직자로 기능한다.

대체적으로 첫 번째 핵심 아이디어는 나머지 세 개의 핵심 아이디어를 통어하는 역할을 하고, 두 번째 핵심 아이디어는 '지식·이해' 범주를, 세 번째 핵심 아이디어는 '과정·기능' 범주를, 마지막 네 번째 핵심 아이디어는 '가치·태도' 범주를 각각 중점적으로 통어하는 것이지만 서로 완전히 간섭을 할 수 없는 것은 아니다.

2022 개정 국어과는 '내용 체계'를 '지식·이해', '과정·기능', '가치·태도'의 세 범주로 구분하고 있다. 듣기·말하기, 읽기, 쓰기, 매체 영역의 경우, '지식·이해'는 의사소통의 맥락과 유형, '과정·기능'은 의사소통의 과정과 전략, '가치·태도'는 흥미, 효능감 등과 같은 정의적 요소를 중심으로 내용 요소를 구성하였다. 문법 영역의 경우, '지식·이해'는 언어의 본질, 맥락, 규범 등, '과정·기능'은 국어의 분석, 활용, 성찰, 비판 등 탐구 활동 관련 요소, '가치·태도'는 국어에 대한 호기심, 민감성 등과 같은 정의적 요소를 중심으로 내용 요소를 구성하였다. 문학 영역의 경우, '지식·이해'는 문학의 갈래와 맥락, '과정·기능'은 문학 작품의 이해, 해석, 감상, 비평 등 문학 활동 관련 요소, '가치·태도'는 문학에 대한 흥미와 타자 이해, 가치 내면화 등과 같은 정의적 요소를 중심으로 내용 요소를 구성하고 있다. 〈표 1-4〉는 듣기·말하기 영역의 내용 체계이다. 다른 영역의 내용 체계에 대해서는 각 영역의 교수·학습의 이해를 다루는 장을 참고할 수 있다.

---

14) 매체 영역은 핵심 아이디어가 3문장으로 진술되어 있고, 다른 영역은 모두 4문장으로 진술되어 있다.

〈표 1-4〉 듣기·말하기 영역의 내용 체계

범주		내용 요소			
핵심 아이디어		· 듣기·말하기는 언어, 준언어, 비언어, 매체 등을 활용하여 서로의 생각과 감정을 주고받는 행위이다. · 화자와 청자는 상황 맥락 및 사회·문화적 맥락 속에서 의사소통 목적을 달성하기 위하여 다양한 유형의 담화를 듣고 말한다. · 화자와 청자는 의사소통 과정에 협력적으로 참여하고 듣기·말하기 과정에서의 문제를 해결하기 위해 적절한 전략을 사용하여 듣고 말한다. · 화자와 청자는 듣기·말하기에 흥미를 가지고 적극적으로 참여하면서 담화 공동체 구성원으로 성장하고, 상호 존중하고 공감하는 소통 문화를 만들어 간다.			
		초등학교			중학교
		1~2학년	3~4학년	5~6학년	1~3학년
지식·이해	듣기·말하기 맥락	· 상황 맥락		· 상황 맥락 · 사회·문화적 맥락	
	담화 유형	· 대화 · 발표	· 대화 · 발표 · 토의	· 대화 · 면담 · 발표 · 토의 · 토론	· 대화 · 면담 · 발표 · 연설 · 토의 · 토론
과정·기능	내용 확인·추론·평가	· 집중하기 · 중요한 내용 확인하기 · 일이 일어난 순서 파악하기	· 중요한 내용과 주제 파악하기 · 내용 요약하기 · 원인과 결과 파악하기 · 내용 예측하기	· 생략된 내용 추론하기 · 주장, 이유, 근거가 타당한지 평가하기	· 의도와 관점 추론하기 · 논증이 타당한지 평가하기 · 설득 전략 평가하기
	내용 생성·조직·표현과 전달	· 경험과 배경지식 활용하기 · 일이 일어난 순서에 따라 조직하기 · 바르고 고운 말로 표현하기 · 바른 자세로 말하기	· 목적과 주제 고려하기 · 자료 정리하기 · 원인과 결과 구조에 따라 조직하기 · 주제에 적절한 의견과 이유 제시하기 · 준언어·비언어적 표현 활용하기	· 청자와 매체 고려하기 · 자료 선별하기 · 핵심 정보 중심으로 내용 구성하기 · 주장, 이유, 근거로 내용 구성하기 · 매체 활용하여 전달하기	· 담화 공동체 고려하기 · 자료 재구성하기 · 체계적으로 내용 구성하기 · 반론 고려하여 논증 구성하기 · 상호 존중하며 표현하기 · 말하기 불안에 대처하기
	상호 작용	· 말차례 지키기 · 감정 나누기	· 상황과 상대의 입장 이해하기 · 예의를 지키며 듣고 말하기 · 의견 교환하기	· 궁금한 내용 질문하기 · 절차와 규칙 준수하기 · 협력적으로 참여하기 · 의견 비교하기 및 조정하기	· 목적과 상대에 맞는 질문하기 · 듣기·말하기 방식의 다양성 고려하기 · 경청과 공감적 반응하기 · 대안 탐색하기 · 갈등 조정하기
	점검과 조정		· 듣기·말하기 과정과 전략에 대해 점검·조정하기		
가치·태도		· 듣기·말하기에 대한 흥미	· 듣기·말하기 효능감	· 듣기·말하기에 적극적 참여	· 듣기·말하기에 대한 성찰 · 공감적 소통 문화 형성

내용 체계의 내용 요소 범주 구성에서는 인지, 정의 측면으로 구분하고 목표에서 제시했던 행동적 측면이 드러나지 않고 있다. 즉 목표 "(2) 다양성에 대한 이해를 바탕으로 타인의 의견과 감정, 가치관을 존중하면서 협력적으로 의사소통한다."와 "(3) 민주시민으로서 의사소통에 적극적으로 참여하여 개인과 공동체의 문제를 해결한다."에 대한 내용 요소가 목표 체계의 범주 차원에서 반영되고 있지 않다.

'성취기준'은 학습자의 역량 함양을 위하여 내용 체계의 '내용 요소'를 유기적으로 결합하여 구성하였다. '성취기준'에 대한 이해와 소통을 위해 일부 성취기준에는 '성취기준 해설'을 제시하였고, 영역별로 성취기준을 지도할 때 유의할 사항을 '성취기준 적용 시 고려 사항'에 설명하고 있다. 성취기준의 내용과 그에 대한 설명은 6영역-듣기·말하기, 읽기, 쓰기, 문법, 문학, 매체-의 교수·학습을 다루는 장에서 자세히 이루어진다.

참고 문헌

교과부(2009), 「초등학교 교육과정 해설(III)」, 미래엔컬처그룹.
교과부(2011), 「국어과 교육과정」.
교육부(2015), 「국어과 교육과정, 교육부 고시 제2015-75호 [별책 5]」.
교육부(2022), 「국어과 교육과정, 교육부 고시 제2022-33호 [별책 5]」.
교과부(2025), 「초등학교 국어 4-1 교사용 지도서」, ㈜미래엔.
교육부(1993), 「국민 학교 교육 과정(재판)」, 대한 교과서 주식 회사.
교육부(1998), 「제7차 교육 과정 국어과 교육 과정」, 대한교과서주식회사.
교육부(2015), 「초등학교 국어 5-2 교사용 지도서」, ㈜미래엔.
교육부(2025), 「초등학교 국어 4-2 교사용 지도서」, ㈜미래엔.
김하수(1988), 국어와 국어교육에 관한 기본 문제, 「모국어교육」 6, 모국어교육학회.
노명완·박영목·권경안(1988), 「국어과 교육론」, 갑을 출판사.
노명완·정혜승·옥현진(2003), 「창조적 지식 기반 사회와 국어과 교육」, 도서출판 박이정.
노은희 외(2022), 「2022 개정 국어과 교육과정 시안(최종안) 개발 연구」, 한국교육과정평가.
박순용·이경한·조대훈·함영기(2015). 「유네스코가 권장하는 세계시민교육 교수학습 길라잡이」, 유네스코 아시아태평양 국제이해교육원.
박승배 외 옮김(2009), 「효과적인 교수법」, 아카데미프레스.
박영목 외(1995), 「국어과 교수 학습 방법 탐구」, 교학사.
박인우 외 옮김(2005), 「교수 모형」, 아카데미프레스.
박태호(2009), 「초등 국어 수업 관찰과 분석」, 정인출판사.
신헌재 외(2005), 「초등 국어과 교수·학습 방법」, 박이정.
양태식·엄해영·원진숙·이재승·황정현·이병규(2013), 「(2009 개정 교육과정을 담은) 초등 국어과 교육의 원리」, 박이정.
양태식·엄해영·황정현·원진숙·이재승·이병규(2013), 「(2009 개정 교육과정을 담은) 초등 국어과 교수 학습의 이해와 적용」, 박이정.
오병승(1998), 교육의 관점에서 본 수학적 지식과 수학적 추상의 특성, 「과학과 수학 교육 논문집」 24, 서울교육대학교 과학교육연구소.

이경화·이주섭·임천택·이수진·전제응·최규홍·김상한·이경남·박혜림(2024), 「초등 국어과 교육론」, 박이정.

이병규(2026), 발화와 담화의 국어과 교육적 쟁점과 의미, 「반교어문」, 반교어문학회.

이병규(2019), 「국어 문법 교육론」. 집문당.

이병규·김경하·안찬원·한세란·이현진(2021), 「초3~6 협력적 창의지성·감성교육과정」 운영을 통한 미래핵심 역량 강화 방안, 서울시교육청 교육연구정보원 교육정책연구소.

이삼형 외(2007), 「국어교육학과 사고(개정신판 2쇄)」, 도서출판 역락.

이재승(1992), 통합 언어(whole language)의 개념과 국어 교육에의 시사점, 「국어교육」 79·80, 한국국어교육학회.

정동화 외(1994), 「국어과 교육론」, 선일문화사.

천경록 외(2004), 「초등국어과 교육론」, 교육과학사.

천경록·염창권·선주원·서수현(2023), 「2022 교육과정에 따른 초등국어과교육의 이해」, 교육과학사.

최미숙·원진숙·정혜승·김봉순·이경화·전은주·정현선·주세형(2023), 「2022 개정 국어과 교육과정을 담은 국어교육의 이해」, 사회평론아카데미.

최현섭 외(1996/2001), 「국어교육학 개론」, 심지원.

황정현 역(1998), 「창조적인 언어사용 능력을 위한 교육연극 방법(Nancy King)」, 평민사.

황정현(1999), 초등국어과 교육의 특수성과 과제, 「초등국어교육」 9, 서울교대 국어교육연구소.

Barrett, T.(1976) Taxonomy of Reading Comprehension. In R. Smith and T.Barrett (Eds), *Teaching Reading in the Middle Grades*. Readin Mass: Addison-Wesley.

Geoffrey Leech(1975), Semantics and Society, *Semantics*, Penguin Book.

Marzano, R. J. et al.(1988), *Dimensiion of Thinking: Framwork for Curriculum and Instruction*. Alexandria, VA.: ASCD.

Nellie McCaslin(1996), *Creative Drama in the Classroom and Beyond,* Longman Publishers.

더 공부해 봅시다

1. 사람에게 언어가 왜 중요한지 다각도로 설명하시오.

2. 국어가 '영어'나 '중국어' 등 다른 언어로 바뀐다면 국어 교육에 어떤 변화가 생길 수 있는지 설명해 보시오.

3. 초등 국어과 교육의 특성을 학습자, 교사, 교수·학습 방법, 교수·학습 자료, 교수·학습 내용, 교실 환경을 기준으로 중등 국어과와 비교하여 설명하시오.

4. 2022 개정 국어과 교육과정의 국어 사용 영역 중 한 영역의 교수·학습의 내용 요소를 국어과 교육의 세 관점에 따라 분석하여 정리해 보시오.

5. 국어과의 성격을 예를 들어 설명하고 그 가운데 가장 중요한 성격을 두 가지를 이유와 함께 설명해 보시오.

6. 미래 사회가 요구하는 국어과의 핵심 역량 여섯 가지를 설명하고 국어과 교육의 성취기준들을 핵심 역량을 기준으로 분석하여 정리해 보시오.

7. 2009, 2015, 2022 개정 교육과정에서 추구하는 인재상을 고려하여 각 교육과정의 국어과 목표를 비교·분석하고 각각의 특성을 설명해 보시오.

8. 국어과의 내용 체계와 성취기준의 관계 및 내용 체계의 내용 요소 선정 원리를 설명해 보시오.

9. 2022 개정 국어과 교육과정의 핵심 아이디어가 만들어지는 원리와 그 역할, 필요성을 구체적으로 설명하시오.

제2장

국어과 교수·학습 방법의 이해

학교 교육은 계획된 조건에서 계획된 지식이나 능력 등을 교수·학습 활동을 통하여 획득하도록 하는 것이다. 교수·학습의 내용을 교육하고 학습하기 위한 시간은 무한히 주어지지 않는다. 주어진 시간 내에 최대의 효과를 거둘 수 있어야 한다. 효과성과 효율성이 수반되는 교수·학습 활동이 필요한 것은 두말할 필요가 없다. 이를 위하여 어떤 교수·학습 방법을 선택하느냐는 아무리 강조해도 지나치지 않다.

국어과의 교수·학습도 다르지 않다. 때로는 준비된 자료를 학습자 스스로 탐구하여 과제를 해결할 수 있는 방법을 활용하는 것이 나을 때도 있고 때로는 교사의 능숙한 시범과 설명을 토대로 모방과 이해를 통하여 빨리 과제의 해결 방법을 익혀 해결해 내는 것이 효율적일 때도 있다.

이 장에서는 국어과의 교수·학습 방법에는 어떤 것들이 있고 각 방법은 무엇을 지향해야 하는지 알아보자.

1. 국어과의 교수·학습의 방향과 수업의 특징

가. 2022 개정 교육과정의 국어과 교수·학습의 방향

2022 개정 국어과 교육과정이 지향하는 방향은 크게 일곱 가지로 정리된다. 첫째, 국어과 교수·학습은 AI 시대의 인간에게 요구되는 핵심 역량을 기를 수 있도록 계획되고 운용되어야 한다. 인간이 하던 많은 역할을 인공 지능이 대신 수행하게 되는 미래 사회에 요구되는 국어과의 핵심 역량인 '비판적·창의적 사고 역량', '디지털·미디어 역량', '의사소통 역량', '공동체·대인 관계 역량', '문화 향유 역량', '자기 성찰·계발 역량'을 기를 수 있는 교수·학습이어야 한다.

1장에서도 알아보았듯이 핵심 역량을 고려하여 마련된 국어과의 교과 목표를 달성하기 위하여 내용 체계를 기반으로 만들어진 성취기준이 내포하고 있는 교수·학습의 내용 요소를 잘 학습할 수 있는 교수 설계가 이루어져야 한다. 학습자의 실생활과 가까운 학습 맥락을 제공하여 흥미와 동기를 높이는 것은 물론이고, 학습자가 상호 협력하여 주어진 문제를 해결해 나갈 수 있는 교수·학습을 계획·운용하여야 한다.

둘째, 국어과는 학습자 개개인의 특성을 고려하여 교수·학습을 계획하고 운용하여야 한다. 다시 말하면 학습자의 다양한 능력과 수준, 적성과 진로, 관심과 흥미, 다양한 언어와 문화적 배경 등 개인차를 고려하여야 한다는 것이다. 교수·학습 과정에서 학습자 자신의 학습 방법, 학습 자료, 학습 제재 등을 주도적으로 선택하여 학습 목표에 이르게 함으로써 개개 학습자의 인지적, 정의적, 사회 문화적 성장과 발달을 지원할 수 있는 자기 선택적 교수·학습 및 학습자 맞춤형 교수·학습을 계획하고 운용한다.

셋째, 의사소통 맥락을 고려하여 온라인, 오프라인 수업을 적절하게 활용할 수 있는 교수·학습이 계획되고 운용되어야 한다. 의사소통 맥락을 고려하여 온라인, 오프라인 수업을 적절하게 활용할 수 있는 교수·학습이 계획되고 운용되어야 한다. 특히 온라인 수업에서 교사와 학습자 사이의 상호 작용, 학습자와 학습자 사이의 상호 작용을 촉진할 수 있어야 할 것이다. 그리고 학습자가 디지털 도구를 적극적으로 활용하여 의사소통을 비롯한 국어생활을 할 수 있도록 교수·학습을 계획하고 운용하여야 한다.

넷째, 디지털 시대의 기속화로 의사소통 매체가 다변화됨에 따라, 이를 고려한 국어과 교수·학습이 계획되고 운용되어야 한다. 문자와 음성 기반의 국어 활동뿐만 아니라 디지털 기반의 시각, 이미지, 동영상, 음향 매체와 이들이 결합된 복합 양식(복합 매체) 등을 활용하여 능동적, 적극적, 창의적인 국어 활동을 할 수 있으며, 다양한 디지털 자료들을 탐색하여 새로운 지식과 정보를 창출해 내는 디지털 소양을 기르는 교수·학습을 계획하고 운용해야 한다. 그리고 공동체의 구성원과 적극적이고 협력적으로 소통하는 국어 활동 과정에서 자신과 사회의 문제를 주도적으로 해결할 수 있는 공동체 및 대인관계 소양을 기를 수 있도록 계획하고 운용하여야 한다.

다섯째, 초등학교·중학교·고등학교 간의 교육 내용이 자연스럽게 연계되도록 하여야 한다. 학교급 간뿐만 아니라 동일 학교급에서도 학년 또는 학년군의 연계와 듣기·말하기, 읽기, 쓰기, 문법, 문학, 매체 영역 간의 연계가 자연스럽게 이루어질 수 있도록 수업을 계획하고 운영하여야 한다. 나아가 진로와 연계한 교육이 이루어질 수 있도록 다양한 국어 활동을 통해 자신의 적성과 소질을 탐색하고, 꾸준히 자신의 진로에 관심을 가지고 진로를 개척할 수 있는 습관을 형성하여 학습자 스스로 미래를 설계할 수 있도록 교수·학습을 계획하고 운용하여야 한다.

여섯째, 국어과 학습의 도구적 성격을 알고 다른 교과와의 통합, 비교과 활동과의 통합, 학교 밖 생활과의 통합이 이루어지는 교수·학습을 계획하고 운용함으로써 학습자가 다양한 주제와 삶의 문제에 대해 비판적이고 창의적인 국어 활동을 할 수 있도록 하는 데에 중점을 둔다. 그리고 학습자가 다양한 담화와 글, 각종 국어 자료, 문학 작품, 디지털 매체 자료, 복합매체(양식) 자료 등을 주제 통합적으로 이해하여 학습자 자신의 관점과 의견을 주체적으로 생산하고, 그것을 효과적으로 표현할 수 있도록 교수·학습을 계획하고 운용한다.

일곱째, 국어과의 성취기준이 함의하고 있는 각각의 내용 요소에 대하여 통합적이고 깊이 있는 학습이 이루어질 수 있도록 관련 도서를 한 권 이상 선정하여 긴 호흡으로 읽으며 학습에 적절하게 활용한다. 이를 여러 성취기준 간 통합, 영역 간 통합, 교과 간 통합 학습에 활용하도록 하기 위해 학습자 개개인의 관심사와 흥미 나아가 진로를 고려하여 학습자 본인이 직접 도서를 선정하도록 유도하되, 서책이나 전자책(e-book) 등 상황에 알맞은 도서를 준비하도록 하고 학습에 활용할 수 있는 충분한 독서 시간을 확보하는 등의 물리적 환경 조성도 교수·학습 계획과 운용에 반영하여야 한다.

나. 2022 개정 교육과정의 국어과 수업의 특징

2022 개정 국어과 교육과정에서 강조하고 있는 수업 방법은 개별화 수업, 프로젝트 기반의 수업, 토의·토론을 기반으로 하는 협동 수업, 온오프라인 연계 수업 및 디지털 도구 활용 수업, 기초 학력 보장 및 타 교과 학습을 위한 국어 능력이 신장되는 수업, 국어과의 각 영역 성취기준의 특성을 고려한 수업 등이다. 이를 차례대로 더 세부적으로 살펴보기로 한다.

1) 개별화 수업

학습자 개개인의 맞춤형 교수·학습이 이루어지는 개별화 수업에서는, 주어진 수업 시간 내에 교사 1인이 다수의 학생을 직접 교수하는 것에 물리적인 한계가 있다. 따라서 국어과에서는 학습자가 자기 주도적으로 학습을 전개해 갈 수 있도록 학습자가 주도적으로 자신의 학습 계획을 수립하고, 학습자 스스로 자신의 학습 상황을 점검한 후 조정해 나갈 수 있도록 하는 개별화 수업을 활용하여야 한다.

해당 차시의 수업 방법으로 개별화 수업을 선택할 때는 학습자의 교과 내적, 교과 외적 준비 정도, 흥미와 관심, 학습 유형의 선호도 등을 고려하여 학습 자료, 학습 소재, 학습 과정, 학습 환경 등을 개별화함으로써 개개의 학습자가 최적의 학습을 전개해 갈 수 있도록 지원하는 것에 초점을 두어야 한다. 이를 위해 개별화 수업에서는 교사의 학습자 특성 파악과 그에 기반을 둔 교사의 비계 준비와 제공 등이 무엇보다 중요하다.

개별화 수업을 시도할 때는 학습자의 교과 내용 관련 준비 상태에 유의하여 학습의 시작점이나 학습 속도를 계획하고, 교과 외적 준비 상태로 학습자의 흥미와 동기, 관심 등을 고려하여 선호하는 세부 학습 방법, 학습 자료, 학습 결과물의 형태 등을 선택하도록 할 수 있다.

특히 이 교수·학습 방법에서는 학습자의 개별 학습 과정에서 다루어지는 요소들이 국어과의 목표와 교육 내용의 범위를 넘지 않도록 주의하여야 한다. 그리고 교사는 학습자의 개별 학습 과정을 면밀하게 관찰하여 적절한 피드백과 비계를 제공함으로써 학습자의 다각적 성장과 발달을 지원할 수 있어야 한다.

2) 프로젝트 수업

2022 개정 교육과정 국어과에서는 수업 방법으로 프로젝트 기반의 수업을 강조하고 있다. 국어과의 프로젝트 기반의 수업을 통해, 학습자는 자신의 실제 삶과 연계된 국어 학습 경험을 하고, 학습한 내용을 자신의 국어생활에 적용한 후, 자신의 국어생활을 성찰할 수 있는 능력을 갖출 수 있다.

또한 학습자가 주도적으로 국어과 수업에 참여하도록 유도하기 위해서는 프로젝트 기반의 수업을 적극 활용하는 것이 필요하다. 프로젝트 수업을 계획할 때는 학습자의 국어 생활 국면의 실제적인 맥락을 파악하여 활용할 수 있어야 한다. 그렇게 함으로써 학습자에게 더 의미 있는 학습 문제나 탐구 주제를 제공할 수 있다.

프로젝트 수업의 학습 문제나 탐구 주제를 선정하고 이를 해결하기 위하여 프로젝트화하는 과정에도 학습자를 직접 참여시켜 학습 내용에 관심과 흥미를 유발할 수 있도록 하여야 한다. 프로젝트 수행 과정에서도 학습자가 문제의식과 프로젝트 해결의 필요성을 느끼고 주도적으로 문제를 탐구해 나가도록 하고, 조사, 토론·토의 및 정리, 결과 발표와 공유, 평가에 이르는 모든 과정에 주도적으로 참여할 수 있도록 하는 것이 중요하다.

프로젝트 수업을 구성할 때는 학습자 개인별 활동과 프로젝트 구성원 간 협력적인 문제 해결 활동을 조화롭게 안배하고, 프로젝트 수행 과정에서 교사와 학습자 간, 동료 상호 간에 적극적인 피드백과 비계를 제공해 줌으로써 교사는 물론 학습자 간에도 조력자의 역할을 할 수 있도록 한다.

3) 토의·토론 및 협동 수업

국어과에서는 다양한 담화와 글 등의 국어 자료와 매체 자료가 담고 있는 정보를 분석·평가·분류·종합하여 문제 해결을 위한 대안을 마련하는 능력을 기른다. 이때 학습자가 수업의 과정에 주도적이고 적극적으로 참여하고 교사와 학습자 간, 학습자와 학습자 간의 상호 작용을 독려하기 위하여 토의·토론이 포함된 협동 수업을 활용할 수 있다.

토의·토론을 포함한 협동 수업을 계획할 때는 학습자가 개인별 국어 활동 외에도 짝과, 모둠 구성원과의 토의·토론은 물론, 과제 수행을 위한 역할 분담을 통한 협력적 활동에 적극 참여할 수 있도록 준비하여야 한다. 이런 토의·토론, 역할 분담 등의 협력적 활동을 통해 효과적으로 문제를 해결할 수 있음을 인식하게 하고, 학습자 간의 적극적인 상호 작용이 이루어질 수 있도록 하는 것에 초점을 둔다.

토의·토론이 수반되는 협동 수업의 주제에는 안전·건강 교육, 인성 교육, 인권 교육, 진로 교육, 민주시민 교육, 세계 시민·국제사회 교육, 다문화 교육, 통일 교육, 독도 교육, 경제·금융 교육, 환경·지속가능발전 교육, AI를 비롯한 미래 사회 교육, 디지털 교육, 다매체 교육 등의 범교과 학습 주제를 염두에 두고 국어과와 타 교과 간의 주제 통합, 교과 통합적인 교수·학습을 설계할 수 있다.

특히 토의·토론이 포함된 협동 수업에서는 일부 학습자가 일방적으로 협동 수업의 전 과정을 이끌어 가지 않도록 하는 것이 중요하다. 따라서 교사는 학습자 개개인이 책임감을 가지고 능동적으로 수업에 참여할 수 있도록 모둠 내의 협의를 통해 적절한 역할을 맡을 수 있도록 안내한다. 그리고 토의·토론을 비롯하여 협동 수업의 전 과정에서 개개인에게 부여된 역할 수행에 대하여 면밀한 관찰과 피드백을 제공함으로써 학습자 간의 협력적 상호 작용이 독려될 수 있도록 지원한다.

4) 디지털 교구의 활용 및 온오프라인 연계 수업

코로나 시기를 거쳐 오면서 자의든 타의든 온라인 학습 환경이 개선된 것이 사실이다. 즉 가정과 학교, 학교 안과 학교 밖의 교육적 연결이 매우 간편해졌다고 말할 수 있다. 온라인 학습 환경에 알맞은 스마트폰, 노트북, 디지털 패드, 각종 온라인 교육 플랫폼, 다양한 온라인 학습 프로그램 등 디지털 교구의 괄목할 만한 성장과 발전이 있어 왔다.

이러한 학교 안팎의 국어과 수업 환경의 변화와 학습자의 국어 사용 환경의 변화를 고려하여 온오프라인 연계 수업과 디지털 도구를 활용한 수업이 적극적으로 이루어져야 한다. 국어과의 온오프라인 연계 수업이나 디지털 도구를 활용한 수업에서는 학습자 개개인의 인지, 정의, 신체적 발달 수준에 따른 디지털 기기 활용 능력을 고려해야 한다. 이를 반영한 온라인 수업 및 디지털 도구 활용을 계획함으로써 학습을 효과적으로 지원할 수 있어야 한다.

학생이 실생활에서 디지털 도구를 활용하는 상황을 고려하여 자신이 직접 필요한 디지털 도구를 선택하여 사용할 수 있도록 하되, 디지털 도구의 활용 과정에서 준수해야 하는 디지털 윤리 의식을 기를 수 있도록 지도하는 것도 간과해서는 안 될 것이다. 그리고 학습자의 온오프라인 연계 수업의 과정과 그 결과를 공유함에 있어 종이 자료뿐 아니라 디지털 파일의 형식의 자료를 온라인 플랫폼을 활용하여 실시간으로 공유하고, 이를 교사나 동료가 동시에 상호 피드백해 줌으로써 학습의 개선에 효율을 꾀할 수 있도록 한다.

5) 기초 학력 보장 및 타 교과 학습 지원 수업

국어과의 교수·학습을 통하여 학습자가 기초 학력 즉 최소 수준 이상의 학습 능력을 갖출 수 있도록 지원하고, 다른 교과 학습을 위한 기본이 되는 국어 사용 능력(국어 능력)을 함양할 수 있도록 지도한다. 국어 교과를 통해서 일상생활을 영위하는 데 기초가 되는 국어 사용 능력은 물론이고 다른 교과의 내용을 이해하고 표현하는 데 필요한 듣기, 말하기, 읽기, 쓰기 능력을 갖출 수 있도록 지도한다.

국어 교과에서는 듣기, 말하기, 읽기, 쓰기 활동에 요구되는 인지적 영역뿐만 아니라 학습자의 흥미, 관심, 효능감 등 정의적 영역도 지속적인 관찰과 점검을 통해 피드백함으로써 학습자가 스스로 자신의 국어생활을 성찰하고 국어 사용 능력에도 관심을 기울이도록 지도한다. 이 과정에서 자신의 국어생활을 개선하고자 하는 긍정적인 태도를 형성하도록 지원한다.

6) 성취기준의 특성을 고려한 수업

국어과의 학습 과정에서는 학습자에게 깊이 있는 학습이 이루어질 수 있도록 영역별 성취기준의 특성을 고려한 교수·학습 방법을 선택하여 적용하여야 한다. 듣기·말하기 영역에서는 듣기와 말하기의 다양한 목적과 맥락을 반영하여 실제와 같이 음성 매체로 이루어지는 의사소통 활동을 수행하는 경험을 강조한다. 구어 의사소통에 참여하는 과정에서 부딪히는 다양한 문제를 해결하기 위해 듣기와 말하기의 전략을 점검 및 조정하도록 지도하여야 한다. 그리고 협력적으로 상대방과 상호 작용하며 국어생활의 문제를 해결해 나갈 수 있도록 교수·학습 활동을 설계하여야 한다. 듣기와 말하기 활동을 통합하여 지도하여 실생활에서의 구어 의사소통의 상호 교섭성을 구현하도록 한다. 국어과 다른 영역 성취기준, 다른 교과 성취기준, 범교과 학습 주제 등을 고려하여, 학습자의 구체적인 삶의 맥락과 연계하여 담화의 상황을 설정하여 실제성이 확보된 교수·학습을 구현한다.

읽기 영역에서는 구체적인 지식, 세부 기능, 전략 등을 분절적으로 학습하는 것을 지양하고, 주제, 목적, 필자, 소재 등의 상황 맥락과 사회·문화적 맥락을 고려하여 다양한 유형의 글이나 자료를 활용하여 알맞은 읽기 전략을 적용하도록 한다. 그리고 그 효과성을 점검·조정하며 읽는 활동이 되도록 지도한다.

이뿐만 아니라 학습자의 관심, 흥미, 적성, 환경, 인지 수준, 진로 등을 고려한 자기 선택적 읽기 활동을 안내한다. 특히, 학습자의 읽기 상황, 읽기 수준 등에 알맞게 읽기 자료의 난이도나 분량 등을 결정하되, 짧고 쉬운 글에서 한 권 이상의 책으로 읽기를 심화할 수 있도록 안내한다. 그리고 읽기 과정에서 학습자가 스스로 질문을 생성하여 부딪힌 문제를 해결해 나가고, 학습자 간의 발표, 토의, 토론, 대화 등의 과정을 통해 다른 학습자의 다양한 반응을 공유하게 함으로써 개인적 읽기에서 나아가 사회적 읽기의 참여로 확장해 가는 독자가 될 수 있도록 지도한다.

쓰기 영역에서는 쓰기에 관여하는 상황 맥락과 사회·문화적 맥락을 반영한 글을 실제로 쓰는 활동을 강조한다. 글을 써 보는 과정에서 쓰기 학습이 이루어질 수 있는 쓰기 과제를 제시한다. 글을 써 가는 과정에서 학습자가 문제에 부딪힐 경우, 해결을 위하여 스스로 질문을 생성하여 문제를 능동적으로 해결할 수 있도록 안내한다. 학습자가 쓴 글은 다양한 온오프라인 방법을 활용하여 발표하거나 출판하여 공유함으로써 다양한 독자의 반응을 경험할 수 있도록 지도한다. 그렇게 함으로써 학습자가 실제 삶 속의 의사소통 상황에서 적극적인 필자로 성장할 수 있도록 지원한다.

문법 영역에서는 학습자의 주변이나 삶에서 쉽게 접할 수 있는 음성, 음운, 형태소, 단어, 구, 문장, 발화, 담화, 글 등 다양한 단위와 형태의 국어 자료에 나타난 다양한 국어 현상과 국어 문제를 탐구해 보는 경험을 강조한다. 그 과정에서 국어 지식을 구성해 내고 말과 글의 힘과 가치를 깨닫는 교수·학습 활동을 강조한다. 특히 문법 교육 내용이 위계적으로 반복·심화·연결될 수 있도록 지도한다. 그리고 타 영역의 성취기준과 자연스럽게 연계된 단원과 차시가 구성될 수 있도록 하는 데 유의한다. 학습한 결과를 학습자의 국어생활의 성찰과 개선에 능동적으로 활용할 수 있도록 안내하고, 학습자가 자신과 주변의 국어 현상이나 국어 사용 현상을 민감하게 주시하고 성찰하는 국어 사용의 주체로 성장할 수 있도록 지원한다.

문학 영역에서는 학습자가 능동적이고 적극적으로 우리 문학을 향유하는 주체로 성장할 수 있도록 하는 데 중점을 둔다. 학습자의 인지나 흥미 수준을 고려하여 작품들을 많이 접하게 하고 그 가운데서 문학 향유의 즐거움을 경험하게 한다. 학습자들이 작품을 향유한 후에는 각자의 느낌, 감정과 생각을 자유롭게 주도적으로 다른 학습자들과 공유하며 소통할 수 있는 기회를 제공한다. 더불어 학습자 자신의 아름다운 정서나 감정, 느낌을 창의적으로 표현할 수 있는 능력을 기를 수 있도록 문학 창작의 경험도 충분히 제공하도록 한다.

나아가 자신의 관심과 흥미, 인지 수준을 고려하여 온전한 작품 한 편, 또는 여러 작품이 수록된 시집이나 단편선 한 권을 선정하게 하여 긴 호흡으로 작품을 충분히 즐길 수 있도록 하고 이를 다양한 문학 수업에서 활용할 수 있도록 기회와 여건을 제공하도록 한다. 한정된 교과서 지면, 한정된 시수 등으로 수업에서는 작품의 일부만 읽을 수밖에 없다고 하더라도, 책 한 권 읽기, 작품 전체 읽기 활동을 계획함으로써 문학 수업의 작품 읽기의 한계를 최소화할 수 있도록 한다.

2022 개정 국어과 교육과정에서 신설된 매체 영역에서는 매체 자료(텍스트)가 소통되는 상황 맥락과 사회·문화적 맥락을 고려하여 다양한 매체에서 매체 텍스트를 실제로 이해하고 표현 및 공유하는 활동에 중점을 둔다. 그 과정에서 학습자 자신과 또래 집단 나아가 우리 사회의 매체 소통 문화를 성찰하며 다양한 매체를 활용하여 소통을 할 때 매체 윤리를 지킬 수 있도록 강조한다. 매체 영역의 학습 과정에서 교과서나 교수·학습 자료의 지면을 통해 간접적으로 구현된 매체 자료를 일부 활용할 수도 있지만 가급적 디지털 기기를 활용하여 실제적인 매체 자료를 수용·생산할 수 있는 기회를 제공하도록 한다. 그리고 학습자가 생산한 매체 텍스트를 다양한 온라인 플랫폼을 이용하여 공유하고 독자들의 피드백을 받음으로써 자신이 생산한 매체 텍스트와 매체 텍스트 생산 활동을 성찰할 수 있도록 지도한다. 특히 매체 영역에서는 국어과의 타 영역, 다른 교과와 긴밀하게 연계하여 지도함으로써, 학습자가 국어생활은 물론 타 교과 학습에서도 매체와 매체 텍스트를 능동적이고 책임감 있게 사용할 수 있도록 지도한다.

2. 국어과 교수·학습의 방법과 모형

가. 교수·학습 방법의 유형과 특징

국어과 교수·학습 방법은 크게 직접 교수 방법과 간접 교수 방법으로 구분할 수 있다. 다음 절에서 설명할 국어과에서 활용하고 있는 교수·학습 모형 아홉 가지도 이 두 가지 교수·학습 방법으로 구분된다. 명칭에서도 알 수 있듯이 교수의 주체를 교사로 보고, 내용 요소에 대한 학습이 교사의 직접적인 설명에 의해 이루어지는 것이냐 그렇지 않은 방법으로 이루어지는 것이냐에 따라 구분한 것이다.

이와 같은 특성을 비롯하여 직접 교수 방법과 간접 교수 방법의 특징을 교수·학습의 내용 요소, 사고와의 관계, 두 주체의 역할, 두 주체의 특성, 수업 형태, 핵심 개념, 주체들 사이의 상호 작용, 교수·학습 분위기, 교수 방법 활용의 유의점 및 장단점 등으로 나누어 설명하기로 한다.

교수 학습의 내용의 측면에서 두 교수 방법의 특징을 살펴보면, 직접 교수 방법은 주로 명제적 지식(사실), 절차적 지식(행동 절차)과 같이 비교적 분절화할 수 있는 성격의 내용이 대상이 된다. 이에 비해 간접 교수 방법은 구체적이고 분절적인 지식의 차원으로 범주화되어 있지 않은 개념이나 패턴화, 습관화, 행동화가 필요한 내용 요소들이 대상이 된다. 물론 분절적 지식인 경우에도 교육적 국면에서는 학습자의 인지적, 정의적, 사회문화적 성장과 발달을 위하여 개념화, 패턴화의 경험을 유발하기 위하여 간접 교수 방법을 활용할 수 있다.

분절화할 수 있는 지식은 설명과 독서를 통해 이해하고 기억한 후 새로운 상황에 적용하여 문제를 해결하는 데에 활용하게 된다. 이 과정에서 재인적 사고, 이해적 사고, 적용적 사고를 경험할 수 있다. 이에 비해 개념화, 패턴화, 습관화가 필요한 내용 요소의 경우에는 자료 수집, 분석, 종합, 평가, 내면화의 과정을 경험하는 과정에서 학습이 이루어진다. 이처럼 간접 교수 방법의 대상이 되는 내용 요소를 학습하는 과정은 초점화, 비교, 분석, 분류, 평가 등과 같은 고차적인 사고 활동을 경험하게 된다.

직접 교수 방법은 말 그대로 교수·학습의 내용 요소를 교사가 직접 지도하는 방법이다. 교수·학습의 주체로서 교사는 교수자, 개념 설명자, 수업의 기획자의 역할을 한다.

이에 비해 학습자는 수용자, 이해자의 역할을 하게 된다. 따라서 교수·학습의 중심은 교사에게 있어 교사의 역할이 중요한 교수·학습 방법이다. 학습자는 교수·학습에 수동적인 입장에 놓이게 되기 때문에 교사는 적절한 자료와 비계를 제공하여 학습자가 적극적으로 수업에 참여할 수 있도록 학습 활동 유발을 위한 노력을 기울여야 한다. 한편 간접 교수 방법은 교수·학습의 내용 요소에 대하여 학습자가 스스로 찾아내고 이해하는 방식이다. 그래서 교수·학습의 중심은 학생에게 있고 교사는 학습자가 스스로 학습 문제를 잘 해결해 나갈 수 있도록 안내하고 지원하는 안내자이자 조력자의 역할을 맡는다.

두 교수 방법의 핵심 개념에 대해 알아보자. 직접 교수 방법은 학습 내용 요소에 대한 교사의 설명과 시범이 중심이 된다. 국어과의 다양한 의사소통 기능을 지도하기 위하여 교사의 시범이 매우 중요하다. 예를 들어 물구나무서기 기능을 지도하기 위하여 그 방법을 설명하고 시범을 보여 주는 것처럼, 글을 요약하기, 추론하기, 글쓰기를 위한 내용 생성과 조직하기 등을 지도하기 위하여 그 방법을 설명하고 시범을 보여 줄 수 있어야 한다. 한편 간접 교수법의 핵심 개념은 자료 제시, 탐구, 협력이다. 탐구할 자료는 학습자의 문제 해결 과정을 다각적으로 고려하여 교사가 의도적으로 계획한 것을 주로 제시한다. 학습자들은 짝 활동, 소모둠 활동 등을 통해 제시된 자료를 분석, 비교, 판단, 분류, 종합 등의 협력적 탐구 활동을 통하여 문제를 해결하게 된다.

수업의 형태적인 측면에서 두 교수 방법의 차이를 알아보자. 직접 교수 방법은 교사가 교수·학습의 내용 요소를 설명과 시범을 통하여 학습자가 이해 또는 모방하도록 유도하는 방식이기 때문에 보통은 교사 1인 대 학급 전체 즉 일제식 수업의 형태가 중심이 된다. 이에 비해 간접 교수 방법은 탐구와 협력이 중심이 되는 수업이기 때문에 짝 활동, 모둠 학습의 형태가 중심이 되는 경우가 일반적이다. 수업 형태를 고려하여 학습 활동을 유도하고 피드백도 수업 형태에 알맞게 제공되어야 한다.

수업 주체들 사이에 상호작용과 학습 분위기에 대해서도 살펴보자. 직접 교수 방법은 대체로 교사에서 학생에게로 일방적인 측면이 있다. 학습 분위기가 설명하고 수용하는 분위기이기 때문에 교사와 학생 간, 학생과 학생 간의 상호작용이 활발히 이루어지지 않을 가능성이 있다. 그렇기 때문에 특히 교사는 수업 계획 단계에서부터 이러한 점을 충분히 고려하여 다양한 질문과 제시할 자료를 준비하여야 한다. 이를 통해 학생들이 수업에 활발히 참여할 수 있도록 유도하는 것이 매우 중요하다. 간접 교수법은 탐구와 협력이 중심이 될 뿐만 아니라 이를 위한 학습 형태도 짝 활동, 소모둠 활동이 대부분이기 때문에 학생 간의 상호 작용이 매우 활발하다. 교사도 짝 활동이나 소모둠 활동을 관찰하며 협력자, 안내자, 조력자로서 적재적소에 비계를 제공할 수 있어야 하기 때문에 학습자와의 상호작용이 매우 활발히 이루어지는 교수·학습 방법이라고 말할 수 있다. 간접 교수 방법의 수업 분위기는 협력적이고 허용적인 분위기를 조성하는 것이 필요하다.

직접 교수 방법은 교사의 설명과 시범이 중심이 되기 때문에 수업의 효율성 측면에서는 매우 좋은 수업 방법이라고 할 수 있다. 주어진 시수 안에 많은 것을 가르칠 수 있기 때문이다. 그러나 학습의 측면에서 학생이 주도적으로 수업에 참여하는 데 한계가 있기 때문에 학습 결과에 대한 만족도를 제고시킬 다양한 교수·학습 장치들을 마련할 필요가 있다. 한편, 간접 교수 방법은 학습자가 주도적으로 학습을 이끌어 간다는 점에서 수업 참여가 활발하고, 탐구 활동 과정에서 고차적인 사고 활동과 문제 해결의 성공을 경험함으로써 사고력은 물론 문제 해결에 대한 효능감을 높일 수 있게 된다. 그러나 간접 교수법은 효율성 측면에서 활용에 한계가 있다. 즉 학습자가 문제 해결을 할 때까지 시간이 오래 걸려도 기다려 줘야 하기 때문이다. 물론 교사는 학습자가 주도적으로 문제를 해결해 가는 과정을 개인별, 모둠별로 관찰을 하면서 적재적소에 비계를 제공해 주어야 한다.

직접 교수 방법을 전개하는 데 활용할 수 있는 수업 모형에는 직접 교수 모형, 현시적 교수 모형이 있다. 간접 교수 방법을 전개하는 데 활용할 수 있는 모형에는 문제 해결 학습 모형, 지식 탐구 학습 모형, 가치 탐구 학습 모형, 창의성 계발 학습 모형, 반응 중심 학습 모형, 전문가 협동 학습 모형, 토의·토론 학습 모형, 역할 수행 학습 모형이 있다.

나. 교수·학습의 일반적 전개 단계와 특징

직접 교수 방법이든 간접 교수 방법이든 교사가 효율적이고 효과적인 교수·학습의 전개를 위하여 고려하여야 하는 주요 요소 중 하나가 모형에 대한 이해와 적용 능력이다. 교수·학습 모형은 한 차시 수업의 프레임이 되는 것으로 한 차시 수업의 교수·학습 활동이 어떻게 전개될지를 한눈에 조망할 수 있도록 해 준다. 교수·학습 모형은 한 차시의 학습 목표와 학습자의 특성, 교사 요인 등을 고려하여 선택하고 교수·학습의 단계별 주요 활동을 계획한다. 이때 각 단계의 활동 성격에 맞지 않는 활동이나 자료를 계획하고 운용하는 경우를 흔히 볼 수 있다. 이뿐만 아니라 교수·학습 모형을 한 차시가 아닌 한 단원의 전개에 적용하는 것으로 오해하는 경우도 더러 있어 주의가 필요하다.

국어과 수업은 한 차시가 반드시 한 시수로만 이루어지는 것은 아니다. 한 시수가 한 차시가 되는 경우도 있고, 두 시수가 한 차시가 되는 경우도 있으며, 학습자의 인지적, 정의적 발달 정도에 따라 세 시수가 한 차시를 구성하는 경우도 있다. 교수·학습 모형은 학습 목표 제시에서부터 그에 대한 평가와 정리까지의 전개 과정을 보여 주는 것으로, 이 과정 전체가 한 차시가 된다. 이러한 이해 위에 교수·학습 모형을 적용하여 차시 교수·학습을 계획하고 운용할 수 있어야 한다.

한 차시 수업의 전개는 크게 3단계로 제시해 볼 수 있다. 도입 단계, 전개 단계, 정리 단계가 그것인데 이 삼 단계를 다시 각 단계의 주요 활동에 따라 8단계 정도로 하위 구분할 수 있나. 도입 단계는 주의 집중(동기·흥미 유발), 선수 학습 상기, 학습 목표 확인이 이루어지고, 전개 단계는 자료 제시, 학습 활동 유발, 피드백 제공이 이루어지며, 정리 단계는 형성 평가와 차시 예고로 마무리된다. 물론 각 단계에 필요하다고 판단되는 활동을 추가할 수도 있고, 수업 과정에서 활동 수행을 관찰하거나 수행 결과물에 대한 포트폴리오를 만들어 평가에 활용하는 경우도 있다. 그러나 보통은 3단계와 각 단계를 더 하위 구분한 8단계로 전개가 된다.

도입 단계에서 가장 핵심 활동은 학습 목표 제시 및 확인이라고 할 수 있다. 어떤 수업에서도 도입 단계에서 차시 학습 목표 확인이 없는 수업은 도입이 이루어졌다고 말할 수 없기 때문이다. 동기 유발 활동을 구성할 때는 그 차시 활동에 대한 흥미나 관심을 불러일으킬 수 있도록 구성하되, 전개 과정에서 이루어지는 주요 활동과 내용 요소가 중복되지 않도록 하는 것도 중요하다.

전개 단계는 대체적으로 교수·학습 활동이 3개 내외로 구성이 된다. 각 교수·학습 활동은 자료 제시, 학습 활동 유발, 피드백 과정이 되풀이된다고 볼 수 있다. 제시할 자료의 경우에는 학습자의 흥미를 유발할 수 있어야 하고, 학습자가 학습에 적극적이고 능동적으로 참여할 수 있도록 학습자 수준을 고려한 다양한 형태를 준비하여야 한다. 그리고 학습자의 실제 삶을 바탕으로 구성된 자료를 제시할 수 있도록 한다.

자료 제시와 함께 학습 활동 유발을 위해서는 교사의 다양한 발문이 중요한데, 정답이 정해져 있어 재인적 사고가 필요한 발문보다 수렴적, 확산적 사고가 필요한 발문을 많이 하여 학생들에게 다양하고 창의적인 반응이 도출될 수 있도록 하는 것이 중요하다. 학습 활동 유발을 할 때는 다양하고 창의적인 결과나 반응이 나올 수 있도록 허용적인 분위기를 조성하는 것이 필요하다.

학습자의 반응이나 결과에 대하여 피드백을 해 줄 경우에는 자료나 발문과 연결의 실마리를 찾을 수 있는 결과는 대부분 수용할 수 있도록 하고 피드백 과정을 학습자와 적극적인 소통과 상호 작용을 통하여 피드백에 대하여 학습자가 공감할 수 있도록 한다. 수용이 어려운 결과에 대해서는 맞고 틀림의 이분법적 피드백보다 다시 생각할 수 있도록 사고의 방향과 행동의 방향을 안내하는 등 적절한 비계를 제공함으로써 학습을 통해 다각적 성장이 이루어지는 피드백이 되도록 한다. 피드백의 방법도 학생 개개인에게 피드백하는 방법, 소모둠에게 피드백하는 방법, 전체 학습을 대상으로 피드백하는 방법 등 학습 활동과 학습 내용 요소, 수업의 형태 등을 고려하여 효과적이고 효율적인 피드백이 이루어질 수 있어야 한다.

정리 단계에서는 형성 평가를 통해 학습 목표의 도달 여부를 확인하고, 수업의 결과를 정리하여 추후 수업 개선과 학습자의 보충과 심화의 근거 자료로 활용하도록 한다. 특히 정리 단계에서는 학습자의 교수·학습에 대한 평가뿐만 아니라 교사의 교수 준비와 과정에 대한 전반적인 평가도 함께 이루어질 수 있도록 한다. 그리고 다음 차시를 안내하여 다음 수업 준비를 할 수 있도록 유도한다.

대부분의 수업의 전개는 위와 같은 전개의 특징을 가지고 있다. 그런데 학습 목표, 학습 내용 요소, 학습자의 특성, 수업 형태, 교실 환경, 교사 요인 등에 따라 각 단계의 활동이나 구성 요소들에 변화를 주어야 하는 경우가 있다. 이러한 점을 고려하여 교수·학습의 전개 과정에 활용할 수 있도록 일반화해 놓은 것이 교수·학습 모형이다.

국어과의 교수·학습 모형은 앞에서 보았듯이 대략 열 가지가 제시되고 있으나 직접 교수 방법의 직접 교수 모형과 현시적 교수 모형은 모두 교사의 설명과 시범이 중심이 된다는 점에서 크게 다르지 않기 때문에 이를 하나로 통합하여 직접 교수 모형만 설명하기로 한다. 따라서 직접 교수 모형과 간접 교수 방법 여덟 가지 학습 모형에 대해 아래에서 구체적으로 살펴보기로 한다.

다. 국어과 교수·학습 모형과 특징

국어과에 활용하는 교수·학습 모형은 직접 교수 방법에 1개, 간접 교수 방법에 8개 모두 9개의 모형이 있다. 이 모형들은 모두 4단계로 이루어져 있다. 4단계의 주요 활동은 앞의 8단계의 주요 활동이 모형의 특성에 맞게 재배치되거나 모형의 특성을 반영한 명칭으로 불릴 뿐 앞에서 설명한 8단계의 활동에서 크게 벗어나지 않는다.

국어과 교수·학습 모형 중 직접 교수 방법에 해당하는 모형은 직접 교수 모형이 있고 간접 교수 방법에 해당하는 여덟 가지 모형은 다시 문제 해결을 위한 핵심 개념이 '탐구'냐 '협력'이냐에 따라 하위 구분하는 것이 가능하다. '탐구'는 협력적 탐구도 가능하지만 개인별 탐구도 가능하기 때문에 탐구를 핵심 개념으로 하는 간접 교수 방법은 개별 학습에도 적용할 수 있다. 그러나 '협력'을 핵심 개념으로 하는 간접 교수 방법은 협력이 필수적이기 때문에 개별 학습에는 적용할 수 없다. 전자에는 문제 해결 학습 모형, 지식 탐구 학습 모형, 가치 탐구 학습 모형, 창의성 계발 학습 모형, 반응 중심 학습 모형이 있고 후자에는 전문가 협동 학습 모형, 토의·토론 학습 모형, 역할 수행 학습 모형이 있다.

교수·학습 모형은 한 차시 수업의 전개 전반을 조망해 볼 수 있도록 한다. 한 차시 수업을 설계해 놓은 것을 교사의 입장에서는 '교수안', '교안', '지도안', 학습자의 입장에서는 '학습안', 두 주체를 모두 고려하여 '교수·학습 과정안'이라 부른다. 이 책에서는 교수·학습 과정안이라는 용어를 사용하기로 한다. 보통 교수·학습 과정안을 설계할 때는 학습 목표나 학습 내용 요인, 학습자 요인, 공간·시간 등 교수·학습 환경 요인, 교사 요인 등을 고려하여 알맞은 교수·학습 모형을 선정·적용하여 설계한다. 교수·학습 모형을 적용하여 설계한 교수·학습 과정안을 통하여 한 차시 수업을 조망할 수 있다. 그래서 교수·학습 모형은 교수·학습 과정안이나 한 차시의 수업을 위한 틀의 기능을 한다고 말할 수 있다.

한 차시의 수업은 건축물에 비유될 수 있다. 모형을 적용한 교수·학습 과정안은 건축물의 설계도에 비유할 수 있다. 안전하고 보기 좋은 건축물이 만들어지기 위해서 설계도를 잘 만들어야 하듯이 좋은 수업, 학습자의 성장이 있는 수업을 위해서는 교수·학습 과정안을 잘 만들어야 한다. 따라서 좋은 수업을 설계하기 위하여 교수·학습 모형에 대한 이해는 매우 중요하다. 다음에서 교수·학습 모형 각각의 특징, 활용상의 유의점을 알아보도록 하자.

1) 직접 교수 모형

가) 특징과 활용

앞에서도 설명했듯이 직접 교수 모형은 교사 중심의 설명식, 일제식 교수·학습모형이다. 이 모형은 명제적 지식이나 절차적(방법적) 지식 이해를 학습 목표나 내용 요소로 하는 경우에 효과적으로 적용할 수 있다. 절차나 방법적 지식의 경우 전체를 세부 요소나 과정으로 나누어 차례대로 학습하여 전체 방법이나 절차를 익힐 수 있도록 하는 데 유용하다. 학습 내용을 세분화하여 구체적이고 명시적으로 지도함으로써 학습 목표에 이르게 한다. 학습 목표를 도달하는 데에 불필요한 과정, 활동은 최대한 배제하여 효율적이고 효과적인 교수·학습을 전개할 수 있다는 특징이 있다.

국어과의 문법 개념 학습, 듣기·말하기·읽기·쓰기 기능 학습, 문학 감상과 창작 학습, 매체 텍스트의 수용과 생산 학습에 활용할 수 있어 사실은 국어과의 6영역에 모두 적용할 수 있는 모형이다. 다만 주의할 것은 문법의 탐구 기능, 듣기·말하기·읽기·쓰기 기능, 문학 감상과 창작 기능, 매체 텍스트 수용과 생산 기능의 학습에서는 각 기능을 수행하는 방법(절차)에 대한 교수·학습에 적용할 수 있다. 즉 이해 학습이나 원리 학습이 이루어지는 차시에 적용할 수 있다. 그리고 학습 내용 요소가 학습자에게 낯설거나 어려운 경우, 자기 주도적 학습 능력이 부족한 학습자의 경우에는 이 모형을 적용하는 것이 효과적이다.

나) 단계별 특징

국어과에서 활용하는 아홉 개의 교수·학습 모형은 모두 4단계로 이루어져 있다. 직접 교수 모형도 마찬가지로 다음의 4단계로 되어 있는데 그 과정은 〈표 2-1〉과 같다.

〈표 2-1〉 직접 교수 모형

단계	주요 활동
설명하기	• 동기 유발 • 학습 내용의 필요성, 중요성 안내 • 학습 목표(문제) 제시 • 학습 목표 해결을 위한 방법, 절차, 관련 내용 설명
시범보이기	• 학습 목표 해결을 위한 방법이나 절차에 따른 시범 • 학습 내용 적용 예 제시
질문하기	• 학습 내용 교수·학습을 위한 세부 단계별 질문 • 학습 내용에 대한 교사, 학생 상호 질문 • 학습 내용 및 방법 재확인
활동하기	• 학습 내용의 적용 연습 • 학습 내용의 일반화

모든 교수·학습 모형의 모든 단계가 중요하지만, 직접 교수 모형에서 특히 중요한 단계는 설명하기와 시범 보이기 단계라고 말할 수 있다. 설명하기 단계에서는 학습 목표(문제) 제시 활동과 학습 목표 해결을 위한 관련 개념, 방법, 절차 등에 대한 설명하기 활동이 중요하다고 말할 수 있다. 왜냐하면 모든 수업의 도입 단계에서 학습 목표(문제)를 확인시키는 것은 필수 사항이기 때문이다. 해당 차시의 교수·학습을 통해 해결하고자 하는 목표나 문제가 무엇인지를 도입 단계에서 확인한 후, 전개, 정리의 수업 전 과정에서 교사와 학생 모두 인지를 유지함으로써 수업이 주제에서 벗어나지 않고 성공적으로 학습 목표에 도달할 수 있게 된다.

그리고 직접 교수 모형에서는 학습 목표에 도달하기 위하여 관련 개념이나 절차와 방법을 교사가 학습자에게 설명하여 이해시키는 것을 특징으로 하기 때문이다. 그러나 나머지 활동은 학습자, 교사, 교실을 비롯한 교수·학습 여건 등을 고려해서 융통성 있게 가감하여 계획·운용하면 된다.

시범 보이기 역시 직접 교수 모형의 매우 중요한 단계이다. 이 단계에서는 설명한 개념을 적용하여 문제를 해결하는 과정을 시범 보여 주거나, 설명한 기능 습득의 절차나 방법을 시범 보여 주어 그 개념과 방법을 이해할 수 있도록 한다. 그런데 교사의 상황에 따라서는 직접 시범이 어려운 경우가 발생할 수 있다. 이 경우에는 영상이나 매체 등을 활용한다든지 다른 교사나 학습자의 지원을 받아 시범을 보여 줄 수 있어야 한다. 어떤 형태로든 시범이 불가능할 경우에는 이 모형의 적용에 한계가 있을 수밖에 없다.

국어과의 학습 내용 가운데는 요약하기, 추론하기, 내용 생성하기, 내용 조직하기, 점검하기, 고쳐쓰기 등 표현과 이해 기능 숙달에 필요한 세부 절차로서의 전략들이 많이 있다. 특히 가시적이지 않은 세부 절차들을 설명하고 시범 보일 때는 사고구술법(think-aloud)을 활용할 수 있다. 이러한 전략들을 설명하고 직접 시범을 보일 수 없다면 이 모형을 적용할 수 없다. 그렇다고 이 전략들은 뒤에서 설명할 간접 교수 모형들로 학습하는 것도 한계가 있다. 교사가 설명하고 시범 보이기가 어려운 전략들을 학습자가 탐구하여 익히라고 하는 꼴이 되기 때문이다. 그래서 교사의 교과 내용에 대한 전문성이 중요하다.

질문하기 단계는 학습자가 학습 내용과 관련된 개념이나 교사의 설명 및 시범 과정에서 생긴 의문점을 해결하는 과정이다. 그리고 교사의 경우는 학생의 이해도를 확인하고 수업 참여를 독려하기 위하여 질문을 할 수도 있다. 이 단계는 교사와 학습자의 상호작용이 이루어지는 단계이므로, 교사는 적극적으로 질문이 이루어질 수 있도록 학습 활동을 유발하여야 한다. 이 모형의 특성상 수업의 주도권이 교사에게 있고 학생은 수동적이고 수용적인 입장에 있게 되기 때문에 교사는 허용적인 수업 분위기를 조성하여 학생들이 적극적으로 수업에 참여할 수 있도록 유도하여야 한다.

교사가 질문을 할 경우 유의해야 할 점은 단순히 알고 모름에 대한 확인을 하는 데에 그치는 질문은 지양해야 한다는 것이다. 수업을 계획할 때 학생의 수준을 고려하여 다양한 수준의 질문을 미리 준비하는 것이 필요하다. 그렇게 함으로써 질문 자체가 학습자의 학습 동기를 유발하고 학습자의 성장을 지원해 주는 방향이 될 수 있어야 한다. 폐쇄적 질문(재인적 질문, 수렴적 질문)과 개방적 질문(평가적 질문, 확산적 질문)을 다양하게 준비하여 적절하게 활용할 수 있어야 한다.

이 모형의 각 단계를 너무 경직되게 적용하지 않도록 유의한다. 예를 들어 설명하기와 시범하기 단계에서는 듣고 보고만 있게 하고 의문 나는 사항은 질문하기 단계에서만 할 수 있도록 하는 것은 이 모형을 잘 운용하고 있다고 볼 수 없다. 질문하기 단계뿐만 아니라 설명하기, 시범하기 단계에서도 질문 사항은 자유롭게 질문을 하도록 유도하고 학습자를 통한 시범 활동 등 각 단계마다 학습자의 참여가 활발히 이루어질 수 있도록 계획하고 운용하여야 한다.

활동하기 단계는 학습 내용 관련 개념이나 방법, 절차를 스스로 적용·연습하여 내면화·숙달하는 과정이다. 학습자가 학습 활동에 흥미를 가지고 적극적이고 능동적으로 참여할 수 있도록 교사는 다양한 수준과 형태의 학습 자료를 준비해야 한다. 특히 교사의 시범을 단순히 모방하는 데에 그치지 않고 확장된 사고 활동을 할 수 있는 자료를 제시하여야 한다. 교사가 제시하는 다양한 자료 중 자신에게 알맞은 것을 선택하여 학습한 개념이나 방법을 적용하여 해결함으로써 학습 목표에 도달하게 된다. 이 단계에서는 교사의 간섭을 최대한 줄이고 학습자가 주도적으로 과제를 해결할 수 있도록 하고, 필요한 경우 비계를 제공하도록 한다.

다) 모형 적용 예[1]

〈2022 개정 교육과정 3-1, 3단원 짜임새 있는 글, 2~3/13차시〉

학습 목표	중심 문장과 뒷받침 문장을 갖추어 문단을 쓰는 방법을 알 수 있다.

단계 (시간)	학습 내용	교수·학습 활동	자료(▶) 및 유의점(※)
설명 하기 (25분)	**동기 유발 및 학습 문제 분석하기**	■ 글을 읽고 문제점 찾기 ○ 잘못된 글을 읽고 문제점 찾기 • ○○은/는 플라스틱에 대해 조사한 내용을 바탕으로 글을 썼습니다. 지도서 172쪽에 제시한 「○○의 숙제」를 읽어 봅시다. • 글에서 이상한 점을 찾아 말해 봅시다. (글쓴이의 생각이 무엇인지 정확히 모르겠습니다. / 플라스틱과 관련 없는 내용이 들어 있습니다.) • ○○(이)처럼 글을 쓰면 어떤 문제가 생길지 친구들과 생각을 나누어 봅시다. (전하려고 하는 생각을 정확히 이해할 수 없습니다. / 무슨 뜻인지 글을 읽는 사람이 잘 알 수 없습니다.) ○ 공부할 내용이 무엇인지 분석하기 • 잘못 쓴 글의 문제점을 생각해 보고 이번 시간에 무엇을 배울지 생각해 봅시다. 어떤 활동을 어떤 차례로 배울지 살펴봅시다. (문단의 중심 문장과 뒷받침 문장 찾기, 중심 문장과 뒷받침 문장을 구분해 문단 쓰기 등을 배웁니다.)	▶ 지도서 172쪽 '참고 자료' ※ 지도서에 제시한 읽기 자료를 준비해 학생들에게 나누어 준다. ※ 교과서 내용을 미리 훑어보고 차시 목표 활동을 분석해 보며 이 시간에 무엇을 배우는지 학생들이 스스로 분명히 인지하도록 지도한다.
	학습 문제 확인하기	■ 학습 문제 확인하기 중심 문장과 뒷받침 문장을 갖추어 문단을 쓰는 방법을 알아봅시다.	

1) 이 절에서 모형 적용의 예로 제시한 교수·학습 과정안은 3학년 1학기, 4학년 1, 2학기 교사용 지도서의 것을 수록함.

학습의 필요성 인식하기	■ 글을 읽고 내용 확인하기 ○ 플라스틱을 주제로 한 글을 읽고 내용 파악하기 • 주위에서 볼 수 있는 플라스틱 물건을 떠올리며 「플라스틱의 두 얼굴」을 읽어 봅시다. • 글을 읽고 질문을 만들어 친구들과 대화를 나누어 봅시다. **〈내용 파악 질문의 예시〉** • 플라스틱은 누가 처음 만들었나요? • 플라스틱으로 만든 물건의 좋은 점은 무엇인가요? • 플라스틱의 나쁜 점은 무엇인가요? • 글에서 플라스틱이 두 얼굴을 지녔다는 것은 어떤 의미일까요? ○ 문단의 필요성 인식하기 • 글을 다시 읽고 문단 ㉮와 문단 ㉯로 구분한 까닭이 무엇인지 생각해 봅시다. (문단 ㉮와 문단 ㉯에서 설명하는 내용이 다르기 때문에 구분한 것입니다.) • 문단 ㉮와 문단 ㉯는 각각 플라스틱의 어떤 점을 설명하고 있는지 말해 봅시다. (문단 ㉮는 플라스틱의 좋은 점을 설명하고, 문단 ㉯는 플라스틱의 나쁜 점을 설명하고 있습니다.) • 글을 문단 ㉮와 문단 ㉯처럼 구분하면 어떤 점이 좋을지 생각해 봅시다. (서로 같은 내용끼리 묶어 두어서 읽는 사람이 이해하기 쉽습니다.)	※ 글을 읽고 글의 내용에 대한 질문을 만들어 서로 주고받으며 글에 대한 이해를 높이도록 한다. ※ 문단의 개념에 대해 학습하기 전에 문단 ㉮와 문단 ㉯로 구분한 까닭을 학생들이 유추해 보고 문단의 필요성에 대해 느낄 수 있도록 지도한다.
주요 개념 설명하기	■ 문단의 개념과 특징 설명하기 ○ 중심 문장과 뒷받침 문장 알기 • 『국어』 112쪽 3번 활동을 하며 중심 문장과 뒷받침 문장의 뜻을 알아봅시다. **〈중심 문장과 뒷받침 문장에 대한 교사 설명 예시〉** 문단에는 여러 개의 문장이 있습니다. 그 가운데에서 문단의 내용을 대표하는 문장을 '중심 문장'이라고 합니다. 또 중심 문장을 덧붙여 설명하거나 예를 드는 방법으로 도와주는 문장을 '뒷받침 문장'이라고 합니다. 문단에는 한 개의 중심 문장과 여러 개의 뒷받침 문장이 있습니다. ○ 문단의 특징 알기 • 『국어』 112쪽 4번 활동을 하며 문단의 특징을 알아봅시다. **〈문단의 특징에 대한 교사 설명 예시〉** 문장이 모여 한 가지 생각을 나타내는 글의 단위를 '문단'이라고 합니다. 문단이 모이면 한 편의 글이 됩니다. 문단은 비슷한 의미를 담은 문장끼리 묶어서 씁니다. 문단을 시작할 때에는 한 칸을 들여 씁니다. 또 한 문단이 끝나고 새로운 문단을 시작할 때에는 줄을 바꾸어 씁니다. ○ 문단의 필요성 정리하기 • 글을 쓸 때 문단을 왜 갖추어야 할지 생각해 봅시다. (문단을 갖추어	※ 교과서 활동을 하기 전에 교사가 문단의 개념에 대해 학생들에게 구체적으로 설명해 준다. 형식이 잘 갖추어진 문단을 준비해 학생들과 함께 보면서 설명하면 개념에 대한 이해를 높일 수 있다. ※ 다른 교과와 연계한 글이나 생활 속에서 학생들이 접할 수 있는 글 가운데에서 문단의 특징이 잘 드러나는 글을 제시하여 설명하는 것도 좋다.

		쓰면 자신이 말하고자 하는 내용을 더 효과적으로 전달할 수 있습니다. / 문단이 구분되어 있으면 읽는 사람이 글을 더 쉽게 이해할 수 있습니다.)	
시범 보이기 (15분)	개념 시범 보이기	■ 문단 구분 시범 보이기 ○ 문단을 구분하는 방법 시범 보이기 •「플라스틱의 두 얼굴」을 다시 읽으며 글에서 문단을 구분하는 방법을 살펴봅시다. **〈문단 구분에 대한 교사 시범 보이기 예시〉** 문장이 여러 개 모여 문단이 되고, 문단이 여러 개 모여 한 편의 글이 됩니다. 글에서 문단을 구분할 때에는 한 칸씩 들여 쓴 부분을 살펴보면 됩니다. 문단의 첫 시작은 한 칸을 들여서 쓰는데, 이 글에서 한 칸을 들여서 쓴 부분이 모두 네 군데 있습니다. 그러므로 이 글은 네 개의 문단으로 구분되어 있다는 것을 알 수 있습니다.	※ 시범 보이기는 직접 교수 모형에서 가장 핵심적인 단계이다. 차시 학습에서 가장 중요한 전략이나 절차를 이해할 수 있도록 글 자료를 함께 보며 구체적으로 시범을 보이도록 한다.
	방법 시범 보이기	■ 중심 문장과 뒷받침 문장 찾기 시범 보이기 ○ 문단에서 중심 문장과 뒷받침 문장을 찾는 방법 시범 보이기 • 문단 ㉮의 중심 문장과 뒷받침 문장을 찾는 방법을 살펴봅시다. **〈중심 문장과 뒷받침 문장 찾기에 대한 교사 시범 보이기 예시〉** 문단 ㉮에는 세 개의 문장이 있습니다. 이 문단에서는 플라스틱의 좋은 점을 주로 이야기하고 있습니다. 따라서 이 문단에서 글쓴이가 가장 중요하게 생각한 문장은 "플라스틱은 좋은 점이 많아 우리 생활에서 널리 사용됩니다."입니다. 또 이 문장은 문단 ㉮의 다른 문장의 뜻을 모두 포함하고 있습니다. 그러므로 이 문장이 문단 ㉮의 중심 문장입니다. 뒷받침 문장은 중심 문장을 설명하거나 도와주는 문장이므로 "플라스틱은 일정한 온도에서 모양을 자유롭게 바꿀 수 있어 장난감, 페트병 따위의 다양한 물건을 만드는 데 쓰입니다."와 "또한 플라스틱으로 만든 물건은 단단하고 가벼울 뿐만 아니라 녹이 슬지 않습니다."는 뒷받침 문장입니다. 이처럼 문단에는 하나의 중심 문장과 여러 개의 뒷받침 문장이 있습니다.	※ 시범 보이기를 할 때에는 주로 사고 구술법(머릿속에 이루어지는 사고 행위를 그대로 말로 표현하는 것)을 활용하지만, 추가적으로 중심 문장을 찾을 수 있는 자료를 제공해도 좋다.
질문 하기 (15분)	단계적 질문하기	■ 개념 질문과 방법 질문하기 ○ 문단의 개념 질문하기 • 문단이 무엇인가요? (문장이 모여 한 가지 생각을 나타내는 글의 단위입니다.) • 중심 문장과 뒷받침 문장은 어떻게 다른가요? (문단에서 가장 핵심 문장이 중심 문장이고, 뒷받침 문장은 중심 문장을 덧붙여 설명하거나 예를 드는 내용입니다.) ○ 중심 문장과 뒷받침 문장을 구분하는 방법 질문하기 • 문단의 중심 문장과 뒷받침 문장은 어떻게 찾았나요? (문단을 대표하는 문장을 찾고, 중심 문장을 도와주는 문장을 찾았습니다.) • 문단을 중심 문장과 뒷받침 문장으로 구분하면 어떤 점이 좋을까요? (글 내용을 잘 이해할 수 있습니다. / 글 내용을 쉽게 정리할 수 있습니다.)	※ 질문을 하며 앞 단계에서 배운 내용을 확인한다. 시범 보이기 단계까지는 교사 중심 활동이었다면, 질문하기 단계부터는 점차적으로 학생 중심으로 주도권을 이양할 수 있도록 수업을 진행한다.

	학습 내용 재확인하기	■ 학습 내용 및 방법 재확인하기 ○ 중심 문장과 뒷받침 문장 구분하기 • 『국어』 113쪽 5번의 (1)번 활동의 문장들을 읽고, 중심 문장에 ○ 표, 뒷받침 문장에 △ 표로 구분해 봅시다. • 중심 문장과 뒷받침 문장으로 구분한 방법을 친구들과 함께 이야기 나누어 봅시다. ○ 서로 질문하기 • 지금까지 배운 내용에서 궁금한 점을 친구들과 서로 묻고 답해 봅시다. (한 문단에 중심 문장은 몇 개인가요? / 글에서 문단을 구분하는 까닭은 무엇인가요?)	
활동 하기 (25분)	**목표 활동하기**	■ 중심 문장과 뒷받침 문장 구분하기 ○ 문단 ㉯의 중심 문장과 뒷받침 문장 찾아보기 • 『국어』 114쪽 5번의 (3)번 활동을 하며 문단의 중심 문장과 뒷받침 문장을 구분해 봅시다. • 문단 ㉯에서 중심 내용은 무엇이고 그렇게 생각한 까닭은 무엇인지 정리해 봅시다. (중심 문장은 "플라스틱 때문에 환경이 오염되기도 합니다."입니다. 왜냐하면 이 문단은 플라스틱의 나쁜 점을 말하고 있기 때문입니다.) • 문단 ㉯에서 뒷받침 문장은 무엇이고 그렇게 생각한 까닭은 무엇인지 정리해 봅시다. (중심 문장을 뺀 나머지 문장이 뒷받침 문장입니다. 왜냐하면 중심 문장에 덧붙여 자세히 설명하거나 예를 드는 문장이기 때문입니다.)	▶ 『국어』 붙임 6(㉮ 권)의 붙임딱지 ※ 활동하기 단계의 첫 번째 활동은 교사 보조 활동으로 이루어지고, 두 번째 활동은 학생 독립 활동으로 이루어지도록 지도한다. 지도서 178쪽 '참고 자료(문단의 이해를 돕는 읽기 자료)' ※ 교과서에 제시된 글 외에 다양한 글을 준비해 학생들이 스스로 문단의 중심 문장을 찾는 연습을 해 보면 문해력 향상에 도움이 될 것이다. ※ 중심 문장은 항상 문단의 앞에 온다는 오개념을 갖지 않도록 지도한다.
	적용하기	■ 다른 글에 적용하기 ○ 다른 글에서 문단의 중심 문장 찾기 • 『국어』 115쪽 6번 활동에 나오는 두 가지 문단을 읽고 중심 문장을 각각 찾아봅시다. • 문단 ㉮의 중심 문장은 무엇인가요? ("공으로 하는 운동에는 여러 가지가 있습니다."입니다.) • 문단 ㉯의 중심 문장은 무엇인가요? ("이처럼 동물마다 무서울 때 자신의 감정을 표현하는 방법이 다릅니다."입니다.) • 문단 ㉮와 문단 ㉯의 중심 문장이 어디에 있나요? (문단 ㉮는 문단의 맨 앞에, 문단 ㉯는 문단의 맨 뒤에 있습니다.)	
	정리하기	■ 학습 내용 정리하기 ○ 공부한 내용 확인하고 정리하기 • 이 시간에 배운 내용은 무엇인지 말해 봅시다. (문단의 특징과 중심 문장 및 뒷받침 문장을 배웠습니다.) • 짜임새 있게 문단을 갖추어 글을 쓰는 방법을 말해 봅시다. (중심 문장과 뒷받침 문장을 갖추어 글을 씁니다. / 중심 문장은 그 문단에서 말하고 싶은 내용이 잘 드러나게 씁니다. / 문단의 형식에 맞추어 글을 씁니다.) ○ 다음 차시 학습 내용 알아보기	

		• 다음 시간에는 중심 문장과 뒷받침 문장을 갖추어 문단을 써 보겠습니다.	

2) 간접 교수 모형

간접 교수 모형은 교사의 지도 활동은 간접적, 보조적이며, 학습자의 학습 활동이 주도적으로 이루어진다는 점이 특징이다. 그래서 직접 교수 모형과 달리 학습 모형이라고 부른다. 학습자의 학습 활동은 '탐구'를 핵심 활동으로 하느냐 '협력'을 핵심 활동으로 하느냐에 따라 전자에 문제 해결 학습 모형, 지식 탐구 학습 모형, 가치 탐구 학습 모형, 창의성 계발 학습 모형, 반응 중심 학습 모형이 있고, 후자에 전문가 협동 학습 모형, 토의·토론 학습 모형, 역할 수행 학습 모형이 있다. 물론 탐구 중심의 간접 교수 모형이라고 해서 협력 활동이 이루어질 수 없는 것도 아니고 협력 중심의 간접 교수 모형이라고 해서 탐구가 이루어지지 않는 것은 아니다. 이 둘을 엄밀히 구분하자면 학습 문제를 해결하는 데 협력적 탐구 활동이 전제가 되느냐, 개인적 탐구 활동도 가능하냐이다. 다음에서 이들의 특징과 활용, 교수·학습 과정의 단계별 활동의 특징, 모형 적용의 예를 살펴보도록 하자.

가) '탐구' 중심 간접 교수 모형

'탐구' 학습 모형 다섯 가지는 모두 공통점이 있다. 1단계에서 학습 목표를 확인한 후 2단계에서 제시된 자료를 탐색하고 문제 해결 방안이 될 수 있다고 생각하는 다양한 아이디어를 개인 차원에서 정리해 본다. 3단계에서는 개인 차원에서 탐색한 결과를 정리한 것을 바탕으로 동료들과 공유하는 과정을 거쳐서 허용 가능한 방안을 선택하거나 모형에 따라서는 최선의 방안을 선택해야 하는 과정으로 전개된다. 여기서 설명할 다섯 가지 교수·학습 모형은 각 단계의 주요 활동의 명칭에서 차이를 보이지만, 학습 내용의 특성이 고려된 것에 기인한 것으로 활동의 본질적 특성은 이런 수업 전개 양상에서 크게 다르지 않다고 말할 수 있다.

(1) 문제 해결 학습 모형

(가) 특징과 활용

문제 해결 학습 모형은 간접 교수 방법의 가장 일반적이고 범용적인 모형이라고 말할 수 있다. 이 모형에서 '문제'는 학습을 통하여 궁극적으로 해결해야 할 학습 문제 즉 학습 목표에 다다르기 위하여 해결해야 할 내용 요소를 가리키는 것으로 이해할 수 있다. 학습 문제가 없는 수업은 없기 때문에 모든 교과, 모든 차시 수업에 활용될 수 있다는 점에서 그러하다.

이 모형은 간접 교수법의 하나이기 때문에 수업의 핵심 개념은 학습자의 '탐구'이고, 학습자가 문제 해결을 위한 방안을 탐색하여 종국적으로 학습 문제를 학생 스스로 해결하여 학습 목표에 도달하도록 한다. 따라서 이 모형이 적용된 수업의 주도권은 학생에게 있고 교사는 학생의 탐구 과정을 안내하고 관찰하며 적절한 비계를 제공해 주는 안내자이자 지원자, 협력자의 역할을 수행하게 된다.

문제 해결 학습 모형을 비롯하여 간접 교수 모형은 학습자가 능동적이고 주도적으로 문제 해결을 위한 방법을 찾아내어 문제를 해결할 수 있도록 지원함으로써 적극적인 학습 참여를 통한 학습의 흥미를 유발하고 문제 해결을 경험함으로써 수업의 효능감과 책임감을 높일 수 있다. 결과 못지않게 문제 해결의 과정을 중시하고, 학습자의 탐구적 사고력을 높일 수 있다는 점 등의 특징이 있다. 다만 다른 간접 교수 모형들과 마찬가지로 이 모형도 일정 수준 이상의 탐구 능력을 갖춘 학습자에게 적용할 수 있고, 아무리 그 능력을 갖추고 있는 학습자이더라도 학습자의 발달 특성상 직접 교수 모형에 비해 시간이 많이 소요된다.

이러한 특징 때문에 이 모형은 이해 차시나 원리 차시에서 학습한 개념이나 원리를 적용 차시에서 적용할 경우, 학습자의 수준에 비춰 학습 내용 요소나 행동의 절차가 간결하고 쉬운 경우, 기본적인 학습 훈련이 잘 되어 있는 경우에 적용할 때 강점을 발휘할 수 있다.

그럼에도 불구하고 앞에서도 설명했듯이 이 모형은 국어과뿐만 아니라 다른 교과에서도 일반적으로 사용할 수 있기 때문에 국어과의 듣기·말하기, 읽기, 쓰기, 문법, 문학, 매체 영역에 두루 활용할 수 있다.

(나) 단계별 특징

문제 해결 학습 모형 역시 다른 모형들과 마찬가지로 4단계로 전개된다. 단계별 주요 활동의 특징을 간단히 살펴보도록 하자.

〈표 2-2〉 문제 해결 학습 모형

단계	주요 활동
문제 확인하기	· 문제 상황 인지 및 동기 유발 · 학습의 필요성, 중요성 이해 · 학습 문제 확인
문제 해결 방법 찾기	· 문제 해결 방법 탐색 · 학습 계획 및 절차 확인
문제 해결하기	· 문제 해결 활동 · 원리 또는 개념 습득을 통한 문제 해결
일반화하기	· 원리 또는 개념의 적용 및 연습 · 원리 또는 개념의 점검 및 정착

문제 확인하기 단계에서는 문제 상황을 이해함으로써 학습의 필요성, 중요성을 인지하게 하는 단계이다. 다른 모형과 마찬가지로 문제 상황을 해결하기 위하여 학습을 통해 도달할 지점으로서의 학습 목표를 확인하는 것이 중요하다. 따라서 교사는 학생에게 문제를 명확하게 인식시켜야 한다.

문제 해결 방법 찾기 단계는 '탐구'를 핵심 개념으로 삼는 간접 교수 모형의 공통적인 절차이며 학습 문제를 해결할 수 있는 다양한 방법을 모색하는 단계이다. 이를 위해 학습자 스스로 학습 계획을 세우고 계획에 따라 학습 절차를 구체화하고 확인한다. 문제 해결을 위한 방법을 한 번에 바로 떠올리고자 하면 학습의 부담이 생기게 되어 쉽게 아이디어가 떠오르지 않을 수도 있다. 그렇기 때문에 해결 방안 탐색을 위한 학습 계획과 절차를 마련하여 탐구해 나가는 것이 이 단계의 핵심 활동이 된다. 해결 방법을 모색하는 과정에서 필요하면 다양한 자료를 참고할 수도 있다. 학습 계획과 절차에 따라 이 단계에서 문제를 해결할 수 있다고 판단되는 방법은 모두 정리해 본다. 해결 방안을 탐색하는 과정에서 아이디어 생성을 위한 인지적 부담을 최소화하기 위하여 브레인스토밍(brainstorming) 전략을 활용할 수도 있다.

문제 해결 학습 모형을 비롯하여 간접 교수법의 모든 모형은 학습자가 스스로 문제 해결 방법을 탐구하고 문제를 해결할 것을 강조한다. 따라서 '문제 해결 방법 찾기'와 다음 단계인 '문제 해결하기' 단계에서 교사의 직접적인 개입을 최소화하고 학습자가 주도적으로 탐구 활동에 참여할 수 있도록 독려한다. 단순히 '탐구해 봅시다'라고만 발문하는 것에 그치는 것이 아니라 학습자의 자발적인 탐구 활동을 적극 지원하고 고차적인 사고를 자극하는 중재자로서의 교사를 요구한다. 탐구 능력이 부족한 학습자나 탐구 시간이 충분치 못할 경우를 대비하여 수업 계획 단계에서 다양한 상황에 대한 여러 가지 비계를 지원할 수 있도록 준비하여야 한다.

세 번째 단계인 문제 해결하기 단계에서는 두 번째 단계에서 탐색한 다양한 해결 방법이 문제를 해결해 줄 수 있는지를 확인하는 과정이다. 해결 방안으로 정리된 것들을 문제 상황에 대입하여 문제 상황이 해소가 되는지를 따져 본다. 문제 해결의 효과가 큰 것일수록 좋은 해결 방안으로서의 개념이나 원리가 될 수 있을 것이다.

마지막 단계에서는 세 번째 단계에서 도출된 해결 방안으로서의 원리나 개념을 교과서나 교사가 제시하는 문제 상황이 포함된 자료에 적용 및 반복 연습을 하여 내면화한다.

이 모형 역시 다른 모형들과 마찬가지로 모형의 각 단계를 너무 경직되게 적용하지 않도록 유의한다. 그리고 문제 해결 자체보다 문제를 해결해 가는 과정을 강조함으로써 실제 국어생활에서 발생하는 다양한 문제를 주도적이고 능동적으로 해결해 갈 수 있는 능력을 기르는 데 초점을 두어야 한다. 특히 문제 해결 방법 찾기 단계와 문제 해결하기 단계에서는 개별 학습과 모둠 학습을 적절히 활용하여 대부분의 학습자가 학습 문제를 해결하는 데 어려움이 없도록 지원하여야 한다.

(다) 모형 적용 예

〈2022 개정 교육과정 3-1, 2단원 분명하고 유창하게 9-11/14차시〉

학습 목표	이야기를 실감 나게 읽을 수 있다.

단계 (시간)	학습 내용	교수 · 학습 활동	자료(▶) 및 유의점(※)
문제 확인 하기 (20분)	**동기 유발**	■ 읽는 방법에 따라 뜻이 달라지는 문장 찾기 ○ 같은 말이지만 읽는 방법에 따라 뜻이 달라지는 문장 찾기 • 선생님이 보여 주는 문장 카드를 보고 어떤 뜻인지 생각해 봅시다. **〈문징 카드 예시〉** 잘했다. / 예쁘네! / 왜 그래? • 각 문장을 읽는 방법에 따라 어떻게 뜻이 달라질지 생각해 봅시다. (잘했다.: 잘한 일을 칭찬하는 뜻, 잘못한 일을 핀잔주는 뜻 / 예쁘네! : 어떤 것이 예쁘다고 좋아하는 뜻, 얄밉게 질투하듯이 무시하는 뜻 / 왜 그래?: 걱정하며 무슨 일이냐고 묻는 뜻, 화를 내며 그렇게 하지 말라는 뜻) • 뜻에 따라 문장 카드의 내용을 실감 나게 읽어 봅시다. 읽기 방법에 따라 말의 의미가 달라지는 것을 알고, 실감 나게 읽기의 중요성을 생각해 봅시다.	▶ 문장 카드 ※ 문장을 어떻게 읽느냐에 따라 뜻이 달라지는 경우를 찾아보고, 읽기 방법에 따라 문장의 의미가 달라질 정도로 실감 나게 읽기가 중요하다는 것을 이해하도록 한다.
	경험 떠올리기	■ 관련 경험 떠올리기 ○ 이야기를 실감 나게 읽은 경험 떠올리기 • 이야기를 실감 나게 읽거나 들었던 경험을 떠올려 봅시다. (2학년 때 친구들 앞에서 그림책을 실감 나게 읽었습니다. / 부모님께서 그림책을 읽어 주실 때 실감 나게 느꼈습니다.) • 그림책이나 동화책처럼 이야기를 실감 나게 읽으면 이야기가 더 재미있게 느껴집니다. 이번 시간에는 친구들과 이야기의 장면에 어울리게 실감 나게 읽는 방법을 배워 보겠습니다.	※ 관련 경험을 떠올리며 학습 목표 확인 활동으로 자연스럽게 연결되도록 질문을 유도한다.
	학습 문제 확인하기	■ 학습 문제 확인하기 이야기를 실감 나게 읽어 봅시다.	※ 학생들이 스스로 학습 목표를 분석하고 공부할 차례를 정하며 이번 시간에 학습할 것이 무엇인지 분명하게 인지하도록 한다.
	학습 문제 분석하기	■ 공부할 내용 분석하고 학습 활동 확인하기 ○ 이 시간에 수행할 활동 확인하기 • 이번 시간에 배울 교과서 내용을 훑어보고 주요 활동 차례를 살펴봅시다. (이야기를 소리 내어 읽기 → 이야기를 실감 나게 읽는 방법 알기 → 이야기의 장면을 실감 나게 읽기)	
문제 해결	**글 읽기**	■ 글을 읽고 내용 파악하기 ○ 제목 보고 내용 짐작하기	※『국어』의 그림을 살펴보고 내용을 짐작할 수도

방법 찾기 (40분)

실감 나게 읽는 방법 찾기

• 글의 제목 「하나 둘 셋 찰칵! 김치, 치즈, 카프카」를 보고 이야기의 내용을 짐작해 봅시다. (사진을 찍는 이야기일 것입니다. / 여러 가지 말을 하며 사진을 찍을 것 같습니다.)

있다.

○ 글 읽고 내용 파악하기

• 소리 내어 「하나 둘 셋 찰칵! 김치, 치즈, 카프카」를 읽어 봅시다.

• 글을 읽고 사실 질문(글에서 답을 찾을 수 있는 질문)과 추론 질문(글의 내용을 바탕으로 생각해야 답할 수 있는 질문)을 만들어 친구들과 주고받아 봅시다.

〈질문 예시〉

사실 질문	• 할아버지가 여행을 할 수 없게 된 까닭은 무엇인가요? • 중국에서는 사진을 찍을 때 무엇이라고 하나요?
추론 질문	• 동네 세계여행을 다니며 할아버지는 어떤 생각이 들었을까요? • 만약 자신이 동네 세계여행을 떠난다면 무엇을 하고 싶나요?

※ 『국어』에 제시된 내용 파악하기 질문에 대한 답을 알아보고, 친구들과 추가 질문을 만들며 글의 내용을 꼼꼼히 이해할 수 있도록 한다.

○ 글의 의미 생각하기

• 동네에서 세계여행을 하시는 할아버지를 보며 어떤 생각을 했는지 이야기를 나누어 봅시다. (편찮으셔도 즐겁게 여행하시는 할아버지가 멋지게 느껴졌습니다. / 우리가 세계 여러 나라 사람과 함께 살고 있다는 생각이 들었습니다. / 우리 할머니의 꿈은 무엇인지 궁금해졌습니다.)

※ 글의 의미를 생각하려고 먼저 인상 깊은 장면을 자유롭게 이야기해 보도록 한다. 이때 『국어』 92쪽에서 길고양이에게 밥을 주는 장면은 권장되는 행동이 아니기 때문에 이런 행동은 유의해야 한다는 점을 함께 지도한다.

■ 이야기를 실감 나게 읽는 방법 찾기

○ 장면을 실감 나게 읽는 예시 살펴보기

• 「하나 둘 셋 찰칵! 김치, 치즈, 카프카」의 장면을 어떻게 읽으면 좋을지 살펴봅시다. (『국어』 96쪽 5번 활동에서 파란색 부분을 어떻게 읽을지 주의 깊게 살피며 친구들과 토의합니다.)

• 이야기에서 '누가/무엇이'와 '어찌하다'와 '어떠하다'에 해당하는 말, '문장 부호'가 있는 부분, '꾸며 주는 말'이 나오는 부분은 각각 어떻게 읽어야 할지 생각해 봅시다.

• 각각의 내용을 실감 나게 읽으려면 어떻게 해야 할지 친구들과 토의하며 해결 방법을 찾아봅시다.

▶ 『국어』 붙임 5(㉮ 권)의 붙임딱지

'어찌하다'와 '어떠하다'에 해당하는 말	• 내용을 정확하게 전달하기 위해 또박또박 읽는다. • 낱말의 의미가 잘 드러나도록 읽는다.
'문장 부호'가 있는 부분	• 큰따옴표나 작은따옴표를 사용한 까닭을 생각하며 읽는다. • 문장 부호의 역할에 어울리게 읽는다.
'꾸며 주는 말'이 나오는 부분	• 꾸며 주는 말에 어울리는 목소리나 말투로 읽는다. • 문장이 더욱 생생하게 느껴지도록 읽는다.

※ 실감 나게 읽는 방법을 찾을 때에는 정해진 답을 제시하기보다는 다양한 예시 문장을 보고 학생들 스스로 토의하며 방법을 알아 가도록 수업을 진행한다.

○ 이야기를 실감 나게 읽는 방법 확인하기

• 토의 결과를 살펴보면서 어떻게 해야 이야기를 실감 나게 읽는지 생

※ '실감 나게 읽기'가 이

		각한 방법을 정리해 봅시다. **〈이야기를 실감 나게 읽는 방법의 예〉** • '어찌하다'와 '어떠하다'에 해당하는 낱말은 그 의미에 알맞은 마음이 잘 전해지도록 읽는다. • 내용을 잘 전달하기 위해 정확한 발음으로 읽는다. • 다양한 '문장 부호'의 기능을 생각하며 읽는다. • '문장 부호'와 어울리게 읽는다. • '꾸며 주는 말'은 문장의 의미가 더 잘 살아나도록 느낌을 살려 읽는다.	야기의 내용을 생생하게 전달하려는 것임을 정확히 확인한 뒤에 활동을 이어 가도록 한다.
문제 해결 하기 (40분)	**문제 해결 활동하기**	■ 읽고 싶은 장면을 정해 읽기 연습하기 ○ 이야기에서 읽고 싶은 장면 정하기 • 「하나 둘 셋 찰칵! 김치, 치즈, 키프키」에서 읽고 싶은 장면을 고르고 그 까닭을 말해 봅시다. ('나'가 할아버지를 떠올리는 장면을 읽고 싶습니다. 왜냐하면 할아버지를 그리워하는 마음이 잘 느껴지기 때문입니다.) ○ 실감 나게 읽기 연습하기 • 고른 장면을 친구와 함께 실감 나게 읽는 연습을 해 봅시다. • 연습 장면을 친구들과 돌아가며 녹음하고 녹음한 음성을 들어 보며 잘한 점과 고쳐야 할 점을 스스로 찾아봅시다. (또박또박 큰 소리로 읽어서 내용 전달이 잘 되었습니다. / 정확하지 않은 발음이 있어서 이해하기 어려운 점이 있었습니다. / 인물의 마음이 더 잘 느껴지도록 느낌을 살려 읽으면 좋겠습니다.) ○ 스스로 점검하며 읽어 보기 • 『국어』 98쪽의 점검표를 활용해 부족한 부분을 채워 가며 자신의 읽기 상황을 확인해 봅시다. ('어찌하다'와 '어떠하다'에 해당하는 말의 의미를 잘 전달하며 읽었나요? / '문장 부호'와 '꾸며 주는 말'에 주의하며 읽었나요? / 이야기의 장면이 실감 나게 느껴지도록 읽었나요?)	※ 감명 깊은 장면, 재미있었던 장면, 인상 깊었던 장면 등을 생각하며 읽고 싶은 장면을 정한다. ※ 이야기에서 실감 나게 읽을 장면을 고른 뒤, 여러 가지 방법으로 읽기 연습을 해 보도록 한다. ▶ 과정 중심 평가지(지도서 162~163쪽 '평가 자료 2') ※ '평가 자료 2'를 활용해 이야기를 실감 나게 읽는 과정을 스스로 점검하고, 과정 중심 평가를 함으로써 개인의 읽기 능력이 개선되도록 지도한다.
	문제 해결하기	■ 이야기를 실감 나게 읽기 ○ 친구들 앞에서 실감 나게 이야기 읽기 • 자신이 고른 장면을 친구들 앞에서 실감 나게 읽어 봅시다. • 친구가 이야기를 어떻게 실감 나게 읽는지 생각하며 발표를 들어 봅시다. • 친구의 이야기를 들으며 자신이 읽을 때와 어떤 점이 비슷하거나 다른지 생각해 봅시다. 친구는 인물의 마음이나 이야기의 분위기를 어떻게 파악했을지 함께 떠올려 봅시다.	
일반화 하기 (20분)	**느낌 나누기**	■ 발표를 듣고 느낀 점 나누기 ○ 실감 나게 이야기를 읽은 친구 칭찬하기 • 친구가 이야기를 어떻게 읽었는지 칭찬해 봅시다. (장면에 어울리는 목소리로 또박또박 읽어서 이야기가 잘 전해졌습니다. / 할아버지를 보고 싶어 하는 마음이 잘 느껴졌습니다.) • 실감 나게 이야기를 읽은 소감을 말해 봅시다. (내용을 더 잘 이해할 수 있었습니다. / 할아버지를 사랑하는 주인공의 마음을 잘 느낄 수	

		있었습니다.)	
	적용 및 연습하기	■ 배운 내용 적용하기 ○ 사진 찍을 때 외치는 말 만들기 • 사진을 찍을 때 외치는 말을 만들어 봅시다. 그 말을 외치면 좋은 까닭을 생각해 보고 친구들과 함께 재미있는 사진 찍기 놀이를 해 봅시다.	※ 사진 찍기 활동을 할 때 허락 없이 다른 사람의 사진을 찍지 않도록 하고, 찍은 인물 사진을 함부로 온라인에 공유하지 않도록 지도한다. ※ 배운 내용을 적용할 때 그림책이나 짧은 이야기책을 사전 과제로 준비해 친구들과 실감 나게 이야기 읽기를 할 수도 있다.
	정리하기	■ 학습 내용 정리하기 ○ 공부한 내용 확인하기 • 이 시간에 배운 내용이 무엇인지 말해 봅시다. (이야기를 실감 나게 읽는 방법을 익혀 이야기를 읽어 보았습니다.) • 이 시간에 새롭게 안 내용과 느낀 점을 말해 봅시다. (이야기를 실감 나게 읽으면 인물의 마음을 더 잘 느낄 수 있었습니다.) ○ 다음 차시 학습 내용 알아보기 • 다음 시간에는 이 단원에서 배운 내용을 활용해 생활 속에서 실천하는 활동을 해 보겠습니다.	

(2) 지식 탐구 학습 모형

간접 교수 방법 중 지식 탐구 학습 모형의 특징과 활동, 단계별 특징, 모형 적용의 사례를 보자.

(가) 특징과 활용

지식 탐구 학습 모형은 국어 현상이나 국어 사용 현상에서 그 속에 내재해 있는 규칙이나 원리를 발견해 내는 데 적용할 수 있는 방법이다. 여기에는 연역적으로 탐구하여 지식을 찾아내는 방법이 있고 귀납적으로 탐구하여 지식을 찾아내는 방법이 있다. 초등학생의 인지 수준상 제시된 국어 자료에서 가설을 세운 후, 새로운 자료에서 그 가설을 검증하여 일반화해 가는 연역적 탐구는 맞지 않다고 판단하여, 구체적인 다양한 국어 자료를 분석, 분류, 평가, 종합하여 결론에 이르게 하는 귀납적 탐구의 방법이 주로 활용된다.

지식 탐구 학습 모형 또한 탐구의 주체는 학습자이기 때문에 수업의 주도권이 학습자에게 있는 학습자 중심의 모형이다. 교사는 학습 문제를 확인시키고 문제를 해결하는 경험을 갖도록 하기 위하여 의도된 국어 자료 또는 국어 사용 자료를 제시한다. 그리고 학습자가 제시된 다양한 국어 자료를 탐구하여 일반화할 수 있는 개념, 규칙 또는 원리를 찾아내도록 지원한다.

국어 자료나 국어 사용 자료를 탐구하는 과정에서 학습자는 스스로 문제 해결의 경험을 하게 되므로 유의미한 학습을 할 수 있다. 이렇게 스스로 찾아낸 개념, 규칙, 원리 등은 오랫동안 기억을 할 수 있다. 그리고 다른 간접 교수 모형과 마찬가지로 성공적인 탐구 경험은 학습자에게 성취감을 느끼게 함은 물론 새로운 과제에 대한 지적 호기심과 도전 정신 등 강한 내적 동기를 제공할 수도 있다.

이 모형 역시 다른 간접 교수 모형들처럼 학습자가 교수·학습의 주도권을 갖게 되기 때문에 탐구 능력과 학습 동기가 일정 수준이 되는 학습자에게 적용하는 것이 효과적이다. 교사는 학습자가 지식을 발견할 때까지 무한정 기다리는 것이 아니라, 적재적소에 다양한 방법으로 비계를 제공하고 학습자가 탐구 활동에 적극적으로 참여할 수 있도록 유도하여야 한다. 예를 들면 직접적인 답을 제시하지 않으면서 학습자에게 지식 도출을 위한 적절한 안내나 추가 자료를 지원하는 학습의 안내자요 지원자의 역할, 단계적인 질문을 통하여 학습자와 함께 탐구하는 학습의 협력자로서의 역할을 함으로써 학습자의 성공적인 탐구 과정을 유도할 수 있어야 한다. 다인수 학급의 경우 일일이 교사가 협력자의 역할 수행하는 데 한계가 있을 경우 학습 내용의 난이도나 학습자 수준을 고려하여 모둠 활동이나 짝 활동을 적절히 활용하는 것도 좋다.

이 모형은 직접 교수 모형의 교수·학습 내용 요소와 같은 명제적 지식이나 분절 가능한 절차적(방법적) 지식으로서의 개념, 원리에 대한 이해에 중점을 두는 차시에서 적용하는 것이 효과적이다. 즉 듣기·말하기, 읽기, 쓰기, 매체 영역의 절차적 지식, 문법 영역의 명제적 지식과 탐구 방법적 지식, 문학 영역의 명제적 지식과 감상과 창작에 대한 절차적 지식 등과 같이 분절적 성격을 띠는 지식, 개념, 원리를 학습하는 데 유용하다. '기행문의 특성', '추론하는 방법', '맥락의 개념과 기능', '문장의 종류와 기능', '토론의 유의점' 등을 예로 들 수 있다.

(나) 단계별 특징

지식 탐구 학습 모형도 다른 학습 모형들처럼 4단계로 전개된다. 단계별 주요 활동의 특징을 간단히 알아보자.

〈표 2-3〉 지식 탐구 학습 모형

단계	주요 활동
문제 확인하기	· 동기 유발 · 학습의 필요성, 중요성 이해 · 학습 문제 확인
자료 탐색하기	· 기본 자료 또는 사례 탐구 · 추가 자료 또는 사례 탐구
지식 발견하기	· 자료 또는 사례 간 관련성 분석, 종합 · 지식의 발견
지식 적용하기	· 지식의 적용 · 지식의 일반화 및 정리

문제 확인하기 단계는 모든 모형의 공통 사항으로 학습 목표(학습 문제)의 발견 또는 확인이 이루어진다. 그리고 학습 문제와 관련한 학습자의 경험이나 배경 지식을 떠올려 동기를 유발하는 단계이다.

자료 탐색하기 단계는 문제를 해결하기 위하여 교과서에 제시된 자료나 교사가 재구성한 자료를 탐색하는 단계이다. 의도된 자료들을 다각도로 탐색하여 학습 문제와 관련지어 개념이나 원리가 도출될 수 있는지를 생각하며 자료들을 비교하고 분류하여 결과를 정리한다.

지식 발견하기 단계에서는 2단계에서 탐색한 결과를 분석하고 종합하여 자료 간의 관련성을 찾아 학습 문제와 관련된 개념이나 지식을 발견해 내어야 한다. 학습 문제를 해결하기 위하여 자료들 사이의 공통점이나 차이점을 추출하는 등 개념이나 원리 발견을 위한 적극적인 탐구 활동을 지원하여야 한다. 즉 교사는 학습자들의 탐구 과정을 관찰하면서 자료들 사이에 존재하는 다양한 관련성 중, 학습 문제에 초점화된 관련성을 발견해 내는 데 어려움을 겪는 학습자에게 적절한 비계를 제공하여 교수·학습의 효과와 효율을 극대화하도록 한다.

지식 적용하기 단계는 발견한 개념이나 원리, 규칙 등을 실제 학습자의 국어생활에 적용하여 내면화하고 일반화한다.

(다) 모형 적용 예

〈2022 개정 교육과정 4-1, 4단원, 뜻을 파악하며 읽어요, 2-3/14차시〉

학습 목표	여러 가지로 해석되는 낱말을 알 수 있다.

단계 (시간)	학습 내용	교수 · 학습 활동	자료(▶) 및 유의점(※)
문제 확인 하기 (10분)	**동기 유발**	■ 언어유희로 낱말에 관심 갖기 ○ 시화를 본 뒤에 낱말을 떠올리고 그 뜻 짐작하기 • 그림을 보고 떠오르는 낱말이 무엇인지, 왜 그 낱말을 떠올렸는지 말해 봅시다. (곰이 잘못을 해서 벌을 서고 있는 것 같고, 주변에 벌이 많아서 '벌'을 떠올렸습니다.) • 이번에는 시를 살펴보겠습니다. 시를 소리 내어 읽어 봅시다. • '벌떼'와 '벌에게'에서의 낱말 '벌'은 무엇을 가리키나요? (꿀벌, 여왕벌과 같은 곤충을 뜻합니다.) • '벌을 받는 것 같아'에서 '벌'은 무엇을 뜻하나요? (잘못을 하거나 죄를 지은 사람에게 주는 고통을 말합니다.)	※ 말놀이 시를 통해 여러 가지로 해석되는 낱말에 대해 자연스럽게 관심을 가지게 한다. ▶ 지도서 257쪽 '참고자료' ※ 그림과 시를 동시에 제시하지 않고, 그림만 먼저 제시하여 관련 낱말을 충분히 생각할 수 있게 한다.
	학습 문제 확인하기	■ 학습 문제 확인하기 여러 가지로 해석되는 낱말을 알아봅시다.	※ 학습 문제를 분석하고 공부할 내용을 미리 살펴보며 이 시간에 배워야 할 학습 목표와 활동을 분명히 인지하고 수업에 참여하도록 지도한다.
	학습 문제 분석하기	■ 학습 문제를 분석하며 활동 내용 미리 보기 ○ 이 시간에 공부할 내용 미리 보기 • 학습 문제를 바탕으로 학습 활동이 무엇인지 살펴봅시다. - 주어진 자료를 탐구하여 동형이의어와 다의어의 특징 찾기 - 동형이의어와 다의어의 개념 발견하기 - 동형이의어와 다의어의 차이점 알기 - 동형이의어와 다의어를 활용하기	
자료 탐색 하기 (30분)	**자료 탐구 하기 1**	■ 동형이의어 알아보기 ○ 동형이의어의 특징 추측하기 • 『국어』 182쪽 1번 활동에서 제시한 두 문장을 읽고, 공통으로 들어간 낱말을 찾아봅시다. ('차다'입니다.) • 그림을 보고, 밑줄 그은 낱말 '차다'가 각각 어떤 뜻으로 쓰였는지 짐작해 봅시다. 그렇게 생각한 까닭도 함께 말해 봅시다. • '차다'의 뜻이 서로 같은 문장끼리 선으로 이어 봅시다. • 국어사전에서 찾은 낱말의 뜻을 비교하여 살펴보고 각 낱말의 형태, 뜻의 관련성 등에 대해 이야기를 나누어 봅시다. 더불어 '차'와 '타다'의 뜻도 함께 비교해 봅시다. (『국어』 182쪽 문장 ㉮와 문장 ㉯의 '차다'는 낱말의 형태는 같지만, 뜻은 서로 전혀 관련이 없습니다. 낱말 '차'와 '타다'의 뜻풀이 역시 낱말의 형태만 같을 뿐 뜻이 서로 다르고, 뜻 사이에 공통점이 없습니다.)	※『국어』에서 제시한 것 외에도 예시를 추가하여 낱말의 형태와 뜻을 탐색할 수 있게 한다.

	자료 탐구 하기 2	차[2] : 차나무의 어린잎을 달이거나 우린 물. 차[6]: 바퀴가 굴러서 나아가게 되어 있는, 사람이나 짐을 실어 옮기는 기관. 차[8]: 둘 이상의 사물을 견주었을 때에, 서로 다르게 나타나는 수준이나 정도. 타다[1] : 불씨나 높은 열로 불이 붙어 번지거나 불꽃이 일어나다. 타다[2] : 비행기와 같은 탈것이나 말과 같은 짐승의 등 따위에 몸을 얹다. 타다[3] : 다량의 액체에 소량의 액체나 가루 따위를 넣어 섞다. 타다[4] : 다른 이로부터 돈이나 물건 혹은 상 따위를 받다. ■ 다의어 알아보기 ○ 낱말의 뜻 추측하기 • 『국어』 184쪽 3번 활동에서 제시한 두 문장을 읽고, 공통으로 들어간 낱말을 찾아봅시다. ('눈'입니다.) • 그림을 보고, 밑줄 그은 낱말 '눈'이 각각 어떤 뜻으로 쓰였는지 짐작해 봅시다. 그렇게 생각한 까닭도 함께 말해 봅시다. • 그림을 보고, 밑줄 그은 두 낱말을 서로 비교하며 비슷한 점과 다른 점을 찾아봅시다. (두 낱말의 형태가 같습니다. / 낱말의 뜻도 서로 관련이 있거나 비슷한 부분이 있습니다.) • 국어사전에서 찾은 낱말의 뜻을 비교하여 살펴보고 각 낱말의 형태, 뜻의 관련성 등에 대해 이야기해 봅시다. 더불어 '머리'와 '보다'의 뜻도 함께 비교해 봅시다. (문장 ㉮와 문장 ㉯의 '눈'은 낱말의 형태가 같고, 뜻은 서로 관련이 있습니다. / 사물을 보는 기관인 '눈'과 사물을 구별하는 능력을 의미하는 '눈'은 서로 관련이 있습니다. / '머리'의 뜻과 '보다'의 뜻도 서로 연결됩니다.) 머리 「1」 사람이나 동물의 목 위의 부분. 「2」 생각하고 판단하는 능력. 「3」 머리에 난 털. 보다 「1」 눈으로 대상의 존재나 형태적 특징을 알다. 「2」 눈으로 대상을 즐기거나 감상하다. 「3」 책이나 신문 따위를 읽다.	
지식 발견 하기 (20분)	**지식 발견 하기 1**	■ 동형이의어와 다의어의 개념 알기 ○ 동형이의어의 의미와 예 알기 • 글자의 형태만 같고 뜻이 전혀 다른 낱말을 '동형이의어'라고 합니다. • 동형이의어의 다른 예를 생각해 봅시다. (먹는 '밤', 낮과 밤의 '밤'이 있습니다. / 하늘에서 내리는 '눈', 앞을 볼 수 있게 하는 사람의 '눈'이 있습니다. / 글자를 '쓰다', 모자를 '쓰다', 맛이 달지 않고 '쓰다'가 있습니다. / 내용을 쓰는 '적다', 양이 기준에 미치지 못하는 '적다'가 있습니다.) ○ 다의어의 의미와 예 알기	※ 동형이의어와 다의어를 알게 하되 명확한 구분보다는 상황에 따라 여러 가지로 해석될 수 있음을 알게 하는 데 초점을 맞춘다. ※ 특정 낱말이 무조건

	지식 발견 하기 2	• 하나의 낱말이 원래 가진 뜻을 넓혀 여러 가지 뜻을 가진 경우에 그 낱말을 '다의어'라고 합니다. • 다의어의 다른 예를 생각해 봅시다. (사람의 '다리', 책상의 '다리', 안경의 '다리'가 있습니다. / 신체의 일부분인 '손', 씀씀이를 뜻하는 '손', 일손이나 노동력을 뜻하는 '손'이 있습니다. / 밖에서 안으로 들어가는 '들다', 빛이 안으로 들어오는 '들다'가 있습니다. / 불빛 따위가 환한 '밝다', 예측되는 미래의 상황이 좋은 '밝다'가 있습니다.) ■ 동형이의어와 다의어의 차이점 살펴보기 ○ 동형이의어와 다의어의 뜻 사이의 관계 파악하기 • 『국어』 186쪽 5번 활동의 '차다'와 '눈'이 지닌 뜻 사이의 관계를 나타내는 표를 살펴보고, 표의 모양이 다른 까닭을 생각해 봅시다. (뜻이 서로 전혀 다른 '차다'는 각각의 다른 낱말이라서 표도 각각 떨어져서 구분되어 있습니다. / '눈'은 관련이 있는 여러 뜻을 가진 하나의 낱말이라서 '눈' 아래에 뜻풀이가 서로 연결되어 있습니다.) ○ 국어사전에서 동형이의어와 다의어 찾아보기 • 국어사전에서 '차다'와 '눈'의 뜻풀이를 찾아보고 『국어』 187쪽 6번 (1)의 빈칸에 알맞은 뜻을 써 봅시다. • 국어사전에 나타난 동형이의어와 다의어의 뜻풀이 제시 방법의 차이점은 무엇인지, 그리고 그 까닭은 무엇일지 생각해 봅시다. (동형이의어는 서로 관련이 없는 뜻을 가진 별개의 낱말이라서 차다[1], 차다[2]와 같이 구분하여 제시합니다. 다의어는 관련이 있는 여러 뜻을 가진 낱말이기 때문에 한 낱말 안에 여러 가지 뜻을 제시합니다.)	동형이의어 또는 다의어라고 지도해서는 안 된다. ※ 국어사전을 활용하여 동형이의어와 다의어의 제시 방식을 직접 확인하게 한다. ※ 국어사전마다 뜻풀이의 내용이나 제시 방식이 다를 수 있음을 미리 안내한다. 친구들과 사전별 제시 방식이나 뜻풀이가 다른 경우에 차이점을 서로 비교하며 자유롭게 이야기할 수 있게 한다.
지식 적용 하기 (20분)	**일반화 하기**	■ 동형이의어와 다의어 활용하기 ○ 낱말의 뜻에 알맞은 문장 만들기 • 동형이의어와 다의어를 활용하여 뜻풀이에 알맞은 문장을 만들어 봅시다.	▶ 지도서 261쪽 '활동지'
	정리 하기	■ 학습 내용 정리하기 ○ 공부한 내용 확인하고 정리하기 • 이 시간에 배운 내용은 무엇인지 말해 봅시다. (동형이의어와 다의어가 무엇인지 배웠습니다. / 동형이의어와 다의어의 차이점을 국어사전으로 확인했습니다. / 동형이의어와 다의어로 문장을 만들어 보았습니다.)	

(3) 가치 탐구 학습 모형

(가) 특징과 활용

가치 탐구 학습 모형은 학습자가 작품이나 국어 자료, 매체 텍스트 자료에 내재된 가치, 중요성, 필자의 관점 등을 다양한 각도에서 탐색하고, 자신의 관점과 비교·분석한 후, 다양한 가치나 관점을 비판적으로 수용할 수 있는 능력을 신장시키는 데 유용한 모형이다. 그 과정에서 국어 자료를 읽고 다양한 가치에 대한 이해와 존중의 태도를 기르고, 가치에 대한 평가 과정을 통하여 비판적, 합리적 사고 능력을 기를 수 있다.

학습자는 국어 자료, 작품, 복합양식 텍스트 등에 내재한 가치를 분석·탐색하고 이를 재해석하는 과정에 능동적이고 적극적으로 참여하여 자신의 관점이나 자신이 추구하는 가치를 명료화함으로써 자신의 정체성을 정립해 나갈 수 있게 된다.

도덕과, 윤리과의 가치 탐구 학습이 바람직한, 도덕적, 윤리적 가치의 발견이나 내면화에 중점을 두는 것에 비해, 국어과의 가치 탐구 학습은 서로 다른, 때로는 서로 상반되는 다양한 가치의 발견과 비판적 수용을 통해 서로 다른 가치에 대한 이해와 존중의 태도를 기르는 데에 초점이 있다. 즉, 국어과에서 가치를 다루는 목적은 공동체 구성원들이 합의한 올바른 가치를 도출하여 내면화하고자 하는 것이 아니라, 다양한 가치를 찾아내는 과정, 각 가치에 대한 타당성을 평가하고 입증하는 과정에 초점을 둔다. 그리고 발견한 가치를 자신의 관점에서 해석해 보고 서로 다른 가치가 존재할 수 있음을 이해하는 태도를 기르는 데 중점을 둔다.

가치 탐구 학습 모형은 학습 목표나 교수·학습 내용 요소가 명제적 지식, 절차적 지식인 경우에 적용하는 것은 드물다. 교수·학습의 내용은 있으나 지식의 성격이 아닌 차시의 학습에 적용할 수 있다. 주로 국어 사용 영역 중 특히 이해 영역(듣기, 읽기)이나 문법 영역의 국어와 문자, 한글의 중요성, 국어 문화, 국어 사용 태도, 문학 작품 속에 내재한 주제, 이데올로기, 작가, 작중 인물 등의 성격이나 관점, 복합양식 매체 텍스트의 주제와 관점, 뉴미디어 시대에는 미디어 자체가 함의하고 있는 이데올로기 등을 분석하거나 탐구하고자 할 때 적용 가능한 모형이다.

가치 탐구 학습 모형을 적용하는 교사는 국어 자료에 내재된 다양한 가치를 객관적이고 공정한 입장에서 다룰 수 있어야 한다. 교사의 관점이나 가치와 상반되거나 다르다고 해서 평가 절하하거나 폄훼하지 않도록 주의한다. 그리고 교사는 학습자에게 한 가지 가치만을 또는 자신이 원하는 가치를 선택하도록 강요하지 말아야 한다. 학습자가 탐구의 과정에서 객관적이고 합리적인 근거를 가지고 결론에 이른 가치는 비록 교사 자신의 가치와 다르더라도 허용하는 수업 분위기를 조성하는 것이 필요하다.

학습자는 타당한 근거의 제시 없이 무조건 자신이 선택한 가치가 옳다고 주장한다거나 다양한 가치들에 대해 비판하는 것에만 그쳐서도 안 된다. 학습자가 다양한 가치를 비교·분석하고, 합리적인 근거를 바탕으로 자신의 가치를 새롭게 재구성할 수 있도록 지원하여야 한다.

이 모형의 적용 과정에서 토의·토론을 위한 짝 활동, 소모둠 활동 등 협력적 수업 형태를 적절히 활용하는 것이 좋다. 학습자는 주제에 따라 짝이나 소모둠 구성원과 토의·토론을 통하여 다양한 가치를 다각도로 분석하고 정교화해 보는 과정을 통해 자신의 가치 평가가 합리적인지를 성찰할 수 있게 된다.

(나) 단계별 특징

가치 탐구 학습 모형의 각 단계별 주요 활동의 특징을 알아보자.

〈표 2-4〉 가치 탐구 학습 모형

단계	주요 활동
문제 분석하기	· 문제 상황 인지 및 동기 유발 · 학습의 필요성, 중요성 확인 · 학습 문제 확인
가치 확인하기	· 가치 발견, 추출 · 가치 근거 확인
가치 평가하기	· 가치 비교 및 평가 · 가치 선택
가치 일반화하기	· 가치 적용 · 가치 재평가

문제 분석하기 단계는 가치 발견이 필요한 문제 상황을 분석하고, 이와 관련시켜 학습 문제(학습 목표)를 확인시킨다. 분석한 문제 상황을 통해 학습 문제를 공부하는 것이 왜 중요한지도 학습자가 인식할 수 있도록 지도한다.

가치 확인하기 단계는 다각도로 생각할 수 있는 가치가 내재되어 있는 담화, 글, 국어 자료, 작품, 복합 양식 텍스트를 분석하여 다양한 가치를 찾아내는 단계이다. 이 단계에서는 제시된 담화나 글, 작품에 내재해 있는 다양한 가치를 모두 찾아내되 각각의 가치를 그렇게 볼 수 있는 근거와 함께 정리하도록 한다. 여기서는 허용적인 수업 분위기를 조성하여 생각할 수 있는 모든 가치가 도출될 수 있도록 유도하고 최선의 가치를 찾는 단계가 아님을 주지시킨다. 그렇게 함으로써 학습자가 가치 탐구 활동에 능동적이고 적극적으로 참여할 수 있도록 하여야 한다.

가치 평가하기 단계는 확인된, 탐색한 가치 하나하나를 그 근거와 함께 비교, 분석, 평가하고 합리적인 기준을 적용하여 가치를 선택하는 단계이다. 이 단계에서는 가치에 대한 비교와 평가를 어려워하는 학습자가 있을 수 있으므로 협력적 수업 형태를 구성하여 상호 지원이 이루어질 수 있도록 하는 것도 좋다. 소인수 학급의 경우는 교사가 개별 학습자에게 적절한 비계를 제공함으로써 문제 상황 분석을 통하여 인지한 문제를 해결할 수 있는 가치를 선택할 수 있도록 안내한다.

가치 일반화하기 단계는 분석·평가의 과정을 통하여 선택한 가치를 바탕으로 자신의 가치를 다시 형성하고, 이를 국어생활에 적용해 가면서 자신의 가치로 정립해 가도록 지도한다.

(다) 모형 적용 예

〈2022 개정 교육과정 4-1, 2단원, 서로 다른 의견 9-10/13차시〉

학습 목표	글을 읽고 글쓴이의 의견을 평가할 수 있다.

단계 (시간)	학습 내용	교수 · 학습 활동	자료(▶) 및 유의점(※)
문제 분석 하기 (10분)	**동기 유발**	■ 다른 의견에 대한 생각 나누기 ○ 의견의 비교 방법에 대해 이야기하기 • 지난 시간에는 「동물 없는 동물원」을 읽고 글쓴이의 의견과 자신의 의견을 비교해 보았습니다. 자신의 의견이 글쓴이의 의견과 다른 경우에 어떻게 했나요? (어떤 의견이 더 좋은지 생각했습니다. / 각 의견의 장단점을 생각해 보았습니다.)	※ 글쓴이의 의견을 평가해야 하는 이유를 다룰 때 처음에는 글의 형태가 아닌 의견에 대한 평가로 먼저 접근해 이해를 돕는다.
	학습 문제 확인하기	■ 학습 문제 확인하기 글을 읽고 글쓴이의 의견을 평가해 봅시다.	
	학습 문제 분석하기	■ 학습 문제를 분석하며 활동 내용 미리 보기 ○ 이 시간에 공부할 내용 미리 보기 • 학습 문제를 바탕으로 학습 활동이 무엇인지 살펴봅시다. - 의견 평가하기 학습이 중요한 까닭 알기 - 글쓴이의 의견을 평가하는 방법 알기 - 글쓴이의 의견 평가하기 - 학습한 내용 정리하기	※ 학습 문제를 분석하고 공부할 내용을 미리 살펴보며 이 시간에 배워야 할 학습 목표와 활동을 분명히 인지하고 수업에 참여하도록 지도한다.

<table>
<tr><td></td><td>학습의 필요성 이해 하기</td><td>■ 경험을 떠올려 학습의 중요성 확인하기
○ 의견을 평가해야 하는 까닭 알기
• 서로 다른 의견이 있을 때 그 해결 방법은 무엇이었는지 경험을 떠올려 봅시다. (가위바위보, 다수결, 의견 나누기입니다.)
• 이솝 우화 「당나귀를 팔러 가는 아버지와 아들」의 결과에 대해 친구들과 이야기해 봅시다.
• 이러한 결과가 나온 까닭은 무엇일까요? (다른 사람의 의견을 무조건 따랐기 때문입니다. / 자기 생각이 없이 다른 사람의 말대로 했기 때문입니다.)
• 자신이라면 어떻게 하나요? (가장 좋다고 생각하는 의견만 따릅니다. / 의견대로 했을 때 어떤 일이 생길지 미리 생각해 봅니다. / 다른 사람의 의견을 듣기보다는 자신의 생각대로 합니다.)
• 의견을 평가해야 하는 까닭은 무엇일까요? (더 좋은 결과를 얻으려는 것입니다. / 보다 적절한 의견을 찾으려는 것입니다.)
○ 경험 떠올리기
• 문화유산을 관람한 경험을 친구들과 이야기해 봅시다.
• ‘문화유산 보호’ 하면 떠오르는 생각을 말해 봅시다. (숭례문 화재 / 경복궁 담벼락 낙서 / 출입 금지 / 들어오지 마시오)</td><td>▶ 지도서 154쪽 ‘참고자료’
※ 이야기 속 의견을 듣고 의견에 대한 평가를 해야 하는 까닭을 학생이 스스로 생각해 보도록 지도한다.</td></tr>
<tr><td rowspan="4">가치 확인 하기 (30분)</td><td>글 읽기</td><td>■ 제재 글 읽기
○ 글쓴이의 의견이 적절한지 생각하며 글 읽기
• 『국어』 101쪽의 글을 읽을 때 뜻이 어려운 낱말은 밑줄을 긋고 뜻을 짐작해 봅시다.</td><td>※ 각 문단에 대한 말풍선 내용을 함께 다루도록 한다.</td></tr>
<tr><td>낱말 알기</td><td>■ 낱말 알기
○ 낱말 학습하기
• 낱말의 뜻과 본문의 내용을 확인하고 알맞은 낱말을 찾아 써 봅시다. (‘개방’, ‘보존’, ‘훼손’)
• 낱말의 뜻을 확인하고, 다시 글을 읽어 봅시다.</td><td></td></tr>
<tr><td>내용 알기</td><td>■ 내용 알기
○ 글의 내용 파악하기
• 무엇에 대한 글인가요? (문화유산 보호에 대한 글입니다.)
• 글쓴이의 생각을 알 수 있는 낱말, 문장 표현이 있나요? (문화유산 개방 / 문화유산 보존 / 개방 / 보호 / 문화유산을 우리 곁에 오랫동안 머물게 하는 길입니다.)
• 글쓴이의 의견은 무엇인가요? (‘문화유산을 개방해야 한다’입니다. / ‘문화유산을 개방하는 것이 문화유산을 보존하는 일이다’입니다.)</td><td rowspan="2">※ 내용의 이해를 위해서 국가유산(문화유산, 자연유산, 무형유산)에 대한 국가유산청 자료를 간략히 다루어도 좋다.
※ 앞 차시에서 학습한 의견 파악하기 방법을 적용할 수 있도록 한다.</td></tr>
<tr><td>가치 발견하기</td><td>■ 글쓴이가 내세우는 가치 발견하기
○ 글쓴이가 내세우는 가치 파악하기
• 글쓴이가 이 글을 통해 내세우는 가치를 드러내는 낱말을 찾아봅시다. (‘개방’, ‘가까운’, ‘직접’입니다.)
• 찾은 낱말을 이용하여 글쓴이의 의견을 파악해 봅시다. (‘문화유산을 보호하려면 문화유산을 개방해야 한다.’입니다.)</td></tr>
</table>

	발견한 가치의 근거 확인하기	■ 발견한 가치의 근거 파악하기 ○ 글쓴이의 의견을 뒷받침하는 내용 파악하기 • 글쓴이의 의견을 뒷받침하는 내용을 찾아봅시다. (문화유산은 개방해야 보존이 더 잘됩니다. / 문화유산을 개방하면 자신이 체험한 문화유산을 보호하려고 노력하는 사람이 많아집니다.) • 의견을 뒷받침하는 내용이 믿을 만한지 살펴봅시다. 어떻게 알 수 있나요? (실제로 국가유산청장이 인터뷰한 것을 찾아볼 수 있습니다. / 목조 건물에 대한 인터넷 정보를 참고해 봅니다. / 경복궁의 경회루 개방에 대한 뉴스나 기사를 검색해 봅니다.)	※ 앞의 활동에서 다룬 이솝 우화 내용과 연관 지어 볼 수 있다.
가치 평가 하기 (25분)	**가치 평가 하기**	■ 글쓴이의 의견 평가하기 ○ 글쓴이의 의견 평가하기 • 글쓴이의 의견이 '문화유산 보호'에 도움이 되는지 알아봅시다. • 글쓴이의 의견대로 했을 때 문제를 해결할 수 있나요? (문제 상황을 해결할 수 있습니다. 문화유산을 가까이에서 체험해야 문화유산을 보호하려고 노력하게 됩니다. / 문제 상황을 해결할 수 없습니다. 문화유산을 개방했을 때 화재, 낙서처럼 문화재가 훼손되는 일도 발생할 수 있습니다. 문화유산을 개방하여 훼손된 문화유산을 다시 예전처럼 복원하는 일은 매우 어렵습니다.) • 평가 방법을 바탕으로 글쓴이의 의견을 평가해 봅시다. (글쓴이의 의견은 주제와 관련 있고, 의견과 뒷받침 내용이 관련 있습니다. 또 뒷받침 내용도 사실 자료로 믿을 만하며, 문화유산 개방으로 문제 상황을 해결할 수 있습니다. 글쓴이의 의견은 적절하다고 평가할 수 있습니다. / 글쓴이의 의견은 주제와 관련 있고, 의견과 뒷받침 내용도 관련 있습니다. 국가유산청장의 인터뷰 내용도 확인하여 뒷받침 내용도 사실 자료로 믿을 만합니다. 하지만 문화유산 개방으로 손실된 문화유산은 복원이 어렵다는 사실도 확인했습니다. 그러므로 문화유산 개방으로 문화유산 보호를 할 수는 없습니다. 글쓴이의 의견은 적절하지 않다고 평가합니다.)	※ 자료를 직접 확인할 수 있는 컴퓨터, 스마트폰을 활용하도록 할 수 있다. ※ 학생들이 글쓴이의 의견을 평가하는 방법을 자유롭게 탐색할 수 있도록 허용적인 분위기를 제공한다.
가치 일반화 하기 (15분)	**가치 재평가 하기**	■ 다른 글과 연결하기 ○ 글쓴이가 내세우는 가치와 다른 가치가 담긴 글을 읽고 글쓴이의 주장 재평가하기 • 『국어』 105쪽 글을 읽고 글쓴이의 의견은 무엇인지 말해 봅시다. ('문화유산을 개방하지 않아야 한다'입니다.) • 문화유산 개방에 대한 다른 가치가 담긴 글을 읽고 『국어』에 실린 글에 담긴 가치를 재평가해 봅시다.	※ 학생들이 학습한 내용을 다른 글과 연결하여 활발하게 적용할 수 있는 경험을 하도록 한다.
	학습 내용 적용하기	■ 세상과 연결하기 ○ 친구들의 의견 평가하기 • 문화유산을 개방하면서도 보호할 수 있는 방법을 친구들과 이야기해 보고, 그 방법이 적절한지 평가해 봅시다.	
	정리 및 확인하기	■ 학습 내용 정리하기 ○ 공부한 내용 확인하고 정리하기 • 이 시간에 배운 내용을 정리해 봅시다.	

(4) 창의성 계발 학습 모형

(가) 특징과 활용

창의성 계발 학습 모형은 국어 사용 과정에서 사고의 유창성, 독창성, 융통성, 다양성을 강조하는 모형이라고 할 수 있다. 유창성은 적절한 사고를 바로바로 떠올림이나 풍부한 사고의 양을, 독창성은 사고의 새로움이나 사고의 기발함을, 융통성은 사고의 유연함을, 다양성은 폭넓은 사고를 강조한다. 이들 사고의 특성은 서로 연결되어 있는 것이라고 보아야 한다. 융통성이 있어야 폭넓게 사고할 수 있고, 풍부하게 사고해야 새로운 사고, 기발한 사고도 가능한 것 등에서 그러하다.

이 모형은 창의적인 사고력을 발휘할 수 있어야 한다는 점에서 학습 능력이 어느 정도 갖추어진 학습자들에게 적용하기에 적합한 모형이다. 이 모형을 적용할 때는 학습자가 다양하고 새로운 생각을 많이 떠올릴 수 있도록 허용적인 수업 분위기를 조성하는 것이 중요하다. 그리고 학습자의 아이디어 생성이나 선택 과정을 교사가 지나치게 간섭하지 않도록 유의해야 한다. 사고에 어려움을 겪는 학습자의 경우 경험을 떠올리게 한다든지, 인물이 처한 상황, 시대적 상황, 공간적 상황, 주제가 유사한 다른 텍스트 등을 떠올려 사고의 실마리로 삼을 수 있도록 하는 등 사고를 자극할 수 있는 발문이나 비계를 적절히 준비하여 제공하도록 한다.

저학년 단계나 아이디어를 생성하는 단계에서는 풍부하고 다양한 아이디어를 만들어 내는 데 중점을 두고, 중고학년으로 올라갈수록, 그리고 아이디어 선택 단계로 진행해 가면서 아이디어를 검증하고 다듬어 가는 데 중점을 두도록 한다. 저학년이나 아이디어 생성 단계부터 완벽한 아이디어를 만들어 낼 것을 요구하게 되면 인지적 부담은 물론 학습의 부담을 갖게 되어 적극적인 수업 참여가 이루어지기 어렵다.

창의성 계발 학습 모형은 창의성이 필요한 말하기, 글쓰기, 복합양식 표현하기 등의 표현 영역이나 다양한 근거를 바탕으로 한 비판적 이해 영역, 문학 창작 및 감상 영역에 적합한 모형이라고 할 수 있다. 예컨대 '글을 읽고 요약해 봅시다.'가 학습 목표인 수업과 '이야기를 읽고, 이전의 상황을 상상하여 써 봅시다.'가 학습 목표인 수업을 계획한다고 하자. 창의성 계발 학습 모형을 적용하기에 더 적절한 차시 학습 목표는 후자일 것이다.

(나) 단계별 특징

창의성 계발 학습 모형의 각 단계별 주요 활동의 특징을 알아보자.

〈표 2-5〉 창의성 계발 학습 모형

과정	주요 활동
문제 발견하기	· 문제 상황 인지 및 동기 유발 · 학습의 필요성, 중요성 이해 · 학습 문제 확인 · 학습 과제 분석
아이디어 생성하기	· 해결 문제나 과제 해결 방안 탐색 · 문제 해결 방안 구체화를 위한 다양한 아이디어 생성
아이디어 선택하기	· 생성한 아이디어의 비교 · 최선의 아이디어 선택
아이디어 적용하기	· 아이디어 적용하기 · 아이디어 적용 결과 발표하기 · 아이디어 적용 결과 평가하기

문제 발견하기 단계에서는 문제 상황을 분석하여 학습 문제를 확인하고, 학습 문제를 해결하기 위하여 아이디어를 생성해야 하는 세부 과제를 분석한다. 아이디어 생성하기 단계에서는 세부 과제를 수행하는 데 필요한 아이디어를 생성할 수 있는 방법을 탐구하고 이를 활용하여 다양하고 창의적인 아이디어를 생성한다. 이 단계에서는 가능한 한 다양한 아이디어를 탐색하는 데 중점을 두어야 한다. 한 번에 최선의 아이디어를 떠올리려고 하면 인지 부담과 학습 부담이 생기게 되어 적극적이고 능동적인 참여에 주저하게 된다.

아이디어 선택하기 단계는 이전 단계에서 다양하게 생성된 아이디어를 비교, 분석, 평가하여 떠올린 아이디어 중에서 해결 방안이 될 수 있는 최선의 아이디어를 선택하도록 한다. 아이디어 적용하기 단계는 선택한 아이디어를 적용하여 실제 국어 사용 활동을 수행하고 그 결과를 평가한다. 아이디어 적용 결과를 평가할 때에는 교사가 평가 관점과 기준을 명확히 제시하여 그에 부합하는 결과물이 높은 평가를 받을 수 있도록 하고, 높은 평가를 받지 못한 결과물은 왜 그런 평가를 받았는지 피드백을 하여 다른 과제를 수행할 때 적용할 수 있도록 한다.

한편, '아이디어 생성하기' '아이디어 선택하기' '아이디어 적용하기' 단계에서 모둠 활동을 적절히 활용하여 동료 상호간의 자료나 활동들을 비계로 사용할 수 있도록 하는 것도 좋은 방법이다. 다만 모둠 활동이 학습 능력이 뛰어난 일부 학습자에 의해 주도되는 것을 경계하여야 한다. 수업 형태를 모둠 활동으로 구성할 때는 각 모둠 구성원의 역할을 명확히 하고 각자의 임무를 통해 서로 가르치고 배움이 일어날 수 있도록 계획하여 운영하여야 한다는 것을 유의해야 한다.

(다) 모형 적용 예

〈2022 개정 교육과정 4-2, 6단원, 상상의 날개 8-10/13차시〉

학습 목표	이야기를 읽고 이어질 내용을 상상하여 쓸 수 있다.

단계 (시간)	학습 내용	교수 · 학습 활동	자료(▶) 및 유의점(※)
문제 발견하기 (15분)	**동기 유발 학습**	■ 이어질 장면 상상하기 놀이 하기 ○ 사진이나 그림을 보고 이어지는 장면 상상하기 • 이어질 장면을 상상할 때 무엇을 생각하며 상상해야 하나요? (인물의 성격, 이야기의 흐름, 이야기의 인과 관계를 생각하며 이야기를 상상해야 합니다.) • 선생님이 보여 주는 사진을 보고 이어질 장면을 상상해 봅시다. • 이어질 장면을 상상할 때 어떤 장면이 가장 자연스럽게 느껴졌나요? (인물의 성격에 맞는 장면입니다. / 이야기의 흐름에 알맞은 장면입니다.) • 이어질 이야기를 상상해 본 적이 있나요? (두 권으로 이어진 책을 읽을 때 다음 책 내용이 너무 기대돼서 어떤 이야기가 이어질지 상상하며 읽었습니다.) • 그때 느낌이 어땠나요? (이야기를 읽을 때 더 흥미진진했습니다.)	▶ 어떤 사건을 묘사하는 사진이나 그림
	문제 확인하기	■ 학습 문제 확인하기 이야기를 읽고 이어질 내용을 상상해 써 봅시다.	
아이디어 생성하기 (45분)	**학습 과제 분석하기**	■ 「랑랑별 때때롱」 읽기 ○ 이야기의 흐름을 생각하며 작품 읽기 • 『국어』 272~276쪽 「랑랑별 때때롱」을 함께 읽어 봅시다. • 이야기의 흐름을 알 수 있는 부분을 찾아 표시하며 글을 읽어 봅시다.	
	내용 확인하기	■ 내용 알기 ○ 질문의 답을 찾으며 내용 파악하기 • 때때롱이 새달이네 호박을 몰래 따고 돌담 위에 얹어 놓고 간 것은 무엇인가요? (랑랑별 호박씨 다섯 개입니다.) • 때때롱이 호박을 몰래 따 갔다는 말을 들었을 때 새달이의 마음은 어떻게 바뀌었나요? (처음에는 몹시 화가 났지만 대화를 나누면서 궁금	※ 다양한 질문을 통해 이야기의 내용을 파악할 수 있도록 한다.

		해졌습니다.) • 자신이 새달이라면 때때롱이 준 호박씨를 어떻게 했을까요? (호박씨를 마당에 심고 언제 싹이 트는지 날마다 지켜볼 것입니다.)	
	낱말 알기	■ 낱말 알기 ○ 낱말 학습하기 • 『국어』 277쪽 '낱말 알기' 활동의 표현을 확인해 봅시다. 어떤 때에 사용하는 말인지 생각해 봅시다. • 글 속에서 '탐이 나다'라는 표현이 어떻게 쓰였는지 찾아봅시다. (『국어』 273쪽 "누가 탐이 나서 훔쳐 갔나 보다."에서 찾았습니다. '갖고 싶은 마음'이라는 뜻으로 쓰입니다.) • 글 속에서 '혀를 차다'라는 표현이 어떻게 쓰였는지 찾아봅시다. (『국어』 273쪽 "엄마는 혀를 끌끌 차면서 몹시 서운한 눈치였습니다."에서 찾았습니다. '마음이 언짢다'는 뜻으로 쓰입니다.) • 글 속에서 '어이가 없다'라는 표현이 어떻게 쓰였는지 찾아봅시다. (『국어』 273쪽 "새달이는 화도 나고 너무도 어이가 없었습니다."에서 찾았습니다. '기가 막히다'는 뜻으로 쓰입니다.)	※ 실생활에서 어떻게 사용할 수 있는지 생각해 보도록 한다.
	문제 해결을 위한 다양한 아이디어 산출하기 1	■ 인물의 성격을 이용해 이어질 내용 상상하기 ○ 이야기 속 등장인물의 성격을 이용해 이어질 내용 상상하기 • 이야기 속에서 인물의 성격을 알 수 있는 인물의 말과 행동을 말해 봅시다. (새달이가 "그 높은 하늘에서 무얼로 어떻게 따 갔니?"라고 하는 말입니다. / 때때롱이 "기다란 기다란 집게로 뚝 따 가지고 왔지."라고 하는 말입니다.) • 말과 행동에서 드러난 인물의 성격은 어떤지 말해 봅시다. (새달이는 궁금한 것을 참지 못합니다. / 때때롱은 장난치는 것을 좋아합니다.) • 이야기 속 등장인물 가운데 때때롱의 성격을 이용해 이어질 내용을 상상해 봅시다. (때때롱은 가끔 이해하지 못할 엉뚱한 행동을 하기는 하지만 마음은 착하니까 때때롱이 준 호박씨를 심고 나서 아주 맛있는 호박이 주렁주렁 열리는 일이 일어날 것 같습니다.) • 이야기 속 등장인물 가운데 새달이의 성격을 이용해 이어질 내용을 상상해 봅시다. (새달이는 때때롱의 행동을 이해할 수 없을 때마다 쉽게 화를 내었습니다. 그러니 이번에도 때때롱이 거짓말을 한다고 생각하고 때때롱이 준 호박씨를 그냥 버릴 것 같습니다. 그런데 그 호박씨는 보물이 열리는 호박씨였기 때문에 새달이는 쉽게 화를 내는 버릇을 후회할 것 같습니다.)	
	문제 해결을 위한 다양한 아이디어 산출하기 2	■ 이야기의 흐름을 이용해 이어질 내용 상상하기 ○ 이야기의 흐름을 이용해 이어질 내용 상상하기 • 이야기의 흐름을 정리해 봅시다. • 원인과 결과를 생각하며 이어질 이야기를 상상해 봅시다. (때때롱이 정말 맛있는 호박씨라고 하면서 새달이에게 호박씨를 주었으므로 이어질 내용에서는 이 호박씨를 심거나 또는 심지 않거나 하는 두 가지 내용 가운데 하나가 일어날 것이라고 생각합니다.)	※ 원인과 결과가 자연스럽게 이어지는지 살피면서 이야기를 상상할 수 있도록 지도한다.

아이디어 선택하기 (20분)	**아이디어 비교하기**	■ 상상한 이야기 비교하기 ○ 상상한 이야기를 공유하고 비교하기 • 『국어』 280쪽 '글쓰기' 활동에서는 때때롱이 놓고 간 호박씨를 심었을 때 새달이에게 어떤 일이 벌어질지 각자 상상해 글로 써 봅시다. • 쓴 내용을 모둠별로 모아 돌아가며 이야기해 봅시다. 이때 비슷한 생각은 한군데로 모아 봅시다. ○ 이어질 이야기 표현하기 • 때때롱이 주고 간 호박씨를 두고 어떤 일이 일어났을지 상상해 이어질 이야기를 써 봅시다. ○ 상상한 이야기 발표하기 • 상상한 이야기를 발표해 봅시다. 친구의 발표를 들으면서 자신이 꾸민 이야기와 비슷한 점과 다른 점을 생각해 봅시다.	
	알맞은 이야기 선택하기	■ 가장 재미있는 이야기 선택하기 ○ 인물의 성격과 이야기의 흐름 및 인과 관계에 알맞은 이야기 선택하기 • 인물의 성격에 적절할지, 이야기의 흐름 및 인과 관계에 적당할지 생각하며 친구들이 쓴 이야기 가운데에서 가장 재미있는 이야기를 선택해 봅시다.	
아이디어 적용하기 (40분)	**아이디어 적용 결과 발표하기**	■ 이야기책 만들기 ○ 자신이 상상한 이야기를 책으로 만들기 • 이어질 내용을 상상해서 쓴 이야기를 책으로 만들어 봅시다. • 각자 만든 이야기책을 여러 가지 방법으로 이어 붙여 함께 전시해 봅시다. ○ 친구의 이야기를 듣고 인상 깊은 점 발표하기 • 친구들이 발표한 이야기 가운데에서 인상 깊은 점을 발표해 봅시다.	▶ 『국어』 붙임 9(㉯ 권)의 이야기책 만들기 자료
	정리하기	■ 학습 내용 정리하기 ○ 공부한 내용 확인하고 정리하기 • 이어질 내용을 어떻게 상상할 수 있는지 친구들과 이야기해 봅시다. (인물의 성격을 고려하며 상상합니다. / 이야기의 인과 관계에 어울리게 상상합니다.)	

(5) 반응 중심 학습 모형

(가) 특징과 활용

반응 중심 학습 모형은 주로 시나 이야기와 같은 문학 작품을 가르칠 때 학습자 개개인의 다양한 반응을 중시하는 모형으로 수용 이론이나 반응 이론에 근거한 것이다. 작품에 대한 감상이나 해석이 학습자(독자)의 배경 지식이나 경험에 따라 다양하게 나타날 수 있다는 점을 중시한다. 따라서 학습자 개개인의 반응을 최대한 존중하고 다양하고 창의적인 반응이 나올 수 있도록 허용적인 교실 분위기를 조성하는 것이 중요하다. 그렇게 함으로써 학습자가 수업에 능동적이고 적극적으로 참여하고 흥미를 가질 수 있게 된다.

그러나 개별 학습자의 다양한 반응을 최대한 존중하고 강조한다고 할지라도 작품(텍스트)과 연결 고리를 갖지 못하는 반응은 무의미한 반응으로 수용될 수 없다. 즉 이 모형은 작품과 독자와의 교류의 과정과 결과를 강조한다. 이 모형을 적용할 때에는 특히 주의할 점은 작품을 읽고 난 후의 반응이나 감상 활동에만 너무 매몰되어, 감상의 기반이 되는 작품 읽기와 작품 이해 과정이 소홀히 이루어지지 않도록 해야 한다. 그리고 자기 중심적 사고나 고정관념에 사로 잡혀 작품의 이해나 해석의 무정부 상태에 빠지지 않아야 한다.

이를 위하여 모둠에서 토의·토론 등 반응의 공유 과정을 거쳐 타당하고, 깊이 있고, 다양하고, 새로운 반응을 유도할 수 있어야 한다. 처음에는 반응을 자유롭게 생성하는 데 초점을 두고, 차츰 상호 작용 등 공유 활동을 통하여 텍스트와의 연결 여부를 평가하는 등 반응을 명료하고 정교하게 다듬는다. 그리고 다른 작품과 관련지어 심화해 나갈 수 있도록 유도한다. 교사는 학습자가 단순하고, 즉각적, 표피적 반응을 표현하는 것에 머물지 않고, 명료하고, 깊이 있고, 확장된 반응을 제시할 수 있도록 유도하여야 한다. 이를 위해 학습자 간 충분한 상호 작용을 거쳐 각자의 반응을 성찰할 수 있는 학습 경험을 제공해야 한다.

(나) 단계별 특징

반응 중심 학습 모형의 각 단계별 특징을 알아보자.

〈표 2-6〉 반응 중심 학습 모형

단계	주요 활동
반응 준비하기	• 동기 유발 • 학습 문제 확인 • 학습의 필요성, 중요성 이해 • 배경 지식 활성화
반응 형성하기	• 작품 읽기 • 작품에 대한 개인 반응 정리
반응 명료화하기	• 작품에 대한 개인 반응 공유 및 상호 작용 • 자신의 반응 정교화 및 재정리
반응 심화하기	• 다른 작품과 관련짓기 • 일반화하기

반응 준비하기 단계는 다른 모형들에서와 마찬가지로 학습 문제 확인이 이루어진다. 그리고 이 모형이 주로 문학 작품의 감상 학습에 적용되기 때문에 해당 작품을 이해하는 데 도움이 되는 배경 지식을 활성화한다. 작품의 주제, 소재와 관련된 경험을 떠올려 보고, 서로 경험을 나누고, 작가, 시대적 상황, 공간적 상황 등 작품과 관련된 맥락이나 자료에 대해 얘기 나누며, 작품의 삽화나 그림 등에 대하여 이야기를 나눔으로써 배경 지식을 활성화할 수 있다.

반응 형성하기 단계는 작품을 읽어 가면서, 학습자 개개인이 감상 활동을 한 후 그 결과를 반응 일지 등에 간단히 정리해 보는 단계이다. 이를 바탕으로 반응 명료화하기 단계에서는 각자 정리한 반응을 짝 활동, 소모둠 활동 등을 통해 서로 공유하고 그 과정에서 각자의 반응이 정교화되고 심화·확장될 수 있도록 한다.

반응 심화하기에서는 주제, 인물, 사건, 시공간적 배경 등 다양한 작품의 요소들을 바탕으로 다른 작품과 관련지어 보면서 작품에 대한 이해와 감상을 확장한다. 그리고 현실 세계나 독자 자신의 삶에 투영해 보거나 주제에 대한 독서 토의나 토론 활동 등을 통하여 반응을 심화하는 방법도 좋다.

(다) 모형 적용 예

〈2022 개정 교육과정 3-1, 5단원, 인물에게 마음을 전해요 3~4/14차시〉

학습 목표	이야기를 읽고 인물의 성격을 파악할 수 있다.

단계(시간)	학습 내용	교수·학습 활동	자료(▶) 및 유의점(※)
반응 준비하기 (15분)	동기 유발	■ 인물의 성격을 나타내는 낱말 찾기 ○ 이야기 속 인물의 성격을 나타내는 낱말 찾기 놀이 • 짝과 함께 이야기 속 인물의 성격을 나타내는 낱말 찾기 놀이를 해 봅시다. **〈놀이 방법〉** ① 인물 카드와 성격을 나타내는 낱말 카드를 뒤집어 놓는다. ② 차례를 정해 인물 카드와 성격을 나타내는 낱말 카드를 한 장씩 뒤집어 보고 서로 어울리면 까닭을 설명한 뒤 카드를 가져간다. 카드가 어울리지 않거나 타당한 설명을 못하면 다시 뒤집어 놓는다. ③ 카드를 많이 가져간 사람이 이긴다. **〈인물 카드, 성격을 나타내는 낱말 카드의 예시〉** ① [놀부]-[욕심]: 재산이 많지만 더 가지려고 욕심을 부린다. ② [심청]-[효심]: 눈먼 아버지를 위해 목숨을 바친다. ③ [토끼]-[꾀]: 용궁에서 간을 빼앗길 위기가 있었지만 꾀를 내어 살아남는다.	▶ 인물 카드, 성격 낱말 카드 ※ 일어난 여러 가지 사건에 대처하는 인물의 말과 행동에서 일관되게 나타나는 특성이 인물의 성격임을 이해하고, 인물의 '마음'과 '성격'의 개념을 혼동하지 않도록 지도한다.
	학습 문제 확인하기	■ 학습 문제 확인하기 이야기를 읽고 인물의 성격을 파악해 봅시다.	※ 학생들이 이 시간에 학습해야 할 목표가 무엇인지 분명하게 인지하게 한 뒤 학습을 진행한다.
반응 형성하기 (25분)	작품 읽기	■ 작품을 읽고 내용 파악하기 ○ 인물을 중심으로 이야기의 내용 파악하기 • 인물을 중심으로 「까먹어도 될까요」를 읽어 봅시다. • 『국어』 227쪽 '내용 알기' 활동에서 질문에 답하며 이야기의 내용을 확인해 봅시다. • 이야기를 읽고 인물을 중심으로 친구들끼리 질문을 만들어 주고받으며 토의해 봅시다. **〈인물의 성격을 파악하기 위한 질문의 예시〉** • 줄무늬는 어떻게 하는 것이 공평하다고 생각했나요? • 약초 할머니가 까먹어도 괜찮다고 한 까닭은 무엇인가요? • 다른 다람쥐들이 줄무늬가 알아낸 '안 까먹는 방법'에 관심이 없던 까닭은 무엇일까요? • 줄무늬가 마을에서 떨어진 곳에 집을 지은 까닭은 무엇인가요? ○ 이야기를 읽고 핵심 낱말 이해하기	※ 『국어』 227쪽에 제시된 '내용 알기' 질문을 살펴본 뒤에 인물의 성격을 파악할 수 있는 질문을 만들어 토의해 보도록 한다. ※ 동형어인 '까먹다'의 뜻을 살펴보며 이 작품의 주제와 연결 지어 생각할 수 있다. 도토리를 묻어 둔 곳을 까먹어야 다 함께 살아갈 수 있다는 다람쥐들의 삶의 방식에 대하여 생각해 볼 수 있도록 지도한다.

<table>
<tr>
<td></td>
<td>작품에 대한 개인 반응 형성하기</td>
<td>
• 이야기의 내용을 파악하는 데 중요한 핵심 낱말의 뜻을 짐작해 봅시다.
<table>
<tr><td rowspan="2">까먹다</td><td>'도토리를 까먹다'와 같이 껍질이나 껍데기에 싸여 있는 것을 꺼내어 먹다.</td></tr>
<tr><td>'도토리 묻어 둔 곳을 까먹었다'처럼 자신이 한 일을 잊어버리다.</td></tr>
</table>
■ 인물에게 일어난 일 파악하기
○ 사건의 흐름에 따라 인물에게 일어난 일 정리하기
• 줄무늬에게 일어난 일을 차례대로 정리하고, 줄무늬에게 일어난 일이 줄무늬의 행동이나 마음에 어떤 변화를 일으켰는지 생각해 봅시다.
<table>
<tr><td>① 줄무늬는 약초 할머니를 찾아갔지만 안 까먹는 방법은 알아내지 못했다.
② 여러 가지 방법을 시도한 끝에 줄무늬는 스스로 안 까먹는 방법을 알아냈다.
③ 줄무늬는 마을에서 떨어진 산꼭대기에 집을 짓고 쌍둥이에게 안 까먹는 방법을 가르쳤다.
④ 어느 이른 봄날 지진이 나자 줄무늬네 집은 무너지고 줄무늬와 쌍둥이가 위험에 처하게 되었다.
⑤ 다람쥐들이 힘을 합쳐 줄무늬네 가족을 구해 주었다.</td></tr>
</table>
○ 이어질 이야기 상상하기
• 줄무늬네 가족의 일상에 어떤 변화가 생겼을지 상상하여 말해 봅시다.
</td>
<td>※ 사건의 흐름에 따라 인물에게 일어난 일을 정리하면서 인물의 성격에 어떤 변화가 나타날지 짐작해 보도록 한다.

※ 인물의 성격 변화에 초점을 맞추어 내용을 상상하게 한다.</td>
</tr>
<tr>
<td rowspan="2">반응 명료화하기 (20분)</td>
<td>작품에 대한 개인 반응 표현하기</td>
<td>
■ 인물의 성격 파악하기
○ 인물의 말과 행동으로 성격 파악하기
•『국어』 229쪽 '인물의 성격 파악하기' 활동을 하며 인물의 말과 행동에서 알 수 있는 인물의 성격을 써 봅시다.
• 줄무늬의 성격을 나타내는 말과 그 뜻을 알아봅시다.
<table>
<tr><th>성격을 나타내는 말</th><th>말의 뜻</th></tr>
<tr><td>자주적이다</td><td>남의 보호나 간섭을 받지 않고 자기 일을 스스로 자유롭게 처리하다.</td></tr>
<tr><td>끈기 있다</td><td>쉽게 포기하지 않고 꾸준히 견디다.</td></tr>
<tr><td>엄격하다</td><td>말이나 태도 등이 엄하고 철저하다.</td></tr>
<tr><td>꼼꼼하다</td><td>차분하고 빈틈이 없다.</td></tr>
<tr><td>다정하다</td><td>정이 많다.</td></tr>
<tr><td>자상하다</td><td>인정이 넘치고 정성을 다하다.</td></tr>
</table>
</td>
<td rowspan="2">※ 줄무늬는 다층적인 성격의 인물이므로 성격을 나타내는 다양한 말을 찾아보고 학생들이 스스로 탐구하며 그 말의 의미를 이해하도록 지도한다.
※ 학생들이 이야기를 읽을 때 인물의 성격과 사건의 연관성을 고려할 수 있도록 지도한다.
※ 뜨거운 의자[hot seating]기법을 활용해 학생들이 번갈아 가며 인물의 역할을 수행하며 질문을 하고 질문에 대답하는 방식으로 토의하도록 한다.
※ 하나의 정확한 낱말로 정리하지 않더라도 인물의 성격에 대해 자</td>
</tr>
<tr>
<td>반응에 대한 토의하기</td>
<td>
■ 인물의 성격 토의하기
○ 인물이 되어 질문하고 대답하기
• 인물의 성격을 파악하기 위한 심화 활동으로 '인물에게 질문하기' 활동을 하며 인물의 성격에 대하여 토의해 봅시다.
</td>
</tr>
</table>

		〈활동 방법〉 ① 학급 학생 가운데 한 명이 줄무늬 역할을 맡는다. ② 나머지 학생들은 인물에게 궁금한 점을 질문한다. • 질문 예시 – 왜 세상이 불공평하다고 생각했나요? – 당신에게 공평한 세상은 어떤 세상인가요? – 지진을 겪고 앞으로는 어떻게 살아갈 계획인가요? ③ 줄무늬 역할을 맡은 학생은 줄무늬가 되어 질문에 답한다.	신이 아는 말로 표현해 볼 수 있도록 한다.
	반응 정리하기	■ 인물의 성격에 대해 공유한 반응 정리하기 ○ 인물의 성격 정리하기 • 토의 활동으로 새롭게 안 인물의 성격을 정리해 봅시다. (줄무늬는 자신이 묻은 도토리는 자기 것이라는 생각이 강하므로 개인주의적인 성격이 있습니다. / 자기 스스로 필요한 것을 찾아내는 것을 보면 줄무늬는 주체적인 성격입니다. / 궁금한 점을 포기하지 않고 결국 답을 찾아내므로 끈기 있는 성격입니다.)	
반응 심화 하기 (20분)	**일반화 하기**	■ 역할극으로 인물의 성격 표현하기 ○ 인물의 성격이 잘 드러나는 장면 찾기 • 각 장면에서 인물이 어떤 말을 할지 역할극 대본을 준비해 봅시다. • 책 내용을 바탕으로 역할극 대본을 작성해 봅시다. ○ 인물의 성격이 잘 드러나게 역할극으로 표현하기 • 인물의 성격에 어울리는 표정과 몸짓, 말투와 목소리를 활용해 친구들과 역할극을 해 봅시다.	▶ 지도서 299쪽 '활동지' ※ '역할극 표현하기'는 『국어』에는 제시되어 있지 않지만 학습 내용 일반화를 위한 활동으로 학생들의 흥미를 고려하여 진행해 볼 수 있다. 또 상호 텍스트성을 고려해 다른 작품과 관련지어 일반화 활동을 할 수도 있다.
	자신과 관련짓기	■ 자신과 관련짓기 ○ 인물과 비슷한 일을 겪었던 경험 떠올리기 • 인물과 비슷한 일을 겪었던 경험을 떠올려 봅시다. 그리고 그 일을 겪었을 때 어떻게 행동했는지 말해 봅시다.	
	정리하기	■ 학습 내용 정리하기 ○ 공부한 내용 정리하기 • 인물의 성격을 파악하는 방법이 무엇인지 말해 봅시다. (성격을 나타내는 말을 찾아 짐작합니다. / 인물의 말이나 행동을 살펴보며 성격을 짐작합니다.) • 인물의 성격에 대해 새롭게 안 점이나 인물에 대해 더 궁금한 점이 있는지 친구들과 이야기해 봅시다. ○ 다음 차시 학습 내용 알아보기 • 다음 시간에는 인물의 성격을 파악하며 그림책을 읽어 보겠습니다.	

나) '협력' 중심 간접 교수 모형

'협력' 중심 간접 교수 모형은 '탐구'를 특징으로 하기보다 학습자 간의 협력을 중시한다. 따라서 수업의 형태도 대체로 소모둠의 형태를 취하는 경우가 많다. 여기에 해당하는 국어과에서 활용하는 모형으로는 전문가 협동 학습 모형, 토의·토론 학습 모형, 역할 수행 학습 모형이 있다.

(1) 전문가 협동 학습 모형

(가) 특징과 활용

전문가 협동 학습은 수업 형태가 모둠 학습 형태를 띤다. 그런데 모둠은 성격이 다른 두 형태의 모둠을 구성하여야 한다. 모집단에 해당하는 모둠과 전문가 집단에 해당하는 모둠이 그것이다. 모집단이 되는 모둠에서 구성원 개개인에게 연구 주제를 배분한 후, 같은 주제를 맡은 학습자들끼리 다시 전문가 모둠을 구성하여 그 주제에 대해 협력적 학습을 통하여 해결한다. 그 후 다시 원래 모둠 모집단으로 돌아가서 각자 학습해 온 주제를 서로 가르친다.

'설명적인 글의 짜임 알기'라는 주제를 예를 들어 보자. 설명적인 글은 ① 비교·대조 구조, ② 나열 구조, ③ 상술 구조, ④ 예시 구조 등으로 짜여 있다. 4명 정도로 구성된 모집단에서 각자 학습할 구조를 하나씩 맡은 후, 같은 구조를 맡은 사람들끼리 모여 전문가 집단을 구성한다. 각각의 전문가 집단에서 각자 맡은 구조로 된 글을 몇 편 찾아, 그 구조의 특징, 그 구조가 사용된 글의 특징, 그 구조를 쓰기와 읽기에 활용할 수 있는 방법 등을 협력적으로 연구한 후 모집단인 원래 집단으로 돌아와 서로 가르치고 배우는 방법이다.

이 모형은 이름에서도 알 수 있는 것처럼 구성원의 협력적 참여와 태도가 매우 중요하다. 학습자 개인마다 성격이 다른 두 개의 모둠에 소속되어 모둠원으로서의 역할을 해야 하기 때문에 협력적 활동이 매우 강조된다. 구성원 한 명이라도 자신의 역할을 수행하지 못하면 그 구성원이 속한 모둠은 학습 문제를 해결할 수 없게 된다.

이 모형은 문법 영역이나 국어 사용 기능 영역에서 분절적으로 구분할 수 있는 지식이나 개념을 깊이 있게 학습하도록 하는 데 적합하다. 이 모형을 적용할 때, 학습 문제를 확인하고 해결 방안을 분절화, 세분화하는 과정이나 전문가 집단에서 각자 맡은 과제를 탐구 및 학습하는 과정에 교사가 적절한 비계를 제공하는 방식으로 개입할 수 있다. 전문가 집단에서 소주제를 탐구할 때, 탐구 활동이 촉진될 수 있도록 분위기를 만들고 가급적 학습자들이 협력적으로 제시된 자료를 탐구하여 해결 방안을 찾도록 지원한다.

전문가 집단 구성이 어려울 경우, 모집단에서 각자 역할을 나누어 탐구한 후, 그 결과에 대한 모집단 내 토의·토론을 통해 보완하여 전체 과제를 완성할 수도 있다. 이 모형 역시 모형의 각 단계를 너무 경직되게 적용하기보다 필요나 상황에 따라서 유연하게 변형하여 적용함으로써 학습자의 흥미나 동기가 유발될 수 있도록 하고, 전문가 활동에 부담을 갖지 않도록 하는 데 유의하여야 한다.

(나) 단계의 특징

〈표 2-7〉 전문가 협동 학습 모형

단계	주요 활동
계획하기 (모집단)	· 동기 유발 · 학습 문제 확인 · 학습 주제 실정 및 세분화(소주제 설정) · 역할 분담
탐구하기 (전문가 집단)	· 주제 해결 방법 탐색 · 주제 해결 · 상호 교수 방법 탐구
서로 가르치기 (모집단)	· 상호 교수 · 잘문 및 응답
발표 및 정리하기	· 전체 발표 · 문제점 확인 및 정리

계획하기 단계는 학습 문제를 확인하고, 학습 과제나 주제를 분절화 또는 세분화한 후, 각 모둠별로 세분화한 주제를 모둠 구성원이 나눠 맡는 단계이다. 탐구하기 단계는 모집단에서 맡은 주제가 같은 학습자들이 새로운 모둠(전문가 집단)을 이뤄 주제에 대해 탐구 활동을 진행하는 단계이다. 전문가 집단에서 탐구한 내용을 서로 공유하고, 모집단으로 돌아가 모집단 학습자들에게 가르칠 방법을 협의하고 필요한 자료를 제작한다. 서로 가르치기 단계는 전문가 집단의 활동을 바탕으로 각자 맡은 주제에 대하여 정리한 결

과를 모집단으로 돌아가 모집단 구성원들에게 가르친다. 정리하기 단계는 학습 문제에 대한 모집단의 활동 결과를 발표 및 공유하고 전문가 집단 및 모집단 활동에 대한 상호 평가, 교사 평가, 자기 평가를 수행하고 정리한다.

(다) 모형 적용 예

〈2009 개정 교육과정 4-1, 2단원, 회의를 해요, 6-7/9차시〉[2)]

학습 목표	친구들과 학급 회의를 할 수 있다.

단계(시간)	학습 내용	교수·학습 활동	자료(▶) 및 유의점(※)
계획하기(모집단)(10분)	**학급 회의 절차 알기**	■ 학급 회의 절차 알기 ○ 카드를 학급 회의하기 전, 회의할 때, 회의하고 난 뒤로 분류하여 봅시다. ○ 학급 회의 절차에 따라 카드를 배열해 봅시다. - 회의 전: 의제 제안, 의제 선정, 회의 공고입니다. - 회의 중: 개회, 국민의례, 제안 설명, 의제 토의, 표결, 결정내용 발표, 폐회입니다. - 회의 후: 평가와 반성입니다.	▶ 학급 회의 단계를 기록한 용어 카드 ※ 학생들이 용어에 익숙하지 않는 경우, 교사가 쉬운 말로 풀어서 설명하면서 함께 배열해 본다.
	학습 문제 파악하기	■ 학습 문제 확인하기 친구들과 학급 회의를 해 봅시다.	
	학습 과정 안내하기	■ 학습 과정 안내하기 ○ 이번 시간에 공부할 내용의 순서를 알아봅시다. ① 학급 회의 잘 하는 방법 알기 ② 학급 회의 연습하기 ③ 학급 회의 하기	※ 모집단을 구성해 놓고 수업을 시작한다.
	역할 분담하기	■ 모집단에서 전문가 역할 정하기 ○ 전문가가 탐구할 내용 정하기 - 내가 관심이 있어 잘 알고 있는 부분의 내용을 중심으로 전문가가 됩니다. - 내가 맡은 주제를 해결하기 위해 논의해야 할 내용과 탐구 방법을	

2) 전문가 협동 학습 모형은 2022 개정 국어과 교육과정에 따른 교사용 지도서에서는 제시되어 있지 않다. 그래서 2009 개정 교육과정 4학년 1학기 2단원의 6-7차시 교수·학습 과정안을 예로 제시한다. 이 모형은 모집단 모든 구성원이 탐구 능력을 갖춘 전문가 활동을 할 수 있어야 하기 때문에 초등학생의 인지 수준에 일괄적으로 적용하는 데는 한계가 있다. 그뿐만 아니라 초등학교의 한 학급은 인지 수준이 매우 다양한 학생으로 이루어져 있어 이 역시 이 모형을 적용하는 데 한계가 될 수 있다.

		정리합니다. - 역할이 정해지면 전문가 집단으로 이동합니다.	
탐구 하기 (전문가 집단) (20분)	**전문가 활동하기**	■ 전문가 집단 구성하기 ○ 각 전문가의 집단 구성하기 ※전문가 집단 주제의 예 - 학급 회의의 절차 - 학급 회의 의제 잘 선정하는 방법 - 학급 회의 할 때 주의할 점 - 학급 회의 할 때 문제의 해결 방안을 찾는 법 - 회의록을 작성하는 방법 - 회의 결과를 실천하고 점검하는 방법 ■ 전문가 집단 활동하기 ○ 전문가 집단별로 활동할 주제를 확인하고 전문가 역할을 분담합니다. ○ 주제와 관련된 내용 중 궁금한 점을 하나씩 역할을 맡아 전문가가 되어 정보를 제공하고 의견을 나눕니다. ■ 전문가 학습 활동 정리하기 ○ 모집단에 전할 내용을 선정합니다. ○ 모집단으로 이동하여 정보를 공유합니다.	※ 전문가 집단에서 소주제를 탐구할 때에 탐구 활동이 촉진될 수 있도록 분위기를 조성한다. ※ 요약, 그림, 마인드 맵 등 다양한 방법으로 전달한다.
서로 가르치기 (모집단) (20분)	**전문가 활동 내용 공유하기** **학급 회의 연습하기**	■ 모집단 학습하기 ○ 전문가로 들은 내용과 자신이 알고 있던 내용을 잘 정리합니다. ○ 전문가 집단에서 탐구한 주제를 모집단 구성원들에게 안내합니다. ○ 모집단에서 학습한 내용을 정리한다. ■ 철수네 반 친구들처럼 학급 회의 해 보기 ○ 철수네 반에서 함께 해결해야 하는 문제는 무엇입니까? - 교실이 너무 지저분합니다. ○ 이 문제를 해결하기 위해 철수네 반 친구들은 어떻게 하기로 했습니까? - 학급 회의에서 좋은 방법을 찾아보기로 했습니다. ○ 교과서 62쪽 제안 설명을 해 봅시다. - 교실에 쓰레기가 많이 떨어져 있어 지저분하고 수업 시간에 집중이 잘 되지 않습니다. 그래서 '깨끗한 교실 만들기'라는 의제를 내놓았습니다. ○ 교과서 62쪽 의제 토의를 읽고 어떤 의견이 나왔는지 말해 봅시다. · 깨끗한 교실 만들기라는 학급 회의 주제에 어떤 세부 실천 내용이 나왔습니까? - 청소를 잘하자./ 쉬는 시간마다 청소를 하자./ 청소 당번들이 시간을 정해서 열심히 청소를 하자입니다. · 깨끗한 교실 만들기라는 학급 회의 주제에 대하여 알맞은 까닭을 들어 내 의견을 써 봅시다. - 깨끗한 교실을 만들려면 쓰레기통 주변 정리를 잘하여야 한다고 생각합니다. 쓰레기통 주변이 지저분하면 청소를 잘하여도	※ 전문가 집단에서 탐구한 내용을 모집단 구성원들이 이해할 수 있도록 충실히 전달하도록 한다. ▶ 지저분한 교실 모습 그림 ※ 실제 학급 회의를 하기 전 준비 단계로 철수네 반 학급 회의를 따라서 해보도록 하여 학급 회의 절차를 익히도록 한다.

		교실이 깨끗해 보이지 않기 때문입니다. 등 ○ 역할을 나누어 철수네 반 친구들처럼 학급 회의를 연습해 봅시다. · 모둠 친구들과 역할을 나누어 연습해 봅시다. - 나의 역할에 충실하고 친구의 역할을 보며 배운다. - 역할을 서로 바꾸어 연습한다.	
발표 및 정리하기 (30분)	**학급 회의 하기** **학급 회의 결과 정리하기** **학습 내용 정리하기**	■ 학급 회의 하기 ○ 학급 회의 할 내용에 대해 알아봅시다. · 학급 회의할 의제가 무엇이니까? - 학급 문고 책 마련하기입니다. · 회의 공고를 보고 의제를 확인했기 때문에 미리 생각해 보았을 것입니다. '학급 문고 책 마련하기'라는 학급 회의 주제에 대하여 알맞은 까닭을 들어 내 의견을 정리해 봅시다. - 학급 문고의 책을 수집하기 위해 바자회를 열어야 한다고 생각합니다. 우리가 돈을 벌어서 책을 구입하면 우리반 아이들이 더욱 독서를 열심히 할 것 같습니다. ○ 역할을 나누어 학급 회의를 해 봅시다. ■ 학급 회의 결과 정리하기 ○ 학급 회의에서 결정한 내용을 정리하여 봅시다. · 학급 회의 의제는 무엇입니까? - 학급 문고 책 마련하기입니다. · 회의에서 결정한 세부 실천 내용은 무엇입니까? - 다음 주 의제는 학급 바자회를 열어 학급 도서 구입하기입니다. · 회장이 되어 회의에서 결정한 내용을 발표하여 봅시다. - 이번에 해결할 문제는 '학급 문고 책 마련하기'입니다. 세부 실천 내용은 '학급 바자회를 열어 학급 도서 구입하자'입니다. 학급 바자회가 잘 이루어질 수 있도록 준비를 철저히 해 주시기 바랍니다. ○ 학급 회의를 하고 난 소감을 말해 봅시다. - 저는 사회자 역할을 맡았는데 공정한 태도로 진행하였고 발언권도 골고루 주기 위해 노력했습니다. - 저는 친구의 의견을 귀 기울여 잘 들었습니다. - 저는 실천 방안을 미리 메모하며 생각해 두었다가 발표하였습니다. ■ 학습 내용 정리하기 ○ 이번 시간에 배운 내용은 무엇이었습니까? - 학급 회의 절차를 자세하게 배웠습니다. - 학급 회의 절차에 따라 실제 학급 회의를 해 보았습니다.	※ 회의 전에 해야 할 일인 의제 제안, 의제 선정, 회의 공고는 사전에 한다. 본 수업에서는 회의 중 과정만 이루어지도록 한다. ※ 실제 학급의 문제를 해결하기 위한 의제를 선정하여 학급 회의를 하는 것이 효과적이다. ※ 학급 회의 자체에 대한 점검도 이루어질 수 있도록 한다.

(2) 토의·토론 학습 모형

(가) 특징 및 활용

토의·토론 학습 모형은 교사와 학습자, 또는 학습자들끼리 토의 규칙, 토론 규칙과 절차에 따라 회의를 진행함으로써 학습 문제를 해결하거나 학습 목표에 도달하고자 하는 공동·협력 학습 모형이다. 토의란 구성원 공동의 관심사가 되는 문제에 대해 해결 방법을 찾기 위해 구성원들이 협력적으로 생각이나 의견을 주고받는 말하기 유형이다. 한편 토론이란 찬반이 명확한 문제에 대해 각각의 입장을 대변하는 구성원들이 쟁점에 대하여 논쟁하는 협력적 말하기 유형이다. 토의와 토론은 주제도, 절차나 규칙도 차이가 있기 때문에 상황에 따라서는 토의 학습 모형, 토론 학습 모형으로 나누어 적용하는 것도 가능하다.

토의·토론 학습 모형은 학습자의 주요 관심 사항이 회의 주제 또는 학습 문제가 된다는 점에서 자발적이고 적극적인 학습 참여를 유도할 수 있어 학습 내용을 폭넓고 깊이 있게 이해시키는 데 효과적이다. 그리고 근거에 입각한 합리적인 상호 작용과 협력적 의사소통 능력을 길러줄 수 있고, 토의·토론 과정에서 비교·분석·종합·평가 등의 고차적인 사고 능력을 신장시킬 수 있다는 점도 장점이다. 학습자는 토의·토론 과정에서 자신의 의견이나 가치, 믿음, 신념을 성찰하고 재구성할 수도 있다.

이 모형은 학습자의 자발적인 참여, 협력적인 상호 작용 그리고 고등 사고를 요하기 때문에 특히 학습자의 의사소통 능력과 공동체·대인 관계 능력이 모형 적용의 관건이 된다. 따라서 교사는 학습자가 협력적 태도와 책임감을 바탕으로 토의·토론에 주도적으로 참여할 수 있도록 적절한 비계를 지속적으로 제시하고, 토의·토론의 방법과 절차는 물론이고 대화 예절 등의 화법 지도를 지속적으로 하도록 한다. 그리고 토의·토론 과정에서 소외되거나 참여를 하지 않는 학습자가 있는지, 토의·토론이 겉돌지는 않는지 등 소집단, 개개인을 관찰하며 적절하게 간섭하여 성공적인 토의·토론 결과를 도출할 수 있도록 지도한다.

또 토의·토론 자체에만 매몰되어 학습 목표 달성이나 학습 문제 해결에 소홀해지지 않도록, 토의·토론의 과정이 단순히 학습자 개개인의 의견을 나열하는 것에 그치지 않도록 토의·토론의 목적과 의미를 충분히 주지시키는 것도 잊지 말아야 한다. 토의·토론을 위한 주제 선정, 결과 정리, 토의·토론 전 과정의 평가까지 교수·학습 계획, 비계로 활용할 수 있는 다양한 자료 준비도 철저히 하여야 한다.

이 학습 모형은 단순한 지식이나 정보를 습득하는 데 적용하기보다 고등 정신 기능을 증진시키고, 특정 사안의 해결 방법을 찾고 서로 다른 입장에 있는 구성원을 설득시킴으로써 입장이나 태도의 변화를 유도하는 데 효과적이다. 모든 수업에는 해결해야 할 학습 문제가 있기 때문에 대부분의 수업에서 이 모형을 활용하여 학습 문제를 해결하는 것이 가능하다. 특히 듣기·말하기 영역의 토의 단원, 토론 단원에 가장 적합하다. 이 모형은 토의·토론에 참여하는 방법으로서 각각의 규칙과 절차를 알아야 하기 때문에 이에 대한 학습이 이루어지는 3~4학년군 이상에서 활용하는 것이 더 효과적이다.

(나) 단계별 특징

〈표 2-8〉 토의·토론 학습 모형

단계	주요 활동
주제 확인하기	· 문제 상황 인지 및 동기 유발 · 학습 문제 확인 · 토의·토론 목적 및 주제 확인
토의·토론 준비하기	· 주제에 대한 자신의 관점 정하기 · 주제에 대한 자료 수집 및 정리 · 토의·토론 방법 및 절차 확인
토의·토론하기	· 각자 의견 발표 · 반대 또는 찬성 의견 제시
정리 및 평가하기	· 토의·토론 결과 정리 · 토의·토론 평가

주제 확인하기에서는 다른 모형에서와 마찬가지로 학습 문제를 확인시키고, 토의의 주제를 확정하는 단계이다. 또 토의나 토론의 취지나 목적을 명확히 알려 주어 토의나 토론 활동에 적극적으로 참여할 수 있도록 동기를 유발할 수 있어야 한다. 토의·토론 준비하기는 먼저 토의·토론의 규칙과 방법, 절차를 학습하는 단계이다. 그리고 주제나 논제에 대한 자신의 관점이나 입장을 정하고, 이를 뒷받침할 수 있는 근거 자료를 수집하여 정리하고 다른 관점이나 입장을 가진 학습자들을 설득할 수 있는 근거 자료 역시 수집하여 정리한다. 이때 자료 조사는 다양한 관련 서적, 인터넷 검색, 전문가 면담, AI조

사 등 다양한 방법을 활용할 수 있다.

토의·토론하기 단계는 자신의 관점이나 입장에 대한 근거가 되는 자료를 활용하여 다른 관점이나 입장을 가진 사람들에게 자신의 의견을 제시하고, 다른 학습자의 의견에 대해서도 충분히 경청한 후 그 주장에 대하여 의견이 있으면 조리 있게 말하도록 한다. 이때 다른 학습자가 자신의 의견을 수용하지 않는다고 화를 내거나 큰 소리로 말하는 등 토의·토론 분위기를 해치지 않도록 하고, 자신의 주장을 수용하지 않는 사람에게 합리적이고 객관적인 근거를 바탕으로 차분히 조리 있게 설명하여 공감을 유도해 나가도록 지도한다. 반대로 자신과 다른 의견이나 주장에 대하여 비난을 하거나 비웃거나 건성으로 듣지 않고 경청하고 존중하는 태도로 임하도록 지도한다. 특히 다른 사람이 의견을 피력할 때 가로채거나 끼어들거나 잡담을 하여 방해가 되지 않도록 하는 등 토의나 토론의 규칙을 준수하도록 강조한다. 정리 및 평가하기 단계에서는 토의·토론의 결과를 정리하고, 토의·토론 준비와 과정 전체를 학습자, 교사 측면에서 모두 점검하고 평가하도록 한다.

(다) 모형 적용 예

〈2022 개정 교육과정 4-2, 5단원, 오가는 마음. 3-4/13차시〉

학습 목표	온라인 대화 예절에 대해 알 수 있다.

단계(시간)	학습 내용	교수·학습 활동	자료(▶) 및 유의점(※)
주제 확인하기 (10분)	**동기 유발**	■ 온라인 대화에서의 경험 떠올리기 ○ 온라인 대화를 하며 기분이 상했던 경험 말하기 • 온라인 대화를 할 때 기분이 상했던 경험이 있나요? (온라인 대화방에서 친구가 대화의 주제와 관련 없는 그림말을 계속 올리며 대화를 방해했던 적이 있습니다. / 내가 쓴 글에 모르는 사람이 비속어가 포함된 댓글을 달아 화가 났던 경험이 있습니다.) • 온라인 대화를 할 때 상대의 기분이 좋아지게 하는 방법이 있다면 말해 봅시다. (상대의 말에 대답을 잘합니다. / 칭찬하는 말을 합니다. / 공손하게 말합니다. / 주제에 맞게 말합니다.) • 모두가 기분 좋은 온라인 대화를 하기 위해 필요한 예절을 생각해 봅시다.	※ 온라인 대화의 부정적인 경험뿐만 아니라 긍정적인 경험도 이야기해 보도록 하여 균형 잡힌 시각을 갖도록 한다. 긍정적인 온라인 대화의 경험을 통해 온라인 대화 예절의 필요성을 느끼도록 한다.
	학습 문제 확인하기	■ 학습 문제 확인하기 온라인 대화 예절을 알아봅시다.	

토의 준비 하기 (20분)	**토의 주제 확인하기**	■ 토의 주제 확인하기 ○ 토의 주제 살펴보기 • 토의 주제는 무엇인가요? (온라인 대화를 할 때 지켜야 할 예절입니다.)	
	주제에 대한 자신의 관점 정하기	■ 온라인 예절에 대한 자신의 생각 마련하기 ○ 온라인 대화를 할 때 지켜야 할 예절에 대한 자신의 생각 떠올리기 • 온라인 대화를 할 때 반드시 지켜야 할 예절과 그것을 정한 까닭을 생각해 봅시다. (저는 대화방에 상대를 함부로 초대해서는 안 된다는 것을 꼭 지켜야 한다고 생각합니다. 숙제를 하거나 가족과 함께 시간을 보내고 있는데 갑자기 제가 알지도 못하는 대화방에 초대해 제가 응답할 때까지 말을 거는 것은 제 시간을 뺏는 것이기 때문입니다.)	
	주제와 관련한 자료 수집 및 정리하기	■ 온라인 대화에서 나타날 수 있는 문제점 찾기 ○ 온라인 대화와 관련 있는 공익 광고 살펴보기 • 『국어』 230쪽 1번 활동의 그림에서 보이는 것은 무엇인가요? (광고 문구가 보입니다. / 마이크가 보입니다.) • 두 광고의 주제는 무엇일까요? (온라인 대화를 할 때 바르고 고운 말을 사용해야 한다는 것입니다.) • 두 광고가 만들어진 까닭은 무엇일까요? (인터넷에서 바른 언어를 사용하지 않는 일이 있기 때문입니다.) ○ 온라인 대화에서 나타날 수 있는 문제점 찾기 • 『국어』 231쪽 2의 (1)번 활동에서는 온라인 대화 상황에서 나타날 수 있는 문제점을 찾아봅시다. (의미 없이 같은 그림말이 반복되고 있습니다. / 여러 사람이 읽는 대화방에 다른 사람에 대한 근거 없는 소문을 말하려고 합니다. / 자신의 이름이 드러나지 않는다고 다른 사람에게 정확하지 않은 내용을 전달하려고 했습니다.) • 『국어』 231쪽 2의 (2)번 활동에서는 상황 ㉮와 상황 ㉯처럼 온라인 대화에서 문제가 생기는 까닭을 생각해 봅시다. (온라인 대화를 할 때에는 상대와 직접 얼굴을 마주 보지 않거나, 자신의 이름을 드러내지 않고 대화를 나눌 수 있기 때문입니다.) • 『국어』 232쪽 3번 활동에서는 온라인 대화를 할 때 생길 수 있는 문제를 더 찾아보고 친구들과 이야기해 봅시다.	※ 온라인 대화의 특성과 공익 광고의 내용을 관련지어 생각해 보도록 한다. ※ 『국어』 231쪽 2번 활동에서 제시한 상황 이외에도 온라인 대화에서 생길 수 있는 여러 문제 상황에 대해 말해 보도록 한다. 자신의 경험과 관련지어 이야기할 수도 있다. ※ 온라인 대화의 특징 가운데 하나인 '익명성'과 그것이 어떤 문제를 일으킬 수 있는지 연관지어 생각해보도록 한다.
	토의 방법 및 절차 확인하기	■ 토의 방법 및 절차 확인하기 ○ 토의 방법 및 절차 떠올리기 • 토의는 어떤 순서에 따라 진행되나요? ('토의 주제 정하기, 의견 마련하기, 의견 모으기, 의견 결정하기'의 순서로 토의합니다.) ○ 토의할 때 주의할 점 생각하기 • 의견을 모을 때 주의할 점은 무엇인가요? (토의 주제와 관련 있는 이야기를 합니다. / 말차례를 지킵니다. / 다른 사람의 의견을 존중하며 듣습니다.) • 의견의 적절성을 판단하는 방법은 무엇인가요? (실천이 가능한 의견인지 판단합니다. / 장점이 단점보다 더 큰지 생각해 봅니다.	※ 토의 절차뿐만 아니라 주의할 점도 떠올려 보도록 한다. 적극적이고 바른 태도로 토의에 참여할 수 있도록 한다.

토의하기 (30분)	각자 의견 발표하기	■ 예절을 지키며 온라인으로 대화하는 방법 토의하기 ○ 예절을 지키며 온라인 대화 하는 방법 이야기하기 • 대화방에 상대를 초대할 때에는 어떻게 해야 하나요? (상대에게 양해를 구합니다. / 상대의 의사와 상관없이 반복하여 초대하지 않습니다.) • 사진이나 동영상을 공유할 때에는 어떻게 해야 하나요? (등장하는 사람들과 촬영한 사람에게 동의를 구합니다. / 개인 정보가 포함되어 있지 않은지 확인합니다.) • 잘못된 정보로 오해가 생기지 않게 하려면 어떻게 해야 할까요? (사실을 확인하지 않은 내용은 이야기하지 않습니다.) ○ 발표한 내용에 대한 의견 말하기 • 발표한 의견에 대해 자신의 의견을 말해 봅시다. (사실을 확인하지 않은 내용을 이야기하지 않아야 한다는 말에 찬성합니다. 오해가 생길 수 있기 때문입니다.)	※『국어』 232쪽 3번 활동에서 제시한 상황과 관련 있는 온라인 대화 예절이 아니더라도 온라인 대화를 나눌 때 필요한 예절이라면 수용한다.
평가하기 (20분)	토의 결과 정리하기	■ 토의 결과 정리하기 ○ 토의하여 결정한 내용 정리하기 •『국어』 233쪽 4의 (2)번 활동에서는 토의하여 결정한 온라인 예절을 써 봅시다. (대화의 주제와 관련 없는 말이나 그림말을 반복하여 사용하지 않습니다. / 온라인 대화방에 상대를 초대할 때에는 상대의 의사를 확인해야 합니다. / 자료를 올리기 전에 사실이 아니거나 잘못된 내용은 없는지 확인합니다. / 상대가 보이지 않아도 존중하며 대화합니다. / 다른 사람의 사진이나 동영상은 허락 없이 공유하지 않습니다.) • 온라인 대화 예절을 실천할 수 있는 방법에는 무엇이 있나요? (동의 없이 사진이나 동영상을 대화방에 공유하지 않습니다. / 사실이 아니거나 잘못된 내용을 대화방에 쓰지 않습니다.)	※ 실천 방안을 스스로 정리하고 실천 여부를 점검해 보도록 할 수 있다.
	토의 평가하기	■ 토의 평가하기 ○ 토의 평가하기 • 토의에 참여한 모습을 되돌아보며 자기 자신을 칭찬해 봅시다. • 토의에 참여한 모습을 되돌아보며 친구들을 칭찬해 봅시다.	
	정리하기	■ 학습 내용 정리하기 ○ 공부한 내용 확인하고 정리하기 • 온라인 대화 예절을 정리하여 말해 봅시다.	

(3) 역할 수행 학습 모형

'협력' 중심의 간접 교수 모형의 마지막 유형으로 역할 수행 학습 모형에 대한 특성을 살펴보자.

(가) 특징 및 활용

역할 수행 학습 모형은 학습자가 의도된 구체적인 상황에서 국어 사용 경험을 직접해 보거나 상황 속의 인물이 되어 봄으로써 학습 목표에 더 효과적으로 도달하도록 하는 모형이다. 학습 문제에 대하여 그 문제와 관련된 상황 속의 인물의 역할을 직접 체험하여 주어진 문제를 좀 더 정확하고 실감 나게 이해하고, 그 문제를 더 쉽고 빠르게 해결해 나갈 수 있게 된다. 학습자는 학습 자료로 제시된 문제 상황을 분석하고 그 상황 속의 인물이 되어 그 인물의 처지에서 문제를 바라봄으로써 인물은 물론 자신이 해결해야 할 과제를 더 효과적으로 해결할 수 있는 능력을 기르게 된다. 나아가 특정 상황 속의 인물의 역할을 수행하면서 자신이 경험해 보지 못한 경험을 하며 고정관념에서 벗어나게 되고, 새로운 의미를 깨닫고, 문제 해결을 위한 방안을 모색해 보게 된다. 다른 인물의 역할을 경험하는 과정에서 다른 사람의 의견, 생각, 행동을 존중하게 되고 사람들 상호 간의 행동이 서로에게 어떤 영향을 끼치게 될지를 생각함으로써 자신의 행동에 대해 성찰하고 사람들의 행동에 대한 통찰력도 기르게 된다.

교사는 학습자가 학습 목표나 학습 문제를 명확히 인식하고 역할 수행에 임하도록 해야 한다. 이 모형이 적용되는 대부분의 수업은 역할 수행 자체가 목적이기보다는 목표에 도달하기 위한 수단이라는 점을 염두에 둘 필요가 있다. 학습자가 역할 수행 활동에만 매몰되어 학습 내용 요소를 간과하지 않도록 주의하여야 한다. 역할 수행 이후에는 학습 내용 요소에 대한 학습 상태를 점검 및 평가하여 피드백이 이루어질 수 있도록 한다.

다른 간접 교수 모형들과 마찬가지로 역할 수행 학습 모형의 경우도 적용에 따른 시간 부담을 최소화하기 위해서는 상황 설정 방법 학습, 기초적인 말하기 기능 학습, 다른 인물이 되어 보는 학습 경험, 타 교과나 타 영역의 시간과의 통합 등 적절한 사전 계획과 준비가 필요하다. '연속 차시'로 운영하는 경우, 첫 시간은 보통 상황 분석 및 설정, 대본 분석 또는 대본 작성 등이 이루어지기 때문에 다른 모형을 적용할 수 있고 둘째 차시만

이 모형을 적용하여 수업할 수 있다. 그렇게 되면 이 모형의 1단계와 2단계 활동 시간을 최소화하는 것이 가능하다.

역할 수행 학습 모형은 통합적 국어 활동이 요구되거나 역할 놀이가 학습 목표 달성에 중요한 도구가 되는 경우에 적용하기 알맞은 모형이다. 예컨대 전화 놀이, 토의나 토론에 대해 학습하는 수업, 언어 예절이나 높임법 등 화법 수업, 문학 감상 수업 등에 활용하면 효과적이다. 이 모형은 어느 정도만 표현력이 있는 학습자라면 부담 없이 학습에 참여할 수 있는 모형이다.

(나) 단계별 특징

〈표 2-9〉 역할 수행 학습 모형

단계	주요 활동
상황 설정하기	· 동기 유발 · 학습 문제 확인 · 학습의 필요성 및 중요성 이해 · 상황 분석 및 설정
준비 및 연습하기	· 역할 분석 및 선정 · 역할 수행 연습
실연하기	· 실연 준비하기 · 실연하기
평가하기	· 평가하기 · 정리하기

상황 설정하기 단계는 학습 내용을 확인하고, 제시된 상황을 분석하여 실연할 상황으로 설정하는 단계이다. 그리고 왜 이런 학습이 중요하고 필요한지 학습 내용, 학습 방법과 관련지어 이해시킨다. 준비 및 연습하기 단계는 분석 및 설정한 상황에 등장하는 인물을 행동, 대사, 성격 등을 다각도로 분석하고, 배역을 정하여 실연 연습을 하는 단계이다. 학습 목표에 도달하기 위해서는 특히 역할에 대한 분석을 다각도로 하여 실감 나는 역할 수행을 할 수 있도록 준비 및 연습하는 데 중점을 둔다.

실연하기는 학습자가 설정한 상황 속 인물의 역할을 직접 수행하는 활동 단계로, 학습자는 자신과 다른 상황 속의 세계를 경험하며 학습자 자신의 국어 사용 문제를 성찰하거나 해결할 수 있고, 문학적 상상력이나 발상의 전환을 통해 창의력도 기를 수 있다. 평가하기 단계는 학습자의 역할 수행을 통하여 얻게 된 교과 내용 지식이나 문학적 체험들을 공유하고 토의하는 과정을 통하여 주관적인 생각이나 견해를 객관화하고 일반화한다. 평가 결과는 학습자의 국어생활을 개선하거나 문학적 감수성을 높이는 데 활용할 수 있어야 한다.

(다) 모형 적용 예

〈2022 개정 교육과정 3-1, 1단원, 생생하게 표현해요, 9-10/13차시〉

학습 목표	온라인 대화 예절에 대해 알 수 있다.

단계(시간)	학습 내용	교수 · 학습 활동	자료(▶) 및 유의점(※)
	동기 유발	■ 상황에 맞게 표현하기 놀이 하기 ○ 상황에 알맞은 표정과 몸짓, 목소리나 말투 표현하기 • 모둠 친구듣과 함께 상황에 맞게 표현하기 놀이를 해 봅시다. • 차례를 정해 상황 카드를 뽑고, 상황에 어울리는 표정과 몸짓, 목소리나 말투로 표현해 봅시다. (상황에 어울리는 대사, 대사에 적절한 표정과 몸짓, 목소리나 말투를 떠올려 보고 실감 나게 표현해 봅시다.) • 친구들이 하는 표현을 보고 어떤 상황인지 알아맞혀 봅시다.	▶ 지도서 108쪽의 '참고 자료' ▶ 상황 카드 ※ 이 소단원에서 배운 상황에 알맞은 표정과 몸짓, 목소리나 말투를 활용해 실감 나게 상황을 표현하고 알아맞히는 놀이를 한다.
	학습 문제 확인하기	■ 학습 문제 확인하기 상황에 알맞은 표정과 몸짓, 목소리나 말투로 표현해 봅시다.	
상황 설정 하기 (25분)	**학습 문제 분석하기**	■ 공부할 내용 분석하기 ○ 학습 문제를 분석하고 활동 차례 정하기 • 이번 시간에 학습할 문제가 무엇인지, 어떤 활동을 하는지 살펴보고 공부할 차례를 정해 봅시다. • 영상 자료로 대화 상황 살펴보기 • 역할놀이 준비하기 • 알맞은 표정과 몸짓, 목소리나 말투로 역할놀이하기 • 느낀 점 나누기	※ 학습 문제를 분석하고 활동 차례를 정하며 이번 시간에 배워야 할 학습 문제와 활동이 무엇인지 명확히 인식하도록 한다.
	역할 놀이 상황 설정하기	■ 대화 내용을 파악하고 상황 설정하기 ○ 동영상 자료를 보고 상황 파악하기 • 인물의 표정과 몸짓, 목소리나 말투에 주의하며 「아이스크림 사 오는 길에 생긴 일」을 봅시다. • 『국어』 56쪽 '내용 알기' 활동에서 질문을 주고받으며 동영상의 내	※ 교과서에 제시된 '내용

		용을 파악해 봅시다. ○ 대화 장면에 나온 낱말 파악하기 • 대화 장면에 나온 낱말을 살펴보고 〈보기〉에 어울리는 낱말을 써넣어 봅시다. • 낱말을 활용해 여러 가지 문장을 만들어 봅시다. ○ 등장인물의 표정과 몸짓, 목소리나 말투 따라 하기 • 『국어』 57쪽 '글과 연결하기' 활동의 대화 장면을 보고 인물들이 어떤 표정과 몸짓을 하면서 말했는지 따라 해 봅시다. • 동영상 속의 인물이 되어 알맞은 표정과 몸짓, 목소리나 말투로 표현하는 연습을 해 봅시다. ○ 역할놀이로 표현할 상황 설정하기 • 이번 시간에 역할놀이를 하며 표현할 상황을 설정해 봅시다. (학교에서 있었던 일 가운데에서 한 장면을 정해 어울리는 표정과 몸짓, 목소리나 말투로 표현하며 역할놀이를 합니다.)	알기' 문항 외에 학생들끼리 질문을 주고받으며 제재 내용을 분명히 파악하도록 한다. ※ 상황을 설정해 자신이 역할놀이로 표현해야 할 장면이 무엇인지, 역할놀이의 목적이 무엇인지를 분명히 인지하도록 한다.
준비 및 연습하기 (15분)	**역할놀이 준비하기**	■ 상황 및 역할 정하기 ○ 학교에서 있었던 일 떠올리기 • 『국어』 58쪽의 상황에 어울리는 표정과 몸짓, 목소리나 말투를 찾아 선으로 이어 봅시다. • 『국어』 59쪽 활동의 그림 ㉮~㉰를 살펴봅시다. (교실 화분에 신기한 꽃이 핀 상황, 체육 시간이 끝나고 뒷정리를 하는 상황, 급식 시간에 반찬에 대해 이야기하는 상황입니다.) • 짝과 함께 역할을 정해 대화를 실감 나게 읽어 봅시다. ○ 역할놀이 상황과 역할 정하기 • 학교에서 있었던 일을 떠올려 보고 짝과 함께 역할놀이로 표현하고 싶은 상황을 정해 봅시다. **〈역할놀이 상황 예시〉** • 친구가 다리를 다쳐서 도움이 필요한 상황 • 준비물을 못 가져와서 빌려야 하는 상황 • 등굣길 교문 앞에서 교장 선생님을 만난 상황 • 짝과 서로 어떤 역할을 맡을지 정해 봅시다. ○ 역할놀이 대본 만들기 • 앞에서 정한 역할놀이 상황에 맞게 짝과 주고받을 대화를 대본으로 정리해 봅시다.	▶ 과정 중심 평가 활동지 (지도서 122~123쪽 '평가 자료 2') ※ 먼저 교과서에 제시한 상황에 어울리는 대화를 연습해 보고 학생들의 경험을 바탕으로 역할놀이 상황을 설정하여 준비한다.
	역할놀이 연습하기	■ 역할놀이 연습하기 ○ 짝과 함께 역할놀이 연습하기 • 준비한 대본을 바탕으로 역할에 알맞은 표정과 몸짓, 목소리나 말투를 흉내 내며 역할놀이 연습을 해 봅시다.	▶ 지도서 113쪽 '활동지'
실연하기 (30분)	**실연 준비하기**	■ 역할놀이 사전 준비하기 ○ 역할놀이에 필요한 소품 준비하기 • 짝과 함께 역할놀이에 필요한 소품을 준비하거나 만들어 봅시다. ○ 역할놀이를 시연하거나 관람할 때 주의할 점 확인하기 • 역할놀이를 할 때 주의할 점을 생각해 봅시다. (언어 예절을 지킵니	※ 소품은 역할놀이 상황을 구체화할 수 있는 도구이므로 준비에 너무 많은 시간이 걸리지 않도록 주의한다.

		다. / 듣는 사람에게 뜻을 분명히 전달합니다. / 대화 내용을 실감 나게 표현합니다.) • 친구의 역할놀이를 감상할 때 주의할 점을 생각해 봅시다. (방해하지 않고 경청합니다. / 잘한 점을 칭찬하고 격려해 줍니다. / 지나치게 웃거나 장난치지 않습니다.)	
	실연하기	■ 상황과 역할에 맞게 역할놀이하기 ○ 모둠 안에서 역할놀이하기 • 모둠 안에서 서로 돌아가며 역할놀이를 해 봅시다. • 상황과 대화 내용에 어울리는 표정과 몸짓, 목소리나 말투에 주의하며 역할놀이를 발표해 봅시다. ○ 학급 전체 앞에서 역할놀이하기 • 모둠 안에서 발표하고 난 뒤에 학급 전체 앞에서 역할놀이를 발표해 봅시다. • 친구의 발표를 경청하고 잘하는 점을 찾아 칭찬해 봅시다.	※지도서 122~123쪽 '평가 자료 2'를 활용해 전반적인 역할놀이 과정을 학생 스스로 점검하며 과정 중심 평가가 이루어지도록 한다.
평가 하기 (10분)	**평가 및 점검하기**	■ 역할놀이 평가하기 ○ 스스로 평가하기 • 역할놀이를 발표하고 잘했는지 스스로 평가해 봅시다. (표정과 몸짓, 목소리나 말투를 실감 나게 표현했습니다. / 목소리를 크고 분명하게 전달했습니다. / 상황에 맞는 언어 예절을 지키며 역할놀이를 했습니다.) ○ 역할놀이 소감 나누기 • 역할놀이를 하면서 느낀 점을 발표해 봅시다. • 역할놀이를 보며 잘한 친구를 칭찬하고 그 까닭을 말해 봅시다.	※ 역할놀이를 해 본 소감을 말하면서 자신의 대화를 점검하고, 친구들을 칭찬하는 활동을 함께 하며 동료 평가가 되도록 한다.
	정리 및 확인하기	■ 학습 내용 정리하기 ○ 공부한 내용 확인하고 정리하기 • 이번 시간에 배운 내용은 무엇인지 말해 봅시다. (대화할 때 표정과 몸짓, 목소리나 말투를 실감 나게 표현하면 생각을 효과적으로 전달하는 데 도움이 됩니다.) • 일상생활에서 대화할 때 표정과 몸짓, 목소리나 말투가 중요한 까닭을 말해 봅시다. (말하는 사람의 의도를 분명히 전달할 수 있습니다. / 대화할 때 서로의 생각을 잘 이해할 수 있습니다.) ○ 다음 차시 학습 내용 알아보기 • 다음 시간에는 이 단원에서 배운 내용을 활용해 생활 속에서 실천하는 활동을 해 보겠습니다.	※ 차시 목표와 연관 지어 역할놀이를 하면서 대화할 때 적절한 표정과 몸짓, 목소리나 말투가 중요하다는 것을 인지하며 학습을 정리한다.

3. 교수·학습의 계획과 운용의 유의점

국어과 교수·학습을 계획하고 운용할 때 유의할 점에 대해 살펴보도록 하자.

가. 교수·학습 계획의 유의점

1) 국어 능력을 통한 핵심 역량이 신장되는 교수·학습 계획

국어과 교수·학습을 계획할 때는 학습자가 유의미한 국어 학습을 경험함으로써 창의적인 국어 능력이 신장되도록 하여야 한다. 이를 위해서는 다음의 사항을 유의하여야 한다.

첫째, 학습 목표는 학년군별, 영역별 성취기준과 해설을 참고하여 설정을 하되 듣기·말하기, 읽기, 쓰기, 문법, 문학, 매체 영역이 유기적으로 연결되도록 하여야 한다.

둘째, 학습 내용 요소는 듣기·말하기, 읽기, 쓰기, 문법, 문학, 매체 영역의 특성을 고려하여 학습 목표 달성에 적합하게 성취기준과 그 해설을 참고하여 선정하되, 영역 간 내용의 횡적 연계성, 학년군별 내용의 종적 연계성을 통합적으로 고려한다.

셋째, 학습자의 국어 능력을 신장시키는 데 유용하고 효과적인 국어 학습 경험을 제공하여 자기 주도적으로 국어 능력을 향상시킬 수 있도록 계획한다.

이를 위해서 먼저 학습자가 정확하고 효과적으로 국어생활을 하기 위해 꼭 알아야 할 국어 지식과 학습자의 국어생활 맥락에 맞는 실제적인 국어 활동을 긴밀하게 연관시켜야 한다. 그리고 과제의 성격, 과제 해결에 필요한 절차와 방법, 배경 지식 활성화, 학습 자료, 수업 형태 구성, 피드백 등을 세부적으로 계획하여야 한다. 다음으로 교육과정에 제시된 학년군별, 영역별 성취기준과 그 해설 등을 참고하여 개별화 수업이 가능한 다양한 교수·학습 자료를 개발 및 제공한다. 끝으로 학습자에게 제공할 학습 경험은 학습의 계열성과 통합성을 고려하여 체계적으로 구성한다.

넷째, 교수·학습 상황에 학습자가 자기 주도적으로 참여하여 다양한 담화, 글, 국어 자료, 문학 작품, 매체 자료를 비판적이며 체계적으로 수용하고 탐색하는 활동과 자신의 사상과 정서를 창의적으로 표현하는 활동을 할 수 있는 학습 분위기와 환경을 만든다.

다섯째 국어 능력이 일상생활이나 타 교과 학습의 기반이 됨을 학습자에게 인식시켜, 국어 학습에 능동적으로 참여할 수 있는 태도를 기른다. 이를 위해서 먼저, 교수·학습 과정에서 얻은 국어 능력을 학습자의 일상생활과 타 교과 학습에 적극적으로 활용하도록 지도한다. 그리고 창의적이고 정확하며 유창한 국어 능력이 자신의 삶의 질을 높일 수 있다는 것을 인식시키도록 한다.

2) 맞춤형 개별화 교수·학습 계획

학습자의 학습 준비에 대한 진단과 성취기준 도달 정도를 확인하고, 개인별 맞춤형 교수·학습을 계획한다. 이를 위해 첫째, 개인차를 최소화하기 위하여 학교, 학급의 상황, 학습자의 요구, 학습자의 인지, 정의, 사회 문화적 발달 정도 등을 고려하여 계획한다. 수업 시간과 방과 후 교육 활동 등을 적절히 활용하여 학생의 성장과 발달을 지원하는 교수·학습을 계획한다.

둘째, 학습 활동 자료 역시 개인차를 고려하여 다양한 수준과 방법으로 준비하여 제공한다. 특히 학습자의 학습 결손이 발생하지 않도록 하는 것에 특히 유의하도록 한다. 학습 목표나 과제를 선정할 때 역시 학습자의 개별 특성을 고려하여야 한다. 과제를 제공하는 시기는 학습자 개인차를 고려하여 교수·학습 상황에 적절히 조정하도록 한다.

셋째, 학습 활동 자료나 평가 자료는 학습자의 개인차를 고려하여 개발한 후 활용하도록 한다. 학습자의 흥미, 관심, 선수 학습에 대한 이해도, 학업 성취 수준 등을 고려하여 자료를 개발한다. 그리고 학습자가 직접 자신의 능력이나 학습 단계를 점검할 수 있도록 다양한 수준의 자료를 개발하고, 다양한 디지털 매체를 활용하여 자료를 개발하여 학습의 효율을 높이고 학습자의 특성을 고려하여 교수·학습 자료를 맞춤화한다.

3) 국어 활동의 총체성을 고려한 교수·학습 계획

국어 활동의 총체성과 국어생활의 실제성을 고려하여 영역 간, 영역 내의 학습 요소를 통합하여 지도할 수 있는 교수·학습을 계획한다. 이를 위해 첫째, 각 영역에서 해당 영역의 고유한 학습 내용 요소와 통합이 가능한 학습 내용 요소를 구별하여 인식할 수 있도록 지도하되, 학습의 효율성을 높일 수 있도록 계획한다. 둘째, 영역 간, 영역 내의 학습 내용 요소 중, 학습의 효율성을 높이는 데 적합한 요소를 통합하여 지도할 수 있도록 계획한다. 셋째, 매체 영역의 내용 요소를 지도할 때에는 듣기·말하기, 읽기, 쓰기, 문법, 문학 영역과 통합하여 지도할 수 있도록 계획한다. 넷째, 여러 영역의 통합을 위한 교수·학습 자료는 학습 내용 요소와 학습 상황에 맞도록 다양한 방법으로 준비하도록 한다. 즉 학습 주제를 중심으로 내용 요소를 유기적으로 통합하여 구성하고, 다양한 상황을 중심으로 관련되는 내용 요소를 통합하여 조직하며, 종합적이고 창의적인 사고가 요구되는 문제 상황을 제시한 후, 이에 대한 해결 과정에 필요한 내용 요소를 통합하여 구성한다. 끝으로 다양한 담화와 글, 국어 자료, 작품, 매체 자료와 학습 내용 요소를 통합하여 구성한다.

나. 교수·학습 운용의 유의점

1) 교수·학습 전반

2022 개정 교육과정의 학년군별, 영역별 성취기준과 그 해설을 고려하여 다양한 교수·학습 방법으로 수업을 전개하되 다음을 유의하여 운용한다. 첫째, 학습자가 적극적으로 교수·학습에 참여할 수 있도록 학습 목표와 학습 내용을 안내하고, 학습자 개개인의 수준에 알맞은 과제를 각각 제시하여 학습자가 주도적이고 창의적으로 해결하도록 한다. 둘째, 한 단원의 수업을 전개할 때나, 한 차시 수업을 전개할 때나, 교사 중심의 직접 교수 모형을 적용한 수업이나, 간접 교수 모형을 적용한 수업이나 교수·학습 활동의 주도권과 과제 해결의 책임이 교사에서 학생에게로 서서히 이양되도록 계획하고 운영하여야 한다. 즉 한 차시든 한 단원이든 그 계획과 운영에서 교사와 학생 사이의 '책임이양의 원리'가 지켜져야 한다는 것이다. 셋째, 학습 내용 요소에 대한 체계적인 설명, 예시, 질문, 학습자의 연습, 자기 점검과 평가 과정을 유기적으로 관련지어 지도한다. 또 학습 내용 요소에 대한 탐색, 비교, 분류, 종합, 적용, 평가의 과정을 유기적으로 연계시켜 지도한다. 넷째, 학습자가 담화, 글, 국어 자료, 작품, 매체 자료 중 어느 한 부분의 분석에만 치우치지 않도록 하여 국어 활동의 양상을 총체적으로 이해하게 한다. 다섯째, 국어과 교수·학습 활동과 국어 활동에 대한 자기 점검 기회를 부여하여 올바른 국어생활 태도를

기를 수 있도록 한다.

2) 교수·학습의 개별화

개인차를 고려한 맞춤형 교수·학습을 효율적으로 운용하는 데는 다음을 유의하여야 한다. 첫째, 수업 시간 학습자 개개인의 반응에 따라 즉각적이고 알맞은 비계나 피드백을 지원하여 학습 목표에 다다를 수 있도록 지도하여야 한다. 둘째, 학습자가 스스로 자신의 차시 학습 내용과 관련된 국어 능력의 수준을 파악하고, 보충 학습이나 심화 학습의 과제를 적절히 선택하여 학습할 수 있도록, 다양한 수준의 맞춤형 과제를 마련하여 제공함으로써 학습의 효과를 극대화할 수 있다. 셋째, 차시의 학습 목표와 관련된 학습 문제를 적절히 제공하여 선수 학습에 따른 개인차를 최소화하여 교수·학습의 효율성을 높인다. 넷째, 개인차를 고려한 모둠 등 알맞은 수업 형태를 조직하여 수업을 전개함으로써 학습 목표를 효과적으로 달성하도록 한다.

3) 교수·학습의 내용 요소의 통합

국어과의 영역 간, 영역 내의 학습 내용 요소를 통합하여 지도할 때의 유의 사항은 다음과 같다. 첫째, 둘 이상의 영역의 성취기준이나 내용 요소를 통합하여 지도할 때에는 학습자의 학습 활동이 특정 영역에 편중되지 않도록 단원과 차시의 학습 목표와 성취기준과의 관계를 정확히 파악하도록 한다. 교수·학습의 재구성 및 재조직 시에 결손이 되거나 불균형적으로 다루어지는 성취기준이나 내용 요소가 생기지 않도록 유의하여야 한다. 둘째, 영역 간의 공통점과 차이점을 고려하여 유기적인 통합이 이루어질 수 있도록 운용하여 교수·학습의 효율성을 높인다. 셋째, 학습 내용 요소들 간의 통합 취지에 알맞은 교수·학습 방법을 적용하여 운용한다.

4) 영역별 교수·학습

국어과의 여섯 영역별 교수·학습 운용 시에는 다음을 유의하도록 한다. 첫째, 듣기·말하기 영역의 교수·학습 운용에서는 음성 언어의 상호 작용과 교섭성이라는 특성을 고려하여, 듣기·말하기의 다양한 목적과 실제 국어생활 맥락을 반영한 활동이 되도록 하여, 의사소통 역량의 신장에 중점을 둔다. 특히 다양한 듣기·말하기 장면에 능동적으로 참여하고 자신의 듣기·말하기 과정을 점검하고 조정하는 활동과 다른 사람의 말을 경청하고 상대방을 공격하거나 비난하지 않는 긍정적이고 협력적인 태도를 강조함으로써 공동체·대인관계 역량이 신장될 수 있도록 지도한다.

둘째, 읽기 영역의 교수·학습의 운용에서는 글쓴이의 목적, 글의 유형적 특성(구조, 표지, 내용 범주 등), 독자의 관점 등을 생각하며 주도적이고 비판적으로 의미를 구성하는 활동을 강조하여 비판적·창의적 사고 역량이 신장될 수 있도록 지도한다. 그리고 글을 읽은 후에는 내용을 바탕으로 자신의 생각을 발표하거나, 서로 의견을 나누고, 다양한 형태로 표현하는 통합적인 독후 활동을 강조한다.

셋째, 쓰기 영역의 교수·학습에서는 글쓰기의 목적, 주제, 독자 등과 같은 상황 맥락과 글의 유형적 특성(구조, 표지, 내용 범주 등), 주제, 소재 등과 관련된 다양한 배경지식을 고려하여 실제로 글을 쓰는 활동을 강조하되 창의적인 의미 구성을 할 수 있도록 지도하여 창의적 역량이 함양될 수 있도록 한다. 특히 쓰기의 목적, 상황, 조건 등 글쓰기의 수사적 상황을 명확하게 제시하여 다양한 매체를 통합적으로 활용하여 복합양식(매체)을 고려한 글쓰기 활동을 강조함으로써 디지털·미디어 역량의 함양과 연계하여 지도한다. 글을 쓰는 과정에서 글의 내용을 구체화하기 위한 추가 자료 조사와 토의, 협의 등의 활동이 이루어질 수 있도록 하고, 쓴 글에 대해 상호 평가와 자기 평가를 통한 수정하기 활동을 하는 과정에서 대인 관계 역량과 자기 성찰·계발 역량이 함양될 수 있도록 지도한다.

넷째, 문법 영역의 교수·학습의 운용에서는 문법 교육의 내용 요소가 위계적으로 반복·심화될 수 있도록 하고, 특히 다양한 국어 현상이나 국어 사용 현상에서 규칙이나 원리를 탐구하여 국어 지식을 생성하는 활동을 강조하여 비판적·창의적 사고 활동이 될 수 있도록 지도한다. 생성한 국어 지식은 자신의 국어생활에 활용될 수 있음을 인식시키고, 자신과 주위의 국어생활을 성찰하는 활동을 강조함으로써 자기 성찰·계발 역량의 함양과 연계하여 지도한다. 문법의 내용 요소는 특정 문법 단원이나 차시에서만 학습하지 않고, 가급적 듣기·말하기, 읽기, 쓰기, 문법, 문학, 매체 영역의 매 단원에서 새 단어의 뜻과 문장의 구성, 표기와 발음 등을 미니레슨(mini lesson)이나 연습 문제 등을 통해 반복 학습을 수행한다. 그렇게 함으로써 어법에 맞는 국어 사용을 생활화하는 습관이 형성되도록 지도한다.

다섯째, 문학 영역에서는 작품을 학습자의 삶이나 경험과 연관 지어 이해하게 하되, 심미적 상상력, 건전한 심성, 아름다운 정서, 한국적 사상과 정서 등을 계발하고 올바른 인생관과 세계관의 형성을 지원하는 학습 활동을 강조한다. 학습자의 경험과 관련지어 능동적이고 창의적인 작품의 수용과 삶에서의 정서 표현, 창작 활동 등 다양한 생산 활동을 지원하는 학습 활동을 강조한다. 문학 영역의 교수·학습의 과정은 문화 향유 역량, 공동체 역량, 자기 성찰·계발 역량 등의 국어과 핵심 역량과 연계된 지도를 강조한다.

여섯째, 매체 영역에서는 뉴미디어의 발달로 의사소통 양식이 변화가 되고 있음을 이해하고 다양한 미디어(매체-온라인 1인 방송, 온라인 문자나 대화, 전자메일, 다양한 플랫폼의 온라인 게시판 등)의 특성을 파악한 후 그에 알맞은 소통 방식을 이용할 수 있도록 지도하되 의사소통 역량과 연계한다. 뉴미디어를 활용하여 적극적이고 능동적으로 온라인 소통에 참여하되, 매체에서의 소통 문화와 소통 윤리를 알고 지키도록 지도한다. 이 교수·학습의 과정은 공동체·대인 관계 역량, 자기 성찰·계발 역량과 연계하도록 한다. 그리고 각각의 매체를 통해 생산되는 복합 양식(매체) 텍스트를 비판적으로 수용하는 활동을 강조하고 거짓과 과장이 포함된 복합 매체 텍스트의 내용에 대한 분별력을 기르는 활동에도 초점을 두고 지도하되, 비판적·창의적 역량과의 연계를 강조한다.

5) 교수·학습 모형

학습 목표와 내용 요소, 학습자 수준, 교실 여건, 교사 측면을 고려하여 직접 교수법과 간접 교수법을 선택하여 활용하되 다음에 유의하여 한다. 첫째, 교수·학습 모형을 선정하여 적용할 때 가장 우선적으로 고려해야 하는 요소는 학습 목표나 내용 요소라고 말할 수 있다. 예를 들어 국어의 중요성, 언어 습관 등과 관련된 정의적 측면의 요소가 그 차시의 학습 목표, 내용 요소일 경우에는 직접 교수 모형이나 지식 탐구 학습 모형 등을 적용하는 것은 적절하지 않다. 학습 목표의 도달과 그 목표를 위한 교수·학습의 내용 요소를 면밀히 분석하고 가장 효과적이고 효율적인 모형을 선정하여야 한다.

다음으로 학습자 요인을 고려하는 것 역시 교수·학습 모형을 선정하는 데 매우 중요하다. 학습자가 탐구를 할 수 있는 인지 수준이나 학습 능력이 되지 않는데 탐구가 핵심인 모형을 선정한다든지 학습자가 교사의 설명식 수업에 흥미를 전혀 느끼지 못하는데 직접 교수 모형을 적용하여 교사와 교과서의 설명을 이해하라고 한다든지, 학습자의 인지적 수준이 균질적이지 않은데 상호 가르치기가 이루어지는 전문가 협동 학습 모형을 활용하는 것 등은 효과적이지도 효율적이지도 않다.

셋째, 교실 여건을 고려하여 교수·학습 모형을 선정하여야 한다. 소인수 학급에서 모집단, 전문가 집단이 필요한 전문가 협동 학습 모형을 선택한다거나 학습 목표 도달에 주어진 시수로 불가능하다고 판단됨에도 불구하고 시간이 오래 걸리는 토의·토론 학습 모형, 문제 해결 학습 모형 등 간접 교수법을 선택하는 것은 효과적이지 않다. 문법 영역의 수업에 간접 교수법인 지식 탐구 학습 모형을 적용하려고 하는데 교과서가 그에 맞게 구성되지 않는 경우도 얼마든지 있을 수 있다. 이 경우 수업 전에 교사가 교과서를 지식 탐구 학습 모형을 적용하는 데 알맞도록 재구성을 해 놓아야 한다. 이러한 교수·학습의 계획과 준비를 개개 교사가 여러 차시, 여러 교과에서 수행하는 것은 불가능에 가깝다고 봐야 한다.

넷째, 교수·학습 모형을 선정하는 데는 교사 요인도 고려되어야 한다. 교사는 어떤 학습자, 어떤 교실 여건, 어떤 학습 목표이더라도 가장 적절한 교수·학습 모형을 결정하여 적용할 수 있는 전문성을 갖추고 있어야 한다. 그러나 교사도 개인의 관심, 흥미, 연구 깊이에 따라 교수·학습 모형에 대한 선호도가 같을 수 없다. 예컨대 설명과 시범, 모방, 연습을 중심 개념으로 하는 직접 교수의 과정에 교사가 전혀 흥미를 느끼지 못함에도 불구하고 그 모형을 적용하여 교수·학습을 전개하는 것은 효과적이지도 효율적이지도 못할 것이다. 이러한 점에 유의하여 교수·학습 모형을 선택하여야 한다.

이상의 설명을 교수·학습 모형 선정을 위한 참조 기준표로 정리해 보면 〈표 2-10〉과 같다.

〈표 2-10〉 교수·학습 모형 선정을 위한 참조 기준표

참조 기준		교수·학습 모형								
		직접 교수	간접 교수							
			탐구 중심 학습					협력 중심 학습		
		직접 교수	문제 해결	지식 탐구	가치 탐구	반응 중심	창의성 계발	토의 토론	전문가 협동	역할 수행
내용 요소	· 국어과의 영역 · 기능·지식·태도 요소 · 학습 목표·내용 요소									
학습자 요소	· 인지 능력 · 징의 능력 · 사화·문화 능력									
여건 요소	· 차시, 시수 양 · 교수·학습 공간 · 교과서 재구성 정도 · 보충·심화 자료 준비 · 흥미 유발 자료 준비									
교사 요소	· 능력 · 흥미와 관심									

6) 교수·학습의 점검

국어과 수업의 전 과정을 개선해 나가기 위해 교수·학습 과정을 점검할 때에는 다음을 고려하도록 한다. 첫째, 학습 목표와 내용 요소에 맞는 수업을 창의적으로 계획하고 운용했는지를 점검한다. 둘째, 학습자의 교과 내용적, 흥미적 수준과 조건, 교수·학습 환경 등을 고려하여 수업을 운용하였는지 점검한다. 셋째, 수업의 전 과정에서 이루어진 학습자의 교과 내용적 평가 결과, 학습의 흥미나 관심 동기 등 태도적 평가 결과를 바탕으로 교수·학습 내용, 교수·학습 방법, 교수·학습 자료 등을 개선하고자 하였는지 점검한다. 넷째, 교사 자신의 수업 준비, 수업 전개, 수업 결과의 활용에 대한 전 과정을 점검한다.

참고 문헌

교육부(2015), 「국어과 교육과정, 교육부 고시 제2015-75호 [별책 5]」.

교육부(2022), 「국어과 교육과정, 교육부 고시 제2022-33호 [별책 5]」.

교육부(2015), 「초등학교 국어 5-2 교사용 지도서」, ㈜미래엔.

교육부(2025), 「초등학교 국어 3-1 교사용 지도서」. ㈜미래엔.

교육부(2025), 「초등학교 국어 3-2 교사용 지도서」. ㈜미래엔.

교과부(2025), 「초등학교 국어 4-1 교사용 지도서」, ㈜미래엔.

교육부(2025), 「초등학교 국어 4-2 교사용 지도서」. ㈜미래엔.

노은희 외(2022), 「2022 개정 국어과 교육과정 시안(최종안) 개발 연구」, 한국교육과정평가원.

박승배 외 옮김(2009), 「효과적인 교수법」, 아카데미프레스.

박영목 외(1995), 「국어과 교수 학습 방법 탐구」, 교학사.

박인우 외 옮김(2005), 「교수 모형」, 아카데미프레스.

박태호(2009), 「초등 국어 수업 관찰과 분석」, 정인출판사.

양태식·엄해영·원진숙·이재승·황정현·이병규(2013), 「(2009 개정 교육과정을 담은) 초등 국어과 교육의 원리」, 박이정.

양태식·엄해영·황정현·원진숙·이재승·이병규(2013), 「(2009 개정 교육과정을 담은) 초등 국어과 교수 학습의 이해와 적용」, 박이정.

염창권(1999), 반응중심 문학교육의 현재와 전망, 「한국언어문학」 43, 한국언어문학회.

이경화·이주섭·임천택·이수진·전제응·최규홍·김상한·이경남·박혜림(2024), 「초등 국어과 교육론」, 박이정.

이대규(1999), 국어 수업모형에 관한 연구, 「국어교육」 100, 한국국어교육학회.

이병규(2012), 국어 문법 교육의 교수-학습 자료 개발의 원리, 「초등국어교육연구」 48, 한국초등국어교육학회.

이재승(2005), 「좋은 국어 수업 어떻게 할 것인가?」, (주)교학사.

천경록·염창권·선주원·서수현(2023), 「2022 교육과정에 따른 초등국어과교육의 이해」, 교육과학사.

최미숙·원진숙·정혜승·김봉순·이경화·전은주·정현선·주세형(2023), 「2022 개정 국어과 교육과정을 담은 국어교육의 이해」, 사회평론아카데미.
한국초등국어교육학회(1997), 「국어 수업 방법」, 박이정.

더 공부해 봅시다

1. 2022 개정 교육과정의 국어과 수업의 특징을 시대 상황과 한국 사회의 변화와 연결지어 설명하시오.

2. 프로젝트 수업의 특성을 내용, 참여자의 역할과 특성, 방법의 특성, 평가의 특성으로 나누어 설명하시오.

3. 직접 교수 방법과 간접 교수 방법을 교사와 학생의 역할, 교실 환경, 상호작용, 수업 절차의 주요 특징 측면으로 나누어 설명하시오.

4. 교수·학습의 일반적인 전개 8단계의 주요 활동의 특성을 설명하시오.

5. 교수·학습 모형을 선정하는 데 고려해야 하는 요소를 들고 이유를 설명하시오.

6. 교수·학습 과정안 1개를 선택하여 교수·학습의 일반적인 전개 7단계에 따라 잘 된 점과 보완할 점을 분석하시오.

7. 직접 교수 모형의 특징과 활용, 단계별 특성을 설명하고, 이 모형이 적용된 교수·학습 과정안 1개를 분석하여 보고서를 작성하시오.

8. 지식 탐구 학습 모형의 특징과 활용, 단계별 특성을 설명하고, 이 모형이 적용된 교수·학습 과정안 1개를 분석하여 보고서를 작성하시오.

9. 반응 중심 학습 모형의 특징과 활용, 단계별 특성을 설명하고, 이 모형이 적용된 교수·학습 과정안 1개를 분석하여 보고서를 작성하시오.

제3장

국어과 교재의 이해

1. 교재의 개념과 중요성

가. 교재의 개념과 범위

'교재(教材, teaching materials)'의 개념은 교수·학습의 목적을 달성하는 데 직접적으로 기여하며, 실제 교육 현장에서 사용되는 모든 종류의 매체나 자료를 포괄한다. 이는 교육 목표와 학습 내용을 구체화하여 담아내는 실질적인 재료이자, 물리적 형태를 갖춘 실체이다.

교수·학습 자료로서 온전한 '교재'로 인정받기 위해서는 네 가지 핵심 요건을 충족해야 한다.

- 목표 기여성: 교육 목표 달성에 실질적이고 직접적으로 기여해야 한다. 교재는 단순히 수업 시간에 존재하는 물건이 아니다.
- 수업 활용성: 실제 교수·학습 상황에서 능동적으로 활용되어야 한다. 예를 들어, 수업에서 읽기 자료로 활용되는 그림책은 교재이지만, 교사가 개인적으로 참고하는 책은 교재로 보기 어렵다.
- 내용 구현성: 교육과정에서 제시하는 목표나 내용을 분명하게 구현해야 한다.
- 물리적 실체성: 물리적인 실체로 존재해야 한다. 교사의 구두 설명이나 학생 간의 대화는 실체가 없어 교재로 분류되지 않지만, 강의 영상이나 녹음 파일처럼 형태를

갖춰 제작된 것은 교재에 포함된다.

이러한 기준으로 볼 때 연필, 종이, 칠판과 같이 교육 내용이 담겨 있지 않고 단순히 수업을 지원하는 물품은 '도구'로 분류된다. 반면, 학습 목표를 위해 의도적으로 설계된 활동지, 교과서, 수업용 영상 등 '교육 내용을 담고 있는 재료'만이 진정한 의미의 교재에 해당한다.

한편, 교육을 위해 계획되지는 않았지만 학습자가 목표 달성에 유의미한 도움을 받은 자료는 '잠재적 교재'라고 불린다. 이 관점에서는 학습자의 인식을 통해 모든 사물이나 현상이 교재의 역할을 수행할 수 있다. 그러나 교육학적으로는 대개 수업 목표를 위해 의도적으로 설계되고 계획된 자료만을 교재로 간주한다.

교재의 형태는 매우 다양하며, 대표적으로 지면 자료(교과서, 활동지, 일반 도서 등), 시청각 자료(영화, 녹음물, 영상 콘텐츠, PPT 등), 디지털 자료(온라인 학습 프로그램, 전자 교과서, 웹 콘텐츠 등) 등으로 분류할 수 있다.

이 중 교과서는 학교 교육의 가장 핵심적인 교재로, 독특한 특성을 지닌다.

- 학생 중심성: 교사는 지도서를 참고하지만, 교과서는 학생이 직접 학습 내용을 접하고 익히는 주된 매체이다.
- 교육과정 구현성: 국가 수준의 교육과정(목표, 내용, 성취기준)을 가장 직접적이고 구체적으로 반영한다.
- 표준성과 보수성: 교과서는 교육부의 검정 또는 인정을 거쳐 제작되므로 내용과 체제에 있어 일관된 표준을 유지하고 내용의 급격한 변화를 지양하는 보수적인 성향을 가진다.
- 형식적 안정성: 교과서는 단원 구성과 외형 체제가 일정한 틀(예: 학습 목표 제시 → 제재 제시 → 활동 → 정리)을 유지하여 통일된 형식을 갖춘다.
- 매체의 확장: 전통적으로 인쇄물 형태(지면 중심성)였으나, 최근에는 전자 교과서나 멀티미디어 자료가 결합된 '복합 양식 교재(다매체 교재)' 형태로 확장되는 추세이다.

나. 교재의 중요성

교육을 구성하는 세 가지 핵심 요소는 교사, 학생, 교재이다. 이 중 교재는 교사와 학습자를 이어주는 중요한 매개체 역할을 수행한다. 비록 교재 없이도 교육 활동은 가능하지만, 체계적이고 효과적인 학습을 위해서는 교재가 필수적이다. 특히 국가 교육과정 체제를 따르는 우리나라의 경우, 교육과정을 충실히 구현하고 있는 교과서의 영향력은 절대적이다.

국어과 교재가 수행하는 주요 기능은 크게 다섯 가지로 정리할 수 있다.

- 교육 방향 제시 기능: 교과 목표와 교육 철학을 반영하여 수업이 나아가야 할 방향을 명시한다. 예를 들어, 읽기 단원은 단순한 텍스트의 모음이 아니라 비판적 사고력을 기르기 위한 방향으로 설계되어 있다.
- 교수·학습 방법 안내 기능: 학습자가 과제를 해결하거나 내용을 익히는 구체적인 절차를 제공하여 자기 주도 학습을 돕는다. 예를 들어, 쓰기 단원에서 제시되는 '계획하기-쓰기-고쳐쓰기' 단계가 이에 해당한다.
- 연습 및 적용 기회 제공 기능: 학습한 지식이나 기능을 실제 상황에서 활용하고 내면화할 수 있도록 연습 활동을 제공한다.
- 교수·학습 자료 제공 기능: 수업 시간에 활용되는 제재(본문), 삽화, 시청각 자료, 학습 활동 등 모든 기본 자료를 제공하는 기능이다.
- 평가 준거 제시 기능: 단원의 목표 달성 여부를 점검하는 기준과 자료를 제공한다. 교과서 말미의 '확인 문제'나 '정리하기' 항목이 평가의 기초 자료로 활용된다.

이 외에도 교재는 학습 동기 유발, 의사소통 촉진, 자율학습 지원 등 부수적인 기능도 수행한다.

교재의 효과를 극대화하기 위해서는 두 가지 조건이 중요하다. 우선 교재 자체가 교육 목표, 학습자 수준 및 흥미에 부합하도록 체계적으로 설계되어야 한다. 또한, 교재의 의도나 구성 원리를 정확히 이해하고 학습 상황에 맞게 유연하게 적용할 수 있는 교사의 역량이 필수적이다. 동일한 교재라도 교사의 역량에 따라 수업 효과는 크게 달라진다.

다. 국어 교과서관

교과서관은 교과서를 대하는 기본적인 태도와 관점을 의미하며, 이는 교육 철학, 교수·학습 방법, 평가 방식 등 교육 전반에 걸쳐 지대한 영향을 미친다. 국어과 교과서관은 크게 '닫힌 교과서관'과 '열린 교과서관'으로 구분된다.

1) 닫힌 교과서관(절대적 교과서관)

닫힌 교과서관은 교과서가 교육과정을 완전하게 구현한 절대적인 기준이라고 인식한다. 교사는 교과서 내용을 수정 없이 그대로 전달하는 해설자 또는 전달자의 역할에 한정되며, 수업은 교과서의 순서와 내용에 충실하게 진행된다. 학생의 개별적인 흥미나 수준보다는 교재의 진도와 내용 충실성을 우선시하는 경향이 있다. 장점은 내용의 일관성과 안정적인 수업 운영이 가능하다는 점이며, 단점은 현장 상황과 학생의 특성을 반영하기 어렵다는 것이다. 평가 역시 교과서 내용의 암기나 이해 여부를 확인하는 것에 초점을 맞춘다.

2) 열린 교과서관(상대적 교과서관)

열린 교과서관은 교과서를 교육 목표 달성을 위한 여러 자료 중 하나로 간주하며, 상황에 따라 수정, 보완, 재구성할 수 있다는 입장이다. 교과서는 교사와 학습자가 함께 완성해 나가는 개방적이고 유동적인 자료로 인식된다. 교사는 교과서를 재구성하고 보완하는 전문가로서의 역할을 수행하며, 학생의 수준, 흥미, 현장 상황에 맞춰 수업을 유연하게 조정한다. 이는 창의적이고 학습자 중심의 수업(예: 활동 순서 변경, 외부 자료 추가, 토론/프로젝트 학습으로 확장 등)을 가능하게 한다. 장점은 학습자 중심 교육의 실현이지만, 단점은 교사의 수업 준비 부담이 크고 내용의 일관성을 유지하기 어려울 수 있다는 점이다. 평가는 학습 과정, 탐구 활동, 이해의 적용 및 확장 능력을 중시한다.

2. 국어 교과서의 변천

초등 국어 교과서의 변천 과정을 이해하는 것은 국어과 교육과정의 발전 방향을 파악하는 데 중요하다. 어떤 변화가 있었는지 외적 구성 체제와 단원 구성 체제를 중심으로 살펴보겠다.

가. 외적 구성 체제

국어 교과서의 외적 구성은 크게 국어과의 모든 영역(듣기, 말하기, 읽기, 쓰기 등)을 한 권의 교과서에 통합한 '통권형'과 각 영역을 독립적으로 분리하여 편찬한 '분권형' 체제로 구분된다. 우리나라의 국어 교과서는 이러한 두 체제 간의 변화로 설명할 수 있다. 제1차~제4차 교육과정 시기의 국어과는 언어 자료를 중심으로 한 통합적 접근을 중시하는 통권형 체제를 따르다가, 제5차 교육과정부터는 국어 사용 기능의 균형적 발전을 목표로 영역별 분권 체제를 도입하였다. 이는 2007 개정 교육과정까지 이어지다가 2009 개정 교육과정부터 실제 언어생활의 총체성을 반영하고 영역 간의 유기적 통합을 위해 다시 통권형 체제로 전환하여 현재까지 유지하고 있다.

1) 제1차~제4차 교육과정

통권형 교과서 체제는 제1차~제3차, 제4차, 2009~2022 개정 교육과정에 따른 「국어」 교과서이다. 통권형 교과서로 한 권의 교과서 체제를 띠지만, 시기에 따라 약간씩 차이를 보인다. 제1차~제3차 교육과정에 따른 「국어」는 독본형 교과서라는 특징을 보인다. 독본은 주로 학생들이 반복적으로 읽어야 할 읽기 자료 위주로 되어 있는 것을 말한다. 제1차 교육과정의 〈국어〉 교과서 중 가장 먼저 만들어진 '국어 1-1' 교과서가 「바둑이와 철수」인데, 처음부터 끝까지 한 편의 이야기를 전개하듯이 구성한 것이 특징이다. 제2차 교육과정에서는 「국어」 교과서의 단원 구성에 따라 보조 교과서인 「쓰기」, 「글본」을 편찬하였다. 이것은 「국어」 교과서의 단원 구성에 따라, 각 단원마다 글씨쓰기와 글짓기를 따로 모아서 교과서의 빈칸에 직접 써보도록 하는 형식으로 만든 보조 교과서이다(노명완 외, 2012: 150). 제3차 교육과정에서는 정치적인 이유와 맞물려 가치관 교육을 강조하면서 주제(주로 가치적인 문제) 중심의 단원 편성을 하고, 독본 위주의 교과서에서 공부할 문제가 늘어 구체적인 학습 방법을 제공해 주는 교과서로 변화를 시도한 흔적이 보인다.

제4차 교육과정에서는 통합 교육과정이 강조되어 초등학교 1, 2학년에서 「국어」 과목이 「바른생활」과 통합되었다. 이때 「바른생활」은 도덕, 국어, 사회 과목의 통합 과목이라 할 수 있다. 따라서 1~2학년에서는 「바른생활」 교과서를 사용하였고, 3학년부터 「국어」 교과서를 사용하였다.

2) 제5차~2007 개정 교육과정

제5차 교육과정의 교과서는 분권형 체제로 편찬되었다. 이전의 통권형 「국어」가 독본형이기 때문에 듣기, 말하기, 쓰기 기능을 균형 있게 신장시켜 주기 어렵다는 점을 고려하여, 학년에 따라 「말하기·듣기」, 「읽기」, 「쓰기」 교과서로 분책하여 편찬하였다는 점이 특징이다. 또한 국어가 「바른생활」에 통합됨으로써 발생한 국어 기초 능력 저하 문제를 극복하기 위해 1, 2학년에서 〈국어〉가 독립되었으며, 「국어」 교과서가 「말하기·듣기」, 「읽기」, 「쓰기」 교과서로 나누어지게 되었다. 이렇게 함으로써 읽기 위주의 학습에서 말하기, 듣기, 쓰기가 균형 있게 다루어질 수 있는 토대가 마련되었다.

제6차 교육과정기에도 5차 교육과정에 따른 교과서를 계승하여 교과서를 여전히 세 권 체재로 유지하였다. 초등학교 고학년의 경우에는 언어 활동의 통합성을 고려하여 말하기, 듣기, 쓰기를 한 권으로 묶고, 읽기를 한 권으로 하여 두 권 체제를 취하였다. 제7차 교육과정에서는 1~4학년은 세 권 체제, 5~6학년은 두 권 체제를 사용하였다. 교육과정 개발 정책이 이른바 수시 개발 정책으로 바뀌면서 2007년에 교육과정이 고시되었다. 이른바 2007년형 교육과정이 고시되면서 이에 따라 새 교과서가 만들어지게 되었다. 교과서 권수에서는 변화가 없으나 교육과정의 영역 배치 순서나 일반적인 언어 발달의 순서를 고려하는 동시에, 교육과정에서 제시된 영역 순서에 맞추어 〈말하기 듣기〉 교과서를 〈듣기 말하기〉 교과서로 명칭을 개정했다.

3) 2009 개정~2015 개정 교육과정

2009 개정, 2015 개정 교육과정에 따른 교과서도 통권형 「국어」인데, 이 시기의 국어 교과서는 독본형의 성격이라기보다 영역 간의 균형과 통합을 지향하고 있다는 점에서 이전 시기의 통권형 「국어」와 차이가 크다.

국어과 교과서 외적 구성의 변천을 정리하면 〈표 3-1〉과 같다[1].

〈표 3-1〉 국어 교과서 외적 구성의 변천

교육과정	교육과정 영역	교과서의 외적 체제		비고
第1차 (1955~	말하기, 듣기, 읽기, 쓰기	통권	「국어」	
第2차 (1963~	말하기, 듣기, 읽기, 쓰기	통권	「국어」	
第3차 (1973~	말하기, 듣기, 읽기, 쓰기	통권	「국어」	
第4차 (1981~	표현·이해, 언어, 문학	통권	1~2학년: 「바른생활」 3~6학년: 「국어」	
第5차 (1987~	말하기, 듣기, 읽기, 쓰기, 언어, 문학	분권	「말하기·듣기」, 「읽기」, 「쓰기」	교과서 간 단원명 동일
第6차 (1992~	말하기, 듣기, 읽기, 쓰기, 언어, 문학	분권	1~4학년: 「말하기·듣기」, 「읽기」, 「쓰기」 5~6학년: 「말하기·듣기·쓰기」, 「읽기」	교과서 간 단원명 동일
第7차 (1997~	말하기, 듣기, 읽기, 쓰기, 국어지식, 문학	분권	1~3학년: 「말하기·듣기」, 「읽기」, 「쓰기」 4~6학년: 「말하기·듣기·쓰기」, 「읽기」	교과서 간 단원명 동일
2007 (2007~	듣기, 말하기, 읽기, 쓰기, 문법, 문학	분권	1~2학년: 「듣기·말하기」, 「읽기」, 「쓰기」 3~6학년: 「듣기·말하기·쓰기」, 「읽기」	교과서 간 단원명 동일
2009 (2009~	듣기·말하기, 읽기, 쓰기, 문법, 문학	통권	「국어」(주교과서), 「국어활동」(보조교과서) 학기별로 각각 ㉮권, ㉯권(4권)	
2015 (2015~	듣기·말하기, 읽기, 쓰기, 문법, 문학	통권	1~4학년: 「국어」, 「국어활동」 학기별로 ㉮권, ㉯권 5~6학년: 「국어」 학기별로 ㉮권, ㉯권	
2022 (2022~	듣기·말하기, 읽기, 쓰기, 문법, 문학, 매체	통권	1~4학년: 「국어」, 「국어활동」 학기별로 ㉮권, ㉯권 5~6학년: 「국어」 학기별로 ㉮권, ㉯권	

1) 2022 개정 교육과정에 따른 국어 교과서에 대한 부분은 3절에서 자세히 다루고자 한다.

나. 단원 구성 체제

국어 교과서의 단원 구성 체제는 주로 소단원 체제와 대단원 체제로 구분된다.

1) 제1차~제3차 교육과정

제1차 교육과정기의 국어 교과서는 학년에 따라 소단원 및 대단원 체제를 병행하였다. 1~2학년은 소단원 체제이며, 3학년부터는 대단원 체제이다. 그리고 3학년부터는 소단원 말미에 3~8개의 학습 문제를, 대단원의 말미에는 2~3개의 총괄 문제를 두어 학습 활동을 점검하면서, 언어 사용 기능이 고르게 신장될 수 있도록 구성하였다.

제2차, 제3차 교육과정기에도 1~2학년은 소단원 체제이며, 3학년부터는 대단원 체제를 유지하였다. 다만, 제1차 교육과정기는 단원의 순서를 표시하지 않다가 제2차 교육과정기는 차례에서만 단원의 순서를 표기하고, 3차 교육과정기 교과서부터는 차례와 해당 단원 모두에서 직접 '1', '2'와 같이 단원의 순서를 표기한 점이 다르다. 1~3차 교육과정기에는 주제 중심과 문종 중심의 단원이 혼재해서 나타나고 있다. 특히 3차 교육과정 시기부터는 생활 중심 외에 글의 형식(문종)에 따른 방식이 첨가되었다.

2) 제4차~제6차 교육과정

제4차 교육과정기의 국어 교과서는 모든 학년에서 소단원 체제를 따랐으며, 단원을 문종 중심으로 구성하였다. 예를 들어 3학년 2학기 교과서에서 '1. 청개구리'는 극본, '2 우리들의 글'은 아동소설, '4. 재미있는 이야기'는 동화, '5. 일기와 편지'는 일기와 편지글, '노래하는 마음'은 시, '7. 설명하는 글'은 설명문, '8. 훌륭한 분들'은 전기문을 다루고 있다.

제5차 교육과정기의 단원 체제는 전 학년 소단원 체제를 유지하면서, 단원 구성 방식을 기존의 '제재 중심'에서 '목표 중심'으로 전환하는 중요한 변화를 가져왔다. 이는 각 차시별 학습 목표와 방법을 명시적으로 제시하여, 국어 교육의 내용과 방법에 대한 인식을 강화하는 계기가 되었다.

제6차 교육과정기의 국어 교과서 단원 체제 역시 목표 중심의 소단원 체제(1주 단위)

를 계승하고, '도입→원리 학습→적용 학습→심화 학습'으로 이어지는 단원 전개 구조를 제시하였다. 이는 단원 학습 목표에 대한 도달 가능성을 높이기 위한 취지이다.

3) 제7차 교육과정

제7차 교육과정에서는 학습 호흡이 짧다는 소단원 체제의 단점을 보완하기 위해 대단원 체제로 전환했다. 대단원은 언어 사용 목적(정보 전달, 설득, 정서 표현, 친교)을 중심으로 구성되었으며, 문학 교육 강화를 위해 총 다섯 마당으로 구성되었다.

〈표 3-2〉 제7차 5학년 국어과 교과서의 차례

5-1(말하기·듣기·쓰기/읽기)	5-2(말하기·듣기·쓰기/읽기)
[첫째 마당] 마음의 빛깔 1. 이처럼 생생하게 2. 경험 속으로 [둘째 마당] 사실과 발견 1. 찬찬히 살피며 2. 알리고 싶은 내용 [셋째 마당] 삶의 향기 1. 감동의 울림 2. 무지개를 찾아서 [넷째 마당] 이리 보고 서리 보고 1. 분명하고 적절하게 2. 숨어 있는 의미 [다섯째 마당] 아끼며 사랑하며 1. 손을 맞잡고 2. 따뜻한 눈길로	[첫째 마당] 마음속의 울림 1. 시의 여운 2. 환한 웃음 [둘째 마당] 발견하는 기쁨 1. 아는 것이 힘 2. 차근차근 알아보며 [셋째 마당] 경험과 상상 1. 시인이 되어 2. 이야기의 바다 [넷째 마당] 말과 실천 1. 우리의 의견 2. 곧은 생각 좋은 세상 [다섯째 마당] 아끼며 사랑하며 1. 가까이 가까이

단원 전개는 '도입 학습 → 기본 학습(원리 학습, 적용 학습) → 되돌아보기 → 더 나아가기(보충·심화 학습) → 쉼터'의 구조를 가졌으며, '더 나아가기'를 통해 수준별 학습을 구현하였다. 기본 학습은 두 개의 소단원으로 구성되며, 소단원 내에서 원리 학습(연두색)과 적용 학습(분홍색)으로 구분하여 명확히 제시하였다.

〈표 3-3〉 제7차 국어과 교과서의 단원 구성 체제

도입 학습	기본 학습		되돌아보기	더 나아가기	쉼터
· 대단원명 · 삽화/질문 · 학습 목표	· 소단원 1 (원리 학습, 적용 학습)	· 소단원 2 (원리 학습, 적용 학습)	· 평가 과제	· 보충 학습 · 심화 학습	· 읽기 자료 · 활동 자료

〈표 3-4〉 원리 학습과 적용 학습의 표지

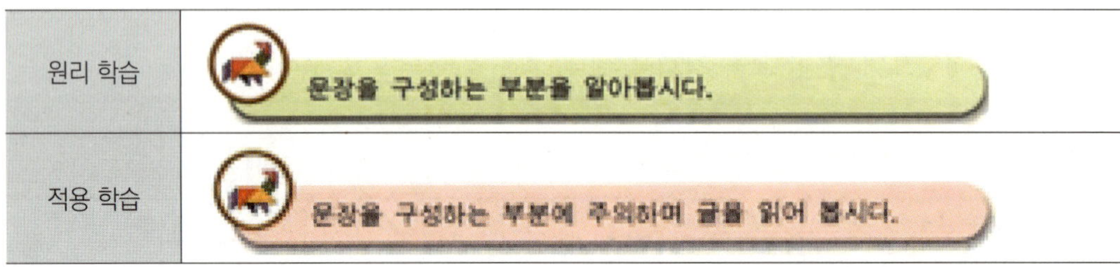

원리 학습	문장을 구성하는 부분을 알아봅시다.
적용 학습	문장을 구성하는 부분에 주의하며 글을 읽어 봅시다.

4) 2007 개정 교육과정

2007 개정 교육과정에서는 국어 교과서의 구성 체제가 큰 변화를 맞이하여 기본 학습 단위를 2주로 설정하는 '중단원 체제'를 채택하였다. 이 과정에서 제7차 국어 교과서의 '한 걸음 더(되돌아보기, 수준별 학습)' 부분이 삭제되었다.

이 시기 교과서는 제7차 교육과정보다 언어 사용 목적 중심의 단원 구성을 더욱 강화하였다. 정보 전달, 설득, 사회적 상호 작용, 정서 표현이라는 네 가지 언어 사용 목적이 단원명에 명확하게 반영되어, 단원명만으로도 해당 단원의 학습 목표를 쉽게 파악할 수 있도록 구성되었다. 예를 들어, 6학년 1학기 단원명을 통해 정보 전달(2, 5단원), 설득(3, 6단원), 사회적 상호작용(4, 8단원), 정서 표현(1, 7단원)이 균형 있게 다루어지고 있음을 알 수 있다.

〈표 3-5〉 2007 개정 6학년 국어과 교과서의 단원명과 언어 사용 목적

6-1 (듣기·말하기·쓰기/읽기)	언어 사용 목적	6-2 (듣기·말하기·쓰기/읽기)	언어 사용 목적
1. 상상의 세계	정서 표현	1. 문학과 삶	정서 표현
2. 정보와 이해	정보 전달	2. 정보의 해석	정보 전달
3. 다양한 주장	설득	3. 문제와 해결	사회적 상호작용
4. 나누는 즐거움	사회적 상호작용	4. 마음의 울림	정서 표현
5. 사실과 관점	정보 전달	5. 언어의 세계	사회적 상호작용
6. 타당한 근거	설득	6. 생각과 논리	설득
7. 문학의 향기	정서 표현	7. 즐거운 문학	정서 표현
8. 함께하는 마음	사회적 상호작용		

단원은 '도입 → 기본 학습(이해 학습, 적용 학습) → 정리 → 놀이터 → 우리말 꾸러미'의 구조를 가진다. 이 체제에서는 텍스트의 수용(이해) 및 생산(표현)의 체계적인 함양을 강조한다.

〈표 3-6〉 2007 개정 국어과 교과서의 단원 구성 체제

도입	이해 학습	적용 학습	정리	놀이터
· 대단원명 · 삽화/질문 · 단원 개관	· 지식 학습 · 기능 학습 · 맥락 학습	· 지식, 기능, 맥락을 적용한 텍스트의 수용 및 생산	· 정리 · 평가 · 실천	· 다양한 언어 자료 · 사고 학습

이전에 비해 이해 학습과 적용 학습을 보다 체계적으로 구현하였다. '이해 학습'에서는 텍스트를 수용하거나 산출하는 데 필요한 지식, 기능이나 전략, 맥락에 대해 학습한다. 주로 1차시에는 상황이나 개념 이해를 위한 학습이 이루어지므로 '~에 대해 알아봅시다.', '~를 하면 좋은 점을 알아봅시다.', '~를 할 때 주의할 점을 알아봅시다.', '~의 필요성을 알아봅시다.' 등으로 진술하였다. 2차시에서는 주로 기능이나 학습 전략을 학습하므로 '~ 방법에 대해 알아봅시다.'와 같은 형태로 진술한다. '적용 학습'에서는 이해 학습에서 배운 내용을 통합적으로 사용하여 텍스트를 온전히 이해하거나 생산할 수 있도록 하는 데 중점을 두었다. 이에 3~4차시의 적용 학습에서는 '~하여 봅시다.'와 같이 진술하였다.

놀이터는 창의적인 국어 활용 능력 향상을 목적으로 설정된 활동 공간이다. 우리말 꾸러미는 단원 학습 내용과 관련되는 것이 아니라 국어에서 필수적으로 학습해야 할 기초 지식이나 개념 등을 단원 말미에 집중 제시한 것이다.

〈표 3-7〉 이해 학습과 적용 학습의 표지

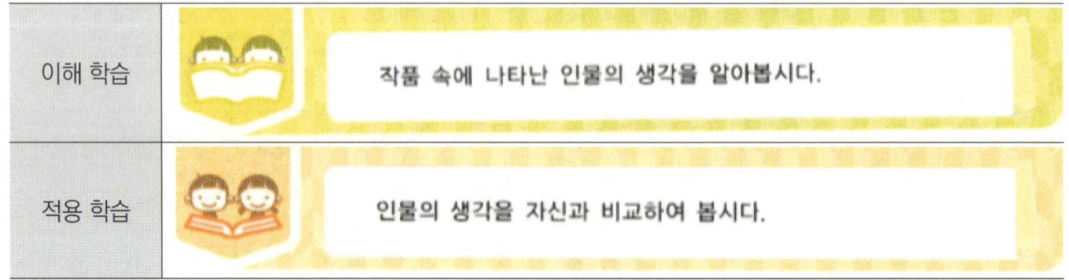

이해 학습	작품 속에 나타난 인물의 생각을 알아봅시다.
적용 학습	인물의 생각을 자신과 비교하여 봅시다.

2007 개정 교과서에서 특징적인 부분이 두 가지 있다. 첫 번째는 학습 도우미의 활용인데, 교사 도우미 와 학생 동료 를 활용하였다. 교사 도우미는 학습 활동을 통해 어떤 지식이나 개념을 익혀야 하는 경우, 활동을 하는 과정에서 익혀야 하는 지식이나 개념을 간접적으로 제시할 수 있다. 학생이 스스로 해결하기 어렵다고 생각되는 경우, 그 원리를 이해하도록 유도할 수 있는 일종의 단서를 제시할 수 있다. 학습 원리를 상위인지적으로 고려하여 자신의 활동을 점검해보도록 안내하는 질문을 제시할 수 있다. 학생 동료는 학생들 간의 적극적인 상호 작용을 통해 사회적 의미 구성을 할 수 있도록 안내하는 기능을 한다.

두 번째는 〈읽기〉 교과서에서 적용 학습을 할 때, 기호의 모양이나 색깔을 통해 학습 내용을 변별했다.

〈표 3-8〉 2007 개정 「읽기」 교과서의 읽기 과정별 활동 안내 기호

기호	읽기 과정에 대한 설명
	글을 읽기 전에 제재, 차시 목표, 작가, 상황 맥락 및 사회문화적 맥락 등에 관한 배경지식을 활성화하는 맥락 인식 활동
	한 편의 글을 읽으면서 이해 학습에서 배운 지식, 기능의 원리를 적용하며, 의미를 구성하는 맥락 적용 활동
	한 편의 글을 읽으면서 혹은 읽은 후에 제재 내용을 확인하는 활동
	한 편의 글을 읽으면서 혹은 읽은 후에 지식, 기능의 원리를 적용하는 활동
	글을 읽은 후에 텍스트, 작가, 상황 맥락 및 사회문화적 맥락 등에 관하여 학습자 간에 대화와 토의를 활성화하고, 다양한 맥락을 조정해 나가면서 의미를 구성하는 맥락 소통 활동

5) 2009 개정 교육과정

2009 개정 교육과정기의 국어 교과서는 소단원 체제이며, 목표 중심 단원 구성 방식을 따른다.

〈표 3-9〉 2009 개정 「국어」 교과서 5학년 2학기 차례

5-2(가)	5-2(나)
1. 문학이 주는 감동 2. 견문과 감상을 나타내어요 3. 토론을 해요 4. 글의 짜임 5. 매체로 의사소통해요 6. 소중한 우리말	7. 인물의 삶 속으로 8. 언어 예절과 됨됨이 9. 다양하게 읽어요 10. 글을 요약해요 11. 문학 작품을 새롭게

단원 전개 구조는 '도입 → 이해 학습 → 적용 학습 → 정리'의 네 단계로 구성되었다. '이해 학습'에서는 지식, 기능, 태도를 학습한다. '지식 학습'은 해당 단원에서 익혀야 하는 내용(지식, 개념, 맥락)을, '기능 학습'은 해당 단원에서 익혀야 하는 기능과 전략에 대한 시범과 국어 이해와 표현 활동에 필요한 안내된 연습 활동을, '태도 학습'은 해당 단원의 학습을 통해 지녀야 할 태도에 대한 학습을 말한다(교육부, 2013: 30). '적용 학습'에서는 '이해 학습'에서 학습한 지식, 기능, 태도 요소를 통합하여 실제로 하나의 텍스트를 수용하거나 생산하는 활동을 한다. 이해 학습은 초록색 차시 아이콘을 활용하고,

적용 학습은 주황색 차시 아이콘을 사용한다. '정리'에서는 자기 평가 및 학습 점검을 한다. 이후 〈국어 활동〉의 '생활 속으로'로 연계되어 확장학습을 제시한다.

〈표 3-10〉 2009 개정 국어 교과서의 단원 구성 체제(박태호·강동훈, 2014)

도입 학습	이해 학습	적용 학습	정리 학습
· 단원명 · 단원 학습 목표 · 관련 삽화, 사진	· 지식 학습(원리 이해) · 기능 학습(기능 이해 및 안내된 연습 활동) · 태도 학습(태도 증진 활동)	· 과정 중심 활동 · 실제 제재 대상 지식, 기능, 태도의 종합적 적용	· 학습 내용 정리 및 평가

〈표 3-11〉 이해 학습과 적용 학습의 표지

이해 학습	토론의 특성에 대하여 알아봅시다.
적용 학습	토론을 듣고 주장에 대한 근거가 적절한지 판단하여 봅시다.

2007 개정 교육과정에서와 마찬가지로 교사 학습 도우미( )와 학생 학습 도우미 ( )를 활용하여 지식이나 개념 설명을 보조하고 학습을 안내했다.

6) 2015 개정 교육과정

2015 개정 교육과정기의 교과서는 단원별 학습 목표와 국어과 교과 역량의 연계를 체계적으로 강조했다. 소단원 중심 체제를 유지하면서도, '한 학기 한 권 읽기', '연극 단원' 등 특별 단원을 별도로 편성하여 두 권 체제(가/나) 속에 독립적으로 배치한 것이 특징이다.

〈표 3-12〉 2015 개정 국어 교과서 5학년 1학기 차례

5-1(가)	5-1(나)
[독서 단원] 책을 읽고 생각을 넓혀요 1. 대화와 공감 2. 작품을 감상해요 3. 글을 요약해요 4. 글쓰기의 과정 5. 글쓴이의 주장	6. 토의하여 해결해요 7. 기행문을 써요 8. 아는 것과 새롭게 안 것 9. 여러 가지 방법으로 읽어요 10. 주인공이 되어

〈표 3-13〉 2015 개정 국어 교과서 5학년 2학기 차례

5-2(가)	5-2(나)
[독서 단원] 책을 읽고 생각을 넓혀요 1. 마음을 나누며 대화해요 2. 지식이나 경험을 활용해요 3. 의견을 조정하며 토의해요 4. 겪은 일을 써요	[연극 단원] 함께 연극을 즐겨요 5. 여러 가지 매체 자료 6. 타당성을 생각하며 토론해요 7. 중요한 내용을 요약해요 8. 우리말 지킴이

2015 개정 교과서에서는 차시 학습의 성격에 따라 '준비 학습 → 기본 학습 → 실천 학습'의 3단계 구조로 제시되었다. '준비 학습'은 학습 출발점 확인 및 학습 흐름을 파악하여 학습자 스스로 학습을 설계해 보는 기회를 제공한다. '기본 학습'은 단원 학습 목표에 도달하기 위한 지식, 기능, 태도 등을 충분히 익히는 학습이다. '실천 학습'은 언어 사용 과정에 따라 활동 순서가 제시되며, 한 편의 텍스트를 이해하고 산출하는 활동을 강조한다. '준비 학습'과 '기본 학습'은 1~2차시, '실천 학습'은 2차시로 구성되는데, 일반적으로 모든 차시가 연 차시 이상으로 이루어진 경우가 많다.

〈표 3-14〉 2015 개정 국어 교과서의 단원 구성 체제

준비 학습		기본 학습	실천 학습	
단원 도입				단원 정리
· 단원명 · 단원 국어과 교과 역량 · 학습 목표 · 삽화/질문 · 학습 계획/흐름	· 배경지식/경험 활성화 · 선수 학습 및 학습 출발점 확인 · 단원 기초 학습, 계획 설계	· 지식 학습 · 기능 학습 · 태도 학습	· 기본 학습의 심화, 확장, 실천을 위한 학습	· 되돌아보기 (학습 내용 정리 및 평가) · 생활 속으로

〈표 3-15〉 기본 학습과 실천 학습의 표지

3. 2022 개정 교육과정에 따른 국어 교과서의 특징과 활용

2022 개정 국어과 교육과정에 따른 국어 교과서는 2024학년도(1~2학년군)에 처음 적용된 이후, 2025학년도(3~4학년군), 2026학년도(5~6학년군)에 걸쳐 순차적으로 현장에 도입되었다. 이 새로운 교과서는 국어 교육의 방향성을 핵심 역량 함양, 문해력 강화, 그리고 깊이 있는 학습 실현에 두고 있다.

가. 교과서의 주요 특징

1) 국어과 역량을 함양하는 교과서

새 교과서는 학습자에게 요구되는 미래 사회의 핵심 역량을 국어 교육의 목표로 설정하고 이를 교과서 구성에 전면적으로 반영하였다. 국어과 역량은 '비판적·창의적 사고 역량, 디지털·미디어 역량, 의사소통 역량, 공동체·대인 관계 역량, 문화 향유 역량, 자기 성찰·계발 역량'의 여섯 가지로 구성된다. 교과서는 이러한 국어과 역량을 중심으로 대단원을 설정하고, 각 소단원의 내용과 차시 활동을 해당 역량의 핵심 내용을 학습할 수 있도록 구성하여 역량 함양을 통합적으로 이끌어낸다.

이 역량들은 한 학기에 한 번 이상 중점 단원으로 설정되어 집중적으로 다루어지는데, 특히 초등학교 1, 2학년 학생들의 학년 특성을 고려하여 의사소통 역량과 공동체·대인관계 역량은 한 학기당 2번 구성하여 학습 기회를 확대하고 있다. 교과서 및 교사용 지도서 사용자에게 해당 단원의 중점 역량을 명확히 안내하기 위해, 「국어」 교과서의 단원 도입부에는 역량을 상징하는 간단한 그림이 표시되어 있다.

〈그림 3-1〉 교과서와 지도서에 표시된 단원 중점 핵심 역량

또한, 교과서를 개발할 때 국어과 역량의 하위 요소를 도출하여 교과서 개발에 참고하였다. 다음 〈표 3-16〉은 교사용 지도서에 수록된 자료이다. 지도서에는 각 단원에서 강조하는 역량과 하위 요소를 함께 표시해 주었다.

〈표 3-16〉 국어과 역량의 하위 요소

의사소통 역량	공동체·대인관계 역량	자기 성찰·계발 역량	비판적·창의적 사고 역량	문화 향유 역량	디지털·미디어 역량
• 경청과 존중 • 배려와 공감 • 이해와 표현 • 언어 상황 인식 • 맥락 이해와 목적 • 언어 사용 윤리	• 갈등과 조정 • 공동체 책임감 • 협동과 협업	• 언어 습관 점검 • 언어 사용 과정 조정 • 언어를 통한 삶의 변화 • 반성과 점검	• 언어 사용 관찰 • 언어 사용 판단 • 창의적 언어 사용	• 언어 사용의 즐거움 • 언어를 통한 깨달음 • 작품의 이해와 표현 • 언어문화의 소통	• 매체 자료 활용 • 매체를 통한 소통 • 매체 활용 윤리

2) 한글 해득과 문식성을 강조한 교과서

「기초학력 보장법」(2022.3.25. 시행. 법률 제18458호) 시행에 따라, 기초학력의 핵심인 문해력 교육의 중요성이 강조되면서 국어과는 한글 해득 및 기초 문해력 교육을 대폭 강화하였다. 입학 초기 한글을 배우고 익히는 시간을 확보하기 위해 학습 시간을 34차시 증배하였으며, 문식성을 고려한 해득 교육을 강화하였다.

이를 위해 초등학교 1학년 학생들의 발달 특성 및 학습 준비도를 고려하여 놀이를 통한 한글 학습을 위한 특화 단원인 '한글 놀이마당'을 설정하였다. 이 단원은 글자 놀이, 모음자 놀이, 자음자 놀이의 세 소단원으로 구성되어 이야기로 연계되며, 한글에 흥미를 가지고 자연스럽게 한글을 익히도록 하는 데 목적이 있다. 이 단원의 취지를 고려하여 학습 시간을 34시간 이하로 축소하는 것은 지양하기를 당부하고 있다.

〈그림 3-2〉 1-1 '한글 놀이' 마당과 실천 학습의 '기초 다지기'

기존의 기초 문식성을 넘어 한글 해득, 어휘력, 읽기와 쓰기, 구두 언어의 이해와 표현, 복합 매체의 생산과 수용 등을 포괄하는 적극적인 문해력을 지향한다. 이러한 목표에 따라 「국어」 교과서의 단원 마무리에는 '기초 다지기'를 마련하여 바르게 발음하기, 정확하게 표기하기, 어휘, 문장, 언어 예절 등의 기초 학습을 강조하고 있다. 특히 사고 도구어나 교과 어휘를 이 단계에서 학습시켜 타 교과 학습을 지원하도록 한 점이 특징적이다. 또한, 「국어 활동」 교과서에는 '스스로 읽기'를 마련하여 낱말 및 문장 유창성 연습을 통해 기초 문해력을 향상시키도록 하였으며, 어휘 학습 방안을 다양화하였다.

학생들이 문장 학습을 충분히 할 수 있도록 문장 학습 차시를 증배하고, 문장에서 낱말 찾기 활동 등으로 난이도를 조정하였다. 그림일기 쓰기에 대한 학습이 2015 개정 교과서에서는 1학년 1학기 7단원에 편성되었으나, 2022 개정 교과서에서는 1학년 2학기 3단원으로 그 시기가 변경되었다.

3) 깊이 있는 국어 학습 강화

국어과 교육과정에서는 학생이 핵심적인 내용을 심층적으로 이해하고 자기화하는 과정인 '깊이 있는 학습'을 강조하고 있다. 국어과에서 '깊이 있는 학습'은 학생이 텍스트를 온전히 이해하고 생산하고 소통하는 과정 속에서 언어에 대한 주요 지식과 기능을 학습하고 정교하게 사고할 때 비로소 이루어질 수 있다. 기존의 목표 중심 단원 구성이 자칫 언어활동의 분절성을 초래하고 개별 기능 학습에만 매몰될 수 있는 기능주의적 한계를 보완하고자 새로운 구성 방식을 도입하였다.

이에 따라 새 교과서에서는 학습 활동의 성격을 구분하여 기본 학습은 '목표 중심'으로, 통합 학습은 '텍스트 중심'으로 이원화하여 깊이 있는 국어 학습이 이루어질 수 있도록 하였다. 기본 학습에서는 지식과 기능을 명확히 익히는 데 중점을 두는 반면, 통합 학습에서는 한 편의 텍스트를 온전히 이해하고 생산, 소통하는 경험과 그 과정에서 지식 및 기능을 적용하면서 보다 깊은 배움이 일어나도록 구성한다. 즉, 기본 학습에서 지식과 기능을 전면에 내세워 학습하도록 하고, 통합 학습에서는 텍스트를 온전히 이해, 생산, 소통하는 경험을 중시한다. 또한, 통합 학습은 활동 순서를 나타내는 일련번호가 없어 교사와 학생이 상황에 맞게 활동을 선택하고 순서를 조정할 수 있도록 함으로써 학습자 주도성을 계발하고 교사의 교육과정 재구성 능력을 향상시킬 수 있다.

〈그림 3-3〉 '기본 학습'의 예(1-2, 1단원)

〈그림 3-4〉 '통합 학습'의 예(1-2, 1단원)

4) 교사와 학생이 함께 만들어 가는 수업, 구성 차시

새 교과서는 학생의 능동적인 학습 참여를 확대하고 교육과정 운영의 주체로서 학생의 역할을 인정하기 위해, 실천 학습의 한 차시인 '배운 내용 실천하기'를 교사와 학생이 함께 구성해 나가는 '구성 차시'로 개발하였다. 이 구성 차시를 통해 학생은 학급에서 단원 학습과 관련하여 원하는 활동을 직접 정하여 학습하게 된다. 이는 학습자 스스로 배움의 과정을 설계하고 성찰하는 경험을 제공하여 학습자 주도성을 계발하는 데 핵심적인 역할을 한다.

구성 차시 학습은 '활동 정하기 → 활동하기 → 정리하기'의 3단계로 이루어지며, 활동을 정하는 주체는 개인, 모둠, 학급 등으로 다양하게 설정할 수 있고, 활동의 개수도 1개 이상으로 유연하게 운영될 수 있다. 교과서에는 활동 예시로 '이런 활동 어때요' 한 가지가 제시되며, 교사용 지도서에 추가 예시 활동이 두 가지가 제시되어 교사가 학생들에게 선택권을 주거나 학생들이 새로운 활동을 제안하도록 유도할 수 있다. 이는 교사에게도 학생과 함께 수업을 만들면서 교육과정 운영의 자율성을 보장하고 교육과정 문해력을 높일 수 있는 기회를 제공한다.

〈그림 3-5〉 구성 차시

나. 교과서의 외적 체제와 단원 구성

1) 외적 구성 체제

2022 개정 교육과정에 따른 교과서는 통권형 「국어」국어 교과서는 학기별로 「국어」, 「국어 활동」 각 한 권으로 구성한다. 「국어」는 주 교과서로서 학습의 중심 역할을 하며, 학생의 편의를 위해 가권과 나권으로 분책하였다. 「국어 활동」은 보조 교과서로, 국어 수업 시간이나 자기 주도 학습 시 활용할 수 있는 학습장이며, 「국어」와 연계하여 학습한 내용을 연습, 적용, 확인, 성찰하고 국어과 역량을 내면화하는 데 의의가 있다. 「국어 활동」은 「국어」의 소단원별 학습 내용을 활동과 연계하며, 별도 차시를 배정하지 않아 교사가 재량껏 활용할 수 있다.

〈그림 3-6〉 「국어」, 「국어 활동」 교과서 표지

2) 단원 구성

2022 개정 교육과정은 국어과 핵심 역량을 중심으로 대단원을 구성하는 '대단원 체제'를 채택하였다. 이 국어과 교과 역량에는 비판적·창의적 사고 역량, 디지털·미디어 역량, 의사소통 역량, 공동체·대인 관계 역량, 문화 향유 역량, 자기 성찰·계발 역량이 있으며, 각 대단원별로 집중적으로 다루는 역량을 설정하고 있다. 2015 개정 교과서에 이어 '특화 단원'이 계속 설정되었다. 3-4학년군 교과서의 경우 '가'권은 독서 단원을, '나'권에는 매체 단원을 독립적으로 배치했다.

〈표 3-17〉 2022 개정 국어 교과서 3학년 2학기 차례

3-1(가)	3-1(나)
[독서 단원] 계획대로 차근차근 읽어요 1. 경험과 관련지으며 이해해요 2. 유창하게 읽고 발표해요 3. 정확하게 글을 써요	[매체 단원] 온라인 상황에서 글을 써요 4. 서로 존중하며 대화해요 5. 사전으로 여는 세상 6. 감상과 표현의 즐거움

「국어」 교과서의 단원 구성 체제는 '준비 → 소단원 1, 소단원 2 → 실천'이다. 소단원은 목표 중심의 '기본 학습'과 텍스트 중심의 '통합 학습'으로 구분하여 구성됨으로써 학습의 깊이를 더하고자 하였다.

'준비' 단계에서는 대단원명, 교과 역량, 학습 목표, 생각 열기 등을 통해 학습을 위한 동기를 유발하고 안내한다. 대단원의 교과 역량을 알아보고 국어과 역량 함양이 필요한 상황을 그림이나 사진으로 제시하고 있다.

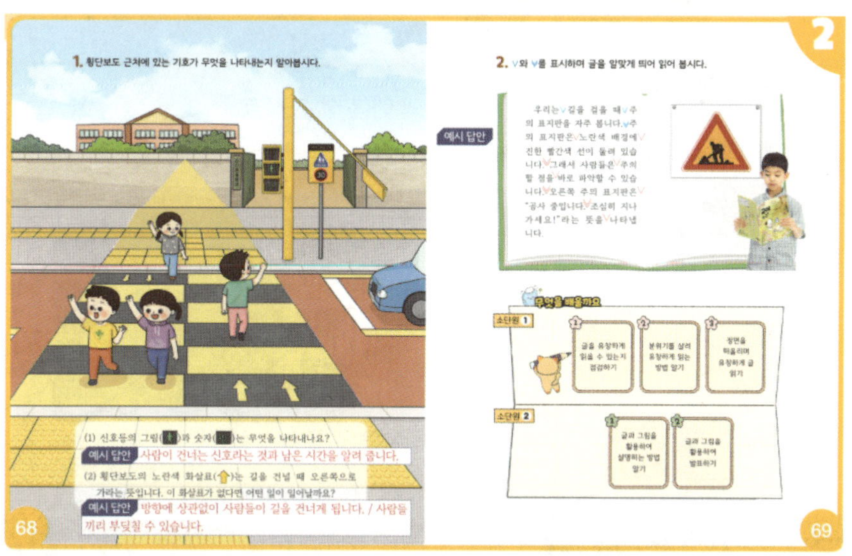

〈그림 3-7〉 대단원 도입과 '준비' 학습(3-2, 2단원)

'소단원 1', '소단원 2'에서는 기본 학습과 통합 학습으로 구성되어 깊이 있는 학습을 추구한다. 기본 학습은 국어과 역량 함량을 위해 선정한 성취기준 내용 요소를 다루고, 통합 학습은 국어과 역량 함양을 위해 선정한 성취기준 내용 요소를 활용하여 글·담화·작품·매체의 온전한 수용이나 생산을 할 수 있는 통합적 학습을 한다. 이때 소단원 내 전개방식은 '기본-통합-기본-통합' 또는 '기본-통합-통합-기본'으로 구성된다.

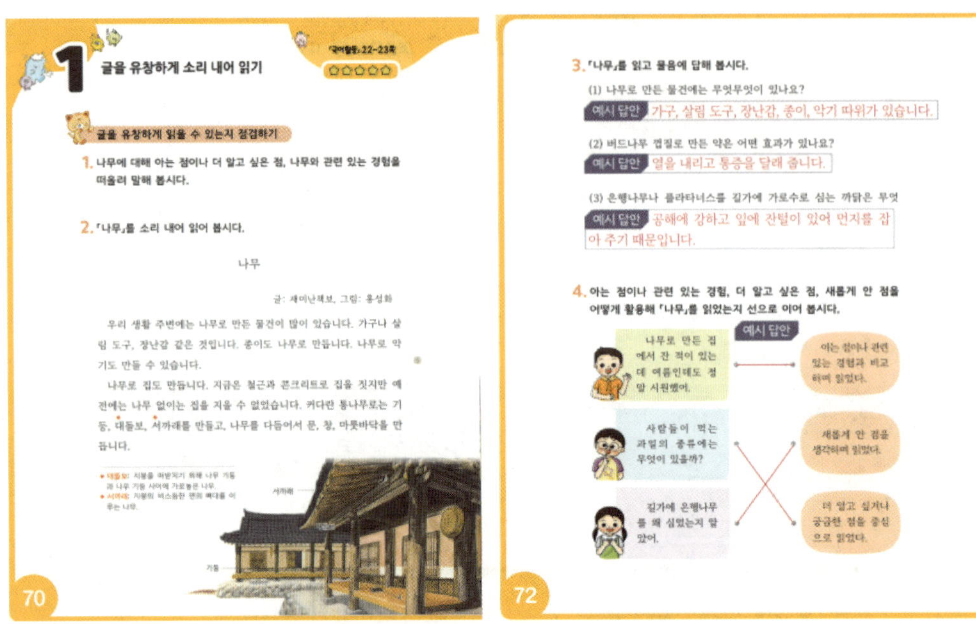
1 글을 유창하게 소리 내어 읽기

「국어활동」22-23쪽

글을 유창하게 읽을 수 있는지 점검하기

1. 나무에 대해 아는 점이나 더 알고 싶은 점, 나무와 관련 있는 경험을 떠올려 말해 봅시다.

2. 「나무」를 소리 내어 읽어 봅시다.

나무

글: 재미난책보, 그림: 홍성화

우리 생활 주변에는 나무로 만든 물건이 많이 있습니다. 가구나 살림 도구, 장난감 같은 것입니다. 종이도 나무로 만듭니다. 나무로 악기도 만들 수 있습니다.

나무로 집도 만듭니다. 지금은 철근과 콘크리트로 집을 짓지만 예전에는 나무 없이는 집을 지을 수 없었습니다. 커다란 통나무로는 기둥, 대들보, 서까래를 만들고, 나무를 다듬어서 문, 창, 마룻바닥을 만듭니다.

70

3. 「나무」를 읽고 물음에 답해 봅시다.

(1) 나무로 만든 물건에는 무엇무엇이 있나요?

예시 답안 가구, 살림 도구, 장난감, 종이, 악기 따위가 있습니다.

(2) 버드나무 껍질로 만든 약은 어떤 효과가 있나요?

예시 답안 열을 내리고 통증을 달래 줍니다.

(3) 은행나무나 플라타너스를 길가에 가로수로 심는 까닭은 무엇

예시 답안 공해에 강하고 잎에 잔털이 있어 먼지를 잡아 주기 때문입니다.

4. 아는 점이나 관련 있는 경험, 더 알고 싶은 점, 새롭게 안 점을 어떻게 활용해 「나무」를 읽었는지 선으로 이어 봅시다.

예시 답안

72

〈그림 3-8〉 '기본 학습'의 예(3-2, 2단원)

장면을 떠올리며 유창하게 글 읽기

상면을 떠올리며 「박에스더」를 읽어 봅시다.

박에스더

'나도 의사가 되어서 사람들을 건강하게 해 주고 싶어.'

박에스더는 보구녀관에서 로제타 선생님이 환자들을 돌보는 모습을 보며 꿈을 키웠다. 로제타 선생님은 병들거나 다친 사람들을 정성껏 치료해 주었다. 괴로워하던 환자가 건강을 되찾고 밝게 웃으면 에스더의 기분도 덩달아 좋아졌다.

에스더는 치료를 적절히 받지 못하는 환자도 많이 보았다. 외딴곳에 살아서 의사를 만나기 어려운 환자, 남자 의사에게 아픈 곳을 보여 주기 불편해하는 여자 환자와 같이 힘든 상황에 놓인 사람이 우리나라 곳곳에 있었다.

82

「박에스더」를 읽고 묻고 답하기 놀이를 해 봅시다.

예시 답안 내가 만든 질문: 박에스더는 한겨울에 무엇을 타고 환자를 보러 다녔나요?

파란색 낱말과 뜻이 비슷한 낱말이나 표현을 찾아 ○표를 해 봅시다.

에스더는 사람들을 건강하게 해 주겠다고 다짐한 마음을 되새기며 쉬지 않고 치료했다.

예시 답안

다짐하다	(결심하다) 단결하다, 답장하다
되새기다	벗어나다, (곱씹다), 말하다
치료하다	활용하다, 풀어내다, (낫게 하다)

86

〈그림 3-9〉 '통합 학습'의 예(3-2, 2단원)

〈그림 3-10〉 '실천 학습'의 예(3-2, 2단원)

실천 학습의 '배운 내용 실천하기' 차시는 '구성 차시'로 개발하여 교사와 학생이 함께 학습 활동을 설계함으로써 학습자 주도성을 함양하도록 하였다. '이런 활동 어때요'로 예시를 1~2개 교과서에 제시하고, '우리가 활동을 정해요'는 학생과 함께 활동을 구상하도록 하고 있다. 이때 지도서에는 3~4개의 예시 활동을 제시해 주고 있다. '마무리하기'에서 학습 내용을 정리하고, '기초 다지기'에서 한글 해득 및 문해력 교육을 강화하는 특징을 보인다.

이러한 단원 구성 체제와 전개 방식은 〈그림 3-11〉과 같다.

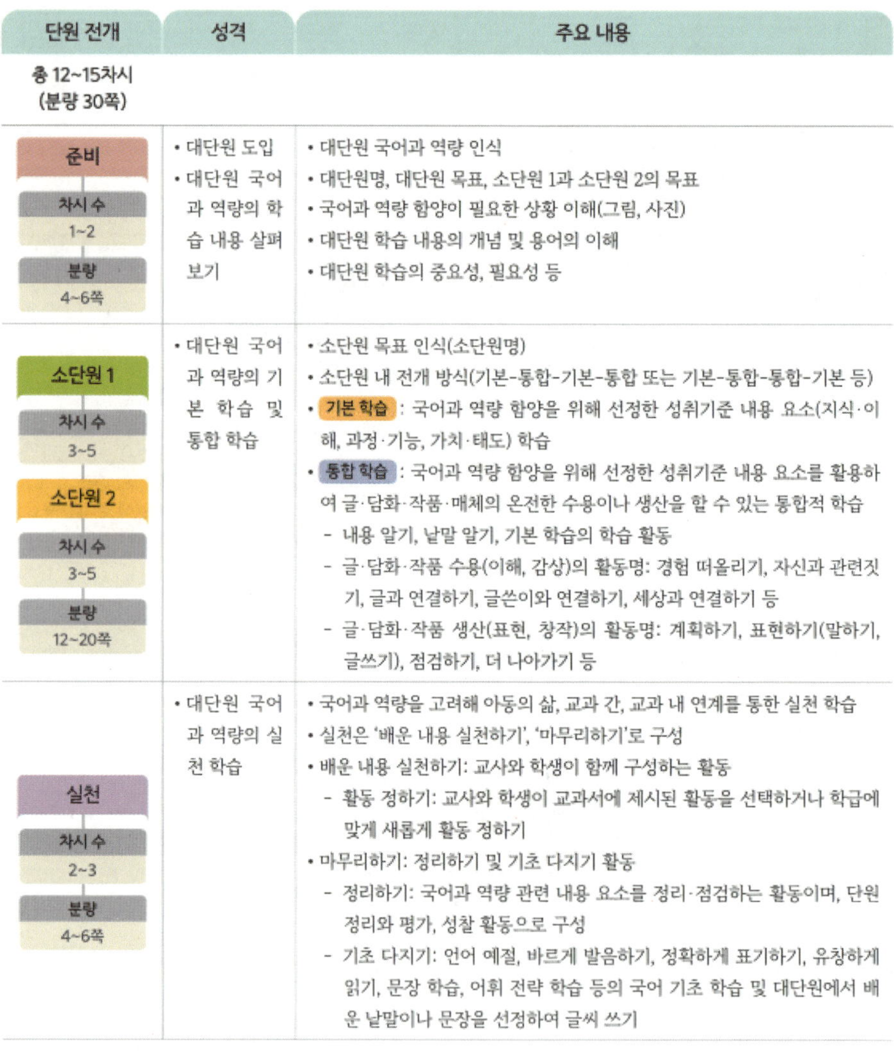

「국어」의 대단원 구성 체제와 전개 방식

단원 전개	성격	주요 내용
총 12~15차시 (분량 30쪽)		
준비 차시 수 1~2 분량 4~6쪽	• 대단원 도입 • 대단원 국어과 역량의 학습 내용 살펴보기	• 대단원 국어과 역량 인식 • 대단원명, 대단원 목표, 소단원 1과 소단원 2의 목표 • 국어과 역량 함양이 필요한 상황 이해(그림, 사진) • 대단원 학습 내용의 개념 및 용어의 이해 • 대단원 학습의 중요성, 필요성 등
소단원 1 차시 수 3~5 소단원 2 차시 수 3~5 분량 12~20쪽	• 대단원 국어과 역량의 기본 학습 및 통합 학습	• 소단원 목표 인식(소단원명) • 소단원 내 전개 방식(기본-통합-기본-통합 또는 기본-통합-통합-기본 등) • 기본 학습 : 국어과 역량 함양을 위해 선정한 성취기준 내용 요소(지식·이해, 과정·기능, 가치·태도) 학습 • 통합 학습 : 국어과 역량 함양을 위해 선정한 성취기준 내용 요소를 활용하여 글·담화·작품·매체의 온전한 수용이나 생산을 할 수 있는 통합적 학습 - 내용 알기, 낱말 알기, 기본 학습의 학습 활동 - 글·담화·작품 수용(이해, 감상)의 활동명: 경험 떠올리기, 자신과 관련짓기, 글과 연결하기, 글쓴이와 연결하기, 세상과 연결하기 등 - 글·담화·작품 생산(표현, 창작)의 활동명: 계획하기, 표현하기(말하기, 글쓰기), 점검하기, 더 나아가기 등
실천 차시 수 2~3 분량 4~6쪽	• 대단원 국어과 역량의 실천 학습	• 국어과 역량을 고려해 아동의 삶, 교과 간, 교과 내 연계를 통한 실천 학습 • 실천은 '배운 내용 실천하기', '마무리하기'로 구성 • 배운 내용 실천하기: 교사와 학생이 함께 구성하는 활동 - 활동 정하기: 교사와 학생이 교과서에 제시된 활동을 선택하거나 학급에 맞게 새롭게 활동 정하기 • 마무리하기: 정리하기 및 기초 다지기 활동 - 정리하기: 국어과 역량 관련 내용 요소를 정리·점검하는 활동이며, 단원 정리와 평가, 성찰 활동으로 구성 - 기초 다지기: 언어 예절, 바르게 발음하기, 정확하게 표기하기, 유창하게 읽기, 문장 학습, 어휘 전략 학습 등의 국어 기초 학습 및 대단원에서 배운 낱말이나 문장을 선정하여 글씨 쓰기

〈그림 3-11〉「국어」의 대단원 구성 체제와 전개 방식(교육부, 2024: 40)

「국어 활동」은 '실력 키우기'와 '스스로 읽기'로 구성되어 있다. '실력 키우기'는 「국어」의 '소단원 1', '소단원 2'와 연계된 학습 내용을 포함하므로 주 교과서 학습 이후에 진행하도록 권장된다. 다만, 별도 차시 배정이 없기 때문에 교사는 학습의 흐름에 따라 유연하게 활용할 수 있다.

참고 문헌

교육과학기술부(2012), 「국어과 교육과정, 교육과학기술부 고시 제 2012-14호[별책 5]」.

교육부(2015), 「국어과 교육과정, 교육부 고시 제2015-75호 [별책 5]」.

교육부(2022), 「국어과 교육과정, 교육부 고시 제2022-33호 [별책 5]」.

교육부(2015), 「초등학교 국어 5-2 교사용 지도서」. ㈜미래엔.

교육부(2017), 「초등학교 국어 1-1 교사용 지도서」. ㈜미래엔.

교육부(2018), 「초등학교 국어 4-1 교사용 지도서」. ㈜미래엔.

교육부(2019), 「초등학교 국어 5-1 교사용 지도서」. ㈜미래엔.

교육부(2024), 「초등학교 국어 1-1 교사용 지도서」. ㈜미래엔.

교육부(2024), 「초등학교 국어 1-2 교사용 지도서」. ㈜미래엔.

교육부(2025), 「초등학교 국어 3-2 교사용 지도서」. ㈜미래엔.

박태호(2009), 「초등 국어 수업 관찰과 분석」, 정인출판사.

박태호·강동훈(2014), 초등학교 국어 교과서의 교육과정기별 변천 양상 연구, 「교육논총」 51(1), 127-156.

이경화(2023), 2022 개정 초등 국어 교과서 개발 방향: 1, 2학년 교과서를 중심으로, 「학습자중심교과교육연구」 23(17), 533-543.

이경화·이주섭·임천택·이수진·전제응·최규홍·김상한·이경남·박혜림(2024), 「초등 국어과 교육론」, 박이정.

이경화·최소영(2012), 2007 개정 초등학교 국어교과서의 단원 전개 방식에 대한 적합성 검토, 「새국어교육」 91, 5-40.

이병규(2020), 초등 국어 교과서 문법 단원 변천 연구, 「문법 교육」 40, 277-305.

이주섭(2007), 초등 국어 교과서의 분책 방식과 단원 구성 방식 탐색, 「한국초등국어교육」 33, 169-191.

이재승(2021), 국어 교과서 단원 구성 방안 연구, 「한국초등교육」 32(2), 175-188.

정혜승·서수현(2016), 핀란드 국어 교육과 초등학교 국어 교과서의 특징 분석, 「독서연구」 38, 65-96.

최미숙·원진숙·정혜승·김봉순·이경화·전은주·주세형(2016), 「국어 교육의 이해(개정 3판)」, 사회평론아카데미.

더 공부해 봅시다

1. 교실에서 사용하는 교재는 어떤 변화가 있는지 설명하시오,

2. '닫힌 교과서관(절대적 교과서관)'과 '열린 교과서관(상대적 교과서관)'의 개념적 차이를 비교하고, 2022 개정 교육과정의 흐름 속에서 교사가 지향해야 할 교재관은 무엇인지 자신의 견해를 설명하시오.

3. 교과서의 외형 체제에서 영역별 분권 체제와 통권 체제의 특징을 비교하여 설명하시오.

4. 교과서의 단원 구성 체제에서 대단원 체제와 소단원 체제의 특징을 비교하여 설명하시오.

5. 초등 저학년(1~2학년) 국어 교과서에서 '한글 해득'과 '기초 문식성' 교육이 강화된 배경을 사회·교육적 맥락에서 설명하고, 이를 지원하기 위한 교과시의 구성적 특징을 서술하시오.

6. 2022 개정 국어과 교과서에서 강조하는 '깊이 있는 학습'의 개념을 정의하고, 이것이 실제 교과서 단원 구성(기본 학습, 통합 학습 등)에 어떻게 구현되어 있는지 분석해 보시오.

7. 2022 개정 교과서에 도입된 '구성 차시'의 교육적 의의와 목적을 설명하시오.

제4장

듣기·말하기 영역의 교수·학습

1. 듣기·말하기의 본질

가. 듣기·말하기의 중요성

'듣기·말하기[1]'는 음성언어로 이루어지는 인지적, 사회문화적, 상호작용적 의사소통 행위를 의미한다. 이는 듣고 말하는 개별 언어 기능들의 수용 및 생산 과정을 포함하고, 맥락과 상황에 따라 언어, 비언어, 준언어가 복합된 메시지를 주고받는 교류적 행위를 아우른다. 듣기·말하기는 읽기나 쓰기 기능 이전에 발달하는 기본적인 언어 기능으로서 인간의 모든 언어 활동에 있어 출발점이 되는 핵심 기능이라 할 수 있다. 듣기·말하기는 기본적인 구두언어 사용 기능으로서 우선 가치를 지니지만, 이는 단순한 언어 기능의 차원을 넘어서는 의사소통의 역량이자 사회적 기술, 학습의 도구 측면으로서도 그 중요성을 강조할 수 있다.

먼저, 의사소통 역량으로서 듣기·말하기의 중요성은 일상과 학교, 직업의 모든 장면에서 확인할 수 있다. 우리는 사람들과의 상호작용 속에서 듣고 말하는 것으로 서로의

---

1) '듣기·말하기'의 실제적 능력과 양상은 '화법'이라는 용어로 정의되기도 한다. 화법에 대한 정의는 관련 연구 분야에서 다양하게 이루어지고 있지만, 듣기·말하기와 화법은 음성언어 의사소통으로서 동일한 개념 기반을 지니고 있다. 따라서 국어과 교육 분야에서 두 용어는 엄격한 구분 없이 통용되는 경우가 많다. 음성언어 의사소통에 대한 교육은 현재 초등학교 1학년부터 중학교 3학년까지의 공통 교육과정에서는 '듣기·말하기'의 영역으로 접근하며, 고등학교 1학년부터 3학년까지의 선택 중심 교육과정에서는 '화법' 관련 교과목을 통해 이루어지고 있다.

생각, 의도, 감정을 이해하고 반응하며 소통의 목적을 달성한다. 학교나 직업의 장면에서는 상황을 구성하고 역할을 수행하고 일을 진행시키는 과정이 듣고 말하는 의사소통을 바탕으로 한다. 인간이 사회 속에서 존재하기 위해서는 필수적으로 언어적 상호작용이 필요하며, 이때 듣고 말하는 음성언어적 활동은 가장 주요한 의사소통 기술이 되는 것이다. 특히 의사소통의 매체 환경이 변화하는 지금의 디지털, 인공지능의 시대에는 음성언어적 의사소통 능력이 매체를 효과적으로 활용하면서도 비판적으로 수용할 수 있도록 만드는 핵심 역량으로서 새롭게 조명받고 있다.

듣기·말하기는 사회적 기술로서도 중요성을 지닌다. 협력적 인간관계를 맺고 유지하며 적절한 공동체의 구성원이 될 수 있도록 하는 사회적 역량으로서 그 중요성을 확인할 수 있는 것이다. 어린이들은 학교생활을 시작하면서 대화를 도입하고 구성하는 능력이나 스스로의 감정을 다루고 공감을 표현하는 능력, 문제와 갈등을 해결하는 상호작용의 방법에 좀 더 능숙해진다. 이러한 사회화, 문화화의 과정은 적절한 사회적 기술을 습득하고 발달시키는 과정을 의미하는데, 이 과정에서 가장 핵심적인 언어 활동은 타인과 함께 듣고 말하는 구두적 의사소통이다. 사회적이고 시민적인 역량을 형성할 수 있도록 하는 사회적 기술로서 듣기·말하기는 핵심적인 기반이 되어 준다.

마지막으로, 듣기·말하기는 사고력과 학습 능력의 바탕이 된다는 점을 강조할 수 있다. 듣기와 말하기는 내용 이해와 생산의 인지적 과정을 바탕으로 한다. 듣기 과정에서는 핵심적인 정보를 파악하고 추론하며 나아가 비판적으로 평가할 수 있는 이해 능력이 길러질 수 있다. 또한 말하기 과정에서는 내용을 생성하고 조직하기 위해 자신의 경험과 백과사전적 지식을 검토하고, 이를 언어적으로 표현하기 위해 어휘, 문법, 표현을 활용하려는 시도를 한다. 듣기와 말하기의 인지 작용과 언어 활동을 활성화하는 경우, 이해 능력과 사고력 향상을 이끌어낼 수 있는 것이다. 듣기·말하기는 다양한 학습 활동을 구성하는 데에도 필수적이다. 수업 상황에서의 효과적인 학습을 위해서는 교사와 학습자 모두가 원활한 구두적 의사소통 과정에 참여해야 한다. 발표나 토의, 토론, 협력적 모둠 활동 또한 모두 효과적인 듣기·말하기의 능력을 요구한다. 이렇게 구두적 의사소통 능력은 '학습력'의 측면에서도 그 가치를 확인할 수 있는 것이다.

나. 듣기·말하기의 개념

듣기·말하기의 본질을 구성하는 주요 개념 요소로서 '듣기와 말하기 기능의 인지적 과정', '구두적 의사소통의 표현 양식', '사회문화적 상호작용'을 들 수 있다.

1) 듣기와 말하기의 인지적 과정

가) 듣기의 과정

듣기는 청각 기관을 통해 인식되는 말소리를 이해하는 지각 기능의 작용을 의미한다. 이는 단순한 청지각 메시지 해독의 수동적인 과정으로 인식되기도 했지만, 음성언어에서 의미를 구성하는 능동적이며 목표지향적인 인지적 과정으로서 더욱 주목을 받아 왔다. 즉 '소리 듣기'와 '의미 듣기'의 차원을 구분하고, 의미 듣기는 의미 이해의 듣기로서 언어교육의 대상으로 다뤄져 왔던 것이다.

의미 이해의 듣기 과정은 단계별로 주요한 수준을 설정해서 접근할 수 있다. 첫 번째 듣기 이해의 단계는 전달되는 정보에 초점을 두고 이를 파악하는 '사실적 이해'에 있다. 이 단계는 정보의 구조나 순서, 중요성 등을 전체적으로 고려하면서 주제를 이해하는 수준으로도 발달하게 되며, 국어교육에서는 이를 '사실적 듣기'로 접근하고 있다. 두 번째 듣기 이해의 단계는 명시적으로 드러나지 않은 암시적 정보를 듣고 이해하는 '추론적 이해'에 놓인다. 추론적 이해는 청자가 자신의 경험이나 알고 있는 지식, 맥락적 정보 등을 활용하여 추론하는 능력과 관련된다. 이는 '추론적 듣기'로서 다룰 수 있다. 세 번째 단계는 '평가적 이해'에 있는데, 이 단계에서는 말소리로 제공되는 정보가 사실에 근거한 것인지, 개인의 의견이거나 가정에 있는 것인지 등을 평가하면서 이해하게 된다. 이러한 평가적 이해는 '비판적 이해'로 다뤄지기도 하며, '비판적 듣기' 측면에서 듣기·말하기 교수·학습을 논의할 수 있다. 비판적 듣기는 이 단계의 이해가 독자적으로 작용하는 것이 아니라, 사실적 이해 수준에서 전반적으로 검토한 정보와 주제 등을 비판적 사고 능력을 바탕으로 검토하는 것이라 할 수 있다. 마지막 단계는 화자의 주관적 이해가 최대한 반영된 듣기 수준과 관련된다. 이 단계에서는 '감상적 듣기'가 설정되기도 하는데(최연희, 2022), 국어과 듣기·말하기 교육에서는 '공감적 듣기'를 더 중요하게 본다(이창덕 외, 2024). 공감적 듣기는 상대방의 관점이나 입장을 최대한 이해하려는 화자의 태도나 전략이 반영된 듣기 이해라 할 수 있다. 이 단계의 듣기 이해에서 듣기의 목적은 화자 자신보다 청자의 관점으로 옮겨가게 되며, 이러한 듣기 이해에서는 화자와 청자가 함께 참여하고 있는 대면 상호작용의 상황, 그리고 상호 존중하고 배려하는 사회문화적 관습이나 원리 등이 주요하게 작용한다.

나) 말하기의 과정

말하기는 구두적 음성 발화의 산출을 의미하는데, 화자와 청자 사이의 대면 상호작용에서 화자의 말하기 발화는 다양한 양상과 기능을 드러낸다. 국어과 교육에서는 말하기의 의미 생산적인 속성을 주요하게 다루면서, '내용 생성의 인지적 과정'과 '표현 전략의 상호작용적 과정'을 주요한 내용 요소로 하고 있다.

말하기의 인지적 과정은 무엇보다도 '무엇을 말할 것인가'의 문제, 즉 내용을 만들어 내는 심리적 과정과 관련되어 있다. 말하기의 내용을 만드는 것은 말소리로 그 내용을 산출하기 이전의 내면적 과정이다. 말하기의 상황을 고려하면서도 말하기의 방식이나 전략까지 검토하는 것을 포함하고 더불어 세상에 대한 다양한 지식이나 자신의 개인적, 사회문화적 경험 또한 검토된다. 이는 의식적으로 두드러진 과정이라기보다는 화자의 기본적인 모어 산출 능력을 발휘하는 무의식적인 인지적 과정의 일부라고 할 수 있을 것이다. 국어과 교육에서는 이러한 인지적인 내용 생성의 과정을 주요하게 다루고 있으며, 특히 '내용 생성 및 조직'의 측면에서 화자가 말하고자 하는 바를 풍부하면서도 상황에 맞게, 또한 일관성을 지니도록 구성해 내는 내용 조직의 능력을 강조하고 있다.

말하기에서는 '어떻게 표현하여 전달할 것인가'의 문제 또한 중요한데, 말하기의 목적과 상황에 맞도록 표현 방식을 선택하고 산출하는 인지적, 상호작용적 과정이 이와 관련된다. 말하기의 필요가 있는 상황에서 화자는 말하기의 목적에 따라 내용을 생성, 조직한 후, 이를 발화의 형식으로 표현하여 청자에게 이해되도록 해야 하는 것이다. 발화의 표현 형식을 구성하기 위해서는 발음과 관련된 음운적 지식, 내용에 대응되는 문법과 어휘의 지식이 필요하다. 또한 비언어, 준언어 형식의 개입이 일어날 수 있고 상호작용 과정에서 청자의 반응이나 상호작용의 흐름에 따라 전략적으로 조정되고 재구성되기도 한다. 말하기의 표현 형식을 결정하는 언어 지식은 기본적으로 개인의 모어 습득 시기에 획득되는 것들로서 암시적 지식의 영역에 속한다. 국어과 교육에서는 이렇게 자동화된 말하기의 과정을 학습자들이 자각하고 의식적으로 돌아볼 수 있도록 하는데, 이를 통해 '말하기에서의 민감성'을 키울 수 있도록 하는 것이다.

2) 구두적 의사소통의 표현 양식

가) 구어의 특성

구두적 의사소통은 문자 기반의 읽기, 쓰기와는 다른 표현 양식의 특징을 드러낸다. 구두적 의사소통의 표현 양식은 '구어' 또는 '입말'의 관점에서 문자 기반 의사소통에서의 '문어', 또는 '글말'과 대비시킬 수 있다. 구어의 표현 양식이 드러나는 경우는 대면한 구두적 상호작용의 상황에서, '지금, 현재 주어진 이 자리에서 즉각적으로, 계획 없이, 결정되지 않은 상태로' 출현하는 발화에 기인한다. 시공간의 세약 없이 충분히 계획하고 결정된 상태로 내용을 생산하게 되는 '문어' 의사소통과 표현 양식이나 전달 방식에서 차이가 발생하는 것이다. 일반적으로 구어는 문어에 비해 다음과 같은 특징을 지니고 있다(Biber, 1988).

- 어휘, 통사적으로 단순하고 정교하지 못함.
- 표현이 암시적임.
- 문맥에 의존함.
- 개인적인 개입이 많음.
- 정보 밀도가 낮음.
- 담화 구조가 파편적이고 계획성이 낮음.

그런데, 구어에 대한 이해에는 주의할 점이 있다. 구어의 특징은 구두적 발화 생산 자체에 결부된다기보다, 의사소통 상황에 따라 결정되는 발화 스타일에 가깝다는 점이다. 비격식성이 높은 대면 상호행위 상황에서는 맥락에 의존하는 생략과 함축, 통속적 어휘 표현 등이 포함된 개인적 발화들이 생산된다. 그러나 상대적으로 격식성을 갖춘 언론이나 교육의 영역에서는 정교하고 풍부한 서술 발화들이 생산될 수 있는 것이다.

국어과 교육의 내용으로 제시되는 구어의 양상은 비격식적 대화 상황에서 일상적으로 생산되는 전형적인 구어체와 다소 거리가 있다. 교육의 내용이 될 수 있도록 어휘와 표현 형태를 다듬어, 어느 정도의 정교함을 확보할 수 있도록 구성한 발화문의 양상인 것이다. 만약 일상적이고 비격식적인 구어체를 그대로 활용하고자 한다면, 의미를 추론하기 어렵게 생략되거나 함축된 발화들, 비속어나 신조어가 과도하게 포함된 말투, 제한된 어휘 사용, 문장 개념을 혼란스럽게 만드는 구문 형식들에 접근할 수밖에 없다. 따라서 구어에 대한 이해는 '언어 사용의 실제성'과 '교육적으로 구성된 실제성'의 관점을 함께 아울러 이해할 필요가 있을 것이다.

나) 비언어, 준언어의 표현 양식

듣기·말하기의 과정에서 내용의 표현 양식은 언어적 수단을 통해 드러나기도 하지만, 비언어적 또는 준언어적 의사소통의 방식으로 나타나기도 한다. 비언어, 준언어의 표현 양식들은 자연 발생적인 표현 행동에서 시작된 것으로서, 사람들의 의사소통 과정에서 언어로 부호화되는 표현 양식을 제외한 대부분의 것들이 관련된다.

비언어적 표현 양식은 의사소통 과정에서 관련되는 얼굴 표정, 시선, 몸짓 등 인간 행동의 양상들, 체형, 의상, 장신구 등 인간의 외양의 모습들, 서로의 간격이나 가구 배치 등 공간이나 시간을 인식하는 방식 등 모든 것들이 광범위하게 포함될 수 있다(박재현, 2013). 이들 중에서 특히 표정, 시선, 몸짓 등과 같은 인간 행동의 범주들이 국어교육에서는 주로 관심을 받아 왔다. 비언어적 표현 양식으로서 '몸짓'은 칭찬하는 말 대신에 엄지를 들어 올리는 것과 같이 그 자체로 의미를 전달하는 경우나 어떤 물건의 크기를 말하면서 손으로 함께 표현하는 경우, 화가 났거나 슬퍼할 때 말하면서 하는 동작, 대화의 과정에서 듣고 있음을 전달하는 고개 끄덕임 등을 예로 들 수 있다. '시선'은 눈을 움직이는 방향이나 응시하는 시간, 눈빛의 양상 등과 관련된다. 여러 사람 앞에서 발표를 할 때는 청중들에게 고루 시선을 던져야 하고, 진심이 담긴 대화를 할 때는 상대의 눈길을 피하지 않고 마주보게 된다. 부정적인 감정에서 노려보고 째려보는 시선, 호기심을 표현하거나 관심을 표현하는 시선 등도 예로 들 수 있다. 비언어적 표현 양식 중에서 '표정'

은 특히 정서와 감정을 표현하는 데에 주로 사용된다. 표정만으로 기쁨, 슬픔, 분노, 혐오, 놀람, 행복 등의 기본적인 감정을 모두 표현할 수 있으며, 이는 문화적 배경을 초월하여 이해될 수 있다.

준언어(paralanguage)는 '반언어'의 용어로 다뤄지기도 하는데, 언어와 함께 의미를 형성하는 음성적 요소들을 가리킨다. 이는 언어에 부가되거나 동반된다는 의미에서 준언어 또는 반언어의 개념을 형성하고 있으며, 말의 속도, 목소리의 크기, 억양, 강세 등을 포괄한다. 언어에 동반되어 의미를 전달하는 휴지, 간투사 침묵 등도 준언어의 일부로 보기도 한다. 준언어적 요소들은 말소리에 동반되는 음의 높낮이, 강약, 성량, 리듬이나 길이 등과 같은 소리 성질의 특징으로 구성되는데, 여러 음성 양식들이 결합하는 '어조' 또는 '말투'의 관점에서 이해되기도 한다. 이때 '어조'는 말의 분위기를 의미하는 것으로서 갈등 상황에서 싸울 때의 '격한 어조', 편안한 분위기에서 조용하게 말하는 '부드러운 어조' 등과 같은 표현 양식을 예로 들 수 있다. '말투'의 경우 또한 여러 음성적 소리 형식이 결합하는 것인데, '친근한 말투', '화난 말투'와 같은 예시가 가능하다. 말투를 이해할 때에는 준언어적 표현 양식에만 한정하기 어렵고 이와 함께 단어나 표현을 선택하는 화자의 언어적 표현 스타일 또한 주의 깊게 살펴야 한다.

3) 사회문화적 상호작용

사회문화적 상호작용은 듣기·말하기의 본질적 속성으로서 가장 비중 있게 다뤄져야 할 것이다. 듣기·말하기의 핵심적인 상호작용 원리로서 대화에서의 '협력의 원리'와 '공손의 원리'를 들 수 있다.

가) 협력의 원리

구두적 의사소통 과정에서 듣기·말하기는 본질적으로 협력적 상호행위 속성을 지닌다. 그라이스(H.P. Grice)는 이러한 협력적 상호행위 속성을 '협력의 원리'로 기술하였는데, 이는 대화상의 협력 원리로서 대화격률을 통해 상세화된다. 대화에 참여하여 화자와 청자의 역할을 수행하는 개인들에게는 지금 이 상황에서 진행되는 대화에 대한 암묵적인 믿음, 또는 기대가 공유된다. 질문을 하는 사람은 상대의 응답을 기대하고, 내가 누군가에게 말하는 감정이나 생각에 대해 상대의 적절한 반응이 있을 것으로 자연스럽게 예상하게 되는 것이다. 이러한 대화적 상호행위의 바탕에는 다음과 같은 협력의 원리가 깔려 있다는 것이다.

• 협력의 원리(cooperative principle, Grice, 1975)
"당신이 참여하고 있는 대화에서 수용되는 방향 혹은 목적에 따라 요구되는 만큼, 대화가 일어나는 단계에서, 대화상 기여하라."

협력의 원리는 네 개의 하위 격률(maxim)을 통해 상세화된다(Huang, 2014). 격률은 일종의 지침 또는 원칙을 의미하지만 엄격한 법칙 개념으로 이해되어서는 안 된다. 이는 공유된 믿음이나 상식과도 같은 것이며, 대화의 때마다 의식적으로 떠올려야 하는 규범이 아니라, 모어 습득의 시기부터 사회화 과정에서 자연스럽게 획득하고 발달시켜 온 대화 지식 또는 능력의 일부라고 할 수 있다.

• 대화격률(maxims of conversation)

질의 격률 (maxim of quality)	당신이 기여한 바가 사실이도록 노력해라. -거짓이라고 믿는 것을 말하지 말라. -타당한 증거가 부족한 것을 말하지 말라.
양의 격률 (maxim of quantity)	-당신의 기여가 대화의 현재 목적에서 필요한 만큼 정보적이 되라. -당신의 기여를 필요 이상 정보적으로 만들지 말라.
관련성의 격률 (maxim of relevance)	관련된 것을 말하라.
태도의 격률 (maxim of manner)	명료해라. -모호한 표현을 피하라. -중의성을 피하라. -간략히 해라(불필요한 장황함을 피하라). -순서를 지켜라.

대화격률을 포함한 협력의 원리는 대화에 참여한 사람들이 원활한 흐름 속에서 듣고 말하며 상호이해에 도달하는 이상적인 모습을 잘 설명해 준다. 또한 겉으로 드러나지 않은 암시적인 의미들이 의사소통 과정에서 어떻게 해석되어 나가는가를 이해하는 데에도 기여하는 것이다.

구두적 의사소통 과정에서는 명시적인 의미들이 바로 해석되기도 하지만, 이에 더하여 함축 의미에 대한 추론이 활발하게 작용하게 된다. 그라이스는 대화격률을 기반으로 하는 대화함축 이론을 제시하였으며, 화자가 대화격률을 준수하는 것으로 또는 위반하는 것으로 의미를 함축할 수 있다는 점을 밝히고 있다. 예를 들어, 내가 잘 아는 동료에 대한 험담을 하려는 사람에게 이와 무관한 날씨 얘기나 점심 메뉴를 말하면서 겉으로는 매우 엉뚱하게 대응하는 경우가 있다. 여기서는 '관련성의 격률'을 준수하지 않는 것으로 '친구의 험담을 하고 싶지 않다.', '험담하는 대화에 끼고 싶지 않다.' 등과 같은 함축 의미가 만들어진다. 이 상황에서 상호이해로 공유되는 의미는 함축의 수준에서 추론된다. 화자는 무관한 내용을 말하고 있지만, 대화를 거부하거나 비협조적으로 임하는 것이 아니라 오히려 충분히 협력적으로 참여하게 되는 것이다. 이렇게 협력적인 대화의 양상은 함축 의미와 관련된 추론적 의사소통 측면에서도 다양하게 드러날 수 있다.

나) 공손의 원리

공손(politeness)은 대인관계를 고려하는 의사소통 방식으로서 사회문화적인 상호작용이 적절하고도 원활한 수준에서 진행되도록 하는 기본 원리라고 할 수 있다. 공손을 이론화하는 주요 학자들로서 브라운과 레빈슨(Brown & Levinson, 1987), 리치(Leech, 1983) 등은 공손의 언어적 현상을 '부담 주지 않기', '선택권 주기', '간접성', '친밀성'의 차원에서 설명한다(한국사회언어학회, 2012). 특히 브라운과 레빈슨은 사회학적 개념으로서 '체면(face)'을 활용하여 공손 전략을 이론화하였다. 공손을 상대방의 체면을 세워주며 자신의 체면을 보호하는 언어적 행위로 정의하고 있는 것이다.

공손하기 위한 언어적 표현 방법은 공손 전략으로 제시되는데, '적극적 공손 전략'과 '소극적 공손 전략'을 나누어 볼 수 있다. 적극적 공손 전략은 청자의 존중받으려는 마음을 알고 화자가 이를 발화로써 보여주는 것이다. 청자와의 관계가 우호적임을 확인하기 위한 것으로, 예를 들어 청자에 대해 관심을 표시하기, 농담하기, 비동의를 피하기 등을 들 수 있다. 소극적 공손 전략은 청자에게 어떤 부담 행위를 하고 있음을 화자가 인지하고 이를 누그러뜨리기 위해 노력하는 모습을 보이는 것이다. 예를 들어 간접적으로 말하기, 사과를 동반하기, 주저하는 듯한 표현을 사용하기 등을 들 수 있다.

공손의 표현 방법은 문화마다 다양할 수 있지만, 기본적으로 상대를 배려하며 공감을 늘리고 갈등을 줄이려는 상호작용의 기본 원리로서 보편성을 확인할 수 있다. 국어 사용의 상황에서는 특히 높임법과 함께 고려되어야 하기 때문에 사회적 관습과 결부되는 규범 양상도 확인된다. 그러나 공손 전략과 높임법 사용은 동일 개념으로 이해될 수는 없다. 공손 전략은 높임법과 별개의 다양한 발화 스타일을 통해 실현될 수 있으며, 개인이 선택할 수 있는 의사소통 전략이라 할 수 있다. 높임법은 의사소통 전략이 될 수는 있지만, 개인의 선택이 아닌 사회적 관습을 지키는 것과 관련된 언어사용의 속성을 지니는 것이다.

2. 듣기·말하기 교육의 원리

가. 듣기와 말하기의 상호 연계 및 통합성 구현의 원리

듣기·말하기 영역의 교육은 듣기 기능과 말하기 기능을 상호 연계시켜서 구어 의사소통 활동의 통합성을 구현할 수 있는 교수·학습이 이루어져야 한다. 듣기와 말하기의 인지적 과정에만 초점을 두고 두 기능을 분리하는 활동은 구두적 언어 사용의 실제적 맥락과 상황을 고려할 수 없다. 의미 수용, 이해 측면에서의 듣기와 의미 생성, 발화 산출 측면에서의 말하기를 통합시키는 '듣기·말하기'의 상호 연계는 듣기·말하기 교육에서 주요하게 고려되어야 하는 교수·학습 원리라고 할 수 있다.

2022 개정 국어과 교육과정에서는 성취기준의 진술 형식에서 듣기와 말하기의 상호 연계성을 강조하는 양상을 확인할 수 있다. 예를 들어 3~4학년군에서 "원인과 결과의 관계를 고려하여 내용을 예측하며 듣고 말한다."를 볼 수 있는데 이 성취기준은 듣기 이해의 과제로서 '원인과 결과의 관계를 고려하기', '내용을 예측하기'를 명시하고 있다. 이때 이러한 듣기 이해의 과제들이 말하기와의 연계 속에서 학습될 수 있도록 '듣고 말한다' 형식으로 진술하고 있는 것이다. 마찬가지로 5~6학년군에서는 "주제와 관련하여 궁금한 내용을 질문하며 적극적으로 듣고 말한다."가 있다. 여기서는 말하기의 과제로서

'궁금한 내용을 질문하기'가 명시되는데, 이 또한 '적극적으로 듣고 말한다' 형식의 진술과 함께 제시된다. 듣기나 말하기 중 어느 한 편에 치우칠 수 있는 이해와 생산의 과제들이 듣고 말하는 구두적 의사소통의 양상으로서 맥락과 상황을 배경으로 수행될 수 있도록 하는 것이다. 듣기·말하기의 교수·학습이 학습자의 구두적 의사소통 역량을 지향하며 실제적 수행을 중심으로 이루어지기 위해서는 듣기와 말하기 기능을 주의 깊게 연계시키고 통합시키는 교수·학습의 전략과 내용을 필요로 할 것이다.

나. 담화 유형의 실제적 수행 중심 교수·학습 원리

1) 대화

대화는 국어과 교육이 전통적으로 강조해 왔던 듣기·말하기의 대표적인 담화 유형이다. 이는 대면한 상호자용의 상황에서 의사소통의 목적과 주제를 바탕으로, 화자와 청자 역할을 교체하며 말차례를 이어나가는 담화 구성을 바탕으로 한다. 대화의 장면이나 참여자 관계 등에 따라서 다양한 대화 유형을 생각해 볼 수 있는데, 일상의 장면에서 친밀한 관계의 화자와 청자가 참여하는 사적 대화, 교육과 언론, 직업의 상황에서 공공의 목적을 기반으로 이루어지는 공적 대화로 크게 나누어 볼 수 있다. 대화의 과정에서 사람들은 친교, 대인관계 유지, 감정과 정서 표현을 목적으로 하기도 하고, 정보 전달, 설득, 협상, 사회적 역할이나 일과 관련된 여러 과업을 해결하는 데에 목적을 두기도 한다.

대화를 이해하는 데에는 먼저 대화의 조직(짜임새), 즉 구조 양상을 면밀히 살피는 것이 중요하다. 대화는 '말차례'를 단위로 하여 '인접쌍' 또는 '이어나가기' 조직을 통해 구조화되는 특징을 지니고 있다. 대화의 목적이나 대화의 상황 맥락에 따라 대화가 구조화되는 실제 양상은 달라진다. 효과적인 대화의 구성은 적절하게 구조화된 대화에 참여하는 것을 기반으로 하기 때문에 듣기·말하기 영역의 대화 교육은 대화 구조의 내용을 주요하게 다루게 된다.

2022 개정 교육과정에서 대화 구조와 관련된 내용은 아래의 성취기준에서 확인할 수 있다.

[2국01-03] 상대의 말을 집중하여 듣고 말차례를 지키며 대화한다.

이 성취기준은 '말차례 교체(turn-taking)'의 대화 구성 체계를 내용으로 하는 것이다. 말차례 교체는 대화 참여자들이 대화 내에서 말하는 차례를 취하고 배분하는 체계를 나타낸다. 대화분석론 연구를 통해 논의된 말차례 교체의 기본 체계는 "한 번에 한 사람만 말한다.", "말하고 있는 사람은 말을 끝낼 수 있는 권리가 있다.", "말의 차례가 바뀔 수 있는 적절한 지점이 있다." 등과 같은 말차례 조직의 원리를 보여준다. 말차례 교체는 대화가 진행되어 나가는 보편적인 흐름 속에서 관찰될 수 있는 것으로서, 대화에 대한 공유된 믿음이나 기대를 의미한다. 따라서 규범이나 규칙의 차원에서 적용되는 것이 아니라, 모어 습득의 시기부터 자연스럽게 습득되고 발달하는 대화 능력의 일부로서 이에 대한 민감성과 적용 능력을 국어교육을 통해 확장시켜야 한다.

2022 개정 교육과정은 대화와 관련하여 중학년 및 고학년 시기에 아래와 같은 내용을 학습하도록 성취기준을 제시하고 있다.

[4국01-04] 상황과 상대의 입장을 이해하고 예의를 지키며 대화한다.
[6국01-01] 대화에서 생략된 내용을 추론하며 듣는다.

3~4학년군의 성취기준은 특히 대화상의 공손을 강조하고 있으며, 5~6학년군의 내용은 대화 추론과 관련된다. 대화에서는 화자의 의도와 전달하려는 의미들이 명시적으로 드러나지 않는 경우들이 자주 발생하는데, 생략을 통해 아예 표현되지 않거나 암시적으로 표현되어 별도의 추론을 통해서만 이해에 도달할 수 있게 된다. 이러한 추론적 이해는 맥락과 경험, 단서를 잘 활용해야 하는 발달된 수준의 듣기를 요구한다.

2) 발표

여러 사람 앞에서 준비한 내용이나 자신의 생각 등을 말하는 발표 담화는 수업 활동으로서 특히 자주 활용된다. 사회적 활동의 영역이 넓어지면서 직업의 영역 및 여러 과업을 수행하는 다양한 목적을 바탕으로 발표를 수행하게 된다. 발표는 조사한 것을 정리해서 발표하는 경우부터 그 자리에서 즉각적으로 생각을 말해야 하는 경우까지 여러 형식으로 나타날 수 있다. 발표는 발표자 개인의 발화로만 구성되지만 청중의 이해를 최대한 고려하는 방향에서 이루어져야 한다. 이러한 관점에서 발표의 내용, 시간, 태도, 말소리와 비언어 및 준어어적 전략 모두가 고려되어야 하는 것이다. 또한 발표를 듣는 청중의 입장에서도 경청의 자세를 지니고 발표자에 반응하려는 태도가 매우 중요하다.

2022 개정 교육과정에서는 아래와 같이 발표 담화의 내용과 관련된 성취기준을 제시하고 있다.

> [2국01-04] 자신의 경험이나 생각을 바른 자세로 발표한다.
> [4국01-05] 목적과 주제에 알맞게 자료를 정리하여 자신감 있게 발표한다.
> [6국01-05] 자료를 선별하여 핵심 정보를 중심으로 내용을 구성하고 매체를 활용하여 발표한다.

발표 담화의 교수·학습은 '바른 자세', '자신감 있게' 등의 비언어적이고 정의적인 측면 또한 내용 요소로서 다루게 된다. 발표 수행에서는 비언어, 준언어의 표현 양식들을 발표 상황에 맞게 구성해 내는 능력이 요구되기 때문이다. 발표는 물론 그 활동을 대비하고 내용을 준비하는 발표 전 단계의 실행이 중요하다. 이 점은 발표 자료의 준비, 매체 활용 측면에서 성취기준에 반영되어 있다. 그러나 발표는 미리 작성한 원고를 읽거나 외운 내용을 기계적으로 발화하는 것이 아니라 구두적 언어 활동으로서 그 본질적 특성을 최대한 살리는 듣기·말하기의 실제적 수행이 되도록 해야 할 것이다.

3) 토의 및 토론

토의는 어떤 공통된 문제에 대해 협력적 사고를 통해 최선의 해결책을 협의하는 담화 유형으로서 '협력적 사고'와 '공통된 문제 해결'에 중점 의미가 있다(이창덕 외, 2024). 토의 담화에서는 참여자들 서로가 의견을 말하고 경청하여 합의된 결과에 이르는 질서 있는 과정이 중요하다. 국어과 교육은 토의의 방법을 배우고 토의에 필요한 협력적 의사소통의 능력을 키우도록 하고 있으며, 다양한 상황과 필요에 따라 토의에 참여하는 경험을 늘려 갈 수 있도록 하고 있다. 학습자들은 토의가 원활하게 진행되는 데에 필요한 역할과 표현 양식, 듣는 태도 등을 익혀 나가고, 나아가 토의가 지니는 범교과적 효과와 필요성까지 공유하게 된다.

아래의 성취기준을 통해 확인할 수 있듯이, 토의 담화에 대한 내용은 3~4학년군부터 명시적으로 제공되며, 5~6학년군에서는 문제해결을 위한 의견 조정의 전략과 방법을 다루도록 하고 있다.

[4국01-06] 주제에 적절한 의견과 이유를 제시하고 서로의 생각을 교환하며 토의한다.
[6국01-06] 토의에 협력적으로 참여하며 서로의 의견을 비교하고 조정한다.

토론은 논제에 대하여 찬성 측과 반대 측이 근거를 들어 자신의 주장이 옳음을 내세우고, 상대방의 주장이나 근거가 부당하다는 것을 명백하게 하는 담화 유형이다(이창덕 외, 2024). 토의와 토론은 흔히 함께 다루어지지만, 두 유형의 담화는 구성 방식이나 목적에 있어서 차이점을 지닌다. 토의의 경우, 합의된 결론을 이끌어내기 위한 협력적 의사소통에 초점이 놓여 있다면, 토론은 어떠한 문제에 대하여 찬성과 반대의 논쟁을 통해 문제 해결에 이르고자 하는 경쟁적인 의사소통 양상을 보인다. 따라서 토론은 준비 절차가 좀 더 필요하고 진행 형식에서도 사회자, 토론자, 청중, 판정단 등 여러 구성원 및 이와 관련된 진행 단계를 필요로 한다. 토론 담화는 5~6학년군에서 본격적으로 배우도록 하고 있다.

[6국01-07] 절차와 규칙을 지키고 타당한 이유와 근거를 제시하며 토론한다.

학습자들은 실제 토론에 참여하는 경험을 늘려나가면서 토론의 절차나 규칙을 명확히 이해하고 토론 상황에서 찬성과 반대의 논제를 명확히 진술할 수 있는 표현 양식들을 배우게 된다.

4) 면담

면담은 어떠한 정보를 얻거나 문제를 해결하려는 특정 목적에서 상대에게 질문을 하고 답을 구하는 대화형 담화 유형이라 할 수 있다. 면담, 면접, 인터뷰 등이 비슷한 맥락에서 함께 다루어지는데, 2022 개정 교육과정에서는 면담의 유형을 주로 다루고 있다. 면담은 기본적으로 질문과 대답의 인접 발화 구성이 주를 이루는 형식이지만, 면담 고유의 목적을 달성하기 위한 형식을 따로 갖추어야 한다. 질문의 역할에서는 질문의 내용과 형식을 미리 준비해야 하고 면담이 성사되도록 응답자를 섭외해야 하거나 면담 장소 등을 검토해야 한다. 면담을 위한 질문 말하기는 목적에 맞는 언어적 내용, 격식을 갖추고 상대를 배려하는 공손한 태도를 모두 요구한다. 따라서 면담 교육에서는 담화 유형에 맞는 상황과 맥락 교육, 언어와 비언어, 준언어의 표현 양식 교육까지 함께 이루어져야 한다.

면담은 2015 개정 교육과정의 시기에 초등의 교육 내용에서 제외되었다가 2022 개정 교육과정과 함께 초등의 듣기·말하기 영역에 다시 포함되었다. 5~6학년군에서 아래와 같은 성취기준이 새로 설정되어 제시되고 있다.

[6국01-04] 면담의 절차를 이해하고 상대와 매체를 고려하여 면담한다.

면담은 일상에서 쉽게 경험할 수 있는 질문-응답 구성과는 다른 계획된 담화라는 점에서 학습자들은 준비와 실행 절차를 배우는 것이 중요하다. 더불어 면담이 실행되는 대면 상황이나 온라인 매체 상황 등도 고려될 필요가 있고, 면담의 내용을 기록하고 정리하는 데에 있어 필요한 매체 도구들을 검토하는 것도 교수·학습 과정에 포함되어야 할 것이다.

다. 듣기·말하기 교육의 주안점

1) 상호작용에 대한 참여와 실제적 수행 중심의 활동

듣기·말하기 교육은 다양한 상호작용의 맥락을 기반으로 이루어져야 한다. 학습자들은 상호작용 맥락에서 듣기와 말하기의 기능을 통합적으로 경험하면서 관련된 의사소통 기술과 전략을 함양하게 되는 것이다. 이를 위해서는 실제적인 수행 중심의 활동이 모색되어야 한다. 예를 들어 토론 담화는 국어과 교육이 전통적으로 강조해 왔지만, 학생들이 어려워하고 참여하기를 주저하는 경우가 많다. 토론 과정에서 갈등이 발생하기도 하고 토론 절차에 대응하는 발화를 쉽게 생산해 내지 못하는 것이다. 토론의 방법과 절차만을 강조하고 이해시키려 하기보다는 학습자들 스스로가 관련된 실제적 문제 해결의 상황을 구성하고 토론을 통해 해결해 보는 다양한 수준에서의 활동을 경험해 보도록 해야 할 것이다.

2) 구두적 의사소통 능력에 대한 언어의식 함양

구두적 의사소통 능력은 모어 습득의 시기부터 발달해 온 것으로서 학생들은 일상에서 모어를 사용하여 듣고 말하는 데에 기본적인 어려움을 느끼지는 않는다. 따라서 듣기·말하기 교육의 필요성을 체감하지 못하는 학생들이 발생할 수 있다. 학생들의 모어를 대상으로 하는 국어과 교육은 듣기와 말하기의 기능을 새로 익히는 차원에서 접근하는 것이 아니다. 관련된 사회문화적 맥락과 상황을 다양하게 경험하고, 담화 유형별 기술과 전략을 배우도록 하면서 학습자들의 듣기·말하기 능력을 질적으로 향상시키는 것이다. 국어과 교육은 이렇게 구두적 의사소통 능력을 정교하고 풍부하게 발달시켜 나갈 수 있도록 내용과 방법을 제시해야 한다. 더불어 듣기·말하기에 있어 학습자들의 언어 사용에 대한 '자각(awareness)' 또한 강조되어야 한다.

듣기·말하기에 대한 자각은 국어과 교육이 강조해 온 '언어인식(language awareness)'과도 통하는 것이라 할 수 있으며, 외부의 계기와 자극이 있을 때, 개념적 사유, 신체적 자각 등의 과정에서 스스로가 주목하고 분명히 인지하는 상태를 의미한다(손희연, 2020). 이는 능동적이고 고차원적인 사고 작용으로서 듣기·말하기에 대한 호기심이나 민감성을 고양할 수 있다. 학생들 스스로가 자신의 듣기, 말하기, 상호작용을 대상으로 하여 그 수준이나 특성, 어려움, 필요성이나 발전 가능성 등을 생각해 볼 수 있도록 할 때, 듣기·말하기 교육의 여러 활동에 능동적인 참여를 이끌어 낼 수 있을 것이다.

3) 정의적 요인에 대한 고려

듣기·말하기 영역에서 다루는 다양한 학습 요소들은 일상적 의사소통 상황에서 경험하는 것과는 그 양상이 다른 과제 상황을 제시하기도 한다. 특히 수업 발표의 담화를 배우거나 토론, 면담 등의 담화를 배우고 수행할 때 학습자들은 인지적 과제에 부담을 느껴 흥미를 잃기도 한다. 또한 스스로의 말하기에 대한 자신감을 가지지 못하고 적극적으로 듣고 말하는 과정에 참여하지 않으려는 모습을 보일 수 있는 것이다. 국어로 듣고 말하는 것이 자연스럽고 당연한 것처럼 여겨질 수 있으나, 이를 학습 맥락에서 수행하도록 하는 데에는 심리적 장벽이 발생할 수 있기 때문에 이와 관련된 정의적 요인이 함께 고려될 필요가 있다.

듣기·말하기 교육과 관련하여 중요하게 논의될 수 있는 정의적 요인은 의사소통 불안의 문제와 말하기 효능감을 들 수 있다. 의사소통 불안은 학습자 개인의 성격이나 심리에 기인한 것일 수 있지만, 그렇다고 이를 개인이 극복해야 하는 문제로 가볍게 다루지 않도록 해야 한다. 듣기·말하기의 활동 중에 학습자를 세심하게 관찰하여 불안의 징후를 파악하고 말하기에 대한 부정적 감정이나 불안한 감정을 둔화시킬 수 있도록 명시적인 지도를 병행하는 것도 좋다. 특히 교실 분위기를 의사소통 친화적으로 조성하는 것도 중요하다(이창덕 외 2024). 서로 존중하고 경청하는 의사소통의 기본 규칙을 설정하고 서로의 참여를 독려하고 협조적인 분위기가 유지될 수 있도록 해야 하는 것이다.

의사소통 불안은 말하기 효능감을 함양하는 것으로 줄어들 수 있다. 효능감은 스스로가 어떤 행동에서 유능하고 성공적일 것이라는 믿음을 나타내는데 이를 듣기·말하기의 상황에서도 지닐 수 있다면 의사소통에 대한 불안을 줄일 수 있다. 말하기 효능감을 높이는 것은 듣기·말하기 활동에 대한 학습자의 흥미를 높이고 경험과 참여를 다양하게 구성하는 교수·학습의 전략을 요구한다. 참여의 과정에서 축적되는 긍정적인 피드백의 경험, 적극적인 상호작용의 즐거움 등을 통해 말하기 효능감을 높일 수 있도록 해야 할 것이다.

3. 듣기·말하기 교수·학습의 내용

가. 내용 체계

듣기·말하기 영역의 내용 체계는 2022 개정 교육과정이 지닌 '핵심 아이디어'와 '범주' 체제를 따라 1~2학년, 3~4학년, 5~6학년 및 중학교 1~3학년의 내용 요소를 명시한다. 내용 체계는 듣기·말하기 영역 학습 내용의 범위와 수준을 나타내며 학년군별 내용 요소의 위계적 분포를 확인할 수 있게 한다.

〈표 4-1〉 2022 개정 국어과 교육과정의 듣기·말하기 영역 내용 체계

<table>
<tr><td colspan="2">핵심 아이디어</td><td colspan="4">• 듣기·말하기는 언어, 준언어, 비언어, 매체 등을 활용하여 서로의 생각과 감정을 주고받는 행위이다.
• 화자와 청자는 상황 맥락 및 사회·문화적 맥락 속에서 의사소통 목적을 달성하기 위하여 다양한 유형의 담화를 듣고 말한다.
• 화자와 청자는 의사소통 과정에 협력적으로 참여하고 듣기·말하기 과정에서의 문제를 해결하기 위해 적절한 전략을 사용하여 듣고 말한다.
• 화자와 청자는 듣기·말하기에 흥미를 가지고 적극적으로 참여하면서 담화 공동체 구성원으로 성장하고, 상호 존중하고 공감하는 소통 문화를 만들어 간다.</td></tr>
<tr><td colspan="2" rowspan="3">범주</td><td colspan="4">내용 요소</td></tr>
<tr><td colspan="3">초등학교</td><td>중학교</td></tr>
<tr><td>1~2학년</td><td>3~4학년</td><td>5~6학년</td><td>1~3학년</td></tr>
<tr><td rowspan="2">지식·이해</td><td>듣기·말하기 맥락</td><td colspan="2">• 상황 맥락</td><td colspan="2">• 상황 맥락
• 사회·문화적 맥락</td></tr>
<tr><td>담화 유형</td><td>• 대화
• 발표</td><td>• 대화
• 발표
• 토의</td><td>• 대화
• 면담
• 발표
• 토의
• 토론</td><td>• 대화
• 면담
• 발표
• 연설
• 토의
• 토론</td></tr>
<tr><td rowspan="2">과정·기능</td><td>내용 확인·추론·평가</td><td>• 집중하기
• 중요한 내용 확인하기
• 일이 일어난 순서 파악하기</td><td>• 중요한 내용과 주제 파악하기
• 내용 요약하기
• 원인과 결과 파악하기
• 내용 예측하기</td><td>• 생략된 내용 추론하기
• 주장, 이유, 근거가 타당한지 평가하기</td><td>• 의도와 관점 추론하기
• 논증이 타당한지 평가하기
• 설득 전략 평가하기</td></tr>
<tr><td>내용 생성·조직·표현과 전달</td><td>• 경험과 배경지식 활용하기
• 일이 일어난 순서에 따라 조직하기</td><td>• 목적과 주제 고려하기
• 자료 정리하기
• 원인과 결과 구조에 따라 조직하기</td><td>• 청자와 매체 고려하기
• 자료 선별하기
• 핵심 정보 중심으로 내용 구성하기</td><td>• 담화 공동체 고려하기
• 자료 재구성하기
• 체계적으로 내용 구성하기</td></tr>
</table>

		• 바르고 고운 말로 표현하기 • 바른 자세로 말하기	• 주제에 적절한 의견과 이유 제시하기 • 준언어·비언어적 표현 활용하기	• 주장, 이유, 근거로 내용 구성하기 • 매체 활용하여 전달하기	• 반론 고려하여 논증 구성하기 • 상호 존중하며 표현하기 • 말하기 불안에 대처하기
	상호 작용	• 말차례 지키기 • 감정 나누기	• 상황과 상대의 입장 이해하기 • 예의를 지키며 듣고 말하기 • 의견 교환하기	• 궁금한 내용 질문하기 • 절차와 규칙 준수하기 • 협력적으로 참여하기 • 의견 비교하기 및 조정하기	• 목적과 상대에 맞는 질문하기 • 듣기·말하기 방식의 다양성 고려하기 • 경청과 공감적 반응하기 • 대안 탐색하기 • 갈등 조정하기
	점검과 조정		• 듣기·말하기 과정과 전략에 대해 점검·조정하기		
가치·태도		• 듣기·말하기에 대한 흥미	• 듣기·말하기 효능감	• 듣기·말하기에 적극적 참여	• 듣기·말하기에 대한 성찰 • 공감적 소통 문화 형성

1) 핵심 아이디어

2022 개정 교육과정의 듣기·말하기 영역 내용 체계에서 '핵심 아이디어'는 이 영역의 학습을 통해 일반화할 수 있는 내용을 핵심적으로 진술한 것이다. 듣기·말하기 영역의 학습이 어떠한 중점 사안을 지니고 있는지를 명시하면서 동시에 깊이 있는 학습을 가능하게 하는 토대가 된다. 특히 핵심 아이디어는 범주별 내용 요소를 조직하고 구체화하는 데에 직접 작용하는 주요 원리가 된다.

듣기·말하기 영역의 핵심 아이디어는 모두 네 개 항목에서 진술되며, 첫 번째 항목은 구두적 의사소통의 본질적 속성을 명시한다. 듣기·말하기가 언어, 준언어, 비언어, 매체 등을 활용하여 서로의 생각과 감정을 주고받는 행위임을 밝히고 있는 것이다. 두 번째와 세 번째 항목은 듣기·말하기 영역의 전체적인 교육 내용에 대한 주요 조직자로서 기능하게 되는데, 화자와 청자가 듣기·말하기 교육을 통해 맥락을 고려한 다양한 유형의 담화를 수행할 수 있어야 함을 제시하였고(두 번째 항목), 두 번째 항목에서 명시한 담화 유형의 수행에 협력적으로 참여하고 듣기·말하기 과정의 문제 해결을 위한 적절한 전략 사용을 명시하였다(세 번째 항목). 마지막으로 네 번째 항목은 듣기·말하기 영역의 교육이 추구하는 가치와 태도를 제시한다. 구어 의사소통에 대한 흥미와 적극적인 참여, 공동체 구성원으로서의 성장과 상호 존중하고 공감하는 의사소통 문화의 형성을 강조하고 있다.

2) 범주

듣기·말하기 영역 내용 체계의 '범주'는 교수·학습의 대상이 되는 내용 요소들을 그 성격에 따라 일정하게 유형화해 주는 역할을 한다. 이는 2015 개정 교육과정에서 '핵심 개념'에 포함되어 제시되었던 내용 요소들을 바탕으로 재구성한 것으로서, 상위 범주에는 '지식·이해', '과정·기능', '가치·태도'를 두고 영역의 고유한 특성에 부합하는 내용 요소를 체계적으로 선정할 수 있도록 하위 범주를 따로 명시하고 있다. '지식·이해' 범주의 하위에는 '듣기·말하기 맥락', '담화 유형'이 제시되고, '과정·기능' 범주에는 '내용 확인·추론·평가', '내용 생성·조직·표현과 전달', '상호작용', '점검과 조정'이 제시되고 있다. '가치·태도' 범주는 하위 범주가 구분되어 있지 않고 학년군별 내용 요소만이 명시되었다.

영역별 내용 체계의 하위 범주는 각 영역의 고유한 특성을 분명히 밝히게 된다. 2015 개정 교육과정에서는 영역의 속성에 부합하는 내용 요소 선정의 기준이 '핵심 개념' 수준에서 작용하도록 하는 형식이었다면, 2022 개정 교육과정에서는 이렇게 '범주'를 체계화하는 것을 통해 가능하도록 하고 있다. 2015 개정 교육과정의 핵심 개념이 제시했던 '듣기·말하기의 본질'은 표면적으로 삭제되어 내용 요소 선정이나 성취기준 개발의 구체적 과정에 반영되었으며, 목적에 따른 담화 유형은 '지식·이해' 범주의 '담화 유형'으로, '듣기·말하기의 구성 요소', '듣기·말하기와 매체'는 '지식·이해' 범주의 '듣기·말하기의 맥락'으로 재구성되었다. '듣기·말하기의 과정', '듣기·말하기의 전략'은 '과정·기능' 범주의 '내용 확인·추론·평가' 및 '내용 생성·조직·표현과 전달', '상호작용', '점검과 조정'으로 조정되었다.

3) 학년(군)별 내용 요소

듣기·말하기 영역의 학년(군)별 내용 요소는 핵심 아이디어 및 '지식·이해', '과정·기능', '가치·태도' 범주에 명시된 하위 구성 요소들을 고려하여 선정된 것이다. 학년군별 내용 요소는 학년이 올라갈수록 심화, 확장되는 교육 내용의 계속성 및 계열성 측면에서 이해되어야 한다. 내용 체계의 주요 관점인 '누적적 학습 경험 강화'의 측면에서 검토되어야 하는 것이다.

내용 체계 개발의 관점에서 노은희 외(2022)는 2022 개정 교육과정의 학년군별 내용 요소 분포의 특징을 다음과 같이 제시하였다. 첫째, 2015 개정 교육과정에 비해 내용 요소 수가 증가한 것이다. 이는 구어 의사소통 능력 발달에 필요한 지식, 기능, 태도의 내용 요소 개발에 있어 계속성, 계열성의 확보를 위해 하위 범주별 내용 요소를 심화, 확장하는 방식을 취했기 때문이다. 이때 내용 요소의 수는 증가했지만 성취기준의 수는 증가하지 않았는데, 듣기·말하기 능력의 함양에 필요한 하위 범주별 내용 요소를 결합하는 형식으로 성취기준을 개발했기 때문이다.

둘째, 2022 개정 교육과정에서는 특히 말하기와 듣기가 상호 연계되는 상호교섭적 구어 의사소통의 본질적 속성을 고려하기 위해 '상호 작용'의 하위 범주를 신설하였다. 듣기·말하기 영역은 구두적 상호작용을 통해 발달하는 학습자의 의사소통 역량을 강조하지만, 실제 교수·학습에 있어서는 듣기나 말하기 기능을 분리하고 실제적 맥락을 고려하지 못하는 인지적 과제 해결에 치중하는 경향을 지닐 수 있다. 상호작용의 내용 체계 하위 범주에서는 1~2학년군에서 대화적 상호작용 요소로서 '말차례 지키기', '감정 나누기'를 제시하고, 3~4학년군에서는 대화 및 토의 담화 수행의 상호작용적 특징을 강조하는 '상황과 상대의 입장 이해하기', '예의를 지키며 듣고 말하기', '의견 교환하기'를 명시하고 있다. 5~6학년군에 이르러서는 '궁금한 내용 질문하기', '절차와 규칙 준수하기', '협력적으로 참여하기', '의견 비교하기 및 조정하기'를 제시하는데, 이는 특히 토의, 토론의 담화와 면담의 담화 교육이 구두적 의사소통의 본질적 속성을 지향하도록 교수·학습의 명확한 지향점을 규정하는 것이기도 하다.

셋째, 2022 개정 교육과정에서는 2015 교육과정에 비해 발표 및 토론의 담화 학습 시기가 하향 조정되었으며, 질문하기 대한 내용 요소가 추가되었다. 토론 담화의 학습은

5~6학년에서 본격적으로 시작되도록 하지만, 토의 담화의 경우는 2015 개정 교육과정과는 달리 3~4학년군부터 명시적으로 가르치도록 하고 있다. 발표 담화의 경우에도 2015 개정 교육과정은 '매체 활용 발표'의 측면에서 5~6학년에 제시했지만, 2022 개정 교육과정은 1~2학년군에서 내용 요소로서 분명히 드러난다. 발표, 토의, 토론의 담화 유형은 학습의 도구가 되는 '학습력'의 측면에서 강조되는 구두적 언어 활동들이다. 2022 개정 교육과정에서는 학습자의 사고력 및 협력적 문제해결력 신장의 측면에서 강조되는 '질문하기'의 내용 요소 또한 5~6학년군에 새롭게 신설되는 모습을 볼 수 있는데, 이들은 모두 구두적 의사소통 능력이 지니는 학업 수행에서의 역할을 강조하는 것이라 볼 수 있다.

나. 성취기준

1) 듣기·말하기 영역 성취기준의 개괄적 이해

듣기·말하기 영역의 성취기준은 내용 체계에서 명시된 세 개 범주별 내용 요소가 결합하는 방식으로 구성되었다. 예를 들어 '지식·이해' 범주의 '대화' 요소가 '과정·기능' 범주의 '생략된 내용 추론하기'와 결합하였을 때, '[6국01-01] 대화에서 생략된 내용을 추론하며 듣는다.' 등이 성립되는 양상인 것이다. 따라서 내용 체계와 성취기준의 이해는 동시적이고 유기적으로 이루어져야 할 것이며, 이들의 결합 방식을 이해하는 것 또한 영역별 교수·학습의 내용을 이해하는 주요한 전략이 될 수 있다. 초등학교 교육과정의 전체 성취기준 조망을 위해 학년군별 성취기준을 모아 제시해 보면 아래와 같다.

〈표 4-2〉 초등 듣기·말하기 영역의 학년군별 성취기준

학년군	성취기준
1,2학년	[2국01-01] 중요한 일이나 일이 일어난 순서를 고려하며 듣고 말한다. [2국01-02] 바르고 고운 말로 서로의 감정을 나누며 듣고 말한다. [2국01-03] 상대의 말을 집중하여 듣고 말차례를 지키며 대화한다. [2국01-04] 자신의 경험이나 생각을 바른 자세로 발표한다. [2국01-05] 듣기와 말하기에 관심과 흥미를 가진다.

3,4학년	[4국01-01] 중요한 내용과 주제를 파악하며 듣고 그 내용을 요약한다. [4국01-02] 원인과 결과의 관계를 고려하여 내용을 예측하며 듣고 말한다. [4국01-03] 상황에 적절한 준언어·비언어적 표현을 활용하여 듣고 말한다. [4국01-04] 상황과 상대의 입장을 이해하고 예의를 지키며 대화한다. [4국01-05] 목적과 주제에 알맞게 자료를 정리하여 자신감 있게 발표한다. [4국01-06] 주제에 적절한 의견과 이유를 제시하고 서로의 생각을 교환하며 토의한다.
5,6학년	[6국01-01] 대화에서 생략된 내용을 추론하며 듣는다. [6국01-02] 주장을 파악하고 이유나 근거가 타당한지 평가하며 듣는다. [6국01-03] 주제와 관련하여 궁금한 내용을 질문하며 적극적으로 듣고 말한다. [6국01-04] 면담의 절차를 이해하고 상대와 매체를 고려하여 면담한다. [6국01-05] 자료를 선별하여 핵심 정보를 중심으로 내용을 구성하고 매체를 활용하여 발표한다. [6국01-06] 토의에 협력적으로 참여하며 서로의 의견을 비교하고 조정한다. [6국01-07] 절차와 규칙을 지키고 타당한 이유와 근거를 제시하며 토론한다.

2022 개정 교육과정에서는 2015 개정 내용에 비해 성취기준의 전체 수는 감소하였다. 초등 수준의 내용으로 범위를 축소시켜 보면, 1~2학년군에서 1개의 성취기준이 감소한 것을 확인할 수 있는데, '[2국01-01] 상황에 어울리는 인사말을 주고받는다'와 같은 성취기준이 삭제된 것이다.

초등 학년군에서는 2015 개정 교육과정의 성취기준들이 수정, 보완 및 신설되면서 성취기준 개발이 이루어졌다. 주요한 변화를 세 가지 측면에서 상술해 보자면 다음과 같다.

첫째, 듣기 기능이 강화되도록 성취기준이 수정, 보완된 측면이 있다. 저학년군에서는 내용 확인을 위한 듣기 기능, 중학년군에서는 요약하며 듣기 기능, 추론하며 듣기 기능을 강화하기 위한 성취기준의 조정이 있다.

〈표 4-3〉 듣기 기능이 강화되도록 보완 및 신설된 성취기준

2015 개정	2022 개정
[2국01-02] 일이 일어난 순서를 고려하며 듣고 말한다.	[2국01-01] 중요한 내용이나 일이 일어난 순서를 고려하며 듣고 말한다.
[4국01-05] 내용을 요약하며 듣는다.	[4국01-01] 중요한 내용과 주제를 파악하며 듣고 들은 내용을 요약한다.
[4국01-03] 원인과 결과의 관계를 고려하며 듣고 말한다.	[4국01-02] 원인과 결과의 관계를 고려하여 내용을 예측하며 듣고 말한다.
	[신설] [6국01-02] 주장을 파악하고 이유나 근거가 타당한지 평가하며 듣는다.

둘째, 저학년군 학습자의 감정 표현이 대화상의 공손을 기반으로 수행될 수 있도록 아래와 같이 성취기준을 통합, 조정하였다.

〈표 4-4〉 감정 표현에서의 공손성 수행이 강화되도록 수정된 성취기준

2015 개정	2022 개정
[2국01-03] 자신의 감정을 표현하며 대화를 나눈다. [2국01-06] 바르고 고운 말을 사용하여 말하는 태도를 지닌다.	[2국01-02] 바르고 고운 말로 서로의 감정을 나누며 듣고 말한다.

셋째, 발표, 토의, 토론, 면담 등 담화 유형의 교육과 관련된 성취기준이 아래와 같이 재구성되거나 신설되어 명시되었다.

〈표 4-5〉 담화 유형 교육의 변화를 반영하여 수정되거나 신설된 성취기준

담화	2015 개정	2022 개정
발표	[2국01-04] 듣는 이를 바라보며 바른 자세로 자신 있게 말한다.	[2국01-04] 자신의 경험이나 생각을 바른 자세로 발표한다.
		[신설] [4국01-05] 목적과 주제에 알맞게 자료를 정리하여 자신감 있게 발표한다.
	[6국01-04] 자료를 정리하여 말할 내용을 체계적으로 구성한다. [6국01-05] 매체 자료를 활용하여 내용을 효과적으로 발표한다.	[6국01-05] 자료를 선별하여 핵심 정보를 중심으로 내용을 구성하고 매체를 활용하여 발표한다.
토의	[4국01-02] 회의에서 의견을 적극적으로 교환한다.	[4국01-06] 주제에 적절한 의견과 이유를 제시하고 서로의 생각을 교환하며 토의한다.
토론	[6국01-03] 절차와 규칙을 지키고 근거를 제시하며 토론한다.	[6국01-07] 절차와 규칙을 지키고 타당한 이유와 근거를 제시하며 토론한다.
면담		[신설] [6국01-04] 면담의 절차를 이해하고 상대와 매체를 고려하여 면담한다.

발표의 경우, 1~2학년군에서부터 명시적인 교육이 이루어지도록 성취기준이 수정, 보완된 양상을 확인할 수 있으며 3~4학년군에서는 발표 담화의 교육을 명시하는 성취기준이 신설되었다. 5~6학년군에서는 발표의 내용을 '핵심 정보'로 한정하는 성취기준의 변화가 확인된다. 토의는 2015 개정 교육과정이 '회의' 담화에서 명시하는 내용을 '토의'로 수정하여 3~4학년군에서 재구성하고 있는데, 이는 토의 담화 수행에 필요한 기

초 기능에 대한 학습을 강화하려는 취지에서 담화 유형을 회의에 국한하지 않으려는 관점이 반영된 결과이다. 토론의 경우, 논증의 내용을 구성하는 요소를 근거로만 한정하지 않고 주장을 뒷받침하는 화자의 생각으로서의 이유, 이유를 뒷받침하는 객관적인 자료로서의 근거를 갖추어 토론할 수 있도록 조정한 것이다. 마지막으로 면담 담화의 내용이 2022 개정 교육과정에 다시 추가되었기 때문에 성취기준 또한 신설된 양상이다.

2) 학년군별 성취기준

가) 초등학교 1~2학년 성취기준

(1) 성취기준

[2국01-01] 중요한 내용이나 일이 일어난 순서를 고려하며 듣고 말한다.
[2국01-02] 바르고 고운 말로 서로의 감정을 나누며 듣고 말한다.
[2국01-03] 상대의 말을 집중하여 듣고 말차례를 지키며 대화한다.
[2국01-04] 자신의 경험이나 생각을 바른 자세로 발표한다.
[2국01-05] 듣기와 말하기에 관심과 흥미를 가진다.

(2) 성취기준 해설

- [2국01-03] 이 성취기준은 구어 의사소통의 상호 교섭성을 인식하는 출발점으로, 대화 상황에서 상대의 말에 집중하여 그 내용을 이해하고 순서를 교대하며 구어 의사소통에 참여하는 기본 능력을 기르기 위해 설정하였다. 상대의 말을 집중하여 듣기, 다음 말할 사람을 선택하여 다음 말할 사람을 선택하여 부르거나, 고갯짓, 시선, 억양 등의 말차례 교환 신호를 활용하여 다음 사람이 말차례를 알아차릴 수 있도록 하기, 말차례 교환 신호를 확인하여 자신의 말차례 지키기 등을 학습한다.
- (나) [2국01-05] 이 성취기준은 삶에서 듣기·말하기의 즐거움을 느끼고 듣기·말하기의 중요성을 인식하도록 하기 위해 설정하였다. 듣기·말하기가 다양한 생각과 감정을 나누며 의사소통하기 위한 기본적인 도구임을 인식하기, 듣기·말하기의 역할과 중요성을 직접 경험해 보기, 다양한 놀이를 통해 듣기·말하기에 흥미 가지기 등을 학습한다.

(3) 성취기준 적용 시 고려 사항

- 올바른 구어 의사소통 습관을 형성할 수 있도록 학습자의 삶과 연계하여 지도한다. 말차례 지키기나 바르고 고운 말로 말하기에 대해 학습하는 수업 시간뿐만 아니라 평소 학교생활이나 가정생활에서도 말차례 지키기와 바르고 고운 말 사용하기를 실천하도록 한다.
- 학습자가 경험할 수 있는 실제적이고 구체적인 상황 맥락을 설정하여 학습자가 듣기·말하기 활동에 관심과 흥미를 가지고 자발적으로 참여할 수 있도록 하고, 그 과정에서 자연스럽게 평가가 이루어지도록 하여 평가에 대한 부담을 느끼지 않게 한다.
- 감정 나누기를 지도할 때는 화자의 감정을 일방적으로 전달하는 데 그치지 않고 상대의 감정 표현도 이해하며 서로의 감정을 교류할 수 있도록 한다.
- 발표하기를 지도할 때는 학습자가 공적 발표 상황에 대해 부담감이나 불안감을 느낄 수 있으며 발표 수행 결과에 따라 부정적인 자아 개념을 형성할 수도 있다는 점에 유의하여, 동료 학습자의 발표에 대해 긍정적으로 반응하고 상호 격려하는 교실 문화를 조성하도록 한다.

나) 초등학교 3~4학년 성취기준

(1) 성취기준

[4국01-01] 중요한 내용과 주제를 파악하며 듣고 그 내용을 요약한다.
[4국01-02] 원인과 결과의 관계를 고려하여 내용을 예측하며 듣고 말한다.
[4국01-03] 상황에 적절한 준언어·비언어적 표현을 활용하여 듣고 말한다.
[4국01-04] 상황과 상대의 입장을 이해하고 예의를 지키며 대화한다.
[4국01-05] 목적과 주제에 알맞게 자료를 정리하여 자신감 있게 발표한다.
[4국01-06] 주제에 적절한 의견과 이유를 제시하고 서로의 생각을 교환하며 토의한다.

(2) 성취기준 해설

- [4국01-03] 이 성취기준은 구어 의사소통 상황에서 억양, 어조, 속도 등의 준언어적 표현과 표정, 시선, 몸동작, 자세 등의 비언어적 표현을 활용하여 의미를 효과적으

로 전달하고 이해할 수 있는 능력을 기르기 위해 설정하였다. 다양한 상황에 알맞은 준언어·비언어적 표현의 중요성 이해하기, 준언어·비언어적 표현의 의미와 효과 파악하기, 준언어·비언어적 표현의 적절성 점검하기, 상황에 적절한 준언어·비언어적 표현 활용하기 등을 학습한다.

- [4국01-05] 이 성취기준은 교과 학습 상황을 비롯하여 다양한 상황에서 필요한 기초적인 발표 능력을 기르기 위해 설정하였다. 주어진 자료에서 발표 목적과 주제에 알맞은 내용을 중심으로 발표 내용 정리하기, 준비한 내용이 명확하게 전달되는지를 점검하며 발표 연습하기, 준언어·비언어적 표현을 효과적으로 사용하는지 점검하며 발표 연습하기, 연습 과정에서 부족했던 부분을 조정하여 자신감을 가지고 발표하기 등을 학습한다.

(3) 성취기준 적용 시 고려 사항

- 일상생활과 교과 학습에 필요한 듣기·말하기 능력을 갖출 수 있도록 한다. 학습자 생활 주변의 친숙한 주제에 대해 대화하는 상황, 교과 학습 과정에서 일정한 자료를 정리한 결과를 교사나 동료 학습자 앞에서 발표하는 상황, 학교생활 중 문제를 해결하기 위해 토의하는 상황 등을 중심으로 듣기·말하기 활동이 이루어지도록 한다.
- 대화, 발표, 토의 담화 수행을 위한 상황 맥락을 설정할 때는 학습자들의 발달 수준, 경험, 흥미와 관심사를 고려하여 학습자들이 적극적으로 참여할 수 있도록 한다.
- 듣기·말하기 과정과 전략에 대해 점검하고 조정하기 기능은 준언어·비언어적 표현이 효과적인지, 대화 과정에서 예의에 어긋남이 없는지, 발표 내용이 목적과 주제에 알맞은지, 토의에서 제시한 의견이 주제에 적절하고 이유가 의견을 뒷받침하고 있는지 등을 듣기·말하기 중이나 후에 점검하고 조정하는 활동을 통해 지도한다.
- 화자와 청자로서의 효능감을 가질 수 있도록 발표를 비롯한 다양한 담화 상황에 자신감 있게 참여하고 상대방과 긍정적으로 상호 작용할 수 있는 기회를 제공한다. 동료 학습자의 듣기·말하기 활동에 대해 피드백을 할 때는 화자나 청자로서의 강점을 중심으로 의견을 나누고, 개선할 점에 대해 언급할 때는 화자나 청자로서의 효능감을 훼손하지 않도록 주의하여 지도한다.

- 예의를 지키며 대화하기를 지도할 때는 학습자의 삶과 연계해 예의를 지키는 대화 습관을 형성할 수 있도록 한다. 대화가 이루어지는 시간과 장소, 대화의 목적, 상대의 입장 등 다양한 상황을 고려하여, 그에 알맞은 호칭어 사용하기, 인사 예절 지키기, 높임 표현 활용하기, 준언어·비언어적 표현 활용하기, 비속어 경계하기, 온라인 대화 예절 지키기 등을 문법 영역, 매체 영역 등과 연계하여 지도한다. 또한 언어 예절을 지키며 대화하는 과정을 스스로 점검하고 평가하여 가정에서도 예의를 지키며 대화하기를 실천하도록 한다.
- 토의하기를 지도할 때는 학습자들이 토의 담화에 입문하는 단계임을 고려하여 토의 집단을 짝, 소집단, 대집단으로 서서히 확대하고, 학습자가 소속된 학급에서 경험한 실제적 문제와 관련된 주제를 선정하여 토의에 흥미를 갖도록 한다. 토의의 절차나 형식을 지나치게 강조하지 않으며, 학급 회의나 원탁회의 등을 활용하여 학습자들이 자신의 생각을 자유롭게 나눌 수 있도록 한다. 상대의 의견을 존중하며 경청하는 태도와 자신의 의견만을 고집하지 않는 자세도 함께 지도하여, 협력에 기반한 집단 의사소통을 통해 민주시민으로서의 기초 소양을 함양할 수 있도록 한다.

다) 초등학교 5~6학년 성취기준

(1) 성취기준

[6국01-01] 대화에서 생략된 내용을 추론하며 듣는다.
[6국01-02] 주장을 파악하고 이유나 근거가 타당한지 평가하며 듣는다.
[6국01-03] 주제와 관련하여 궁금한 내용을 질문하며 적극적으로 듣고 말한다.
[6국01-04] 면담의 절차를 이해하고 상대와 매체를 고려하여 면담한다.
[6국01-05] 자료를 선별하여 핵심 정보를 중심으로 내용을 구성하고 매체를 활용하여 발표한다.
[6국01-06] 토의에 협력적으로 참여하며 서로의 의견을 비교하고 조정한다.
[6국01-07] 절차와 규칙을 지키고 타당한 이유와 근거를 제시하며 토론한다.

(2) 성취기준 해설

- [6국01-03] 이 성취기준은 교과 학습 상황을 비롯한 다양한 상황에서 주제와 관련하여 적극적으로 질문하며 구어 의사소통에 참여하는 능력을 기르기 위해 설정하였다. 들은 내용을 확인하거나 명료하게 이해하기 위한 질문, 생략된 내용을 추론하기 위한 질문, 상대의 의도를 파악하기 위한 질문, 다른 사람의 생각과 자신의 생각을 연결하기 위한 질문, 자료에서 제시되지 않은 대안이나 더 많은 정보를 찾기 위한 질문 등 다양한 목적으로 질문 생성하기, 분명한 표현으로 질문하기, 예절을 지켜 질문하기 등을 학습한다.
- [6국01-04] 이 성취기준은 일련의 절차에 따라 면담을 경험해 봄으로써 정보 수집 등의 목적을 가진 구어 의사소통을 효과적이고 체계적으로 수행하는 능력을 기르기 위해 설정하였다. 면담 준비·진행·결과 정리 등 면담의 절차 이해하기, 면담의 목적·대상·주제 등 설정하기, 사전 정보 수집하기, 면담 대상 섭외하기, 목적·대상·주제에 알맞은 질문 준비하기, 녹음기나 기록용 노트 등 면담에 필요한 매체 준비하기, 준비한 질문을 바탕으로 면담하기, 면담 결과를 발표하거나 글로 써서 보고하기 등을 학습한다. 면담 상대를 배려하여 사전에 약속 시간 정하기, 녹음 여부에 대해 동의 구하기, 민감하거나 불편한 질문은 아닌지 점검하기, 종료 후 감사 표현하기 등 면담 과정에서 지켜야 할 예절도 학습한다.

(3) 성취기준 적용 시 고려 사항

- 전형적인 구어 담화 자료 이외에 학습자들이 일상에서 접할 수 있는 여러 가지 매체를 활용하여 디지털 공간을 비롯한 다양한 소통 공간에서 담화를 정확하게 이해하고 효과적으로 표현하는 능력을 기르도록 지도한다. 발표를 위해 주제나 목적에 적합한 자료를 선별할 때, 면담을 위해 사전 질문을 준비할 때, 토의에 필요한 자료를 수집할 때, 토론에서 타당한 근거를 마련할 때에 매체 영역과 연계하여 지도할 수 있다.
- 대화, 면담, 발표, 토의, 토론 담화에 대한 수업을 설계할 때 다양한 사회·문화적 배경의 학습자들이 소외되지 않고 듣기·말하기 활동에 적극적으로 참여할 수 있도록

주제, 청자, 매체 선정 등에 유의한다. 구어 의사소통 과정에서 상대방이 처한 상황과 입장의 다양성을 인정하고 서로를 배려하는 민주시민의 기초 소양을 함양할 수 있도록 한다.

- 추론하며 듣기, 주제에 적절한 질문하기, 의견 비교 및 조정하기, 주장·이유·근거가 타당한지 평가하며 듣기 등의 기능은 대화, 토의, 토론 담화에서뿐만 아니라 다양한 담화를 듣고 말하는 데 두루 필요함을 고려하여 지도한다.
- 면담하기를 지도할 때는 학습자의 진로를 탐색하는 활동과 연계할 수도 있다. 학습자가 관심을 가지고 있는 직업군에서 면담 대상자를 선정하고, 해당 직업에 대해 인터넷 정보 검색을 통해서 확인할 수 있는 정보보다 면담을 통해서 얻을 수 있는 정보를 물어보는 구체적이고 실제적인 질문을 준비하여 면담하도록 한다. 다만 면담의 실제성이 높아지는 만큼 사전 준비와 면담 시 지켜야 할 예절 등을 충분히 지도한다.
- 토의하기를 지도할 때는 토의의 일반적인 절차를 고려하여 학습자가 경험한 일상생활의 실제적 문제에 대해 토의하도록 한다. 특히 학습자가 소속된 학교나 지역사회 문제와 연계된 토의 주제를 정함으로써 협력적 소통을 통해 공동체의 문제를 해결하는 방안을 마련해 보는 경험을 할 수 있도록 한다.
- 토론하기를 지도할 때는 토론이 문제에 대해 대립되는 입장을 확인함으로써 상호 이해의 계기를 마련하는 민주적인 소통 방법이라는 점을 안내한다. 토론 과정에서 상대의 의견을 존중하며 경청하는 태도와 자신의 의견만을 고집하지 않는 자세를 갖추도록 하여, 민주시민으로서의 기초 소양을 함양할 수 있도록 한다.

참고 문헌

교육부(2022), 「교육부 고시 제2022-33호에 따른 국어과 교육과정」.

노은희 외(2022), 「2022 개정 국어과 교육과정 시안(최종안) 개발 연구」, 한국교육과정평가원.

박재현(2013), 「국어교육을 위한 의사소통 이론」, ㈜사회평론.

손희연(2017), 국어과 대화 교육 내용 구성의 '사회적 기술' 개념 적용 방안 연구, 「한말연구」 43. 한말연구학회, 119-145.

손희연(2020), 구어성(orality)의 국어 교과서 적용 방안 연구: 초등 국어 교과서 구어성의 실제성 구성을 중심으로, 「한말연구」 제58호, 한말연구학회, 93-117.

이창덕, 임칠성, 심영택, 원진숙, 박재현, 서영진(2024), 「화법 교육론(3판)」, 역락.

최연희(2022), 「영어 듣기 교육론: 원리와 적용」, 한국문화사.

한국사회언어학회(2012), 「사회언어학 사전」, 소통.

Biber, D.(1988), *Variation across Speech and Writing*, Cambridge: Cambridge University Press.

Brown, P. & Levinson, S. C. (1987), *Politeness: Some Universals in Language Usage*, Cambridge: Cambridge University Press.

Clark, H. H. (1996), Using Language, Cambridge: Cambridge University Press.

Grice, H. P. (1975) Logic and conversation, In P. Cole and J. Morgan (eds), *Syntax and Semantics, Vol III: Speech Acts*, 41-58, New York: Academic Press.

Huang, Y. (2014), *Pragmatics(2nd edition)*, Oxford: Oxford University Press.

Leech, G. N. (1983), *Principles of Pragmatics*, London: Longman.

Mey, J. L. (2001), *Pragmatics: An Introduction*, Oxford: Blackwell.

더 공부해 봅시다

1. 디지털 의사소통의 발달과 함께 듣기·말하기의 구두적 의사소통 역량이 새롭게 강조되고 있는 이유를 생각해 보시오.

2. 2022 개정 교육과정의 듣기·말하기 영역 학년군별 성취기준을 잘 살펴보고, '비판적 이해'의 듣기 능력에 접근하고 있는 성취기준을 찾아 그 특성을 설명해 보시오.

3. 말하기의 인지적 과정을 다루고 있는 내용 체계 범주를 찾아 그 특성을 설명해 보시오.

4. 국어 교과서의 대화 지문에서 드러나는 구어의 양상과 내가 일상적으로 사용하는 구어의 양상을 비교해서 설명해 보시오.

5. 초등 학습자들이 흔히 사용하는 비언어, 준언어 표현 양식의 실제 모습이 어떠한지 잘 생각해 보고 예시를 들어 보시오.

6. 초등 학습자들을 대상으로 하는 토론 담화 교육의 실제적 수행 활동을 만들어 보시오.

7. 초등 학습자들의 말하기 효능감을 길러 줄 수 있는 말하기·듣기 수업 활동의 운영 방안을 말해 보시오.

제5장

읽기 영역의 교수·학습

1. 읽기의 본질

가. 읽기의 중요성

읽기는 문자 언어를 이해하여 의미를 구성하는 과정으로, 쓰기나 말하기와 같은 표현 영역이나 음성 언어를 대상으로 하는 듣기와 구별된다. 읽기가 문자 언어를 이해한다는 것은 단순히 글 속 정보를 수동적으로 받아들이는 것이 아니라, 독자가 적극적으로 의미를 구성하는 사고 활동임을 의미한다. 독자는 텍스트 속에 제시된 어휘, 문법, 담화 구조 등의 단서를 활용하고 자신의 배경지식과 경험을 동원하여 글의 의미를 추론하고 재구성한다. 예를 들어 동일한 문장을 읽더라도 독자의 경험과 지식 수준에 따라 이해의 깊이가 달라지는데, 이는 읽기가 인지적 추론과 해석이 결합된 고차원적 사고 과정이며 독자의 사고력과 지식 구조가 의미 형성의 핵심 요인이 됨을 시사한다.

또한 읽기는 독자와 텍스트 사이의 역동적인 상호작용을 통해 이루어진다. 텍스트는 필자가 의도한 언어적 정보의 집합체이지만, 그 의미는 독자의 인지적 참여와 해석 과정을 통해 비로소 완성된다. 독자는 글의 내용과 자신의 경험, 가치, 신념을 통합하여 텍스트의 의미를 재구성하고 자신만의 해석을 만들어 낸다. 이처럼 읽기는 필자, 텍스트, 독자가 끊임없이 소통하며 의미를 창출하는 상호작용적 과정이므로, 교사는 학습자가 텍스트에 능동적으로 반응하고 해석하는 경험을 제공할 수 있는 읽기 환경을 조성해야 한다.

읽기는 문자 언어를 기반으로 하기에 시공간의 제약 없이 텍스트의 내용이 저장되고 계승된다는 특성을 보인다. 이는 읽기가 시공간의 제약을 넘어 사고와 경험을 확장시키는 행위임을 의미한다. 독자는 과거의 작가가 남긴 텍스트를 통해 당시의 사상과 문화를 이해할 수 있고, 먼 지역의 사람과도 텍스트를 통해 사고를 공유할 수 있다. 즉, 읽기는 과거와 현재, 타인과 나를 연결하는 인류적 소통의 통로이자 지식의 전승 수단이다. 나아가 독자는 각 시대의 맥락 속에서 텍스트를 새롭게 해석함으로써 글에 새로운 의미를 부여하는데, 이는 읽기가 단순한 정보 접근을 넘어 시간과 공간을 초월한 '지적·문화적 대화'의 과정임을 보여준다.

전통적으로 읽기는 인쇄된 문자 텍스트를 이해하는 과정에 국한되었으나, 현대 사회의 읽기는 다양한 매체와 기호로 확장되고 있다. 디지털 글쓰기, 영상 자막, 그래픽, SNS 게시물 등은 문자, 이미지, 소리 등 여러 기호 체계가 결합된 복합 텍스트(multimodal text)로 구성된다. 이에 따라 독자는 여러 매체가 제시하는 의미를 통합적으로 해석하고 비판적으로 수용할 수 있는 복합 문식 능력(multiliteracy)을 갖추어야 한다. 현대의 읽기는 책 속의 글자를 읽는 것에 그치지 않고 다양한 매체와 기호를 분석하고 해석하며 평가하는 확장된 언어 활동으로 발전하고 있다.

나아가 독자는 읽기 목적에 따라 다양한 유형의 텍스트를 선택한다. 예를 들어, 지식을 얻기 위해 정보 텍스트를 읽고, 타인의 생각을 알고자 주장문을 읽으며, 정서적 만족을 위해 문학 작품을 읽는다. 또한 친교를 위한 메시지나 SNS 글 등도 현대의 읽기 대상이 된다. 이는 읽기가 뚜렷한 목적을 지닌 행위로서, 텍스트의 유형과 맥락에 따라 다양한 형태로 수행되는 활동임을 보여준다.

읽기는 단순한 이해 활동을 넘어 특정한 목적을 달성하기 위해 끊임없이 선택하고 결정하는 문제 해결(problem-solving) 과정이다. 독자는 어떤 순서로 읽을지, 어떤 지식을 활용할지, 어떤 전략을 적용할지 등을 결정하며 읽기 중 직면하는 여러 인지적 문제를 해결해 나간다. 이 과정에서 지식, 기능, 사고력, 세계관 등 다양한 요인이 유기적으로 작용하는데, 마치 오케스트라의 여러 악기가 조화를 이루어야 훌륭한 연주가 완성되듯 읽기 또한 여러 인지적 요인이 긴밀히 작동할 때 온전하게 이루어진다.

유능한 독자는 자신의 읽기 과정을 스스로 점검하고 조정하는 초인지(meta-cognition) 능력을 발휘한다. 이는 단순히 배경지식을 많이 가진 것을 넘어 상황에 맞게 스키마를 선택하고 활용하며 이해하기 어려운 부분에서 다시 읽거나 요약하기 등의 전략을 사용하여 문제를 해결하는 능력을 말한다. 이러한 초인지적 조절 능력은 단순한 독해력 이상의 '자기 주도적 읽기 능력'의 핵심이므로 읽기 교육에서는 내용 이해뿐 아니라 자신의 읽기 과정을 성찰하고 조절하는 메타인지 전략에 대한 지도도 병행되어야 한다.

읽기의 의미는 사회적·문화적 맥락 속에서 형성된다. 동일한 텍스트라 하더라도 독자의 사회적 배경, 읽는 목적, 읽기 상황에 따라 전혀 다른 의미로 해석될 수 있다. 예를 들어, 한 시를 감상할 때 학생은 감정적 공감을 중심으로 읽을 수 있지만, 연구자는 문학사적 맥락 속에서 분석적으로 해석할 수 있다. 이는 읽기가 단순히 텍스트 내적 요소로만 설명될 수 없고, 독자가 속한 공동체의 언어 규범과 문화적 가치, 사회적 담론과 긴밀히 연결되어 있음을 보여준다. 결국 읽기는 개인적 행위인 동시에 사회문화적 실천으로서, 독자는 이를 통해 단순한 정보 이해를 넘어 삶의 문제를 해결하고 공동체와 소통하며 사회적 독서 문화를 형성하는 주체로 성장하게 된다.

나. 읽기의 개념과 구성 요인

읽기는 크게 해독(decoding)과 독해(comprehension)로 구성된다. 해독은 흔히 '글자 깨치기'라 불리며, 인쇄된 문자를 소리로 변환하는 능력으로 음운 인식, 단어 재인, 읽기 유창성과 같은 하위 기능이 포함된다. 반면 독해는 독자가 자신의 배경지식과 경험을 활용하여 글과 상호작용하며 의미를 구성하는 능동적인 사고 과정을 뜻한다. 이때의 의미 구성은 단순한 정보의 이해를 넘어, 독자가 텍스트의 내용을 자신의 사고 체계 속에서 재구성하는 능동적인 사고 과정이다. 결국 읽기는 문자를 소리로 변환하는 해독 과정을 기반으로 하여 독자가 글의 의미를 파악하고 자신만의 방식으로 재구성하는 상호작용적 활동이라 정의할 수 있다.

읽기는 여러 요인이 복합적으로 작용하는 통합적 인지 과정이다. RAND Reading Study Group(2002)은 읽기 과정을 구성하는 핵심 요인으로 독자, 텍스트, 활동, 사회적 맥락을 제시하였다. 여기에서 작자(필자, 작가) 요인을 추가할 수 있지만, 텍스트 요인에 포함된 것으로 볼 수 있다(양태식 외, 2013). 독자 요인은 읽기의 주체로서 배경지식, 흥미, 읽기 수준, 동기 등이 이해 과정에 영향을 미친다. 예를 들어, 곤충에 관심이 많은 학생은 곤충 관련 텍스트를 더 깊이 이해할 가능성이 높다. 텍스트 요인은 주제, 난이도, 장르, 구조, 표현 방식 등 글의 특성을 의미한다. 텍스트의 난도나 구조적 복잡성은 이해의 깊이를 좌우한다. 활동 요인은 읽기의 목적과 과제를 말하며, 예를 들어 학습을 위한 읽기와 여가를 위한 읽기는 전략과 태도 면에서 다를 수밖에 없다. 사회적 맥락 요인은 읽기가 이루어지는 상황적 환경을 뜻한다. 학교, 도서관, 가정 등 읽기 장소나 분위기에 따라 독자의 몰입과 이해가 달라질 수 있다. 이 네 요인은 상호 독립적이지 않고 실제 읽기 상황에서는 복합적으로 작용한다. 따라서 읽기는 고정된 과정이 아니라 유동적이고 맥락적인 인지 행위로 이해되어야 한다.

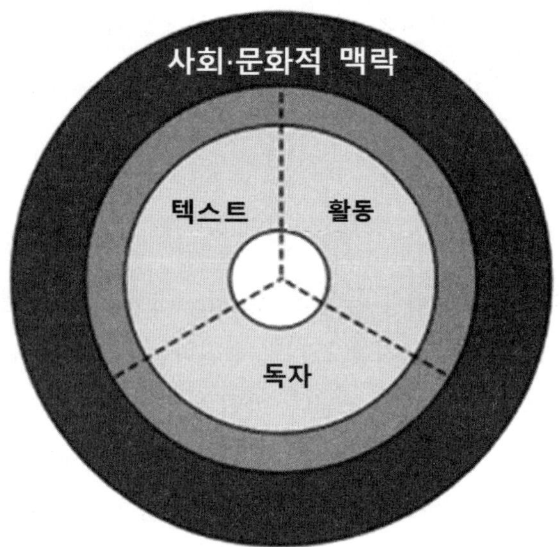

〈그림 5-1〉 읽기의 구성 요인

2. 읽기 교육의 원리

가. 관점의 변화

읽기에 대한 관점은 시대에 따라 변화해 왔다. 20세기 초에는 행동주의 관점이 주류를 이루었으나, 1960년대 이후 인지주의가 등장하면서 읽기를 보는 패러다임이 크게 전환되었다. 이후 1980년대에는 사회문화적 관점이 대두되며, 읽기를 개인의 인지 활동을 넘어 사회적 상호작용 속에서 의미를 구성하는 과정으로 이해하게 되었다. 이러한 변화는 읽기 교육 및 연구에도 큰 영향을 미쳤다.

1) 행동주의적 관점

초기의 행동주의적 관점은 스키너(Skinner)의 자극과 반응 이론(S-R 이론)에 근거한다. 이 관점은 읽기를 텍스트 정보에 대한 독자의 반응, 즉 글자를 해독하거나 소리 내어 읽는 관찰 가능한 행동으로 이해하였다. 이 관점에서는 독자의 내적 인지 과정을 관찰이 불가능하다는 이유로 '블랙박스(black box)'로 간주하여 연구의 대상에서 제외하였다. 즉, 좋은 자극을 제시하면 좋은 반응이 나타난다고 본 것이다. 이 관점에서는 읽기를 문자 해독의 문제로 보고, 반복, 연습, 강화를 통해 해독 능력을 향상시키는 것을 목표로 한다. 따라서 행동주의적 읽기 교육에서는 텍스트 중심의 교수, 기계적 훈련, 정확한 낭독과 음독이 강조되었다.

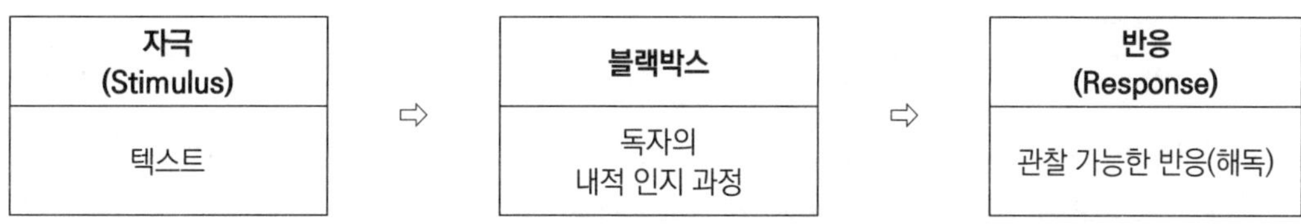

〈그림 5-2〉 행동주의적 관점에서 바라본 읽기의 과정

2) 인지주의적 관점

1960년대 후반, 행동주의의 한계를 비판하며 인지심리학이 등장하였다. 인지주의 관점에서는 읽기를 단순한 자극-반응의 연쇄가 아닌 독자의 내적 인지 과정으로 보는 관점으로 전환되었다. 스키마 이론에 기반한 이 관점에서는 인간은 경험과 지식을 통해 형성된 배경지식(schemata)을 활용하여 새로운 정보를 이해한다고 본다. 즉, 독자는 글을 읽을 때 텍스트의 정보를 자신의 지식구조와 연결하여 의미를 능동적으로 구성한다.

이 관점에서 읽기는 단순한 정보 수용이 아니라, 텍스트 정보와 독자의 배경지식이 상호작용하여 새로운 의미를 구성하는 과정으로 본다. 따라서 읽기 교육에서는 독자의 배경지식 활성화, 읽기 전략 사용, 초인지(metacognition)가 중요하게 다뤄진다. 예를 들어, 글을 읽기 전에 주제와 관련된 경험을 떠올리거나 제목을 예측하는 읽기 전 활동이 강조된다. 또한 독자가 자신의 이해를 점검하고, 필요시 전략을 수정할 수 있도록 자기 조절적 읽기를 지도해야 한다.

3) 사회문화적 관점

최근 대두된 사회문화적 관점에서는 읽기를 사회적 상호작용 속에서 의미를 구성하는 과정으로 확장하였다. 이 관점은 읽기를 개인의 인지 활동을 넘어 사회적 맥락과 문화적 배경 속에서 이루어지는 담화적 행위로 본다. 즉, 독자는 텍스트의 의미를 스스로 발견하는 것이 아니라, 사회·문화적 배경, 공동체의 가치, 타인과의 상호작용을 통해 의미를 구성하므로 동일한 텍스트라도 독자의 사회적 위치, 문화적 배경, 읽기 목적에 따라 다르게 해석될 수 있다.

이러한 관점은 비고츠키(Vygotsky, 1978)의 근접발달영역(ZPD, Zone of Proximal Development) 이론에 기반한다. 비고츠키는 학습이 타인과의 상호작용을 통해 이루어진다고 보았으며, 이를 위해 교사는 지식을 전달하는 존재가 아니라 학생이 스스로 의미를 구성하도록 돕는 조력자 역할을 해야 한다고 하였다. 따라서 사회문화적 관점의 읽기 교육은 학습자 간의 협동학습, 다양한 해석을 나누는 토의·토론형 읽기 활동, 사회적 맥락을 비판적으로 성찰하는 비판적 읽기 등을 중시한다. 결국 읽기는 개인이 고립적으로 수행하는 해독 행위가 아니라, 언어 공동체의 구성원들이 함께 의미를 협력적으로 만들어 가는 사회적 실천으로 이해된다.

나. 읽기 과정 모형

읽기 과정 모형은 읽기 과정에서 어떤 요인을 더 주도적인 입장에 두느냐에 따라 상향식 모형과 하향식 모형, 상호작용 모형으로 구분할 수 있다.

1) 상향식 모형(bottom-up model)

상향식 모형은 1960년대 중반까지의 행동주의적 관점에 기초한다. 이 모형은 읽기를 언어 단위의 순차적인 해독 과정으로 보고, 낮은 수준에서 높은 수준으로 점차 나아가는 단계적 처리 과정으로 이해한다. 즉, 낱자 → 음소 → 단어의 의미 파악 → 문장 이해 → 전체 의미 구성의 순서로 읽기를 수행하며, 텍스트의 형태적 정보가 이해의 출발점이 된다고 본다. 예를 들어, 입문기 학습자가 '사자'라는 단어를 처음 읽을 때, 'ㅅ+ㅏ→사', 'ㅈ+ㅏ→자'와 같은 방식으로 글자를 인식하고, 단어 전체의 의미에 도달하는 과정이 바로 상향식 읽기이다.

이 관점에서 글의 의미는 정확한 해독을 통해 자동적으로 형성된다고 보기 때문에, 독자보다 글(텍스트)이 중심이 된다. 따라서 상향식 모형은 초기 읽기 단계, 즉 문자를 익히고 낱말을 해독하는 단계에 적용하기 적합하다. 또한 독자가 낯선 제재나 사전 지식이 부족한 텍스트를 읽을 때, 주어진 정보 하나하나를 모아 전체 의미를 구성하는 경우에도 이 모형이 적용된다. 예를 들어, 배경지식이 없는 어려운 계약서를 보거나 어려운 단어가 많은 글을 읽을 때는 맥락으로 내용을 추측하며 읽기 어렵다. 이런 경우, 단어의 뜻을 찾아 파악하고, 글의 구조를 분석하면서 문장의 의미를 이해하게 된다.

상향식 모형은 의미를 텍스트 자체에서 찾으려는 경향이 강하다. 따라서 정확한 해석을 중요하게 여기며, 특히 단어 수준의 이해를 중시한다. 이후 문장, 문단, 글 전체 수준으로 점차 이해의 폭을 넓혀가는 과정을 강조한다.

2) 하향식 모형(top - down model)

하향식 모형은 1960년대 중반 이후 상향식 모형을 비판하며 등장하였다. Goodman (1967) 등은 읽기를 독자의 지식 기반에 근거하여 의미를 구성해 나가는 과정으로 보았다. 즉, 읽기는 예측의 과정으로서, 독자는 글을 읽기 전에 자신의 배경지식을 바탕으로 내용을 예측하고, 읽는 동안 예측을 확인·수정하며 의미를 구성한다. 예를 들어, 뉴스에서 '내일 한반도에 큰 비 예상'이라는 내용을 보면, '장마나 태풍이 오겠구나.'라고 내용을 예측할 수 있다. 또한 '손흥민, 환상적인 시즌 10호 골'이라는 뉴스 제목을 본다면 독자는 기사를 읽기 전에도 내용을 추측하게 되는데, 이는 하향식 모형에서 설명하는 전형적인 예측에 해당한다.

이 모형에서는 독자의 배경지식과 경험이 중심이 되며, 독해는 글 전체에서 출발해 문단 → 문장 → 단어의 순서로 진행된다. 따라서 텍스트보다는 독자의 능동적 의미 구성 과정을 강조한다.

하향식 모형은 의미를 텍스트가 아니라 독자 자신에게서 찾는다. 독자는 텍스트의 내용을 자신의 경험, 세계관, 지식 구조와 연관지으며, 자신의 스키마(schema)를 활성화시켜 의미를 구성한다. 따라서 읽기 전·중·후에 독자는 기존의 지식과 경험을 떠올리고 비교하면서 텍스트를 해석한다. 글의 이해는 전체 → 부분(문단 → 문장 → 단어)의 방향으로 이루어지는 것이 특징이다.

3) 상호작용 모형(interactional model)

상호작용 모형은 상향식 모형과 하향식 모형의 장점을 결합한 모형이다. 이 모형은 Rumelhart(1977)와 McNeil(1984) 등에 의해 제시되었으며, 읽기를 독자와 텍스트가 끊임없이 상호작용하면서 의미를 구성하는 과정으로 본다.

하향식 모형의 관점에서 독자는 자신의 스키마를 활성화시켜 글의 내용을 예측하고 추론한다. 이때 독자의 읽기 목적과 동기는 이해 과정에 중요한 영향을 미친다. 반면 상향식 모형의 관점에서는 독자가 문자적 단서에 주의를 기울인 후, 그에 맞는 스키마를 불러와 의미를 구성한다. 예를 들어, 전공 서적을 읽는 학생이 전반적인 이론의 흐름을 자신의 전공 지식으로 이해하며 읽어 나가는 것은 하향식 읽기에 해당한다. 그러다 처음

보는 낯선 전문 용어가 등장하면, 읽기를 멈추고 그 단어의 뜻을 앞뒤 문맥이나 각주를 통해 꼼꼼히 분석하게 되는데 이는 상향식 읽기에 해당한다. 단어 뜻을 파악한 후에는 다시 전체 맥락 속에서 그 의미를 재구성하게 되는 것이다.

상호작용 모형은 상향식, 하향식 처리가 독립적으로 교대하는 것이 아니라, 읽기 과정에서 동시적이고 상호의존적으로 작용한다고 볼 수 있다. 독자는 글을 읽으면서 자신의 배경지식(하향식)과 텍스트의 언어적 단서(상향식)를 지속적으로 조정하면서 의미를 구성한다. 따라서 읽기는 텍스트, 독자, 그리고 상황의 역동적인 상호작용 속에서 이루어지는 복합적인 인지 활동이다. 이 모형은 실제 읽기 과정을 가장 잘 설명하는 통합적 관점으로, 독자가 상황에 따라 전략을 선택하고 조절하는 메타인지적 읽기 지도에 이론적 근거가 된다.

다. 읽기 교육의 주안점

읽기 교수·학습에서는 학생의 발달 수준과 흥미, 통합적 학습, 정보화 시대 읽기를 중심으로 지도해야 한다.

1) 읽기 교수·학습의 원리

가) 맥락 중심의 이해 지도 원리

읽기 교육은 지엽적인 정보나 세부 기능의 분절적인 학습을 지양하고, 텍스트를 둘러싼 맥락을 통해 전체적인 의미를 구성하는 데 초점을 두어야 한다. 학습자가 글에 드러난 표면적 정보에만 머물지 않고 필자의 의도, 독자와의 관계, 시대적·문화적 배경 등을 입체적으로 고려하도록 지도해야 한다. 이를 통해 학습자는 글이 쓰인 상황 맥락과 사회·문화적 맥락을 종합적으로 파악하여 글의 내용을 더 잘 이해할 수 있다.

나) 전략적 사고와 상위인지 활용의 원리

학습자가 실제 읽기 상황에서 필요한 사고 과정을 주도적으로 사용하도록 지도해야 한다. 이를 위해 교사는 다양한 유형의 자료를 활용하여 예측하기, 요약하기, 추론하기 등 적절한 읽기 전략을 안내하고, 학습자가 이를 스스로 적용해 보도록 해야 한다. 나아가 자신의 읽기 전략이 효과적인지 점검하고 조정하는 상위인지 활동을 강화하여 학습자가 능동적으로 문제를 해결하는 독자로 성장하도록 조력해야 한다.

다) 자기 선택적 읽기의 원리

획일적인 읽기 자료 제공에서 벗어나 학습자의 수준, 관심, 흥미, 적성, 진로 등을 고려한 자기 선택적 읽기 활동을 적극적으로 보장해야 한다. 학습자가 자신의 필요와 흥미에 맞는 읽을거리를 직접 선택하게 함으로써 읽기에 대한 동기를 부여하고 주체성을 강화할 수 있다. 이는 수동적인 읽기 태도를 극복하고, 학습자가 스스로 읽기의 즐거움을 찾아 평생 독자로 나아가는 기반이 된다.

라) 독서 경험 심화의 원리

교사는 읽기 자료의 난도와 분량을 학습자의 수준에 맞춰 세심하게 조절하여 제공해야 한다. 학습 초기에는 짧고 쉬운 글이나 자료를 부담 없이 읽기에 접근하도록 유도하고, 점차 긴 호흡의 글이나 한 권 이상의 책을 완독하는 활동으로 확장해 나가야 한다. 이러한 점진적인 지도를 통해 학습자는 단순한 읽기를 넘어 깊이 있는 독서 경험을 쌓고, 실제적인 문해력을 갖춘 독자로 성장할 수 있다.

마) 사회적 상호작용의 원리

읽기 과정은 개인적인 차원을 넘어 사회적 상호작용 속에서 의미를 구성하는 과정으로 확장되어야 한다. 이를 위해 학습자가 글을 읽으며 스스로 질문을 생성하고, 이를 바탕으로 발표, 대화, 토론 등의 상호작용 활동에 참여하여 다른 독자들의 다양한 반응을 공유하도록 지도해야 한다. 이러한 과정은 학습자가 개인적 해석에 머무르지 않고 타인의 견해를 접하며 사고를 확장하도록 돕는다. 교사는 학습자가 개인적 독서에 머무르지 않고 독서 공동체 속에서 의미를 협의하고 조정하며 '사회적 읽기'에 참여하는 성숙한 독자로 성장할 수 있도록 다양한 교류의 장을 마련해야 한다.

2) 읽기 교수·학습의 방법

읽기 전략은 읽기 전, 중, 후 단계에 따라 적절하게 적용되어야 한다. 읽기 과정에 적절한 전략을 적용하면 학습자의 이해력과 사고력을 효과적으로 신장할 수 있다.

가) 읽기 전 전략

읽기 전에는 읽기 목적 설정하기, 예측하기, 배경지식 활성화하기 등의 전략을 활용할 수 있다.

읽기 목적 설정하기 전략은 글을 읽기 전에 어떤 목표로 읽을 것인지 명확히 정하는 것으로, 읽기 과정에서 중요한 내용에 집중하고 산만함을 줄이는 데 도움을 준다.

예측하기 전략은 제목, 삽화, 차례 등을 바탕으로 글의 내용을 미리 짐작해 보는 것이다. 예측을 통해 독자는 글의 내용 전개를 추적하려는 동기를 갖게 되고 능동적으로 읽기에 참여한다. 또한 예측 과정에서 자연스럽게 자신의 배경지식을 떠올리게 되므로 배경지식 활성화 전략이 함께 이루어진다. 글을 읽기 전에 주제와 관련된 경험이나 개념을 떠올려 보면, 읽는 중 제시되는 정보를 더 빠르고 정확하게 이해할 수 있다.

나) 읽기 중 전략

읽기 중에는 질문하기, 추론하기, 장면 떠올리기, 시각화하기, 점검 및 조정하기 전략을 적용할 수 있다.

질문하기 전략은 글을 읽는 동안 '왜 그럴까?', '만약 ~라면?'과 같은 질문을 스스로 던지며 의미를 구성하는 전략이다. Rachel(2008)은 능숙한 독자는 이해가 혼란스럽거나 의문이 생길 때 스스로에게 질문하며 이해를 점검한다고 하였다. 질문하기는 텍스트에 대한 몰입을 높이고, 이해의 공백을 채우기 위한 다른 전략을 찾도록 동기를 부여한다(박수자 외, 2018).

추론하기 전략은 글에 직접 제시되지 않은 의미를 배경지식과 텍스트 단서를 활용해 유추하는 것이다. 등장인물의 감정, 원인·결과, 글쓴이의 의도 등을 파악할 때 특히 중요한 전략이다.

장면 떠올리기 전략은 글의 내용을 머릿속에 영상처럼 그리며 읽는 방식으로, 이야기·설명·정보 텍스트 등 다양한 장르에서 이해를 촉진한다.

시각화하기 전략은 텍스트의 정보를 그림, 도표, 마인드맵 등 외적 표상으로 나타내어 구조화하는 전략이다. 이는 글의 논리 구조를 명확히 파악하고 학습자의 이해 상태를 점검하는 데 유용하다.

자기 점검 및 조정하기 전략은 읽는 과정에서 자신이 내용을 잘 이해하고 있는지, 적절한 전략을 사용하고 있는지를 지속적으로 확인하고 필요한 경우 전략을 조정하는 것을 말한다. 이 과정에서 상위인지(metacognition)가 작용한다. 특히 디지털 텍스트는 링크 이동이나 스크롤 등의 요인으로 읽기 목적이 흐려지기 쉬우므로, 읽기 목적 유지와 방향 조정이 더욱 중요하다.

다) 읽기 후 전략

읽기 후에는 학습 내용을 내면화하기 위해 중심 내용 파악하기, 요약하기, 비판적 읽기 등의 전략을 활용한다.

중심 내용 파악하기 전략은 독자의 읽기 목적과 글의 장르에 따라 중요한 정보를 선별하는 활동이다. 설명문은 대상과 특징, 글쓴이가 강조한 정보가 무엇인지 정리해야 하며, 설득문은 글쓴이의 주장과 근거의 타당성을 파악해야 한다. 이야기 글은 구성 요소(story grammar)를 파악하고 주제와 작가의 의도를 분석해야 한다.

요약하기 전략은 중심 내용을 간추리는 과정으로, 회상력 향상에 직접적 영향을 미친다(이경화, 2001). 요약 규칙에는 삭제(불필요한 정보 제거), 상위어 대체(여러 정보를 하나의 상위 개념으로 묶기), 선택(중심 문장 찾기), 구성(중심 문장이 명시되지 않을 때 새롭게 중심 내용을 구성하기) 등이 있다. 이러한 규칙을 활용하면 본문의 주요 내용을 효과적으로 축약할 수 있다.

비판적 읽기 전략은 글쓴이의 주장과 제시된 근거의 타당성·신뢰성·공정성 등을 검토하며 글을 능동적으로 재평가하는 과정이다. 정보의 출처가 객관적인지, 통계 수치가 과장되었는지, 글쓴이의 태도가 편향되지 않았는지 등을 점검해야 한다. 비판적 읽기는 단순 이해 수준을 넘어 독자가 자신의 의견을 형성하고 표현할 수 있도록 돕는 고차원적 전략이다.

라) 전략 적용의 유의점

여기에서 제시한 전략이 독서 능력을 기르는 데 필요한 모든 전략은 아니다. 다만 읽기 교육에서 특히 중요한 전략들을 중심으로 소개한 것이다. 이러한 전략들은 서로 긴밀하게 연결되어 있으며, 한 번에 많은 전략을 동시에 가르치기보다 한 권의 책이나 한 단원의 읽기에서 두세 가지 전략을 선택하여 집중적으로 적용하는 것이 효과적이다. 또한 글의 종류, 학습자의 경험, 읽기 목적에 따라 적절한 전략이 달라질 수 있음을 고려해야 한다.

3. 읽기 교육의 내용

읽기 교육은 학습자가 기초 문해력을 갖추고, 이를 통해 학업은 물론 일상생활까지 주도적으로 꾸려나가는 평생 독자로 성장하는 데 그 목적을 둔다. 따라서 읽기 영역의 교육과정은 기초 기능 습득에서부터 비판적·창의적 고차원적인 사고 능력까지 폭넓게 경험할 수 있도록 설계되어 있다.

가. 내용 체계

2022 개정 교육과정에서 국어과 읽기 영역의 내용 체계를 살펴보면 다음과 같다. 내용 체계는 핵심 아이디어, 범주, 학년군별 내용 요소로 구성된다.

〈표 5-1〉 읽기 영역의 내용 체계

<table>
<tr><td colspan="2">핵심 아이디어</td><td colspan="4">• 읽기는 독자가 자신의 배경지식이나 경험을 활용하여 언어를 비롯한 다양한 기호나 매체로 표현된 글의 의미를 능동적으로 구성하는 행위이다.
• 독자는 다양한 상황 맥락과 사회·문화적 맥락 속에서 자신의 읽기 목적을 달성하기 위하여 다양한 유형의 글을 읽는다.
• 독자는 읽기 과정을 점검·조정하며 읽기 과정에서 부딪히는 문제를 해결하기 위해 적절한 읽기 전략을 사용하여 글을 읽는다.
• 독자는 읽기 경험을 통해 읽기에 대한 긍정적 정서를 형성하고 삶과 공동체의 문제 해결을 위해 공동체 구성원과 함께 독서를 통해 소통함으로써 사회적 독서 문화를 만들어 간다.</td></tr>
<tr><td colspan="2" rowspan="3">범주</td><td colspan="4">내용 요소</td></tr>
<tr><td colspan="3">초등학교</td><td>중학교</td></tr>
<tr><td>1~2학년</td><td>3~4학년</td><td>5~6학년</td><td>1~3학년</td></tr>
<tr><td rowspan="2">지식·이해</td><td>읽기 맥락</td><td></td><td>• 상황 맥락</td><td colspan="2">• 상황 맥락
• 사회·문화적 맥락</td></tr>
<tr><td>글의 유형</td><td>• 친숙한 화제의 글
• 설명 대상과 주제가 명시적인 글
• 생각이나 감정이 명시적으로 제시된 글</td><td>• 친숙한 화제의 글
• 설명 대상과 주제가 명시적인 글
• 주장, 이유, 근거가 명시적인 글
• 생각이나 감정이 명시적으로 제시된 글</td><td>• 일상적 화제나 사회·문화적 화제의 글
• 다양한 설명 방법을 활용하여 주제를 제시한 글
• 주장이 명시적이고 다양한 이유와 근거가 제시된 글
• 생각이나 감정이 함축적으로 제시된 글</td><td>• 인문, 예술, 사회, 문화, 과학, 기술 등 다양한 분야의 글
• 다양한 설명 방법을 활용하여 주제를 제시한 글
• 다양한 논증 방법을 활용하여 주장을 제시한 글
• 생각과 감정이 함축적이고 복합적으로 제시된 글</td></tr>
<tr><td rowspan="4">과정·기능</td><td>읽기의 기초</td><td>• 글자, 단어 읽기
• 문장, 짧은 글 소리 내어 읽기
• 알맞게 띄어 읽기</td><td>• 유창하게 읽기</td><td></td><td></td></tr>
<tr><td>내용 확인과 추론</td><td>• 글의 중심 내용 확인하기
• 인물의 마음이나 생각 짐작하기</td><td>• 중심 생각 파악하기
• 내용 요약하기
• 단어의 의미나 내용 예측하기</td><td>• 글의 구조를 파악하기
• 글의 주장이나 주제 파악하기
• 글의 구조 고려하며 내용 요약하기
• 생략된 내용과 함축된 의미 추론하기</td><td>• 설명 방법과 논증 방법 파악하기
• 글의 관점이나 주제 파악하기
• 읽기 목적과 글의 구조를 고려하며 내용 요약하기
• 드러나지 않은 의도나 관점 추론하기</td></tr>
<tr><td>평가와 창의</td><td>• 인물과 자신의 마음이나 생각 비교하기</td><td>• 사실과 의견 구별하기
• 글이나 자료의 출처 신뢰성 평가하기
• 필자와 자신의 의견 비교하기</td><td>• 글이나 자료의 내용과 표현 평가하기
• 다양한 글이나 자료 읽기를 통해 문제 해결하기</td><td>• 복합양식의 글·자료의 내용과 표현 평가하기
• 설명 방법과 논증 방법의 타당성 평가하기
• 동일 화제에 대한 주제 통합적 읽기
• 진로나 관심 분야에 대한 자기 선택적 읽기</td></tr>
<tr><td>점검과 조정</td><td></td><td colspan="3">• 읽기 과정과 전략에 대해 점검·조정하기</td></tr>
<tr><td colspan="2">가치·태도</td><td>• 읽기에 대한 흥미</td><td>• 읽기 효능감</td><td>• 긍정적 읽기 동기
• 읽기에 적극적 참여</td><td>• 읽기에 대한 성찰
• 사회적 독서 문화 형성</td></tr>
</table>

1) 핵심 아이디어

2022 개정 교육과정은 2015 개정 교육과정의 '일반화된 지식'을 '핵심 아이디어'라는 개념으로 재구조화하였다. 읽기 영역의 핵심 아이디어는 읽기 학습의 주체인 학생을 '독자'로 정의하고, '독자'가 전 학년에 걸쳐 알 수 있는 것과 할 수 있는 것을 토대로 4개의 문장으로 구체화하였다. 신설된 이 핵심 아이디어들은 학습자가 최종적으로 내면화해야 할 앎을 명제 형태로 진술한 것으로, 읽기 교수·학습 전체를 관통하는 원리이자 기준으로서의 성격을 명확히 보여준다.

읽기 영역의 핵심 아이디어 첫 번째는 '지식·이해', '과정·기능', '가치·태도' 전 영역을 아우르는 교육 내용의 조직자로서 읽기의 본질을 규정한다. 두 번째는 '지식·이해' 측면에서 독자가 맥락과 목적을 고려하여 능동적으로 다양한 글을 읽어야 함을 강조한다. 세 번째는 '과정·기능' 측면에서 상위 인지를 활용해 읽기 과정을 점검·조정하고, 적절한 전략으로 문제 상황을 해결하는 수행 능력에 초점을 둔다. 마지막으로 네 번째는 '가치·태도'와 관련하여, 독자가 긍정적 정서를 바탕으로 독서 공동체와 소통하며 바람직한 사회적 독서 문화를 형성하는 데 참여해야 함을 제시하고 있다.

2) 범주

2022 개정 국어과 교육과정의 내용 체계는 '핵심 아이디어', '범주', '내용 요소'로 구성된다. 2015 개정 교육과정에서 '핵심 개념'에 포함되었던 '읽기의 본질', '목적에 따른 글의 유형', '읽기의 구성 요소', '읽기의 태도' 등은 실제로 내용 범주에 해당하는 부분들이나 문세 체제상에서 '핵심 개념'으로 명명되어 다루어졌다. 이는 2022 개정 교육과정에서는 '범주'로 재명명되었고, 상위 범주는 2022 개정 교과 교육과정의 내용 체계에 따라 '지식·이해', '과정·기능', '가치·태도'로 구분되었다.

2015 개정 교육과정의 '기능'은 삭제되었다. 내용 체계상 '기능'의 역할이 다소 불분명하고, 이 '기능'은 2015의 읽기의 구성 요소나 읽기의 방법을 토대로 읽기 기능의 일반화된 형태를 나열한 방식에 한하였으므로 실제는 중복 제시의 문제도 있었다. 이에 2022 내용 체계에서 '기능' 항목을 삭제하였다.

2015 개정 교육과정의 '목적에 따른 글의 유형'은 '지식·이해'의 '글의 유형'으로 재편

되었고, '읽기의 구성 요소'와 '읽기와 매체' 등은 '지식·이해' 범주의 '읽기 맥락'으로 재편되었다. '읽기의 과정'과 '읽기의 방법'은 '과정·기능'의 '읽기의 기초', '내용 확인과 추론', '평가와 창의', '점검과 조정'으로 재편되었다. '읽기의 태도'는 '가치·태도' 범주로 재편되었다.

3) 학년(군)별 내용 요소

읽기 영역의 '내용 요소'는 읽기 영역의 각 학년(군)에서 배워야 할 학습 내용을 구체적으로 제시하였다. 각 학년(군)에서 중점적으로 학습해야 할 '지식·이해', '과정·기능', '가치·태도'의 학습 내용을 초점화하여 제시하되, 학년 간 연계를 고려하여 학습 내용을 위계화하여 제시하였다. 2015 개정 국어과 교육과정과 비교하여 2022 개정 국어과 교육과정의 내용 체계에 제시된 학년군별 내용 요소의 변화 양상을 살펴보면 다음과 같다.

첫째, '읽기 맥락' 범주는 2015 개정 교육과정의 읽기의 구성 요소 중 읽기의 맥락을 상세화하고, 읽기가 수행되는 독자, 글, 맥락 간의 관계를 구체화하기 위해 상황 맥락과 사회·문화적 맥락으로 각각의 내용 요소를 선정하였다. 이와 관련한 맥락은 읽기 성취기준에 전제된 내용 요소로 선정하였다.

둘째, '글의 유형'의 경우 2015 개정 교육과정에서 제시한 '목적에 따른 글의 유형'이 '화제', '텍스트의 단위', '텍스트의 목적 분류'에 따라 혼재되어 있는 점을 '화제의 수준과 범위'를 고려하여 친숙한 화제, 일상적 화제, 사회·문화적 화제에서 '인문, 예술, 사회, 문화, 과학, 기술 등 다양한 분야별 화제'로 계열화하여 각기 제시하였다. 또한 읽을 대상을 글(text)로 단일화하되 성취기준 수준에서 글자, 낱말, 문장, 짧은 글이나 긴 글, 매체 자료 등의 범위로 구체화하였다. 또한 텍스트의 유형을 목적 유형으로 분류하기보다 정보의 설명과 논증적 텍스트 등의 정보적 텍스트와 정서 표현 텍스트로 크게 분류하여 제시하였다. 또한 텍스트가 담고 있는 정보의 명시성과 함축성, 텍스트의 구조나 형식 차원의 복잡도 수준을 고려하여 텍스트의 유형과 수준을 위계화하고 이를 학년별로 계열화하고 제시하였다.

셋째, '과정·기능' 범주는 2015 개정 교육과정의 '읽기의 방법'에 대응하는 내용 요소로 선정되었다. 이와 관련하여 주목할 만한 변화는 2015 개정 교육과정의 읽기의 방법이 독해 기능을 중심으로 명명되어 있고 해독, 유창성, 독해 등 읽기의 전체적인 기능을 포괄하지 못한다는 점, 기초 문식성의 교육 내용 요소가 명시적으로 드러나지 않는다는 점 등을 고려할 때, 해독과 유창성에 해당하는 읽기의 기능 요소를 '읽기의 기초' 범주를 명시하여 이 하위의 내용 요소로 제시하였다. 이에 '소리와 철자 간의 대응', '소리 내어 읽기', '의미 단위를 고려하여 알맞게 띄어 읽기', '유창하게 읽기'를 초등학교 1~2학년과 3~4학년에 걸쳐 내용 요소로 구체화하여 제시하였다.

다음으로 2015 개정 교육과정의 독해 기능과 관련한 읽기 방법의 용어로 '사실적 이해', '추론적 이해', '비판적 이해', '창의적 이해'에 관한 용어를 PISA 등의 국제 학업성취도 평가나 국내외 읽기 기능을 명명하는 연구 분야의 다양한 논의 등을 반영하여 '내용 확인'과 '추론', '평가'와 '창의' 등으로 해당 용어를 변경하였다. 또한 독해 기능에 있어 2015 개정 교육과정에서 제시한 '읽기 과정의 점검'의 경우 읽기의 상위 인지(metacognition)의 구성 요소가 '점검(monitor)'과 '조정(control)'로 이루어져 있고, 읽기의 과정에서 점검과 조정이 이루어지는 실제적 대상이 '읽기 전략'임을 고려하여 '점검과 조정'으로 이를 용어를 변경하여 제시하였다. 과정·기능에 제시된 각 내용 요소는 학년군별로 위계적으로 배열됨으로써 학습 요소가 학년군별로 심화·확장될 수 있도록 제시되어 읽기 능력을 구성하는 데 요구되는 하위의 읽기 기능 등이 본질적으로 교수·학습의 과정에서 획득될 수 있도록 설정하였다.

넷째, '가치·태도' 범주는 2015 개정 교육과정의 '읽기의 태도'에 대응하는 내용 요소로 선정되었다. 2015 개정 교육과정의 경우 읽기의 정의적 요인을 읽기 흥미만을 제한하여 밝힌 데 반해, 2022 개정 교육과정의 경우 읽기 흥미, 읽기 효능감, 읽기 동기 등으로 읽기의 정의적 요인으로 주요하게 다루어온 대상을 실제적으로 반영함으로써 학년군별 정의적 요인에 대한 지도 요소를 구체화하였다. 또한 읽기의 생활화의 내용 요소로 제시된 '경험과 느낌 나누기, 읽기 습관 점검하기, 읽기 생활화하기, 자발적 읽기' 등의 모호성이나 학년별 위계성의 문제 등을 고려하여 '읽기 생활화하기, 자발적 읽기' 등은 '읽기에 대한 적극적 참여'로 제시하였다. 또한 읽기의 생활화가 개인의 독서 활동에 제한되어 서술된 바를 사회적 독서 활동으로 독서의 폭을 넓혀 '사회적 독서에 대한 참여와 독서 문화 형성'에 관한 내용 요소를 제시하였다.

이를 통해 학습자가 형성해야 할 읽기의 정의적 요소를 명시적으로 확인하고, 이에 관한 성취기준을 상세화함으로써 읽기 정의적 요소의 교육적 방안을 체계화하도록 하였다. 특히 독자의 능동성과 자발성, 주도성에 근거한 독서 활동에 대한 지속과 참여, 개인과 사회를 연결하는 독서 활동을 확장하도록 함으로써 읽기의 정의적 요소에 대한 교육적 효과를 보다 더 진작시키고자 하였다.

나. 성취기준

성취기준은 학년군별로 성취기준이 제시된다. 1~2학년군 5개, 3~4학년군 6개, 5~6학년군 5개로 총 16개의 성취기준이 있다. 성취기준은 지식·이해 범주, 과정·기능 범주, 가치·태도 범주의 내용 요소들을 결합하여 진술한다. 내용 간의 연계성을 고려해 최소한 두 범주 이상의 내용 요소를 결합하는 것을 원칙으로 하되, [지식·이해]+[과정·기능]('가' 유형), [지식·이해]+[가치·태도]('나' 유형), [과정·기능]+[가치·태도]('다' 유형), [지식·이해]+[과정·기능]+[가치·태도]('라' 유형) 등 다양한 유형으로 내용 요소를 서로 결합하여 진술한다. 특정 범주의 내용 요소를 1개 이상 결합하여 성취기준을 진술한 경우(기타 유형)도 존재한다.

예를 들면, 성취기준 '[2국02-03] 글을 읽고 중심 내용을 확인한다.'는 [지식·이해] 범주의 내용 요소 '설명 대상과 주제가 명시적인 글'과 [과정·기능] 범주의 내용 요소 '글의 중심 내용 확인하기'가 결합한 '가' 유형이고, '[4국02-03] 질문을 활용하여 글을 예측하며 읽고 자신의 읽기 과정을 점검한다'는 [과정·기능] '단어의 의미나 내용 예측하기'와 [과정·기능] '읽기 과정과 전략에 대해 점검·조정하기'가 결합한 '기타'유형에 해당한다.

일부 성취기준에 대해서는 '성취기준 해설'을 제공하며, 학년군의 성취기준들을 적용하면서 고려할 사항들을 '성취기준 적용 시 고려 사항'으로 제시하고 있다. 문법 영역의 성취기준을 초등학교 학년군별 성취기준은 〈표 5-2〉와 같다.

〈표 5-2〉 초등 읽기 영역의 학년군별 성취기준

학년군	성취기준
1,2학년	[2국02-01] 글자, 단어, 문장, 짧은 글을 정확하게 소리 내어 읽는다. [2국02-02] 의미가 잘 드러나도록 문장과 짧은 글을 알맞게 띄어 읽는다. [2국02-03] 글을 읽고 중심 내용을 확인한다. [2국02-04] 인물의 마음이나 생각을 짐작하고 이를 자신과 비교하며 글을 읽는다. [2국02-05] 읽기에 흥미를 가지고 즐겨 읽는 태도를 지닌다.
3,4학년	[4국02-01] **글의 의미를 파악하며 유창하게 글을 읽는다.** [4국02-02] 문단과 글에서 중심 생각을 파악하고 내용을 간추린다. [4국02-03] 질문을 활용하여 글을 예측하며 읽고 자신의 읽기 과정을 점검한다. [4국02-04] 글에 나타난 사실과 의견을 구분하고 필자와 자신의 의견을 비교한다. [4국02-05] **글이나 자료의 출처가 믿을 만한지 판단한다.** [4국02-06] **바람직한 읽기 습관을 형성하고 읽기에 대한 자신감을 기른다.**
5,6학년	[6국02-01] 글의 구조를 고려하며 주제나 주장을 파악하고 글 내용을 요약한다. [6국02-02] **글에서 생략된 내용이나 함축된 표현을 문맥을 고려하여 추론한다.** [6국02-03] 글이나 자료를 읽고 내용의 타당성과 표현의 적절성을 평가한다. [6국02-04] **문제 상황과 관련된 다양한 관점의 글을 읽고 이를 문제 해결에 활용한다.** [6국02-05] **긍정적인 읽기 동기를 형성하고 적극적으로 읽기에 참여하는 태도를 기른다.**

2015개정 교육과정의 읽기 영역 성취기준과 비교하면, 3~4학년군은 1개가 증가하였고, 5~6학년군에서는 1개가 감소하였다. 2022 개정 교육과정에서 초등 수준에서 '신설'된 성취기준은 6개이다. 기초 문식성 강화와 관련하여 3~4학년군에서 [4국02-01]의 성취기준이 신설되었고, 비판적 읽기와 관련하여 [4국02-05], 추론과 관련하여 [6국02-02], 다양한 관점의 글 읽기 관련하여 [6국02-04]가 신설되었다. 또한 가치·태도 범주에서 읽기의 자신감, 읽기 동기, 적극적 읽기와 관련하여 [4국02-06], [6국02-05]이 신설되었다. 그 외 성취기준은 통합되거나 수정·보완하여 재구성하였다.

일부 성취기준에 대해 '성취기준 해설'을 제공한다. 그리고 학년군의 성취기준들을 적용하면서 고려할 사항들을 '성취기준 적용 시 고려 사항'으로 제시하고 있다. '성취기준 해설'은 성취기준 설정의 취지, 학습의 내용 요소를 간략하게 제시하고 있다. 특히 학습 요소의 범위와 내용을 명확히 하는 데 중점 두어 기술하였다. 예를 들면, [6국02-04]의 경우, 신설된 성취기준이므로 다양한 관점의 글이 문제 해결을 위해 도움을 줄 수 있어야 한다는 글의 필요와 범위를 명확히 한 것 등이 그러하다.

'성취기준 적용 시 고려 사항'에는 성취기준 지도상의 중점이나 유의점에 해당하는 내용을 기술하고 있다. 성취기준 적용 시 고려 사항에서 제공하는 정보는 다음과 같다. 첫째, 해당 학년(군)별 성취기준과 관련한 전체적인 수준의 교수·학습 및 평가의 방향 제시, 둘째, 해당 학년(군)별 성취기준에서 반영되는 국가 사회적 요구(디지털 AI소양, 민주 시민성 등)와 교수·학습적 차원의 대응, 셋째, 필요시 성취기준 해설이 제공되지 않거나 특별히 교수·학습 중점이 제공되어야 할 성취기준의 교수·학습과 관련한 추가 정보 등이 그것이다.

[초등학교 1~2학년]

[2국02-01] 글자, 단어, 문장, 짧은 글을 정확하게 소리 내어 읽는다.
[2국02-02] 의미가 잘 드러나도록 문장과 짧은 글을 알맞게 띄어 읽는다.
[2국02-03] 글을 읽고 중심 내용을 확인한다.
[2국02-04] 인물의 마음이나 생각을 짐작하고 이를 자신과 비교하며 글을 읽는다.
[2국02-05] 읽기에 흥미를 가지고 즐겨 읽는 태도를 지닌다.

(가) 성취기준 해설

- [2국02-02] 이 성취기준은 글을 의미 단위에 알맞게 띄어 읽으며 글의 의미를 파악하는 능력을 기르기 위해 설정하였다. 글을 읽으면서 의미 단위를 인식하고 이에 맞게 띄어 읽는 것은 글의 의미를 정확하게 파악하고 읽기 유창성을 높이는 데 중요한 요소이다. 글의 의미를 이해하기 위해 의미 단위에 따른 어구나 어절 단위 등으로 띄어 읽기, 주어부와 서술어부 등을 단위로 하여 띄어 읽기, 문장 부호에 따라 문장 단위를 인식하면서 띄어 읽기, 쉬는 지점, 쉼의 길이에 유의하며 띄어 읽기 등을 학습한다.
- [2국02-04] 이 성취기준은 글에 등장하는 인물의 마음과 생각을 짐작하는 능력과 타인에 대한 공감 능력을 기르기 위해 설정하였다. 인물의 마음이나 생각을 짐작하는 것은 글의 내용에 대한 이해와 더불어 실제 주변 인물에 대한 이해를 높이는 데 도움이 된다. 인물의 처지나 상황을 파악하기, 자신의 경험에 비추어 인물의 마음이나 생각 짐작하기, 감정을 드러내는 다양한 어휘를 활용하여 인물의 마음이나 생각을 표현하기, 인물의 마음이나 생각과 관련된 자신의 경험이나 생각을 떠올리며 비

교하기 등을 학습한다.

(나) 성취기준 적용 시 고려 사항

- 읽기 성취기준과 타 영역의 성취기준을 분리해서 지도하기보다 상호 연계하여 국어 활동의 총체성을 구현하도록 한다. 예를 들어 정확히 소리 내어 읽기와 관련한 성취기준은 글자와 단어를 바로 쓰기에 대한 쓰기 성취기준, 소리와 표기가 나름을 알고 정확하게 발음하고 쓰기에 대한 문법 성취기준, 말놀이와 낭송에 관한 문학 성취기준 등과 연계하여 지도한다.
- 정확히 소리 내어 읽기나 알맞게 띄어 읽기를 지도할 때는 학습자가 해당 성취기준에 대한 학습 시간에는 물론이고, 일상생활에서도 학교 안내판, 학급 게시판, 광고지 등 주변에서 접할 수 있는 읽기 자료를 보고 스스로 읽기 활동에 적극적으로 참여할 수 있도록 관심을 기울여 지도한다. 나아가 가정에서도 쉽게 접할 수 있는 읽기 자료를 보고 정확히 소리 내어 읽고 알맞게 글을 읽는지 점검하도록 안내하여 학교 안팎에서의 기초 읽기 능력이 균형 있게 발달할 수 있도록 한다.
- 알맞게 띄어 읽기는 함께 읽기와 혼자 읽은 후 짝과 함께 상호 점검하며 읽기 등의 방법을 활용한다. 이때 의미에 따라 여러 단위에서 띄어 읽기가 가능하므로 기계적으로 띄어 읽기를 하지 않도록 유의한다.
- 학습자가 한글 학습에 흥미를 느끼고 지속적으로 참여할 수 있도록 몸으로 문자를 표현하는 등의 신체 놀이, 첫음절이 같은 단어를 다양하게 떠올려 보는 연상 놀이 등을 활동 중심 수업과 연계하여 지도할 수 있다. 또한 이 시기는 한글 학습을 통해 기초적인 읽기 능력 계발뿐만 아니라 학습자가 읽기에 대한 흥미를 형성하는 매우 중요한 시기이다. 따라서 학습자가 자신의 수준과 흥미에 맞는 책을 읽은 후 자신의 생각을 표현하는 놀이나 활동·체험 등을 연계하여 즐거운 독서 경험을 통해 독서에 대한 긍정적인 태도를 기를 수 있도록 지도한다.
- 일반 학습자를 포함하여, 다문화 배경 학습자나 느린 학습자 등의 특별한 요구가 있는 경우에는 해당 성취기준에 대한 개별화 맞춤형 수업을 통해 정확히 소리 내어 읽기와 알맞게 띄어 읽기 등의 한글 깨치기 학습이 충실히 이루어질 수 있도록 지도한다.

[초등학교 3~4학년]

[4국02-01] 글의 의미를 파악하며 유창하게 글을 읽는다.
[4국02-02] 문단과 글에서 중심 생각을 파악하고 내용을 간추린다.
[4국02-03] 질문을 활용하여 글을 예측하며 읽고 자신의 읽기 과정을 점검한다.
[4국02-04] 글에 나타난 사실과 의견을 구분하고 필자와 자신의 의견을 비교한다.
[4국02-05] 글이나 자료의 출처가 믿을 만한지 판단한다.
[4국02-06] 바람직한 읽기 습관을 형성하고 읽기에 대한 자신감을 기른다.

(가) 성취기준 해설

- [4국02-01] 이 성취기준은 글의 의미를 효과적으로 표현하는 방법을 사용하여 유창하게 글을 읽는 능력을 기르기 위해 설정하였다. 글의 유형에 따라 글의 분위기, 장면, 인물의 특성 등을 파악하고 이를 고려하되, 어조, 억양, 속도, 강세 등의 표현 요소를 활용하여 글을 읽으면서 글의 의미를 효과적으로 표현하기 등을 학습한다.
- [4국02-03] 이 성취기준은 글을 읽으며 글에 대한 질문을 만들고 이에 대한 답을 예측하면서 글을 읽는 추론적 읽기 능력을 기르기 위해 설정하였다. 읽기 진이나 읽기 중에 이루어지는 질문을 통해 자신의 배경지식이나 경험을 글과 관련짓기, 배경지식이나 경험을 활성화하여 글의 의미 추론하기, 제목이나 글의 차례, 사진이나 그림 등의 자료를 통해 글의 의미 추론하기, 질문을 통해 단어의 의미, 이어질 내용이나 사건의 전후를 예측하기, 질문을 통해 글을 이해한 정도를 점검하거나 읽기 과정에서 겪는 어려움을 점검하기 등을 학습한다.
- [4국02-04] 이 성취기준은 글에 나타난 사실과 의견을 구별하고 필자와 자신의 의견을 비교하면서 필자의 의견을 일방적으로 수용하지 않고 글을 비판적으로 읽는 능력을 기르기 위해 설정하였다. 글을 읽고 필자의 의견과 객관적 사실을 구별하기, 필자의 의견과 자신의 의견을 비교하기, 필자의 의견에 대한 타당성을 평가하기, 동일한 주제나 상황에 대한 서로 다른 의견 비교하기 등을 학습한다.
- [4국02-05] 이 성취기준은 도서관이나 인터넷 등을 통해 글이나 자료를 찾아 읽을 때 출처의 신뢰성을 평가하며 읽고 믿을 만한 글이나 자료를 선별하는 능력을 기르

기 위해 설정하였다. 글이나 자료의 출처 확인 방법이나 필요성 이해하기, 다양한 매체를 활용하여 글이나 자료 탐색하기, 글이나 자료의 정보 출처 파악하기, 정보 출처의 유형이나 정보의 최신성 확인하기, 권위나 공신력 등을 고려한 신뢰성 평가하기, 여러 정보를 비교하며 내용의 신뢰성 평가하기 등을 학습한다.

(나) 성취기준 적용 시 고려 사항

- 글의 내용을 파악하고 글에 담긴 의미를 추론하고 평가하는 등 기본적인 읽기 능력을 갖출 수 있도록, 읽기 유창성을 고려한 읽기 상황, 중심 내용을 파악하는 읽기 상황, 질문과 예측을 활용한 능동적인 읽기 상황, 사실과 의견을 구분하거나 출처의 신뢰성을 평가하는 상황 등을 중심으로 읽기 활동이 이루어지도록 한다.
- 읽기 유창성을 지도할 때는 먼저 혼자 읽은 후에 짝과 함께 상호 점검하며 읽을 수 있도록 지도한다. 또한 글을 읽을 때 빠르고 정확하게 읽는 읽기 유창성이 충분히 숙달되었는지 점검하면서 글의 의미를 효과적으로 표현할 수 있는 방법을 사용하여 유창하게 글을 읽는지 살피고, 학습자의 읽기 유창성의 수준을 고려하며 지도한다. 1~2학년의 소리 내어 읽기와 알맞게 띄어 읽기의 학습이 충실히 이루어졌는지 연계하여 지도함으로써 한글 깨치기의 어려움을 진단하고 이를 보정하면서 소리 내어 읽기, 알맞게 띄어 읽기 기능이 숙달될 수 있도록 지도한다. 일반 학습자를 포함하여, 다문화 배경 학습자나 느린 학습자 등의 특별한 요구가 있는 경우에는 해당 성취기준에 대한 개별화 맞춤형 수업을 통해 한글 깨치기 학습이 충실히 이루어질 수 있도록 지도한다.
- 중심 내용 간추리기를 지도할 때는 문단별로 중요 단어와 중심 문장을 파악하고 이를 바탕으로 글 전체의 중심 내용을 파악하여 간추리도록 지도한다. 문단별로 보충, 반복된 문장은 삭제하고, 중심 생각이 잘 드러나지 않은 문장은 학습자가 재구성할 수 있도록 한다. 그런 다음 문단별로 중심 문장을 통합하여 글 전체의 중심 내용을 파악할 수 있도록 지도한다. 이때 밑줄 긋기, 메모하기, 중요도 평정 등의 전략 등을 안내하고 이를 적용할 수 있도록 지도한다. 해당 성취기준은 타 교과 학습을 위한 교과서 읽기, 학습 자료 읽기 등의 상황과 연계하여 지도함으로써 교과 학습 능력과 읽기 능력이 균형 있게 발달할 수 있도록 한다.

- 문맥을 고려하여 모르는 단어의 의미를 짐작하도록 지도할 때는 우선 학습자가 단어의 의미를 짐작한 후 그 의미를 확인하게 한다. 그리고 이 과정을 문법 성취기준과 연계함으로써 국어사전을 활용하여 모르는 단어를 찾도록 지도할 수 있다. 또한, 학습자의 어휘력을 기르기 위해 글을 읽으면서 연관 어휘를 익히거나, 의미 관계를 중심으로 비슷한 말이나 반대말 등을 찾게 할 수 있다. 이때 연상 활동이나 말놀이, 어휘망 그리기 등을 활용할 수 있고, 나만의 단어 사전이나 그림 사전 등을 만들어 다른 학습자들과 공유하도록 지도할 수 있다.
- 이 시기는 학습자가 바람직한 독서 습관을 형성하고 읽기에 대한 효능감을 형성하도록 함으로써 지속적으로 읽기에 참여할 수 있는 태도를 형성하는 데 매우 중요한 시기이다. 교사는 학습자가 자신의 수준과 흥미에 맞는 읽을거리를 스스로 찾고, 독서 시간과 분량 등을 고려하여 독서 계획을 세움으로써 한 권의 책을 완독할 수 있는 습관을 형성할 수 있도록 지도한다. 또한 교사는 학습자의 읽기 어려움을 점검하고 이를 해결할 수 있는 피드백을 제공함으로써 학습자가 성공적인 읽기 경험을 통해 읽기 효능감을 높이도록 지도할 수 있다. 이때 읽기 효능감을 높일 수 있도록 어려움을 겪는 학습자의 독서 활동에 대해 교사와 동료 학습자들이 격려와 칭찬과 같은 긍정적인 피드백을 제공하도록 한다. 또한 교사는 수업 상황을 고려하여 학급 전체가 같은 책을 읽거나, 모둠끼리 같은 책을 읽거나, 학습자 개인별로 원하는 책을 읽도록 할 수 있다.

[초등학교 5~6학년]

[6국02-01] 글의 구조를 고려하며 주제나 주장을 파악하고 글 내용을 요약한다.
[6국02-02] 글에서 생략된 내용이나 함축된 표현을 문맥을 고려하여 추론한다.
[6국02-03] 글이나 자료를 읽고 내용의 타당성과 표현의 적절성을 평가한다.
[6국02-04] 문제 상황과 관련된 다양한 관점의 글을 읽고 이를 문제 해결에 활용한다.
[6국02-05] 긍정적인 읽기 동기를 형성하고 적극적으로 읽기에 참여하는 태도를 기른다.

(가) 성취기준 해설

- [6국02-01] 이 성취기준은 글의 구조를 고려하며 글의 중심 내용을 파악하고 자신의 언어로 요약하는 능력을 기르기 위해 설정하였다. 요약하기의 일반 원리를 이해하기, 글의 구조를 시각화한 도해 조직자를 활용하여 글의 구조와 내용 파악하기, 주제나 주장을 파악하기, 글의 중심 내용을 자신의 언어로 재구성하여 요약하기 등을 학습한다.
- [6국02-02] 이 성취기준은 글의 문맥을 고려하여 글에 표면적으로 드러나지 않은 내용을 추론하며 읽는 능력을 기르기 위해 설정하였다. 중요 단어나 문장, 문단 등의 수준에서 의미 추론하기, 글의 전체적인 흐름을 고려할 때 글에서 빠진 세부 내용이나 이어질 내용 추론하기, 학습자의 배경지식을 이용하여 함축적 표현이 암시하거나 내포하는 의미 추측하기 등을 학습한다.
- [6국02-04] 이 성취기준은 학습자가 직면한 문제를 해결하기 위해 다양한 관점의 글을 찾아 읽고 문제 해결에 필요한 지식이나 정보를 구성하는 창의적 읽기 능력을 기르기 위해 설정하였다. 문제 상황과 관련한 읽기 목적 명료화하기, 문제 상황 해결에 도움을 줄 수 있는 다양한 관점의 글 선정하기, 다양한 관점의 글을 읽고 내용의 타당성과 유용성 평가하기, 문제 해결을 위한 자신만의 창의적인 해결 방안 마련하기 등을 학습한다.

(나) 성취기준 적용 시 고려 사항

- 글의 구조를 고려하여 요약하기를 지도할 때는 요약하기가 단순히 글의 분량을 줄이는 것이 아니라 글의 구조에 따라 중심 내용을 자신의 언어로 표현하는 것임을 이해할 수 있도록 지도한다. 글의 구조를 시각화하여 제시한 도해 조직자 등을 활용하고, 짝 활동이나 모둠 활동을 통해 요약하기 과정과 결과를 공유하며 효과적으로 요약하기 전략을 내면화할 수 있도록 지도한다. 해당 성취기준은 타 교과 학습을 위한 교과서 읽기, 학습 자료 읽기 등의 상황과 연계하여 지도함으로써 교과 학습과 관련하여 읽기 능력이 균형 있게 발달하도록 지도한다.
- 일반 학습자를 포함하여, 다문화 배경 학습자나 느린 학습자 등의 특별한 요구가 있는 경우에는 해당 성취기준에 대한 개별화 맞춤형 수업을 통해 한글 깨치기 학습과

기본적인 읽기 기능에 대한 학습이 연계하여 이루어질 수 있도록 지도한다.

- 교육 기술의 발달에 따라 교육 현장의 여건과 학습자의 수준에 적절한 매체를 선정하여 학습 공간을 연결하고 확장하여 지도할 수 있다. 수업 상황에서는 학습관리시스템(LMS), 교육 기술 수업 도구, 실시간 쌍방향 수업 플랫폼, 메타버스 등을 활용하여 실시간과 비실시간으로 독서 토론, 대화, 발표, 질의응답 등을 수행하고 독서에 관한 피드백을 나눌 수 있다. 또한 독서 과정과 결과를 인터넷 게시판, 누리집 등을 통해 공유할 수 있다. 독서 감상문이나 서평 쓰기, 책 쓰기 등의 독서 활동 이외에도 카드 뉴스 만들기, 책 소개 영상을 제작하고 공유하는 활동 등 매체를 활용하여 다채로운 독서 활동을 수행할 수 있도록 지도한다.
- 학습자 스스로 자신의 읽기 활동을 되돌아보고 능동적으로 읽기에 참여하는지 확인하기 위해 독서 성찰 일지나 독서 기록장을 작성하도록 하고, 자기 점검표나 관찰 기록표 작성 등 다양한 방법을 활용하여 일상의 읽기 습관을 개선하고 읽기 동기를 긍정적으로 형성하도록 지도한다. 이때 글을 읽는 과정에서 새롭게 알게 된 단어나 교과 학습을 위한 목적으로 글을 읽을 때 새롭게 알게 된 개념어 등을 토대로 나만의 단어 사전이나 단어 기록장 등을 만들어 학습자가 자기주도적으로 읽기 활동을 수행하는 가운데 어휘 학습을 연계할 수 있도록 지도한다.
- 이 시기는 학습자가 긍정적인 읽기 동기를 형성하여 읽기에 지속적으로 참여할 수 있도록 하는 태도를 형성하는 데 매우 중요한 시기이다. 학습자가 읽기에 대한 중요성과 가치를 인식하고, 교과 학습, 진로 탐색, 여가 등의 읽기 목적과 학습자 개인의 흥미나 수준을 고려하여 읽을거리를 스스로 찾아 읽되, 한 학기에 적어도 한 편의 글을 능동적으로 읽는 경험을 할 수 있도록 지도한다. 이때, 교사는 도서관이나 인터넷에서 관련 자료를 찾아 참고하면서 책을 찾아 읽을 수 있도록 안내하거나, 관심 분야가 유사한 학습자 간에 모둠을 구성하여 책을 선정하여 읽고, 읽기 결과를 공유할 수 있도록 하는 등의 독서 활동에 필요한 시간을 확보한다. 보상이나 성적 등에 의한 것이 아니라, 주제에 대한 흥미와 선호, 읽기의 가치와 중요성, 읽기에 대한 즐거움 등을 느낄 수 있는 독서 경험을 통해 읽기 동기가 형성될 수 있도록 지도한다.

'읽기' 영역의 교수·학습 과정에서 고려해야 할 주안점으로, 지식과 기능을 따로 떼어 학습하던 기존 방식에서 벗어나, 실제적인 맥락 속에서 능동적인 독자로 성장하는 데 초점을 두었다. 학습자는 다양한 자료를 읽으며 적절한 전략을 활용하고, 자신의 읽기 과정을 스스로 점검하는 상위 인지 활동을 수행하게 된다. 또한 학습자의 진로와 흥미를 반영한 '자기 선택적 독서'를 권장하며, 단편적인 글 읽기를 넘어 책 한 권을 온전히 읽어내는 경험으로 심화하도록 유도하였다. 나아가 질문 생성, 토론, 발표 등 독서 공동체 안에서의 상호작용을 통해 '사회적 독서'로 확장해 나갈 것을 강조하였다.

'읽기' 영역의 평가 과정에서 고려해야 할 주안점으로는, 교과서 지문뿐만 아니라 외부의 다양한 제재를 적극 활용하여 읽기 능력과 태도를 입체적으로 평가하도록 개선하였다. 단순 암기나 파편적 지식 측정을 지양하고, 실질적인 독해력과 고차원적 사고력을 측정하는 데 중점을 두었다. 타 영역(듣기·말하기, 쓰기)이나 타 교과와의 통합 평가 시에도 읽기 영역에 대한 구체적인 피드백이 누락되지 않도록 평가 요소를 명확히 하였다. 특히 기초 학력 지원과 문해력 저하 문제에 대응하기 위해 해독, 유창성, 독해 기능에 대한 진단 평가를 강화하였다. 이를 위해 자유 회상, 오독 분석, 빈칸 메우기, 요약하기 등 구체적인 검사 도구를 활용하도록 안내하였다. 아울러 읽기 태도나 습관 등 정의적 영역은 체크리스트, 관찰 기록, 독서 포트폴리오 등을 통해 과정 중심으로 누적 기록하도록 하였다.

참고 문헌

교육부(2015), 「국어과 교육과정, 교육부 고시 제2015-75호 [별책 5]」.

교육부(2022), 「국어과 교육과정, 교육부 고시 제2022-33호 [별책 5]」.

김봉순(2015), 읽기 교육에서 텍스트 의미 추론의 이론과 실제, 「텍스트언어학」 제38호, 1-25.

노은희 외(2022), 「2022 개정 국어과 교육과정 시안(최종안) 개발 연구」, 한국교육과정평가원.

박수자·임미경(2018), 질문생성전략 강화 국어 수업이 초등학생 독해력과 질문에 미치는 효과. 「한국초등국어교육」, 64, 39-63.

서혁(2023), 독서 사회의 변화와 새로운 독서 교육: 독서 환경의 변화와 교육적 대응을 중심으로, 「독서연구」, 68, 9-33.

양태식·엄해영·원진숙·이재승·황정현·이병규(2013), 「(2009 개정 교육과정을 담은) 초등 국어과 교육의 원리」, 박이정.

양태식·엄해영·황정현·원진숙·이재승·이병규(2013), 「(2009 개정 교육과정을 담은) 초등 국어과 교수 학습의 이해와 적용」, 박이정.

이경화·이주섭·임천택·이수진·전제응·최규홍·김상한·이경남·박혜림(2024), 「초등 국어과 교육론」, 박이정.

이도영(2008), 읽기 능력의 개념과 구성 요소, 박영목·노명완(편), 「문식성 교육 연구」, 서울: 한국문화사, pp.315-331.

이성영(2008), 읽기의 개념과 성격, 그리고 양상, 박영목·노명완(편), 「문식성 교육 연구」, 서울: 한국문화사, pp.295-314.

이순영·최숙기·김주환·서혁·박영민(2015), 「독서교육론」, 사회평론아카데미.

천경록·김혜정·류보라(2023), 「독서 교육론」, 역락.

천경록·염창권·선주원·서수현(2023), 「2022 교육과정에 따른 초등국어과교육의 이해」, 교육과학사.

최미숙·원진숙·정혜승·김봉순·이경화·전은주·정현선·주세형(2023), 「2022 개정 국어과 교육과정을 담은 국어교육의 이해」, 사회평론아카데미.

Afflerbach, P., Pearson, P. D. & Paris. S. G.(2008), Clarifying differences between reading skills and reading strategies. *The Reading Teacher*, 61, 364-373.

Schwanenflugel, P.J. & Knapp, N. F(2016), The Psychology of reading, New York : The Guilford Press. 서혁·윤준채·이소라·류수경·오은하·편지윤·윤희성·변은지·한지수 옮김(2021), 「(독서 교육의 이론과 실제를 위한) 독서 심리학」, 사회평론아카데미.

더 공부해 봅시다

1. 읽기 교육의 목표가 무엇인지 생각해 보고, 왜 그렇게 생각하는지 이유를 설명하시오,

2. 읽기의 구성 요인 네 가지에서 각각 고려해야 할 점이 무엇인지 설명하시오.

3. 읽기 과정 모형인 '상향식 모형', '하향식 모형', '상호작용 모형'의 특징과 차이점을 비교하고, 상호작용 모형이 독해 지도에서 갖는 교육적 의의를 설명하시오.

4. 현대 사회에서 강조되는 '복합 문식성(Multiliteracy)'의 개념을 매체 환경의 변화와 관련지어 설명하고, 이를 함양하기 위해 읽기 교육이 나아가야 할 방향에 대해 서술하시오.

5. 능숙한 독자의 핵심 역량으로 꼽히는 '초인지(Metacognition)'의 개념을 정의하고, 독자가 자신의 읽기 과정을 점검하고 조정하는 자기 주도적 읽기 전략의 구체적인 예시를 들어 설명하시오.

6. 2022 개정 국어과 교육과정 읽기 영역에서 제시한 '핵심 아이디어' 4가지가 지향하는 '독자'의 모습을 설명하시오.

7. 2022 개정 국어과 교육과정의 읽기 영역의 내용 체계에서 핵심 아이디어, 범주, 학년군별 내용 요소, 성취기준 간의 관계를 설명하시오.

8. 2015 개정 국어과 교육과정의 읽기 영역 성취기준과 2022 개정 교육과정 읽기 영역 성취기준의 변화를 비교하여 차이점을 설명하시오.

9. 읽기를 '사회적 독서 문화' 형성의 관점에서 조망할 때, 독자가 개인적 독서를 넘어 독서 공동체와 소통하며 사회적 실천으로서의 읽기를 수행해야 하는 이유에 대해 자신의 생각을 쓰시오.

제6장

쓰기 영역의 교수·학습

1. 쓰기의 본질

가. 쓰기의 중요성

쓰기는 문자 언어를 매개로 하는 표현 활동으로서 필자의 적극적인 의미 구성 행위이다. 인간은 문자 언어의 사용을 통해 단편적인 정보에 대한 기억의 한계를 극복하고, 광범위한 정보와 확장된 사고를 기록·보존·전달할 수 있게 되었다. 말하기가 음성 언어를 통한 순간적이고 일시적인 소통 행위라면, 쓰기는 문자 언어를 활용하여 사고를 정련하고 의미를 구조화함으로써 후대에까지 전승되는 영속성을 지닌다. 이러한 특성은 쓰기가 단순한 기록 행위를 넘어 인지적 자원을 확장하고 사고를 체계화하는 지식 생산의 도구로 기능함을 보여준다. 결과적으로 쓰기는 시·공간을 초월한 의사소통을 가능하게 하였으며 인류 문명의 발전을 견인하는 핵심적인 동력으로 작용해 왔다.

특히 현대 사회는 정보 통신 기술의 비약적인 발전으로 인해 쓰기의 위상과 영향력이 한층 확대되고 있다. 디지털 환경에서 쓰기는 문자 메시지, 전자우편, 온라인 게시글, 블로그, 소셜 미디어 등 다양한 매체를 통해 실시간으로 생산·공유되며 전통적인 인쇄 매체와는 구별되는 막강한 사회적 파급력을 발휘한다. 나아가 최근에는 인공지능(AI) 기반의 문식 환경으로 변화하면서 인공지능을 새로운 작문 도구이자 협업의 대상으로 활용하고 이에 대응하는 능력 등 이전과는 다른 차원의 쓰기 역량을 요구하고 있다. 이러한 변화는 현대 사회에서 쓰기 능력이 단순히 언어 기능의 습득에 국한되지 않고 사회적 참여 및 경쟁력을 결정짓는 핵심 역량으로 강조되고 있음을 보여준다. 이에 다음에서는 쓰기의 중요성을 의사소통의 도구 측면, 교과 학습의 도구 측면, 고등 사고력 신장 측면, 직무 능력 및 사회적 경쟁력 측면, 자기 표현 및 정서적 치유의 측면으로 나누어 살펴보기로 한다.

첫째, 쓰기는 의사소통의 핵심 수단이다. 인간은 사회적 존재로서 누구나 자신의 감정을 표현하고 타인의 생각을 이해하며 상호작용 속에서 살아간다. 그러나 전달하고자 하는 목적과 맥락을 충분히 고려하지 못하면 자신의 생각이나 느낌을 정확하게 표현하기 어렵고, 이는 인간의 삶을 효과적으로 영위하는 데 제약을 초래한다. 그중 쓰기는 문자 언어를 통해 필자가 독자에게 특정한 목적을 전달하는 의사소통 행위로서, 음성 언어를 기반으로 하는 말하기와 달리 학습과 반복적인 연습을 통해서만 숙달될 수 있는 특징을 지닌다. 특히 현대 사회는 디지털 네트워크의 확산과 다양한 매체 환경의 변화로 인해 문자 중심의 소통이 일상화되었으며, 이러한 맥락에서 쓰기 능력은 단순한 표현 기능을 넘어 사회적 관계 형성, 공동체 참여, 사회적 실천을 가능하게 하는 핵심적 의사소통 수단으로 자리매김한다.

둘째, 쓰기는 교과 학습의 중요한 도구이다. 쓰기는 학습된 지식을 글로 표현하는 과정을 통해 단순한 재생산을 넘어 지식에 대한 이해를 공고히 하도록 돕는다. 이러한 과정에서 쓰기는 지식을 구조화하는 인지적 활동의 총체로 작용하며 새로운 의미 구성은 곧 지식과 정보의 생산으로 이어진다. 이처럼 학습 수단으로서 쓰기를 수행하는 것을 '학습을 위한 쓰기(writing to learn)'라고 하는데, 여기에는 노트 필기, 읽은 글 요약하기, 학습 일지 작성하기, 학습한 내용을 활용하여 재구성하는 쓰기 활동 등이 포함된다. 학습자는 글쓰기 과정을 통해 막연했던 생각을 보다 구체화하며 새로운 지식을 형성해 간다. 즉, 학습 과정에서 쓰기는 단순한 기억 보조 장치를 넘어 기존 지식과 새로운 지식을 연결하고 발전시키며 학습된 내용에 대한 깊이 있는 이해를 가능하게 한다. 따라서 쓰기는 지식을 종합하고 확장하는 데 그 자체로 매우 강력하고 유용한 학습 도구로 기능한다.

셋째, 쓰기는 고등 사고력을 신장하는 핵심적인 언어 활동이다. 글을 쓰는 과정은 단순한 언어적 산출이 아니라, 머릿속에 산발적으로 흩어져 있는 생각을 조직하고 구성하며 끊임없이 점검하고 조절하는 복잡한 인지 과정을 포함한다. 필자가 풍부한 지식을 갖고 있다고 해서 반드시 글을 잘 쓸 수 있는 것이 아니며, 단순히 일련의 과정을 순차적으로 거친다고 해서 훌륭한 글이 자동적으로 완성되는 것도 아니다. 쓰기는 다양하고 복잡한 요인이 작용하는 만큼 높은 수준의 사고를 요구하며, 쓰기 과정은 그 자체로 역동적인 사고 과정이기 때문이다. 능숙한 필자는 자신의 생각을 재구조화하고 새로운 의미를 창조하며 끊임없이 점검과 조정을 반복한다. 특히 쓰기는 인간의 언어 사용 기능 중에서도 가장 인지적 부담이 막중하고 복잡한 고차원적 사고 과정으로, 글을 쓴다는 것은 내상에 대한 통찰과 깊이 있는 이해를 전제로 한다. 따라서 쓰기는 논리적 사고, 비판적 이해, 창의적 문제 해결과 같은 고등 사고력을 기르는 본질적 활동과 직접적으로 맞닿아 있다.

넷째, 쓰기는 직무 능력과 사회적 경쟁력의 핵심 열쇠이다. 쓰기 능력은 비단 학교 생활에서만 요구되는 능력이 아니라, 현대 사회에서 개인이 전문성을 발휘하고 사회적 성공을 달성하는 데 필수적인 토대이다. 직업 현장에서 요구되는 보고서, 기획서, 제안서, 공문서 등은 모두 일정한 규범과 형식을 갖춘 글쓰기를 전제로 한다. 이러한 문서들은 단순한 정보 전달을 넘어, 복잡한 아이디어를 논리적으로 구조화하고 독자를 설득하며, 조직의 목표 달성에 기여하는 실천적 기능을 수행한다. 특히 업무 처리를 위한 문서 생산 과정은 다양한 자료를 읽고 핵심을 분석하며 평가하고 종합하는 고도의 인지적 과정이다. 이러한 일련의 과정들은 본질적으로 쓰기의 과정과 직접적으로 연결되며, 직무 수행의 성과를 결정하는 중요한 요인으로 작용한다. 결론적으로 쓰기 능력은 개인의 지식과 사고를 구체화하여 타인에게 전달하고, 더 나아가 조직과 사회에 기여하는 실천적 역량이다. 이러한 점에서 쓰기 능력은 곧 사회적 경쟁력으로 환원될 수 있다.

다섯째, 쓰기는 자기표현과 정서적 치유의 창구이다. 쓰기는 인간의 본원적인 표현 욕구를 충족시키는 동시에, 필자의 내면을 깊이 탐색하고 성찰하게 하는 과정이다. 필자는 글쓰기를 통해 자신의 감정과 경험을 언어화하고, 이를 통해 내면의 갈등을 해소하거나 정서를 환기할 수 있다. 복잡하거나 억제된 감정을 글로 표현함으로써 심리적 부담을 경감하고 자신의 상태를 객관적으로 파악하는 계기를 마련할 수 있다. 나아가 이러한 치유적 경험은 학습자의 심리적 안정을 도모하고 회복 탄력성을 강화하며, 긍정적인 자아 정체성을 형성하는 데 중요한 역할을 한다. 이처럼 쓰기는 단순히 개인의 생각을 글로 옮기는 행위를 넘어, 자기 이해를 증진하고 심리적 건강을 회복하는 강력한 도구가 된다.

특히, 일기나 자서전, 편지 등 자기표현적 글쓰기는 학습자 개인의 삶을 성찰하고 내적 성장을 촉진하는 실천적 행위로서 중요한 의미를 가진다.

나. 쓰기의 개념과 구성 요인

쓰기는 "문자 언어를 통하여 자신의 의사를 표현하고, 다른 사람들과 의사를 소통하며, 문제를 해결하고, 새로운 의미를 창조하는 언어 사용 행위"로 규정된다(박영목, 2008, 머리말). 이러한 정의는 쓰기가 단순히 필자의 머릿속 생각이나 느낌을 일련의 문장들로 배열하여 표현하고 기록하는 일체의 행위, 그 이상의 의미를 지닌 고차원적인 활동임을 시사한다. 즉, 쓰기란 필자가 자신의 생각을 문자 언어로 전환하여 산출하는 표면적 행위를 넘어 의사소통 과정이자 문제 해결의 과정이며, 의미를 창조하는 역동적이고 실천적인 의미 구성 행위라고 볼 수 있다. 이처럼 복잡하고 다층적인 쓰기의 국면에는 〈그림 6-1〉과 같이 글(text), 필자(writer), 독자(audience), 맥락(context)의 요소가 복합적으로 작용한다.

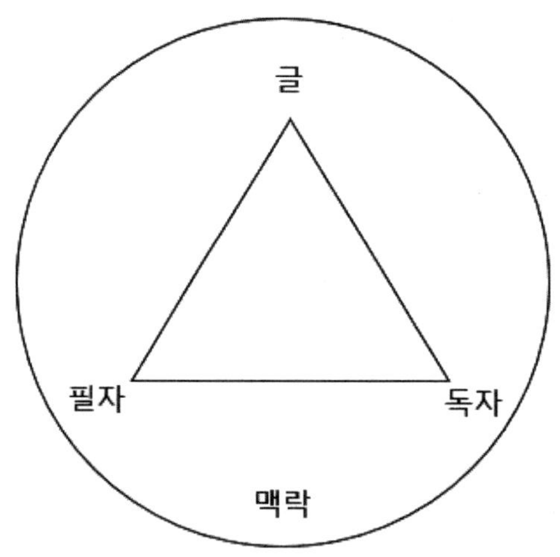

〈그림 6-1〉 쓰기 상황과 관련된 구성 요소(권순희 외, 2023)

글은 쓰기를 통해 생산된 결과물로서 완결된 구조와 의미를 지닌 언어적 산물이다. 응결성(cohesion)과 응집성(coherence)을 갖춘 글은 필자의 의도를 담아내고 독자에게 의미를 전달하는 매개가 된다. 필자는 글을 쓰는 주체로서 쓰기 목적을 달성하기 위하여 쓰기 과정 중에 마주하는 다양한 문제들을 해결하고 새로운 의미를 구성한다. 이때 필자는 적절한 쓰기 전략을 선택하고 활용하면서 글쓰기를 주도적으로 이끌어 간다. 또한 필자는 글의 목적을 실현하기 위해서 예상 독자의 배경지식 및 요구와 기대 등을 반영한다. 독자는 필자가 쓴 글을 읽게 될 대상으로서, 필자가 글을 쓰는 전 과정에서 끊임없이 염두에 두는 존재이다. 필자는 글을 쓰며 예상되는 독자의 반응과 이해, 나아가 글이 독자에게 미칠 영향까지 고려하며 조정하는데, 이러한 과정은 곧 필자와 독자 간의 상호작용이자 대화로 이해할 수 있다. 맥락은 필자의 의미 구성과 표현 과정에 관여하는 다양한 요인들을 의미한다. 쓰기는 언제나 특정한 상황 맥락(시·공간)과 사회·문화적 맥락 속에서 이루어진다. 이러한 맥락은 쓰기의 실제성(authenticity)을 부여하는 핵심 요소이기도 하다. 따라서 필자가 쓰기 목적을 달성하기 위해서는 주어진 상황 맥락과 사회·문화적 맥락을 고려하여 글을 써야 한다. 이처럼 쓰기는 글, 필자, 독자, 맥락이 상호작용하며, 텍스트 생산 행위, 문제 해결 행위, 의미 구성 행위, 사회·문화적 실천 행위의 개념을 포괄하는 복합적 언어 활동이다.

2. 쓰기 교육의 원리

가. 관점의 변화

쓰기를 어떠한 관점에서 이해하느냐에 따라 쓰기 교육의 접근 방식은 달라진다. 쓰기 교육의 패러다임은 결과 중심에서 과정 중심으로, 다시 과정 중심에서 맥락 중심으로, 그리고 텍스트와 필자, 맥락 요인이 균형을 이루는 관점으로 변화해 왔다. 본 절에서는 쓰기 교육에 영향을 미친 형식주의, 인지 구성주의, 사회 구성주의, 장르 중심 쓰기 이론을 중심으로 살펴보기로 한다.

1) 형식주의와 쓰기

형식주의 쓰기 이론(1940~1960년대 중반)에서는 쓰기를 객관화된 작문 절차와 장르의 규범 및 규칙에 따라 지식을 글로 표현하는 행위로 본다. 이 이론은 규범 문법과 수사학적 원리를 강조하고 텍스트의 객관성을 핵심에 둔다. 따라서 텍스트의 구성 요소와 그 관계를 분석하는 것이 중요한 원리로 작용하였다.

이러한 관점에서 글은 객관적인 대상으로서 분명한 의미를 지닌다고 전제하며, 모범적인 텍스트를 분석하고 이를 모방하도록 하는 것이 쓰기의 핵심 원리로 여겨졌다. 이에 따라 모범 텍스트를 중심으로 그 안에 내재된 규범과 원리를 찾는 것이 주요한 교육 내용으로 다루어졌다. 또한 쓰기 과정을 사전쓰기(prewriting), 쓰기(writing), 다시 쓰기(rewriting)의 세 단계로 구분하였으며, 이 단계를 선조적(linear)인 과정으로 이해하였다.

형식주의 쓰기 교육은 결과 중심의 접근 방식으로 쓰기의 결과물로서 완성된 텍스트 자체에 주목한다. 교사는 모범적인 텍스트를 제시하고 학습자가 이러한 글을 생산할 수 있도록 쓰기 지식을 전달하거나 완성된 글의 오류를 교정하는 데 중점을 둔다. 따라서 문장·문단 단위의 쓰기 연습, 규범 문법의 준수, 어법의 정확성이 주요한 지도 내용으로 강조되며, 모범적인 텍스트의 모방과 반복적인 연습을 통해 쓰기 능력이 신장된다고 본다.

2) 인지 구성주의와 쓰기

인지 구성주의 쓰기 이론(1960년대 후반~1980년대 초반)에서는 쓰기를 고도의 인지적인 사고 과정을 통해 일련의 문제들을 해결해 가는 목표 지향적인 문제 해결 과정(원진숙·황정현 역, 1998)으로 규정한다. 글쓰기가 목표 지향적 활동이라면, 글을 쓰는 과정에서 마주하는 복잡한 문제들을 해결해 가는 모든 과정이 곧 하나의 문제 해결 과정이라고 할 수 있다.

이 관점에서는 쓰기의 결과보다는 과정에 초점을 두고, 텍스트 자체보다는 필자의 사고 과정에 관심을 두며 필자의 의미 구성을 핵심으로 본다. 또한 쓰기는 계획하기, 내용 생성하기, 내용 조직하기, 표현하기, 고쳐쓰기로 이루어지는데, 이는 고정된 순서가 아니라 회귀적(recursive)으로 작용하며, 조정하기를 통해 언제든지 각 단계를 넘나들 수 있다고 본다. 이처럼 쓰기 과정은 역동적인 의미 구성 과정이며, 이때 필자가 자신의 쓰기 과정을 점검하고 조절하는 상위인지 전략의 중요성이 더욱 강조된다.

인지심리학의 발달과 함께 사고구술(think-aloud) 연구가 활발히 이루어지면서, 필자의 사고 과정이 구체적으로 밝혀졌다. 특히 글의 의미가 텍스트에 고정된 것이 아니라 필자의 정신적 구조와 인지 활동에 따라 구성된다는 점이 입증되면서, 쓰기는 필자의 능동적인 의미 구성 과정이라는 점이 확인되었다. 이를 통해 능숙한 필자(expert)와 미숙한 필자(novice)의 차이가 드러났으며 쓰기 연구의 초점은 필자의 전략 사용에 대한 관심으로 이동하게 되었다.

이 이론에서 쓰기 교육은 능숙한 필자의 사고 과정과 전략 사용을 미숙한 필자에게 지도함으로써 쓰기 능력을 향상시킬 수 있다고 본다. 이에 따라 과정 중심 쓰기 지도의 관점에서 접근하며, 쓰기 기능과 쓰기 전략이 핵심적인 교육 내용으로 다루어진다. 교사는 학습자가 쓰기 과정에서 당면하는 문제를 인식하고 이를 해결할 수 있도록 전략 사용을 촉진하는 조력자이자 안내자로서 적극적으로 개입한다.

3) 사회 구성주의와 쓰기

사회 구성주의 쓰기 이론(1980년대)에서는 쓰기를 사회·문화적 맥락 속에서 담화 공동체 구성원과의 상호작용을 통한 의미 구성 과정으로 설명한다. 이는 쓰기를 지나치게 개인의 인지 과정으로만 이해했던 인지주의적 관점에 대한 비판에서 출발한다. 글을 쓰는 행위는 고립된 개인 필자의 정신 활동이 아니라 담화 공동체의 일원으로서 공동체 구성원들 간의 대화이며, 필자가 생산해 낸 글 역시 담화 공동체 안에서 이루어진 상호작용의 결과이다. 쓰기란 공동체가 요구하는 관습과 규범에 따라 '합의(consensus)'에 이르는 과정이며, 이는 곧 쓰기가 사회적 행위(social action)임을 의미한다.

이 관점에서는 비고츠키(Vygotzky)의 이론에 근거하여 지식과 학습을 개인의 인지적 활동에만 국한하지 않고 사회적 상호작용과 사회·문화적 맥락 속에서 구성되는 과정으로 본다. 이러한 인식은 쓰기 교육에서도 확장되어, 교사 및 동료 집단의 상호작용과 담화 공동체 내에서의 대화가 강조되며 맥락(context)의 중요성이 부각된다. 이에 따라 학습자가 실제적인 맥락 속에서 쓰기 활동을 경험할 수 있도록 하는 쓰기 워크숍이 중요한 교수 방법으로 활용된다. 학습자는 쓰기 워크숍을 통해 공동체의 관습과 규범을 익히고,

사회·문화적 맥락을 고려하면서 동료 간의 협의 과정을 통해 의미를 구성한다.

사회 구성주의에서 쓰기 교육은 학습자가 공동체의 언어적 규범과 담화 관습을 이해하고 다양한 사회·문화적 맥락에서 적절하게 의미를 구성하고 표현할 수 있도록 하는 데 목표를 둔다. 이를 위해 교사는 학습자가 담화 공동체의 구성원으로 성장할 수 있도록 공동체의 담화 관습을 소개하고 시범을 보이며, 실제적인(authentic) 과제를 제공함으로써 학습을 지원한다. 이러한 맥락 중심 쓰기 지도는 글을 쓰는 상황, 목적, 독자 등과 같은 맥락을 구체적으로 설정하고 타인과의 상호작용을 통해 담화 관습을 자연스럽게 익히도록 한다.

4) 장르 중심 이론과 쓰기

장르 중심 이론(1980년대 후반)에서는 장르를 담화 공동체 구성원들에 의해 의사소통을 실현하는 도구로 보고, 쓰기를 사회·문화적 맥락 안에서 일어나는 사회적 행위로 이해한다. 장르란 본래 문학 이론에서 시, 소설 등 텍스트의 유형을 분류하는 개념으로 사용되었으나 현대에 와서는 '유사하게 반복되는 사회적 상황 속에서 유형화된 수사적 행위(typified rhetorical actions based on recurrent situations)'로 정의된다(Miller, 1984). 즉, 반복되는 상황에서 일정한 방식으로 글 속에 나타나는 수사학적 반응이 장르인 것이다. 이것은 고정된 것이 아니라 사회 구성원의 필요와 목적에 의해 생성, 변형, 소멸되는 역동성을 지닌다.

장르는 담화 공동체 안에서 공유되는 텍스트 유형으로서 전형적인 담화 구조와 언어적 특성을 갖는다. 따라서 텍스트의 특징을 이해하고 장르적 특성에 맞게 의사소통하는 능력이 강조된다. 텍스트에 대한 관심은 과정 중심 쓰기에서 상대적으로 소홀했던 텍스트 요인을 다시 부각시킴으로써 텍스트와 필자, 맥락 요인을 균형적으로 고려할 수 있게 하였다.

장르 중심의 쓰기 지도는 학습자가 다양한 상황에서 쓰기를 수행할 수 있도록 개별 장르의 언어적·구조적 특성을 이해하고 이를 적용할 수 있도록 하는 데 중점을 둔다. 이를 위해 교사는 실제적인 사회적 상황에 적합한 장르 지식과 담화 관습을 가르쳐야 한다. 또한 설명문이나 논설문과 같은 전형적 장르뿐만 아니라 안내문, 설명서, 소개서, 제안서, 건의문 등 일상생활에서 접하는 미시 장르에 대한 지도도 중요시된다. 텍스트의 특징을 분석하고 각 장르의 수사적 패턴과 구성 원리를 파악하여, 학습자가 상황에 맞는 다양한 장르의 글을 생산할 수 있도록 하는 것이 장르 중심 쓰기의 핵심 원리이다.

나. 쓰기 과정 모형

쓰기 과정 모형은 쓰기를 문제 해결 과정이자 복합적인 인지 활동으로 이해하고, 글을 쓰는 사고의 과정에 주목한다. 쓰기의 과정은 연구자에 따라 다소 차이가 있으나 일반적으로 계획하기, 내용 생성하기, 내용 조직하기, 표현하기, 고쳐쓰기의 단계로 구분된다. 그리고 이 모든 단계의 과정을 넘나들며 쓰기의 과정을 점검, 조절하는 조정하기가 있다. 이러한 관점의 근간에는 국내외에서 널리 알려진 플라워와 헤이즈(Flower & Hayes, 1981)의 인지적 쓰기 과정 모형이 자리한다.

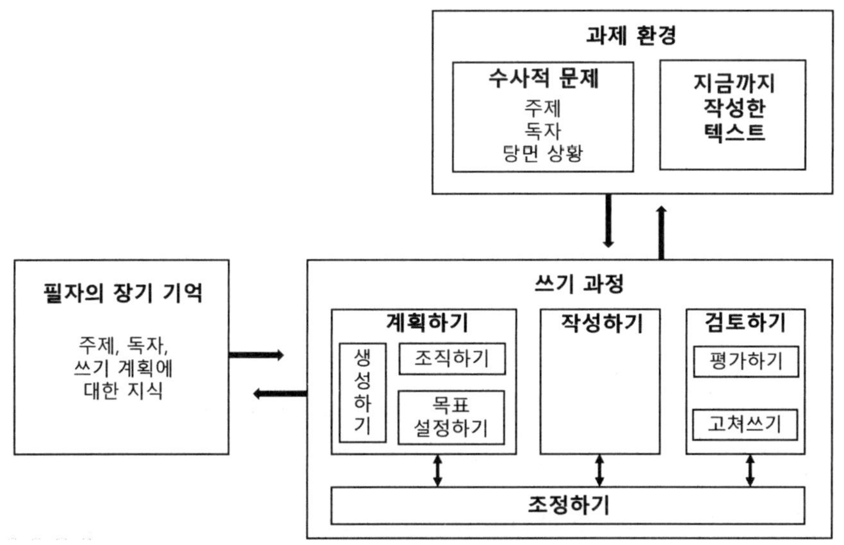

〈그림 6-2〉 플라워와 헤이즈(Flower & Hayes, 1981)의 인지적 쓰기 과정 모형

이 모형의 핵심 요소는 〈그림 6-2〉와 같이 쓰기 과정(writing processes), 과제 환경(task environment), 필자의 장기 기억(long-term memory)이다. 먼저 쓰기 과정은 모형의 핵심적 부분으로 크게 계획하기(planning), 작성하기(translating), 검토하기

(reviewing)의 세 하위 단계로 구성된다. 이 세 과정은 일정한 순서를 따르지 않고 필자의 사고와 필요에 따라 교차하여 작동하는데, 이 전체의 과정을 점검하고 통제하는 것이 바로 '조정하기(monitor)'이다. 필자는 조정하기를 통해 쓰기 중에 발생하는 문제를 인식하고 목표 달성을 위해 적절한 쓰기 전략을 선택하고 조절한다. 특히 능숙한 필자일수록 조정하기를 통해 자신의 쓰기 과정을 점검하고 통제하는 자기조절적(self-regulated) 특성을 보인다.

한편, 쓰기 과정은 쓰기 과제 환경과 필자의 장기 기억의 상호작용 속에서 이루어진다. 과제 환경은 필자의 외적 요인으로서 수사적 문제(rhetorical problem)와 지금까지 작성한 텍스트(text produced so far)를 포함한다. 수사적 문제란 필자가 글을 쓸 때 당면하는 주제, 독자, 상황 등의 과제 조건을 의미하며 이는 쓰기 과정에서 필자의 사고와 선택에 영향을 미친다. 지금까지 작성한 텍스트는 필자가 글을 쓰는 과정에서 앞서 작성한 텍스트를 가리키며, 이는 새로운 사고를 자극하고 이후의 쓰기를 제약하는 인지적 단서로 작용한다. 필자의 장기 기억은 필자의 내적 요인으로 필자가 보유한 주제 지식, 독자 지식, 수사적 지식 등이 여기에 속한다. 필자는 쓰기 과정 중에 과제에서 요구되는 계획 수립이나 수정, 독자에 대한 고려, 장기 기억으로부터 얻는 지식이나 아이디어의 발견 등 쓰기의 총체적인 메커니즘을 관리하며 글을 쓴다. 그리고 이러한 인지적 실행 과정에는 필자의 상위인지(metacognition)가 핵심적으로 작동한다.

플라워와 헤이즈(Flower & Hayes)의 쓰기 과정 모형은 쓰기 과정의 회귀성(回歸性)을 강조한다. 쓰기의 과정은 선조적(線條的)이지 않으며 필자의 필요에 따라 이전 단계로 되돌아가거나 다음 단계로 이동할 수 있다. 예를 들면 필자는 글을 쓰는 도중에도 자신이 쓰고 있는 내용이 글의 목적에 부합하는지, 글의 내용에 일관성이 있는지, 빠지거나 잘못 쓴 부분은 없는지, 독자에게 흥미로운 내용인지 등 자신의 쓰기 과정을 지속적으로 점검한다. 이 과정에서 필자는 글의 계획을 수정하기도 하고 이전 단계로 돌아가 불필요한 내용을 삭제하기도 하며 때로는 처음부터 새롭게 글을 쓰기도 한다. 이처럼 필자가 상위인지를 가동하여 자신의 쓰기 과정을 끊임없이 점검·평가·조정하면서 목표 지향적으로 문제를 해결하는 과정은 쓰기 과정의 회귀적(recursive) 성격을 보여준다. 구체적으로 쓰기 과정의 주요 단계를 살펴보면 다음과 같다.

1) 계획하기

계획하기는 본격적으로 글을 쓰기 전 단계로, 글의 주제, 목적, 예상 독자, 상황 등 수사적 맥락을 고려하여 글의 전체적인 방향과 전개 방식을 구상하는 단계이다. 필자는 글을 통해 달성하려는 목표를 명확히 하고 독자를 고려하여 글의 내용과 구조를 구체화한다. 예를 들어 '환경 보호를 위한 실천 방안'을 주제로 글을 쓸 때, 필자는 먼저 글의 목적과 독자를 떠올린다. 이 글이 환경 보호의 구체적인 방법을 설명하려는 목적인지, 아니면 환경 보호의 중요성을 강조하여 독자를 설득하려는 것인지에 따라 글의 전개 방식이 달라질 수 있다. 이때 필자는 독자가 누구이며 어떤 반응을 이끌어 내고자 하는지를 고려하면서 글의 구조, 어휘 수준, 표현 방식 등을 구상한다. 특히 능숙한 필자는 미숙한 필자보다 계획하기 단계에 더 많은 시간을 할애하며 전략적으로 사고하는 특성이 있다.

2) 내용 생성하기

내용 생성하기는 글의 주제와 관련된 아이디어를 떠올리고 확장하는 단계이다. 이 과정에서 필자는 주제와 관련된 창의적인 생각들을 최대한 많이 수집해야 한다. 이때 필자는 자신의 경험이나 배경지식, 참고 자료, 타인과의 대화 등 다양한 방법을 활용하여 주제에 적합한 내용을 탐색하고 끌어낸다. 자신이 가지고 있는 지식이나 정보를 최대한 활용하기 위해 브레인스토밍이나 마인드맵을 작성하기도 하고, 관련 자료를 탐색하여 자신이 알지 못했던 정보들을 새롭게 수집할 수도 있다. 또한 동료나 교사, 부모님과 같은 의미 있는 타자와 함께 대화를 통해 경험을 떠올리거나 배경지식을 확장하고 아이디어를 정교화할 수 있다. 이처럼 내용 생성 단계에서 떠올린 아이디어는 글의 구체적인 글감으로 발전하므로 글의 질이나 창의성에도 영향을 미친다.

3) 내용 조직하기

내용 조직하기는 생성된 아이디어를 선정하여 범주화하고 논리적인 전개에 따라 구조화하는 단계이다. 이 단계는 생성한 아이디어를 단순히 나열하는 수준의 차원이 아니라, 내용 간의 관계와 위계를 고려하여 글의 체계적인 틀을 설계하는 과정이다. 필자는 궁극적으로 글의 의미를 독자에게 전달하기 위하여 글의 응집성과 응결성을 확보하도록 내용을 조직해야 한다. 이를 위해서는 글의 구조에 대한 지식을 갖추는 것이 중요한데, 대표적인 구조로는 나열 구조, 비교와 대조 구조, 순서 구조, 원인과 결과 구조, 문제와 해결 구조 등이 있다.

4) 표현하기

표현하기는 계획하고 조직한 내용을 문장과 단락의 형태로 언어화하여 초고를 작성하는 단계이다. 이 단계는 머릿속의 추상적 의미를 문자 기호로 전환하는 과정(translation)으로, 인지적 노력과 시간이 많이 요구되는 본격적인 쓰기 활동이다. 필자는 내용을 언어로 옮기는 과정에서 어휘 선택의 적절성, 문법적 정확성, 의미의 명료성 등을 고려하고, 문장 간의 연결과 전개를 살펴 응결성 있는 글을 구성해 간다. 이 과정에서 필자는 단순히 계획된 내용을 글로 옮기는 데 그치지 않고, 글을 써 내려가며 새로운 아이디어를 발견하거나 계획을 수정하기도 한다.

5) 고쳐쓰기

고쳐쓰기는 작성된 초고를 검토하여 내용의 타당성, 조직의 논리성, 표현의 적절성을 수정·보완하는 단계이다. 이는 단순히 기계적인 오류를 수정하는 교정 활동에 그치는 것이 아니라, 글의 의미를 재구성하고 심화하는 고차원적 사고 과정이다. 필자는 글의 목적과 예상 독자에 비추어 자신의 글을 여러 차례 읽으면서 내용이 적절하고 명확한지 점검한다. 이 과정에서 불필요한 내용을 삭제하거나 새로운 정보를 추가하기도 하고, 문장, 문단, 글 전체 수준에서 논리적 흐름을 확인하며 글의 구조를 바꾸거나 재배열하기도 한다. 특히 미숙한 필자는 고쳐쓰기를 거의 하지 않거나 표면적 오류 수정에만 집중하는 데 반해, 능숙한 필자는 고쳐쓰기 단계에 충분한 시간을 할애하여 글의 질을 향상시킨다.

6) 조정하기

조정하기는 필자가 자신의 쓰기 과정을 점검하고 통제하는 상위인지적 활동이다. 이는 특정 단계에 국한되지 않고 쓰기 과정 전반에 걸쳐 이루어지는 것으로, 필자가 자신의 쓰기 과정을 점검하고 조절하는 과정이다. 특히 조정하기는 쓰기 과정의 회귀성을 가능하게 하는 핵심 기제로서, 필자는 글을 쓰는 동안 끊임없이 자신의 쓰기 수행을 점검하고 쓰기의 각 단계를 오가며 역동적으로 의미를 구성한다. 필자는 조정하기를 통해 계획한 목표를 지속적으로 확인하고, 쓰기 문제를 해결하기 위해 전략을 선택·수정하기도 하며 자신의 쓰기 수행을 수시로 점검하며 조정한다. 능숙한 필자일수록 이러한 상위인지적 조정 능력이 높게 나타나며 자기조절적 쓰기(self-regulated writing)를 수행한다.

다. 쓰기 교육의 주안점

1) 쓰기 교수·학습의 원리

가) 실제성의 원리

쓰기는 상황 맥락 및 사회·문화적 맥락 속에서 의미를 형성하는 과정이므로, 쓰기 지도는 맥락을 고려한 실제적 의사소통 활동을 지향해야 한다. 교사는 쓰기 수업이 교실 안에서 고립된 형태의 연습 활동에 머무르지 않고, 학습자의 삶과 연결된 실제적인 삶의 언어로 확장할 수 있도록 도와야 한다. 이를 위해서는 실제성(authenticity)을 갖춘 쓰기 과제의 설계가 필수적이다. 구체적인 쓰기 목적과 실제적인 독자 설정, 의미 있는 주제 등이 반영된 실제적인 쓰기 과제를 제시함으로써 학습자가 글을 통해 타인과 소통하고 공유할 수 있도록 해야 한다. 예를 들어 학급 신문에 실을 '학교 행사 안내문'이나 지역 문제를 다룬 '환경 캠페인 제안서'를 쓰는 활동은 학습자에게 실제 독자를 상정하고 의미 있는 목적 아래 글을 생산하는 경험을 제공한다. 이러한 실제적인 쓰기 활동은 학습자에게 글쓰기의 사회적 기능을 체감하게 하며, 쓰기를 살아 있는 의사소통 행위로 인식하도록 돕는다.

나) 과정 중심의 원리

과정 중심 접근은 쓰기를 단순한 산출물이 아닌 인지적 탐구 과정으로 이해하고, 필자가 글을 생성해 가는 과정 자체에 주목한다. 이 원리는 쓰기를 일련의 문제 해결 과정으로 보고 쓰기의 과정별로 주요 전략을 지도하는 데 초점을 둔다. 따라서 교사는 계획하기, 내용 생성하기, 내용 조직하기, 표현하기, 고쳐쓰기의 각 단계에서 요구되는 쓰기 전략들을 구체적이고 명시적으로 안내할 필요가 있다. 이를 통해 학습자가 쓰기 전략을 익히고 실제 쓰기 상황에서 효과적으로 적용할 수 있도록 지원해야 한다. 특히 과정 중심 쓰기 지도는 필자의 상위인지적 점검과 자기조절을 강조한다. 교사는 학습자가 글을 쓰는 동안 스스로 질문을 생성하며 자기 점검 및 자기조절을 촉진하고, 쓰기 과정에서 발생하는 문제를 능동적으로 해결함으로써 글의 질을 향상시킬 수 있도록 조력해야 한다. 다만, 지도 시 유의할 점이 있다. 첫째, 쓰기 과정을 강조한다고 해서 결과물로서의 글을 간과해서는 안 되며 과정과 결과가 균형을 이루어야 한다. 둘째, 쓰기 수업이 단순히 쓰기의 과정 자체를 거치는 데 그치지 않고, 익힌 개별 전략들을 글 전체를 완성하는 데 통합적으로 활용할 수 있도록 지도해야 한다. 셋째, 쓰기의 각 과정은 분절적이지 않고 상호 연계되어 있으며, 쓰기의 회귀성을 강조해야 한다는 점을 유념해야 한다.

다) 상호작용성의 원리

상호작용성의 원리는 쓰기를 사회적 상호작용 속에서 의미를 구성하는 것으로 보고, 쓰기 과정에서 상호작용과 협력적 학습의 중요성을 강조하는 것이다. 쓰기는 본질적으로 필자 개인의 인지적 활동에 국한된 것이 아니라 사회적 상호작용 속에서 의미를 구성하는 것이기 때문이다. 따라서 쓰기 지도는 학습자가 동료나 교사와의 상호작용 속에서 자신의 글을 점검하고 수정하며, 완성된 글을 발표·출판하는 과정을 통해 다양한 독자와의 반응 및 상호작용을 경험할 수 있도록 설계되어야 한다. 이러한 과정에서 학습자는 피드백을 주고받으며 자신의 글을 재구성하고 발전시키며, 타인의 관점을 비판적으로 수용하면서 사고를 확장할 수 있다. 따라서 교사는 동료 간의 협의를 지원하고, 쓰기 워크숍, 동료 피드백, 협동 작문, 발표 및 공유하기 등과 같은 협력적 쓰기 환경을 조성하고 제공할 필요가 있다.

라) 통합성의 원리

통합성의 원리는 쓰기 지도를 할 때 과정과 장르, 언어 기능, 교과, 매체 간의 통합적 지도를 강조하는 것이다. 첫째, 과정과 장르의 통합이다.[1] 과정 중심 지도는 필자의 사고 과정을 강조하고 장르 중심 지도는 텍스트 구조 및 담화 관습에 초점을 둔다. 따라서 두 관점을 통합하여 지도할 필요가 있다. 예를 들어, 쓰기 전 단계에서 장르에 대한 지식 탐구를 통해 텍스트 특성에 대해 이해하고, 쓰기 중 단계에서 계획하기, 내용 생성하기, 내용 조직하기, 표현하기, 고쳐쓰기로 과정 중심 지도를 적용하며, 쓰기 후 단계에서는 출판 및 공유하기를 통해 실제적 쓰기 경험으로 확장하는 것이다. 이와 같은 통합적 접근은 필자가 장르에 대한 이해와 쓰기 과정을 동시에 학습할 수 있도록 돕는다.

둘째, 언어 기능의 통합이다. 듣기, 말하기, 읽기, 쓰기는 실제 언어생활에서 분리되어 존재하지 않기 때문에, 쓰기 수업에서도 통합적으로 지도될 필요가 있다. 예를 들면 들은 내용을 메모하기도 하고, 말하기 위해 발표 자료를 만들거나 글을 쓰기 위해 관련 자료를 읽는 등 실제 생활에서 언어 기능은 상호작용하며 총체적으로 이루어진다. 따라서 통합적인 언어 활동을 바탕으로 한 쓰기 지도를 통해 실제적인 의사소통 능력을 기를 수 있다.

셋째, 타 교과와의 통합이다. 쓰기는 모든 교과의 학습 도구로서 기능한다. 교과 학습에서 쓰기는 학습을 심화하고 이해를 확장하며, 학문적 문식성(disciplinary literacy)을 신장시킬 수 있다. 일례로 과학 시간에 실험보고서를 작성하거나, 사회 시간에 역사적 사건에 대한 논증 글쓰기를 함으로써, 학습자는 해당 교과의 고유한 사고방식과 지식 구성 방식을 내재화하게 된다.

넷째, 매체와의 통합이다. 변화하는 문식 환경 속에서 전통적 의미의 쓰기 능력뿐만 아니라 디지털 문식성의 중요성 또한 강조되고 있다. 이에 따라 펜과 종이에 국한된 텍스트 생산에서 벗어나, 다양한 디지털 도구와 온라인 플랫폼, 인공지능 기반의 쓰기 지원 도구 등 여러 매체를 활용하여 쓰기를 통합적으로 지도할 필요가 있다. 이를 통해 학습자가 다양한 문식 환경에 능동적으로 대응하며, 새로운 매체 양식 속에서도 효과적으로 의미를 구성하고 표현할 수 있는 능력을 함양하도록 한다.

---

1) 2007 개정 교육과정 이래로 국어과에서는 텍스트의 목적 및 특성을 이해하고 한 편의 온전한 텍스트의 수용·생산을 강조하였다. 이에 따라 텍스트 중심(장르 중심)과 과정 중심의 교수·학습이 주요 지도 원리로 자리 잡았다(김정은·이병규, 2016).

2) 쓰기 교수·학습의 방법

가) 결과 중심 쓰기 지도

결과 중심 쓰기 지도에서는 쓰기 과정보다는 결과물로서 '글'을 강조하며, '모범 글'을 중요한 대상으로 본다. 따라서 학생들이 '모범 글'을 통해 잘 쓴 글이 갖춰야 할 특성들을 익히고 언어 규범과 글의 구조들을 이해하여 계속해서 모방하고 연습하는 것이 중요한 교육 내용으로 다루어진다. 물론 글의 형식적이고 기계적인 측면만을 지나치게 강조하는 것은 학생들의 부담을 높이고 독창적인 글을 쓰게 하는 데 바람직하지 않다. 그러나 국어의 문법 구조에 맞고 수사학에서 강조해 온 원리에 따라 글을 작성하는 것은 매우 중요한 능력이다. 교사는 모범 글을 잘 분석하여 학생들이 글의 구조적, 문체적, 내용적 특징을 인식할 수 있도록 돕고, 그에 따라 학생들이 자신의 글의 오류를 수정·보완할 수 있도록 명시적으로 설명한다. 맞춤법이나 띄어쓰기, 문장 쓰기, 문단 쓰기 지도 등이 대표적이라 할 수 있다.

나) 과정 중심 쓰기 지도

과정 중심 쓰기 지도는 쓰기 행위를 일종의 문제 해결 과정으로 간주하고 일련의 쓰기 과정을 강조한다. 쓰기의 과정은 계획하기, 내용 생성하기, 내용 조직하기, 표현하기, 고쳐쓰기로 구분해 볼 수 있는데, 과정 중심 쓰기 지도는 각 쓰기 과정에서 학생들이 접하는 문제 상황들을 전략적으로 해결해 갈 수 있도록 하는 데 초점을 둔다. 예를 들어 설명문 쓰기를 지도할 때 전형적인 형태의 설명문을 모범 글로 보여주고 이를 따라 해 보게 하는 것이 결과 중심 지도 방법이라면, 과정 중심 쓰기 지도는 설명하고자 하는 대상을 떠올리는 방법, 쓸 내용을 내용에 따라 문단으로 구성하는 방법 등 구체적인 쓰기 전략을 각 단계에서 가르치는 방법이다. 각 단계별 쓰기 전략을 살펴보면 다음과 같다.

(1) 계획하기

계획하기에서는 글의 목적을 인식하고, 주제, 독자, 상황 등을 고려하여 글의 방향을 설정하는 것이 중요하다. 이때 글의 목적 설정하기, 주제 설정하기, 독자 설정하기, 과제 상황 분석하기 등의 전략을 활용할 수 있다. 먼저 글의 목적 설정하기는 글을 통해 달성하고자 하는 의도를 명확히 하는 것이다. 정보 전달을 위해 글을 쓰는지, 독자를 설득하기 위함인지, 친교나 정서 표현을 위해 글을 쓰는지에 따라 글의 성격은 달라질 수 있다.

다음으로 주제 설정하기는 필자가 전하고자 하는 메시지를 정하는 것이다. '우리 반을 소개합니다', '한글을 사랑하는 마음을 가지자'와 같이 주제는 분명하고 구체적으로 표현하는 것이 좋다.

독자 설정하기는 글의 독자가 누구인지를 분명히 하고 그들의 특성 및 요구를 분석하는 것이다. 예를 들어 정보 전달을 목적으로 설명하는 글을 쓸 때, 독자의 연령대는 어떠한지, 설명하고자 하는 대상이 독자에게 흥미가 있는 것인지, 설명 대상에 대하여 독자가 얼마나 관련 지식을 가지고 있는지 등을 고려해야 한다. 또한 독자가 어떤 입장을 가지고 있는지에 따라 글의 내용이나 글의 표현 방식이 달라질 수 있다.

마지막으로 과제 상황 분석하기는 주어진 쓰기 과제의 조건을 파악하는 전략이다. 과제에서 요구하는 분량, 시간, 참고 자료의 활용 여부, 과제의 형태 등 쓰기 과제의 조건에 따라 쓰기 방식이나 내용, 전략 선택이 달라질 수 있다.

(2) 내용 생성하기

내용 생성하기에서는 글을 쓸 아이디어를 떠올리고 수집하는 데 목적이 있다. 따라서 개방적으로 사고하고 여러 아이디어를 꺼내도록 유도하며, 이를 구체적인 글감으로 발전시킬 수 있도록 지원해야 한다. 대표적인 전략으로는 브레인스토밍(brainstorming), 생각 그물 만들기(mind-mapping), 이야기 나누기, 자료 읽기 등이 있다.

브레인스토밍은 주어진 주제에 대해 머릿속에 떠오르는 생각들을 특별한 제약 없이 자유롭게 생성하는 전략이다. 이 전략은 아이디어의 양이 많을수록 질 높은 아이디어를 도출할 가능성이 높다는 것을 전제하고 있으므로 사고의 흐름을 막지 않는 것이 중요하다. 또한 글의 주제와 관련된 풍부하고 창의적인 정보를 최대한 확보하는 것이 목적이기 때문에 중간에 평가나 비판은 의도적으로 배제하고 생각나는 대로 자유 연상을 할 수 있도록 한다. 필자는 주제와 관련되어 연상되는 내용을 자유롭게 떠올리고, 때로는 떠올린 아이디어를 바탕으로 여러 아이디어를 결합해 확장해 갈 수도 있다. 일반적으로 5분 내외의 정해진 시간 동안 떠오르는 것을 빠짐없이 기록하고 더 이상 새로운 아이디어가 생성되지 않을 때 활동을 종료한다.

생각 그물 만들기는 중심 주제를 중앙에 두고 그물망 형태로 가지치기하면서 시각적으로 구조화하여 아이디어를 생성하는 전략이다. 중심 주제로부터 이와 관련된 주요 개념이나 세부 아이디어들을 확장시키며 아이디어들 간의 관계 속에서 내용을 생성한다. 앞서 브레인스토밍은 중심 주제를 기준으로 떠오르는 생각을 제한 없이 계속 나열하는 방식이라면, 생각 그물 만들기는 가운데의 중심 주제에서 시작하여 사방으로 뻗어 나가며 도형이나 선을 활용해 생각을 확장시킨다. 이때 한 가지에는 하나의 아이디어를 간단한 단어나 구 형태로 표현하여 적는다.

이야기 나누기는 글의 주제에 대해 특정 대상과 함께 대화를 나누면서 아이디어를 생성하거나 정교화하는 전략이다. 필자 개인이 가진 배경지식은 한정적이므로, 타인과의 상호작용을 통해 새로운 내용을 떠올리거나 미처 떠올리지 못했던 아이디어를 활성화할 수 있다. 이야기를 나누는 과정에서 생각이 자연스럽게 촉발되고 확장되면서 보다 풍부한 생각을 떠올릴 수 있게 되는 것이다. 이야기 나누기의 상대는 학급 내 동료, 교사, 부모 등이 될 수 있다. 또한 인터뷰하기 형태로 특정 인물을 인터뷰하거나 작품 속 인물과의 가상 대화처럼 창의적인 방식으로 시도해 볼 수 있다.

자료 읽기는 글의 주제와 관련된 자료를 탐색하여 읽은 다음, 이를 종합하고 재구성하여 글의 내용을 생성하는 전략이다. 특히 설명하는 글이나 설득하는 글처럼 객관적 사실과 근거가 요구되는 글에서는 필자의 배경지식만으로 충분한 정보를 확보하기 어렵기 때문에, 신뢰할 만한 자료를 찾아 읽는 과정이 필수적이다. 따라서 필자는 다양한 자료를 선별하여 읽고 핵심 정보를 파악하여, 필요에 따라 출처를 밝히고 글의 내용과 논거로 활용할 수 있다. 또한 주제에 대한 다양한 관점의 글을 읽으면서 새로운 시각으로 대상을 이해하게 되며, 이를 통해 보다 풍부하고 창의적인 생각들을 끌어낼 수 있다.

(3) 내용 조직하기

내용 조직하기에서는 글의 구조적 논리를 인식하고 글의 목적과 독자를 고려해 글의 내용에 적합한 전개 방식을 구성하도록 지도하는 것이 필요하다. 대표적인 내용 조직 전략으로 다발 짓기(clustering)와 개요 짜기(outlining)를 들 수 있다.

다발 짓기는 생성된 아이디어를 비슷한 내용끼리 묶어 범주화하고, 그 관계를 글의 구조(text structure)에 따라 시각적으로 조직하는 전략이다. 효과적인 다발 짓기를 위해서는 아이디어 간의 의미적 관계를 파악하는 능력뿐만 아니라 글의 구조에 대한 지식이 필수적이다. 글의 구조는 나열, 순서, 비교와 대조, 원인과 결과, 문제와 해결 등이 있는데, 필자는 글의 구조에 적절한 도해(diagram)를 그리고 생성한 아이디어를 적절히 배열한다. 같은 구조의 글이라고 하더라도 다양한 형태의 다발 짓기가 가능하므로 가장 적합한 형태를 선택하여 활용할 수 있도록 지도한다.

개요 짜기는 생성된 아이디어를 논리적인 순서로 배열하여 글의 전체적인 윤곽을 잡는 전략이다. 이 전략은 초고를 쓰기 전에 글의 논리적 흐름을 잡아 명확한 방향을 설정할 수 있고 글의 뼈대를 잡을 수 있다는 점에서 유용하다. 작성한 개요가 글의 설계도로서 역할을 하려면 글의 목적과 예상 독자를 고려하여 내용이 적절한 순서로 전개되는지, 글의 전체적인 내용에 일관성이 있는지, 논리적 비약은 없는지 등을 충분히 점검하도록 해야 한다. 개요를 쓸 때는 작성할 글의 문단별 내용을 단어나 구 형태로 간략히 정리할 수도 있고 중심 문장 형태로 작성할 수도 있다.

(4) 표현하기

조직된 내용을 바탕으로 초고를 작성하는 단계로, 필자는 자유롭게 사고의 흐름을 전개하되 글의 목적과 독자를 염두에 두고 표현하도록 지도해야 한다. 이 단계에서는 처음부터 완성도 높은 글을 쓰려는 부담을 가지면 오히려 글을 쓰기 어렵기 때문에, 이후 고쳐쓰기 과정을 통해 글을 충분히 수정·보완할 수 있음을 지속적으로 상기시키는 것이 중요하다. 표현하기의 대표적인 전략으로는 구두 작문(oral composition)과 내리쓰기(free writing)가 있다.

구두 작문은 본격적으로 글을 쓰기 전에 쓸 내용을 소리 내어 말해 보는 전략이다. 머릿속 생각을 바로 문자 언어로 전환하는 것이 어려운 학습자에게 구어로 먼저 표현해 보는 과정은 상대적으로 쓰기 부담을 완화하고 자연스럽게 접근하는 방법이 될 수 있다. 필자는 말로 표현하면서 문장의 흐름과 표현들을 청각적으로 검토할 수 있으며 이를 통해 사고의 흐름을 정리하고 자연스러운 문장을 구성하는 데 도움을 받을 수 있다. 또한 문법이나 표현의 완성도를 지나치게 의식하지 않고 누군가에게 설명하듯이 자유롭게 소리 내어 말하면서 내용의 흐름에 집중할 수 있다.

내리쓰기는 정해진 시간 동안 생각의 흐름을 멈추지 않고 그대로 글로 옮기는 전략으로, 초고를 우선 완성한다는 목표 아래 의식적인 점검이나 수정 없이 계속해서 써 내려가는 방법이다. 이때 필자는 문장이나 표현의 완성도를 지나치게 의식하지 않고, 떠오르는 생각을 속도감 있게 문자로 전사하는 데 집중한다. 정해진 시간이 끝나면 쓰기를 멈추고, 생성된 내용 중 의미 있는 부분을 선별하여 내용을 구체화하거나 재구성한다. 내리쓰기는 글쓰기 과정 초기에 흔히 나타나는 쓰기 막힘(writing block)을 완화하고, 초고 작성에 대한 부담을 줄이는 데 효과적인 전략이다.

(5) 고쳐쓰기

고쳐쓰기 단계는 초고의 내용적 측면과 형식적 측면을 비판적으로 검토하고 수정하여 글의 완성도를 높이는 고차원적 인지 활동이다. 흔히 고쳐쓰기를 하라고 하면 글씨를 바르게 쓰거나 맞춤법이나 띄어쓰기 등 지엽적인 수준의 오류만 수정하는 경우가 많다. 그러나 고쳐쓰기가 제대로 이루어지려면 필자는 자신의 글을 독자의 관점에서 읽으면서 글의 거시적 수준에서부터 미시적 수준으로 점검할 필요가 있다. 즉, 글 전체 수준, 문단 수준, 문장 수준, 낱말 수준의 순서로 고쳐쓰기를 진행하는 것이다. 고쳐쓰기를 할 때는 주제와 관련 없거나 불필요하게 반복되는 내용은 삭제하고, 정보의 보완이 필요한 부분은 첨가하며, 어색한 단어나 모호한 표현들은 명확하고 자연스러운 표현으로 교체한다. 또한 논리적 흐름이 자연스럽도록 문장이나 문단의 순서를 바꾸기도 한다.

글을 수정하는 것은 쓰기 과정 중 언제든지 가능하지만 고쳐쓰기 단계는 주로 완성된 초고를 대상으로 한다. 여기에서 다루는 고쳐쓰기 전략 역시 초고 쓰기 이후에 이루어지는 고쳐쓰기로만 한정하고자 한다. 고쳐쓰기 지도를 위한 주요 전략은 훑어 읽기(survey)와 돌려 읽기(reading around)가 대표적이다.

훑어 읽기는 작성된 초고를 빠르게 다시 읽으며 글의 전체적 흐름과 구조 및 형식적 요소들을 점검하는 전략이다. 이 전략은 한 번으로 끝내기보다는 여러 차례에 걸쳐 실시하는 것이 효과적이다. 이때 고쳐쓰기의 일반적인 지도 원리에 따라 거시적 수준에서 미시적 수준으로 진행한다. 즉, 처음에는 글 전체 수준에서 훑어 읽기를 하고 차례로 문단 수준, 문장 수준, 낱말 수준으로 이어서 훑어 읽기를 반복하는 것이다. 구체적으로는 글 전체에서 일관된 입장을 유지하고 있는지, 문단 구분은 적절하고 문단 간의 논리적 연결이나 배치가 자연스러운지, 문장에서 주어와 서술어의 호응이 적절한지, 문맥에 어울리는 단어를 사용했는지 등을 살펴볼 수 있다. 이때 발견한 오류나 문제들을 간단하게 메모하고 고쳐 쓸 내용들을 표시하도록 한다. 이후 훑어 읽기에서 메모한 내용들을 반영하여 고쳐쓰기를 진행한다. 참고로 글을 완성한 직후보다는 충분한 시간을 갖고 다시 훑어 읽기를 하면 인지적 거리감을 확보할 수 있어 보다 객관적인 관점에서 글을 점검할 수 있다.

돌려 읽기는 모둠이나 학급 내에서 정해진 규칙에 따라 서로의 초고를 교환하여 읽고 피드백하는 협력적인 형태의 고쳐쓰기 전략이다. 다양한 독자가 자신이 쓴 글을 읽고 피드백을 주기 때문에 필자는 독자의 시각을 직접 경험할 수 있고 독자에 대한 인식이 높아지는 계기가 될 수 있다. 또한 다른 사람의 글을 비판적인 시각으로 읽는 것은 평가자의 관점을 갖추는 데 기여하고, 이는 다시 자신의 글을 점검하는 준거로 작용하여 고쳐쓰기의 질을 높이는 선순환을 이룬다. 돌려 읽기를 할 때는 막연하게 읽게 하기보다는 점검해야 할 항목들을 체크리스트로 제시하는 것이 효과적이다. 피드백 역시 막연하게 '잘 썼다', '재미있고 좋다.' '별로다' 등으로 표현하기보다는 잘한 점이나 아쉬운 점, 궁금한 점이나 보완했으면 하는 점 등을 구체적으로 제시할 수 있도록 지도한다.[2] 돌려 읽기가 끝난 후에는 동료들의 피드백을 토대로 글을 고쳐 쓰도록 한다.

(6) 조정하기

조정하기는 쓰기 과정의 특정 단계가 아니라 전체에 관여하는 것으로, 필자가 쓰기 과정을 통제하는 핵심 기제이다. 필자는 쓰기의 전 과정에서 조정하기를 통해 계속적으로 자신의 쓰기 과정을 점검하고 유연하게 전환할 수 있도록 제어한다. 따라서 쓰기 과정은 곧 자기 조정의 과정이라고 할 수 있다. 대표적인 전략으로는 자기 질문하기와 자기 평

---

2) 이재승(2005:357)에서는 친구의 글을 읽을 때 지켜야 할 원칙으로 다음을 제시하고 있다.
-친구의 글에 대해 최대한 많은 의견을 말해 준다.
-친구의 글을 성실하게 읽고 반응을 보여준다.
-부정적인 면보다는 긍정적인 면에 초점을 둔다.
-지엽적인 문제보다는 우선 의미(내용)에 초점을 둔다.
-동료에 대한 감정(우호, 적대)에 치우치지 않는다.
-'비판'보다는 '제언'에 무게를 둔다. 대안이 있으면 말해 준다.
-거짓되지 않고 정직하게 말해 준다. 그렇다고 너무 직선적, 비판적이 되지 않도록 한다.
-이번 시간에 학습한 것에 초점을 둔다.

가하기가 있다.

자기 질문하기 전략은 필자가 자신의 쓰기 과정을 점검하기 위해 스스로에게 질문을 던지는 상위인지적 점검 전략이다. 글을 쓰는 동안 필자는 자신이 글의 목적에 맞게 쓰고 있는지, 문단이 주제와 관련이 있는지, 문단의 내용에 어울리지 않는 문장은 없는지, 독자가 이해하기 쉽게 썼는지 등을 스스로에게 질문한다. 초기 단계에서 교사는 쓰기 단계별로 활용할 수 있는 질문 목록을 제공하거나 자기 질문을 구조화한 체크리스트를 제시할 수 있다. 그러나 이후에는 점차적으로 학습자 스스로 자기 점검 질문을 생성할 수 있도록 안내하는 것이 중요하다. 이러한 자기 질문 전략이 필자의 상위인지적 점검 능력을 강화할 수 있다.

자기 평가하기 전략은 필자가 쓰기 결과물뿐만 아니라 쓰기 과정 전반을 정해진 기준에 따라 스스로 평가하고 성찰하는 방법이다. 필자는 완성된 글에 대해 글의 목적이 달성되었는지, 구조가 논리적인지, 독자를 잘 고려하고 있는지, 문장 간의 연결은 자연스러운지 등을 스스로 평가한다. 또한 쓰기 과정 전반에 대해 글을 쓰기 전에 계획을 구체적으로 세웠는지, 아이디어 생성 중에 어려움은 없었는지, 고쳐쓰기를 충분하게 수행하였는지 등을 살펴 평가한다. 이때 평가 기준은 교사가 제시할 수도 있고 학습자가 만들어 볼 수도 있으며 체크리스트를 활용할 수도 있다. 한편, 자기 평가 활동을 작문 일지 형태로 기록하는 방법도 있다. 예를 들면 글쓰기 과정에서 잘한 점, 어려웠던 점과 그 해결 방법, 보완해야 할 점, 향후 개선 계획 등을 작성하는 것이다. 이러한 과정은 자신의 쓰기 과정을 성찰하게 하고 필자의 자기조절 능력을 확장시킨다.

다) 장르 중심 쓰기 지도

장르 중심 쓰기 지도는 생산하고자 하는 글의 장르적 특성을 알고, 해당 장르의 사회·문화적 요구를 바탕으로 담화 관습에 따라 글을 쓰도록 하는 데 중점을 둔다. 쓰기를 특정 담화 공동체 내에서 이루어지는 사회적 행위로 보기 때문에 장르에 대한 이해 자체가 쓰기 수업의 목표가 될 수 있다. 특정 담화 공동체의 구성원들과 원활한 의사소통을 하기 위해서는 각 장르의 텍스트 특성, 수사적 구조, 표현 방식 등 관습적 규약을 익히는 것이 필수적이다.

장르 중심 쓰기 지도는 텍스트를 강조한다는 점에서 결과 중심 쓰기와 유사하지만 접근 방식에서 차이가 있다. 결과 중심 쓰기가 절대적이고 고정적인 모범글의 형식적 기법을 단순히 모방하고 연습하는 것에 초점을 두는 반면, 장르 중심 쓰기 지도는 텍스트의 특성을 분석하고 각 장르에서 수사적 패턴을 탐구한다는 점에서 차별화된다.

캘러핸과 로더리(Callaghan&Rothery, 1988)가 제시한 3단계 모형에 따르면, 장르 중심 쓰기 지도는 '예시글 제시하기(modeling)', '협력하여 쓰기(joint negotiation of text)', '독립적으로 쓰기(independent construction)'의 단계로 진행된다(최미숙 외, 2023: 271). 이 과정은 점진적 책임 이양의 원리와도 유사하다. 이는 초기 단계에서 교사가 설명과 시범을 통해 안내하고, 이후 교사와 학생이 공동으로 장르에 해당하는 텍스트를 구성하며, 최종적으로 학생이 독립적으로 텍스트를 생산하도록 하는 구조로 이루어진다. 이때 교사는 학생에게 비계를 제공하는 안내자이자 촉진자로서 학생이 장르 지식을 실제적인 쓰기 능력으로 전환할 수 있도록 돕는다.

3. 쓰기 교육의 내용

쓰기 교육은 필자가 다양한 상황에서 자신의 생각이나 느낌을 언어를 비롯한 여러 기호와 매체를 활용하여 정확하고 효과적으로 표현하고, 나아가 다른 사람과 원활하게 의사소통할 수 있는 능력을 신장하는 데 목적을 둔다. 이를 위해 쓰기 교육에서 지도해야 할 2022 개정 국어과 교육과정의 교육 내용은 다음과 같이 설계되었다.

가. 내용 체계

2022 개정 국어과 교육과정에서 쓰기 영역의 개정 중점은 '문제 해결 과정으로서 쓰기 전략 강화', '사회·문화적 실천 행위로서의 쓰기 수행의 실제성 제고', '필자로서 성장하는 삶 구현', '한글 학습 및 기초 문식성 교육 강화 요구의 반영'이다(노은희 외, 2022:168). 2022 개정 교육과정 국어과 쓰기 영역의 내용 체계는 핵심 아이디어, 범주,

학년군별 내용 요소로 구성되어 있으며, 구체적인 내용을 살펴보면 다음과 같다.

〈표 6-1〉 쓰기 영역의 내용 체계

<table>
<tr><td colspan="2">핵심 아이디어</td><td colspan="4">• 쓰기는 언어를 비롯한 다양한 기호나 매체를 활용하여 인간의 생각과 감정을 글로 표현함으로써 의미를 구성하는 행위이다.
• 필자는 상황 맥락 및 사회·문화적 맥락 속에서 자신의 의사소통 목적을 달성하기 위하여 다양한 유형의 글을 쓴다.
• 필자는 쓰기 과정에서 부딪히는 문제를 해결하기 위하여 적절한 쓰기 전략을 사용하여 글을 쓴다.
• 필자는 쓰기 경험을 통해 언어 공동체의 구성원으로 성장하고, 쓰기 윤리를 갖추어 독자와 소통함으로써 바람직한 의사소통 문화를 만들어 간다.</td></tr>
<tr><td colspan="2" rowspan="3">범주</td><td colspan="4">내용 요소</td></tr>
<tr><td colspan="3">초등학교</td><td>중학교</td></tr>
<tr><td>1~2학년</td><td>3~4학년</td><td>5~6학년</td><td>1~3학년</td></tr>
<tr><td rowspan="2">지식·이해</td><td>쓰기 맥락</td><td></td><td>• 상황 맥락</td><td colspan="2">• 상황 맥락
• 사회·문화적 맥락</td></tr>
<tr><td>글의 유형</td><td>• 주변 소재에 대해 소개하는 글
• 겪은 일을 표현하는 글</td><td>• 절차와 결과를 보고하는 글
• 이유를 들어 의견을 제시하는 글
• 독자에게 마음을 전하는 글</td><td>• 대상의 특성이 나타나게 설명하는 글
• 적절한 근거를 들어 주장하는 글
• 체험에 대한 감상을 나타내는 글</td><td>• 복수의 자료를 활용 하여 다양한 형식으로 쓴 글
• 대상에 적합한 설명 방법을 사용하여 쓴 글
• 타당한 근거를 들어 주장하는 글
• 의견 차이가 있는 사안에 대해 주장하는 글
• 자신의 정서를 표현하는 글</td></tr>
<tr><td rowspan="8">과정·기능</td><td>쓰기의 기초</td><td>• 글자 쓰기
• 단어 쓰기
• 문장 쓰기</td><td>• 문단 쓰기</td><td></td><td></td></tr>
<tr><td>계획하기</td><td></td><td>• 목적, 주제 고려하기</td><td>• 독자, 매체 고려하기</td><td>• 언어 공동체 고려하기</td></tr>
<tr><td>내용 생성하기</td><td>• 일상을 소재로 내용 생성하기</td><td>• 목적, 주제에 따라 내용 생성하기</td><td>• 독자, 매체를 고려하여 내용 생성하기</td><td>• 복합양식 자료를 활용하여 내용 생성하기</td></tr>
<tr><td>내용 조직하기</td><td></td><td>• 절차와 결과에 따라 내용 조직하기</td><td>• 통일성을 고려하여 내용 조직하기</td><td>• 글 유형을 고려하여 내용 조직하기</td></tr>
<tr><td>표현하기</td><td>• 자유롭게 표현하기</td><td>• 정확하게 표현하기</td><td>• 독자를 고려하여 표현하기</td><td>• 다양하게 표현하기</td></tr>
<tr><td>고쳐쓰기</td><td></td><td>• 문장, 문단 수준에서 고쳐쓰기</td><td>• 글 수준에서 고쳐쓰기</td><td>• 독자를 고려하여 고쳐쓰기</td></tr>
<tr><td>공유하기</td><td colspan="4">• 쓴 글을 함께 읽고 반응하기</td></tr>
<tr><td>점검과 조정</td><td></td><td colspan="3">• 쓰기 과정과 전략에 대해 점검·조정하기</td></tr>
<tr><td colspan="2">가치·태도</td><td>• 쓰기에 대한 흥미</td><td>• 쓰기 효능감</td><td>• 쓰기에 적극적 참여
• 쓰기 윤리 준수</td><td>• 쓰기에 대한 성찰
• 윤리적 소통 문화 형성</td></tr>
</table>

1) 핵심 아이디어

'핵심 아이디어'는 내용 체계표의 상위 조직자로서 쓰기 영역의 학습을 통해 일반화할 수 있는 내용을 핵심적으로 진술한 것이다. 이는 2015 개정 국어과 교육과정에서 '일반화된 지식'으로 일컬어지던 것이 2022 개정 국어과 교육과정에서는 '핵심 아이디어'로 재구성된 것이다.

먼저 쓰기의 핵심 아이디어 첫 번째는 '지식·이해', '과정·기능', '가치·태도'를 전체적으로 아우르는 내용으로 기술하였다. 쓰기란 언어를 비롯한 다양한 기호나 매체를 활용하여 인간의 생각과 감정을 글로 표현함으로써 의미를 구성하는 행위라고 명시한다. 두 번째 핵심 아이디어는 '지식·이해' 범주의 내용을 구체화한 것으로 '쓰기 수행을 위해 학습자가 알고 고려해야 할 것은 무엇인가'에 대한 것이다. 쓰기 교육 내용의 주요 원리로서 상황 맥락과 사회·문화적 맥락을 고려하여 다양한 유형의 글을 써서 자신의 의사소통 목적을 달성해야 함을 밝히고 있다. 세 번째 핵심 아이디어는 '과정·기능' 범주의 내용과 관련이 있는 것으로 '쓰기 학습을 통해 학습자가 할 수 있는 능력은 무엇인가'에 대한 물음에서 추출되었다. 쓰기 영역의 교육 내용을 조직하는 중요한 원리로서, 필자는 글을 쓰는 과정에서 발생하는 문제를 해결하며 적절한 쓰기 전략을 사용하여 글을 쓰는 능력을 갖출 수 있다고 명시한다. 세 번째 핵심 아이디어는 '가치·태도' 범주와 연관된 것으로 '쓰기 영역에서 추구하는 가치와 태도, 의사소통 문화는 무엇인가'에서 비롯된다. 이에 필자는 쓰기 경험을 통해 언어 공동체의 구성원으로 성장하고, 쓰기 윤리를 갖추어 독자와 소통함으로써 바람직한 의사소통 문화를 만들어 간다고 진술한다.

2) 범주

'범주'는 핵심 아이디어에 해당하는 내용을 구체화한 것으로 쓰기 영역의 기초 개념이나 원리로 구성되었다. 2015 개정 국어과 교육과정에서는 '쓰기의 본질', '목적에 따른 글의 유형', '쓰기의 구성 요소', '쓰기의 태도' 등이 '핵심 개념'에 포함되어 있었다. 2022 개정 교과 교육과정의 내용 체계에서는 교육 내용의 성격을 '지식·이해', '과정·기능', '가치·태도'의 세 가지로 범주화한다.[3)]

---

3) 2015 개정 국어과 교육과정의 범주와 이를 비교하면, '쓰기의 본질' 범주는 삭제되었다. '목적에 따른

'지식·이해' 범주는 쓰기 학습을 통해 알아야 할 구체적 내용과 그것에 대한 이해의 내용을 포함한다. 이는 쓰기 영역에서 알고 이해해야 할 내용 요소, 개념, 원리를 의미한다. 지식·이해 범주에는 쓰기 맥락과 글의 유형을 하위 범주로 설정하고 사회적 구성주의와 장르 중심 쓰기 이론을 반영하였다. 쓰기 맥락은 상황 맥락과 사회·문화적 맥락으로 구분하여 제시하되, 초등학교 3~4학년군에서는 상황 맥락만을, 초등학교 5~6학년군 이후부터는 상황 맥락과 사회·문화적 맥락을 다룬다. 글의 유형은 크게 정보 전달, 설득, 친교 및 정서 표현의 구분에 따라 학년 수준에 맞추어 주변 소재에 대해 소개하는 글, 절차와 결과를 보고하는 글, 대상의 특성이 나타나게 설명하는 글 등 다양한 쓰기 장르를 제시하였다.

'과정·기능' 범주는 지식을 습득하는 데 활용되는 사고 및 탐구 과정, 쓰기 영역 고유의 절차적 지식 등을 의미한다. 이는 지식의 이해와 적용을 가능하게 하며, 학습의 결과 학생들이 할 수 있어야 하는 구체적인 능력을 일컫는다. 과정·기능 범주에서는 기초 문식성 강화를 위하여 '쓰기의 기초'를 하위 범주로 신설하였다. 그리고 인지주의 쓰기 이론에 따라 계획하기, 내용 생성하기, 내용 조직하기, 표현하기, 고쳐쓰기, 공유하기, 점검과 조정하기의 과정을 하위 범주로 제시하고 각 범주별 쓰기 전략을 내용 요소로 구체화하였다.

'가치·태도' 범주는 쓰기 활동을 통해서 기를 수 있는 고유한 가치 및 태도를 말한다. 쓰기 학습 과정에서 습득되는 태도와 내면화하는 가치를 의미한다고 볼 수 있다. 특히 필자의 주도성과 필자로서 성장하는 삶에 주목하고, 바람직한 소통 문화에서 갖추어야 할 태도로서 쓰기 윤리를 내용 요소로 포함하였다.

글의 유형'은 '지식·이해' 범주의 '글의 유형'으로 재편되었으며, '쓰기의 구성 요소', '쓰기와 매체'는 '지식·이해' 범주의 '쓰기 맥락'으로 재편되었다. '쓰기의 과정', '쓰기의 전략'은 '과정·기능' 범주의 '쓰기의 기초', '계획하기', '내용 생성하기', '내용 조직하기', '표현하기', '고쳐쓰기', '공유하기', '점검과 조정'의 8개 범주로 재편되었으며, '쓰기의 태도'는 '가치·태도' 범주로 재편되었다(노은희 외, 2022: 171).

3) 학년(군)별 내용 요소

쓰기 영역의 '내용 요소'는 쓰기 영역의 각 학년(군)에서 배워야 할 학습 내용을 구체적으로 제시한 것이다. 학년(군)에서 중점적으로 학습해야 할 '지식·이해', '과정·기능', '가치·태도'의 학습 내용을 초점화하여 제시하되, 학년 간 연계를 고려하여 학습 내용을 위계화하여 제시하였다(노은희, 2022:171-172).

2022 개정 국어과 교육과정의 쓰기 영역 내용 요소는 특정 학년군에 해당하는 내용 요소와 두 개 학년군 이상에 공통적으로 해당하는 내용 요소로 구분하여 제시하였다. 이는 학습 내용의 특성 및 학습자의 발달을 고려한 것이다. 특정 학년군에 해당하는 내용 요소의 경우 해당 학년에서 집중적인 학습이 필요하고, 두 개 학년군 이상에 공통적으로 제시한 내용 요소는 지속적인 학습이 필요하다고 보았다. 과정·기능 범주 중 '공유하기'에는 '쓴 글을 함께 읽고 반응하기'가 전 학년에 걸쳐 제시되었고, '점검과 조정'에는 '쓰기 과정과 전략에 대해 점검·조정하기'가 3~4학년군부터 중학교 1~3학년까지 공통적인 내용 요소로 자리하였다. 지식·이해 범주 중 '쓰기 맥락'에는 '상황 맥락'과 '사회·문화적 맥락'이 5~6학년군부터 중학교 1~3학년에 공통적인 내용 요소로 제시되었다.

또 하나 특징적인 점은 과정·기능 범주에 '쓰기의 기초'가 새롭게 제시되었다는 것이다. 내용 요소로 1~2학년군에 '글자 쓰기', '단어 쓰기', '문장 쓰기'가 설정되었으며, 3~4학년군에 '문단 쓰기'가 제시되었다. 이는 한글 학습 및 기초 문식성 교육 강화라는 2022 개정 국어과 교육과정의 개정 중점에 따른 것이다.

나. 성취기준

성취기준은 학년군별로 제시되는데, 1~2학년군 4개, 3~4학년군 5개, 5~6학년군 6개로 총 15개의 성취기준이 있다. 일부 성취기준에 대해서는 '성취기준 해설'을 제공하며, 학년군의 성취기준들을 적용하면서 고려할 사항들을 '성취기준 적용 시 고려 사항'으로 제시하고 있다. 쓰기 영역의 성취기준을 학년군별로 제시하면 다음과 같다.

〈표 6-2〉 초등 쓰기 영역의 학년군별 성취기준

학년군	성취기준
1,2학년	[2국03-01] 글자와 단어를 바르게 쓴다. [2국03-02] 쓰기에 흥미를 가지며 자신의 생각이나 느낌을 문장으로 표현한다. [2국03-03] 주변 소재에 대해 소개하는 글을 쓴다. [2국03-04] 겪은 일을 표현하는 글을 자유롭게 쓰고, 쓴 글을 함께 읽고 생각이나 느낌을 나눈다.
3,4학년	[4국03-01] 중심 문장과 뒷받침 문장을 갖추어 문단을 쓰고, 문장과 문단을 중심으로 고쳐 쓴다. **[4국03-02] 절차와 결과가 드러나게 정확한 표현으로 보고하는 글을 쓴다.** [4국03-03] 대상에 대한 자신의 의견과 그렇게 생각한 이유가 드러나게 글을 쓴다. [4국03-04] 목적과 주제를 고려하여 독자에게 마음을 전하는 글을 쓴다. [4국03-05] 자신의 쓰기 과정을 점검하며 쓰기에 자신감을 갖는다.
5,6학년	[6국03-01] 알맞은 내용을 선정하여 대상의 특성이 나타나게 설명하는 글을 쓴다. [6국03-02] 적절한 근거를 사용하고 인용의 출처를 밝히며 주장하는 글을 쓴다. [6국03-03] 체험한 일에 대한 감상을 나타내는 글을 쓴다. [6국03-04] 독자와 매체를 고려하여 내용을 생성하고 표현하며 글을 쓴다. **[6국03-05] 쓰기 과정을 점검·조정하며 글을 쓰고, 글 전체를 대상으로 통일성 있게 고쳐 쓴다.** [6국03-06] 쓰기에 적극적으로 참여하며 자신의 글을 독자와 공유하는 태도를 지닌다.

2022 개정 국어과 교육과정의 쓰기 영역 성취기준은 개정의 취지를 반영하면서도 기존의 쓰기 영역 학습 내용과의 연속성을 고려하여 2015 개정 국어과 교육과정의 성취기준을 수정·보완하여 제시하였다. 또한 2022 개정 국어과 교육과정에서 신설된 성취기준도 있는데, 초등 수준에서는 [4국03-02]와 [6국03-05]의 두 가지이다. [4국03-02]는 교과 학습이 본격적으로 시작되는 3~4학년군에서 보고하는 글을 쓰는 경험을 제공할 필요가 있다는 점에서 이전 교육과정에서 중학교 성취기준에 있던 것이 초등학교로 이동한 것이다. [6국03-05]은 쓰기 과정에 대한 점검 및 조정이 초등학교 시기부터 본격적으로 다루어질 필요가 있다는 점과 한 편의 글을 본격적으로 쓰기 시작하는 5~6학년군의 특성을 고려할 때에 글 전체를 통일성 있게 고쳐 쓸 필요에 의해 신설되었다(노은희 외, 2022:182).

2022 개정 국어과 교육과정의 '성취기준 해설'은 성취기준 설정의 취지, 해당 성취기준에서 학습해야 할 학습 내용 및 학습 범위를 제시하는 방식으로 구성되어 있다. 또한 '성취기준 적용 시 고려 사항'에는 2015 개정 국어과 교육과정의 '성취기준 해설'에 제시되었던 지도상의 중점이나 유의점에 해당하는 내용이 기술되어 있다. 해당 학년(군)별 성취기준과 관련한 전체적인 수준의 교수·학습 및 평가의 방향, 해당 학년(군)별 성취기

준에서 반영되는 국가 사회적 요구에 대한 고려 사항, 다른 성취기준과의 계열성이나 다른 영역과의 연계성과 관련된 정보나 용어에 대한 설명, 성취기준 해설이 제공되지 않은 성취기준이나 특별히 교수·학습 중점이 제공되어야 할 성취기준에 교수·학습과 관련한 추가 정보 등을 제시하고 있다(노은희 외, 2022:184-186).

2022 개정 국어과 교육과정의 쓰기 영역 성취기준 및 성취기준 해설, 성취기준 적용 시 고려 사항을 자세히 살펴보면 다음과 같다.

[초등학교 1~2학년]

[2국03-01] 글자와 단어를 바르게 쓴다.
[2국03-02] 쓰기에 흥미를 가지며 자신의 생각이나 느낌을 문장으로 표현한다.
[2국03-03] 주변 소재에 대해 소개하는 글을 쓴다.
[2국03-04] 겪은 일을 표현하는 글을 자유롭게 쓰고, 쓴 글을 함께 읽고 생각이나 느낌을 나눈다.

(가) 성취기준 해설

- [2국03-02] 이 성취기준은 쓰기에 흥미를 가지고 자신의 생각이나 느낌을 문장으로 표현하는 능력을 기르기 위해 설정하였다. 쓰기에 대한 긍정적인 인식을 가지고 문장 쓰기를 수행하는 것은 필자로 성장하기 위한 출발점에 해당한다. 자신의 생각이나 느낌을 문장으로 구성하는 방법, 꾸며 주는 말을 넣어 자신의 생각이나 느낌을 표현하는 방법 등을 학습한다. 이를 통해 학습자가 자신이 쓰고 싶은 화제나 주제를 찾아 다양한 문장으로 표현하는 즐거움을 경험하도록 한다.
- [2국03-04] 이 성취기준은 자신이 겪은 일을 내용이나 형식에 제한 없이 자유롭게 표현하고, 그 과정과 결과를 독자와 공유하는 데에 필요한 능력과 태도를 기르기 위해 설정하였다. 자신이 겪은 일 중 글로 쓰고 싶은 경험 떠올리기, 경험에 대한 자신의 생각이나 느낌 떠올리기, 자유롭게 표현하기, 쓴 글을 함께 읽고 반응하기 등을 학습한다.

(나) 성취기준 적용 시 고려 사항

- 글자와 단어를 쓰는 것은 쓰기의 기초에 해당한다. 글자를 정확하게 쓰기 위해서 바른 자세로 필순과 글자의 짜임에 맞게 낱자를 쓰게 한다. 글자의 복잡성 정도를 고려하여 처음에는 받침이 없는 간단한 글자부터 시작하여 점차 받침이 있는 복잡한 글자를 쓸 수 있게 한다. 글자를 어느 정도 익히고 난 후에는 단어부터 문장 쓰기까지 경험하도록 한다. 쓰기의 기초에 해당하는 내용은 읽기 영역의 '읽기의 기초'와 문법 영역의 '한글의 기초와 국어 규범'과 연계하여 지도할 수 있다.
- 기초 한글 학습이 부족한 학습자를 위해서 문자 학습에 흥미를 느낄 수 있도록 신체 놀이, 연상 놀이, 질문 놀이 등 놀이 중심으로 교수·학습을 진행한다.
- 학습자가 쓰기 분량에 부담을 갖지 않도록 자신의 생각을 한두 문장으로 자유롭게 구성하도록 지도하며, 맞춤법이나 띄어쓰기와 같은 규범을 강조하기보다 쓰기에 흥미를 가질 수 있도록 지도하는 데 중점을 둔다.
- 학습자가 쉽게 글감을 마련하여 쓸 수 있도록 인상 깊었던 일이나 자신이 경험한 일을 친구에게 이야기하듯이 글로 쓰도록 지도한다. 문자 언어의 관습과 규범에 익숙하지 않은 학습자들이 큰 어려움을 느끼지 않으며 글을 쓸 수 있도록 자신의 경험을 글과 그림으로 함께 표현하도록 지도하는 것도 가능하다. 또한 자신이 쓴 글을 다른 사람들과 나누는 과정을 통해 쓰기에 대해 긍정적인 인식을 갖게 하여 쓰기가 자신을 표현하고 사람들과 소통하는 방법임을 깨닫도록 한다.
- 받아쓰기는 글자를 정확하게 쓰는 데 도움이 될 수 있으나, 학습자가 부담을 갖게 되면 국어 활동에 자신감을 잃을 수도 있으므로 신중하게 활용한다. 학습자의 수준을 넘는 어려운 글자나 복잡한 띄어쓰기가 포함된 문장을 피하도록 한다.

[초등학교 3~4학년]

> [4국03-01] 중심 문장과 뒷받침 문장을 갖추어 문단을 쓰고, 문장과 문단을 중심으로 고쳐 쓴다.
> [4국03-02] 절차와 결과가 드러나게 정확한 표현으로 보고하는 글을 쓴다.
> [4국03-03] 대상에 대한 자신의 의견과 그렇게 생각한 이유가 드러나게 글을 쓴다.
> [4국03-04] 목적과 주제를 고려하여 독자에게 마음을 전하는 글을 쓴다.
> [4국03-05] 자신의 쓰기 과정을 점검하며 쓰기에 자신감을 갖는다.

(가) 성취기준 해설

- [4국03-01] 이 성취기준은 문단을 짜임새 있게 쓰는 능력을 길러 글을 쓰는 과정에서 이를 적용할 수 있도록 하기 위해 설정하였다. 문단의 개념, 문단의 기능과 역할, 중심 문장과 뒷받침 문장의 관계, 중심 문장과 뒷받침 문장을 쓰는 방법, 중심 문장과 뒷받침 문장을 갖추어 문단을 쓰는 방법, 문장과 문단을 중심으로 글을 고쳐 쓰는 방법 등을 학습한다.
- [4국03-02] 이 성취기준은 교과 학습의 기초가 되는 보고하는 글을 쓰는 능력을 기르기 위해 설정하였다. 보고하는 글의 개념, 보고하는 글에 들어가야 할 내용 요소, 절차와 결과가 드러나게 글의 내용을 조직하는 방법, 절차와 결과를 정확하게 표현해야 하는 이유, 정확한 표현으로 보고하는 글 쓰기 등을 학습한다.
- [4국03-03] 이 성취기준은 어떤 대상이나 사실, 문제에 대한 자신의 의견을 구체적이고 명료하게 글로 쓰는 능력을 기르기 위해 설정하였다. 의견의 개념, 의견을 제시하는 것이 필요한 이유와 상황, 주제를 고려하여 자신의 의견을 제시하는 방법, 의견에 대한 이유를 드는 방법 등을 학습한다.

(나) 성취기준 적용 시 고려 사항

- 쓰기는 특정한 상황 안에서 이루어지는 의미 구성 행위이다. 쓰기가 이루어지는 상황 맥락에 대한 이해 없이는 필자의 의도, 전달하고자 하는 바를 효과적으로 표현할 수 없다. 이때의 상황 맥락은 텍스트의 생산·수용 과정에 직접적으로 개입하는 맥락

을 의미한다. 쓰기의 상황 맥락 요인으로는 예상 독자, 글의 주제, 글의 목적, 매체 등을 들 수 있다. 다양한 쓰기 과제를 제시하여 상황 맥락 요인에 따라 쓰기 과정과 결과가 달라질 수 있음을 지도한다.

- 쓰기 활동을 위해 쓰기 과제를 설계할 때는 다양한 사회·문화적 배경의 학습자들이 소외되지 않고 쓰기 활동에 적극적으로 참여할 수 있는 상황 맥락을 설정한다. 나아가 이들 학습자들의 사회·문화적 경험을 활용하여 글을 쓸 수 있도록 함으로써 쓰기 학습 과정에서 다양성을 경험할 수 있도록 지도한다.
- 글은 문단들로 구성되며, 하나의 문단은 중심 문장과 이 중심 문장의 내용을 구체적으로 보충하고 뒷받침하는 뒷받침 문장으로 구성된다. 문단을 구성하는 것은 한 편의 글을 구성하는 과정에서 필요한 능력이다. 문단 쓰기를 지도할 때에는 다양한 예시 글을 활용하여 중심 문장과 뒷받침 문장의 개념을 이해한 후 학습자가 글을 쓰는 과정에서 이를 실제로 적용할 수 있도록 지도한다.
- 학습에 필요한 기본적인 쓰기 능력과 태도를 갖출 수 있도록, 교과 학습의 토대가 되는 쓰기 활동이 이루어지도록 한다. 특히 국어과 내 타 영역의 성취기준, 타 교과의 성취기준, 범교과 학습 주제와 관련된 쓰기 활동을 계획하여 쓰기 활동이 학습자의 교과 학습에 실제적으로 기여할 수 있도록 지도한다.
- 보고하는 글 쓰기를 지도할 때는 체험 학습 보고서, 과학 실험 보고서, 조사 보고서 등의 글을 다루도록 한다. 보고하는 목적과 주제에 맞게 보고서에 들어갈 핵심 내용을 구성하고 형식을 갖추어 간결하고 정확하게 보고하는 글을 쓰도록 지도한다. 또한 보고하는 글이 내용적으로 사실에 기반해야 함을 이해하고, 과장되거나 왜곡된 내용을 경계하여 정확하게 표현하는 글을 쓸 수 있도록 지도한다.
- 자신의 의견을 밝히는 글 쓰기를 지도할 때는 학급, 학교, 이웃과 관련하여 쟁점이 되는 사안을 화제로 선정하고, 자신의 배경지식과 경험을 기초로 의견을 뒷받침하는 이유를 들어 글을 쓰도록 지도한다. 글을 쓰는 과정에서 자신의 의견을 명료화, 구체화함으로써 논리적으로 글을 쓰는 기초 능력을 기르는 데에 중점을 둔다.
- 고쳐쓰기를 지도할 때는 학습자들이 자신의 글을 점검하는 데에 익숙하지 않을 수 있으므로, 동료 학습자를 통해 실제 독자의 반응을 접하고 이를 반영하여 자신의 글을 점검하고 수정할 수 있도록 격려한다. 고쳐쓰기는 글을 쓰는 전 과정에서 이루어

져야 하지만, 초고 쓰기 이후에 집중적으로 지도하는 것도 가능하다.

- 예상 독자에 대한 인식이 형성되기 시작하는 시기이므로 학습자에게 자신의 글을 읽을 예상 독자를 생각하며 글을 쓰도록 안내하고 실제 독자와 소통하는 기회를 제공할 필요가 있다. 실제 독자를 고려하여 편지의 형식을 갖추어 글을 쓰거나 사회관계망 서비스(SNS) 등의 인터넷 매체를 활용하여 글을 쓸 수 있도록 지도한다. 쓴 글을 상대에게 전달하고 독자의 반응을 접함으로써 글이 소통의 매개가 됨을 이해하고 독자를 고려한 글쓰기의 필요성을 인식하며 필자로서의 효능감을 느낄 수 있도록 하는 데에 중점을 둔다.

[초등학교 5~6학년]

[6국03-01] 알맞은 내용을 선정하여 대상의 특성이 나타나게 설명하는 글을 쓴다.
[6국03-02] 적절한 근거를 사용하고 인용의 출처를 밝히며 주장하는 글을 쓴다.
[6국03-03] 체험한 일에 대한 감상을 나타내는 글을 쓴다.
[6국03-04] 독자와 매체를 고려하여 내용을 생성하고 표현하며 글을 쓴다.
[6국03-05] 쓰기 과정을 점검·조정하며 글을 쓰고, 글 전체를 대상으로 통일성 있게 고쳐 쓴다.
[6국03-06] 쓰기에 적극적으로 참여하며 자신의 글을 독자와 공유하는 태도를 지닌다.

(가) 성취기준 해설

- [6국03-01] 이 성취기준은 설명하는 글을 쓰는 데에 필요한 능력을 기르기 위해 설정하였다. 설명하고자 하는 대상의 특성을 드러낼 수 있는 내용을 선정하는 방법, 개념 정의, 부연 상술, 예시, 열거, 인용, 비교와 대조 등을 활용하여 독자가 대상의 특성을 이해하기 쉽게 내용을 구성하고 표현하는 방법, 설명 대상과 설명 방법의 관련성 등을 학습한다. 설명 대상은 인문, 사회, 과학, 예술, 체육 등 교과 내용에서 선정한다.
- [6국03-02] 이 성취기준은 주장하는 글을 쓰는 데에 필요한 능력과 쓰기 윤리를 준수하며 글을 쓰는 태도를 기르기 위해 설정하였다. 주장하는 글 쓰기의 중요성과 특

성, 주장과 이유 및 근거의 개념과 관계, 주장하는 글에 적절한 근거가 필요한 까닭, 역사적 사실, 실험 및 조사 결과, 통계 수치, 전문가의 견해 등을 활용하여 근거 생성하기, 이유와 근거를 활용하여 주장하는 글 쓰기, 인용의 출처를 밝혀야 하는 이유와 기본적인 인용 방법 등을 학습한다.

- [6국03-04] 이 성취기준은 글을 쓰는 과정에서 쓰기 목적, 독자와 매체 등과 같은 상황 맥락을 고려하여 내용을 생성하고 표현하는 능력을 기르기 위해 설정하였다. 예상 독자의 개념 이해하기, 독자 고려의 필요성 인식하기, 온라인 대화, 인터넷 게시판 댓글, 전자 우편, 블로그, 휴대전화 문자 메시지 등 다양한 매체의 특성 이해하기, 글의 목적이나 주제에 따라 알맞은 매체와 예상 독자 선정하기, 독자와 매체의 특성을 고려하여 계획 및 내용 생성하기, 독자와 매체의 특성을 고려하여 표현하기 등을 학습한다.
- [6국03-05] 이 성취기준은 필자가 자신의 쓰기 과정을 점검·조정하고 그 결과를 바탕으로 글을 고쳐 쓰는 능력을 기르기 위해 설정하였다. 글쓰기에서 통일성의 개념과 중요성, 쓰기 과정에 대한 점검과 조정의 필요성, 쓰기 과정의 회귀적 특성, 글에 대한 독자의 반응을 생각하며 고쳐쓰기, 글의 주제와 목적, 예상 독자 등을 고려하여 글의 통일성 점검하기 등을 학습한다.

(나) 성취기준 적용 시 고려 사항

- 설명하는 글 쓰기는 학습에 필요한 쓰기 능력을 갖출 수 있도록 교과 학습과 연계하여 지도하는 것이 효율적이다. 각 교과의 관찰, 조사 등의 학습 활동과 연계하여 대상의 특성이 나타나게 설명하는 글을 쓰도록 지도한다.
- 쓰기 과정에서 자료 수집이 필요할 경우, 다양한 매체를 활용하여 표현하고자 하는 내용에 알맞은 사진이나 삽화, 도표, 동영상 등의 자료를 찾을 수 있도록 지도한다. 또한 글을 쓸 때에도 글의 목적이나 주제에 따라 필자의 의도를 효과적으로 전달할 수 있는 다양한 매체를 선정하고, 선정한 매체의 특성을 고려하여 글을 쓸 수 있도록 지도한다. 동일한 목적의 글이라 하더라도 매체가 달라지면 글의 내용과 형식이 영향을 받게 됨을 이해하도록 하는 것에 중점을 두되, 다양한 예시 글을 제시하고 학습자가 스스로 글을 분석하여 내용 선정 시 고려해야 할 점, 내용 선정 방법 등을

찾을 수 있도록 안내한다. 이때 제시한 글이 단순히 모방을 위한 예가 되지 않도록 유의한다.

- 설득을 목적으로 하는 글 쓰기는 주장하는 바가 뚜렷하게 드러나고 근거가 적절해야 독자를 효과적으로 설득할 수 있음을 지도한다. 제시한 근거가 주장과 관련이 있는지, 주장을 뒷받침하는 데에 적절한지에 중점을 둔다.
- 체험을 바탕으로 감상을 나타내는 글을 쓰는 과정을 지도할 때는 학습자의 삶의 맥락에서 접하는 다양한 체험을 소재로 솔직하고 진솔하게 글을 쓰게 하되, 특별한 경험이 아닌 일상의 경험에서 의미 있는 글의 소재를 찾을 수 있도록 지도한다.
- 쓰기 과정을 지도할 때는 계획하기, 내용 생성하기, 내용 조직하기, 초고 쓰기, 고쳐쓰기와 같은 일련의 과정을 거침으로써 효율적인 글쓰기가 가능해진다는 점을 이해시키되, 이러한 일련의 쓰기 과정이 엄격하게 구별되거나 분절적인 것이 아니며 쓰기 과정에 대한 점검 및 조정을 통해 회귀할 수 있는 특성을 가졌다는 점에 유의하여 지도한다. 내용 생성하기 과정에서는 독자와 매체를 고려하여 내용 생성하기를 지도하되, 브레인스토밍, 마인드맵 등의 방법을 통해 글을 쓰기 위한 내용 생성 전략이나 기능을 익히도록 한다. 고쳐쓰기 과정에서는 띄어쓰기와 맞춤법을 포함하여 지도하되, 본래 의도한 의미가 독자에게 전달될 수 있도록 표현되었는지, 글 전체의 통일성이 확보되었는지 등에 중점을 두어 지도한다.
- 쓰기 윤리는 필자가 글을 쓰는 과정에서 준수해야 할 윤리적 규범으로, 학습자가 글을 쓰는 과정 전반에서 이를 고려하도록 지도한다. 다른 사람의 글이나 자료를 인용하여 글을 쓸 때는 그 출처를 밝히도록 지도하는 데에 중점을 두며, 자신의 의견과 다른 사람의 의견을 구분하여 표시하고 지나치게 많은 부분을 인용하지 않도록 지도한다. 디지털 의사소통 환경 속에서 글을 쓰고 소통할 때에도 쓰기 윤리를 지키고 독자를 존중하고 배려하는 태도를 지녀야 한다는 점에 유의하도록 지도한다.
- 진로연계교육과 관련하여 자신의 흥미나 관심사가 무엇인지 생각해 보고, 관련된 직업에 대해 다양한 매체를 활용하여 글을 쓸 수 있도록 지도한다.
- 쓰기는 사회·문화적 맥락을 고려한 사회적 행위이며, 필자는 쓰기 경험을 통해 언어 공동체의 구성원으로 성장할 수 있어야 한다. 쓰기 과정에서 필자가 고려해야 하는 사회·문화적 맥락으로는 자신이 속한 언어 공동체의 문화, 신념, 가치관 등을 들 수

있다. 자신이 속한 언어 공동체의 구성원이 공유하는 사회·문화적 맥락에 대해 이해하고 필자로서 언어 공동체에 적극적으로 참여하는 경험을 통해 독자와 효과적으로 소통하는 필자로 성장할 수 있도록 지도한다.

'쓰기' 영역의 교수·학습 과정에서 고려해야 할 주안점으로, 쓰기의 상황 맥락 및 사회·문화적 맥락을 고려하여 실제로 글을 쓰는 활동을 강조하도록 밝히고 있다. 또한 글을 쓰는 과정에서 학습이 이루어질 수 있도록 적절한 쓰기 과제를 제시하고 학습자가 스스로 질문을 생성하며 쓰기 과정에서 부딪히는 문제를 능동적으로 해결할 수 있도록 안내하였다. 그리고 학습자가 생산한 글을 가능한 방법을 활용하여 발표하거나 출판하여 다양한 독자의 반응을 경험할 수 있도록 지원함으로써 학습자가 실제 삶의 맥락 속에서 적극적인 필자로 성장할 수 있도록 조력해야 함을 강조하였다.

'쓰기' 영역의 평가 과정에서 고려해야 할 주안점으로, 상황 맥락과 사회·문화적 맥락을 고려하여 글을 쓰는 능력과 긍정적이고 적극적인 태도에 중점을 두어 평가하도록 하였다. 쓰기 평가는 간접 평가보다는 직접 평가가 이루어지도록 구성하되, 평가 목적이나 상황에 따라 총체적 평가, 분석적 평가 등 평가 방법을 적절히 선택하여 활용하도록 하였다. 학습자 자신, 동료, 교사 등 평가의 주체를 다양화하여 학습자가 자신이 작성한 글에 대한 실제적 반응을 폭넓게 경험할 수 있도록 평가를 구성하도록 하였다. 태도와 같은 정의적 측면에 대한 평가는 자기 평가나 관찰을 통해 지속적으로 시행할 것을 강조하였다. 포트폴리오 평가를 시행할 때는 단순히 점수를 부여하는 방식보다는 쓰기 수행의 변화를 통해 학습자의 발달과 성장을 살펴볼 수 있도록 평가 도구를 구성할 것을 명시하였다.

참고 문헌

교육부(2015), 「교육부 고시 제2015-74호에 따른 국어과 교육과정」.

교육부(2022), 「교육부 고시 제2022-33호에 따른 국어과 교육과정」.

권순희·김경주·송지언·이영호·이윤빈·이정찬·주재우·변경가(2023), 「작문교육론」, 사회평론아카데미.

김정은·이병규(2016), 텍스트 갈래 지식과 과정 중심 쓰기를 통합한 쓰기 지도 방안 연구: 설명문을 중심으로, 「새국어교육」 107, 한국국어교육학회.

노명완(2008), 「문식성교육연구」, 한국문화사.

노은희 외(2022), 「2022 개정 국어과 교육과정 시안(최종안) 개발 연구」 연구보고 CRC 2022-14, 한국교육과정평가원.

박영목(2008), 「작문 교육론」, 역락.

박영민·이재기·이수진·박종임·박찬흥(2016), 「작문 교육론」, 역락.

서수현(2023), 2022 개정 국어과 교육과정 쓰기 영역의 특징과 지향, 「청람어문교육」 92, 청람어문교육학회.

심유나·이병규(2012), 초등 쓰기 교육에서의 고쳐쓰기 교육의 실태 연구, 「새국어교육」 93, 한국국어교육학회.

양태식·엄해영·황정현·원진숙·이재승·이병규(2013), 「(2009 개정 교육과정을 담은) 초등 국어과 교수 학습의 이해와 적용」, 박이정.

이경화·이주섭·임천택·이수진·전제응·최규홍·김상한·이경남·박혜림(2024), 「초등 국어과 교육론」, 박이정.

이재승(2002), 「글쓰기 교육의 원리와 방법: 과정 중심 접근」, 교육과학사.

이재승(2005), 「좋은 국어 수업 어떻게 할 것인가? : 수업 방법 19가지」, 교학사.

장성민(2023), 챗GPT가 바꾸어 놓은 작문교육의 미래: 인공지능 시대, 작문교육의 대응을 중심으로, 「작문연구」 56, 한국작문학회.

천경록·염창권·선주원·서수현(2023), 「2022 교육과정에 따른 초등국어과교육의 이해」, 교육과학사.

최건아·김경환·심유나·곽수범·안상희·이수진·이창희·이효선·김지훈·신혜인(2025), 「학습 역량을 키우는 글쓰기 수업」, 역락.

최미숙·원진숙·정혜승·김봉순·이경화·전은주·정현선·주세형(2023), 「2022 개정 국어과 교육과정을 담은 국어교육의 이해: 국어 교육의 미래를 모색하는 열여섯 가지 이야기」, 사회평론아카데미.

Flower, L., & Hayes, J. R. (1981). A cognitive process theory of writing. *College Composition and Communication, 32*(4), 365-387.

Flower, L.(1997). 원진숙·황정현 역(1998), 「글쓰기의 문제 해결 전략」, 동문선.

Miller, C. R. (1984). Genre as social action. *Quarterly Journal of Speech, 70*, 151-167.

더 공부해 봅시다

1. 쓰기에 대한 관점 변화를 비교하여 설명하고, 교육적 장점과 한계를 논하시오.

2. 쓰기 과정에서 '조정하기(monitoring)'의 역할을 설명하고, 초등학생에게 적용 가능한 방법을 구체적인 예를 들어 설명하시오.

3. 고쳐쓰기 단계에서 '돌려 읽기' 활동을 운영하고자 할 때 교육적 의의를 기술하고, 활동 절차 및 평가 기준을 간단히 작성하시오.

4. '우리 학교에서 해결해야 할 문제점'을 주제로 제안하는 글쓰기 수업을 할 때, 통합성의 원리에 따라 수업을 설계하시오.

5. 2022 개정 국어과 교육과정의 쓰기 영역의 내용 체계에서 핵심 아이디어, 범주, 학년군별 내용 요소, 성취기준 간의 관계를 설명하시오.

6. 2022 개정 국어과 교육과정의 쓰기 영역에서 나타나는 특징을 2015 개정 국어과 교육과정의 쓰기 영역의 내용 체계표와 비교하여 기술하시오.

7. 2022 개정 교육과정에서 강조하는 '디지털 미디어 역량'을 고려하여 이를 반영한 실제적 쓰기 과제를 설계하시오.

8. 챗GPT(ChatGPT)로 대표되는 생성형 AI의 시대에 쓰기 교육의 목표와 내용은 어떻게 변화되어야 할지 자신의 생각을 논하시오.

제7장

문법 영역의 교수·학습

1. 문법의 본질

가. 문법의 개념

문법이라는 말은 뒤에서 자세히 설명하겠지만 여러 가지 개념으로 사용되고 있다. 가장 협의의 개념으로는 형태론과 통사론을 합쳐 일컫는 말이다. 형태론은 단어의 직접 구성 요소에 대한 분석이나 단어가 만들어지는 방법에 대해 관심을 갖는 분야이다. 즉 단일어인지 복합어인지, 복합어 가운데 합성어인지 파생어인지 또 활용을 하는 단어인지 활용을 하지 않는 단어인지, 단어의 갈래는 어떻게 구분되는지 등을 탐구하고 밝히고자 하는 분야를 말한다. 통사론은 문장의 직접 구성 성분에 대한 분석이나 단어와 단어가 결합하여 구나 문장이 만들어지는 방법에 대해 관심을 갖는 분야를 말한다. 즉 문장 성분에는 어떤 것들이 있는지, 문장 성분이 모여 단문을 만드는 방법에는 어떤 것들이 있는지, 문장과 문장을 연결하는 방법에는 어떤 것이 있는지, 문장 속에서 또 다른 문장이 일정한 기능을 하도록 하는 방법에는 어떤 것들이 있는지 등을 탐구하고 밝히고자 하는 분야를 말한다. 전통적으로 문법이라고 하면 이 두 학문 분야를 일컫는데 주로 국어학이나 언어학에서 통용되는 개념이다.

또 한편으로 문법은 국어학이나 언어학이 연구 대상으로 하는 모든 분야를 일컫기도 한다. 즉 자연 언어에 내재한 질서로서, 말의 소리 구성의 질서, 음운 분석, 형태소 분석, 단어 구성의 질서, 문장 성분 분석, 문장 구성의 질서, 말로 의사소통 하는 방법, 말의 역사 등에 대한 탐구 분야를 망라하여 가리키기도 한다. 음성학, 음운론, 형태론, 어휘론, 통사론, 의미론, 화용론, 담화론, 텍스트 언어학 등을 다 아울러 문법이라고 한다. 이 경우는 최근의 국어학 연구에서 이와 같은 개념으로 사용하는 경우가 있다.[1)]

세 번째로 두 번째 관점에 더하여 인공 언어를 사용하는 방법까지를 포함하여 문법이라고 칭하는 경우가 있다. 즉 두 번째 관점에 더하여 언어를 표기하는 방법(한글 맞춤법), 동일한 음성 기호에 대한 다양한 형태의 소리 중 하나를 표준으로 삼아 소통의 언어로 하는 표준어 및 표준 발음 방법, 외국어를 한글로 적는 방법(외래어 표기법), 한국어를 로마자로 적는 방법(로마자 표기법)과 같은 효과적인 소통을 위하여 규정해 놓은 언어 규범을 포함하여 문법으로 보는 관점이다.

세 번째 관점은 국어과 교육에서 말하는 문법이다. 국어과 교육에서는 자연 언어·인공 언어, 음성 언어·문자 언어에 내재한 법칙 또는 그 언어를 조직하는 법칙을 통틀어 문법이라고 한다. 이 관점에서는 문법을 언어와 동일시하는 개념이라고 말할 수 있다. 그래서 국어과 교육에서는 4차, 5차, 6차 교육과정에서는 국민공통교육과정으로서의 국어 교과 내의 '문법 영역'을 '언어 영역'으로 명명하기도 했었다. 이뿐만 아니라, 2007 개정 교육과정까지는 고등학교 '문법' 과목의 경우, 2009 개정 교육과정의 일반 선택 과목 '독서와 문법'으로, 2015 개정 교육과정에서는 '언어와 매체'로, 2022 개정 교육과정에서는 '화법과 언어'로 불려 왔다. 이처럼 어떤 교육과정에서는 '문법'으로, 어떤 교육과정에서는 '언어'로 불리어 왔다.

형태론과 통사론의 탐구 대상이 되는 언어 현상만을 문법이라고 하는 것은 가장 협의의 개념이라고 말할 수 있고, 국어과 교육에서와 같이 자연 언어와 인공 언어, 음성 언어와 문자 언어 현상 전체를 탐구 대상으로 하는 문법을 가장 넓은 의미로 규정하는 것이다.

이상에서 볼 수 있는 것처럼 국어과 교육에서 문법이라는 말은 언어를 가리키는 말과 다르지 않다. 이와 같은 관점에서 다음에서는 문법의 중요성 곧 언어의 중요성을 언어의 기능적인 측면에서 살펴본다. 그리고 국어과에서 문법이 왜 중요한지 다른 영역과의 관계를 통해 설명하기로 한다.

---

1) 문법을 이와 같은 개념으로 사용하고 있는 대표적인 저서로는 유현경 외(2018), 구본관 외(2016ㄱ, ㄴ) 등이 있다.

나. 문법의 중요성

문법이 중요한 이유를 인문학적 관점과 국어과 교육적 관점으로 구분하여 말할 수 있다. 인문학적 관점에서 문법의 중요성을 말하자면 문법은 인간을 인간답게 해 주는 도구가 된다는 것이다. 한편 국어과 교육적 관점에서 문법의 중요성을 말하자면 국어 교육의 학문적 배경 이론을 제공해 준다는 점을 말할 수 있다. 문법의 중요성에 대한 이 두 가지 관점을 구체적으로 알아보자.

1) 인문학적 관점

먼저 문법 즉 언어는 인간을 다른 동물과 구분해 주는 수단이 된다. 수단으로서의 문법 곧 언어는 그 특성과 기능이 다른 부호나 다른 동물의 소통 수단과 차이가 있다.

가) 언어의 특성

첫째, 언어는 인간들 사이의 의사소통의 도구로서 기능을 한다. 사람들만 의사소통을 하는 것은 아니다. 다른 동물들도 소리나 몸짓으로 의사소통을 하는 것으로 보고되고 있다. 꿀벌의 경우는 나는 모양 즉 몸짓을 통해 의사소통을 하는 경우가 있다. 원을 그리며 반복해서 나는 경우와 팔자를 그리며 반복해서 나는 것은 그 뜻하는 바가 다르다. 원(ㅇ)을 그리며 날면 먹이(꿀)가 가까이에 있다는 뜻이고 팔자 모양(∞)을 그리며 나는 것은 먹이가 멀리 있다는 뜻을 다른 벌들에게 전달한다고 한다. 벌이나 돌고래 등과 같은 동물의 의사소통 수단은 대체로 본능적으로 또 유전적으로 습득된다고 한다. 그러나 인간의 의사소통 수단으로서의 언어는 학습으로 획득되는 특성이 있어 다른 동물의 의사소통 수단과 구분된다.

인간의 의사소통 수단에도 언어만 있는 것이 아니다. 멜로디도 이미지도 도표도, 그림도 발신자의 의도를 수신자에게 전달하는 수단이 된다. 그런데 의사소통 수단으로서 언어는 그림, 멜로디, 도표 등이나 동물의 소통 수단과는 다음과 같은 점에서 차이가 있다.

첫째, 언어는 분절성을 가지고 있다. '바다'라는 말은 소리 자체는 파동으로 분절되지 않는 물리적 현상이다. 그러나 인간은 그 파동을 '/ㅂ/-/ㅏ/-/ㄷ/-/ㅏ/'와 같이 분절하여 인식한다.

둘째, 언어는 자의성을 가지고 있다. '海'를 국어는 [바다]로 영어는 [si:]로 중국어는 [hǎi]라고 말한다. 왜 '海'를 언어마다 다르게 발음하는지 필연적인 이유가 없다. 언어는 이와 같은 특성이 있다. 그러나 꿀벌은 한국의 꿀벌이나 다른 나라의 꿀벌이나 소통하는 기호가 다르지 않다고 한다.

셋째, 언어는 사회성을 가지고 있다. '개-'라는 접두사의 뜻을 살펴보자. '개망신, 개꿈, 개수작'의 '개-'는 부정적인 의미로 '질이 떨어지는', '헛된', '쓸데없는', '아주 심한'을 나타낸다. 접두사 '개-'의 이러한 뜻은 언어 공동체 사이에 약속이 되어 있는 것이다. 그런데 최근에는 일부에서 '개이득', '개꿀', '개맛있다' 등과 같이 긍정적인 뜻으로 이 접두사를 사용하곤 한다. 여기서의 '개-'는 '굉장히', '대단히', '매우'를 나타낸다. 그러나 긍정적인 뜻으로 '개-'는 아직 언중들 사이에 널리 사용되고 있지 않고 일부 세대, 일부 공간에서 은어적으로 사용하고 있다. 그래서 공동체 전체가 인정하는 뜻이 아니다. 이처럼 언어는 공동체가 약속으로 인정할 때 그 의미가 통용될 수 있다. 언어의 이와 같은 특성을 사회성이라고 하는 데 이러한 특성 역시 언어가 다른 소통 수단과 구분되는 특성이라고 말한다.

넷째, 언어는 역사성을 가지고 있다. 동물의 의사소통 수단은 유전적으로 또 본능적으로 습득되는 것이기 때문에 시간이 흘러도 변화가 되지 않는다. 그러나 인간의 의사소통 수단으로서 언어는 시간이 변하면서 언중들의 약속이 바뀌게 되면 변화가 생기게 된다. 사회성에서 예를 든 접두사 '개-'의 경우 이전에는 긍정적 의미로서 '대단히, 굉장히'의 의미로 사용되지 않았다. 그런데 현재는 그 의미의 변화 중에 있어 새로운 다의적 의미가 파생되고 있다. 시간이 흘러 언중들의 삶 속에서 접두사 '개-'의 긍정적 의미가 보편적으로 사용되어 일반성을 확보하게 되면 '개-'의 의미가 변화가 생기게 된다. 이러한 언어의 변화를 언어의 역사성이라고 한다. 15세기에는 'ㆍ' 아래아의 음가, 'ㅿ' 반치음, 'ㅸ' 순경음 비읍의 음가가 보편적으로 살아 있었다. 그런데 현대 국어에 와서는 일부 지역어에서 그 음가를 확인할 수 있을 뿐이다. 또한 중세 국어 'ㅐ', 'ㅔ'의 음가는 이중 모음이었던 것이 현대 국어에서는 단모음으로 바뀌었다. 이처럼 언어는 소리, 단어의 형태, 의미, 문법이 시간이 흐름에 따라 변화되는 특성을 가지고 있다.

다섯째, 언어는 체계성을 가지고 있다. 동물의 언어나 언어 이외의 의사소통 수단은 체계적인 구조를 이루고 있다고 말할 수 없다. 그러나 인간의 언어는 소리의 체계(모음 소리의 체계, 자음 소리의 체계), 단어의 체계(단일어, 복합어: 합성어·파생어, 문장의 체계(단문, 복문: 접속문, 내포문), 문법 요소의 체계(종결법, 높임법, 시제, 사동법, 피동법, 양태, 부정법) 등 언어를 구성하는 단위별로 또 언어 전체가 하나의 체계를 이루고 있다.

여섯째, 언어는 창조성을 가지고 있다. 인간은 한 번도 들어 보지 못한 문장을 만들어 낼 수 있다. 그리고 절과 절을 연결하고 문상과 문상을 연결하여 무한히 긴 문장을 사용할 수 있다. 이것은 무한한 개념을 표현할 수 있다는 말과 다르지 않다. 언어를 사용함으로써 개념을 범주화하고 그 개념들 사이의 관계를 탐색하여 새로운 개념, 새로운 아이디어를 창조해 낸다. 이러한 언어를 사용함으로써 논리적인 사고, 창의적인 사고가 가능하게 된다. 이러한 언어의 특성을 언어의 창조성이라고 말한다.

이밖에도 언어의 특성으로 기호성을 말하기도 하지만 이것은 인간의 언어에만 국한된 특성이라고 보기 어렵다. 숫자, 도표, 지도에서 사용하는 여러 부호 등도 실제 사물을 기호화해 놓은 것이다. 따라서 기호성은 언어의 특성이라고만 할 수는 없다.

이상과 같은 특성을 띠는 언어는 인간을 다른 동물과 구분해 주는 도구의 역할을 하기 때문에 문법을 이해하는 것은 인간을 이해하는, 결국 인간이 자신을 이해하는 수단이 되는 것이다. 이러한 점에서 문법은 중요하다고 말할 수 있다.

나) 언어의 기능

언어의 기능은 언어를 사용하는 목적과도 일맥상통한다고 말할 수 있다. 언어를 사용하는 목적은 의사소통을 하기 위함인데 의사소통 행위를 통하여 서로 정보를 주고받기도 하고, 청자나 독자를 설득시키기도 하고 화자나 필자가 청자나 독자에게 약속을 하기도 하며, 서로 관계를 형성하기도 하고, 자신의 감정이나 느낌을 표현하기도 한다. 그리고 언어로 감동, 감화와 같은 아름다움을 공유하기도 한다.

언어의 이러한 기능을 각각 정보 전달(제보)의 기능, 설득(명령)적 기능, 약속의 기능, 친교(관계 형성)의 기능, 정서 표현의 기능, 심미적 기능이라고 한다. 이외에도 선언적 기능을 더 추가하기도 한다.

이 가운데 정보 전달의 기능은 동물의 의사소통의 수단에도 적용될 수 있는 기능이라고 할 수 있다. 그러나 인간의 정보 전달은 동물과 같이 생존을 위한 단순한 정보의 소통을 넘어 고차원적이고 복잡한 정보의 소통이라는 점에서 동물들의 정보 소통과는 차원을 달리한다고 말할 수 있다. 예컨대 동물이 소통하는 정보는 먹이의 거리나 방향을 비롯한 단순 생존을 위한 정보에 한정되지만 인간이 주고받는 정보는 창의적인 문제 해결에 요구되는 정보로, 소통의 과정에서 정보에 대한 가치 평가가 이루어진다는 점에서 동물의 정보 소통과 차이가 있다.

이처럼 언어(문법)는 인간을 인간이게 해 주는 역할을 한다. 인간을 이해하는 데는 그 사람이 사용하고 있는 언어를 이해하는 것이 무엇보다 중요하다. 예컨대 인간이 동물들과 다른 점을 이해하는 데는 언어를 이해하는 것이 필요하다. 인간을 일컬어 고등동물이라고 하는데 고등동물과 그렇지 않은 동물을 가르는 기준은 고차적인 사고의 유무이다. 고차적인 사고는 언어를 사용함으로써 가능하다고 말할 수 있다. 언어를 사용함으로써 개념을 범주화하고 논리적으로 사고할 수 있기 때문이다.

이뿐만 아니라 한 개인을, 한 집단을 이해하는 것 역시 그 개인이나 집단이 사용하는 언어를 이해하는 것으로 가능하다. 유사한 언어를 사용하는 개인들이나 집단들 사이에는 동류 의식이나 유대감이 형성된다. 지역어, 민족어, 계층어 등이 이러한 기능을 하고 있다는 것은 더 설명하지 않아도 이해할 수 있다. 이러한 이유로 한 사람이 사용하는 언어는 그 사람의 인격을, 그 사람의 출신을, 그 사람의 정체성을 나타내 준다고 하는 것이다.

2) 국어과 교육적 관점

국어과 교육이 타 과목과 다른 점은 한국어로 의사소통 능력을 신장할 수 있도록 해 주는 과목이라는 점, 한국어를 통하여 사고하는 능력을 신장할 수 있도록 해 주는 과목이라는 점, 한국인을 다른 언어를 사용하는 사람과 변별할 수 있도록 해 주는 과목이라는 점 등을 들 수 있다. 이것은 결국 국어과 교육의 목표와도 맥이 닿아 있다.

국어 문법은 한국어로 의사소통을 하기 위해서는 반드시 이해하고 있어야 하는 체계이다. 외국어 교육에서 이를 확인할 수 있다. 모르는 언어를 처음 배워서 의사소통에 이르기까지는 의식적이건 무의식적이건 그 언어의 문법을 학습하지 않으면 불가능한 일이다. 그런데 한국에서 태어난 한국인이 한국어로 의사소통을 하는 데 필요한 문법은 상당한 부분은 저절로 습득되는 경향이 강하다. 그래서 일상생활을 영위하는 수준의 한국어 의사소통에 필요한 문법은 국어과 교육의 대상이 되지 않는다.

그러나 학교 교육은 일상생활 영위 수준의 국어 사용 능력 이상을 목표로 한다. 대학 수학 능력에 필요한 의사소통 능력, 직업 세계에서 문제를 해결할 수 있는 의사소통 능력, 학문 세계에서 다른 사람을 설득할 수 있는 의사소통 능력 등을 국어과 교육을 통해서 길러 주고자 한다. 이와 같은 능력을 함양하는 데에 필요한 문법 지식은 한국어 환경에 노출됨으로써 자동적으로 습득되는 것이 아니다. 의도적인 교육 계획에 따라 학습이 이루어져야 가능하다. 다양한 분야의 풍부한 어휘 능력, 정확한 문장 구성 능력 및 언어 규범 활용 능력, 맥락에 알맞은 어휘 구사 능력과 문장 구성 능력, 맥락에 맞는 발화 및 담화 구성 능력 등을 갖추는 데 필요한 문법 지식은 별도의 학습이 필요하다. 이 경우의 문법 지식은 교육 내용으로서 가치가 있다.

다음으로 국어과 교육은 고차적인 사고력을 신장시키는 것을 목표로 한다. 블룸(Bloom)에 따르면 교육을 통하여 학습해야 하는 인지 영역의 유형은 지식(knowledge)[2), 이해(comprehension)[3), 적용(application)[4), 분석(analysis)[5), 종합(synthesis)[6), 평가(evaluation)[7)가 있다. 점점 고차적이 사고력이 요구되는 유형 순으로 제시한 것이다.

문법 교육을 통하여 지식, 이해, 적용에 해당하는 사고 능력은 물론이고 분석, 종합, 평가에 해당하는 고차적 사고 능력을 기를 수 있다는 점에서 문법이 필요하다. 국어 사용 현상에서 소리를 탐구하는 과정, 단어를 탐구하는 과정, 문장을 탐구하는 과정, 발화와 담화를 탐구하는 과정을 경험함으로써 다양한 유형의 고차원적인 사고력을 함양하는 것이 가능하다. 사고력을 길러 주기 위한 목적으로 문법을 활용할 경우에는 앞의 경우와 달리 문법은 재료로서 가치가 있다.

---

2) 사실이나 개념을 기억하고 암기, 재인하는 사고 능력을 말한다.

3) 정보의 의미를 파악하여 설명하는 사고 능력을 말한다.

4) 이해한 내용을 새로운 상황에 활용하여 문제를 해결하는 사고 능력을 말한다.

5) 정보들을 구분하거나 분류하고, 정보들 사이의 관계나 정보의 구성 요소들 사이의 관계를 파악하는 사고 능력을 말한다.

6) 존재하는 지식을 조합하거나 활용하여 새로운 개념이나 아이디어를 만들어 내는 사고 능력을 말한다. 이를 창의적 사고력이라고 말하기도 한다.

7) 정보의 가치를 일정한 기준에 따라 판단하는 사고력을 말한다. 비판적 사고력이라고 말하기도 한다.

끝으로 국어과 교육은 한국어와 한국인에 대한 이해를 가능하게 한다. 즉 언어는 사람을 동물과 구분해 주는 도구가 된다는 점을 앞에서 보았다. 그리고 언어는 사람과 사람을 변별해 주는 도구가 될 수 있다는 것도 앞에서 보았다. 지역어를 통해서 그 지역 사람들의 특성을 알 수 있고, 그 지역의 문화를 알 수도 있다. 그래서 한 개인이 사용하는 언어를 통해 한 개인의 정체성을 파악할 수 있다고 말하는 것이다.

예컨대 한국어는 높임법이 발달해 있다. 높임법의 등급은 그 언어를 사용하는 언중들이 신분, 친분, 계급 등의 관계를 중요시하였음을 이해할 수 있다. 그리고 현대 한국어에서는 이러한 높임법의 등급이 많이 허물어지고 있다는 것을 통해 수직적인 인간관계를 중시했던 사회에서 수평적인 관계를 중시하는 사회로 변화되어 가고 있다는 것도 파악할 수 있다. 이처럼 한국어를 통하여 한국 사람과 한국 문화와 한국적인 사고방식을 이해하는 것이 가능하다. 한국어로 의사소통을 한다는 것은 단순히 한국어로 정보를 주고받는 것에서 나아가 한국 문화, 한국 사회의 맥락에 어울리는 소통 방식과 한국어 표현을 구사하여야 한다는 것이다. 국어과 교육은 이러한 능력을 신장시켜 주는 것을 목표로 한다.

언어가 다양한 만큼 문법이 다양하다. 문법을 통하여 그 언어를 사용하는 사람들의 사고방식과, 그 사고방식으로 이루어지는 생활양식을 이해할 수 있다. 국어과 교육이 한국적인 사고와 정서을 길러 주는 것을 목표로 한다고 할 때 문법을 통하여 이러한 목표에 도달하는 것이 가능한 부분이 있다.

이상에서 문법의 중요성을 국어과 교육적 관점에서 설명해 보았다. 일부에서는 문법은 한국어 환경에 노출이 되면 저절로 습득이 되는 것으로 보아 그 교육적 가치를 낮게 보는 경우가 많다. 일상생활에 필요한 생활 한국어를 익히는 수준으로는 저절로 습득되는 문법으로 가능하지만, 정확하고 맥락에 어울리는 국어 사용 능력을 요구하는 영역, 국어 교육을 통하여 고차적 사고력을 신장시키고자 하는 영역, 한국인의 정체성을 길러 주고자 하는 영역에서는 문법이 중요한 역할을 할 수 있다. 국어과 교육의 이와 같은 목적에 따라 교육 내용으로서의 문법 지식의 성격은 달라져야 한다.

2. 문법 교육의 원리

문법 교육의 원리와 문법의 성격을 알아보기에 앞서 문법 교육에 대한 관점과 문법 영역의 성립에 대해 알아보기로 하자.

가. 문법 교육의 관점

국어과 교육에서 문법을 대하는 태도는 크게 넷으로 구분하여 설명할 수 있다. 기반 지식적 관점, 독자적 관점, 상호 보완적 관점, 무용적 관점이 그것이다. 이들의 각각을 알아보도록 하자.

1) 기반 지식적 관점

이 관점에서 기반 지식이라고 하는 것은 문법이 의사소통 즉 듣기, 말하기, 읽기, 쓰기를 위한 기반 지식이 된다는 것이다. 듣기, 말하기, 읽기, 쓰기를 위해서 국어 문법은 전제가 되는 요소이기 때문에 앞에서도 언급했듯이 필수적이다. 국어 문법이 갖추어져 있지 않으면 듣기, 말하기, 읽기, 쓰기를 통한 의사소통이 이루어질 수 없다.

표현과 이해 활동을 통하여 의사소통을 하기 위하여 국어 문법을 갖춘다는 것은 국어 문법을 이해하고 설명할 수 있어야 한다는 뜻은 아니다. 국어 문법을 설명할 수는 없어도 맥락에 어울리는 단어를 떠올릴 수 있고, 단어를 조합하여 구를 만들어 낼 수 있고, 구를 조합하여 문장을 구성할 수 있으며, 문장을 나열하여 글이나 담화를 만들어 낼 수 있으면 문법을 갖추고 있다고 말할 수 있다.

많은 경우의 문법 지식은 출생과 동시에 한국어 환경에 수년 동안 노출됨으로써 상당한 수준까지 내재화하는 것이 가능하다. 이 관점에서는 학령기 전에 이미 체화되었거나 내재화된 문법 지식은 국어과 교육 시간에 교수·학습의 내용으로 삼을 필요가 없다고 본다. 문법 교육의 내용은 학령기 전에 내재화되지 않은 것에 국한하여 선정되어야 한다고 보는 관점이다.

이 관점은 국어과 교육의 범위를 너무 좁게 본다는 점에서 비판을 받고 있다. 다시 말하면, 한국어로 듣기, 말하기, 읽기, 쓰기만 잘 할 수 있도록 교수·학습하는 과목을 국어과로 보는 관점이다. 국어과의 교과 성격이나 범위를 국어 사용(표현과 이해)에만 초점을 둔다고 하면 국어가 꼭 한국어가 되어야 할 필요는 없다. 세계적으로 가장 사용자가 많은 중국어나 국제적 소통의 힘이 가장 강한 영어를 국어로 채택하여 그 언어를 사용하여 표현하고 이해하는 능력을 기르는 것이 여러 가지 면에서 장점이 많을 것이다. 초중등 교육을 수료한 전 국민이 자유롭게 국제적 소통이 가능할 것이고, 외국어 과목으로서 영어를 별도로 배우지 않아도 될 것이며, 그에 따른 국가적, 개인적 경제적 비용을 절감할 수 있다는 점에서 이루 말할 수 없는 강점이 있을 것이다.

그럼에도 불구하고 우리는 공용어인 한국어를 재료로 하는 국어 교과를 모든 교과 중 가장 우선시하고 있다. 주당 시수가 가장 많은 교과이고, 대학진학을 위한 시험의 대표적이고 중요한 교과로 다루어진다. 이뿐만 아니라 제도권에서 국어 교과가 만들어진 이래, 교육과정이 수 차례 개정되어 왔지만 국어과의 성격이나 목표를 표현과 이해 능력만을 기르는 것으로 한정한 경우는 한 번도 없었다. 한국에서 한국인에게 한국어가 의사소통의 도구 이외의 의미를 가지기 때문이고 국어과 교육은 그러한 점을 교과 내용으로 다루고 있다. 문법 역시 의사소통의 도구 이상의 기능을 하기 때문에 기반 지식적 관점을 교육과정상에 수용하기 어렵다. 그리고 학령기 전에 저절로 습득한 문법 지식이 개인마다 차이가 있을 것인데 어떤 문법 지식이 저절로 습득이 되고 어떤 문법 지식이 그렇지 않은지 조사하기 어렵기 때문에 교수·학습의 내용으로서 문법 지식을 선정하여 위계화하는 것도 사실상 불가능에 가깝다는 점에서 한계가 있는 관점이다.

요컨대, 이 관점은 학령기 이전에 저절로 습득되지 않은 듣기, 말하기, 읽기, 쓰기에 필요한 문법 지식에 한정하여 교육 내용으로 수용하자는 입장이다. 따라서 문법 영역이라는 별도 영역을 설정할 필요가 없다고 본다. 듣기, 말하기, 읽기, 쓰기 각 영역에서 필요한 문법 지식을 해당 영역에서 내용화하면 된다는 입장이다.

2) 독자적 관점

국어과에서 문법을 대하는 두 번째 관점으로 독자적 관점이 있다. 독자적 관점은 기반 지식적 관점과 대립되는 관점이라고 할 수 있다. 이 관점에서는 학령기 전에 저절로 습득되지 않는 문법 지식은 말할 것도 없고 한국어 문법 체계 전반을 모두 국어과의 내용으로 삼아야 한다는 관점이다. 국어과의 성격과 목표를 듣기, 말하기, 읽기, 쓰기에만 초점을 두는 관점을 비판한다.

국어과는 의사소통은 말할 것도 없고 한국인의 정신세계 즉 사고방식의 기저에는 한국어 문법 체계가 자리하고 있기 때문에 한국어 문법을 학습하는 것은 당연하다고 보는 관점이다. 한국인에게 한국의 역사가 중요한 것과 마찬가지로 한국어 문법도 교육 내용으로서 가치가 있다고 본다.

독자적 관점에서는 한국어 문법, 국어학 전반이 문법 교육의 내용이 되어야 한다고 본다. 음운, 형태, 단어, 문장, 담화의 체계 전반을 교육 내용화하면 된다고 본다. 따라서 이 관점에서는 기반 지식적 관점과 달리 내용을 선정하는 데는 비교적 어려움이 덜하다. 국어학에서 정리해 놓은 결과를 대체적으로 그대로 수용하여 내용화하면 되기 때문이다.

그러나 이 관점은 당위론적인 입장에서 국어 문법 체계 전반을 교육 내용으로 다루어야 한다고 보고 있지만 교사나 학생에게 그 필요성에 대한 공감을 얻는 데 한계가 있다. 문법 교육이 국어학자를 길러내는 것이 되어서는 안 된다는 비판을 받기도 한다.

국어과의 문법 교육은 대체적으로 독자적 관점을 취해 왔다고 말할 수 있다. 특히 국어과 교육에서 사고력 신장이 도입된 5차 교육과정 이래, 문법 교육에서는 탐구적 사고력 신장을 강조해 왔다.[8] 국어 현상에 대한 탐구 활동을 통하여 탐구적 사고력을 신장시킬 수 있다는 점에서 그동안 비판을 받아 왔던 꼬마 국어학자를 길러내는 문법 교육이라는 비판을 극복하고자 했다. 이처럼 문법 지식의 성격이 다양화되고 있는데, 특히 2015 개정 교육과정에서부터 점점 문법의 탐구와 활용에 초점을 둔 성취기준이 진술되고, 이를 반영한 교과서 구성이 강조되고 있다. 이 관점에서는 다른 영역과 무관하거나 다른 영역에서 다룰 수 없는 문법 지식이 교육의 내용이나 교육 자료로 선정되어야 하기 때문에 문법 영역의 설정이 필수적이다.

---

8) 탐구 과정을 통하여 사고력을 신장시키기 위해서는 국어 현상을 연역적, 귀납적, 귀추적인 탐구 방법으로 탐구 활동이 이루어질 수 있도록 교수·학습 내용이 선정되어야 하고 이를 기반으로 교수·학습 자료를 구성하고, 교수·학습 방법을 적용하여야 한다. 그리고 그 과정에서 유의미한 사고 활동이 이루어졌는지도 평가가 되어야 한다. 현재까지는 탐구 활동이라기보다 문법을 이해하고 적용하는 활동에 가까운 교수·학습 상황이라고 말할 수 있다.

3) 상호 보완적 관점

이 관점은 기반 지식적 관점과 독자적 관점을 절충한 것이다. 학령기 전에 저절로 습득되는 문법 지식을 제외한 문법 지식 가운데, 듣기, 말하기, 읽기, 쓰기 능력을 신장하는 데 기반 지식이 되는 문법 지식은 듣기, 말하기, 읽기, 쓰기 영역에 통합하여 교수·학습 내용으로 다루고, 그 외 문화적 소양이나 사고력을 신장하는 데 필요한 문법 지식만 문법 영역에서 다루자고 하는 입장이다.

이 관점의 문제점은 기반 지식적 관점에서와 마찬가지로 학령기 이전에 저절로 습득이 되지 않는 문법 지식에는 어떤 것들이 있는지, 또 학년별로 위계화를 어떻게 할 것인지를 판단하는 데 어려움이 있다는 것이다. 국어학의 관점으로 보면 독자적 관점이나 상호 보완적 관점이나 문법 전반이 모두 국어과의 교수·학습의 내용이 된다는 점에서는 차이가 없다. 다만 문법 지식의 성격에 따라 즉, 기반 지식으로서의 성격을 띠는지, 문화적 가치를 띠는 것인지, 사고력 신장의 재료적 가치를 띠는지에 따라 교육 내용화하는 방식이 달라져야 할 터인데 이에 대한 연구가 이루어진 것이 없다. 그 결과 문법 지식의 국어과 교육적 가치를 보는 관점은 다르지만, 각 관점에 따라 제시하고 있는 교수·학습의 내용은 별반 차이가 없다.

4) 무용론적 관점

국어과 교육에서 어떤 경우이든 문법이 필요가 없다고 보는 관점이 있는데 문법은 한국어 환경에 노출됨으로써 저절로 습득된다고 보는 관점이다. 이 관점은 국어과의 목표를 듣기, 말하기, 읽기, 쓰기 능력을 신장하는 것만 강조한다. 그러나 국어과 교육의 목표를 이렇게 본다손 치더라도 한국어 사용 환경에 장기간의 노출만으로 한국어 문법 지식이 모두 자동적으로 습득되지는 않는다.

이뿐만 아니라 국어 사용(듣기, 말하기, 읽기, 쓰기) 능력의 신장만을 국어과 교육의 목표로 삼고 있지도 않다. 인공 지능(Artificial Intelligence: AI) 시대의 도래로 로봇이 학습, 추론까지 가능하게 되었다. AI는 인간의 두뇌에 기억되어 있는 자료의 양과는 비교조차 될 수 없는 천문학적인 양의 자료를 학습하고, 그를 바탕으로 판단하고 추론하여 결과물을 생성해 낸다. 이러한 시대에는 AI를 능가하는 인간의 양성이 교육의 목표가 된다. 따라서 로봇이 대신하기 어려운 고차적인 사고로서 창의적인 사고 능력의 함양은 모든 교과가 공통으로 추구하는 목표라고 말할 수 있다. 따라서 문법 영역에서는 국어 현상이나 국어 사용 현상을 탐구하는 과정을 경험해 보게 함으로써 다양한 고차적 사고 능력을 신장할 수 있다.

그리고 국제화 시대, 다문화 시대에 다양한 문화 가운데 하나인 한국 문화적 소양을 함양하여 자신이 속한 사회의 문화가 다른 사람과 자신을 변별해 주는 것임을 알게 하여 자신의 문화 정체성을 인식할 수 있도록 하는 것도 문법 교육을 통해서 가능하다. 이런 이유들로 국어과 교육에서 문법에 대한 무용론적 관점은 수용되기 어렵다.

이상의 문법 교육에 대한 관점을 표로 정리하면 다음과 같다.

〈표 7-1〉 국어과의 문법 지식에 대한 관점

	국어과 교육적 가치	문법 영역 설정	기능 영역과의 관계
독자적 관점	○	○	대능
상호 보완적 관점	○	○	상호 보완적 대등
기반 지식적 관점	○	×	종속
무용적 관점	×	×	×

나. 문법의 성격

국어과에서 다루는 문법의 성격은 국어학이나 언어학에서의 문법의 성격과 같지 않다. 예컨대 국어의 단모음은 /ㅣ/, /ㅏ/, /ㅓ/, /ㅐ/, /ㅔ/, /ㅡ/, /ㅗ/, /ㅜ/, /ㅚ, /ㅟ/ 이렇게 10개를 들곤한다. 국어학적으로 이 단모음의 가치는 어떤 것이 더 있고 덜 있다고 말할 수 없다. 모두 대등한 가치를 가진다. 그러나 국어 교육적으로는 차이가 있다. 이 가운데 /ㅚ/와 /ㅟ/는 젊은 세대일수록 단모음으로 발음하지 못하고 복모음으로 발음한다. 그리고 /ㅐ/와 /ㅔ/는 그 음가가 중화되어 음성학적으로는 거의 변별되지 않는다. 표기에서만 반영되어 있을 뿐이다. 따라서 국어과 교육적으로는 /ㅚ/, /ㅟ/, /ㅐ/, /ㅔ/와 다른 단모음의 가치가 같다고 말할 수 없다. 단모음 음가를 발음할 때 다른 단모음은 자동적으로 습득이 되어도 이 네 가지 단모음은 학습이 이루어져야 한다. 따라서 교육적 가치가 나머지 여섯 가지 단모음과 같지 않다.

지역에 따라서도 그 교육적 가치가 차이가 나는 경우가 있다. 어떤 지역에서는 지역어의 영향으로 /ㅓ/와 /ㅡ/의 음가를 구분하여 발음하는 데 어려움을 겪는 경우가 있다. 그 지역어 학습자에게는 /ㅡ/, /ㅓ/음가에 대한 교육적 가치가 다른 단모음과 같지 않다. 이처럼 국어학의 연구 결과로서의 학문 문법이나 이론 문법, 기술 문법이 곧 교육 문법이 되는 것이 아니다. 교육 문법은 학문 문법, 이론 문법, 기술 문법 등을 기반으로 하지만 교육의 맥락을 고려하여 다시 체계화한 문법이라고 말할 수 있다. 교육 문법과 학문 문법, 이론 문법, 기술 문법이 이러한 점에서 차이가 있다. 이처럼 학문 문법, 이론 문법, 기술 문법을 어떠한 교육적 맥락을 기준으로 재구성하느냐에 따라 문법의 성격이 달라진다. 교육 문법의 성격을 구분 짓는 기준으로 세 가지 교육적 원리-국어 사용의 내용으로서의 원리, 국어 문화의 내용으로서의 원리, 사고력 신장의 재료로서의 원리를 제시할 수 있다.

1) 국어 사용의 내용

국어 사용이란, 듣기, 말하기, 읽기, 쓰기 활동을 말한다. 문법은 이러한 국어 사용의 전제로서의 성격을 띤다. 출생과 함께 한국어 환경에 노출됨으로써 저절로 습득되는 문법 지식이든 학습을 통하여 습득하는 문법 지식이든 문법 지식이 내재화되지 않는다면 그 언어를 사용할 수 없다.

예를 들어 '진리'를 발음할 경우 [질리]로 발음하는 사람도 있고, [진니]로 발음하는 사람도 있다. 한국어 음운 변동 규칙을 적용하면 전자로 발음해야 옳은 것이다. 후자와 같이 발음하면 발음의 오류를 범하게 된다. 특히 담화에서보다 글에서 '진리'를 접할 때 글자의 간섭으로 후자로 발음하는 경우가 종종 있다. 이 경우는 한국어의 음운의 변동 규칙이 내재화되어 있지 않기 때문에 오류를 범하게 되는 것이다.

통사적인 현상과 관련해서도 마찬가지 현상을 예를 들 수 있다. '손님, 주문하신 커피 나오셨습니다.', '손님 죄송하지만 저희 가게에는 그 사이즈는 없으십니다.' 이 두 사례에서 '나오셨습니다'의 주체 존대 선어말 어미 '-시-'와 '없으십니다'의 '-시-'를 사용한 것은 오류이다. '나오다'와 '없다'의 주체는 각각 '커피'와 '그 사이즈'로 화자의 입장에서 존대해야 할 주체가 아니다. 그럼에도 불구하고 '-시-'를 사용한 것은 주체 존대의 용법을 모르거나 상대를 극존대해야겠다는 의도에서 또는 남들을 따라서 또는 상대가 덜 존대받았다고 불쾌해 할까 봐 등등의 이유를 생각해 볼 수 있다. 어쨌든 화자가 '-시-'의 사용 방법을 모르는 데서 나오는 오류이든 청자를 최대한 높이려는 의도에서 초래된 오류이든 잘못된 것임에 틀림없다.

이상에서 예를 들어 설명한 것처럼 국어 문법은 올바른 국어 사용을 위해서는 반드시 알고 있어야 하는 것이지만, 국어 문법 전반이 교수·학습의 내용이 될 필요는 없다. 저절로 습득이 되는 한국어의 어순, 주격 조사, 목적격 조사, 부사격 조사 등의 쓰임은 국어 사용 신장을 위한 지식으로서의 가치가 있다고 보기 어렵다. 한편 앞에서 본, 존대의 대상이 되는 사람을 높이는 방법, 맥락에 맞게 문장을 연결하는 방법, 한국어의 표준 발음법, 맥락에 맞는 어휘의 사용, 성분 생략 방법, 대용사나 명사구를 되풀이하여 지시나 대용하는 방법, 맥락에 맞는 발화를 구성하는 방법, 담화를 구성하는 방법 등 저절로 학습이 이루어지기 어려운 문법은 국어과 교육, 문법 교육의 내용으로 선정되어야 한다. 이러한 문법 교육의 원리를 국어 사용의 내용으로서의 원리라고 부르겠다.

문법의 이러한 성격은 2022 개정 교육과정 총론에서 AI 시대 학교 교육이 추구하는 미래 사회 인간상이 갖추어야 할 역량 중 협력적 소통 역량과 국어과 교육과정이 추구하는 역량 중에서는 의사소통 역량과 직접적으로 연결 지을 수 있다.

2) 국어 문화의 내용(정체성)

국어 문법은 그 자체로 국어 문화적인 가치가 있다. 왜냐하면 국어 문법은 한국사람들의 정신 세계 형성이나 사고 방식과 밀접하게 관련되어 있기 때문이다. 앞에서도 언급한 것처럼 국어에 존대법이 발달해 있고, 그 등분이 나누어져 있다는 것은 한국 사회의 문화를 대변해 주는 것이다. 한국은 나이의 많고 적음, 직급이나 계급의 높고 낮음, 항렬의 높고 낮음, 친분이 많고 적음 등을 매우 중요하게 생각한다는 것이 높임법을 통해 드러난다.

옛날에는 항렬의 높고 낮음이 나이의 많고 적음보다 관계 형성에서 더 우선시되는 기준으로 작용했다. 나이가 어리더라도 항렬이 높은 사람이 나이가 더 많지만 항렬이 낮은 사람에게 '하게체'를 사용했고 그 반대는 '하십시오'체를 사용하는 것이 자연스러웠다.

이처럼 항렬은 한국의 사회·문화적 관계 설정에 작용하는 독특한 기준으로 이를 고려하여 국어를 사용할 것을 요구했다. 그러나 근대화, 현대화와 더불어 민주화, 핵가족화가 진행됨으로써 항렬이란 개념이 점점 약해져 그로 인한 문화와 언어도 변화하게 되었다.

한국어는 친족 어휘도 매우 발달해 있다. 친족어의 어휘 체계를 통해서 한국의 가족 문화나 친족 문화를 이해할 수도 있다. 대가족이 한 집 안에서, 한 씨족이 한 동네에서 모여 살면서 자주 접촉하며 개인을 변별하여 부르고 가리키기 위해서는 호칭어나 지칭어가 발달할 수밖에 없다. 그러나 핵가족화가 된 요즘은 남편에게도 연애할 때 부르던 '오빠'라는 호칭을 결혼해서도 사용하며 가리킬 때도 '오빠'라는 말을 사용하고 있다. '이모', '삼촌', '언니'라는 호칭도 그 뜻이 확장되고 있다. 이러한 어휘들은 모두 그 시대의 문화를 담고 있는 말들이라고 할 수 있다.

또 한국어는 문장의 내용을 결정하는 역할을 하는 서술어가 문장 끝에 온다. 이러한 어순은 한국인의 사고방식과 밀접하게 관련되어 있다. 한국 사람들은 주소를 쓸 때도 '서울시 서초구 서초중앙로 96'과 같이 핵심적인 정보를 나중에 쓰도록 하고 있다. 이에 비해 영미 문화권에서는 '96 Seochojungang-ro, Seocho-gu, Seoul'과 같이 반대이다. 한국 사람들은 대화에서도 주의 환기나 친밀감 형성을 위한 서두를 주고받은 후 본론과 결론으로 진행하는 화법이 일반적이다. 그러나 영미문화권에서는 본론과 결론을 대화의 서두에 두는 화법이 일반적이다.

문법 즉 언어는 그것을 사용하는 사람들의 사고방식과 문화를 이해할 수 있게 한다. 이러한 문법 지식은 첫 번째 원리에서의 문법의 성격과 다르다. 여기서의 문법의 성격은 한국 사람을 이해할 수 있고 한국 문화를 이해할 수 있는 내용으로서의 교육적 가치를 가진다고 할 수 있다. 이 성격에 해당하는 문법 지식에는 속담이나 관용구, 음운 체계, 어휘 체계, 통사 구조, 담화 구조 등이 있다. 다른 언어와 비교·대조를 통해, 또 문화 인류학적 관점에서 문법 범주와 문법 요소를 활용함으로써 그 언어를 사용하는 사람들의 정체성을 이해할 수 있다.

문법의 이러한 성격은 2022개정 교육과정 총론에서 제시하고 있는 AI 시대의 학교 교육이 추구하는 미래 인간상이 갖추어야 할 역량 중 공동체 역량과 직접적으로 관련되고 국어과 교육과정에서 설정한 역량 중에는 공동체·대인 관계 역량, 자기 성찰·계발 역량과 연결 지을 수 있다.

3) 사고력 신장의 재료

앞에서도 언급했지만 교육의 화두는 사고력 신장, 창의력 신장이다. 단순 기억과 자료 처리 능력은 로봇의 그것을 따라 갈 수 없다. 로봇이 처리하는 것을 능가할 수 있는 인간의 영역 그것을 고차적인 사고력 즉, 판단력과 종합력, 창의력, 문제해결 능력 등으로 생각하고 있다. AI가 분석하고, 종합한 후, 판단을 내려 생성한 자료나 아이디어에 대하여 그 가치를 판단하고, 수정 보완한 후 선정하여 문제를 해결할 수 있는 영역은 인간의 영역이라고 말할 수 있다. 그리고 AI가 과제를 수행하도록 설계하여 명령하는 것도 인간의 영역이다. 당면한 문제를 AI에게 무엇을, 어떻게 도움을 받을지를 설계하는 능력 이것은 모두 인간에게 필요한 능력이라고 말할 수 있다.

이러한 능력은 문제의 현상을 발견하고 그 문제를 해결하기 위하여 계획을 세우고 해결해 보는 과정을 경험함으로써 함양될 수 있다. 이 과정을 교육에서는 탐구의 과정이라고 한다. 인간 사회의 복잡한 현상을 교수·학습 계획을 세워 해결해 보는 경험을 통해 고차적인 사고력을 함양하는 것은 사회과에서, 자연 현상에서 발생하는 문제를 교수·학습 계획을 세워 해결해 보는 경험을 통해 고차적 사고력을 함양하는 것은 과학과에서, 국어 현상이나 국어 사용 현상에서 발생하는 문제를 교수·학습 계획을 세워 해결해 보는 경험을 통해 고차적인 사고력을 함양하는 것은 국어과에서 수행할 수 있다.

문법은 언어 현상이나 언어 사용 현상에 내재해 있는 일정한 규칙이나 원리를 말한다. 그 규칙이나 원리를 체계적으로 정리해 놓은 것을 이론 문법, 학문 문법이라고 한다. 그것을 교육적인 목적으로 재구성해 놓은 문법을 학교 문법, 교육 문법이라고 말할 수 있다. 교육 문법을 재료로 학습자가 탐구 경험을 쌓을 수 있도록 내용화하고 교재화하는 것 또한 문법 교육에서 할 일이다. 이와 관련된 문법 교육의 원리를 사고력 신장의 재료로서의 원리라고 부를 수 있다. 앞의 두 원리는 문법이 교수·학습의 내용으로 재구성되지만, 이 원리와 관련해서는 문법은 교수·학습의 재료로서 재구성되고, 내용은 수집, 관찰, 분석, 비교, 분류, 추론, 설명, 판단, 종합 등과 같은 탐구 과정에서 신장될 수 있는 사고 기능이 된다.

문법 교육에서 탐구가 도입되기 시작한 것은 6차 교육과정부터이다. 6차, 7차 교육과정에서는 내용으로서의 탐구가 아니라 학습 방법으로서의 탐구를 의미했다.

〈표 7-2〉 제7차 교육 과정 문법 영역의 내용 체계

<table>
<tr><td>• 국어의 본질
–언어의 특성
–국어의 특질
–국어의 변천</td><td>• 국어의 이해와 탐구
–음운 –낱말
–어휘 –문장
–의미 –담화</td><td>• 국어에 대한 태도
–동기 –흥미
–습관 –가치</td></tr>
<tr><td colspan="3">• 국어의 규범과 적용
– 표준어와 표준 발음 – 맞춤법 – 문법</td></tr>
</table>

그러나 2007 개정 교육과정에서부터 내용으로서의 탐구를 도입한 이래, 현행 2022 개정 교육과정까지 문법 교육에서 내용으로서의 탐구 기능이 점점 강조되고 있다.

〈표 7-3〉 2022 개정 교육과정의 문법 영역 내용 체계 중 탐구 기능

<table>
<tr><th colspan="2" rowspan="2">범주</th><th colspan="3">내용 요소</th></tr>
<tr><th>1~2 학년</th><th>3~4 학년</th><th>5~6 학년</th></tr>
<tr><td rowspan="2">과정
·
기능</td><td>국어의 분석과 활용</td><td>• 언어 단위 관찰하기</td><td>• 언어 단위 관찰하고 분석하기
• 국어사전 활용하여 문제 해결하기
• 글과 담화에 적절한 표현 사용하기</td><td>• 언어 표현의 특징 분석하기
• 글과 담화에 적절한 표현 사용하기</td></tr>
<tr><td>국어 실천의 성찰과 비판</td><td>• 소리와 표기의 차이 인식하기</td><td>• 국어 규범 인지하고 수용하기</td><td>• 국어생활 점검하고 실천하기
• 언어 표현의 효과 평가하기</td></tr>
</table>

〈표 7-2〉와 〈표 7-3〉을 비교해 보자. 〈표 7-2〉의 7차 교육과정의 내용 체계에서는 '국어의 이해와 탐구' 범주가 설정되어 있지만 '음운', '낱말', '어휘', '문장', '의미', '담화' 단위에 대한 학습 방법으로 탐구를 활용하는 수준이었음에 비해 2015 개정 교육과정에서는 문법 영역의 내용 체계의 기능 범주의 내용 요소로 문제 발견하기, 자료 수집하기, 비교·분석하기, 분류·범주화하기, 종합·설명하기, 적용·검증하기, 언어생활 성찰하기를 제시하였다. 2022 개정 교육과정에서는 〈표 7-3〉에서 확인할 수 있는 것처럼 관찰, 인식, 분석, 문제 해결, 인지, 수용, 점검, 평가 등 탐구 과정에 필요한 사고 기능 자체가 내용 요소에 통합되어 있다는 것을 알 수 있다.

〈표 7-3〉에서는 문법과 탐구 기능이 모두 내용 요소인 경우이지만 탐구 기능만이 내용 요소가 되는 경우에는 문법은 그 기능 숙달을 위한 재료로 활용되는 것이다. 재료로서의 문법은 음운에서 담화까지 다 다루어질 필요는 없다. 이 경우의 교수·학습의 내용

요소는 문법 지식이 아니라 탐구 기능이기 때문이다.

문법의 이러한 성격은 2022개정 교육과정 총론에서 제시하고 있는 AI 시대의 학교 교육이 추구하는 미래 인간상이 갖추어야 할 역량 중 창의적 사고 역량과 직접적으로 관련되고 국어과 교육과정에서 설정한 역량 중에는 비판적·창의적 사고 역량과 연결된다.

이상에서 볼 수 있듯이 문법 교육의 원리에 따라 관련되는 문법의 성격이 차이가 있다. 각 문법 교육의 원리를 고려하여 학문 문법의 내용이 교육 문법으로 재구성될 필요가 있다.

다. 문법 교육의 주안점

1) 교수·학습의 원리

가) 교수·학습 활동 구성의 실제화

문법 영역에서는 우리 주변에서 접하게 되는 국어 현상이나 국어 사용 현상에서 문제를 발견하고, 학습자가 주체적이고 능동적으로 삶 속에서 국어 문제를 해결해 나갈 수 있는 능력을 길러 주고자 한다. 학습자가 국어 현상이나 국어 사용 현상에서 문법 지식을 발견해 보는 경험을 함으로써 주의 집중, 자료 수집, 분석, 평가, 판단, 분류, 종합, 창의 등 고차적 사고를 활용하는 능력이 신장된다. 구성해 낸 국어 지식이 자신의 국어 문제를 해결해 주는 해답이 된다는 것을 인식함으로써 문법 학습의 효능감이 높아지게 된다. 이러한 과정을 통하여 국어의 가치와 힘, 중요성을 인식하도록 지도하여야 한다(교육부, 2022:63~64 참고).

이를 위해서는 국어과 문법 영역의 교수·학습이 실제 학습자의 삶과 유리가 되지 않도록 주의해야 한다. 따라서 문법 영역의 교수·학습 요소는 학습자가 실제 생활에서 마주하는 국어 문제 속에서 선정되어야 한다. 그리고 이 교수·학습 요소는 교실로 옮겨온 실생활의 장면 속에서, 실생활의 장면이 구현된 교과서 활동 속에서 학습되어야 한다.

예를 들면 초등 국어과에서 문장의 종류에 대해 지도를 할 때 단순히 평서문(풀이하는 문장, 설명하는 문장), 의문문(묻는 문장), 명령문(시키는 문장), 청유문(권유하는 문장), 감탄문(느낌을 나타내는 문장)을 의미적 설명을 하고, 어떤 문장 부호와 함께 쓰이는지를 제시해 주는 것으로 활동을 구성하곤 했다.

이러한 학습을 통해 학습자는 문장의 종류를 왜 알아야 하는지, 자신의 국어생활과 어떤 관계가 있는지 인식하기 어렵다. 위와 같은 의미적인 설명은 실제 학습자의 삶과도 맞지 않는다. 3, 4학년 학습자에게 '풀이한다'는 말의 뜻은 일차적으로 '문제를 푼다'라는 뜻으로 이해된다. '무엇에 대해 풀이한다, 무엇에 대해 설명한다'라는 추상적인 언어 기호의 뜻을 이해하는 것은 쉽지 않다. '어제 엄마와 나는 할머니댁을 방문했다.'라는 문장에서 '무엇을 풀이(설명)하고, 무엇이 풀이(설명)되고' 있는 것인지 이해하기 어렵다. 또 의문이 나는 것과 묻는 것은 같은 뜻이 아니다. 그러나 문장으로 표현해 보면 형태론적으로, 통사론적으로 다르지 않다. 묻는 문장, 질문하는 문장이라는 의미적 설명도 학습에 한계가 있다. 다른 문장의 종류 역시 마찬가지 문제를 내포하고 있다.

문장 부호는 언어를 문자로 옮길 때 필요한 것으로 음성 언어에서는 문장 부호를 사용하지 않고, 사용할 수도 없다. 음성 언어에서 문장의 종류를 표현하는 방법은 종결 어미의 종류와 문말 억양이 결정한다. 이런 학습자의 실제 삶과 괴리된 문법 지식의 설명과 이를 학습하기 위한 활동 구성은 학습자에게 국어 현상이나 국어 사용 현상에 대한 탐구를 유도할 수도 없고 국어생활의 문제를 개선할 수도 없다.

이뿐만 아니라 학습자에게 국어과의 교수 학습 영역 가운데 제일 재미없는 영역에 대한 설문 결과 문법 영역이 1위였다. 그동안의 문법 학습의 재료와 내용, 지도 방법, 교과서 구성 등이 학습자의 삶과 연결되지 못한 측면이 크다. 교육 내용의 필요성이나 중요성에 대해 학습자와 교사가 공감하기 어려웠고, 그런 내용을 학습자의 삶과 삶 속의 문제와 연결시키지 못했으며, 교수·학습의 방법에서도 필요성에 공감이 되지 않는 문법 지식을 설명하고 암기하도록 하였으며, 교과서 역시 문법 지식을 설명하고 이해한 지식을 적용해 보는 활동의 구성으로 이루어져 있기 때문이다. 이러한 이유로 학습자들은 문법 영역의 학습에 대체적으로 흥미를 느끼지 못해 왔다.

요컨대 문법 영역의 교수·학습은 지도를 위한 내용 요소의 선정도, 그 내용 요소를 학습하기 위한 교재 구성도, 이를 활용한 교수·학습 활동과 평가도 모두 학습자의 실제 삶 속의 장면을 통해 이루어져야 한다. 그렇게 함으로써 문법 영역에 대한 학습자의 흥미를 불러일으킬 수 있다. 이를 문법 교수·학습의 실제화의 원리라고 부른다.

나) 교수·학습 방법의 과정화

문법 영역에서 교수·학습의 방법으로 탐구가 도입된 것은 6차 교육과정이다. 그 이후 지금까지 문법 영역은 물론 국어과의 주요 교수·학습 방법 가운데 하나로 다루어지고 있다. '탐구'는 학습자의 주체성과 주도성을 강조하는 학습 방법이다.

전통적으로 문법 교수·학습은 교사의 설명과 학습자의 수용 그리고 다른 상황에의 적용의 방식으로 이루어졌다. 이 방식에서는 교수·학습의 주도성이 교사에게 있고 학습자는 수동적인 입장에 놓이게 된다. 탐구는 교수·학습의 주도성이 학생에게 있고 교사는 학습자의 탐구 과정을 도와주는 조력자의 역할을 수행하게 된다.

그런데 탐구 학습 방법이 국어과 교육에 도입된 지 30년도 더 되었지만 아직 교육 현장에 자리 잡았다고 볼 수 없다. 여전히 교사 중심의 설명식 수업을 답습하고 있는 것이 사실이다. 과정 중심의 수업, 과정 중심의 평가, 학습자 주도성, AI 시대의 창의적인 인재 양성 등을 아무리 강조해 봐도 교육 현장의 변화는 미미한 실정이다.

품사란 단어를 일정한 언어적 기준으로 분류하여 체계화해 놓은 것을 말한다. 그 언어적 기준으로는 의미적 기준, 형태적 기준, 통사적 기준이 있다. 이 기준들을 적용하여 분류해 놓은 것인데 이 기준 가운데 어떤 기준을 먼저 적용하느냐에 따라 그 분류 체계가 달라질 수 있다. 그런데 대체적으로 한국어의 품사에는 9품사가 있다고 가르친다. 9품사는 체언에 대명사, 명사, 수사, 수식언에 관형사, 부사, 용언에 동사, 형용사, 관계언에 조사, 독립언에 감탄사가 있다고 제시하고 암기하도록 한다.

이런 방식으로 교육을 받은 학습자에게 품사가 무엇인지, 왜 체언, 수식언, 용언, 관계언, 독립언으로 나누는지 등등을 질문하면 대답을 못하는 경우가 많다. 'beautiful'과 '아름다운'의 공통점과 차이점을 문법적으로 설명해 보라는 질문에 적절히 대응하지 못하는 학습자가 많다. 품사를 설명해 놓은 설명문을 이해, 암기하고, 문법을 설명해 놓은 교과서를 해설해 주는 교사에 수동적으로 수용하는 학습자의 모습이 문법 수업의 상황이라고 말할 수 있다.

이러한 문법의 교수·학습 상황에 변화를 꾀할 수 있는 첫 번째 과제는 교과서 구성의 변화이다. 먼저 국어 현상이나 국어 사용 현상에 대한 탐구가 이루어질 수 있도록 탐구 과정을 고려한 교과서 구성이 되어야 한다. 예를 들면 일정한 규칙이나 원리를 내재한

국어 현상이나 국어 사용 현상이 반영된 자료를 제시하고, 학습자가 자료를 비교, 분석, 분류하여 일정한 규칙이나 원리를 찾아낸 후, 다시 새로운 자료에 적용하여 일반화해 볼 수 있는 과정이 교과서나 활동 자료 구성에 반영되어야 한다.

이렇게 탐구 과정이 반영된 교과서 활동을 학습자가 주도적으로 수행하며 부딪히는 문제가 무엇인지를 교사는 관찰하고 그것을 해결할 수 있는 비계를 적절하게 개별적으로 제공해 줌으로써 문법 문제를 해결하는 교수·학습의 과정이 되어야 한다. 이러한 수업을 통해 학습자는 성취감을 얻게 되고 학습의 흥미도 느낄 수 있으며 그 과정에서 탐구적 사고력도 신장되게 된다.

이상과 같이 탐구의 과정을 경험할 수 있도록 하는 교수·학습 상황을 전개해 가는 것을 교수·학습 방법의 과정화의 원리라고 말할 수 있다.

다) 교수·학습 자료의 맥락화

문법 영역의 학습 활동은 주로 탈맥락적으로 문법 규칙이나 원리를 설명하는 자료를 구성하곤 했다. 예를 들어 초등 국어과에서 문장 성분의 호응에 대한 내용 요소로 주어와 서술어의 호응 관계, 목적어와 서술어의 호응 관계, '주체'와 주체 존대 선어말 어미 '-시-'와의 관계, '시간 부사'와 선어말 어미 '-었-', '-겠-'과의 관계, '반드시'와 연결 어미 '-도록'의 관계, '만약'과 연결 어미 '-다면', '-면'과의 관계, 부사어 '결코'와 '부정 표현'의 관계를 모두 성분 호응 또는 문장 성분 호응이라는 개념으로 다루어 왔다.

그런데 이 내용 요소를 교재화하는 것에는 다음과 같은 문제가 있다. 먼저 문법 개념의 오류 가능성을 언급할 수 있다. 문장 성분이란 단어가 문장에서 하는 역할을 범주화한 것을 말한다. 따라서 문장 성분의 호응은 문장에서 단어와 단어 사이의 의미적, 형태적 관계 성립을 말한다. 그런데 앞에서 언급한 내용 요소 가운데는 단어가 문장에서 하는 역할들 사이의 관계를 나타내지 않는 것도 내용 요소에 포함되어 있다. 주체와 '-시-'의 일치, 시간 부사와 '-었-', '-겠-'의 일치 문제 등은 문장 성분의 호응이라고 말할 수 없다.

교과서나 교육과정에서는 문법 형태소 '-시-', '-었-', '-겠-'이 포함된 서술어가 주어나 시간 부사어와 호응 여부를 따지기 때문에 이 문법 범주에 포함하여 지도한다. 문법적인 맥락에서는 문장 성분의 호응은 성분들 사이의 의미적 호응(선택 제약)과 성분들 사이의 문법적 기능의 호응(문장에서의 역할의 호응)을 말하는 것이다. 그런데 문법 형태소와 주체나 시간의 관계는 문법적 호응이 아니라 문법적 일치의 범주에 해당하는 것이다.

문장 성분의 호응을 교육 내용 요소화한 이유가 국어 사용 능력을 신장하기 위한 것이라면 이 문법 범주는 자동적으로 습득된다는 점에서 교육적 가치가 떨어진다고 말할 수 있다. 문화적 관점에서 문법의 개념 학습이나 사고력 신장의 관점에서 국어 현상에 대한 탐구에 초점을 둔 것이라면, 국어 문법의 맥락에 맞지 않는 즉, 같은 차원의 문법 현상이 아닌 것을 같은 문법 범주로 다루고 있기 때문에 잘못된 정보를 학습하게 한다는 점에서 문제이다.

두 번째 문제는 문장 성분의 호응의 문제는 첫 번째 원리 즉 실제성의 원리에도 맞지 않다. 학습자의 실제 국어 사용 상황이나 학습자가 접하는 국어 현상에서 문제로 발견되지 않는 문제를 자료화하고 있다. 대부분의 교과서와 학습 활동을 위하여 구성된 자료는 독립된 문장을 제시하고 문장 속에서 성분들 사이에 연결이 되지 않는 것을 찾도록 지도하고 있다. 직관적으로 문제없이 해결할 수 있는 과제이기 때문에 교육적 실효성이 의문이 되는 부분이다.

이런 경우는 국어 사용과 관련지어 문제의식을 갖도록 하고자 한다면 글쓰기 자료 속에서 성분의 호응이 어색하여 전체 글의 이해에 영향을 주는 사례가 제시되어야 성분 호응이 왜 필요한지, 왜 중요한지 인식할 수 있고 성찰할 수 있다. 그리고 사고력을 신장시키고자 탐구 자료를 구성하는 경우에도 실제 학습자들의 글쓰기 자료 속에서 호응의 문제를 발견해 내도록 하는 과정 그리고 그 호응 관계에 있는 성분들을 비교 분석하여 분류해 보는 과정에서 문제의 초점화, 비교, 분석, 분류 등의 사고 능력이 신장될 수 있다.

문법의 교육 내용 요소를 탈맥락적 환경에서 학습하도록 하는 것이 아니라 실제성을 갖춘 맥락 속에서, 그리고 국어 문법의 맥락 속에서 학습이 이루어지도록 해야 한다. 이러한 원리를 자료의 맥락화의 원리라고 부르기로 한다.

라) 교수·학습 내용의 위계화

교수·학습의 내용은 어느 한 시점에 한 번 배우면 내면화되는 것이 아니다. 그래서 반복하여 제시하여야 하고, 인지와 정의가 발달되어 감에 따라 심화된 내용이 제시되어야 한다. 이러한 대전제 속에 단순한 내용 요소에서 복잡한 내용 요소로, 학습자 주변의 문제에서 점점 이웃, 지역, 사회, 국가, 이웃나라의 문제로, 구체적인 지시 대상이 있는 내용에서 추상적인 개념으로, 사용 빈도가 높은 내용에서 사용 빈도가 낮은 내용으로 심화 확대해 나가야 한다(교육부, 2022:63~64 참고). 이를 고려한 원리를 교수·학습 내용의 위계화의 원리라고 부르기로 한다.

〈표 7-4〉 '발음과 표기'의 관계 지도를 위한 학년별 단어 선정

1-1	1-2	2-1	2-2
생년필(색년필), 알림짱(알림장), 줄넘끼(줄넘기), 생이리야(생일이야), 하라버지(할아버지), 갈께요(갈게요), 지우게(지우개), 주사이(주사위), 빌통(필통), 색쫑이(색종이), 국쑤(국수), 꼬치(꽃이), 꼬츨(꽃을), 꼬체(꽃에), 꼳꽈(꽃과), 가치(같이), 따라감니다(따라갑니다), 노랐습니다(놀았습니다), 씯씀니다(씻습니다), 먹씀니다(먹습니다), 닥씀니다(닦습니다), 씀니다(씁니다), 노리터(놀이터), 느져서(늦어서), 숙재(숙제), 만흔데(많은데), 옌날(옛날), 뿌려씀니다(뿌렸습니다), 누러케(누렇게), 조아해씀니다(좋아했습니다)	왜삼촌(외삼촌), 풀립(풀잎), 그런대(그런데), 꽂꼬지(꽃꽂이), 여덜(여덟), 시게(시계), 오래(올해), 마나(많아), 조아(좋아), 깨끗히(깨끗이), 꺼꾸로(거꾸로), 여르메(여름에), 힘드러따(힘들었다), 지그믄(지금은), 따뜨타고(따듯하고), 나문닙(나뭇잎), 머글(먹을)	외냐하면(왜냐하면), 조아하는(좋아하는), 있잔아(있잖아), 그레서(그래서)	안았어요(앉았어요), 실었는데(싫었는데), 걷모습(겉모습), 단풍닙(단풍잎), 지우게(지우개), 이러케(이렇게), 노라타(노랗다) 않 보여(안 보여), 괜찬겠다(괜찮겠다), 재미있을꺼야(재미있을 거야)

〈표 7-4〉를 보자. 여기에 제시된 단어는 초등 1~2 학년군 대상의 '소리와 표기'의 관계를 지도하기 위하여 선정해 놓은 것이다. 여기에서 1학년 1학기, 1학년 2학기, 2학년 1학기, 2학년 2학기의 '소리와 표기' 관계의 이해라는 내용 요소를 지도하기 위하여 선정해 놓은 단어들은 앞에서 설명한 위계화의 원리를 고려한 것이라고 말하기 어렵다.

2022 개정 교육과정의 문법 영역의 내용 요소 중 문법 요소와 관련된 경우를 보자. 노은희 외(2022:196)에서는 기존 2015 개정 국어과 교육과정에서는 고등학교 1학년 '국어'에서 일괄 다루어지던 피동, 인용, 높임, 시간 표현 관련 문법 요소를 학년(군)별로 펼쳐 놓아 '높임 표현과 지시·접속 표현'(초등학교 3~4학년)→'시간 표현'(초등학교 5~6학

년)→'피동 표현과 인용 표현'(중학교 1~3학년)→'다양한 분야의 글과 담화에서의 문법 요소(피동, 인용, 시간, 높임 표현)'(공통 국어1)로 반복·심화될 수 있도록 계열화함으로써, 의미 구성의 자원으로서 문법 요소에 대한 깊이 있는 이해가 가능하도록 한 것이라고 한다.

높임 표현, 지시 표현, 접속 표현, 시간 표현, 피동 표현, 인용 표현, 사동 표현과 관련된 문법 범주는 모두 독립적인 것으로 국어 문법 체계에서는 위계 관계를 따질 수 없다. 그런데 문법 교육의 내용으로 재구성한 경우라면, 이들 문법 범주가 국어과 교육적 관점에서 어떻게 재구성되었는지에 대한 설명이 필요하다. 화살표(→)가 교육 내용의 반복·심화 즉 위계를 나타내는 것인지 의문이다. 아니면 2015 고등학교 1학년 국어에서 일괄 다루어지던 문법 요소를 학년군별로 펼쳐 놓은 후, 공통 국어 1에서 종합적으로 제시한 것이 반복 심화라는 것인지 불분명하다. 앞에서 제시한 위계화를 위한 기준을 어떤 식으로 적용하여 문법 교육의 내용 요소로 재구성한 것인지 그리고 2022 개정 교육과정에서 문법 요소를 학년군별 제시해 놓은 것이 반복·심화로 볼 수 있는지 논의가 필요하다.

문법 교수·학습을 위한 내용 요소를 위계화하는 것은 학습자의 학습에 대한 흥미를 유발하고 인지적 부담을 덜어 주어 효과적이고 효율적으로 학습이 이루어질 수 있도록 하기 위함이다. 따라서 문법을 교육 내용화 하거나, 교수·학습을 위한 자료화 할 때 이러한 점이 잘 반영될 수 있어야 한다.

마) 교수·학습 내용의 초점화

문법 교수 학습의 다섯 번째 원리는 초점화이다. 초점화라는 것은 인지 발달 수준과 정의 발달 수준에 알맞은 학습 내용의 범위와 수준으로 초점화하자는 개념이다. 앞에서 예를 것처럼, 2015 개정 교육과정에서는 고등학교 1학년 '국어'에서 일괄 다루어지던 피동, 인용, 높임, 시간 표현 관련 문법 요소가 2022 개정 교육과정에서는 학년(군)별로 내용 요소를 나누어 배열해 놓았다.

즉 '높임 표현과 지시·접속 표현'을 초등학교 3~4학년에, '시간 표현'은 초등학교 5~6학년에, '피동 표현과 인용 표현'은 중학교 1~3학년에서 다룬 후, 다시 '다양한 분야의 글과 담화에서의 문법 요소(피동, 인용, 시간, 높임 표현)'를 고등학교 1학년 공통 국어 I

에서 반복되도록 선정 배열해 놓은 것이다. 이런 변화는 문법 요소가 나타내는 국어 문법 범주 전체를 고등학교 1학년 수준에서는 모두 다루어도 될 만큼 인지와 정의 수준(예를 들면 집중도, 호기심 등)이 가능하지만, 초등학생이나 중학생은 그 수준에 미치지 못하기 때문에 한두 가지 문법 범주를 초점화하여 다루도록 제시한 것으로 볼 수 있다.

앞의 개별 문법 범주 각각은 다시 더 하위 범주로 초점화하여 교육 내용화할 수 있다. 예컨대, 높임 표현의 경우는 주체 높임, 상대 높임, 객체 높임으로 더 나누어 내용 요소화하는 것이 가능하다. 인지 수준과 정의 수준을 고려하여 1단원, 1차시, 1시수에 어느 정도 분량의 내용 요소를 교수·학습의 내용으로 할 것인지, 분량도 중요하지만 어떤 문법 범주를 어떻게 세분화하여 시간 배분을 할 것인지 등 내용 요소를 초점화하는 것이 중요하다.

초점화의 원리에 대한 한 가지 예를 더 보자. 2022 개정 교육과정 1~2학년군 문법 영역의 성취기준 '[2국04-02] 소리와 표기가 다를 수 있음을 알고 단어를 바르게 읽고 쓴다.'에 대하여 내용 요소를 위한 자료로 〈표 7-4〉와 같이 단어를 선정하였다고 해 보자. 〈표 7-4〉의 자료에는 매우 여러 가지의 음운 변동 규칙이 적용되는 사례들이 나열되어 있다. 1~2학년 학습자에게는 각각의 단어들의 소리와 표기가 어떻게 다른지, 표기가 왜 잘못 되었는지 등 이해하는 데 어렵고 혼란스럽다. 국어에는 소리와 표기가 다른 경우가 있다는 것을 이해하는 것이 성취기준이기 때문에 이에 초점화된 자료를 제시하여 지도하는 것이 중요하다.

된소리되기의 예로 이 성취기준에 초점화하여 자료를 구성한다고 하면 '국가, 국수, 먹다, 입다' 정도의 사례에 해당하는 장면을 보여 주고 올바르게 쓰라고 하고, 또 올바르게 발음하게 한 후 그 발음 나는 대로 써 보게 하는 것 정도로도 국어는 발음대로 표기하지 않는 경우가 있음을 이해시킬 수 있다. 그리고 이러한 사례를 교실이나 주위에서 찾아 보게 하는 활동 정도로도 충분하다. 다시 말하면 1~2학년 인지 발달과 정의 발달 수준에 맞게 학습 내용 요소와 내용의 분량을 초점화하여 제시하는 것이 필요하다는 것이다. 이 성취기준은 한글 맞춤법 전체, 표준 발음법 전체 또는 된소리되기 표기 규정 전반을 지도하는 것이 아니기 때문이다.

바) 교수·학습 내용의 통합화

문법 영역의 교수·학습의 마지막 원리로 학습 내용의 통합화의 원리가 있다. 통합화는 교과 간의 통합, 영역 간의 통합, 영역 내 성취기준 간의 통합 등이 있다. 그리고 여기에 한 가지 덧붙이면 문어와 구어의 통합이 있다. 이 가운데서 특히 문법 영역과 관련 지어 보면 영역 간의 성취기준이나 학습 내용 요소의 통합, 영역 내 성취기준이나 학습 내용 요소의 통합, 문어와 구어의 통합을 들 수 있다.

문법 영역의 성취기준과 나머지 다섯 영역과의 성취기준을 긴밀하게 연계하여 단원이나 차시를 구성하는 것은 간단한 문제가 아니다.

〈표 7-5〉 문법 영역과 읽기 영역의 통합 예시

<table>
<tr><th></th><th>단원 성취기준</th><th>단원
학습 목표</th><th>차시
학습 목표</th><th>학습
성격</th></tr>
<tr><td rowspan="5">5-1-8.
아는 것과 새롭게 안 것</td><td rowspan="5">문법(2) 국어의 낱말 확장 방법을 탐구하고 어휘력을 높이는 데에 적용한다.
읽기(1) 읽기는 배경 지식을 활용하여 의미를 구성하는 과정임을 이해하고 글을 읽는다.</td><td rowspan="5">낱말을 만드는 방법과 배경 지식을 활용해 글을 읽을 수 있다.</td><td>1. 낱밀의 짜임을 인다.</td><td>준비</td></tr>
<tr><td>2~3. 낱말을 만드는 방법을 안다.</td><td>기본</td></tr>
<tr><td>4~5. 겪은 일을 떠올리며 글을 읽을 수 있다.</td><td>기본</td></tr>
<tr><td>6~7. 아는 지식을 활용해 글을 읽을 수 있다.</td><td>기본</td></tr>
<tr><td>8~9. 새말 사전을 만들 수 있다.</td><td>실천</td></tr>
</table>

〈표 7-5〉는 2015 개정 교육과정에 따른 5학년 1학기 국어 8단원의 개요이다. 〈표 7-5〉에서 차시 목표의 전개를 보면 2~3차시와 4~5차시 사이의 흐름이 매우 부자연스럽다는 것을 알 수 있다. 이 경우에는 성취기준 간이나 내용 요소들 사이의 통합이 무리 없이 잘 이루어졌다고 말하기 어렵다.

문법은 국어 현상이나 국어 사용 현상 속에 내재해 있는 질서나 원리를 말한다. 문법의 탐구는 문어보다 구어가 더 1차적인 대상이 된다. 문어는 자연 언어인 구어에 대한 표기의 결과로 인공 언어에 불과하기 때문이다. 여러 언어 가운데는 표기가 없는 언어가 더 많다. 그런데 문법 영역의 교재 구성이나 교육 내용 요소 구성은 구어보다 문어 중심으로 이루어진 것을 가끔 볼 수 있다. 앞에서 예를 든 것처럼 문장의 종류 구분을 문장 부호와 연결 지어서 설명하는 것이 그렇고, 문장의 연결 표지를 나타내는 접속 부사의 경우도 '그러나', '그러므로', '왜냐하면' 등과 같은 문어 표현을 중심으로 가르치고 있다.

구어체를 사용해야 할 때 문어체를 사용한다든지 문어체를 사용해야 할 때 구어체를 사용하면 의사소통에는 문제가 없겠지만 한국인의 자연스러운 발화라고 말하기 어렵다. 따라서 문법 영역의 내용 요소를 교재화할 때는 문어적 표현과 구어적 표현에 대한 통합적 지도, 또는 균형적 지도가 필요하다. 2022 개정 교육과정의 문법 영역에서는 문어와 구어의 통합을 성취기준 개발에서도 적극 고려하고 있다. 예컨대, 2022 개정 교육과정의 문법 영역의 내용 체계에서 5~6학년군 내용 요소로 음성 언어와 문자 언어의 특성을 함께 제시한 것이나 중1~3학년군의 국어의 음운 체계와 문자 체계를 통합하여 제시한 것은 이러한 의도를 반영한 것이라고 할 수 있다.

문법 영역의 내용 요소 간 통합의 경우도 살펴보자.

> [4국04-05] 언어가 의사소통과 관계 형성의 수단임을 이해하고 국어를 소중히 여기는 태도를 지닌다.
> [6국04-06] 글과 담화에 쓰인 단어 및 문장, 띄어쓰기를 민감하게 살펴 바르게 고치는 태도를 지닌다.

[4국04-05]는 [지식·이해] 범주의 내용 요소 '의사소통과 관계 형성 수단으로서의 언어'와 [가치·태도] 범주의 내용 요소 '국어의 소중함 인식'이 통합한 것이고, [6국04-06]은 [지식·이해] 범주의 내용 요소 '단어와 문장의 정확한 표기와 사용'과 [과정·기능] 범주의 내용 요소 '국어생활 점검하고 실천하기', [가치·태도] 범주의 내용 요소 '국어생활에 대한 민감성'이 통합하여 이루어진 것이다.

2) 문법 교수·학습 방법으로서의 탐구

문법 지식의 교수 학습 방법은 크게 두 가지로 나누어 제시할 수 있다. 하나는 '직접 교수 방법'이고 다른 하나는 '탐구 학습 방법'이다. 교수·학습의 방법의 이름에서도 알 수 있다시피 직접 교수 방법은 교수의 방법이고 탐구 학습 방법은 학습의 방법이다. 이 두 가지 문법 교수·방법은 매우 대조적인 성격을 띤다. 직접 교수 방법은 2장을 참고하고, 여기서는 2022 개정 교육과정의 문법 영역의 교수·학습 방법과 평가에서 강조하고 있는 문법 지식 탐구 학습 방법에 대해 구체적으로 살펴보기로 하자.

가) 특징

지식 탐구 학습 방법은 간접 교수 방법 가운데 하나로 학생이 교수·학습의 중심이 되는 교수·학습 방법이다. 교수·학습의 주도권은 학생에게 있으며 교사는 학생의 학습을 도와주는 조력자이자 안내자의 역할을 맡게 된다. 문법 수업을 이 방법으로 하게 되면 학습자가 교수·학습의 중심이 됨으로써 적극적으로 문법 수업에 참여하게 된다. 그 과정에서 수업에 흥미를 느끼게 되고 스스로 문제 해결을 해 보는 경험을 함으로써 지적인 쾌감을 맛보고 기억 또한 오래 할 수 있으며 새로운 문제에 도전하려는 강한 내적 동기를 형성할 수 있게 된다.

문법 지식 탐구 학습에서 교사는 학생의 탐구 과정을 유심히 관찰하고 부딪히는 문제가 무엇인지를 파악하여 적기에 적절한 비계를 제공해 줌으로써 학생이 문제를 해결해 나가는 것을 도와주는 역할을 하게 된다. 이 수업에서 가장 중요한 교사의 역할은 전체 수업을 설계하는 것이다. 학습 목표에 학생들이 도달할 수 있도록 하기 위하여, 수업의 형태(개별, 전체, 협력-모둠, 짝)를 탐구 과정별로 어떻게 구성할 것인지, 국어 현상을 반영한 탐구 자료와 추가 탐구 자료를 얼마나 어느 수준으로 마련할 것이지, 각 탐구 과정에 발생할 수 있는 예상되는 문제들은 어떤 것들이 있는지, 각 문제를 해결하도록 하기 위한 비계로서 어떤 지원을 할 것인지, 탐구 수업에 흥미를 느끼지 못하는 학생에게는 어떤 지원을 할 것인지, 탐구 과정에 대한 과정 평가의 요소와 결과 평가의 요소들은 어떻게 설정할 것인지, 적절한 평가 방법으로 어떤 평가 방법을 활용할 것인지, 평가 후 피드백은 어떻게 제공하고 평가 결과에 대한 활용 방법은 무엇인지 등 교수·학습 전 과정을 모두 교사가 구체적으로 설계하여야 한다.

지식 탐구 학습과 같은 간접 교수법이 학생 주도로 전개된다고 해서 교사의 역할이 작다거나 가치가 약한 것이 아니다. 지식 탐구 학습의 성공 여부는 교사가 학습자에 대한 이해를 바탕으로 얼마나 정교하게 수업을 설계했는가에 달려 있다고 해도 과언이 아니다. 따라서 교사의 설명이 교수·학습의 핵심이 되는 직접 교수 방법에 비해 오히려 교사의 전문성이나 역할이 더 중요하다고 말할 수 있다.

문법 지식 탐구 학습은 학습자 중심의 수업 가운데 하나이기 때문에 학습자가 탐구 자료를 조작하여 결과물을 얻어 낼 때까지 충분한 시간을 주어야 한다. 그래서 시간이 오래 걸린다는 단점이 있다. 그러나 일단 스스로 얻어낸 결과는 실생활에 적용 및 활용하는 데 용이하고 탐구 과정에 고차적인 사고력을 동원한다는 점에서 사고 능력을 기를 수 있다는 점은 장점이라고 하겠다. 그리고 지식 탐구 학습에서는 학습 활동의 형태로 모둠 구성을 통한 협력 학습을 활용하는 경우가 많다. 학습자들 간에 서로 비계를 제공할 수 있고, 수업 과정에서 협동과 배려, 존중 등 정의적인 측면의 성장도 꾀할 수 있다는 점에서 장점이 있다. 그런데 교사의 철저한 교수·학습 계획과 전 과정의 꼼꼼한 관찰이 수반되지 않으면 모둠에 참여하는 일부 학생의 주도로 수업이 전개될 수 있다는 점도 간과해서는 안 된다. 학습에 결손이 생기는 학생이 생기지 않도록 모둠 구성원의 역할 설정과 상호 지도에도 주의를 기울여야 한다.

나) 과정 및 주요 활동

〈표 7-6〉은 초등학생에게 적용할 수 있는 탐구 학습의 과정과 주요 활동을 정리한 것이다. 다양한 학습 상황에서 각 단계에 활용할 수 있는 주요 학습 활동에 대해 알아보자. 지식 탐구 학습의 각 단계의 주요 활동으로 언어 자료 제시하기, 제시한 것 분석하기, 분석한 것 토의하기, 토의한 것 보고하기 등이 이루어진다. 모든 단계의 활동들은 문법 교수·학습의 원리 가운데 실제화의 원리, 맥락화의 원리, 통합화의 원리를 적용하여 풍부한 읽기와 쓰기, 듣기·말하기 상황을 동시에 제공할 수 있어야 한다.

〈표 7-6〉 지식 탐구 학습 모형 교수·학습 절차

문법 탐구 과정	주요 활동	
문제 확인하기	· 학습 문제 확인 · 배경 지식 활성화	· 국어 자료 제시하기
자료 탐색하기	· 기본 자료 탐구 · 추가 자료 탐구	· 분석하기 · 토의하기
지식 발견하기	· 자료 간 관련성 찾기 · 지식의 발견	· 토의한 것 보고하기
지식 적용하기	· 지식의 적용 · 지식의 명료화 및 정리	· 적용 및 활용하기

문제 확인하기 단계에서 가장 중요한 활동은 학습 문제를 발견 또는 확인하는 것이다. 어떤 수업에서도 학습 문제가 없는 경우는 없다. 그리고 이 단계에서는 학습 주제 관련 배경 지식을 활성화하는 것으로 구성되어 있다. 이 단계는 학습 문제를 확인하는 것과 함께 탐구를 위한 언어 자료가 제시된다.

자료 탐색하기 단계는 문제를 해결하기 위하여 제시된 자료를 분석하는 단계로, 일관성 있는 지식을 추출할 수 있도록, 교사는 다양한 자료를 제시하고 비계를 적극적으로 제공함으로써 학습자가 능동적으로 탐구 활동에 참여할 수 있도록 유도하는 것이 필요하다. 이 단계에서는 자료에 대한 비교·분석이 이루어지고 그 방법으로 토의 활동이 진행될 수 있다.

문법 지식 발견하기 단계는 여러 자료들로부터 공통점이나 차이점을 추출함으로써 일반화할 수 있는 개념, 규칙이나 원리를 발견하는 단계이다. 이 단계 역시 토의 활동을 통한 협력 학습의 형태가 많이 활용되며, 발견한 지식을 발표하여 토론한 후 최선의 지식을 도출하는 활동이 이루어진다. 지식 적용하기 단계는 발견한 개념이나 규칙을 실제의 국어생활 속에 적용 및 활용하는 단계이다.

(1) 제1 단계: 국어 자료 제시하기

국어 자료 제시하기는 말 그대로 교사가 학생들에게 문법 학습의 대상이 되는 내용 요소가 포함된 국어 자료를 제공하는 단계이다. 제시할 국어 자료는 앞에서 설명한 교수·학습의 원리 다섯 가지가 반영된 자료여야 한다.

① 문법 학습의 대상이 되는 내용 요소가 포함되어 있는 실제적인 국어 자료를 제시한다. 구어 자료, 문어 자료, 미디어 자료 등 어떤 것이어도 상관없다.

② 실제 학습에서 적용할 때는 학습 대상 요소가 단어이든 문장이든 탈맥락적으로 제시되지 않아야 한다. 맥락 속에서 해당 내용 요소에 해당하는 사례를 찾아내고, 찾아낸 사례들을 비교·대조해 가면서 탐색해 보도록 하여야 한다.

③ 학습 대상이 되는 내용 요소는 학습자의 학년에 따라 반복·심화되도록 하여야 한다. 저학년의 경우는 학습 대상 요소가 단어 또는 단어가 포함된 형태론적 구성이, 중학년의 경우는 통어론적 구성에서 문장 단위까지가 적절하다. 고학년의 경우는 문단이나 문단의 연결, 나아가 텍스트 전체로 시야를 넓혀 갈 수 있는 자료가 적절할 것이다. 이것

은 어디까지나 언어 단위의 크기에 따른 것으로 내용 요소의 난이도에 따른 위계도 고려되는 것이 필요하다.

④ 학습 대상이 되는 내용 요소가 무엇인지 관련 성취기준을 확인한 후, 탐색을 위해 선정한 국어 자료들이 해당 내용 요소만을 초점화하여 반영한 것이어야 한다. 내용 요소의 범위를 벗어난 자료들이 포함되지 않도록 유의해야 한다.

⑤ 학습 대상 요소는 그 맥락을 제공하는 텍스트 안에서 국어 사용 능력을 높이는 데에 유의미한 역할을 하는 것이면 더욱 좋다.

학습자의 탐구를 위해 제시하는 자료는 이러한 점을 염두에 두고 마련되어야 하기 때문에 수업 전 교사의 수업 계획이 매우 중요하다.

(2) 제2 단계: 제시한 것 분석하기

제시한 것 분석하기는 학습자가 국어 자료를 분석하여 학습 대상 내용 요소를 직접 찾아 보는 단계이다. 이 단계에서는 다음과 같은 점을 유의하여야 한다.

① 학습 대상 요소를 형태론적 구성이나 통사론적 구성 사이의 연결 관계를 생각하면서 먼저 읽거나 써 보게 한다.

② 읽거나 쓸 때 텍스트에 제시된 단어 내, 문장 내, 단어와 단어, 어절과 어절, 절과 절의 연결에 유의하면서 살펴보게 한다. 이 언어 단위들의 관계에서 유의미한 역할을 하는 요소가 무엇인지 가려서 분석하도록 한다.

③ 같거나 유사한 환경에서의 언어 형식의 구성에서 발견되는 특징을 생각하면서 문장이나 텍스트를 분석하게 한다. 이 때, 같은 자리에 올 수 있는 말, 혹은 같은 자리에 바꾸어 넣을 수 있는 말이 어떤 것인지 분석하도록 한다.

④ 현재 제시된 언어 요소와 바꾸어 넣을 수 있는 말이나 앞뒤 자리에 놓일 수 있는 언어 형식이 어떤 것이 있는지 생각하면서 다시 읽어 보고 그 특징이 무엇인지 상세하게 기록하게 한다.

⑤ 이 단계에서 가장 중요한 것은 분석한 결과가 정답이 되든 되지 않든 일단 분석한 것을 정리하되 반드시 그렇게 결과를 얻게 된 이유를 함께 정리하도록 하는 것이다. 이 단계에서 정답만을 찾아내기 위해 부담을 느끼고 아예 탐색을 시도하지 않으려 한다거나 정답만을 찾아내기 위하여 한 가지에 너무 시간을 들이지 않도록 하여야 한다. 정답

의 후보가 될 수 있는 것은 무엇이든 이유와 함께 정리하도록 한다.

(3) 제3 단계: 분석한 것 토의하기

분석한 것 토의하기는 학습자들이 짝이나 모둠 내, 모둠 간 동료들과 함께 각자 분석한 것, 또는 다른 동료가 분석한 것에 대해 의견을 교환하되 근거를 제시하면서 서로의 생각을 공유하는 단계이다. 이 단계에서는 다음과 같은 점을 유의하여야 한다.

① 자신이나 다른 동료가 분석한 언어 형식에 대해서 서로 이야기하되 그렇게 생각한 이유를 함께 이야기하도록 한다. 이야기를 나눌 때는 '맞다, 틀리다'만을 생각하지 말고 다른 동료가 그렇게 분석한 이유를 경청하며, 분석의 결과가 수용 가능한지 그렇지 않은지를 생각하며 대화한다.

② 자신이 분석한 결과가 이상하거나 틀린 분석이라 말하는 동료에게 바른 분석 방법은 어떠해야 하는지 말해 보게 한다. 동료가 자기 생각을 말할 때 그의 말을 중간에 끊지 않도록 한다.

③ 자기가 분석한 결과에 대하여 다른 동료가 이상하거나 잘못되었다고 한 경우, 자기의 것과 다른 동료의 것 사이의 차이점이 무엇인지 서로 이야기한다.

④ 학습 문제에 비춰 분석 결과들 사이의 차이점 중 허용할 수 있는 분석과 허용하기 어려운 분석의 결과를 다시 이유와 함께 정리한 후, 토의 결과 보고를 준비한다.

⑤ 이 단계에서는 분석 결과를 공유하여 허용 가능한 것들을 따져보는 활동이 이루어진다. 이 과정에서 학습 문제에 비춰 전혀 연결 고리가 없지만 우수한 학생이 포함된 모둠의 결과라는 이유로 수용하고 있는 것은 없는지, 학습 문제에 잘 연결이 됨에도 불구하고 친숙하지 않다는 이유로 배제하고 있는 것은 없는지도 성찰해 보게 한다.

⑥ 토의 과정에서 자신의 토의가 주제에서 벗어나지 않도록 하고 다른 모둠이나 동료를 비방하거나 인신공격을 하지 않도록 지도한다.

(4) 제4 단계: 토의한 것 보고하기

토의한 것 보고하기는 이 전 단계에서 토의한 결과를 정리하여 발표하거나 보고서를 만들어 공유하는 단계이다. 이 단계에서는 다음과 같은 점을 유의하도록 한다.

① 소집단에서 토의한 것, 모둠 간 토의한 것을 정리하여 학급 전체 동료를 대상으로

말이나 글로 발표하게 한다.

② 같은 시간의 학습 사항 가운데 비슷하거나 관련된 사항이 있으면 정리하여 발표하게 한다.

③ 발표한 내용을 학급 온라인 게시판이나 오프라인 게시판에 일정 기간 게시하여 더 많은 사람들이 공유하도록 한다.

④ 온라인 게시판의 경우 댓글을 달 수 있도록 하고 각각의 토의 보고에 어떤 댓글이 달리는지 확인하여 피드백으로 활용한다.

3. 문법 교육의 내용

이 장에서는 2022 개정 국어과 교육과정의 문법 영역의 내용 체계와 성취기준을 살펴보도록 한다. 내용 체계와 성취기준의 관계는 내용 체계가 성취기준을 만들어 내기 위한 틀의 기능을 하는 것으로 이해할 수 있다.

가. 내용 체계

2022 개정 국어과 교육과정의 문법 영역의 내용 체계는 〈표 7-7〉과 같다. 내용 체계를 구성하고 있는 핵심 아이디어, 내용 범주, 학년군별 내용 요소에 대해 살펴보자.[9)]

---

9) 이 책은 처음 국어과 교육론을 공부하는 학부생이나 대학원생에게 현행 교육과정을 충실히 이해시키는 것에 중점을 두고 집필하고자 했다. 이 책의 목적을 고려하여 현행 교육과정과 그 내용을 상세하게 설명해야 하는 경우에는 '2022 개정 국어과 교육과정'(교육부, 2022)과 '2022 개정 국어과 교육과정 시안(최종안) 개발 연구'(노은희 외, 2022) 보고서의 설명을 가급적 그대로 옮기고자 했다.

〈표 7-7〉 2022 개정 국어과 교육과정의 문법 영역 내용 체계

핵심 아이디어		• 문법은 국어의 형식과 내용을 이루는 틀로서 규칙과 원리로 구성·운영되며, 문법 탐구는 문법에 대해 사고하는 활동으로 국어에 대한 총체적 앎을 이끈다. • 국어는 체계와 구조를 갖춘 의미 생성 자원이자, 사회적으로 구성된 관습적 규약이며, 공동체의 사고와 가치를 표상하는 문화적 산물이다. • 국어 자료는 다양한 맥락에서 만들어지는 의사소통의 결과물로서, 국어 현상을 파악하고 국어 문제를 발견할 수 있는 문법 탐구의 대상이다. • 국어 사용자는 일상생활에서 국어 현상과 국어 문제를 탐구하고 성찰하면서 언어 주체로서의 정체성과 국어 의식을 형성한다.			
범주		내용 요소			
		초등학교			중학교
		1~2학년	3~4학년	5~6학년	1~3학년
지식·이해	언어의 본질과 맥락		• 의사소통과 관계 형성 수단으로서의 언어 • 참여자 간 관계 및 장면에 따른 언어	• 음성 언어 및 문자 언어의 특성과 매체 • 지역에 따른 언어와 표준어	• 국어의 음운 체계와 문자 체계 • 세대·분야·매체에 따른 언어
	언어 단위	• 글자·단어·문장	• 단어의 의미와 단어 간의 의미 관계 • 단어의 분류 • 문장의 기본 구조 • 글과 담화의 높임 표현과 지시·접속 표현	• 어휘 체계와 고유어 • 관용 표현 • 문장 성분과 호응 • 글과 담화의 시간 표현	• 단어의 형성 방법 • 품사의 종류와 특성 • 어휘의 양상과 쓰임 • 문장의 짜임과 확장 • 글과 담화의 피동· 인용 표현
	한글의 기초와 국어 규범	• 한글 자모의 이름과 소리 • 단어의 발음과 표기 • 문장과 문장 부호	• 단어의 정확한 발음과 표기	• 단어와 문장의 정확한 표기와 사용	• 한글 맞춤법의 원리와 내용
과정·기능	국어의 분석과 활용	• 언어 단위 관찰하기	• 언어 단위 관찰하고 분석하기 • 국어사전 활용하여 문제 해결하기 • 글과 담화에 적절한 표현 사용하기	• 언어 표현의 특징 분석하기 • 글과 담화에 적절한 표현 사용하기	• 기준에 따라 분류 하고 분석하기 • 원리 적용하여 표현 창안하기 • 글과 담화에 적절한 표현을 사용하고 효과 비교하기 • 자료를 해석하고 창의적으로 활용하기
	국어 실천의 성찰과 비판	• 소리와 표기의 차이 인식하기	• 국어 규범 인지하고 수용하기	• 국어생활 점검하고 실천하기 • 언어 표현의 효과 평가하기	• 국어 규범의 원리 탐색하기 • 언어 표현의 의도 탐색하고 대안 모색하기 • 국어 문제 발견하고 실천 양상 비판하기
가치·태도		• 한글에 대한 호기심	• 국어의 소중함 인식	• 국어생활에 대한 민감성 • 집단·사회의 언어와 나의 언어의 관계 인식	• 다양한 집단·사회의 언어에 대한 언어적 관용 • 언어로 구성되는 세계와 자아 인식

1) 핵심 아이디어

2022 개정 교육과정에서 '핵심 아이디어'는 2015 개정 교육과정의 '일반화된 지식'을 재구성한 것이다. 문법 영역의 '핵심 아이디어'는 문법 교수·학습의 내용을 선정하는 핵심 조직자인 동시에 문법 교수·학습 과정을 통어하는 일종의 나침반 역할을 담당한다. 다른 영역들과 마찬가지로 문법 영역의 핵심 아이디어도 네 가지로 구성되는데, 문법 영역에서 학습자가 경험하게 될 활동의 본질, 그러한 활동의 결과 학습자들이 구성하게 될 앎의 특성, 더 나아가 활동의 결과 학습자들이 체득하고 실천하기를 기대하는 정체성을 탐색하는 과정을 통해 추출되었다.

먼저, 첫 번째 항목은 '문법 영역에서 '학습자가 경험하는 활동'은 무엇인가?'라는 질문을 통해 추출된 것이다. 즉, 문법 영역에서 경험하는 활동의 본질은 국어 현상이나 국어 사용 현상에 내재해 있는 규칙이나 원리에 대해 사고하는 '문법 탐구'라고 본 것이다. 첫 번째 핵심 아이디어는 나머지 핵심 아이디어를 통어하는 기능을 한다.

두 번째 항목은 내용 범주 가운데 '지식·이해'의 요소를 통어하는 것으로, '문법 탐구 활동을 통해 학습자들이 도달할 것이라 기대되는 '국어에 대한 총체적 앎'이란 무엇인가?'라는 질문을 통해, 문법 탐구를 통해 도달할 수 있는 국어에 대한 앎은 단지 국어의 체계와 구조에 대한 이해만을 목표로 하는 것이 아니라, 국어에 대한 총체적 앎으로 이어질 수 있도록 경험 내용이 다양화되어야 함을 명확히 한 것이다.

세 번째 항목은 내용 범주 가운데 '과정·기능'의 요소를 통어하는 것으로, '문법 탐구 활동에서 다루어지는 '국어 자료'는 무엇인가?'라는 질문을 통해, 문법 탐구가 실제 다양한 맥락에서 생산된 의사소통 결과물인 국어 자료를 대상으로 하여 국어 현상을 분석하고 국어 문제를 발견하는 활동임을 구체화한 것이다.

마지막 네 번째 항목은 내용 범주 가운데 '가치·태도'의 요소를 통어하는 것으로, '문법 탐구 활동을 통해 학습자는 '어떠한 주체로 성장'하는가?'라는 질문을 통해, 학습자가 문법 탐구를 통해 어떠한 언어 주체로 성장할 수 있는지를 제시하고 있다(노은희 외, 2022, 125~191 참고).

2) 내용 범주

2022 개정 교육과정의 '내용 범주'는 2015 개정 교육과정의 '핵심 개념'을 바탕으로 재구성한 것이다. 2022 개정 교육과정 총론에서 제시한 틀에 따라 '지식·이해', '과정·기능', '가치·태도'로 상위 범주를 설정하고, 문법 영역 1차 조직자인 핵심 아이디어를 기준으로 각 범주별 하위 범주를 구성하고 각각의 내용 요소를 선정, 제시하였다.

'지식·이해' 범주의 '언어의 본질과 맥락'은 언어의 기호성에 대한 체계적인 이해, 상황 맥락 및 사회·문화적 맥락에서 사용되는 실체로서 언어의 여러 변이형과 다양한 사용 양상에 대한 이해와 관련한 내용들이 포함된다. 특히 지역어와 표준어, 세대·매체·분야와 언어, 언어 공동체의 다변화와 언어, 시간의 변화와 언어 등 '맥락' 관련 내용 요소를 고려하여 관련 범주를 재구조화하였다. '언어 단위' 범주에는 단어, 어휘, 문법 요소, 문장의 의미·기능·체계·구조 등에 대한 내용들이 포함되고 '한글의 기초와 국어 규범' 범주는 학습자의 문식성 신장을 강조하는 국가 사회적 요구에 의거하여 입학 초기 한글 학습의 기초가 되는 내용을 해당 범주에 편입하였고, 어법에 맞는 발음과 표기로 초점화된 내용을 전 학년군에 걸쳐 위계화하여 포함하였다.

'과정·기능' 범주는 '국어의 분석과 활용', '국어 실천의 성찰과 비판' 범주로 구성되는데 '국어의 분석과 활용' 범주는 국어에 대한 분석적, 창의적 활동과 관련된 교육 내용 등이, '국어 실천의 성찰과 비판' 범주는 국어에 대한 규범적, 비판적 활동과 관련한 교육 내용 등이 포함된다.

'가치·태도' 범주는 학습자들이 문법 활동을 통해 체득하고 형성하기를 기대하는 '국어 의식'과 '언어 정체성'과 관련한 교육 내용들을 설정하였다. '국어 의식' 범주는 한글에 대한 호기심, 국어의 소중함 인식, 국어 생활에 대한 민감성, 국어 문화 발전에 참여 등과 같은 내용을 전 학년군에 걸쳐 계열화하였다. '언어 정체성' 범주는 2022 개정 교육과정에서 새롭게 도입한 것이다. 언어를 사용하는 언어 주체로서의 정체성 관련 내용으로 집단의 언어와 자신의 언어와의 관계 인식, 다양한 집단·사회의 언어에 대한 언어적 관용, 언어로 구성되는 세계와 자아 인식 등의 내용 요소를 초등학교 5~6학년부터 포함하였다(노은희 외, 2022, 191~193 참고).

3) 학년(군)별 내용 요소

2022 개정 교육과정의 '학년(군)별 내용 요소'는 문법 영역의 핵심 아이디어와 상위 범주인 '지식·이해', '과정·기능', '가치·태도'에 포함된 하위 범주를 고려하여 선정하되, 각 하위 범주별 내용 요소는 학년(군)별로 심화 확장하여 교육 내용의 계속성과 계열성을 확보하고자 하였다.

2022 개정 국어과 교육과정의 문법 영역 내용 요소의 선정 및 계열화 양상의 특징은 다음과 같다. '지식·이해' 범주와 관련하여, 첫째, '언어의 본질과 맥락' 하위 범주는 언어의 기호성과 관련한 내용을 다루는 부문과 사용으로서의 언어의 특성을 다루는 부문으로 나누어 각기 내용 요소를 선정하였다. 주목할 만한 변화는, 언어의 기호성과 관련하여 '음성 언어와 문자 언어의 언어 양식적 특성'을 초등학교 5~6학년의 내용 요소로, '국어의 음운체계와 문자 체계'를 중학교 1~3학년의 내용 요소로 계열화하여, 음성 언어와 문자 언어의 기호성에 대한 내용 요소를 통합하여 언어의 기호성에 대한 확장적 인식으로 나아가도록 하였다는 것이다. 이 책에서 제시하고 있는 문법 교수·학습의 통합성의 원리 중 문어와 구어의 통합이 교육과정 내용 요소에 반영되었다는 점에서 의미가 있다.

그리고 상황 맥락, 사회·문화적 맥락에 따라 다양한 변이형으로 존재하는 언어에 대한 확장적 이해를 위해, '참여자 간 관계와 장면에 따른 언어'를 초등학교 3~4학년에서, '지역어와 표준어'를 5~6학년에서 '세대·분야·매체와 언어'를 중학교 1~3학년에서 '언어 공동체의 다변화와 언어'를 고등학교 공통국어1에서 '시간의 흐름과 언어'를 공통국어2에서 내용 요소로 계열화하였다는 점도 주목할 만하다. 이전 교육과정들에서 '높임 표현', '표준어와 방언', '어휘의 양상(사회 방언)', '언어의 역사성' 등의 별개의 문법 지식으로 다루어 왔던 것을 '사용으로서의 언어'라는 관점으로 초점화하여 계열화하고자 한 시도이다.

둘째, '언어 단위' 하위 범주는 음운, 단어, 어휘, 문장, 문법 요소의 의미·기능·구조·체계 등과 관련한 내용 요소를 선정하였다. 이와 관련하여 주목할 만한 변화는, 담화 단위 관련 내용 요소('담화의 개념과 특징')는 별도의 내용 요소로 선정하지 않았다는 점이다. 즉, 글이나 담화 자료에서 '문법 요소'를 탐색하도록 함으로써 자연스럽게 담화 단위에 대한 인식이 동반될 수 있도록 하였다는 점이다. 그리고 이전 교육과정들과 달리 문법 요소(피동, 인용, 높임, 시간 표현) 관련 내용을 학년(군)별로 펼쳐 놓아 '높임 표현과 지시·접속 표현'을 초등학교 3~4학년에서, '시간 표현'을 초등학교 5~6학년에서, '피동 표현과 인용 표현'을 중학교 1~3학년에서 '다양한 분야의 글과 담화에서의 문법 요소(피동, 인용, 시간, 높임 표현)'을 공통국어1에서 반복·심화될 수 있도록 계열화함으로써, 의미 구성의 자원으로서 문법 요소에 대한 깊이 있는 이해가 가능하도록 하였다.

다음으로, '과정·기능' 범주와 관련하여, '국어의 분석과 활용' 하위 범주는 국어에 대한 분석적, 창의적 활동 관련한 내용 요소를 선정하였으며, '국어 실천의 성찰과 비판' 하위 범주는 국어에 대한 규범적, 비판적 활동 관련 내용 요소를 선정하였다. 분석적, 규범적 활동 관련 내용 요소는 초등학교 1~2학년부터 지속적으로 심화·반복되는 형태로 계열화하였으며, 창의적, 비판적 활동 관련 요소는 초등학교 3~4학년부터 내용 요소가 선정되어 심화·반복되도록 하였다.

이 범주는 핵심 아이디어에서 언급했듯 '국어의 총체적 앎'에 도달하기 위해 문법 교수·학습 과정에서 '해 보아야 하고 또 할 수 있어야 할' 경험의 내용과 관련되기 때문에 경험 내용의 다양화·체계화 논리에 바탕을 두어 내용 요소를 선정하였으며, 같은 학년(군)에 제시된 지식·이해 범주의 내용 요소와 결합하여 성취기준으로 상세화된다는 점에서 지식·이해 범주 내용 요소와 유기적으로 결합할 수 있도록 내용 요소를 선정할 때 함께 고려하였다. 이런 논리에 따라 2022 개정 교육과정의 '과정·기능' 범주의 내용 요소들은 2015 개정의 '기능' 범주에 속한 '문제 발견하기, 자료 수집하기, 비교·분석하기, 분류·범주화하기, 종합·설명하기, 적용·검증하기, 언어생활 성찰하기' 내용 요소들이 반영된 유목화, 상세화인 것으로 볼 수 있다.

'가치·태도' 범주와 관련하여, 해당 범주에서는 별도의 하위 범주를 내세우고 있지는 않으나, 실제로는 '국어 의식' 관련 내용 요소에 '언어 주체의 정체성' 관련 내용 요소들을 더하여 결과적으로는 언어 주체의 정체성 형성으로 수렴되도록 내용 요소를 선정, 계열화하였다. 한글에 대한 호기심이나 국어의 소중함, 규범에 맞는 국어생활, 국어 문화 발전에 참여 등 이전 교육과정의 '국어에 대한 태도'에 포함되었던 내용 요소들이 주로 '국어 사랑'과 '국어 의식'에 관한 것들이라면, 언어를 사용하는 나, 집단·사회의 언어와 나의 언어와의 관계, 타인의 언어 및 언어 사용에 대한 인식 등 언어 주체로서 언어를 부려 쓴다는 것의 의미, 언어의 힘을 인식하고 자신의 언어 실천에 책임을 지는 것의 의미 등과 관련된 내용은 '언어 주체의 정체성'과 보다 밀접히 관련된 내용들이다. 이들 요소들을 선정함으로써 국어 사랑이나 국어 의식을 중심으로 선정되었던 기존 2015 개정 문법 영역의 '가치·태도' 범주 내용 요소들을 언어 주체의 정체성 중심으로 재구조화하고자 하였으며, 이런 점에서 이들 두 요소는 개념적으로 구분되기보다는 서로 연계되면서 학년(군)이 올라감에 따라 언어 주체의 정체성 형성으로 나아가는 구도를 취하고자 했다.

나. 성취기준

문법 영역의 성취기준은 다른 영역들과 마찬가지로 학년군별로 제시되는데, 1~2학년군 3개, 3~4학년군 5개, 5~6학년군 6개로 총 14개의 성취기준이 있다. 성취기준은 지식·이해 범주, 과정·기능 범주, 가치·태도 범주의 내용 요소들을 결합하여 진술한다. 내용 간의 연계성을 고려해 최소한 두 범주 이상의 내용 요소를 결합하는 것을 원칙으로 하되, [지식·이해]+[과정·기능]('가' 유형), [지식·이해]+[가치·태도]('나' 유형), [과정·기능]+[가치·태도]('다' 유형), [지식·이해]+[과정·기능]+[가치·태도]('라' 유형) 등 다양한 유형으로 내용 요소를 서로 결합하여 진술한다. 특정 범주의 내용 요소를 1개 이상 결합하여 성취기준을 진술한 경우(기타 유형)도 존재한다.

예를 들면 성취기준 '[4국04-05] 언어가 의사소통과 관계 형성의 수단임을 이해하고 국어를 소중히 여기는 태도를 지닌다.'는 [지식·이해] 범주의 내용 요소 '의사소통과 관계 형성 수단으로서의 언어'와 [가치·태도] 범주의 내용 요소 '국어의 소중함 인식'이 결합한 '나' 유형이고, '[6국04-06] 글과 담화에 쓰인 단어 및 문장, 띄어쓰기를 민감하게 살펴 바르게 고치는 태도를 지닌다.'은 [지식·이해] 범주의 내용 요소 '단어와 문장의 정확한 표기와 사용'과 [과정·기능] 범주의 내용 요소 '국어생활 점검하고 실천하기', [가치·태도] 범주의 내용 요소 '국어생활에 대한 민감성'이 결합한 '라' 유형에 해당한다.

일부 성취기준에 대해서는 '성취기준 해설'을 제공하며, 학년군의 성취기준들을 적용하면서 고려할 사항들을 '성취기준 적용 시 고려 사항'으로 제시하고 있다. 문법 영역의 초등학교 학년군별 성취기준은 〈표 7-8〉과 같다.

〈표 7-8〉 초등 문법 영역의 학년군별 성취기준

학년군	성취기준
1,2학년	[2국04-01] 한글 자모의 이름과 소릿값을 알고 정확하게 발음하고 쓴다. [2국04-02] 소리와 표기가 다를 수 있음을 알고 단어를 바르게 읽고 쓴다. [2국04-03] 문장과 문장 부호를 알맞게 쓰고 한글에 호기심을 가진다.
3,4학년	[4국04-01] 단어와 단어 간의 의미 관계를 파악한다. [4국04-02] 단어를 분류하고 국어사전을 활용하여 능동적인 국어 활동을 한다. [4국04-03] 기본적인 문장의 짜임을 이해하고 적절하게 사용한다. [4국04-04] 글과 담화에 쓰인 높임 표현과 지시·접속 표현을 이해하고 상황에 맞게 표현한다. [4국04-05] 언어가 의사소통과 관계 형성의 수단임을 이해하고 국어를 소중히 여기는 태도를 지닌다.
5,6학년	[6국04-01] **음성 언어 및 문자 언어의 특성을 이해하고 다양한 매체 자료에서 표현 효과를 평가한다.** [6국04-02] **표준어와 방언의 기능을 파악하고 언어 공동체와 국어생활과의 관계를 이해한다.** [6국04-03] 고유어와 관용 표현의 쓰임과 가치를 이해하고 상황에 맞게 표현한다. [6국04-04] 문장 성분을 이해하고 호응 관계가 올바른 문장을 구성한다. [6국04-05] **글과 담화에 쓰인 시간 표현을 이해하고 상황에 맞게 표현한다.** [6국04-06] 글과 담화에 쓰인 단어 및 문장, 띄어쓰기를 민감하게 살펴 바르게 고치는 태도를 지닌다.

2022 개정 교육과정에서 초등 수준에서 '신설'된 성취기준은 2개이다. '언어의 본질과 맥락' 하위 범주를 통해 언어의 기호성과 '사용으로서의 언어' 관련 내용이 강화됨에 따라 [6국04-01], [6국04-02]의 성취기준이 신설되었고, '문법 요소' 관련 내용을 계열화하는 과정에서 [6국04-05] 성취기준이 신설되었다. 한편, [6국04-02]의 신설은 가치·태도 범주에서 언어 주체의 정체성 형성을 강조하기 위한 내용 요소를 선정한 것과도 관련이 있다. 그 외 성취기준은 학년군간 이동이 이루어졌거나 수정·보완하여 재구성하였다.

2022 개정 국어과 교육과정의 문법 영역 성취기준 및 성취기준 해설, 성취기준 적용 시 고려 사항을 자세히 살펴보자. '성취기준 해설'은 성취기준 설정의 취지, 학습의 내용 요소를 간략하게 제시하고 있다. 특히 학습 요소의 범위와 내용을 명확히 하는 데 중점 두어 기술하였다. 예를 들면, [6국04-04]의 경우, 문장 성분의 호응 관계를 다룸에 있어 시제나 높임 일치 등이 포함되는지 여부와 관련하여 현장의 혼돈이 제기되었던바, 이에 대한 내용을 명시적으로 언급하여 학습의 범위를 명확히 한 것 등이 그러하다.

'성취기준 적용 시 고려 사항'에는 성취기준 지도상의 중점이나 유의점에 해당하는 내용을 기술하고 있다. 성취기준 적용 시 고려 사항에서 제공하는 정보는 다음과 같다. 첫째, 해당 학년(군)별 성취기준과 관련한 전체적인 수준의 교수·학습 및 평가의 방향 제시, 둘째, 해당 학년(군)별 성취기준에서 반영되는 국가 사회적 요구(포용성, 디지털 AI

소양, 민주 시민성, 삶과 연계한 학습, 학습자 주도성, 학습에 대한 성찰 등) 정보, 셋째, 영역 내 다른 성취기준과의 계열성 관련 정보 또는 타 영역과의 연계성 관련 정보, 넷째, 필요 시 성취기준 해설이 제공되지 않거나 특별히 교수·학습 중점이 제공되어야 할 성취기준의 교수·학습과 관련한 추가 정보 등이 그것이다.

문법 영역에서 학년(군)별로 '성취기준 적용 시 고려 사항'에서는 먼저 '전체적인 문법 영역 교수·학습 및 평가의 방향'을 제공하되, 학년(군)별 특정 성취기준과 결합하여 보다 구체적인 수준에서 진술되기도 한다. 그리고 '국가 사회적 요구'나 '계열 및 연계 정보' 등은 해당되는 특정 성취기준이 있을 때 이와 연계하여 구체적으로 진술되며, 필요에 따라 특정 성취기준의 교수·학습 방향이나 유의점에 대한 정보가 추가적으로 제시되기도 한다. 대략적인 항목 제시 순서는, '전체적인 교수·학습 방향 또는 방법'→'국가 사회적 요구 반영'→'개별 성취기준 관련 정보(계열성 및 연계성 관련 정보 포함)'→'전체적인 평가 방향 또는 방법'과 같다.

[초등학교 1~2학년]

[2국04-01] 한글 자모의 이름과 소릿값을 알고 정확하게 발음하고 쓴다.
[2국04-02] 소리와 표기가 다를 수 있음을 알고 단어를 바르게 읽고 쓴다.
[2국04-03] 문장과 문장 부호를 알맞게 쓰고 한글에 호기심을 가진다.

(가) 성취기준 해설

- [2국04-03] 이 성취기준은 문장으로 의사소통하기 위해 필요한 기초적인 문식성을 기르고, 글자, 단어, 문장을 주의 깊게 관찰하고 탐구하는 자세를 기르기 위해 설정하였다. 자신의 생각을 문장으로 쓰는 것은 의사소통 능력의 핵심으로서, 특히 한글 학습 초기에는 음성 언어와는 다른 문자 언어의 특성을 이해하는 것이 중요하다. 문장 부호의 이름과 쓰임, 평서문·의문문·감탄문 등 다양한 종류의 문장 쓰기와 그에 따른 문장 부호 사용하기를 다루되, 문장 부호 사용의 필요성을 깨닫고 문장을 비롯하여 문장을 이루는 글자, 단어에도 호기심을 갖도록 한다.

(나) 성취기준 적용 시 고려 사항

- 읽기 영역의 '읽기의 기초', 쓰기 영역의 '쓰기의 기초' 성취기준과 연계하여 '낱자, 글자, 단어, 문장'에 대한 순차적이고 체계적인 학습을 제공함으로써 입학 초기 기초 문식성을 지원하도록 한다. 특히 단어를 다룰 때는 소리와 표기가 일치하는 단어부터 소리와 표기가 일치하지 않는 단어로 학습 범위를 점차 확장하여, 소리와 표기가 일치하지 않지만 자주 쓰이는 단어를 어법에 맞게 적고 바르게 읽을 수 있도록 지도한다. 이를 통해 한글 학습 및 맞춤법의 기초를 닦을 수 있도록 한다.
- 기초적인 한글 학습을 위해 문법을 지도할 때는 성취기준 설정 취지에 맞게 단계적이고 순차적으로 학습 요소를 설정한다. 또한 다양한 국어 자료를 바탕으로 말놀이나 신체 놀이, 수수께끼 등 흥미로운 활동을 계획하여, 학습자들의 수준이 다르더라도 소외되는 학습자 없이 문법 활동에 모두 적극적으로 참여할 수 있도록 지도한다.
- 한글에 대해 관심과 흥미를 가질 수 있도록 다양한 글이나 담화 자료뿐만 아니라 일상에서 접할 수 있는 다양한 매체 자료를 두루 활용하여, 학습자들이 국어의 표기 수단인 한글에 호기심을 가질 수 있도록 지도한다.

[초등학교 3~4학년]

[4국04-01] 단어와 단어 간의 의미 관계를 파악한다.
[4국04-02] 단어를 분류하고 국어사전을 활용하여 능동적인 국어 활동을 한다.
[4국04-03] 기본적인 문장의 짜임을 이해하고 적절하게 사용한다.
[4국04-04] 글과 담화에 쓰인 높임 표현과 지시·접속 표현을 이해하고 상황에 맞게 표현한다.
[4국04-05] 언어가 의사소통과 관계 형성의 수단임을 이해하고 국어를 소중히 여기는 태도를 지닌다.

(가) 성취기준 해설

- [4국04-02] 이 성취기준은 단어에 대한 기본적인 이해를 바탕으로 국어사전에서 단어를 찾고 국어사전에 수록된 정보를 활용하여 능동적인 국어생활을 할 수 있는 능

력을 기르기 위해 설정하였다. 명사, 동사, 형용사에 대한 기본적인 이해를 바탕으로 하되, 상황에 따라 다양하게 해석되는 단어의 의미를 국어사전에서 찾을 수 있도록 동형이의어와 다의어가 국어사전에 수록된 방식을 이해하고, 동사와 형용사의 기본형과 활용형을 구분할 수 있도록 한다. 또한 국어사전을 통해 단어의 표기, 발음, 품사, 의미, 용례 등 다양한 정보를 확인할 수 있음을 이해하고, 단어의 정확한 발음과 표기를 국어사전에서 찾아 어법에 맞는 국어생활을 할 수 있도록 한다.

- [4국04-04] 이 성취기준은 높임 표현과 지시·접속 표현이 상황 맥락에 맞는 언어 표현을 선택하거나 글이나 담화를 유기적으로 구성하는 데 필요한 지식임을 이해하고, 글이나 담화에서 높임 표현과 지시·접속 표현을 적절히 사용할 수 있는 능력을 기르기 위해 설정하였다. 높임 표현의 기능과 적절한 사용 방식, 앞에 나온 말을 가리키는 지시 표현 및 문장과 문장 등을 연결하는 다양한 접속 표현의 기능과 이러한 표현들의 적절한 사용 방식을 학습한다.

(나) 성취기준 적용 시 고려 사항

- 단어의 의미, 단어 간의 의미 관계, 단어의 분류, 문장의 짜임, 높임 표현과 지시·접속 표현 등을 지도할 때는 우리 주변의 글이나 담화 자료를 다양하게 활용하고, 학습한 지식을 바탕으로 어휘력이나 문장 생성 능력을 신장할 수 있도록 연계함으로써, 문법 활동이 학습자의 실제 삶의 맥락 및 국어생활과 밀접히 관련될 수 있도록 한다. 특히, 지시·접속 표현을 지도할 때는 유기적인 언어 단위인 글이나 담화의 개념을 이해할 수 있도록 지도한다.
- 전통적인 글 자료 이외에 학습자들이 일상에서 접할 수 있는 다양한 매체 자료를 두루 활용하여 언어 자료의 실제성을 높이고, 매체 자료의 특성과 효과를 이해할 수 있도록 한다. 특히 다양한 형태와 유형의 종이 사전과 웹 사전(유의어·반의어 사전, 분류 사전 등)을 적극적으로 참조하고 활용하여 국어생활을 효과적으로 영위할 수 있도록 안내한다.
- 언어의 본질과 맥락 관련 내용 요소는 학교급이 올라감에 따라 지속적으로 심화·연계될 수 있도록 지도한다. 예를 들어, 의사소통의 수단인 언어의 기호적 속성은 이후 학년군·학교급의 음성 언어와 문자 언어의 특성과 매체, 국어의 음운 체계와 문

자 체계 관련 내용 요소와 심화·연계될 수 있도록 지도한다. 또한, 높임 표현은 참여자 간의 관계나 장면에 따라 분화되는 선택항으로서, 이후 학년군·학교급의 지역에 따른 언어와 표준어, 세대·분야·매체에 따른 언어 관련 내용 요소와 심화·연계될 수 있도록 지도한다.

- 언어가 의사소통 및 관계 형성의 수단임을 지도할 때에는, 언어의 다양한 기능 중 지시적·정보적·친교적 기능에 중점을 두어 일상생활에서 수집한 다양한 언어 사례를 분석해 봄으로써 언어가 의사소통과 관계 형성의 주요한 도구임을 이해하고 국어를 소중히 하는 태도를 지닐 수 있도록 한다.
- 문법 지식을 학습하는 데만 머무르지 않고 학습자 스스로 자신의 국어생활을 되돌아볼 수 있도록 간단한 형태의 점검표나 관찰 기록표 등을 제공함으로써 일상의 국어생활을 개선하는 계기를 마련한다.

[초등학교 5~6학년]

[6국04-01] 음성 언어 및 문자 언어의 특성을 이해하고 다양한 매체 자료에서 표현 효과를 평가한다.
[6국04-02] 표준어와 방언의 기능을 파악하고 언어 공동체와 국어생활과의 관계를 이해한다.
[6국04-03] 고유어와 관용 표현의 쓰임과 가치를 이해하고 상황에 맞게 표현한다.
[6국04-04] 문장 성분을 이해하고 호응 관계가 올바른 문장을 구성한다.
[6국04-05] 글과 담화에 쓰인 시간 표현을 이해하고 상황에 맞게 표현한다.
[6국04-06] 글과 담화에 쓰인 단어 및 문장, 띄어쓰기를 민감하게 살펴 바르게 고치는 태도를 지닌다.

(가) 성취기준 해설

- [6국04-01] 이 성취기준은 생각을 표현하는 언어 양식으로서 음성 언어와 문자 언어의 특성을 이해하고, 매체 자료에서 생성된 음성 언어 및 문자 언어의 표현 효과를 평가하는 능력을 기르기 위해 설정하였다. 음성 언어 및 문자 언어의 특성을 비교하되, 복합양식적 특성을 지니는 다양한 매체 자료에 사용된 언어 양식의 표현 효

과를 학습하고, 표현하고자 하는 목적이나 핵심 주제가 같더라도 언어 양식이 다르면 전달되는 내용과 표현 효과가 다를 수 있음을 분석적, 비판적 시각으로 이해하고 평가할 수 있도록 한다.

• [6국04-02] 이 성취기준은 국어 화자의 의사소통에서 표준어와 방언이 담당하는 기능이 다르다는 점을 알고, 자신이 속한 언어 공동체 특유의 한국어 변이형들로 인해 자신의 국어생활이 상황에 따라 다양하게 실현됨을 이해하도록 하기 위해 설정하였다. 방언의 형성과 존재 양상을 파악함으로써 지역적 요인에 따라 자연스럽게 한국어에 변이가 일어남을 이해하도록 하고, 이러한 다양성을 아우르는 언어 공동체 규준인 표준어의 개념과 필요성을 함께 다루도록 한다. 또한 의사소통의 공적·사적 상황에 따라, 상대방과의 거리감 조절 등 화자의 의도에 따라 표준어와 방언을 선택함으로써 다양한 의사소통 기능이 실현된다는 점을 확인할 수 있도록 한다.

• [6국04-03] 이 성취기준은 고유어와 관용 표현의 쓰임과 가치를 이해하고 국어문화에 대한 관심과 우리말을 소중히 여기는 태도를 고양하기 위해 설정하였다. 한자어, 외래어와 함께 국어 어휘의 일부를 이루는 고유어의 특성과 가치, 고유어에 다양하게 발달해 있는 관용 표현의 특성과 쓰임에 대한 이해에 중점을 두되, 상황과 표현 의도에 따라 어휘를 적절하게 사용하고 외래어의 오·남용 방지 등 국어 순화의 필요성을 자각하며 실천할 수 있도록 한다.

• [6국04-04] 이 성취기준은 문장을 구성하는 성분들 사이의 호응 관계가 올바르고 자연스러운 문장을 구성하는 데 필요한 능력을 기르기 위해 설정하였다. 문장에서 주어, 목적어, 서술어의 역할, 성분 간의 호응 관계(주어와 서술어의 호응, 목적어와 서술어의 호응)에 대해 학습하고, 이전 학년군의 높임 표현 및 동일 학년군의 시간 표현 성취기준과 연계하여 높임이나 시제의 일치를 함께 학습할 수 있다.

• [6국04-05] 이 성취기준은 효과적인 의사소통을 위해 상황 맥락에 맞게 시간 표현을 사용하는 것의 중요성을 알고 시간을 표현할 때 사용되는 언어 형식을 이해하고 활용하는 능력을 기르기 위해 설정하였다. '-았-/-었-, -는-/-ㄴ-, -겠-, -(으)ㄹ 것이-'나 시간 부사 등 글이나 담화에서 과거, 현재, 미래를 표현하는 언어 형식 및 방법을 학습하고, 다양한 상황 맥락에서 시간 표현을 사용한 후 그 적절성을 평가해 보도록 한다.

(나) 성취기준 적용 시 고려 사항

- 고유어와 관용 표현의 의미와 쓰임, 시간 표현의 형식이나 기능을 지도할 때는, 문장 수준에 국한되지 않도록 우리 주변의 글이나 담화 자료를 다양하게 활용하고, 학습한 지식을 바탕으로 어휘력이나 문장 생성 능력을 신장할 수 있도록 연계함으로써 문법 활동이 학습자의 실제 삶의 맥락 및 국어생활과 밀접히 관련될 수 있도록 한다.
- 지역에 따른 언어 변이로서 방언을 지도할 때는, 지역 연계 학습을 도입, 활용하여 지역 방언을 자신이 속한 언어 공동체의 언어로서 인식하고, 그러한 언어로 사고하고 소통하는 것의 의미를 자신의 삶의 맥락 및 정체성과 연계하여 이해할 수 있도록 한다. 또한 학습자들의 다양한 언어적 배경과 교실 맥락을 고려하여 특정 학습자가 소외되지 않고 적극적으로 참여할 수 있도록 학습 활동을 설계한다.
- 다양한 매체에 나타난 음성 언어 및 문자 언어의 특성과 표현 효과를 지도할 때는, 매체 영역 5~6학년의 복합양식 매체 자료 제작 관련 성취기준과 연계할 수 있으며, 직접 매체 자료를 제작해 보는 과정을 통해 그 이해가 확장, 심화될 수 있도록 학습 활동을 설계할 수 있다.
- 호응 관계가 자연스럽고 올바른 문장 사용하기, 잘못 쓰인 단어나 문장 고쳐 쓰기, 오·남용한 외래어 순화하기 등 바른 국어생활을 위한 내용을 지도할 때는, 배운 지식을 활용하여 자신의 국어생활을 되돌아볼 수 있도록 구조화된 점검표나 관찰 기록표, 성찰 일지, 자기 보고서 등 다양한 형태의 평가 도구를 제공함으로써 일상의 국어생활을 민감하게 주시하고 이 과정에서 발견되는 문제를 적극적으로 개선할 수 있도록 지도한다.

'문법' 영역의 교수·학습 과정에서 고려해야 할 주안점으로, 우리 주변에서 쉽게 접할 수 있는 국어 자료에 나타난 '다양한 국어 현상과 국어 문제를 탐구하여 언어 지식을 구성'하고 '언어의 힘과 가치를 인식'하는 활동을 강조하여 교수·학습하도록 안내하였다. 또한 '문법 교육 내용이 위계적으로 반복·심화'될 수 있도록 지도하되, '학습한 내용을 국어생활의 개선에 능동적으로 활용'할 수 있도록 안내함으로써, 학습자가 '자신과 주변의 국어생활을 민감하게 주시하고 성찰하는 언어 주체로 성장'할 수 있어야 함을 강조하였다.

‘문법’ 영역의 평가 과정에서 고려해야 할 주안점으로는, 문법 지식을 단순 암기하는 데 그치지 않고 ‘국어의 구조와 문법의 작동 원리를 파악하고 이를 생활 속에 적용, 실천’할 수 있도록 ‘문법 지식의 이해와 탐구 및 적용 능력’에 중점을 두어 평가하도록 하였다. 태도와 같은 정의적 측면을 평가할 때는 ‘자기 점검표나 성찰 보고서 등의 도구를 제공하여 지속적으로 누적 평가’가 가능하도록 지원하고, 평가의 실제성을 확보할 수 있도록 ‘다양한 국어 자료를 활용해 탐구 및 적용 과제를 설계’하되, 과제 수행 결과뿐 아니라 ‘국어 자료를 수집, 분석하고 언어 지식을 구성해 나가는 과정을 함께 평가’할 수 있도록 평가를 설계할 것을 강조하였다.

참고 문헌

교육부(1993), 「교육부 고시 제1992 - 16호에 따른 국민 학교 교육과정 해설(I)」.

교육부(1997), 「교육부 고시 제1997 - 15호에 따른 국어과 교육과정」.

교육부(1998), 「교육부 고시 제1997 - 15호에 따른 초등학교 교육과정 해설(III)」.

교육부(2015), 「교육부 고시 제2015-74호에 따른 국어과 교육과정」.

교육부(2022), 「교육부 고시 제2022-33호에 따른 국어과 교육과정」.

구본관 외(2016ㄱ), 「한국어 문법 총론 Ⅰ」, 집문당.

구본관 외(2016ㄴ), 「한국어 문법 총론 Ⅱ」, 집문당.

국립국어원(2005), 「외국인을 위한 한국어 문법 1-체계 편」, 커뮤니케이션북스.

권재일(1995), 어학적 관점에서 본 언어 지식 영역의 지도 내용, 「국어 교육 연구」 2, 서울대학교 사범대학 국어교육연구소.

김광해 외(1997/2001), 「국어 지식 탐구」, 박이정.

남기심·고영근(2011), 「표준국어문법론(제3판)」, 탑출판사.

노은희 외(2022), 「2022 개정 국어과 교육과정 시안(최종안) 개발 연구」, 한국교육과정평가원.

리의도(1995), '국어 지식'의 본질과 교재화, 「한국 초등 국어 교육」 11, 한국 초등 국어 교육학회.

민현식 외(2011), 「2011 국어과 교육과정 개정을 위한 시안 개발 연구」, 교육과학기술부.

박형우(2009), 문법 교육과 관련된 탐구 학습의 문제점과 개선 방안, 「새국어교육」 82, 한국국어교육학회.

손영애(1986), 국어과 교육의 성격과 내용 체계, 「선청어문」 14·15, 서울대 국어교육과.

양태식(1997), 초등 국어 교육의 성격과 과제, 「한국어 교육」 12, 한국어문교육학회.

유현경 외(2018), 「한국어 표준 문법」, 집문당.

이경화·이수진·이창근·전제응(2008), 「기초 문식성 지도 방안」, 박이정.

이경화·이주섭·임천택·이수진·전제응·최규홍·김상한·이경남·박혜림(2024), 「초등 국어과 교육론」, 박이정

이문규(2010), 문법교육론의 쟁점과 문법 교육의 내용, 「국어교육」 133, 한국국어교육학회.

이병규(2002), 국어 지식의 성격과 국어 지식 영역의 목표, 「한국어교육」 17, 한국어문교육학회.
이병규(2005), 국어 지식 교육의 성격과 국어과 교육의 영역 체계, 「국어교육학연구」 22, 국어교육학회.
이병규(2006), 문법 영역의 내용 선정 방법 연구, 「한국어문법」 4, 한국문법교육학회
이병규(2008ㄱ), 새 국어과 교육과정 문법 영역의 비판적 이해, 「한국초등국어교육」 37, 한국초등국어교육학회.
이병규(2008ㄴ), 국어과 교육 과정의 문법 영역 내용 조직 양상 연구 1, 「한말연구」 23, 한말연구학회.
이병규(2008ㄷ), 국어과 교육 과정의 문법 영역 내용 조직 양상 연구 2, 「청람어문교육」 38, 청람어문교육학회.
이병규(2009), 한국어 교육 문법의 내용 구성 방향 연구, 「새국어교육」 81, 한국국어교육학회.
이병규(2012ㄱ), 국어 문법 교육의 원리 탐구, 「새국어교육」 90호, 한국국어교육학회.
이병규(2012ㄴ), 국어 문법 교육의 교수-학습 자료 개발의 원리, 「초등국어교육연구」 48, 한국초등국어교육학회.
이병규(2012ㄷ), 문장의 유형에 대한 초등 국어 문법 교육 내용 연구, 「한국초등국어교육」 50, 한국초등국어교육학회.
이병규(2019), 「국어 문법 교육론」, 집문당.
이성영(1995), 언어 지식 영역 지도의 필요성과 방향, 「국어 교육 연구」 2, 서울대학교 사범대학 국어교육연구소.
이홍우(1983), 「지식의 구조와 교육」, 교육 과학사.
정경일 외(2000), 「한국어의 탐구와 이해」, 박이정.
천경록·염창권·선주원·서수현(2023), 「2022 교육과정에 따른 초등국어과교육의 이해」, 교육과학사
최미숙·원진숙·정혜승·김봉순·이경화·전은주·정현선·주세형(2023), 「2022 개정 국어과 교육과정을 담은 국어교육의 이해」, 사회평론아카데미
최영환(1995), 언어 능력 신장의 관점에서 본 언어 지식 영역의 지도 내용, 「국어 교육 연구」 2. 서울대학교 사범대학 국어교육연구소.
허웅(1983), 「국어학」, 샘 문화사.

Thornbury, Scott.(1999, 2nd. 2000). *How to Teach Grammar*, Longman.

Gagne E. D. et al.(1993), *The Cognitive Psychology of School Learning*, Haper Collins College Publishers.

Haycraft, J.(1978), *An Introduction to English Language Teaching*, Longman.

Nunan, D.(1991), *Language Teaching Methodology*, Phoenix ELT.

더 공부해 봅시다

1. 문법 영역의 성립과 변천 과정을 조사하여 설명하시오.

2. 국어과에서 문법의 역할을 다각적으로 생각해 보고, 왜 그렇게 생각하는지 이유를 설명하시오.

3. 문법 교수·학습의 원리(실제화, 맥락화, 초점화, 위계화, 통합화)를 기준으로 국어 교과서의 문법 영역의 성취기준이 실행 된 단원을 비판적으로 분석해 보시오.

4. 국어 현상이나 국어 사용 현상에 대한 초등학생의 탐구와 국어학자의 탐구를 '탐구 주체의 특성, 탐구 목적의 특성, 탐구 자료의 특성, 탐구 과정의 특성, 탐구 맥락의 특성의 측면에서 차이를 설명하시오.

5. 국어의 단어들에 대한 품사 분류를 위한 탐구의 과정을 설계하고 설명하시오.

6. 2022 개정 국어과 교육과정의 문법 영역의 내용 체계에서 핵심 아이디어, 범주, 학년군별 내용 요소, 성취기준 간의 관계를 설명하시오.

7. 2022 개정 국어과 교육과정의 문법 영역 내용 체계의 '지식·이해' 범주 중 '언어 단위' 범주의 학년군별 내용 요소를 비판적으로 분석하고, 분석한 결과를 설명해 보시오.

8. 2022 개정 국어과 교육과정과 2015 개정 국어과 교육과정에서 문법 영역의 성취기준의 내용 요소를 분석하여 비교표를 만들어 보시오.

9. 2015 개정 국어과 교육과정의 문법 영역 성취기준과 2022 개정 교육과정 문법 영역 성취기준 진술 방식과 내용 요소를 비교하여 차이점을 설명하시오.

제8장

문학 영역의 교수·학습

1. 문학의 본질

가. 문학의 중요성

인간의 삶은 본질적으로 내면의 탐구와 외부 세계와의 관계 설정을 중심으로 이루어진다. 문학은 이 두 가지 측면을 뒷받침하는 예술의 한 형식이자 개인과 공동체의 성장을 지향하는 문화적 행위이다. 문학의 중요성은 다음과 같다.

첫째, 문학은 자아를 성찰하게 한다. 문학은 인간의 경험을 총체적으로 다루기 때문에 독자는 문학을 통해 자신의 내면 세계를 발견할 수 있다. 특히 그 과정이 언어를 경유한다는 점에서 독자는 문학을 읽으며 자기라는 인간이 지닌 모호성을 최대한 정확하게 표현하는 데로 나아간다. 즉 문학 작품은 작가가 정제된 언어를 사용해 자아를 표현한 것이기 때문에 독자는 문학 작품을 통해 자아를 성찰하고 규정할 수 있는 것이다. 이와 같은 내면의 명료화는 독자가 외부 세계와 자신을 구별하고 자신의 가치와 신념을 확고히 하는 자기 정체성 확립으로 이어진다.

둘째, 문학은 타자를 이해하게 한다. 문학은 독자로 하여금 현실에서는 경험할 수 없는 타인의 삶을 접하게 함으로써 타인에 대한 이해를 돕는다. 문학작품은 다양한 상황에서 여러 선택을 하는 인물을 다루기 때문에 독자는 이를 통해 타인에 대한 공감 능력을 기를 수 있다. 공감은 무비판적인 동조가 아니며 인지적인 판단을 동반하는 인간 고유의 사회적 능력이다. 문학은 추체험을 통해 개인과 타자를 효과적으로 연결하는 역할을 한다.

셋째, 문학은 공동체의 역사와 문화를 이해하게 한다. 문학은 그것이 속한 공동체가 공유하는 문화적 전통과 역사적 흐름을 담고 있다. 독자는 문학을 통해 과거의 역사를 이해하고 현재의 시점에서 새롭게 바라볼 수 있다. 문학은 개인의 기록을 넘어서 한 시대의 집단적 의식과 사회적 가치를 반영하는 문화적 산물이기 때문에 독자로 하여금 공동체 구성원의 가치 체계와 삶의 방식을 전달하게 된다. 예를 들어, 독자는 판소리를 통해 민족의 해학과 정서적 특징이 어떻게 형성되었는지 파악할 수 있다. 그리고 이때 중요한 것은 문학에 담긴 역사와 문화적 관습을 수동적으로 답습하는 것이 아니라 비판적 관점에서 현재에 미치는 영향 관계를 파악하고 의문을 제기하는 주체적 태도를 갖춰야 한다는 점이다.

이상의 문학의 중요성을 토대로 하는 문학 교육은 인식적 기능, 미적 기능, 윤리적 기능을 지닌다. 초등 문학 교육을 중심으로 한 세 가지 기능은 다음과 같다.

첫째, 문학 교육의 인식적 기능이다. 학습자는 문학작품을 통해 직접 경험으로는 닿을 수 없는 세계를 경험하고 인간과 세계에 대한 보편적인 진리를 파악할 수 있다. 역사 속 인물들의 삶, 다른 나라의 문화, 미래 사회의 모습까지 문학을 통해 생생하게 접하게 된다. 이를 통해 개인의 영역을 넘어서 타인의 삶을 이해하는 것이 가능하다. 특히 초등학생의 경우 자신이 살고 있는 현실 너머의 세계에 대한 호기심을 불러일으켜 상상력을 작동시킬 수 있다.

또한 초등학생에게 문학은 언어 능력을 발달시키는 핵심 수단이 된다. 문학 작품에는 일상생활에서 쉽게 접하기 어려운 풍부하고 정확한 어휘와 다채로운 표현 방식이 사용된다. 작품을 읽고 내용을 이해하는 과정에서 학생들은 새로운 어휘를 자연스럽게 습득하고 문맥에 맞는 적절한 표현을 익힌다. 문학 교육은 세계를 인식하고 표현하는 도구인 언어 자체의 힘을 길러주는 데 중요한 역할을 수행한다.

둘째, 문학 교육의 미적 기능이다. 문학을 접하기 시작하는 초등 학습자에게 중요한 것은 문학작품을 즐기고 문학의 아름다움을 체험하는 일이다. 미적 기능을 강조하는 초등 문학 교육의 사례는 문학이 지닌 감각적 유희로서의 언어 표현에 대한 교육이다. 시의 리듬감 있는 운율, 동화 속의 재미있는 말놀이, 의성어나 의태어의 생생한 표현 등은 학생들의 귀와 마음을 사로잡는다. 이러한 소리와 감각의 즐거움은 학습자의 언어 사용 능력을 자연스럽게 향상시키고 상상력을 자극하여 눈에 보이지 않는 대상을 마음속으로

그려보는 힘을 길러준다.

또한 문학을 통해 학습자는 정서적 해방과 고양을 경험할 수 있다. 동화 속 주인공이 겪는 낯선 모험이나 슬픈 이별을 간접적으로 체험하면서 그 감정에 공감하거나 자신의 감정을 되돌아보게 된다. 이는 일상에서 표출하기 어려웠던 감정들을 문학이라는 예술적 형상 안에서 환기하는 경험이다. 이를 통해 학습자는 정서적으로 고양된 삶을 살 수 있다.

셋째, 문학 교육의 윤리적 기능이다. 학습자는 문학이 제시하는 다양한 갈등 상황을 마주하면서 '인간은 어떻게 살아야 하는가?' '무엇이 좋은 삶인가?'에 대해 고민할 수 있다. 초등학생을 대상으로 하는 문학 교육은 특히 도덕적 의무를 강조하는 일방적인 규율의 주입이 아닌 예술적 형상화 속에서 타인의 처지를 이해하고 공감하는 것에 초점을 맞추어야 한다. 학습자에게 문학작품 속 상황은 일종의 윤리적 실험실로 작용하여 인물의 감정에 몰입하게 한다. 감정 이입을 통해 자신과 다른 타인의 생각을 이해하는 힘을 기를 수 있고 이는 공동체의 일원으로서 갖추어야 하는 윤리의식을 함양시킨다.

초등 문학 교육의 제재로 사용되는 아동문학에서는 선과 악의 대비가 명확한 경우가 많은데 저학년 학습자의 경우 이를 통해 바람직한 행동과 그렇지 않은 행동을 구별하고 기초적인 도덕 감각을 형성할 수 있다. 한편 학년이 높아지면 작품의 내용이 복합성을 띠게 되어 학습독자가 어떤 인물의 편에 설지 선뜻 선택하기 어려운 경우가 늘어난다. 즉 인간이 지닌 복잡다단한 윤리의 성격을 반영하는 작품을 경험하게 된다. 현실에서는 어떤 상황에서나 옳은(또는 잘못된) 행동만 하는 사람은 없으며 때에 따라 다양한 윤리적 갈등 상황에 놓일 수 있음을 문학작품을 통해 이해하는 것이다. 이와 같은 작품을 교육할 때에는 학습자로 하여금 스스로 인물의 행동을 판단하게 하여 어떤 점에서 동의할 수 있는지, 어떤 점에서 동의할 수 없는지 말하게 함으로써 주체적인 윤리의식을 형성시켜야 한다.

나. 문학의 개념과 갈래

초등학교 5학년 2학기 국어 교과서에 실린 박희순의 시 〈벽 부수기〉 전문은 다음과 같다. "있잖아/ 맘속에 벽이 있으면/ 말도 하고 싶지 않고/ 보고 싶지도 않고/ 화만 나고/

답답해.// 어떻게 벽을 없애느냐고?// '입장 바꿔 생각해 보기'란 약을/ 마음에 풀풀 풀어서/ 마시는 거야// 그 애 마음 알 것 같아// '피식' 웃음이 나온다/ 그게 벽 부서지는 소리야" 이 시는 마음의 벽 때문에 답답한 상황을 말하며 입장을 바꿔서 생각해 볼 때 '피식' 하고 나오는 웃음이 '벽 부서지는 소리'라는 비유를 사용하고 있다. 이 시를 '문학'으로 볼 수 있는 이유는 인간의 감정과 체험을 언어로 표현했기 때문이다. 문학의 사전적 정의는 '사상이나 감정을 언어로 표현한 예술. 또는 그런 작품'이다. 이 정의에서 문학은 언어를 표현 도구로 삼는다는 점을 알 수 있다. 2022 개정 국어과 교육과정에서도 핵심 아이디어에서 "문학은 인간의 삶을 언어로 형상화한 작품을 통해 즐거움과 깨달음을 얻고 타자와 소통하는 행위이다."라고 한다.

문학이 오늘날의 의미를 지니게 된 것은 근대 이후이다. 조선 시대의 문학은 지식인들이 향유하던 한시나 한문학을 대상으로 하는 '글공부'에 가까운 개념이었다. 그러다가 1910년대 들어 일본 유학을 통해 새로 접한 서양이나 일본의 시, 소설이 주는 낯섦을 경험한 지식인들이 '문학'에 '인간의 감정과 체험을 기록한 작가의 상상력의 산물'이라는 새로운 의미를 부여하였다. 서양의 'literature'도 원래는 글에 관한 교양을 뜻하다가 19세기에 이르러 상상력이 포함된 창의적인 작품을 가리키게 되었다. 문학은 학문과 구별되는 창조적인 것이라는 의미에 더해 도덕이나 윤리, 종교와도 다른 것으로 받아들여졌다. 이광수는 〈문학이란 하(何)오〉(1916)에서 문학은 '물리, 박물, 지리, 역사, 법률, 윤리 등의 과학적 지식을 기록'한 것이 아니며 '사람의 사상과 감정을 기록한 것'이야말로 문학이라고 썼다(최미숙 외, 2023: 18~19).

문학의 가장 큰 특징은 문학이 허구성을 지닌다는 점이다. 허구성은 실제로는 없는 사건을 작가의 상상력으로 재창조하는 것을 뜻한다. 아동들이 즐겨 읽는 환상동화도 물론 허구성을 띠지만 허구는 문학이라면 마땅히 지닌 특성이다. 즉 현실에 있음직한 이야기로 보이는 것도 허구를 전제로 하는 것이다. 이는 바꿔 말하면 허구라는 장치를 통해 삶의 진실을 더욱 핍진하게 드러낼 수 있다는 뜻이기도 하다.

이상의 의미로 정의할 수 있는 문학은 일반적으로 서정, 서사, 극, 교술의 네 가지 갈래로 구분되며 초등 문학 교육에서 다루는 문학작품도 이 갈래를 따른다.

서정은 자신, 즉 1인칭의 발화이다. 시인, 혹은 시인의 대리자라 할 수 있는 인물이 자신의 감정과 느낌을 담아 표현한 것이 서정의 본질이다. 서사가 서술자의 중개를 통하고, 극에서는 등장인물들이 각자의 목소리로 이야기하는 데 비해 서정은 자아의 내면을 향한 독백이 주를 이룬다. 서정의 특징은 일상의 시간 질서와는 달리 자아와 세계의 간격이 사라지는 '순간'에 주목한다는 점이다. 이 순간은 서사의 시간처럼 지속되는 흐름이나 인과 관계의 질서를 가능하게 하는 시간이기보다는 과거와 미래가 현재라는 짧은 순간에 동시에 존재하는 것 같은, 그래서 비록 찰나이긴 하지만 그 '순간'에 나만의 우주를 본 것 같은 경험을 가능하게 하는 시간이다(류수열 외, 2014: 85~86).

서정에서 사용하는 언어는 운율이 있는 언어의 형태를 띤다는 특징이 있다. 고대의 제사 의식으로부터 현대의 대중음악에 이르기까지 인간은 말과 음악이 빚는 리듬을 통해 정서의 고조 상태나 영적인 도취 상태를 경험했다. 리듬은 심장 박동과 같은 생체 현상, 계절의 순환과 같은 자연 현상, 천체의 움직임과 같은 우주 현상에 두루 나타나며 이러한 리듬을 만들어 내고 활성화하여 정서의 고조, 세계와의 합일 등을 구현할 수 있게 된다. 또한 서정은 이미지와 비유, 상징 등의 표현을 통해 구체성을 획득하고 말의 함축성을 가진다. 이미지는 감정을 감각화하여 전달하고 정서를 환기하는 데 중요한 역할을 한다. 그리고 대부분의 서정 작품이 비유와 상징을 통해 표현의 한계를 극복하는 동시에 '동일성'의 세계를 지향하여 자연스럽게 세계와 자아의 간격 부재를 구현한다. 특히 세계를 자기화하려는 서정은 서로 다른 것 사이의 유사성에 근거하는 은유와 밀접한 연관을 갖는다(류수열 외, 2014: 87).

초등 문학 교육에서 서정 갈래의 주된 텍스트는 동시이다. 동시는 "어린이다운 심리와 감정을 제재로 하여 성인이 어린이를 위해 쓴 시"(이재철, 2003: 124)라고 정의하기도 하지만 어린이가 자신의 경험과 감정을 꾸밈없이 솔직하게 표현한 시로 보기도 한다(조은숙, 2012: 480). 즉 개별 텍스트를 동시와 시로 명확하게 나누는 것이 어렵다. 2022 개정 국어과 교육과정에 명시된 갈래의 명칭도 '동시'가 아닌 '시'인데, 일반적인 시각에서는 초등학교 국어 교과서에 수록되어 초등학생에게 읽히는 시를 '동시'로 칭하고 있다.

서사는 과거에 벌어진 사건을 서술하는 장르이며 서사의 핵심은 사건이 서술자의 중개를 통해 제시된다는 점이다. 모든 서사는 이야기(story)와 서술자(narrator)를 갖는다(김성진 외, 2023: 17). 극은 화자가 없는 이야기로서 등장인물들이 행위를 직접 실연하는 것이고, 서정은 시인 또는 시인의 대리자가 노래하거나 생각에 잠기거나 말을 하는 것이다. 이에 비해 서사는 발화자가 사건을 말하는 것이다. 서사의 본질로 '자아와 세계의 대결'이 꼽히는 것에서 알 수 있듯이(조동일, 1977) 서사는 인류의 역사에서 피할 수 없었던 전쟁, 이별, 경쟁의 세계를 다룬다. 서사 장르의 주인공은 자신을 둘러싼 세계와 대립하고 갈등하면서 목표를 달성하고 세상 속에 자신의 영토를 개척하고자 한다. 20세기 모더니즘 소설이 등장하기 전 대부분의 현대소설이 주인공의 성장 이야기와 밀접한 관련을 맺고 있는 이유는 바로 성장이 서사의 본질과도 같기 때문이다(김성진 외, 2023: 18).

서사의 대표적인 장르는 소설이지만 초등 문학 교육에서 소설은 5~6학년군에서나 등장하고 그전까지는 이야기나 그림책을 대상으로 한다. 일반적으로 동화로 불리는 텍스트이다. 사실적인 내용이 아닌 '옛날 이야기'의 의미에 가까운 동화(童話, fairy tale)는 오늘날 우리 주변에서 벌어지는 이야기가 아니라 먼 옛날, 현실의 장소와 관계 없는 먼 장소에서 벌어지는 이야기의 성격이 강하다. 대개 연장자가 유년기의 아동에게 들려주는 구전문학에서 비롯된 것으로 등장인물도 현실을 벗어난 존재, 예를 들어 임금, 왕자, 공주, 도깨비, 선녀 등인 경우가 많다. 현실을 떠난 세계 속에서 인물들은 현실에서는 이룰 수 없는 유년기의 꿈과 욕망을 실현한다. 예컨대 현실 생활에서는 약한 존재가 강한 존재에게 당하기 마련이지만 동화에서는 성공하는 경우가 많다. 아이들은 여기에 자기 자신을 동일시하여 동화 읽기에 빠져든다. 이 점은 동화가 유년기의 아동을 사회의 정신 구조로 유도하기 위한 교육적 장치로 쓰일 수 있다는 것을 뒷받침하기도 한다(이상섭, 2015: 69).

동화 중에서 저학년 학습자가 주로 읽는 우화(寓話, fable)는 도덕적 명제나 인간 행위의 원리를 예시하는 짧은 이야기이다. 흔히 결말에서 서술자나 등장인물 중의 한 사람이 경구의 형식으로 도덕적인 내용을 진술한다. 가장 일반적인 것은 동물 우화(beast fable)이며 여기서 동물들은 그들이 표현하는 유형의 인간들처럼 말하고 행동한다. 잘 알려진 여우와 포도의 우화에서 여우는 그가 닿을 수 없는 곳에 매달려 있는 포도를 따려고 온갖 꾀를 다 써보지만 실패한 후 그것들은 아마도 신포도일 것이라는 결론을 내린다. 이 이야기의 교훈은 인간은 그들이 얻을 수 없는 것은 하찮은 것으로 치부해버린다는 것이다(권택영·최동호, 2000: 255).

극은 좁은 의미의 연극만을 의미하는 것이 아니라 연극과 영화, 텔레비전 드라마를 모두 포함하는 개념이다. 연극, 영화, 드라마의 공통점은 모두 '행동(말)하는 것을 본다'라는 것에 있다. 극을 감상할 때에는 배우들의 대사만 들리는 것이 아니다. 무대의 배치, 조명, 배우들의 의상도 눈에 들어오며 음악도 들린다. 연극 공연에서 배우들이 역동적인 행위를 할 때 그 열기가 온몸으로 전해지기도 한다. 연극의 내용은 이야기(플롯), 인물, 주제를 포함하고, 형식적 측면에서는 시각적 장치, 음악과 음향, 어법 또는 문체를 포함한다(류수열 외, 2014: 162~163).

연극의 기원으로는 제의 기원설이 보편적으로 받아들여진다. 서양극의 시초인 고대 그리스 비극은 디오니소스 제전 때 신에 대한 숭배의 의미로 시작되었으며 한국의 전통극도 제의적 의미가 강하다. 서양극은 고대 그리스 연극으로부터 시작된다. 고대 그리스 연극은 넓은 원형극장에서 배우가 가면을 쓰고 공연하였고 코러스(합창)가 사건을 전달하는 중요한 역할을 했다. 아리스토텔레스의 구분에 의하면 비극은 '평균 이상의 인물을 모방'하며 희극은 '평균 이하의 인물을 모방'한다. 즉 비극은 우월한 영웅이 단 하나의 '결정적 결함 혹은 무지라는 죄 아닌 죄(하마르티아)'에 의해 파멸하는 이야기이며, 이 결말에서 관객은 카타르시스를 느낀다. 카타르시스란 관객이 영웅의 파멸에서 느끼는 공포와 연민의 감정을 통해 정화되는 것을 뜻한다(류수열 외, 2014: 164~165).

초등 문학 교육에서 활용되는 아동극은 성인들이 상연하여 아이들이 관람하는 공연예술에서부터 교육의 일환으로 이루어지는 교육연극, 창의적 연극 등의 비공연적 연극을 모두 포함한다(임지연, 2009: 67).

교술(敎述)은 '가르침을 풀어 쓴다' 혹은 '가르치고 서술한다'의 뜻을 지닌다. 사전적 정의는 '대상이나 세계를 객관적으로 묘사하고 설명하는 장르'이다. 이처럼 갈래 종류 명칭으로서의 교술은 사전적 정의로는 이 갈래의 문학적 성격을 파악하기 어렵다. 왜냐하면 교훈이나 경계를 목적으로 하는 글은 비단 문학 작품에 한정되지 않고, 서술을 주로 하거나 목적으로 하는 글 역시 모든 종류의 글이 갖는 성격이기 때문이다. 따라서 문학의 한 갈래로 '교술'을 정의할 때에는 교술 갈래에 담는 내용으로서 '어떤 사실이나 경험 세계'와 표현으로서의 '전달' 방식을 함께 포함해야 한다. 교술 갈래는 '작품 외적 세계의 개입이 있는, 자아의 세계화'이다. 즉 서술 주체로서의 자아가 중심이 된다. 그러면서도 자아가 작품 바깥에 실제로 존재하고 그 자아가 서술의 주체이면서 동시에 서술의 객체가 된다는 점이 특징적이다. 교술 갈래의 중요한 특성은 실제적으로 경험한 사실이나 객관적 사물 등을 바깥으로 드러내어 표현한다는 점이다(류수열 외, 2014: 184).

교술의 하위 갈래는 속담, 수수께끼, 가사, 창가, 수필, 서간, 기행, 일기 등으로 이들은 매우 폭넓은 범위에 걸쳐 있다. 이는 교술 갈래의 정의에서 나타나는 포괄성 때문이기도 하고, 서정, 서사, 극에 포함되지 않는 다양한 문학의 종류가 교술에 해당하기 때문이기도 하다(류수열 외, 2014: 185). 초등 문학 교육에서는 속담, 수수께끼를 비롯해 각종 생활문, 수필, 일기, 편지, 기행문 등이 다루어진다. 학생들은 대개 허구적인 이야기를 좋아하지만 자신의 생활에 밀접하게 닿아있는 이야기도 친밀하다는 점에서 흥미를 갖는 경우가 많다. 초등 문학 교육에서 교술 갈래는 학생들의 흥미와 관심뿐만 아니라 읽기, 쓰기 영역 제재로서의 적합성을 이유로도 빈번하게 활용되고 있다. 교술 갈래는 자기 인식과 성찰을 바탕으로 하기에 그것을 쓰는 사람에게나 읽는 사람에게 성찰의 기회를 준다는 점에서 교육적 의미가 풍부하기 때문이다.

2. 문학 교육의 원리

가. 문학과 문학 교육에 대한 관점

문학에 대한 관점은 문학 교육에 직집적인 영향을 끼친다. 여기에서는 김대행 외(2017)의 논의를 참고하여 문학에 대한 관점을 실체 중심의 문학관, 속성 중심의 문학관, 활동 중심의 문학관으로 나누고 각 문학관에 따른 문학 교육에 대해 알아보겠다.

1) 실체 중심의 문학관과 문학 교육

실체(實體) 중심의 문학관이란 문학을 가시적인 어떤 대상으로 보고 그 존재와 가치를 설명함으로써 문학을 이해하여 문학에 접근하는 관점이다. 문학에서 실체는 실제로 창작되어 전하는 구체적인 작품이나 그 작품의 작가를 가리킨다. 따라서 실체 중심의 문학관에서는 어떤 문학 작품이 언제 누구에 의해 만들어졌는가에 초점을 둔다(김대행 외, 2017: 10).

실체 중심 문학관에서 문학을 설명하는 주요 방식의 하나는 문학사(文學史)이다. 문학사는 이미 있었던 모든 작품을 대상으로 하되 그중에서도 역사적 의미가 있는 것을 다루고 그것이 갖는 가치와 시대적 삶의 상관성, 그리고 작품과 작품 사이의 연관성에 주목한다(김대행 외, 2000: 10). 또 다른 실체 중심의 설명 방식은 문학 작품이나 작가를 체계적으로 분류 및 구분하는 것이다. "문학은 시, 소설, 희곡, 수필로 나눌 수 있고, 시는 다시 정형시, 자유시, 산문시 등으로 나뉘며…"와 같은 설명이 그것이다. 대부분의 교과서나 문학 개론이 이와 같은 방식을 취한다. 이는 문학 장르 간의 차이를 이해하는 데 도움을 준다(김대행 외, 2017: 11).

실체 중심 문학관에 근거하여 문학 교육을 하면 사실에 대한 지식이 교육의 중점이 놓이고 그것을 체계적으로 학습하게 되는 장점이 있다. 지식 학습을 통한 교양의 확보, 그리고 같은 내용을 아는 사람들끼리의 동질감 형성이라는 점에서 도움이 된다(김대행 외, 2017: 11~12).

그러나 역사적인 사실만 다루게 되면 문학 교육이 이미 있는 작품의 이해에 한정될 수 있다. 문학 교육이 정전(正典)의 이해로만 진행되기 쉽고 창작교육도 전문적이고 예술적인 방향에 치중될 수 있다. 이렇게 되면 문학이 실생활이나 개인의 정신세계에 끼치는 영향과 의의를 간과하여 문학 교육이 생활세계에서 멀어진다는 단점이 생긴다. 또한 문학의 통시적 실재성이나 분류의 체계에 집중하면 자칫 문학사의 흔적만 따라가는 지식의 교육에 치중될 수 있고 문학을 사회·역사적 사실의 기록이나 반영으로만 여기게 된다. 실체 중심 문학관에 근거한 문학 교육은 사실에 대한 지식을 함양한다는 점에서 가치가 있지만 문학을 특수한 대상으로 한정하게 되는 한계를 지닌다(김대행 외, 2017: 12~14).

초등 문학 교육에서 실체 중심 문학관에 따른 교육내용은 장르를 분류하거나 작가와 배경지식을 제공하는 것으로 나타난다. 초등학교 저학년 단계에서 하는 시와 이야기를 구분하는 활동이 여기에 속한다. 이는 문학을 형식적인 구조라는 실체에 기반하여 체계적으로 분류하는 것으로 문학 갈래에 대한 명시적인 지식을 제공하는 역할을 한다. 작가와 배경지식의 제공은 주로 간략하게 이루어지는데 작가가 어떤 인물이며 어떤 시대적 배경에서 활동했는지 알게 되면 학습자는 작품을 작가의 삶과 연결된 구체적인 실재로 인식할 수 있다.

사실 초등 문학 교육에서 실체 중심 문학관에만 치중하는 경우는 드물다. 초등학생을 대상으로 하는 문학 교육은 문학에 대한 흥미를 느끼고 정서적 교류를 통해 상상력을 키우는 데 초점을 맞추고 있기 때문이다. 그러나 문학을 이해하는 기초적인 지식 체계를 확립할 필요가 있다는 점에서 장르 명칭과 형식적 특징을 이해하고 작가와 작품의 이름을 아는 것은 이후의 문학 교육을 위해서도 중요하다.

2) 속성 중심의 문학관과 문학 교육

속성(屬性) 중심의 문학관이란 문학을 설명하는 중심을 문학의 특수한 성질에 두는 관점이다. 문학의 구체적 모습인 개개의 작품 또는 그 집합보다 문학을 이루는 본질에 주목함으로써 문학 일반이라는 총체적인 대상을 설명한다. 속성은 '사물이나 현상의 본질을 이루는 성질'을 가리키므로 '그것이 없이는 그 사상을 생각할 수 없게 되는 조건'이 된다. 따라서 속성은 그것과 그것 아닌 것, 즉 문학과 비문학을 구별하고 문학의 본질을 드러내고 의미를 천착할 수 있게 한다(김대행 외, 2017: 14).

속성 중심으로 문학을 설명하는 방법 중 가장 주된 것은 어원을 중심으로 설명하는 것이다. 어원은 그 개념이 형성된 상황에서 현재에 이르기까지 변화한 인식과 관행을 반영한다. 따라서 어원적 설명에서는 개념의 역사적 전개 과정과 함께 속성을 다룬다. 개념이 역사의 흐름과 삶의 조건에 따라 어떻게 변모해왔는지 살피는 것은 역사적 실상을 통해 실재했던 속성을 이해하게 하고 통시적 변화의 다양성에 대한 통찰을 가능하게 한다(김대행 외, 2017: 14~15).

속성 중심으로 문학을 설명하는 또 다른 방식은 문학의 요소나 맥락을 분석하는 것이다. 요소 분석은 시를 시답게 하는 요소로 율격이나 이미지를 설명하거나 이야기가 갖추어야 할 요소로 인물, 사건, 플롯 등을 풀이하는 것이다. 이 방식은 그것 없이는 그 문학이 성립하지 않는 성질을 알게 해준다는 점에서 문학을 속성 중심으로 이해하는 방법이다. 문학의 요소에 대한 이해를 통해 문학이라는 전체상을 그리는 데 효과적이다. 맥락 분석은 문학이 어떤 요인에 의해 생성되는지, 문학의 생산과 수용에 어떤 요인이 관여되는지 등을 설명하는 것이다(김대행 외, 2017: 15).

속성 중심 문학관에 따라 문학 교육을 하면 문학과 문학 아닌 것을 구분할 수 있고 문학을 문학답게 하는 자질이 무엇인지 분명하게 알게 한다. 이에 따라 어떤 작품의 문학성이 더 뛰어난지 평가하는 척도를 지닐 수 있다. 또한 문학의 속성에 대한 인식은 문학의 이해 및 표현과 관련하여 심화되고 체계적인 지식으로 작용해 대상을 보다 깊이 있게 천착하도록 해준다. 그리고 문학은 일상의 언어 활동과 동떨어진 것이 아니므로 문학의 속성을 일상의 언어생활에 활용하게 하거나 일상의 언어에서 문학적 요소를 발견하여 문학적으로 활용하는 능력을 기를 수 있다. 문학과 일상의 언어 활동을 통합적으로 다룬다는 점에서도 속성 중심 문학관에 따른 문학 교육은 의의를 지닌다(김대행 외, 2017: 16).

그러나 문학의 속성만이 문학과 비문학을 구분하는 기준인 것으로 이해하게 되면 문학의 실상과 무관하게 '문학은 이래야 한다.'라는 식의 생각에 사로잡힐 수 있다. 그렇게 되면 역사 속에서 변모를 거듭해온 문학의 복합적이고 다양한 실상을 바라볼 때에도 문학다운 문학과 그렇지 못한 문학으로 양분하여 후자를 평가 절하해 버리는 경우가 생긴다. 속성 중심 문학 교육은 문학다움에 대한 고정 관념에 빠지거나 가치 평가에 경도된 시각을 갖게 함으로써 문학을 지나치게 도식적으로 파악하는 결과를 낳을 수 있다. 또한 문학 교육은 문학이라는 전체 체계를 대상으로 이루어져야 하는데 개별 속성에 치우쳐 문학 작품을 낱낱이 분석하는 데에만 교육이 한정된다는 위험이 있다. 시의 율격, 인물의 유형 파악이 전부인 문학 교육이 되어버리는 것이다. 한편 문학의 속성을 문학만이 지닌 특별하고 우월한 것으로 봄으로써 문학을 삶과 유리시켜 생각하게 하는 것도 속성 중심 문학 교육이 지닌 한계이다. 우수한 문학적 속성으로 결집된 작품보다 속성은 덜 갖추었더라도 인간적 감동을 주는 글에서 문학의 가치가 돋보이기도 한다. 이처럼 속성 중심 문학 교육은 진실이나 의미의 추구보다는 기교에 치중한 문학관을 낳을 수 있고 문학이 일상인의 능력과 무관한 특별한 예술적 재능에 속한다는 오해를 불러일으킬 수 있다(김대행 외, 2017: 16~18).

초등 문학 교육에서 속성 중심의 문학관은 문학을 문학답게 만드는 요소를 찾아내고 이해하는 과정으로 나타난다. 실체 중심의 관점이 '무엇'(작품, 작가)에 초점을 맞춘다면 속성 중심 관점은 '어떻게' 문학적 효과가 발생하는지에 주목한다. 학습자가 동시를 읽고 소리가 반복되어 재미있다고 느끼거나 동화를 읽고 인물의 마음에 공감하는 것은 작품의 특정 속성에 반응하는 것이다. 초등 문학 교육에서는 이러한 속성을 직관적인 이해에서 언어적 개념의 이해로 발전시키는 방식으로 다룬다.

그러나 속성 중심 문학관의 강조는 초등 문학 교육에서 감상의 경직화와 지나친 분석주의로 나타날 수 있다. 문학을 읽으며 순수한 감동과 재미를 느끼기 전에 "이 시에서 비유적인 표현을 3개 이상 찾아보세요."라고 한다면 학습자는 문학작품을 구성 요소의 집합으로만 인식할 수 있다. 또한 속성을 체계적으로 갖춘 작품을 교육하는 데 치중해 속성이 부족하더라도 학습자의 삶과 연결되어 공감을 불러일으키는 작품을 도외시하지 않도록 유의해야 한다.

3) 활동 중심의 문학관과 문학 교육

활동 중심 문학관은 문학을 설명하는 중점을 인간의 활동이라는 특성에 둔다. 문학은 어떻게 활동함으로써 성취되며 그것이 인간에게 어떤 의의를 지니는지 살펴서 문학의 특성을 설명하는 관점이다. 활동은 움직임이나 행위를 뜻하지만 더 나아가 '어떤 의도를 가지고 적극적으로 벌이는 행위'라는 뜻을 함축한다. 따라서 문학을 활동으로 보면 그 의도와 행위의 방법 또는 과정의 특성이 중시된다(김대행 외, 2017: 18).

예를 들어 문학을 '사상·감정을 상상력을 통하여 언어로 나타내는 예술'로 설명한다면 이것은 문학을 활동으로 인식하게 하는 설명 방식이다. '언어로 나타내는'이라는 설명은 문학이 언어 활동 가운데 하나임을 말해준다. 그 언어 활동이 '상상력을 통'하는 활동을 거쳐서 이루어진다는 것도 문학이 창조를 본질로 하는 활동임을 말한다. 문학을 활동으로 접근하는 관점에서는 문학에 대한 이해하기, 감상하기, 표현하기, 비평하기 등의 행위적 개념이 들어간 용어가 도출된다(김대행 외, 2017: 18).

활동 중심 문학관에 따라 문학 교육을 설계할 때 교육의 내용과 방법은 자연스럽게 활동에 집중된다. 따라서 학습자가 문학 활동이라는 체험을 통해 경험을 쌓으면서 구체적이고 실제적인 지식을 습득하게 된다는 점이 활동 중심 문학관의 큰 장점이다. 이는 문학 교육에서 방법적 지식 또는 절차적 지식을 습득하게 한다. 지식 자체로 습득되는 것이 아니라 지식을 기반으로 하여 새로운 상황에서 구체적으로 실천하는 능력에 목표를 둔다. 실체 중심의 문학 교육이 문학적 표현 능력의 습득을 어렵게 하는 한계가 있는 데 반해 활동 중심 문학 교육은 문학의 이해뿐만 아니라 작품에 대한 생각을 말하거나 쓰고 작품을 재구성하는 표현 활동으로 자연스럽게 이어지게 함으로써 이해와 표현을 아우르는 균형적인 문학 교육을 지향한다. 또한 문학을 인간의 의미 있는 활동으로 보는 관점은 인간을 인간답게 하는 활동의 능력을 기르는 데 초점을 맞춘다는 의의를 지닌다(김대행 외, 2017: 19).

그러나 실천을 강조하면서 방법이나 절차에 관심을 기울이다 보면 반드시 알아야 할 사실적 지식, 개념적 지식을 도외시하기 쉽다는 한계가 있다. 그리고 방법적·절차적 지식도 지식의 체계를 갖추지 못한 채 그저 반복적 경험만을 통해 습득되는 숙련성에만 경도되면 교육이 아닌 훈련에 그칠 수 있기 때문에 유의해야 한다(김대행 외, 2017: 19~20).

활동 중심 문학관은 아동의 주체적인 문학 경험을 중시하는 초등 문학 교육에서 핵심적인 기반이 된다. 초등 문학 교육은 문학적 지식의 일방적 전달보다는 학습자가 문학을 읽고 느끼고 표현하는 능동적인 행위를 통해 문학능력을 길러주는 것을 목표로 한다. 문학 작품을 '읽는 대상'이 아니라 '경험하는 과정'으로 인식하게 하는 것이다. 초등학교 교실에서 이루어지는 문학 활동은 다양하다. 동화를 읽은 후 인물의 성격과 사건의 전개를 이해하는 것에 그치지 않고 이야기의 특정 장면을 역할극으로 만들어 연기해보면서 작품의 정서적 측면을 경험하고 신체활동을 통해 작품을 이해할 수 있다. 또는 시를 읽고 자신의 생각을 담아 새롭게 창작해보는 활동, 시를 읽고 감동적인 부분을 그림으로 표현하거나 노래 가사로 만들어 부르는 활동 등도 가능하다.

그러나 문학 활동이 활동으로만 끝나고 학습목표를 상실한 수업이 되어버리는 것은 지양해야 한다. 예를 들어 역할극이나 그림그리기, 노래 부르기, 시 창작하기 등의 활동이 단지 시간을 보내는 놀이로만 인식되어 학습자가 그저 재미있게 놀았다는 인상만 받는다면 문학 작품을 이해한다는 목표는 달성하지 못한 것이다. 인물의 심리를 이해하고 작품의 주제를 파악하는 등의 교육내용과 활동을 긴밀하게 연결하는 것이 필요하다. 또한 개념적 지식의 전달 역시 도외시되면 안 된다. 시에 대한 학습에서 시가 행과 연으로 이루어진다는 실체 중심의 지식, 비유가 무엇인지 말하는 속성 중심의 지식이 결여된 채 자신의 느낌에 따라서 시를 써보는 활동만 반복한다면 학습자는 문학적 표현을 체계적으로 발전시킬 수 없다. 활동 중심 문학 교육은 문학 활동을 숙련시키는 데 머물지 말고 개념을 통해 심화된 차원의 문학 이해로 이끄는 방향으로 나아가야 한다.

나. 문학 교육과 비평이론

문학을 중심으로 한 소통 구도의 구성 요소는 작가, 작품, 세계, 독자이다. 비평이론은 이들 각각에 대한 관점을 밝힌 것으로 문학 교육의 방향을 설정하는 토대가 된다. 여기에서는 작가의 표현을 중시하는 생산이론, 작품의 내재적 특성을 중시하는 구조이론, 문학을 현실 세계의 반영으로 보는 반영이론, 문학을 수용하는 독자를 중심으로 하는 수용이론을 소개하겠다.

1) 생산이론(표현론적 접근)

작가는 문학을 창작하는 주체로서 작가의 표현을 중시하는 생산이론은 개인의 개별성과 문학현상이라는 집단적 속성, 이상의 두 가지 관점에서 논의할 수 있다. 첫째, 문학작품의 생산을 개인의 의식과 감수성의 구체화로 보는 관점에서는 작가의 개인적인 능력과 천재성을 중시한다. 생산이론을 나타내는 또다른 용어인 표현론은 낭만주의적 문학관을 전제로 한다. 주관성을 본질로 하는 개인의 체험을 겉으로 드러내는 방식을 표현이라고 하며, 표현론에서는 시인이 자신의 내부에 가지고 있는 영감을 밖으로 유출시킨 것을 예술작품이라고 말한다. 외부 자극 없이 스스로 생겨나는 시인의 자율적인 감정을 시로 형상화한다는 이 관점은 독일의 셸링(F. W. J. Schelling), 영국의 코울리지(S. T. Coleridge)로 이어지면서 인간의 자율적인 정신작용이 대상을 구성한다는 상징론, 그리고 '잡다한 사물로부터 통일과 조화를 이루는 창조력'으로 상상력을 규정하는 상상력론으로 발전한다(구인환 외, 2007: 107~108).

둘째, 문학작품의 생산이 민족이나 국가의 집단을 고려한다고 보는 관점이다. 여기에서 문학은 사회의 표현, 사회적인 현상이 된다. 민족정신을 표현하기 위해서는 민족의 생활을 반영하는 방법을 취해야 한다는 점에서 표현론은 모방론과 맞닿는다. 그러나 이 관점은 보편성이나 집단의 조직성을 염두에 둔 것이라기보다는 민족 단위의 개성을 전제한다. 창작주체를 현실을 반영하는 매개적인 존재로 보는 관점에서는 문학작품의 창작주체로서의 개인적인 실존을 부정하지는 않지만 작가의 순수한 상상력으로 세계를 창조하는 것이 아니라 그는 사회 안에 제도로 주어진 것 그리고 이미 만들어진 언어체에서 작품을 구성한다고 본다. 골드만(L. Goldmann)은 "빼어난 강한 개성이란 정신적인 삶, 곧 그런 삶의 능동적, 창조적 측면에 있어서 사회적 의식의 본질적 추진력과 가장 잘 동일시하는 존재이다."라고 말했다(L. Goldmann, 박영신 역, 1984: 32, 구인환 외, 2007: 110에서 재인용). 문학작품을 창조하는 주체는 개인이면서 집단을 대변하는 초개인적 주체이다. 집단의식을 반영하는 주체를 초개인적인 것으로 규정하는 것은 그들이 삶의 '의미 있는 전반적인 구조'를 밝혀 낼 수 있는 존재라는 점을 전제한다. 이러한 관점은 작가를 한 집단의 의식을 드러내는 예외적인 개인으로 보는 입장이다(구인환 외, 2007: 109~110).

이처럼 문학작품은 개인의 창조물이면서 동시에 사회문화적인 맥락 안에서, 제도 속에서 초개인적인 주체에 의해 만들어진다. 개인의 창조라고 볼 때에는 이상적 존재로서의 예술가의 주관성에 의해 세계가 임의로 변형이 가능하다는 이데올로기에 얽매이게 되고, 반대로 작품이 집합적 주체에 의해 생산된다는 입장을 극단으로 밀고 나가면 작품이 개인의 욕구나 이상을 배제하게 된다(구인환 외, 2007: 112). 따라서 문학 교육에서는 어느 한 쪽으로 편향되지 않도록 개인의 상상력 및 창조성과 함께 사회적 측면도 동시에 고려해야 한다.

2) 구조이론(객관론적 접근)

문학의 구조이론에서는 문학작품의 형식과 구조, 개별적 사상이 지닌 일반적인 법칙을 탐구한다. 구조이론에서 문학의 연구가 지니는 목표는 하나의 텍스트를 문학이게 하는 진술방식상의 특징인 문학성(文學性)을 해명하는 것이다. 따라서 구조이론은 문학이 지닌 주제와 사상의 측면을 도외시하기 쉽다는 한계를 지니지만, 문학과 비문학을 구분할 수 있게 한다는 장점을 지닌다(구인환 외, 2007: 122~123). 문학의 구조이론과 관련되는 이론에는 러시아 형식주의, 신비평, 구조주의 비평 등이 있다.

문학적 언어의 본질을 연구하는 형식주의자들은 문학적 기법을 설명하는 예로 '낯설게 하기'를 든다. 일상에서 사용하는 언어는 이미 자동화되어 새로운 느낌이 사라진 언어이기 때문에 문학에서는 자동화되어 버린 일상적 언어를 낯설게 한 언어를 사용함으로써 인간의 의식에 충격을 가한다. 무카로프스키(J. Mukařovský)는 시적 언어란 언어 자체를 초월하는 어떤 내용이 아니라 단지 그 자체와 그 자체의 용도를 의미하기 위해 기능하도록 낯설게 만든 것이라고 말했다(P. L. Garvin, 1964: 19~21, 구인환 외, 2007: 125에서 재인용).

그밖에 서사체의 구조를 분석하기 위해 모티프를 중심으로 설명하는 것도 구조주의의

업적이다. 토마체프스키(B. Tomachevsky)는 작품에서 더 해체할 수 없는 의미의 단위를 모티프라고 부르고 이들이 모여 작품의 주제를 이룬다고 했다. 하나의 이야기는 여러 모티프로 나뉘므로 그 모티프들의 기능과 결합 관계를 살핌으로써 하나의 이야기가 지닌 구조적 특징을 확인할 수 있고, 이러한 구조유형에 의거하여 이야기의 유형을 설정할 수 있다. 프로프는 모티프 개념에 의거하여 러시아 민담을 분석한 후 인물의 다양성에도 불구하고 인물의 행위에는 31개의 기능과 7개의 행동 유형이 있다고 말했다. 이것은 하나의 이야기를 분석하고 구조를 해명하는 유용한 준거틀로 사용할 수 있다(구인환 외, 2007: 126~127).

3) 반영이론(모방론적 접근)

반영이론은 문학 작품이 현실 세계의 반영이라는 시각을 바탕으로 한다. 문학사회학, 역사주의 비평, 마르크스주의 비평, 리얼리즘 이론 등이 반영이론에 속한다. 반영이론은 문학을 통해 현실에 대한 의식과 감각을 교육할 수 있는 가능성을 열어준다(구인환 외, 2007: 158).

반영이론은 대체로 마르크스주의 이론을 전제로 한다. 하부구조가 상부구조를 결정하며 상부구조는 그것을 반영한다는 마르크스주의 이론에서 상부구조는 의식 혹은 제도이며 하부구조는 존재 또는 물질적 생산관계를 지칭한다. 이것은 유물론적 결정론이라고도 부른다. 존재가 의식을 결정한다는 명제에서 출발한다. 서양철학은 물질과 의식의 이원론을 바탕으로 하는데 마르크스와 엥겔스는 기존의 관념론을 전적으로 거부한다. 즉 '나는 생각한다. 그러므로 존재한다.'라는 데카르트의 관념철학을 부정하면서 추상적인 존재로서 '나'를 철학의 출발점으로 보는 것이 아니라 '나'를 하나의 현실적 존재이자 신체로 보고 물질적 존재를 사유의 주체로 본다. 이것을 문학에 대입하면 인간의 의식, 심리상태, 이데올로기 등 상부구조가 현실을 반영하는 것이라는 입장이 반영이론이다(구인환 외, 2007: 158~160).

반영이론에 따른 비평의 방법으로는 작품이 대상으로 삼은 현실 세계 검토하기, 작품에 반영된 세계와 대상 세계 비교하기, 작품에 담긴 세계의 전망을 찾고 작품의 창작 의의 판단하기 등이 있다. 반영이론에서는 리얼리즘의 기초에 놓이는 현실을 파악하는 것이 중요하다. 현실에 대한 인간 삶의 전형성(典型性)을 창조하는 것이 리얼리즘이므로 전형적 상황과 전형적 인물을 읽어 내야 한다. 현실과 작품의 내용을 관련지으면서 작품이 현실을 어떻게 담아내고 있는가를 중심으로 읽어나가는 것이다(정재찬 외, 2014: 103).

4) 수용이론(수용론적 접근)

수용이론은 독사가 문학현상에 관여하는 문제에 관심을 기울인다. 문학이란 독자에게 미적 쾌감, 교훈, 감동 등의 효과를 주기 위해 만들어진 것으로 보는 입장이다. 수용이론에 영향을 준 것은 야우스와 이저로 대표되는 독일의 수용미학이다. 수용미학은 작가와 작품 위주의 해석 태도를 지양하고 지금까지 텍스트 내재적 의미만을 중요시한 전통적 문학연구에 도전한다. 수용미학은 텍스트(text)와 작품(work)을 구별하는 것에서 시작한다. '텍스트'는 작가에 의해 구축된 하나의 구조물이자 독자의 능동적인 읽기를 기다리는 존재이다. 독자는 '텍스트'의 여백을 채움으로써 '텍스트'를 '작품'으로 완성시킨다. '작품'은 '텍스트'가 독자의 의식 속에서 재정비되어 구성된 것이다. 문학 텍스트는 수용자의 선이해와 기대지평에 따라 해석학적 굴절을 거쳐 수용된다(정재찬 외, 2014: 104~105).

문학텍스트의 수용 과정은 "수용되는 것은 무엇이든지 수용자의 상태에 따라 받아들여진다"라는 해석학적 원칙을 근거로 한다. 이때 수용자의 상태는 '기대지평'이라는 용어로 설명할 수 있다. 모든 수용자는 각자 자기 나름의 기대지평을 갖는다. 여기에는 어떤 작품을 수용할 때 수용자의 이해를 구성하는 모든 요소, 예컨대 본능적 요소, 선험적 요소, 경험적 요소, 의식적·무의식적 요소 등이 다양하고 복합적으로 포괄되어 있다. 기대지평은 수용자가 지닌 텍스트에 대한 이해범주 및 한계를 규정한다. 텍스트의 이해는 수용자의 기대지평과 텍스트의 기대지평이 일치할 때 효과적으로 달성된다. 수용자는 이미 가진 경험요소로부터 영향을 받으며 1차적 지평을 형성하고, 이것은 텍스트의 내용이나 지시에 반응하고 융합하면서 새로운 기대지평을 형성하고 확장해나간다. 즉 기대지평은 수용자의 독서과정이나 역사단계의 진행에 따라 지속적으로 확충되며 문학텍스트도 항상 새롭게 구체화된다(구인환 외, 2007: 144~145).

다. 문학 교육의 주안점

1) 교수·학습의 원리

문학 교수·학습의 원리를 이루는 것은 학습자가 수행하는 문학 활동의 성격에 따른 구분인 해석과 감상, 비평, 표현(창작), 향유와 소통이다.

가) 해석과 감상

흔히 문학 작품에는 정해진 의미가 없다고 말한다. 이것은 문학 작품이 실제로 의미를 가지지 않는다는 뜻이 아니라 작가가 생각한 의미, 표현된 언어의 의미, 독자가 파악하는 의미가 모두 다르며 작품을 읽는 시기에 따라서도 의미가 달라지는 것을 뜻한다. 즉 문학 작품은 작품에서 사용하는 단어와 문장의 사전적 의미를 안다고 해서 그것이 조합된 작품 전체의 의미를 온전히 알아차리기 어렵다는 특징을 지닌다. 따라서 정해지지 않은 의미를 찾아가는 과정인 해석이 필요하다(김성진 외, 2023: 263).

텍스트를 해석하는 데에는 다양한 관점이 존재한다. 텍스트 해석에 대해 '텍스트가 말하는 것을 텍스트 자체의 문맥적 일관성과 의미 체계의 상황을 토대로 찾아내는 것'과 '독자가 자신의 의미 체계를 기준으로, 또는 자신의 의지·충동·욕망을 기준으로 텍스트의 의미를 발견하는 것'으로 나누어서 바라보는 입장이 있다(Eco, 김광현 역, 2018: 30). 또는 저자의 의도를 중시하여 그것을 작품의 의미로 보기도 한다("저자의 의도(또는 본래적 의미)를 무시해야 할 막강한 가치가 있지 않는 한 해설을 천직으로 아는 사람들은 저자의 의도를 도외시해서는 안 된다." E. D. Hirsh, 김화자 역, 1988: 130). 문학 교육에서는 이 관점들을 모두 중요하게 다룬다. 수용미학과 독자반응 이론을 위시한 학습자 중심 문학 교육의 흐름에서 독자를 중심에 두는 해석이 큰 비중을 차지하기는 하지만 작품 자체의 의미와 작가의 의도를 이해하는 것은 어디까지나 해석의 근거가 된다는 점에서 중요하다.

문학 교실에서 일어나는 해석은 '활동'으로서의 해석과 '결과'로서의 해석으로 말할 수 있다(김정우, 2002: 10~11). 활동으로서의 해석은 해석을 수행하는 과정을 중시하는 것으로, 양질의 결과물을 생산해 내야 한다는 압박에서 벗어나게 한다. 즉, 해석은 수준 높은 독자가 아니더라도 문학 소통에 참여하는 학습자라면 누구나 할 수 있는 '활동' 차원의 것이다. 한편 결과로서의 해석은 해석을 통해 생산하는 특정 형태의 결과물뿐만 아니라 독자가 재구성하는 의미 자체로 볼 수 있는데, 해석의 결과가 적절성과 타당성을 확보하기 위해서는 텍스트의 맥락과 조건을 도외시하지 않아야 한다. 어디까지나 텍스트를 근거로 이루어져야 한다는 해석 활동의 특성은 독자의 자유로운 해석을 제한하는 장애물이 아니라 창의적인 의미 구성을 촉진하는 문학의 본래 역할을 일깨운다(김성진 외, 2023: 265~266).

2022 개정 국어과 교육과정에서 해석 관련 성취기준을 찾아보면 다음과 같다.

> [4국05-01] 인물과 이야기의 흐름을 중심으로 작품을 감상한다.
> [6국05-01] 작가의 의도를 생각하며 작품을 읽는다.
> [6국05-03] 소설이나 극을 읽고 인물, 사건, 배경을 파악한다.

[4국05-01]의 경우 '감상한다'라는 서술어를 사용하고 있지만 그 대상이 '인물과 이야기의 흐름'이라는 점에서 의미의 이해에 초점을 맞추고 있어 해석 활동에 가깝다고 볼 수 있다. 이 성취기준은 [6국05-03]으로 연계되어서 3~4학년군에서 학습한 개념을 바탕으로 5~6학년군에서 본격적인 서사 텍스트 이해를 수행하게 된다. 즉 5~6학년군에서는 "인물의 성격과 사건의 전개 과정 간의 관계, 인물의 성격이 사건 전개 과정에 끼치는 영향, 사건의 전개 과정과 배경과의 관련, 배경의 변화에 따른 사건 전개 과정의 변화 등을 파악하여" 작품을 해석할 수 있다. 다음으로 [6국05-01]은 "작품을 만든 이에 대해 호기심을 가지고 작가라는 존재를 고려하면서 작품을 수용하는 능력을 기르게 하기 위해 설정"된 성취기준이다. 작가의 의도를 통해 작품을 더 깊고 넓게 이해하고 작가의 다른 작품에 대한 관심으로 확장하여 능동적인 문학 향유자로 성장하는 것을 지향하는 교육과정의 방향이 반영되었다. 이때 중요한 것은 작품의 의미를 작가의 의도에 한정시키는 것이 아니라 독자의 해석을 더해서 계속 생성해가야 한다는 점이다.

다음으로 감상은 문학작품을 읽는 학습자의 느낌이나 생각, 심리 및 정서에 초점을 두는 것으로 문학작품을 감상할 때 학습자는 내용을 이해하거나 이면의 의미를 해석하는 것보다는 자신이 작품으로부터 어떤 인상을 받는지, 작품을 읽을 때 일어나는 주된 감정은 무엇인지 등에 집중한다.

감상은 예술 작품에 대한 심미적 경험(aesthetic experience)이다. 심미적 경험이란 어떤 대상을 지각하고 감상하고 즐기는 경험으로서 교육에서는 학습자가 특정한 제재(주로 예술 관련 텍스트)를 이해하는 과정에서 겪는 인지적·정의적·행동적 경험과 변화로 설명한다. 독자의 소설 읽기 과정에서 일어나는 심미적 경험은 일상 언어로 표현하기 어려운 감정이나 느낌이 문학 언어로 표현된 것을 통해 그 예술적 속성에 공감함으로써 감동을 얻는 것과 관련되며, 이마누엘 칸트(I. Kant)가 말하는 취미 판단, 프리드리히 폰 실러(F. Schiller)가 말하는 이성과 감성의 조화 등을 고려했을 때 인지적 반응과 정의적 반응의 조화, 그리고 공감과 성찰 등의 태도를 핵심으로 한다(박은진·최영인, 2020: 223~225).

2022 개정 국어과 교육과정에 제시된 감상 관련 성취기준은 다음과 같다.

> [2국05-02] 작품을 듣거나 읽으면서 느끼거나 생각한 점을 말한다.
> [4국05-02] 자신의 경험을 바탕으로 작품 속 세계와 현실 세계를 비교하여 작품을 감상한다.
> [4국05-04] 감각적 표현에 유의하여 작품을 감상하고, 감각적 표현을 활용하여 자신의 생각이나 감정을 표현한다.
> [4국05-05] 재미나 감동을 느끼며 작품을 즐겨 감상하는 태도를 지닌다.
> [6국05-02] 비유적 표현의 효과에 유의하여 작품을 감상한다.

해석보다 인지적 부담이 적은 감상 활동은 초등학교에서 명시적으로 강조하고 있다. 3~4학년군에서는 감각적 표현에 유의하여 감상하고 감각적 표현을 활용해 학생이 직접 자신의 생각이나 감정을 표현하게 한다. 또한 작품을 즐겨 감상하는 태도로 재미나 감동의 요소를 들고 있는 것도 특징적이다. 5~6학년군에서는 비유적 표현의 효과에 유의하도록 함으로써 문학의 속성을 통한 감상을 명시한다.

나) 비평

비평은 대상을 분석하거나 판단하는 것을 뜻한다. 문학 작품을 대상으로 이를 폭넓게 정의하면 문학이란 무엇인가, 문학 작품의 뜻은 무엇인가, 작가 또는 작품의 가치는 어떠한가 등 문학에 관련된 일체의 논의를 아우르는 것이다(이상섭, 2015: 132-133). 비평은 해석이나 감정적 반응을 종합하는 성격을 지닌다. 비평을 한다는 것은 비판적 시각을 심화시켜 적극적인 판단을 내리며 감정을 완전히 배제하지는 않지만 최대한 논리적인 분석을 통해 작품을 이해하는 것을 뜻한다.

르네 웰렉(R. Wellek)은 비평이라는 개념이 지나치게 포괄적인 의미를 가져 여러 가지 혼란을 가져오게 된다고 생각했다. 비평을 '문학과 관련된 모든 논의'로 확장해 문학의 원리나 미학과 같은 메타적 진술을 포함하는 경우 '문학 연구'와 비평을 구별하기 어렵기 때문이다. 그는 비평을 넓은 의미와 좁은 의미로 나누어 살펴봄으로써 비평과 관련된 논의를 명료하게 하자고 제안했다. 넓은 의미의 비평은 "특정한 문학 작품에 대한 기술, 분석, 해석, 평가"는 물론이고 "문학의 원리, 이론, 미학에 관한 논의 또는 과거에 시학이나 수사학으로서 논의되었던 학문이라고 할 수 있는 것을 포함"한다. 좁은 의미의 비평은 그중에서 "특정한 문학 작품에 집중하여 작품을 분석, 해석하고 평가하는 것"을 뜻한다(R. Wellek, 1998: 365, 최미숙 외, 2023: 139에서 재인용). 이 책에서 말하는 비평은 좁은 의미의 비평을 가리킨다.

비평은 개인의 주관적 평가를 본질로 포함하고 있어 객관성이 결여되었다는 오해를 받기 쉽다. 그러나 비평이 갖는 주관성은 비평가가 제멋대로 판단한다는 소극적 의미를 넘어선다. 첫째, 비평은 작품에 대한 판단이 비평가 개인의 주관을 거치는 과정을 강조하며 자신의 눈으로 작품을 직접 읽고 판단하는 능동적인 행위이다. 둘째, 이 주관성은 비평 주체의 독립적인 판단에 대한 자의식으로 연결된다. 비평가는 세간의 소문이나 널리 통용되는 평가 기준을 맹목적으로 따르는 것을 경계하고 항상 깨어있는 자세로 새로운 작품과 문화를 체험하며 자신만의 관점으로 가치를 판단한다. 이러한 판단 능력은 다매체 시대의 정보 과잉 속에서 작품의 진정한 가치를 발견하는 데 필수적인 자세이다(최미숙 외, 2023: 141~142). 그리고 비평이 주관적이라는 점은 한편으로 비평을 수행하는 주체에게 성찰의 기회를 부여한다는 점에서 의미를 지닌다. 작품의 의미를 고민하고 여러 관점에서 근거를 들어 가치판단을 하는 연습의 과정은 문학작품을 통한 사고를 심화시킬 뿐만 아니라 독자의 내적인 성찰을 촉진할 수 있다.

2022 개정 국어과 교육과정에 제시된 비평 관련 성취기준은 다음과 같다.

> [4국05-03] 작품을 듣거나 읽고 마음에 드는 작품을 소개한다.
> [6국05-04] 인상적인 부분을 중심으로 작품에 대한 의견을 나눈다.

교육과정의 내용 체계에서 '과정·기능' 범주 중 '비평' 범주에 속하는 '내용 요소'는 '마음에 드는 작품 소개하기' '인상적인 부분을 중심으로 작품에 대해 의견 나누기' '다양한 해석 비교·평가하기'이다. 이중에서 초등학교에 해당하는 내용을 성취기준에서 찾아보면 위와 같다. 3~4학년군의 성취기준에서 학습자는 마음에 드는 작품을 선택하고 소개하기 위해 선택한 이유를 찾는 과정에서 문학작품에 대한 판단을 내린다. 이 점에서 비평과 연관된다. 5~6학년군 성취기준의 해설에는 "인상적이라고 생각하는 이유나 근거를 작품과 연결 지어 설명하도록 한다."라고 되어 있어 역시 작품 내에서 판단의 근거를 찾도록 하고 있다.

다) 표현(창작)

국어교육에서 표현이라는 용어는 말하기와 쓰기를 포괄하는 것으로 표현·이해 교육에서의 표현과 문학 교육에서의 표현이라는 두 가지 의미를 지닌다. 이 책에서는 문학 교육에서의 표현을 가리키며 창작과 같은 의미로 사용한다. 창작교육은 제7차 국어과 교육과정부터 도입된 이래 문학 영역에서 중요한 자리를 차지하고 있다.

문학 교육에서 창작 활동의 큰 비중을 차지하는 것은 문학작품의 재구성이다. 재구성은 문학 텍스트 읽기와 같은 수용의 과정에서 이미 독자에게 일어나는 불확정성의 복원과 여백의 채움 등을 뜻하는 것이면서 나아가 권위 있는 기성 작품을 새롭게 이해하고 다양한 방식으로 변용하는 활동까지를 아우르는 개념이다. 국어교육에서 재구성의 개념은 재구성을 위한 구상을 비롯하여 궁극적으로는 구체적인 텍스트의 생산과 재생산으로 가시화되는 경우를 가리킨다(김근호, 2024: 19). 재구성의 종류에는 이야기나 소설의 경우 시점 바꾸어 쓰기, 장면 바꾸어 쓰기, 시대적 배경을 바꾸어 쓰기, 결말 바꾸어 쓰기,

장르를 변용하기(소설을 연극으로 바꾸기), 매체를 변용하기(〈백설공주〉를 재구성해 동영상 만들기, 〈흥부전〉을 만화로 만들기 등) 등이 있다. 시를 재구성하는 경우에는 화자 바꾸어 쓰기, 비유적 표현 바꾸어 쓰기, 장르 변용하기(시를 소설로, 수필을 시로 바꾸기), 매체 변용하기(시를 영상으로 만들기, 영상을 시로 만들기 등) 등이 있다. 재구성은 전문 창작자가 아닌 학습자의 입장에서 전면 창작보다 쉽게 접근할 수 있다는 점에서 교육적 의의를 지닌다. 무엇보다 원자의 이해가 선행되어야 하기 때문에 문학작품의 수용과 생산을 연계한다는 점에서 학습자의 문학능력을 통합적으로 향상시킬 수 있다.

2022 개정 국어과 교육과정에 제시된 창작 관련 성취기준은 다음과 같다.

> [2국05-03] 작품 속 인물의 모습, 행동, 마음을 상상하여 시, 노래, 이야기, 그림 등으로 표현한다.
> [4국05-04] 감각적 표현에 유의하여 작품을 감상하고, 감각적 표현을 활용하여 자신의 생각이나 감정을 표현한다.
> [6국05-05] 자신의 경험을 시, 소설, 극, 수필 등 적절한 갈래로 표현한다.

1~2학년군의 성취기준은 작품 속 인물의 모습, 행동, 마음을 상상하는 활동이 표현하기에 선행된다. 즉 표현의 대상이 되는 것으로 작품 이해에 따른 상상하기가 설정되어 있고 상상한 내용을 표현하도록 한다. 이때 표현의 방법은 시, 노래, 이야기, 그림 등으로 다양하게 제시된다. 여러 가지 장르가 제시되었지만 이는 고도화된 장르 구분의 학습을 목표로 하는 것이 아니다. 표현 과정에서 자연스럽게 장르의 특징을 익히는 것을 지향한다. 즉 표현 활동은 시, 노래, 이야기 등의 문학을 그 자체로 경험하게 한다.

3~4학년군의 성취기준은 '감각적 표현'에 주목한다. 작품을 감상할 때와 자신의 생각이나 감정을 표현할 때 모두 감각적 표현을 사용한다. 성취기준 해설에 따르면 "문학 표현 방식의 효과와 기능을 이해하며 작품을 감상하고, 자신의 생각이나 느낌을 다양한 방법으로 나타내어 다른 이들과 나누게 하기 위해 설정"되었다고 한다. 감각적 표현은 학습자를 생동감 있는 문학 체험으로 이끌면서 문학의 즐거움을 느끼게 할 수 있다.

5~6학년군에서는 경험을 시, 소설, 극, 수필 등으로 표현하도록 하고 있다. 표현의 대상이 경험으로 설정되어 1~2학년군, 3~4학년군에 비해 복합적인 성격을 띠는 것으로 변했음을 알 수 있다. 경험은 표현 주체인 학습자의 생각, 감정이 포함될 뿐만 아니라 시

간의 흐름, 사건의 전개 등도 고려해야 하며 문학이라는 방식으로 표현할 만한 경험을 선택하는 작업은 고도의 사고과정과 성찰 능력을 요구한다. 그리고 선택한 경험을 표현하는 방식으로 적절한 갈래를 선정하는 과정에서 학습자는 문학적 표현에 대해 진지하게 고민할 수 있고 갈래별 특성을 효과적으로 체득할 수 있다.

라) 향유와 소통

초등 문학 교육에서 문학의 향유는 중요하게 다루어진다. 향유하기는 문학을 즐겁게 경험하는 활동인데 초등학교 단계에서는 문학작품에 대한 깊이 있는 이해와 분석보다는 문학에 흥미를 갖고 즐겨 감상하는 태도를 형성하는 것이 중요하기 때문이다. 이와 같은 즐거움은 더 나아가 자기 자신의 삶을 이해하는 성찰로도 이어진다는 점에서 의미를 갖는다.

초등 학습자의 문학 향유는 문학적 표현이나 창작 활동으로 이어지기 쉽고, 동료 학습자들과 자신의 문학 경험을 나누는 일로 자연스럽게 연결된다는 특징을 지닌다. 예를 들어 문학작품을 즐겨 읽는 학생들은 일기쓰기나 편지쓰기, 시 쓰기, 이야기 쓰기 등의 활동을 부담 없이 즐기는 경향이 있다. 일기나 편지는 개인적인 경험을 서사화하는 것인데 평소에 문학작품을 읽으며 경험의 서사화를 충분히 접했기 때문에 익숙하게 글을 쓸 수 있는 것이다. 문학 창작에 해당하는 시나 이야기 쓰기도 해당 장르 문법을 어려워하기보다는 문학의 특징인 허구성을 흥미롭게 받아들이며 창작에 임하는 경우를 볼 수 있다. 한편 문학을 향유하는 학습자는 다른 독자들에게 자신의 감상을 말하고 다른 독자들의 감상 또한 듣고 싶어하기 때문에 자연스럽게 독자 간의 소통에 참여하게 된다.

2022 개정 국어과 교육과정에서 '향유'라는 개념은 '문화 향유 역량'을 가리킬 때 등장하고, 문학 영역에서 '인간은 문학을 향유하면서 자아를 성찰하고 타자를 이해하며 공동체의 일원으로 성장한다.'를 핵심 아이디어로 제시함으로써 문학의 향유를 강조하고 있다. 초등학교의 문학 향유 관련 성취기준은 아래와 같다.

> [2국05-01] 말놀이, 낭송 등을 통해 말의 재미와 즐거움을 느낀다.
> [2국05-04] 시나 노래, 이야기에 흥미를 가진다.

[4국05-05] 재미나 감동을 느끼며 작품을 즐겨 감상하는 태도를 지닌다.
[6국05-06] 작품을 읽고 자신의 삶과 연관 지어 성찰하는 태도를 지닌다.

성취기준을 통해서 문학 향유를 구체화하는 개념으로 재미, 즐거움, 흥미, 감동, 성찰 등이 쓰인 것을 알 수 있다. 저학년에서는 재미와 즐거움을 느끼고 흥미를 가지는 것에서 시작하여 학년이 높아질수록 감동 느끼기, 자신의 삶과 연관 지어 성찰하기로 나아간다.

다음은 2022 개정 국어과 교육과정에 제시된 소통 관련 성취기준이다.

[4국05-03] 작품을 듣거나 읽고 마음에 드는 작품을 소개한다.
[6국05-04] 인상적인 부분을 중심으로 작품에 대한 의견을 나눈다.

위 성취기준은 모두 앞서 비평 관련 성취기준에서도 거론했지만 다른 사람에게 소개하는 활동과 다른 사람과 의견을 나누는 활동은 소통의 성격이 강하므로 중복해서 분류했다. 5~6학년군 성취기준은 "학습자가 작품에 대한 자신의 생각을 적극적으로 표현하고, 이를 타인과 나눔으로써 보다 주체적인 문학 수용 능력을 기르게 하기 위해 설정"했다고 한다. 또한 성취기준 해설에서 "상대방의 수용 경험에도 귀를 기울여 작품에 대한 해석이 다양한 관점에서 이루어질 수 있음을 알고 문학 소통에 즐겁게 참여하도록 한다."라고 하여 소통이 다양한 해석을 경험하는 기회가 된다는 점을 알 수 있다.

문학 교육에서 소통은 교육적 처치에서 빈번하게 강조되는 단계이므로 개별 학습자의 문학 경험이 종료된 후 자동적으로 이어지는 것으로 치부하기 쉽지만 소통 활동 자체가 지닌 의미가 크기 때문에 중요하게 다룰 필요가 있다.

2) 문학 교수·학습의 방법

가) 반응 중심 교수·학습

반응 중심 교수·학습 방법은 문학 교실에서 학습자가 텍스트에 대해 어떻게 느끼고 생각하며 왜 그런 반응을 하는지를 탐구하는 방식에 기초를 두는 교수·학습 방법이다. 신비평의 가정 아래 지나치게 텍스트와 지식 중심의 문학 교육이 이루어짐에 따라 학생들의 문학 경험을 소홀히 해 그들을 문학으로부터 분리·소외시킨다는 비판이 제기되었고 이에 대한 반성으로 반응 중심 접근법이 제기되었다.

반응 중심 교수·학습 방법은 독자 반응 이론가인 로젠블랫(L. M. Rosenblatt)의 거래 이론(transactional theory)(L. M. Rosenblatt, 1985: 98, 경규진, 1995: 2~3에서 재인용)에서 출발한다. 이 이론은 독자가 무엇에 대해 반응하는지(Response to what)를 중요하게 여기며, 텍스트의 경험에 참여하여 작중 인물과 동일시하고 그들의 갈등과 느낌을 나누는 동시에 생산되는 반응(예를 들어 자신의 독서 활동 참여에서 비롯되는 기쁨, 시의 단어에서 들리는 희미한 소리의 감각, 소설의 인물에 대해 느끼는 거부감과 동정심 등)을 환기(evocation)의 개념으로 설명한다. 그리고 거래(transaction)는 독자와 텍스트의 상호 관련을 뜻하는 것으로 단지 잉크에 불과한 텍스트를 의미있는 상징으로 전이시키는 역할을 한다. 이때 중요한 것은 독자와 텍스트 사이의 거래이지 독자가 작품 해석의 전권을 갖는다는 의미는 아니다. 독자의 반응은 텍스트의 언어적 표현으로부터 형성된다는 점을 간과해서는 안 된다. 다음으로 로젠블랫의 거래 이론은 독서를 심미적 독서(aesthetic reading)와 원심적 독서(efferent reading)로 구분하는데(L. M. Rosenblatt, 1982: 268, 경규진, 1995: 8~9에서 재인용) 둘의 차이는 독서하는 동안 독자가 갖는 관심의 초점에 있다. 원심적 독서에서 독자는 독서의 산물에 관심을 두고 신문이나 약 처방, 역사책을 읽을 때처럼 독서에서 정보 취득이나 문제의 논리적 해석에 주의한다. 반면 심미적 독서에서 독자는 자신의 내부에 주의를 기울여 텍스트가 야기시키는 개인적 느낌이나 아이디어, 태도 등이 의식에 떠오르는 것을 허용하고 경험한다. 모든 독서는 원심적 독서와 심미적 독서의 연속선 사이에 존재하는데 반응 중심 교수·학습 방법은 학습독자가 심미적 독서를 하는 것을 지향한다.

반응 중심 교수·학습 방법의 수업 원리는 다음과 같다. ① 학습자의 반응을 수업의 초점에 둔다. ② 교실 분위기는 학생이 자신의 반응을 충분히 표현할 수 있도록 자유로워야 한다. ③ 학습자가 작품에 대한 스스로의 감각을 활성화할 수 있도록 독서 후 다른 학생으로부터 분리된 시간을 가질 필요가 있다. ④ 교사의 반응을 강요하거나 지나친 반응의 형식을 강요하지 말아야 한다. ⑤ 학생들의 반응을 고양시키는 방법의 하나는 토의(discussion)이다. ⑥ 문학 텍스트와 학생과의 연계를 통한 학생들의 문학 경험을 문학사, 문학 지식 등이 대체해서는 안 된다. ⑦ 문학 교육은 사적인 독서 단계를 넘어 학생들이 서로의 반응을 나누고 반성하는 공적인 단계를 설정해서 독서를 확장시켜야 한다.

⑧ 문학수업을 위한 작품 선정 시 텍스트의 자질 외에 학생들의 능력과 흥미에도 관심을 두어야 한다. ⑨ 문학에 대한 반응의 임의성은 인정하지만 반응에서의 명백한 오류(error)는 충분히 반성되어야 한다(경규진, 1995: 12~17).

다음은 반응 중심 교수·학습의 일반적인 절차이다.

〈표 8-1〉 반응 중심 교수·학습의 절차

단계	교수·학습 내용
1단계: 텍스트와 학생의 거래 → 반응의 형성	• 작품 읽기 • 반응 기록하기
2단계: 학생과 학생 사이의 거래 → 반응의 명료화	• 반응의 공유 • 반응에 대한 질문 • 반응에 대한 토의 • 반응에 대한 성찰적 쓰기
3단계: 텍스트와 텍스트의 상호 관련 → 반응의 심화	• 다른 작품과 관련짓기

1단계는 학생들이 문학 작품 자체의 재미와 감동을 즐기는 심미적 독서를 하도록 격려하는 단계이다. 이를 위해 텍스트에 대한 학생들의 부정적 선입견을 제거하고 어려운 어휘나 표현 등을 쉽게 이해할 수 있도록 해야 한다. 작품 이해에 도움을 줄 수 있는 배경지식에 대한 간단한 설명을 제공할 수도 있다. 이를 통해 독자와 텍스트의 일차적인 거래가 이루어지도록 해야 한다.

2단계는 학생들이 자신의 문학적 반응이 무엇인지 알고, 작품에 대한 첫 반응을 확장하기 위한 넓고 다양한 방식을 경험하도록 한다. 반응의 명료화를 위해서는 학생과 학생 사이의 거래를 활성화시켜야 한다. 작품을 읽은 후 동료와 반응을 나누는 것은 새로운 아이디어를 만들어내고 더 나아가 자기성장을 도울 수 있다. 반응을 기록하거나 반응에 대해 질문하고 토의하는 것 등이 이 단계에서 할 수 있는 주요 활동이다.

3단계는 자신이 읽은 작품과 다른 작품을 비교하며 읽는 것으로 학생들의 반응을 풍부하게 하고 문학적인 사유를 촉진시키는 단계이다. 다른 텍스트와 관련지어 읽는 것은 두 작품의 연결뿐만 아니라 더 큰 범주로 확대시킬 수 있다. 이전 학습에서 읽은 작품과 관련시키거나 동일 작가의 다른 작품 또는 그 작품의 주제, 인물, 문체 등에서 서로 관련지을 수 있는 작품과 비교할 수 있다. 이 과정에서 텍스트에 대한 통찰을 얻을 수 있다(최지현 외, 2009: 293~294).

초등 국어 수업에서 반응 중심 교수·학습 방법을 적용하는 예는 다음과 같다.

〈표 8-2〉 초등 국어 수업의 반응 중심 교수·학습 방법 적용 예

텍스트 선정: 동화 〈마지막 숨바꼭질〉(백승자 글, 신동옥 그림)	
단계	교수·학습 내용
반응의 형성	• 학습자는 〈마지막 숨바꼭질〉을 읽고 자신의 반응을 자유롭게 기록한다. • 텍스트에 대한 전반적인 인상은 무엇인지, 인물 중에서 가장 공감이 가는 인물과 그렇지 않은 인물은 누구인지, 텍스트를 읽으면서 떠오른 자신의 감정은 무엇이며 그 감정에 대해 어떻게 생각하는지 등을 정리해본다. • 교사는 독서 전에 어려운 어휘나 표현의 뜻을 제공하여 원활한 독서를 돕는다.
반응의 명료화	• 동료 학습자와 모둠을 이루어 각자의 반응을 공유한다. • 아버지, 어머니, 경민 등 인물이 처한 상황과 그것에 따른 인물의 말과 행동을 파악하며 그것으로부터 느낀 점과 생각한 점을 말한다. 이때 서로 다른 반응을 확인하고 그것에 대해 이야기한다. • 교사는 동료 학습자와의 대화가 토론이 아닌 토의의 형식을 띠도록 안내하며 서로에게 활발하게 질문하도록 유도한다. • 반응의 공유가 종료된 후에는 성찰적 쓰기를 하여 독서 후 최초의 반응 기록에서 달라진 점을 확인한다. 즉 개인의 반응만 기록한 것과 동료 학습자와 반응을 공유한 후 기록한 것을 비교하여 자신의 반응을 명료화할 수 있다.
반응의 심화	• 학습자가 〈마지막 숨바꼭질〉과 유사한 주제를 가진 다른 작품을 읽은 경험을 말하거나 경험이 풍부하지 않을 경우 교사가 직접 다른 작품을 제시해서 독서 기회를 갖도록 한다. • 독서 후에는 읽은 작품들을 비교함으로써 작품의 이해를 심화시킨다.

나) 대화 중심 교수·학습

대화 중심 교수·학습에서 말하는 대화는 두 주체 사이에 말을 주고받는다는 의미를 넘어서 다른 관점 혹은 타인과의 만남을 통해 자신의 문학적[1] 사유 방식을 성찰할 수 있으며 새로운 문학적 사유를 추동시킬 수 있는 상호 소통 형태를 의미한다(최미숙, 2006: 230~231). 학습자의 능동적인 감상과 학습자 사이의 거래를 강조한다는 점에서 반응 중심 교수·학습과 비슷하지만 대화 중심 교수·학습은 학습자 간의 소통을 통해 보다 설득력 있는 해석을 지향한다는 점에서 차이를 지닌다.

대화 중심 교수·학습의 관점에서 '대화'는 세 층위에서 이루어진다. 첫째 층위는 문학

1) 최미숙(2006)에서는 '시적'이라고 했지만 이 책에서는 시뿐만 아니라 다른 문학 장르에도 적용이 가능한 교수·학습 방법으로 보기 때문에 '문학적'으로 표기하였다.

작품을 읽으면서 독자 개인의 내면에서 이루어지는 내적 대화이며, 둘째 층위는 독자와 독자 사이에 이루어지는 횡적 대화이고, 셋째 층위는 전문가와 독자 사이에 이루어지는 대화이다.

대화 중심 교수·학습의 일반적인 절차를 시를 중심으로 살펴보면 다음과 같다.

〈표 8-3〉 대화 중심 교수·학습 모형(최미숙, 2006: 247)

단계	교수·학습 내용
시에 관한 지식 이해하기	• 해당 시와 관련 있는 문학적 지식 이해하기 • 현대시 읽기 학습 방법 안내
시 낭송하기	• 시의 분위기나 어조 파악하기 • 낭독자의 목소리를 선택하여 분위기에 맞게 낭송하기 • 시의 의미 예측하기
[대화 1] 독자의 내적 대화	• 시 이해에 필요한 질문을 스스로 생성하고 답하기 • 상호 경쟁적인 읽기 중 가장 타당한 근거를 제시할 수 있는 읽기(지배적 읽기)를 선택하기 • 독서 스토리 작성하기
[대화 2] 독자와 독자의 대화	• 타당한 근거를 내세울 수 있는 시의 해석과 다른 독자의 근거를 이야기하며 비교하기 • 타당한 근거와 관련 있는 내용 찾아보기 • 애매한 내용을 명료화하며 각 근거의 설득력을 비교하여 타당한 해석 판단하기
[대화 3] 교사(전문가)와 독자의 대화	• 그동안의 대화 과정에서 제시되지 않은 새로운 관점 제시하기 • 여러 관점 간의 경쟁적 대화를 통해 좀더 근거 있는 해석의 가능역 설정하기
시의 의미 정리하기	• 가장 타당하다고 생각되는 시의 의미 정리하기 • 모작, 개작, 모방 시 창작하기

[대화 1]은 독자 내면에서 이루어지는 내적 대화(inner dialogue)로서 문학 작품이 독자에게 제기하는 질문에 대해 독자가 스스로 대답하거나 반문하고 공감 혹은 비판하면서 이루어진다(최미숙, 2006: 236). [대화 2]는 독자 간 대화, 즉 현실 독자인 학생과 학생 사이에 이루어지는 횡적 대화이다. 학습자는 자신의 문학적 사유를 공개하고 타인의 사유를 접하면서 사유의 폭을 넓히고 조정한다. 내적 대화의 결과인 '독자 나름의 해석'을 바탕으로 독자 간 공동 사고를 위한 대화를 하는 것이다. 내적 대화 과정에서 형성된 '근거'는 독자 간 대화에서 중요한 논거로 활용할 수 있다. 그리고 이 근거를 중심으로 토의와 토론을 통한 공동사고를 하고 이를 통해 좀더 의미 있는 타당한 작품 해석으로 나아간다(최미숙, 2006: 241~242). [대화 3]은 교사와 학생 사이에 이루어지는 종적 대

화이다. 전문적 중개자로서의 교사, 즉 이상적 독자와 현실적 독자가 대화를 통해 그동안 해결하지 못했던 것이나 오독으로 끝난 부분, 텍스트의 의미상 결락된 부분에 대해 교사의 지도를 받을 수 있다. 교사의 역할은 의도를 가진 질문을 던짐으로써 학생의 답을 유도하는 것이다. 이 과정을 통해 이상적 독자와 현실적 독자 사이의 거리를 좁힐 수 있다(최미숙, 2006: 243).

초등 국어 수업에서 대화 중심 교수·학습 방법을 적용하는 예는 다음과 같다.

〈표 8-4〉 초등 국어 수업에서 윤동주의 〈반딧불〉을 활용한 대화 중심 교수·학습 방법의 예

단계	교수·학습 내용
시에 관한 지식 이해하기	• 윤동주 시인, 시의 창작 배경, 시에 나타난 단어의 상징적 의미를 가르친다. • 시를 읽을 때 사용할 수 있는 전략(화자의 감정에 집중하기, 반복되는 시어에 표시하기 등)을 안내한다.
시 낭송하기	• 〈반딧불〉을 읽고 느낀 전체적인 분위기와 어조를 파악한다. • '가자', '숲', '달', '그믐밤' 등의 시어에 감정을 담아 낭송할 목소리 톤을 정하고 분위기에 어울리게 낭송한다. • 제목과 시의 내용을 바탕으로 시의 의미를 예측한다.
[대화 1] 독자의 내적 대화	• '왜 화자는 '가자'라는 말을 반복할까?', '숲은 어디를 의미할까?', '달 조각은 무엇일까?' 등의 질문을 생성하고 답한다. • 자신의 해석 중 가장 타당한 근거를 제시할 수 있는 읽기를 선택한다. • 시를 읽은 과정을 스토리로 작성한다.
[대화 2] 독자와 독자의 대화	• 동료 학습자와 시의 해석에 대해 근거를 들어 비교해본다. • 타당한 근거와 관련되는 시어를 찾아본다. • 애매한 내용을 명료화하여 동료 학습자가 제시한 근거와 자신의 근거의 설득력을 비교하여 타당한 해석을 판단한다.
[대화 3] 교사(전문가)와 독자의 대화	• 교사가 새로운 관점을 제시한다. 윤동주에 관한 전기적 사실이나 창작 당시의 시대적 배경, 또는 시에 대한 전문가의 해석 등이 가능하다. • 새로 제시된 관점과 기존의 관점을 비교하여 타당한 해석을 찾아간다.
시의 의미 정리하기	• 타당하다고 생각되는 〈반딧불〉의 의미를 자신의 언어로 정리한다. • 〈반딧불〉의 소재나 주제의식을 모방하여 시를 창작한다.

3. 문학 교육의 내용

가. 내용 체계

2022 개정 국어과 교육과정의 문학 영역 내용 체계는 아래와 같다. 내용 체계의 핵심 아이디어, 범주, 학년군별 내용 요소에 대해 살펴보겠다.

〈표 8-5〉 2022 개정 국어과 교육과정의 문학 영역 내용 체계

핵심 아이디어		• 문학은 인간의 삶을 언어로 형상화한 작품을 통해 즐거움과 깨달음을 얻고 타자와 소통하는 행위이다. • 문학 작품을 통한 소통은 작품의 갈래, 작가와 독자, 사회와 문화, 문학사의 영향 등을 고려하며 이루어진다. • 문학 수용·생산 능력은 문학의 해석, 감상, 비평, 창작 활동을 통해 향상된다. • 인간은 문학을 향유하면서 자아를 성찰하고 타자를 이해하며 공동체의 일원으로 성장한다.			
범주		내용 요소			
		초등학교			중학교
		1~2학년	3~4학년	5~6학년	1~3학년
지식·이해	갈래	• 시, 노래 • 이야기, 그림책	• 시 • 이야기 • 극	• 시 • 소설 • 극 • 수필	• 서정 • 서사 • 극 • 교술
	맥락		• 독자 맥락	• 작가 맥락 • 독자 맥락	• 작가 맥락 • 독자 맥락 • 사회·문화적 맥락
과정·기능	작품 읽기와 이해	• 낭송하기, 말놀이하기 • 말의 재미 느끼기	• 자신의 경험을 바탕으로 읽기 • 사실과 허구의 차이 이해하기	• 작가의 의도를 생각하며 읽기 • 갈래의 기본 특성 이해하기	• 사회·문화적 상황을 생각하며 읽기 • 연관된 작품들과의 관계 이해하기
	해석과 감상	• 작품 속 인물 상상하기 • 작품 읽고 느낀 점 말하기	• 인물의 성격과 역할 파악하기 • 이야기의 흐름 생각하며 감상하기	• 인물, 사건, 배경 파악하기 • 비유적 표현에 유의하여 감상하기	• 근거를 바탕으로 작품 해석하기 • 갈등의 진행과 해결 과정 파악하기 • 보는 이, 말하는 이의 효과 파악하기 • 운율, 비유, 상징의 특성과 효과를 생각하며 감상하기
	비평		• 마음에 드는 작품 소개하기	• 인상적인 부분을 중심으로 작품에 대해 의견 나누기	• 다양한 해석 비교·평가하기
	창작	• 시, 노래, 이야기, 그림 등 다양한 형식으로 표현하기	• 감각적 표현 활용하여 표현하기	• 갈래 특성에 따라 표현하기	• 개성적 발상과 표현으로 형상화하기
가치·태도		• 문학에 대한 흥미	• 작품 감상의 즐거움	• 문학을 통한 자아 성찰 • 문학 소통의 즐거움	• 문학을 통한 타자 이해 • 문학을 통한 공동체 문제에의 참여 • 문학의 가치 내면화

1) 핵심 아이디어

핵심 아이디어는 문학 영역을 통해 학습자들이 일반화할 수 있는 내용을 핵심적으로 진술한 것으로, 문학 영역 학습을 통해 학생들이 성취하기를 기대하는 결과이며, 내용 체계의 설계를 위한 핵심 조직자의 기능을 담당한다. 2015 개정 교육과정의 '일반화된 지식'에 제시된 내용들을 바탕으로 4개의 질문(① 문학 영역의 학습을 통해 학습자는 궁극적으로 어떤 앎에 이르게 되는가? ② 문학 작품을 통한 소통을 원활히 수행하기 위해 학습자가 반드시 알고 고려해야 할 사항은 무엇인가? ③ 문학 영역의 학습 과정에서 학습자는 어떤 경험을 하게 되고, 그 경험을 통해 어떤 능력을 가지게 되는가? ④ 문학을 통해 학습자는 어떠한 존재로 성장하는가?)을 제시하여 2022 개정 교육과정에서는 각 질문에 해당하는 답변으로 4개의 문장('문학은 인간의 삶을 언어로 형상화한 작품을 통해 즐거움과 깨달음을 얻고 타자와 소통하는 행위이다.', '문학 작품을 통한 소통은 작품의 갈래, 작가와 독자, 사회와 문화, 문학사의 영향 등을 고려하며 이루어진다.', '문학 수용·생산 능력은 문학의 해석, 감상, 비평, 창작 활동을 통해 향상된다.', '인간은 문학을 향유하면서 자아를 성찰하고 타자를 이해하며 공동체의 일원으로 성장한다.')을 핵심 아이디어로 도출하였다. 질문 ②, ③, ④에 대한 답은 각각 '지식·이해', '과정·기능', '가치·태도' 범주의 내용 요소를 선정 및 조직하는 기본 원리이다(노은희 외, 2022: 213).

2) 범주

'문학' 영역은 '지식·이해', '과정·기능', '가치·태도'의 세 범주로 내용을 구성하고 있으며, 각 범주에는 아래와 같이 하위 범주를 설정하여 '문학' 영역의 특성에 맞게 내용을 체계화하였다.

〈표 8-6〉 2022 개정 국어과 교육과정의 문학 영역 범주

범주	하위 범주	내용
지식·이해	갈래	문학 작품의 갈래에 관련된 내용
	맥락	문학 소통에 작용하는 맥락에 관련된 내용
과정·기능	작품 읽기와 이해	갈래와 맥락을 고려한 작품 읽기에 관련된 내용
	해석과 감상	작품의 의미 실현과 자기화에 관련된 내용
	비평	작품에 대한 평가, 작품에 관한 소통에 관련된 내용
	창작	작품을 통한 표현과 창조에 관련된 내용
가치·태도		가치의 내면화, 자기 성찰과 타자 이해, 공동체에의 참여, 문학에 대한 태도에 관련된 내용

첫째, '지식·이해' 범주에는 문학 영역의 학습에 중핵을 이루고, 원활하게 문학 소통을 수행하는 데에 기본을 이루는 지식 가운데 '갈래'와 '맥락'에 관련된 내용을 선정, 조직하였다. 문학 작품을 쓰고자 하는 사람은 자신이 전하고자 하는 사상과 감정, 세계 인식 등을 전달하기에 적절한 텍스트 형태를 선택한다. 이때 텍스트 형태는 시, 소설, 극, 수필 등으로 다양하며, 그 형태는 고정되어 있지 않고 창조적인 작가들에 의해 늘 새롭게 변형되고 갱신되고 있다. 다만 문학의 범위 안에 있는 텍스트들의 다양한 변화를 이해하기 위해서는 불가피하게 유사한 형태들을 묶고 분류하여 이해하는 과정이 필요하다. 2022 개정 교육과정에서도 이러한 필요에 따라 문학 작품의 텍스트적 성격을 이해하는 데에 필요한 지식이 '갈래'에 관한 지식이라고 보고, 이를 지식·이해 범주의 하위 범주로 설정하였다. 이와 함께 문학 작품이 하나의 텍스트로 생산되고 수용되는 과정에 이 텍스트를 둘러싼 여러 '맥락'이 함께 작용한다고 보고 이를 지식·이해 범주의 또 다른 하위 범주로 설정하였다.

둘째, '과정·기능' 범주는 문학 작품을 매개로 이루어지는 소통의 과정, 그 과정에 동원하여 활용하게 되는 개념이나 방법적 지식, 문학의 요소를 활용한 수용과 생산의 전략 등을 포괄하여 내용을 선정하고 조직하였다.

'작품 읽기와 이해'에는 언어적 특성이나 갈래, 맥락을 살피며 작품을 대하고, 낭송하거나 소리 내어 읽는 일부터 시작하여 즐겁게 작품을 읽고 이해하는 과정에 관련된 내용들을 선정, 조직하였다.

'해석'은 주어진 텍스트의 부분과 전체, 전체와 부분을 살피며 독자가 그 의미를 적극적으로 실현하는 행위이자 그 결과를 뜻한다. 문학 텍스트를 매개로 하여 적극적으로 소통하기 위해서는 일정한 수준의 해석 능력과 경험이 요구된다. 아울러 교육의 장에서의 해석은 교사나 동료 학습자들과 해석의 과정을 돌아보고 해석의 결과를 공유하는 가운데 더 나은 해석이 무엇인지 비교하기도 하고, 허용될 수 없는 오독의 경계도 생각해 보면서 해석의 다양성을 확인할 수 있게 되는 과정이다.

'감상'은 '해석'과 함께 이루어지는 수용의 과정으로 독자의 주관적인 느낌이나 감정, 판단까지를 아우르는 활동이자 결과이다. 해석과 감상은 필요에 따라 분리하여 수행하는 것이 불가능하지 않겠으나 교육의 장에서는 긴밀한 연관성 속에 있다고 판단하여 '해석과 감상'으로 통합하여 하나의 하위 범주로 설정하였다.

'비평'은 해석과 감상을 바탕으로 작품에 대해 평가한 결과이자, 좋았거나 마음에 들었던 점, 인상 깊게 보았거나 즐겼던 부분 등을 다른 사람에게 전하며 문학 작품을 매개로 능동적인 소통에 참여하는 활동이기도 하다. 이번 교육과정의 '문학' 영역에서 비판적·창의적 역량, 문화 향유 역량 등을 높이고, 문학을 계기로 자신의 견해를 나누고 소통하며 공동체의 담론의 장에 참여하는 능력을 높일 수 있도록 이전 교육과정에 비해 '비평' 관련 내용의 비중을 높였다.

마지막으로 학습자의 문학 능력은 다른 사람의 작품을 읽는 데에 그치지 않고 자신이 나타내려는 바를 문학적으로 적절히 표현하는 능력 또한 중요한 능력이라는 점에서 '창작'을 하위 범주로 설정하였다. 국어과의 '창작' 교육은 전문적인 작가를 양성하는 교육이나 창작의 기술을 가르치는 교육보다는 문학을 통해 자신을 표현하는 다양한 경험을 쌓아가는 과정에서 자신을 돌아보고, 문학에 대한 이해를 심화하는 계기가 될 수 있는 교육을 지향한다.

셋째, '가치·태도' 범주는 학습자들이 문학 영역의 학습을 통해 가지게 될 '문학에 대한 태도'와 '문학 주체의 정체성 형성'에 관련된 내용들을 설정하였다. 문학에 대해 흥미를 가지고, 문학을 능동적으로 즐기며, 교실 밖에서 그리고 졸업 이후에도 생활 속에서 문학을 즐기는 인간으로 성장할 수 있게 하기 위한 내용들이 '태도'와 관련된 내용이라면, 문학을 통해 자아, 타자, 공동체에 대해 생각해 보고 바람직한 가치를 추구하며 성장할 수 있게 하는 내용들이 '정체성'과 관련된 내용이라고 할 수 있다(노은희 외, 2022: 214~217).

3) 학년(군)별 내용 요소

문학 영역의 학년(군)별 내용 요소는 내용 체계의 범주 설정에 따라 중요하게 가르쳐야 할 내용 요소들을 우선적으로 선정하고, 하위 범주별 내용을 학년(군)별 수준에 맞게 배열하여 내용을 계열화하였다. 2015 개정 교육과정과 다른 2022 개정 교육과정의 변화된 내용은 다음과 같다.

2015 개정 교육과정의 '기능'에 자리했던 몰입, 해석, 감상, 비평, 창작 등의 요소들이 '과정·기능' 범주에 해당하는 내용 요소들을 구성하는 하위 범주가 되었고, 작품의 '맥

락'에 대한 고려, '비평' 관련 내용 강화 등이 주요 변화 사항이다. '지식·이해', '과정·기능', '가치·태도' 범주로 나누어 내용 요소를 살피면 아래와 같다.

첫째, 지식·이해 범주는 '갈래'와 '맥락'의 하위 범주로 내용을 체계화하였다.

'갈래' 범주에서는 한국 문학의 역사를 바탕으로 '서정, 서사, 극, 교술'의 4가지 유형으로 문학의 갈래에 대해 탐구할 수 있게 내용을 선정하고 조직하였다. 다만 초등학교 과정에서는 '서정, 서사, 극, 교술'과 같은 분류적이고 추상적인 개념에 대해 학습하는 것이 어려우므로, 1~2학년에서는 운문과 산문을 비교하며 접하고, 이어 3~4학년에서는 극의 형태를 추가하며, 5~6학년에서는 '이야기'를 '소설'과 '수필'로 분화하여 인식하게 하는 방식으로 점차 수준을 높여갈 수 있게 배치하였다.

'맥락'의 경우에는 3~4학년부터 이에 대한 학습이 이루어지도록 하였으며, 독자에 따라 작품을 읽는 과정과 결과가 달라질 수 있다는 점을 인식하고, 이어 작가 맥락, 사회·문화적 맥락, 문학사적 맥락을 학년(군)에 따라 더하여 감으로써 학습자의 수준에 맞게 맥락에 대한 이해를 높여갈 수 있도록 내용 요소를 배열, 조직하였다.

둘째, 과정·기능 범주의 내용 요소는 '작품 읽기와 이해'와 '해석과 감상', '비평', '창작'의 하위 범주에 따라 내용을 선정, 조직하였다.

하위 범주 '작품 읽기와 이해'의 내용은 학년이 높아짐에 따라 갈래별 특성을 고려하고, 작품에 관련된 여러 맥락을 탐색하면서 입체적으로 작품에 접근하는 과정이 될 수 있게 하였다. 초등학교 1~2학년에서는 말놀이나 노래, 시, 그림책 등을 통해 일상어와는 다르게 조직된 말의 재미나 즐거움을 느끼고, 소리 내어 읽기의 중요함과 의의를 체험하는 가운데 '문학'이라는 텍스트의 특성이나 느낌을 조금씩 익혀 가는 내용을 선정하였다. 이어 초등학교 3~4학년부터는 아래와 같이 '소통 맥락(콘텍스트)'과 '텍스트'의 성격을 가진 두 축으로 내용을 구성하였다.

소통 맥락 축에서는 작품 소통에 관여하는 요인인 독자, 작가, 사회·문화, 그리고 그 요인들을 포괄적으로 고려하면서 작품을 읽는 활동과 관련된 내용들이 배치되었고, 텍스트 축에서는 문학을 문학으로 만들어 주는 텍스트성, 그리고 그 텍스트들 사이의 연관 관계를 이해하면서 읽는 활동과 관련된 내용들이 배치되었다.

'해석과 감상'의 하위 내용들은 작품 속의 구성 요소나 표현, 형상화 방법 등을 살피며 작품을 깊이 있게 이해하고, 학습자 스스로 작품을 해석하고 감상하는 능력을 가질 수 있게 하는 내용들을 아래와 같이 선정, 조직하였다.

인물, 사건, 배경, 갈등, 운율, 비유, 상징, 화자/서술자 등 작품의 구성 요소나 부분의 의미를 파악하면서 작품을 더 깊이 있고 풍부하게 읽을 수 있는 능력을 높이고, 학습자 나름의 주체적인 수용이 다양하게 이루어질 수 있게 하는 내용들로 구성되어 있다.

'비평'의 하위 내용들은 학습자들의 주체적인 문학 활동 능력을 높일 수 있는 내용으로 구성되어 있다. '비평'은 수준 높은 전문가만의 전유물이 아니라 문학 작품을 읽은 누구나 할 수 있는 행위라는 관점 아래, 문학 영역의 학습을 통해 자신의 주관을 담아 작품의 좋고 나쁨에 대해 이야기하는 다양한 활동을 수행할 수 있게 하는 내용을 설정하였다.

다만 학습자나 교사의 입장에서 '비평'에 대해 느끼는 어려움이나 부담감을 최소화하고 단계적으로 조금씩 수준을 높여 갈 수 있게 하였으며, 매 단계마다 기본적 비평 활동에 관한 내용을 배치하였다. 초등학교에서는 마음에 들거나 인상적인 부분을 중심으로 자신이 왜 그렇게 느끼고 생각하고 판단하였는지 스스로 돌아보게 함으로써 성찰적 비평 능력을 높여갈 수 있게 하였다. 중학교 단계에서는 동일한 작품에 대해서도 상이한 시각이 얼마든지 있을 수 있음을 인식함으로써 '틀릴지도 모른다'는 불안감 대신 '이것도 가능할 수 있다'라는 마음으로 작품에 대해 다양한 이야기를 펼쳐 보이게 하는 내용을 선정하는 데 중점을 두었으며, 고등학교에서는 작품의 가치를 설득력 있게 설명하며 학습자 수준에 맞는 비평 활동을 수행할 수 있게 하였다.

'창작' 역시 전문 작가를 위한 창작교육이 아니라 학습자들의 주체적인 문학 활동 능력을 높이는 차원에서 작품을 쓰는 경험을 축적해 갈 수 있는 내용으로 구성되어 있다. 저학년에서 상대적으로 쉽고 부담을 덜 느낄 수 있게 짧고 부분에 집중하며 다양한 방식의 '표현하기' 활동을 수행한다면 중학교에서는 '형상화하기', 고등학교에서는 '창작하기'로 구별하여 단계적으로 수준을 높여갈 수 있게 하였다.

셋째, 문학 영역의 '가치·태도' 범주는 문학 영역 학습자로서 함양해 가야 할 '문학에 대한 태도', 즉 문학에 흥미를 가지고 문학을 즐기며, 문학 영역의 학습 내용을 내면화하는 태도에 관한 내용을 기본적으로 선정한 가운데, 여기에 더하여 문학 작품을 읽고 쓰면서 자아 성찰, 타자 이해, 공동체의 문제에의 참여 등을 주체적이고 적극적으로 수행할 수 있게 하는 문학 향유자로서의 정체성에 관한 내용 즉 '문학 주체'에 관한 내용 또한 포함하고 있다. 이 두 계열의 내용은 엄밀히 구분되는 것이기보다 서로 연계되어 있고 상호 작용하는 것이며, 궁극적으로 교실 밖에서는 물론 학교 교육을 마친 이후에도 스스로 문학을 찾아 즐기는 '문학 수용·생산의 생활화'를 지향하는 교육으로 수렴된다(노은희 외, 2022: 217~223).

나. 성취기준

문학 영역의 성취기준은 학년군별로 제시되며 1~2학년군 4개, 3~4학년군 5개, 5~6학년군 6개로 총 15개의 성취기준이 있다. 문학 영역의 3개 범주 가운데 '지식·이해' 범주의 내용 요소들은 문학 영역의 모든 성취기준에 결합되는 것이 전제되어 있다고 판단하고, 문학 영역의 성취기준은 '과정·기능', '가치·태도'의 내용 요소들을 중심으로 진술하였다.

〈표 8-7〉 2022 개정 국어과 교육과정 초등 문학 영역의 학년군별 성취기준

학년군	성취기준
1,2학년	[2국05-01] 말놀이, 낭송 등을 통해 말의 재미와 즐거움을 느낀다. [2국05-02] 작품을 듣거나 읽으면서 느끼거나 생각한 점을 말한다. [2국05-03] 작품 속 인물의 모습, 행동, 마음을 상상하여 시, 노래, 이야기, 그림 등으로 표현한다. [2국05-04] 시나 노래, 이야기에 흥미를 가진다.
3,4학년	[4국05-01] 인물과 이야기의 흐름을 중심으로 작품을 감상한다. [4국05-02] 자신의 경험을 바탕으로 작품 속 세계와 현실 세계를 비교하여 작품을 감상한다. [4국05-03] 작품을 듣거나 읽고 마음에 드는 작품을 소개한다. [4국05-04] 감각적 표현에 유의하여 작품을 감상하고, 감각적 표현을 활용하여 자신의 생각이나 감정을 표현한다. [4국05-05] 재미나 감동을 느끼며 작품을 즐겨 감상하는 태도를 지닌다.
5,6학년	[6국05-01] 작가의 의도를 생각하며 작품을 읽는다. [6국05-02] 비유적 표현의 효과에 유의하여 작품을 감상한다. [6국05-03] 소설이나 극을 읽고 인물, 사건, 배경을 파악한다. [6국05-04] 인상적인 부분을 중심으로 작품에 대한 의견을 나눈다. [6국05-05] 자신의 경험을 시, 소설, 극, 수필 등 적절한 갈래로 표현한다. [6국05-06] 작품을 읽고 자신의 삶과 연관 지어 성찰하는 태도를 지닌다.

문학 영역의 교육과정에 근거하여 교과서를 제작하거나 교실에서 수업을 하게 될 때에는 아주 예외적인 경우를 제외하고는 항상 '작품'을 선정하고 그 작품을 바탕으로 내용 요소들와 성취기준에 근거한 학습을 설계하게 된다. 그런데 성취기준에서 특정 갈래

나 맥락의 내용 요소에 한정하여 '과정·기능', '가치·태도'의 내용 요소를 엮으면, 교과서나 교실에서의 실천에 지나친 제약을 가하게 될 가능성이 크다. 가령 '[2국05-02] 작품을 듣거나 읽으면서 느끼거나 생각한 점을 말한다.'의 경우 '작품' 대신 "시의 갈래 특성을 이해하고"와 같이 특정 갈래를 한정할 수는 없다. 시간과 여건이 허용되는 한 여러 래의 작품들을 바탕으로 다양하게 구현되어, 같은 성취기준에서도 유사하지만 나타날 있는 갈래에 따른 차이를 인식할 수 있게 실행되는 것이 바람직하다. 문학 영역의 이러한 특성을 고려하여 원칙적으로 문학 영역의 대부분의 성취기준은 '지식·이해'의 '갈래'의 내용 요소가 명시적으로 언급되지 않지만, 모든 갈래에 해당되는 성취기준이라고 할 수 있다(노은희 외, 2022: 224).

2022 개정 교육과정의 초등 수준에서 신설된 성취기준은 [2국05-02], [4국05-03], [6국05-01], [6국05-06]으로 각각 주체적 작품 수용 관련 내용, 비평 관련 내용, 문학 소통 관련 내용, 자기 성찰, 공동체 역량 관련 내용을 강화하기 위해 신설되었다.

반면 삭제된 성취기준은 2015 개정 교육과정의 '[2국05-01] 느낌과 분위기를 살려 그림책, 시나 노래, 짧은 이야기를 들려주거나 듣는다.'와 '[6국05-01] 문학은 가치 있는 내용을 언어로 표현하여 아름다움을 느끼게 하는 활동임을 이해하고 문학 활동을 한다.'이다. [2국05-01]는 분리되어서 반영되었는데 소리 내어 읽거나 낭송하는 내용은 2022 개정 교육과정의 [2국05-01]에, 작품에 대한 느낌 말하기는 [2국05-02]에 부분 반영되었다. [6국05-01]은 문학 영역의 '핵심 아이디어'에 관련 내용이 일부 반영되어 삭제하였다.

2022 개정 교육과정의 초등 수준에서 학년(군)을 이동하여 배치한 경우는 다음과 같다. 먼저 2015 개정 교육과정의 [4국05-02]는 '인물, 사건, 배경'이라는 서사나 극의 구성 요소를 분석하는 과정이 3~4학년에는 다소 어렵다는 의견을 반영하여 상향 이동되었다. 그리고 [6국05-02]의 작품 속 세계와 현실 세계 비교는 아래 학년에서도 충분히 소화 가능하다는 의견을 반영하여 문학의 허구성에 대한 기초적 인식을 형성하며 작품을 감상하게 하는 성취기준으로 수정하며 하향 이동하였다(노은희 외, 2022: 228~229).

2022 개정 국어과 교육과정의 문학 영역 성취기준, 성취기준 해설, 성취기준 적용 시 고려 사항은 다음과 같다.

[초등학교 1~2학년]

[2국05-01] 말놀이, 낭송 등을 통해 말의 재미와 즐거움을 느낀다.
[2국05-02] 작품을 듣거나 읽으면서 느끼거나 생각한 점을 말한다.
[2국05-03] 작품 속 인물의 모습, 행동, 마음을 상상하여 시, 노래, 이야기, 그림 등으로 표현한다.
[2국05-04] 시나 노래, 이야기에 흥미를 가진다.

(가) 성취기준 해설

• [2국05-01] 이 성취기준은 흥미로운 말놀이와 분위기를 살린 낭송을 통해 언어 활동의 재미와 즐거움을 느끼며 언어적 감수성을 기르게 하기 위해 설정하였다. 일상에서 쉽게 접할 수 있는 작품은 물론 일상적 대화 등을 통해 언어의 놀이적 성격을 인지하도록 하고, 의성어와 의태어, 규칙적으로 반복되는 소리, 언어유희, 재치 있는 문답, 수수께끼, 끝말잇기 등에서 말놀이의 재미와 가치를 느끼게 한다. 또한 작품의 느낌과 분위기를 살려 낭송해 보면서 목소리 크기나 말의 속도, 어조 등을 달리함에 따라 다양한 느낌을 전달할 수 있음을 알고 문학을 즐겨 향유하도록 한다.

• [2국05-02] 이 성취기준은 학습자들이 작품에 대해 느끼거나 생각한 점을 다른 이들과 나누는 과정에서 문학에 대해 더욱 흥미를 느끼고, 주체적으로 작품을 수용하는 능력을 기르게 하기 위해 설정하였다. 학습자의 발달과 정서적 측면을 고려하여 시, 노래, 이야기 등 다양한 갈래의 작품을 제시하고, 학습자가 이들 작품을 대상으로 자신의 생각이나 느낌을 표현할 수 있도록 한다. 이 과정에서 학습자로 하여금 작품에 대한 다른 학습자들의 말을 경청하게 하고, 사람마다 작품을 다르게 받아들일 수 있다는 점을 이해하게 한다.

(나) 성취기준 적용 시 고려 사항

• 학습자가 문학에 친밀감과 흥미를 느끼게 하는 데 중점을 둔다. 재미있는 발상과 표현이 담긴 작품을 활용하여 말의 재미를 느끼고, 작품을 읽은 뒤 자신의 생각이나 느낌, 작품과 관련된 경험을 다양하게 표현하는 활동을 통해 문학을 향유하는 데 필

요한 기초 소양을 기르도록 한다.

- 작품에 대한 생각과 느낌을 표현하는 활동을 할 때는 학습자가 어렵지 않게 수행할 수 있는 수준에서 다른 영역 성취기준과 연계하여 통합적인 국어 능력이 신장될 수 있게 한다.
- 다문화 배경 학습자나 느린 학습자 등 특별한 지원이 필요한 경우 해당 성취기준에 대한 수준별 교과 수업, 협력 수업, 교과 수업 이외의 보충 수업, 기타 학업 지원을 통해 말놀이나 낭송, 작품에 대해 생각한 점 말하기 등의 활동이 충실히 이루어질 수 있도록 지도한다.
- 낭송이나 낭독을 지도할 때는 작품의 분위기나 느낌을 살려서 표현하는 데에 중점을 두되, 같은 작품이라도 낭송하는 사람에 따라 개성 있는 느낌과 분위기를 만들어 낼 수 있으므로 융통성을 가지고 허용적인 분위기 속에서 다양한 활동이 이루어지게 한다.
- 교과 외 시간에도 시나 노래, 이야기에 흥미를 가지고 즐겨 접하도록 독려함으로써 문학을 생활화하는 태도를 기르게 한다. 수업 시간에 작품의 일부만을 다루었거나 관련 있는 작품들을 더 읽는 것이 필요한 경우, 작품 전체 읽기, 다른 작품 함께 읽기 등을 통해 부족한 부분을 보완하도록 한다.

[초등학교 3~4학년]

[4국05-01] 인물과 이야기의 흐름을 중심으로 작품을 감상한다.
[4국05-02] 자신의 경험을 바탕으로 작품 속 세계와 현실 세계를 비교하여 작품을 감상한다.
[4국05-03] 작품을 듣거나 읽고 마음에 드는 작품을 소개한다.
[4국05-04] 감각적 표현에 유의하여 작품을 감상하고, 감각적 표현을 활용하여 자신의 생각이나 감정을 표현한다.
[4국05-05] 재미나 감동을 느끼며 작품을 즐겨 감상하는 태도를 지닌다.

(가) 성취기준 해설

- [4국05-01] 이 성취기준은 문학 작품 속 인물의 특성과 서사의 기본 구조를 파악하며 작품을 이해하는 능력을 기르게 하기 위해 설정하였다. 이야기를 읽을 때 인물의

성격과 역할을 파악하고, 이를 고려하여 시간적 순서나 인과관계를 생각하며 이야기의 흐름을 파악하는 활동에 중점을 둔다. 나아가 작품 속 다양한 인물의 특성을 고려하면서 이어질 이야기를 상상하여 표현해 봄으로써 작품을 능동적으로 이해하고 감상하게 한다.

- [4국05-02] 이 성취기준은 작품 속의 세계가 현실 세계를 반영한 것이지만, 허구적 세계로서 현실 세계와 구별된다는 점을 인식하며 작품을 감상할 수 있게 하기 위해 설정하였다. 작품 속의 인물·정서·상황·배경·분위기·사건 등을 이해할 때 학습자 자신의 경험을 바탕으로 경험과 상상, 사실과 허구를 비교하며 생각하게 하고, 허구적으로 표현한 부분에 대한 의견을 나누며 작품을 감상하도록 한다.
- [4국05-04] 이 성취기준은 문학 표현 방식의 효과와 기능을 이해하며 작품을 감상하고, 자신의 생각이나 느낌을 다양한 방법으로 나타내어 다른 이들과 나누게 하기 위해 설정하였다. 학습자로 하여금 감각적 표현을 통해 작품 속에 형상화된 대상을 생동감 있게 체험하면서 문학의 즐거움을 느끼게 하는 데 중점을 둔다. 또한 자신의 생각과 감정을 효과적으로 전달할 수 있는 감각적 표현을 활용하여 말을 하거나 글을 써 보고 감각적 표현을 사용하였을 때와 그렇지 않을 때의 차이를 비교하게 한다.

(나) 성취기준 적용 시 고려 사항

- 작품으로 형상화된 세계와 현실 세계를 비교하여 이해하고 감상하며, 그 결과를 다양한 방법으로 표현하는 능력을 기르는 데 중점을 둔다. 학습자가 자신의 흥미와 발달 단계에 맞는 작품을 찾아 읽고, 감상의 결과를 능동적으로 표현하면서 문학을 즐기는 태도를 기르도록 한다.
- 마음에 드는 작품을 소개하는 활동을 할 때는 국어과의 다른 영역 성취기준과 연계하여 학습자의 수준에 맞는 통합적 활동을 수행하게 할 수 있다. 작품이 마음에 든 이유, 작품에 대한 자신의 의견 등을 정확히 말하거나 쓰면서 문학을 매개로 이루어지는 소통 활동을 다양하게 경험할 수 있게 한다.
- 작품을 선정할 때는 서책 형태의 작품은 물론 오디오북, 전자책 등의 매체로 만들어진 작품들, 애니메이션, 영화, 연극 등 다양한 방식으로 구현된 작품들도 함께 고려하여 선정한다.

• 학습자의 성취 정도를 판단할 때는 교수·학습에서 다룬 지식이나 개념에 대한 이해에 한정하지 않고 작품을 감상하는 과정, 감상 결과를 표현하는 방법, 마음에 드는 작품을 설득력 있게 소개하고자 노력하는 자세, 문학을 즐기는 태도의 형성 등도 고려하여 평가한다.

[초등학교 5~6학년]

[6국05-01] 작가의 의도를 생각하며 작품을 읽는다.
[6국05-02] 비유적 표현의 효과에 유의하여 작품을 감상한다.
[6국05-03] 소설이나 극을 읽고 인물, 사건, 배경을 파악한다.
[6국05-04] 인상적인 부분을 중심으로 작품에 대한 의견을 나눈다.
[6국05-05] 자신의 경험을 시, 소설, 극, 수필 등 적절한 갈래로 표현한다.
[6국05-06] 작품을 읽고 자신의 삶과 연관 지어 성찰하는 태도를 지닌다.

(가) 성취기준 해설

• [6국05-01] 이 성취기준은 작품을 만든 이에 대해 호기심을 가지고 작가라는 존재를 고려하면서 작품을 수용하는 능력을 기르게 하기 위해 설정하였다. 작가가 작품을 쓰게 된 계기나 상황을 생각하고, 작가의 취지와 의도를 헤아리면서 작품을 더 깊고 넓게 이해할 수 있게 한다. 또한 작가에 대한 관심을 바탕으로 작가의 다른 작품들도 찾아 읽는 태도를 가지며 능동적인 문학 향유자로 성장할 수 있게 한다. 아울러 다양한 상상의 세계를 펼쳐 보이는 창의성을 가진 인간에게 관심을 가짐으로써 학습자도 그러한 창의성을 가진 인간으로 성장하는 계기가 될 수 있게 한다. 다만 작품의 의미는 작가의 의도에 한정되는 것이 아니며, 다양한 독자들의 해석이 더해져서 계속 생성되어 가는 것이라는 점을 함께 생각하며 문학 소통에 적극적으로 참여할 수 있게 한다.

• [6국05-03] 이 성취기준은 작품을 이루는 주요 요소를 중심으로 작품을 분석하고 이해하는 능력을 기르게 하기 위해 설정하였다. 작품 속 인물, 사건, 배경을 파악하고, 각 요소의 기능 및 요소 간 관계를 이해하도록 한다. 예를 들어 인물의 성격과 사건의 전개 과정 간의 관계, 인물의 성격이 사건 전개 과정에 끼치는 영향, 사건의 전

개 과정과 배경과의 관련, 배경의 변화에 따른 사건 전개 과정의 변화 등을 파악하여 작품을 깊이 있게 감상한다. 나아가 이러한 요소의 역할이나 관계가 모든 작품에서 동일한 양상으로 나타나는 것이 아니며, 작품에 따라 특정 요소가 두드러지게 부각되기도 하고 요소 간의 관계가 독특하게 형성되기도 한다는 점을 생각하며 작품을 수용하게 한다.

- [6국05-04] 이 성취기준은 학습자가 작품에 대한 자신의 생각을 적극적으로 표현하고, 이를 타인과 나눔으로써 보다 주체적인 문학 수용 능력을 기르게 하기 위해 설정하였다. 이를 위해 인상적인 장면을 중심으로 작품에 대한 의견을 나누되, 인상적이라고 생각하는 이유나 근거를 작품과 연결 지어 설명하도록 한다. 또한 상대방의 수용 경험에도 귀를 기울여 작품에 대한 해석이 다양한 관점에서 이루어질 수 있음을 알고 문학 소통에 즐겁게 참여하도록 한다.
- [6국05-06] 이 성취기준은 작품을 읽고 성찰하는 과정을 통해 자신을 돌아보는 것은 물론 자신이 속한 공동체의 삶에 대해서도 생각하게 하기 위해 설정하였다. 학습자가 작품을 적극적으로 수용하여 작품에 담긴 가치를 내면화하는 가운데 자신의 삶의 모습을 되돌아보게 한다. 또한 공동체의 다양한 문제를 다룬 작품을 읽을 때에도 먼저 자신의 삶을 돌아보고, 함께 살아가는 삶을 위해 공동체 구성원으로서 가져야 할 바람직한 자세나 태도에 대하여 생각해 보도록 한다.

(나) 성취기준 적용 시 고려 사항

- 작품에 담긴 뜻이나 의도를 깊이 생각하고, 작품을 구성하는 여러 요소들에 대한 이해를 바탕으로 작품에 대한 자신의 의견을 적극적으로 표현하는 데에 중점을 둔다. 또한 작품을 읽고 자신의 삶을 성찰하는 한편, 자신의 경험을 다양한 갈래로 표현하여 다른 독자들과 능동적으로 소통하도록 한다.
- 작품에 대한 의견을 나누는 활동을 할 때는 다른 사람의 의견을 존중하는 가운데 국어과의 다른 영역 성취기준과 연계하여 통합적인 국어 능력이 신장될 수 있도록 한다. 예를 들어 이전 학년 쓰기 영역의 '자신의 의견을 담은 글 쓰기'([4국03-03])에 대해 학습한 내용을 활용하여, 의견을 제시할 때 고려해야 할 점에 유의하면서 작품에 대한 자신의 의견을 명확하게 전달할 수 있도록 한다.

- 자신의 경험을 문학으로 표현하는 활동을 할 때, 작품으로 쓸 만한 특별한 일이나 경험이 없다고 어려움을 호소하는 학습자의 경우, 관심을 가지고 주위를 둘러보며 익숙했던 것들을 새로운 시각으로 관찰하는 등 작고 쉬운 일에서부터 경험의 폭을 넓힐 수 있게 독려한다. 또한 이러한 태도를 지속적으로 유지하며 문학 표현에 적극성을 가질 수 있게 지도한다.
- 어떤 대상이나 상태를 다른 것에 빗대어 나타내는 비유적 표현을 지도할 때는 비유를 쓰지 않았을 때와 비유를 사용했을 때의 차이와 효과를 생각해 보게 함으로써 비유의 특성을 자연스럽게 이해할 수 있게 하는 데에 중점을 둔다. 또한 문학 작품을 읽을 때는 물론이고 일상에서 언어생활을 할 때에도 비유를 통해 효과적인 언어 표현이 이루어짐을 깨달음으로써 비유의 중요성을 인식할 수 있게 지도한다.
- 학습자가 작품을 수용하고 생산하는 과정에서 자연스럽게 문학에 대한 지식을 익히고, 그 지식을 바탕으로 학습자가 더 적극적이고 수준 높은 문학 활동을 수행하는 선순환적 관계를 형성할 수 있게 지도한다.
- 지구가 처한 위기에 관련된 문제들을 찾아보고 일상에서 그러한 문제를 해결하기 위해 노력하는 생태 소양을 함양하는 한편 융합적인 사고와 역량을 기를 수 있도록 지도한다. 예를 들어 사회과의 '지구촌을 위협하는 다양한 문제들을 파악하고, 지속가능한 미래를 위한 해결 방안을 탐색'하는 성취기준([6사12-02])과 연계할 수 있는 문학 작품을 선정하여 교과 통합적 활동을 수행하도록 한다.
- 진로연계교육과 관련하여 학습자가 자신의 흥미나 관심사가 무엇인지 생각해 보고, 관심사와 연관된 작품을 찾아 읽으며 자신의 미래에 대해 지속적으로 관심을 가지고 탐색할 수 있도록 지도한다.

참고 문헌

경규진(1995), 문학교육을 위한 반응 중심 접근법의 가정 및 원리, 「국어교육」 87, 한국국어교육연구회.

구인환·우한용·박인기·최병우(2007), 「문학교육론」, 삼지원.

권택영·최동호(2000), 「문학 비평 용어 사전」, 새문사.

김근호(2023), 소설 재구성 교육의 전개 양상과 창작교육적 전망, 「문학교육학」 82, 한국문학교육학회.

김대행·우한용·정병헌·윤여탁·김종철·김중신·김동환·정재찬(2017), 「문학교육원론」, 서울대학교 출판문화원.

김성진·정래필·김근호·정진석·이인화·우신영·오유주·홍인영(2023), 「현대소설교육론」, 사회평론아카데미.

김정우(2000), 국어교육에서의 해석에 대한 비판적 검토, 「국어교육학연구」 15, 국어교육학회.

노은희 외(2022), 「2022 개정 국어과 교육과정 시안(최종안) 개발 연구」, 한국교육과정평가원.

류수열·한창훈·성소연·김성우·임경순·한귀은·서유경·조하연·이민희·최지현·김혜영·오지혜·황혜진(2014), 「문학교육개론 II -실제편」, 역락.

박은진·최영인(2020), 핵심역량으로서 '심미적 감성 역량'의 재개념화를 위한 방향 탐색, 「한국초등교육」 31(1), 서울교육대학교 초등교육연구원.

이상섭(2009), 「문화비평 용어사전」, 민음사.

이재철(1983), 「아동문학개론」, 서문당.

임지연(2009), 한국 근대 아동극 장르의 용어와 개념 고찰, 「아동청소년문학연구」 5, 한국아동청소년문학학회.

조동일(1977), 「한국소설의 이론」, 지식산업사.

조은숙(2012), 동시(童詩) 의 장르 정체성과 경계의 텍스트들 : 윤동주 동시의 장르 분류 사례를 중심으로, 「어문논집」 50, 중앙어문학회.

최미숙(2006), 대화 중심의 현대시 교수학습방법, 「국어교육학연구」 26, 국어교육학회.

최미숙·염은열·김성진·정정순·송지언·이상일(2023), 「문학교육론」, 사회평론아카데미.

최지현·서혁·심영택·이도영·최미숙·김정자·김혜정(2009), 「국어과 교수·학습 방법」, 역락.

Eco, U., 김광현 역(2018), 「해석의 한계」, 열린책들.

Garvin, P. L.(1964), *Prague School Reader*, Georgetown University Press.

Goldmann, L., 박영신 역(1984), 「문학 사회학 방법론」, 현상과인식.

Hirsh, E. D., 김화자 역(1988), 「문학의 해석론」, 이화여자대학교 출판부.

Rosenblatt, L. M.(1982), The literary transaction: Evocation and response, *Theory into practice 21*(4), 268~277.

Rosenblatt, L. M.(1985), Viewpoints: Transaction versus Interaction - A Terminological Rescue Operation, *Research in the Teaching of English 19*(1), 96~107.

Wellek, R.(1998), 「문학 비평의 역사적 조망」, P. Hernadi 편, 최상규 역(1998), 『비평이란 무엇인가』, 예림기획.

더 공부해 봅시다

1. 문학의 갈래에 따른 특성을 설명하시오.

2. 문학의 중요성을 바탕으로 초등 문학 교육의 세 가지 기능을 설명하시오.

3. 문학과 문학 교육에 대한 관점 세 가지를 설명하고, 문학작품 한 편을 선택하여 각각의 관점에 따라 해당 작품에 대한 해석과 작품을 활용한 문학 교육이 어떻게 달라지는지 설명하시오.

4. 문학 교육과 관련된 네 가지 비평이론의 특징을 설명하고, 국어 교과서의 문학 영역 단원의 학습활동을 비평이론에 비추어 분석하시오.

5. 2022 개정 국어과 교육과정의 문학 영역에서 문학 교수·학습의 원리(해석과 감상, 비평, 표현(창작), 향유와 소통)를 어떻게 반영하고 있는지 분석하시오.

6. 문학 교수·학습 방법을 중심으로 교수·학습 과정안을 설계하시오.

7. 2022 개정 국어과 교육과정의 문학 영역의 내용 체계에서 핵심 아이디어, 범주, 학년군별 내용 요소, 성취기준 간의 관계를 설명하시오.

8. 2022 개정 국어과 교육과정의 문학 영역 내용 체계의 '과정·기능' 범주 중 '창작' 범주의 학년군별 내용 요소를 비판적으로 분석하시오.

9. 2022 개정 국어과 교육과정의 문학 영역 내용 체계의 '가치·태도' 범주의 내용이 국어 교과서에서 어떻게 구현되어 있는지 찾고, 비판적으로 분석하시오.

제9장

매체 영역의 교수·학습

1. 매체의 본질

가. 매체의 중요성

우리는 직접 사람들을 만나고 음성과 표정, 몸짓 등을 통해 그 사람과 의사소통할 수 있다. 이때 나의 말소리는 나와 대화하고 있는 상대를 연결해 주는데, 이것이 말소리를 매개로 하는 가장 원초적인 매체 의사소통이 된다. '매체(media)'는 의사소통을 매개하여 나와 타인을 연결해 준다. 사람들은 편지를 쓰고 전화나 인터넷을 사용해서 타인과 의사소통할 수 있다. 이 경우에도 매체 의사소통이 실현된다. 오늘날 매체가 기술적으로 발달하고 다양해지면서 시간과 공간의 제약 없는 매체 의사소통이 가능해지고 있다. 개인과 익명의 존재들, 특히 익명의 다수들이 대중매체를 매개로 하는 의사소통을 일상화하고 있으며, 디지털 매체의 발달은 사람들로 하여금 더욱 매체 의사소통에 기대게 하고 있다. 매체 의사소통 없이 인간의 사회적 삶은 불가능한 시대로 접어들고 있는 것이다.

매체는 의사소통을 매개하는 기술적 도구로서 중요한 기능을 담당하지만, 단순히 도구로만 한정해서 다룰 수 없다. 매체는 사람들의 사고와 의미의 표현 방식을 결정하고 나아가 특정 문화의 생산과 유통, 소비에 막대한 영향력을 발휘한다. 매체 의사소통에서는 전달되는 내용뿐만 아니라 매체가 그 내용을 전달하는 데에 어떠한 작용을 하고 있는가도 중요해진다. 일찍이 맥루언(Marshall McLuhan, 1964)은 '매체는 메시지다(The medium is the message).'라는 유명한 명제를 통해 매체의 기술 변화가 초래하는 매체 영향력을 강조하였다. 매체가 지니는 형식과 구조, 특히 기술적 성격은 인간의 사고 및 감각 체계를 변화시킬 수 있고, 나아가 사회와 문화의 변화까지 초래하는 새로운 환경이 될 수 있다는 것이다. 인쇄 매체, 텔레비전, 디지털 매체 등, 시대에 따라 기존의 매체에서 진일보된 뉴미디어는 사람들이 이전과는 다른 방식의 사고를 하게 하고, 특히 정보를 인지하고 처리하는 일련의 지각 과정의 초점도 달라지게 했다. 텔레비전의 등장은 시각과 청각을 동시적으로 쓰는 몰입적인 감각 방식을 강화하게 되며, 인쇄 매체가 디지털 매체로 전환되는 과정에서는 구두적 스타일이 문자화되는 새로운 구술성을 통해 의미를 구성하게 되는 것이다. 결국 매체는 의사소통의 도구를 넘어서 인간의 사고와 감각 구조에 큰 영향을 미치는 환경적 요인으로 인식되고 있다. 매체의 영향력은 매체 기술이 발달할수록 커질 수밖에 없을 것이며, 이에 비례하여 매체 교육의 필요성이 증대된다.

국어교육은 매체 의사소통의 중요성이나 매체 환경의 영향력을 감지해 왔고 '매체 언어'의 관점에서 매체를 교육적으로 수용해 왔다. 특히 2007 개정 교육과정 이후로는 이러한 관심이 두드러졌다고 할 수 있지만, 매체 또는 매체 언어는 국어과에서 독립된 영역으로 설정되지는 못하였고 듣기·말하기, 읽기, 쓰기, 문법, 문학 등 다른 영역에 관련된 내용으로 수용되어 왔다(박종관·구영산, 2023). 이제 2022 개정 교육과정에서 매체 영역이 새로 신설된 것은 매체의 중요성에 대한 국어교육의 지속적인 관심이 이어진 결과라고 볼 수 있을 것이며, 새로운 매체 환경에 부합하는 국어능력과 국어생활에 접근하려는 필연적인 조치라 할 수 있을 것이다.

오늘날 디지털 매체 환경의 변화는 인공지능이라는 새로운 도전 앞에 서 있고, 디지털 의사소통을 태생적으로 경험하는 '디지털 네이티브' 세대에게 매체 영향력은 그 어느 때보다도 강력하다. 도구, 기술, 환경으로서 매체의 중요성을 인식하고 매체의 특성과 표현 방식을 비판적으로 해석할 수 있는 능력, 적절한 매체를 선택하고 활용하여 효과적으로 의사소통할 수 있는 역량을 길러나가야 할 것이다.

나. 매체의 개념

매체는 도구, 기술, 환경으로서 그 개념의 폭이 넓고 이를 다루는 논의의 역사 또한 깊다. 국어교육의 관점에서 매체의 개념을 좀 더 한정적으로 다루기 위해서 매체의 일반적인 개념과 매체 문식성 개념을 중심으로 설명하고자 한다.

1) 매체의 일반적인 개념

매체 개념을 구성하는 가장 일반적인 개념 요소는 물론 '매개성'에 있다. 매체는 정보, 의미 등을 매개하여 사람과 사람을 연결한다. 이러한 매개의 속성을 지닌 기술, 수단 등이 모두 매체의 범주에서 논의될 수 있기 때문에 매체의 개념 범위는 상당히 넓고 다양한 관점에서 정의되어 왔다. 매체에 대한 일반적인 이해를 위해서는 좀 더 한정적인 접근이 필요한데, '매체 양식' 측면과 '매체 의사소통' 측면에서 매체의 유형을 살피는 것이 매체를 이해하는 데에 도움이 될 것이다.

매체 양식은 매체가 의미를 매개하고 표현하는 형식을 나타내며, 이는 가장 전통적인 방식으로 매체의 유형을 구분하는 기준이 될 수 있다.

- '매체 양식' 측면에서의 매체 유형

① 문자 중심의 인쇄 매체: 책, 신문, 잡지 등

② 시각, 청각 또는 시청각 중심의 매체: 사진, 포스터, 라디오, 영화, 텔레비전 등

③ 복합양식 매체: 디지털 스토리텔링, 인터넷 콘텐츠, 게임, SNS 등

매체 의사소통 측면에서도 매체 유형을 구분해 볼 수 있는데, 이는 사람들의 의사소통 활동에서 매체가 어떻게 작용하는지를 보고, 정보의 흐름을 통해 사람과 사람 사이의 의미 공유 과정을 돕는 매체의 소통적 기능을 기준으로 살피는 것이다.

- '매체 의사소통' 측면에서의 매체 유형(나은영, 2015)

① 현시 매체: 목소리, 얼굴, 신체 등과 같이 정보 송신자의 일부로서 소통의

현장에 존재하는 매체

② 재현 매체: 책, 그림, 사진, 건축물 등과 같이 어떠한 유형이든 '텍스트'를 창조하기 위해 문화적이고 심미적인 관습을 사용하는 매체

③ 기술 매체: 전화, 라디오, 텔레비전, 스마트폰 등과 같이 엔지니어에 의해 만들어진 정보 채널을 사용하는 매체

매체는 때로 '대중매체(mass media)'의 관점에서 논의되기도 한다. 매체 의사소통에 있어서 소통하는 어느 한 편이 많은 수의 사람을 상대로 할 때, 이를 '매스 커뮤니케이션', 줄여서 '매스컴'이라 하며, 텔레비전이나 라디오와 같은 전통적인 매스컴의 매체가 바로 대중매체로 이해된다(강준만, 2009). 대중매체 기반 의사소통에서는 다양한 매체 양식이 사용되며 규모가 큰 대중을 향해 의미가 송출된다. 인터넷의 발달과 함께 대중매체의 기술 또한 디지털 뉴미디어의 흐름 속에서 변화를 겪고 있으며 매체 정보의 송신자와 수신자의 경계는 점점 더 모호해지고 있다. 개인의 SNS 메시지 또한 뉴스가 될 수 있는 '매스 의사소통' 환경에서 대중매체의 속성이나 영향력의 변화 등이 지속적인 관심의 대상이 되고 있다.

2) 매체 문식성(media literacy)의 개념

가) 문식성(literacy)의 개념 변화와 '매체 문식성'의 등장

'문식성'이라는 용어는 문자 언어의 인쇄가 가능해지면서 등장했기 때문에 문식성의 초기 개념은 문자를 읽고 쓸 줄 아는 능력으로 한정되었다. 인쇄 문화가 보편화되고 시민 교육이 제도화되는 사회문화의 변화 속에서 문식성은 단순한 읽고 쓰기의 기술이 아니라 사회생활 전반에 필수적인 역량으로 그 개념이 점차 확장되었다. 구체적이고 다양한 사회 상황을 대처해 내고 이를 향유할 수 있는 기술이자 그 상황에서 요구되는 의사소통의 코드를 활용할 수 있는 역량으로 개념화되어 왔던 것이다(김양은, 2009).

문식성 개념의 확장이 의사소통 역량을 개념화하는 방향으로 진행되면서 특히 매체 환경의 변화를 반영하는 것은 자연스러운 일이 되었다. '매체 문식성' 또는 '미디어 리터러시'는 이러한 맥락에서 등장하게 되었고, 디지털 매체가 더욱 영향력을 발휘하게 된

현재 '디지털 매체 문식성'은 21세기 미래 핵심 역량으로 강조되고 있다. 매체 문식성에서 매체에 대한 인식은 상대적으로 새로운 뉴미디어의 등장과 함께 변화하게 된다. 따라서 텔레비전과 같은 전통적인 영상 매체가 주도했던 의사소통의 맥락에서는 영상 콘텐츠에 대한 이해와 비판적 수용 능력이 매체 문식성의 주요한 내용이 되었다. 디지털 매체 기술이 발달하면서부터는 다양화된 디지털 기기를 활용하여 개인이 사회적 의사소통에 참여하는 맥락까지 매체 문식성이 포괄하게 되는 것이다.

매체 문식성은 개인이 미디어 메시지에 접근하고 이를 분석, 평가하고 만들기 위해서 필요로 하는 일련의 지식 및 역량으로 규정된다(김아미, 2015). 매체 문식성에 접근하는 국제기구, 교육 단체나 연구 분야 등에서는 매체 문식성 교육을 통해 어떠한 인재를 양성해 낼 수 있을 것인가를 밝히고 있다. 이를 통해 매체 문식성을 구성하는 개념 요소들을 확인할 수 있는데, 매체와 관련된 '접근', '분석', '평가', '생성 및 수행', '창작(창조, 제작)', '성찰', '행동/주도성' 등이 이와 관련된다(한국교육학술정보원, 2019). 유럽연합 집행위원회(EC, European Commission)의 관점에 따르면, 매체 문식성은 매체에 접근하는 능력, 매체를 이해하고 매체 콘텐츠에 비판적으로 접근할 수 있는 능력, 다양한 매체 맥락 안에서 의사소통할 수 있는 능력으로 규정되고 있다(EC, 2011). 이는 특히 매체 기술에 대한 접근 역량과 사회적 역량이자 소통 역량으로서의 매체 문식성을 강조하는 것이라 할 수 있다.

나) 디지털 문식성(digital literacy)

앞서 매체 문식성의 개념에서도 언급한 바와 같이, 디지털 매체의 발달은 새로운 매체 의사소통의 역량을 요구한다. 초기의 디지털 문식성 개념은 디지털 기술의 활용 능력이나 정보·데이터 리터러시를 중심으로 논의되었다면, 점차 미래 사회의 핵심 역량 차원에서 재개념화되기 시작하였다. 4차 산업혁명 시대의 배경 및 기술적 특성, 직업적 요구 및 지향점, 사회적 문제들을 함께 고려하는 디지털 역량으로의 정의가 강조되고 있는 것이다(한국교육학술정보원, 2021). 특히 디지털 매체의 사회적 영향력 측면에서 디지털 윤리와 시민의식 또한 디지털 문식성의 개념 요소로서 제시되고 있으며, 이는 곧 인공지능 매체를 고려하는 'AI 리터러시'까지 고려하는 수준에 이르고 있다.

디지털 문식성은 '디지털 사회 구성원으로서의 자주적인 삶을 살아가기 위해 필요한 기본 소양으로서 윤리적 태도를 가지고 디지털 기술을 이해, 활용하여 정보의 탐색 및 관리, 창작을 통해 문제를 해결하는 실천적 역량'으로 정의할 수 있다(한국교육학술정보원, 2017). 이는 디지털 문식성을 기본 소양, 의식 및 태도, 사고능력, 실천적 역량 측면에서 다양한 관점들을 종합한 것으로서 아래와 같이 확장적인 개념틀로 표현될 수 있을 것이다.

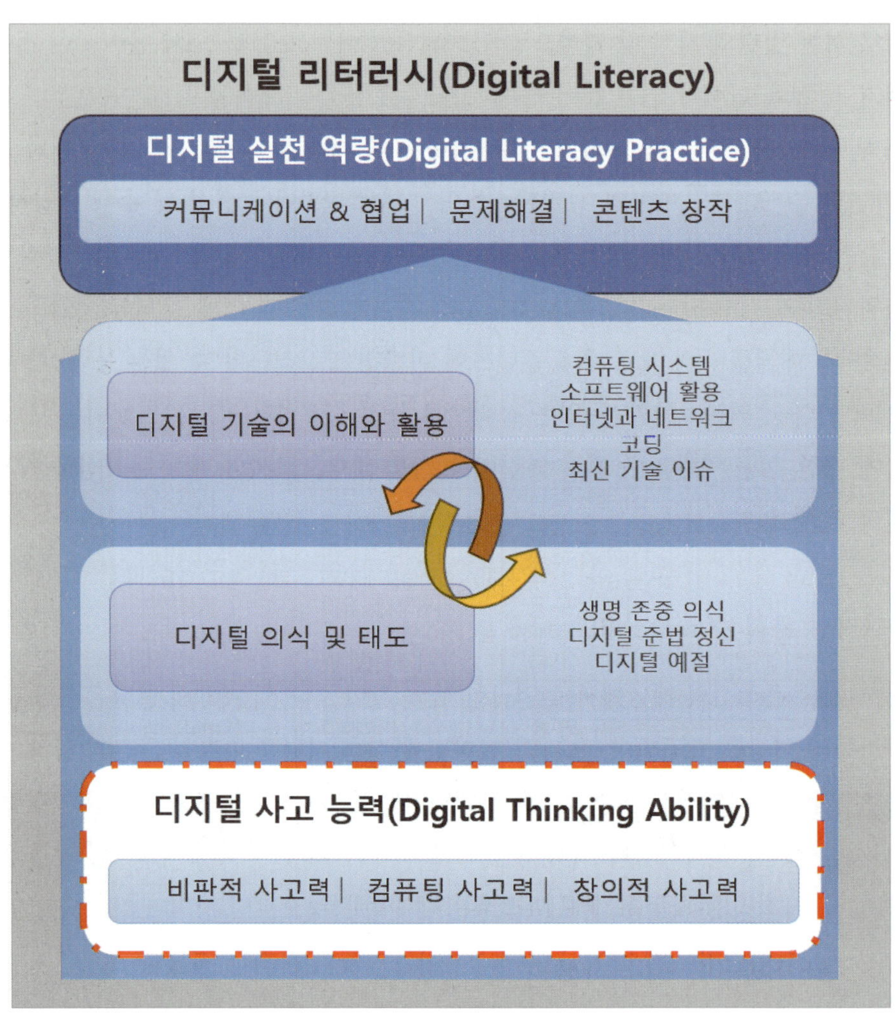

〈그림 9-1〉 디지털 문식성 개념틀(한국교육학술정보원, 2017:48)

디지털 문식성의 개념은 현대 사회를 살아가는 시민으로서 갖추어야 하는 디지털 매체 의사소통의 역량을 나타내는 것으로서, 특히 통합적인 디지털 소양과 사고력을 실제 생활에 적용하여 소통과 협업을 이뤄내고 매체 자료를 창작해 내는 '실천 역량'을 의미하는 것이다.

다) 복합양식 문식성(multimodal literacy)

디지털 매체 의사소통이 발달하면서 매체 양식 및 매체 문식성 모두 그 성격에 변화를 겪고 있다. 디지털 매체 기반의 새로운 문식성 개념이 요구되는 것이다. 이러한 맥락에서 매체 텍스트의 복합양식성에 주목한 크레스(Gunther Kress)는 문자 언어에만 의존하지 않는, 이미지, 소리, 움직임, 공간 배치, 디지털 효과 등 여러 기호 양식이 결합한 결과로서 실현되는 매체 자료나 매체 의사소통을 논의하였다(Kress & van Leeuwen, 2001).

의미가 표현되는 여러 기호 양식이 복합되는 양상은 그리 새로운 것은 아니다. 문자를 읽으면서 그림을 함께 보고, 그림을 보면서 소리를 함께 듣고 이해하는 등과 같이 복합된 의미 구성의 방식은 일상적으로 존재해 왔다. 그러나 디지털 매체 의사소통에서는 전통적인 텍스트 이해 능력을 넘어서는 멀티미디어 텍스트 이해 능력이 요구되고 있다. 따라서 의미를 이해한다는 것, 의미를 구성한다는 것의 정의가 복합양식성의 해명과 함께 이루어져야 하는 것이다. 복합양식 문식성은 복합양식성이 실현되는 매체 의사소통의 사회문화적 맥락 속에서 문자, 소리, 이미지나 영상 등과 같은 기호적 요소들이 전달하는 정보를 복합적으로 받아들이고 이해하는 매체이용자의 역량을 의미한다. 복합양식 문식성에서는 자신의 의미 구성에서 여러 양식들의 의미 속성을 개별적으로 이해하면서도 이들의 상호작용 효과 또한 이해할 수 있으며, 양식들을 선택하고 조합할 수 있는 해석의 역량을 갖추는 것을 강조하고 있다.

2. 매체 교육의 원리

가. 매체 문식성의 핵심적 개념 중심 교육

매체 교육은 매체 문식성 함양의 목표를 지니며 이를 위해서는 매체 문식성을 구성하는 핵심적인 개념 요소, 그리고 매체 문식성에서 강조되는 핵심적인 매체 의사소통의 역량에 대한 명시적인 교수·학습이 필요하다. 매체 문식성 함양을 위한 명시적인 교수·학습에서 강조될 수 있는 핵심적인 개념으로서 '재현(representation)', '매체 언어', '수용자(또는 매체 이용자)', '매체 기관(institution)'을 들 수 있다.

〈표 9-1〉 매체 문식성 교육의 핵심 개념(김아미, 2015)

핵심 개념	교육적 지향점
재현(representation)	매체는 특정한 기술을 이용해 현실을 '재현'하고 있음을 설명하는 개념. 매체가 특정 현상의 재현에 미치는 영향력을 이해하고 매체의 재현과 현실과의 관계를 성찰할 수 있도록 함.
매체 언어	매체 자료 생산의 기반이 되는, 넓은 범위에서의 언어 즉 기호와 관습의 양상을 경험하고 분석하며 익힐 수 있도록 함.
수용자(매체 이용자)	매체 자료의 수용에 그치지 않고 생산을 겸하는 매체 이용사의 속성 및 이들의 수용과 생산 방식을 이해할 수 있도록 함.
매체 기관(institution)	다양한 디지털 환경에서 매체 자료의 제작, 유통의 산업적, 사회경제적 특성을 이해하고 매체 이용자로서 이를 자신의 사회정체성에 연결시켜 성찰해 보도록 함.

매체 문식성 함양은 매체 자료를 실제 제작하고 창조하는 실천적 활동을 통해 이루어질 수 있다는 점이 강조되기도 한다. 이러한 관점에서 홉스(Renee Hobbs, 2021)는 '만들면서 배우기'의 매체 문식성 교육 원리를 제안하고 있으며, 이는 아래와 같은 매체 문식성 실행을 위한 핵심 개념을 통해 이해될 수 있다.

〈표 9-2〉 매체 문식성 실행 교육의 핵심 개념(Hobbs, 2021)

핵심 개념	교육적 지향점
접근(access)	전략적인 검색, 탐구, 발견을 통해 관련 자료를 수집하는 단계로서, 읽고, 듣고, 보고, 다른 사람들과의 교류를 통해 최대한 많은 내용들을 획득하도록 함.
분석(analyze)	표면적인 내용, 저자 및 제작자의 동기, 전제, 세계관 등을 분석하는 과정으로서, 자료들에 대해 비판적인 질문을 하도록 함.
제작(create)	작품으로서의 자신의 매체 자료 제작 아이디어를 정리하고 또 구체적으로 발전시키면서 관련된 자료를 준비하고 글을 쓰기 시작하도록 함.
성찰(reflection)	외부적 및 내부적 평가의 단계로서, 필요에 따라 검토와 수정을 하고 완성된 작품의 의미를 돌아보도록 함.
행동(act)	완성된 작품의 영향력과 가치를 찾아보는 단계로서 작품이 전하는 메시지의 영향력을 파악하며 설명하고 기록하는 과정에서 의사소통과 정보의 힘을 이행해 세상을 변화시킬 수 있음을 배우도록 함.

나. 매체 문식성의 핵심적 역량 중심 교육

매체 문식성 함양을 위한 교육은 아래와 같은 핵심적인 역량을 지향하는 교수·학습이 이루어져야 한다.

1) 매체 의사소통에 대한 '접근 역량'

매체 의사소통의 기술, 특히 디지털 의사소통을 가능하게 하는 매체나 기기에 접근하는 것은 매체 문식성의 출발이기도 하며 가장 기본이 되는 핵심 역량이라 할 수 있다. 전통적인 인쇄 매체나 시청각 매체들은 매체 이용자가 되기 위한 접근 역량의 문제가 두드러진다고 보기 어렵다. 그러나 매체 기술이 발달하면서 특히 디지털 매체의 경우는 매체 기기와 자료에 접근할 수 있는 역량이 가장 기본적인 소양으로 논의될 수밖에 없을 것이다. 이때 중요한 것은, 매체 의사소통에 대한 접근에 있어서, '디지털 격차'를 해소할 수 있는 교육적 접근이 모색되어야 한다는 점이다. 매체 기술이나 정보에 접근하는 데에 있어 소외되는 학습자가 없도록 정책적인 지원이 마련되어야 한다. 또한 매체 의사소통에 대한 접근이 단순히 미디어 기기의 이용 방법을 아는 것으로 축소되어 이해되지 않도록 해야 한다. '접근 역량'은 매체 이용의 목적을 명확히 하고, 매체 기술의 특성을 이해함과 동시에 목적에 맞는 매체 및 매체 자료를 검색, 선택할 수 있는 전략이면서, 동시에 매체 이용의 정도와 강도, 빈도 등을 적절하고 적합한 수준으로 조절할 수 있는 상위인지적 능력 모두를 포함한다.

2) 매체 자료에 대한 '비판적인 이해 역량'

매체 자료에 대한 비판적인 이해 역량은 자료에 담긴 정보의 신뢰성과 의미 구성 방식을 분석하고 그 사회적 영향과 관점을 비판적으로 성찰하는 능력이라 할 수 있다. 이는 2022 개정 교육과정 매체 영역에서도 강조되고 있는 것으로서, 학습자가 매체 자료에 접근하고 정보를 선택하며 이를 해석하고 평가해 낼 수 있도록 한다. 또한 이 과정을 점검하고 조정하며, 나아가 성찰적으로 돌아볼 수 있게 하고 있다. 이 과정에서 학습자들은 정보의 출처를 확인하고 왜곡되거나 허위로 조작된 부분이 없는지 살필 수 있으며, 매체가 현실을 재현하는 방식과 이에 기여하는 복합양식성의 실현 양상을 분석할 수 있다.

3) 매체 의사소통 문화에 대한 '사회적 참여 역량'

매체 문식성이 강조하는 핵심적인 역량으로서 사회적 참여 역량은 비판적 이해 역량에서 한 단계 더 나아가 다양한 매체 의사소통 문화에 책임 있는 주체로서 참여하고 기여할 수 있는 역량을 의미한다. 이는 매체를 도구적으로 활용하고 매체 자료에 수동적으로 접근하는 매체 이용자를 '디지털 시민성(digital citizenship)'을 지닌 매체 참여자로 재규정하는 것을 의미하기도 한다. 디지털 시민성은 시민성과 디지털 매체 실천을 연결하는 개념으로서, 시민으로서의 권리와 책임 의식, 윤리적이고 비판적인 판단, 타인에게 공감할 수 있는 소통 능력을 아우른다. 유네스코(UNESCO)는 디지털 시민성 역량과 관련된 교육 연구 프로젝트의 일환으로, 아래와 같은 디지털 시민성 프레임워크를 제시하고 있다(한국교육학술정보원. 2019).

〈표 9-3〉 유네스코(UNESCO) DKAP(Digital Kids Asia Pacific)의 디지털 시민성 프레임워크(2019)

영역	역량
디지털 문식성 (digital literacy)	ICT 활용, 정보 활용
디지털 보안 및 회복력 (digital safety & resilience)	권리 이해, 정보 활용 윤리, 신체적, 심리적 건강, 디지털 회복력
디지털 참여 및 주도성 (digital participation & agency)	정보 공유 및 상호작용, 사회 참여, 사이버 예절
디지털 정서 지능 (digital emotional intelligence)	자기 인식, 자기 조절, 동기 부여, 의사소통 및 대인 관계, 공감 능력
창의성 및 혁신 (creativity & innovation)	창의성, 표현력

매체 이용자는 디지털 공간에서 상호 연결된 공동체의 구성원으로서 사회 공동의 문제 해결을 위해 다양한 의견을 내고 타인과 소통하고 있다. 이렇게 디지털 기술로 변화하는 사회에서 타인과 함께 살아가는 데에 필요한 소양과 역량이 디지털 시민성으로서(김정아·김희진, 2025), 이는 매체 교육이 주요하게 지향하게 되는 매체 의사소통 문화에 대한 '사회적 참여 역량'을 구성하게 된다.

3. 매체 교육의 내용

매체 영역은 2022 개정 국어과 교육과정에서 신설된 것으로서, 국어과 목표에 반영되어 있는 '디지털·미디어 역량'을 지향하는 내용 체계를 지니고 있다. 내용 체계는 초등학교 단계에서부터 체계적이고 종합적인 매체 교육이 이루어지도록 구성된 것으로서, 2022 개정 교육과정의 기본 체제에 따라 핵심 아이디어와 범주를 통해 내용 요소를 명시하고 있다.

가. 내용 체계

핵심 아이디어		• 매체는 소통을 매개하는 도구, 기술, 환경으로 당대 사회의 소통 방식과 소통 문화에 영향을 미친다. • 매체 이용자는 매체 자료의 주체적인 수용과 생산을 통해 정체성을 형성하고 사회적 의미 구성 과정에 관여한다. • 매체 이용자는 매체 및 매체 소통의 영향력에 대한 이해와 자신과 타인의 권리를 지키기 위한 적극적인 노력을 통해 건강한 소통 공동체를 형성한다.			
범주		내용 요소			
		초등학교			중학교
		1~2학년	3~4학년	5~6학년	1~3학년
지식·이해	매체 소통 맥락		• 상황 맥락	• 상황 맥락 • 사회·문화적 맥락	
	매체 자료 유형	• 일상의 매체 자료	• 인터넷의 학습 자료	• 뉴스 및 각종 정보 매체 자료	• 대중매체와 개인 인터넷 방송 • 광고·홍보물
과정·기능	접근과 선택	• 매체 자료 접근하기	• 인터넷 자료 탐색·선택하기	• 목적에 맞는 정보 검색하기	
	해석과 평가		• 매체 자료 의미 파악하기	• 매체 자료의 신뢰성 평가하기	• 매체의 특성과 영향력 비교하기 • 매체 자류의 재현 방식 분석하기 • 매체 자료의 공정성 평가하기
	제작과 공유	• 글과 그림으로 표현하기	• 발표 자료 만들기 • 매체 자료 활용·공유하기	• 복합양식 매체 자료 제작·공유하기	• 영상 매체 자료 제작·공유하기
	점검과 조정		• 매체 소통의 목적 점검하기	• 매체 이용 양상 점검하기	• 상호 작용적 매체를 통한 소통 점검하기
가치·태도		• 매체 소통에 대한 흥미와 관심	• 매체 소통 윤리	• 매체 소통에 대한 성찰	• 매체 소통의 권리와 책임

1) 핵심 아이디어

매체 영역의 핵심 아이디어는 모두 세 가지로 제시되고 있다. 이들은 매체 영역 교수·학습이 지향하는 매체의 개념 이해, 매체 의사소통의 이해, 매체 이용자로서의 바람직한 태도 내용을 규정한다.

첫 번째 핵심 아이디어는 '매체는 소통을 매개하는 도구, 기술, 환경으로 당대 사회의 소통 방식과 소통 문화에 영향을 미친다.'로서, 매체의 핵심적인 개념 요소를 분명히 하고 동시에 매체 이해의 관점을 당대의 사회적 의사소통 문화 측면에서 명시한다. 이는 매체 의사소통에 대한 깊이 있는 이해를 강조하는 것으로서 매체 개념을 도구로 한정하는 제한된 접근에서 나아가, 기술과 환경으로까지 확장된 개념으로서 이해할 것을 명시한다. 매체 개념에 대한 이러한 접근은 미디어 생태학의 관점을 수용한 것으로서, 지속적으로 진화하는 디지털 환경이 매체를 구성하는 맥락이라는 점과 디지털 환경에 다양하게 등장하고 변화 및 소멸하는 의사소통의 도구와 기술로서 매체를 탐구하고 이해해야 함을 강조하는 것이다(장은주·정현선, 2025).

두 번째와 세 번째 핵심 아이디어는 모두 '매체 이용자'를 주어로 진술하는데, 두 번째 핵심 아이디어는 '매체 이용자는 매체 자료의 주체적인 수용과 생산을 통해 정체성을 형성하고 사회적 의미 구성 과정에 관여한다.'로서 매체 자료 수용과 생산의 주체로서 매체 이용자에 접근하고 있다. 세 번째 핵심 아이디어는 '매체 이용자는 매체 및 매체 소통의 영향력에 대한 이해와 자신과 타인의 권리를 지키기 위한 적극적인 노력을 통해 건강한 소통 공동체를 형성한다.'로서 매체 이용자가 갖추어야 하는 바람직한 매체 이용의 태도를 강조하고 있다. 여기서 매체 이용자는 매체 의사소통에서 참여하는 생산자 및 수용자로서의 역할 모두를 의미하는 것으로서, 적극적인 매체 활용의 주체를 나타낸다. 매체 이용자는 매체에 접근하고 해석하며 매체 자료를 제작할 수 있는 동시에 성찰과 비판을 통해 이를 점검할 수 있는 주체가 되는 것이다. 또한 매체 이용자는 주체적인 매체 의사소통의 실천을 통해 스스로의 정체성을 형성하고 사회적 의미 구성에 관여할 수 있게 된다.

세 번째 핵심 아이디어에서는 매체 이용자가 지녀야 하는 매체 의사소통에서의 태도를 명시하고 있다. 매체나 매체 소통이 지니고 있는 영향력을 이해하고 자신과 타인의 권리에 민감하게 반응할 수 있어야 하며 이를 통해 건강한 소통 공동체를 형성하게 된다는 것이다. 이는 무엇보다도 매체 문식성의 비판적 역량을 함의하는 것으로서 매체 의사소통에 대한 성찰적인 태도를 매체 교육 내용으로서 강조한다. 이러한 매체 의사소통에 대한 성찰적 태도는 매체 및 매체 문식성의 핵심 개념을 학습하는 인지적 성장을 바탕으로 해야 할 것이다. 이와 동시에 매체 이용자로서 호기심과 적극성을 지니면서도 매체 자료 수용과 생산에 대한 비판적, 창의적인 활동을 강조하는 교수·학습이 수반되어야 한다.

2) 범주

2022 개정 교육과정의 체제에 따라 지식·이해, 과정·기능, 가치·태도의 세 범주에서 내용 요소가 구성되어 있다. 지식·이해 범주는 '매체 소통 맥락', '매체 자료 유형'을 하위 범주로 명시하며, 과정·기능 범주는 '접근과 선택', '해석과 평가', '제작과 공유', '점검과 조정'의 하위 범주를 포함한다.

지식·이해 범주는 매체 영역에서 알고 이해해야 하는 내용 요소, 개념, 원리를 진술하는 것으로서 '매체 소통 맥락'과 '매체 자료 유형'이 이와 관련된다. 매체의 핵심적인 개념을 도구, 기술, 환경 중심으로 이해하고 나아가 매체 의사소통의 방식과 문화를 결정하는 매체 영향력을 이해하기 위해서는 매체 소통 맥락과 매체 자료 유형을 기반으로 매체 교육이 이루어져야 한다는 관점이 드러난다. 매체 소통 맥락은 '상황 맥락'과 '사회·문화적 맥락'으로 구분하였는데, '사회·문화적 맥락'은 학습자의 발달 특성을 고려하여 5~6학년군에서 제시된다. 디지털 미디어 의사소통이 발달하는 현재의 매체 의사소통 맥락에서 학습자들은 인쇄 매체나 음성, 시청각 매체, 복합양식의 매체 맥락과 자료를 다양한 방식과 경로를 통해 경험한다. 경험을 바탕으로 하면서도 이를 대상화하는 인지적인 교수·학습을 통해 매체 기술을 능동적으로 활용할 수 있는 역량을 키울 수 있도록 해야 할 것이다.

과정·기능 범주는 매체 영역의 지식을 습득하는 데에 활용되는 사고 및 탐구 과정과 매체 영역에 고유한 절차적 지식이 담겨 있다. 학습자들은 이를 통해 매체 지식을 이해하고 적용할 수 있게 되고 매체 영역 학습의 결과, 학습자들이 지니게 되는 역량을 의미하는 것이라 할 수 있다. 매체 의사소통의 상호작용적 속성을 고려하여 매체 자료의 수용, 제작, 공유 요소가 고루 분포되어 있다. '접근과 선택', '해석과 평가'는 매체 자료의 수용 측면을 반영하고 있으며, '제작과 공유'는 매체 자료에 대한 실천적 제작(창작)의 활동과 이를 공유하는 상호작용의 속성을 반영하고 있다. '점검과 조정'도 과정·기능 범주에 포함되어 있는데, 학생들이 자신의 매체 의사소통에 대하여 의식적인 점검과 조정을 할 수 있도록 매체 교육이 이루어져야 함을 강조한다.

가치·태도 범주는 매체 영역의 학습 과정에서 습득되는 내용 관련 태도와 가치를 의미한다. 개인적인 차원과 사회적 차원 모두에서 바람직하고 건강한 매체 의사소통을 위해 중요하다고 판단되는 정의적 영역의 학습 요소들이 반영된 것이다. 국어과 태도 범주가 강조해 왔던 동기, 흥미, 참여 요소를 매체 의사소통의 맥락에 맞도록 제시한 것으로 시, 매체 의사소통에서 강조되어야 하는 '매체 소통 윤리', '매체 소통에 대한 성찰', '매체 소통의 권리와 책임'을 아울러 제시하고 있다.

3) 학년군별 내용 요소

1~2학년에서는 발달 단계상 매체 학습 부담이 고려되었기 때문에 매체 소통 맥락, 해석과 평가, 점검과 조정 등의 하위 범주에서 내용 요소가 제시되지 않았다. 매체 자료는 그림책, 만화, 뉴스, 광고, 웹툰, 애니메이션, 영화 등과 같은 매체 담화 또는 매체 콘텐츠를 의미한다. 이와 관련하여 1~2학년군의 경우는 '일상의 매체 자료'로 한정되고 있다. 지식·이해 범주의 매체 소통 맥락 요소로서 '상황 맥락'은 매체를 도구로서 사용하는 학교 및 일상에서의 다양한 매체 의사소통 상황을 의미하게 될 것이다. 이는 중학년군부터 명시되는데, 고학년군에서는 '사회·문화적 맥락'이 더 포함된다.

과정·기능 범주에서 매체 의사소통에 대한 '접근과 선택'의 하위 범주와 '제작과 공유' 하위 범주는 모든 학년군에서 내용 요소를 명시한다. 글과 그림과 같은 일상의 매체 자료에 한정되는 1~2학년군의 경우는 이에 대한 접근이나 표현 수준에서 매체 자료에 대한 생산과 공유를 경험하게 될 것이고, 3~4학년군에 이르면 특히 인터넷 자료를 중심으로 접근, 탐색이 이루어지고 이를 발표 자료로 만들어서 활용하고 공유하는 수준까지 나아가도록 한다. 5~6학년은 중학년 시기의 매체 학습을 바탕으로 좀 더 사회문화적으로 확장된 디지털 의사소통 상황과 양식에 접근하도록 한다. 따라서 '목적에 맞는 정보 검색', '매체 자료의 신뢰성 평가', '복합양식 매체 자료 제작, 공유', '매체 이용 양상 점검' 등과 같은 발달된 수준의 내용 학습이 이루어지도록 하고 있다.

나. 성취기준

1) 매체 영역 성취기준의 개괄적 이해

매체 영역의 성취기준 또한 다른 영역과 동일하게 내용 체계에서 명시된 세 개 범주별 내용 요소들이 결합하는 방식으로 구성되었다. 예를 들어 '지식·이해' 범주의 '일상의 매체 자료' 요소가 '가치·태도' 범주의 '매체 소통에 대한 흥미와 관심' 요소와 결합하였을 때, '[2국06-01] 일상의 다양한 매체와 매체 자료에 흥미와 관심을 가진다' 등이 성립되는 양상인 것이다. 따라서 내용 체계와 성취기준의 이해는 동시적이고 유기적으로 이루어져야 할 것이며, 이들의 결합 방식을 이해하는 것 또한 영역별 교수·학습의 내용을 이해하는 주요한 전략이 될 수 있다. 초등학교 교육과정의 매체 영역 성취기준 조망을 위해 학년군별 성취기준을 제시해 보면 아래와 같다.

〈표 9-4〉 초등 매체 영역의 학년군별 성취기준

학년군	성취기준
1,2학년	[2국06-01] 일상의 다양한 매체와 매체 자료에 흥미와 관심을 가진다. [2국06-02] 일상의 경험과 생각을 글과 그림으로 표현한다.
3,4학년	[4국06-01] 인터넷에서 학습에 필요한 다양한 자료를 탐색하고 목적에 맞게 자료를 선택한다. [4국06-02] 매체를 활용하여 간단한 발표 자료를 만든다. [4국06-03] 매체 소통 윤리를 고려하여 매체 자료를 활용하고 공유한다.
5,6학년	[6국06-01] 정보 검색 도구를 활용하여 자신의 목적에 맞는 매체 자료를 찾는다. [6국06-02] 뉴스 및 각종 정보 매체 자료의 신뢰성을 평가한다. [6국06-03] 적합한 양식과 수용자의 반응을 고려하여 복합양식 매체 자료를 제작하고 공유한다. [6국06-04] 자신의 매체 이용 양상에 대해 성찰한다.

1~2학년 단계에서는 매체 영역에 대한 학습 부담이 고려되었다. 따라서 매체 소통 맥락에 대한 내용은 제시되지 않았으며, 매체 자료 측면에서 가정이나 학교에서 친숙하게 접할 수 있는 매체 자료를 경험해 보도록 하는 성취기준이 제시되고 있다. 매체 자료에 대한 정의적 태도로서 흥미 요소 또한 강조되고 있다. 3~4학년 단계는 여러 교과에서 인터넷, 디지털 매체에 대한 학습이 본격적으로 시작된다는 점이 고려되면서 각종 인터넷 자료를 탐색하고 정보를 습득할 수 있는 매체 의사소통이 강조되고 있다. 본격적인 매체 의사소통의 참여는 특히 매체 소통 윤리를 기반으로 해야 한다는 점에서 이를 성취기준

에 명시하고 있음을 볼 수 있다. 5~6학년 단계에서는 고학년 시기에 소셜 미디어나 각종 인터넷 사이트에서의 매체 자료 이용이 크게 증가한다는 점을 눈여겨 보고 있다. 이 과정에서는 잘못된 정보나 조작된 정보 등을 경험할 가능성 또한 증가하기 때문에 이를 구분하는 능력, 비판적으로 성찰할 수 있는 능력 등을 강조하고 있다.

매체는 신설 영역으로서 고유성을 지니고 있지만, 성취기준의 구체적 내용 양상을 보면, 타 영역과의 긴밀한 관계가 드러난다. 예를 들어 '[6국06-02] 뉴스 및 각종 정보 매체 자료의 신뢰성을 평가한다'는 '[6국03-02] 적절한 근거를 사용하고 인용의 출처를 밝히며 주장하는 글을 쓴다'와 관련되고, '[6국06-04] 자신의 매체 이용 양상에 대해 성찰한다'는 '[6국05-06] 작품을 읽고 자신의 삶과 연관 지어 성찰하는 태도를 지닌다'와 긴밀하게 연계되는데, 이는 매체 영역이 언어 활동으로서의 본질적인 속성을 타 영역 성취기준과 공유한다는 점에서 그 이유를 찾을 수 있을 것이다(박종관·구영산, 2023).

2) 학년군별 성취기준

가) 초등학교 1~2학년 성취기준

(1) 성취기준

[2국06-01] 일상의 다양한 매체와 매체 자료에 흥미와 관심을 가진다.
[2국06-02] 일상의 경험과 생각을 글과 그림으로 표현한다.

(2) 성취기준 해설

• [2국06-01] 이 성취기준은 매체와 관련된 일상 경험을 나눔으로써 매체와 매체 자료에 대한 흥미와 관심을 가지고 매체의 가치와 필요성을 자연스럽게 인식하도록 하기 위해 설정하였다. 매체란 소통을 매개하는 도구, 기술, 환경으로, 책, TV, 스마트폰, 컴퓨터, 태블릿, 인터넷 등이 이에 속하며, 매체 자료에는 그림책, 만화, 뉴스, 광고, 웹툰, 애니메이션, 영화 등이 있다. 이 성취기준에서는 학습자가 친숙한 매체와 매체 자료를 토대로 일상의 경험을 매체와 연결 지어 이야기하여 매체와 매체 자료의 개념과 쓰임을 이해하고 다양한 매체와 매체 자료에 흥미와 관심을 갖도록 한다.

• [2국06-02] 이 성취기준은 글과 그림으로 자신의 생각과 느낌을 표현하는 즐거움을 경험하도록 하기 위해 설정하였다. 글, 그림(또는 사진, 이모티콘 등)을 활용하여 자신, 친구, 가족, 학교, 교실 등 친숙한 주제에 대해 표현하거나 그림일기를 작성해 보는 활동을 통해 자신의 경험과 생각을 다양한 방식으로 표현해 보는 데 중점을 둔다.

(3) 성취기준 적용 시 고려 사항

• 매체 경험을 나눌 때는 학습자가 교육적으로 적절한 매체 자료를 선정할 수 있도록 안내를 제공할 필요가 있다. 또한 각자의 고유한 매체 이용 경험을 자유롭게 공유하도록 함으로써 학습자가 매체 및 매체 자료에 대한 흥미와 관심을 가질 수 있도록 한다.

• 일상의 매체 자료에 대해 흥미와 관심을 갖는 활동은 읽기 영역에서 읽기에 흥미를 가지고 즐겨 읽는 태도를 함양하는 활동([2국02-05])과 연계할 수 있다. 그리고 일상의 경험을 글과 그림으로 표현해 보는 활동은 쓰기 영역에서 자신의 생각이나 느낌을 문장으로 표현해 보는 활동([2국03-02]), 문학 영역에서 작품 속 내용을 시, 노래, 이야기, 그림 등으로 표현해 보는 활동([2국05-03])과 연계할 수 있다.

나) 초등학교 3~4학년 성취기준

(1) 성취기준

> [4국06-01] 인터넷에서 학습에 필요한 다양한 자료를 탐색하고 목적에 맞게 자료를 선택한다.
> [4국06-02] 매체를 활용하여 간단한 발표 자료를 만든다.
> [4국06-03] 매체 소통 윤리를 고려하여 매체 자료를 활용하고 공유한다.

(2) 성취기준 해설

• [4국06-01] 이 성취기준은 다양한 교과 학습 맥락에서 인터넷에 접속하여 다양한 자료에 효과적으로 접근하고 유용한 정보를 선택하여 목적에 맞게 활용할 때 필요한 기초 능력을 기르기 위해 설정하였다. 교사의 안내에 따라 디지털 매체를 통해

지정된 인터넷 공간에 접속하기, 다양한 자료 훑어보기, 자료의 내용 파악하기, 유용한 자료 선택하기 등을 수행하고, 이를 통해 인터넷 접속 방법, 비선형적 자료의 탐색 방법, 목적에 맞는 정보 선택 방법 등을 체계적으로 학습한다.

- [4국06-03] 이 성취기준은 매체 기반의 소통에서 지켜야 할 기본적인 윤리를 이해하고 이를 고려하며 매체 자료를 활용하거나 공유할 수 있는 능력을 기르기 위해 설정하였다. 다양한 매체 자료를 활용하거나 공유하는 과정에서 저작권과 초상권 침해, 개인 정보 유출 등의 문제가 발생할 수 있음을 이해한다. 다양한 사례를 통해 매체 이용자로서 소통 윤리를 지키려는 태도를 기르고, 매체 자료를 안전하고 올바르게 활용하고 공유할 수 있는 방법 등을 학습한다.

(3) 성취기준 적용 시 고려 사항

- 학습자들이 이미 학교 밖에서 다양한 인터넷 활동을 경험하고 있음을 고려하여 자료 탐색과 선택, 매체 자료의 활용과 공유 등의 학습 활동 설계 시 학습자들의 실제 삶과 유기적으로 연계될 수 있도록 한다.
- 인터넷에서 학습에 필요한 다양한 자료를 탐색하고 목적에 맞게 선택하기를 지도할 때는 인터넷 공간을 지정하여 제한된 범위에서 자료 탐색이 이루어질 수 있도록 하여 상위 학년의 내용 요소인 검색하기보다는 접속하기와 자료 훑어보기 등에 초점을 두어 지도한다.
- 인터넷에서 학습에 필요한 다양한 자료를 탐색하고 목적에 맞게 선택하는 활동은 매체를 활용하여 간단한 발표 자료를 제작하는 활동과 순차적으로 연계될 수 있다. 또한 듣기·말하기 영역에서 목적과 주제에 맞게 자료를 정리하여 발표하는 활동([4국01-05])과도 연계하여 발표 자료의 준비, 제작, 발표에 이르는 일련의 과정을 지도할 수도 있다.
- 인터넷 접속 경험이 적고 자료 탐색 활동에 어려움을 겪는 학습자가 있는 경우, 보다 구체적인 안내를 통해 이들이 학습에서 소외되지 않도록 지도한다.
- 매체 소통 윤리와 관련된 활동을 지도할 때는 규범의 당위성만을 강조하기보다는 매체 소통에 참여하는 구성원으로서 지켜야 할 예절, 배려, 준법정신 등의 태도를

강조하고 바람직한 매체 소통 문화 형성에 기여하는 사회 구성원으로서의 소양을 기를 수 있도록 한다.

다) 초등학교 5~6학년 성취기준

(1) 성취기준

[6국06-01] 정보 검색 도구를 활용하여 자신의 목적에 맞는 매체 자료를 찾는다.
[6국06-02] 뉴스 및 각종 정보 매체 자료의 신뢰성을 평가한다.
[6국06-03] 적합한 양식과 수용자의 반응을 고려하여 복합양식 매체 자료를 제작하고 공유한다.
[6국06-04] 자신의 매체 이용 양상에 대해 성찰한다.

(2) 성취기준 해설

- [6국06-01] 이 성취기준은 정보 검색 도구의 특성을 이해하고 적절한 정보 검색 전략을 수립하여 자신의 목적에 맞는 매체 자료를 찾아 활용하는 능력을 향상하기 위해 설정하였다. 정보 유형별로 검색 결과를 제시하는 정보 검색 도구의 기능을 이해한다. 또한 핵심 단어 중심으로 검색이 되는 정보 검색 도구의 특징을 이해하여 자신의 목적에 적합한 검색어를 만들 수 있도록 한다. 인터넷의 특성을 고려하여 정보 검색 과정에서 지속적인 성찰과 점검을 통해 자신의 목적에 부합한 자료 검색 과정이 이루어질 수 있도록 한다.
- [6국06-02] 이 성취기준은 뉴스 및 각종 정보 매체의 매체 자료에 대해 신뢰성 측면을 중심으로 평가하는 능력을 기르기 위해 설정하였다. 뉴스 및 각종 정보 매체 자료는 개인과 공동체에 미치는 영향력이 크기 때문에 매체 자료를 수용할 때는 그것이 신뢰할 만한 것인지 평가하는 태도가 중요하다는 점을 이해하도록 한다. 매체 자료의 신뢰성은 제작자가 얼마나 해당 분야에 전문적이고 권위가 있는지, 실제 취재하거나 수집한 근거 자료를 기반으로 제작된 것인지, 근거 자료가 얼마나 정확하고 최신의 것이며 증빙 가능한 것인지 등의 측면에서 평가할 수 있다.
- [6국06-03] 이 성취기준은 매체 및 매체 자료의 양식과 수용자에게 끼칠 영향을 고

려하여 복합양식 자료를 제작하는 능력을 기르기 위해 설정하였다. 의도나 주제를 드러내는 다양한 표현 양식을 이해하고 자신의 목적, 주제, 수용자 반응을 고려하여 이미지가 포함된 글, 카드 뉴스, 발표 자료, 동영상 등의 복합양식 매체 자료를 제작한 다음 이를 공유하여 그 효과성을 점검한다.

(3) 성취기준 적용 시 고려 사항

- 학습자가 학교 밖에서 수행한 다양한 매체 경험을 교실이라는 공적 공간을 통해 공유함으로써 학교와 학교 밖에서의 삶이 유기적으로 연계될 수 있도록 안내한다. 학교 밖에서의 매체 경험은 매체 단원을 학습하는 학습의 자원으로서 작용할 수 있다. 따라서 한편으로는 기존에 형성된 학습자들의 검색 전략 및 표현 전략을 수용하고 적극적으로 공유할 수 있는 수업 분위기를 조성하되, 다른 한편으로는 부족한 부분에 대해 명시적인 안내를 제공하도록 한다. 또한 학교 밖에서 여가에 초점을 두고 이루어진 활동에 대해서도 학습자 개인의 선호나 주도성의 발현이라는 측면에서 긍정적으로 바라보고 학습자 간 상호 공유하는 과정을 통해 각자의 매체 경험에 대해 점검과 성찰이 이루어질 수 있도록 안내한다.
- 정보 검색 도구를 활용하여 자신의 목적에 맞는 매체 자료를 찾는 활동은 자료를 선별하여 핵심 정보를 중심으로 내용을 구성하고 매체를 활용하여 발표하는 활동([6국01-05])과 연계 가능하다. 학습자들은 [6국06-01]에서 정보를 검색하는 일반적인 원리를 학습한 후 이를 [6국01-05]의 학습 상황에 적용해 볼 수 있다.
- 정보 검색 활동에서 초등학생에게 교육적으로 적합하지 않은 선정적인 글이나 이미지 등의 검색 결과가 포함될 수 있다. 교사는 이를 고려하여 학습자들이 안전한 인터넷 공간에서 검색 활동을 실행할 수 있게 하며, 이러한 고려에도 불구하고 부적절한 자료가 검색되었을 때는 교사에게 즉시 말할 수 있도록 사전에 안내한다.
- 복합양식 매체 자료의 제작은 쓰기 및 문법 영역의 성취기준과 연계하여 지도할 수 있다. 쓰기 영역에서는 문자를 중심으로 독자와 매체를 고려하여 글을 생산하는 과정([6국03-04])에 초점을 맞춘다면, 매체 영역에서는 문자와 더불어 그림, 사진, 이미지, 소리 등의 다양한 표현 양식을 통한 소통에 초점을 맞춘다. 각 양식의 표현 효

과를 이해하고 적용하는 과정은 문법 영역에서 음성 언어 및 문자 언어의 특성을 이해하고 다양한 매체 자료에서 표현 효과를 평가하는 활동([6국04-01])과 유기적으로 연계될 수 있다.

참고 문헌

교육부(2022), 「교육부 고시 제2022-33호에 따른 국어과 교육과정」.

강준만(2009), 「대중매체 이론과 사상(개정판)」, 도서출판 개마고원.

김아미(2015), 「미디어 리터러시 교육의 이해」, 커뮤니케이션북스.

김양은(2009), 「디지털 시대의 미디어 리터러시」, 커뮤니케이션북스(주).

김정아·김희진(2025), 「AI와 디지털 시민성」, 커뮤니케이션북스(주)

나은영(2015), 「인간 커뮤니케이션과 미디어」, 한나래 아카데미.

노은희 외(2022), 「2022 개정 국어과 교육과정 시안(최종안) 개발 연구」, 한국교육과정평가원.

박종관·구영산(2023), 2022 개정 국어과 교육과정의 매체 영역에 대한 고찰, 「국어교육학연구」 58, 40-67.

박종임(2021), 디지털 미디어 리터러시 교육 개선을 위한 국어과 교육과정 현황 분석, 「청람어문교육」 81, 청람어문교육학회, 7-36.

변호승(2024), 매체의 개념 변화와 함의, 「교육공학연구」 40(4), 한국교육공학회, 885-914.

장은주·정현선(2023), 초·중기 청소년의 디지털 미디어 문해력 관점에서 본 국어과 교육과정 매체 영역 분석, 「청람어문교육」 92, 청람어문교육학회, 219-258.

정현선(2005), 언어, 텍스트, 매체, 문화 범주와 복합문식성 개념을 통한 미디어 교육의 국어교육적 수용에 관한 연구, 「한국초등국어교육」 28, 한국초등국어교육학회, 307-337.

정현선·김아미·박유신·전경란·이지선·노자연(2016), 핵심역량 중심의 미디어 리터러시 교육 내용 체계화 연구, 「학습자중심교과교육연구」 16(11), 211-238.

한국교육학술정보원(2017), 「디지털리터러시의 교육과정 적용방안 연구」, 한국교육학술정보원.

한국교육학술정보원(2019), 「민주시민육성을 위한 미디어 리터러시 교육 방안 연구」, 한국교육학술정보원.

한국교육학술정보원(2021), 「디지털 리터러시 평가도구 사례 및 시사점」, 한국교육학술정보원.

Hobbs, R. (2021), 「디지털·미디어 리터러시 수업: 블로그·팟캐스트·사진·인포그래픽·브이로그·영상·애니메이션·리믹스·소셜미디어, 만들면서 배우기」, 윤지원 옮김, 학이시습. (원저 출판 2017).

Kress, G. & van Leeuwen, T. (2001), Multimodal Discourse, London: Arnold.

McLuhan, M. (1964), *Understanding media: The extensions of man.* New York: McGraw Hill.

UNESCO (2014), Roadmap for implementing the Global Action Programme on Education for Sustainable Development, UNESCO.

더 공부해 봅시다

1. 매체가 우리 삶을 결정하는 영향력에 대해 생각해 봅시다.

2. 학습자들의 매체 문식성을 평가할 수 있는 방법을 생각해 봅시다.

3. 디지털 문식성의 개념을 잘 살펴보고, 가장 중요하다고 생각되는 개념 요소를 정해 설명해 봅시다.

4. 복합양식 문식성이 잘 드러나는 매체 의사소통의 예를 들어 봅시다.

5. 3~4학년군 내용 체계를 잘 살펴보고, 내용 체계의 '핵심 아이디어'가 '범주'에 적용된 양상을 설명해 봅시다.

6. 5~6학년군 내용 체계와 성취기준을 잘 살펴보고, '디지털 시민성' 개념이 적용된 내용을 찾아 설명해 봅시다.

7. 초등학생들에게 매체 교육을 할 때의 어려움을 예상해서 말해 봅시다.

제10장

국어과 평가의 이해

1. 국어과 평가의 중요성

평가의 사전적 의미는 '사물의 가치나 수준 따위를 평함'이며, 이에 따라 교육 평가는 교육목표가 교육과정과 수업을 통해 어느 정도 실현되었는지를 확인하는 과정을 뜻한다. 교육의 목표는 학생 행동의 바람직한 변화에 있기 때문에 평가는 학습자의 행동 변화가 실제로 어느 정도 일어났는지 목표에 비추어 측정하고 판단하는 일을 가리킨다(R. Tyler, 이형빈 역, 2024: 117). 즉 교육의 상황에서 평가를 할 때에는 학습자의 행동 발달 정도 또는 변화의 수준이라는 평가 대상과 그것을 판단하는 교육 목표인 평가 기준을 상정한다. 국어 교과에서 이루어지는 평가는 학습자의 국어 능력을 대상으로 하며 국어과 교육과정을 중심으로 한 목표를 기준으로 삼아 도달 정도를 판단하는 행위를 의미한다. 국어과의 교육 내용은 언어의 이해와 표현이라는 복합적이고 과정 중심적인 성격을 지니므로 국어과에서 평가는 학습자의 언어 사용 능력의 실제를 진단하는 데 특히 중요한 역할을 한다. 국어과 평가의 중요성은 다음과 같다.

첫째, 국어과 평가는 학습의 방향성을 제시한다. 학생이 어떤 국어 능력을 갖추어야 하는지, 교수·학습 활동이 무엇을 향해야 하는지는 평가 기준을 통해 구체화된다. 평가는 수업 설계의 토대가 된 가설의 타당성, 그리고 실제 수업에 사용된 도구, 교사나 수업 환경의 효과성을 확인하는 과정이다. 따라서 평가를 통해 교수·학습의 어떤 측면이 효과적이었고 어떤 측면이 개선되어야 하는지 알 수 있다(R. Tyler, 이형빈 역, 2024: 116). 예를 들어 비판적 읽기를 다루는 단원에서 학생이 수업 후 비판적 읽기 능력을 얼마나 습득했는지 평가함으로써 해당 수업의 효과를 점검할 수 있다.

둘째, 국어과 평가는 학습자의 성장 과정을 이해하는 도구이다. 국어 능력은 단기간에 획득되지 않으며 학습자마다 발달 속도와 양상이 다르게 나타난다. 또한 듣기, 말하기, 읽기, 쓰기, 문법, 문학, 매체라는 국어과의 하위 영역에서 요구하는 각각의 능력은 발달 과정이 중요하기 때문에 과정 중심 평가를 통해 학습자의 영역별 발달 양상을 이해할 수 있어야 한다.

셋째, 국어과 평가는 국어 수업의 개선과 교육과정 운영의 질을 보장하는 기초 자료가 된다. 평가는 계획된 학습경험이 실제로 바람직한 결과를 도출했는지 알아보는 과정이자 그 계획의 장단점을 확인하는 과정이다(R. Tyler, 이형빈 역, 2024: 116). 교사는 평가 결과를 통해 수업의 효과성을 확인하고 학생 집단의 특성을 분석하여 교수·학습 방법을 조정할 수 있다. 또한 학교 수준에서는 평가 자료가 교육과정 편성·운영의 적절성을 살피는 근거로 활용되며 장기적으로는 국어교육 정책과 평가 제도 개선에 기여하게 된다.

넷째, 국어과 평가는 학습자의 국어 능력에 대한 공정하고 신뢰도 높은 판단을 제공하는 사회적 책무성을 지닌다. 학교 교육에서 이루어지는 평가는 학생의 학업 성취뿐 아니라 교육 기회의 형평성과 학습권 보장을 확인하는 역할을 한다. 특히 국어과는 모든 교과의 기초가 되는 언어 능력을 다루기 때문에 평가의 공정성과 타당성 확보는 교육의 사회적 책임의 차원에서 더욱 중요하다.

2. 국어과 평가의 방향과 내용

가. 국어과 평가의 방향

1) 성장을 지향하는 평가

성장을 지향하는 평가는 학습자 개인의 현재 상태를 진단하고 미래의 성장을 구체적으로 설계하는 촉진자로서 평가의 역할을 강조한다. 평가는 능력 수준을 측정하거나 개인차를 반영하는 데 그치지 않는다. 학습자가 스스로 다음 학습 목표를 설정할 수 있도록 정보를 제공해야 한다.

이를 위해 평가 결과는 점수나 등급이 아닌 향상도를 구체적으로 서술하는 것이 필요하다. 예를 들어 학생의 쓰기에 대해 '단락 간의 연결 능력은 향상되었으나 주제 문장을 명료하게 제시하는 능력은 보완이 필요하다'와 같이 학생이 개선할 지점을 명확히 인식하게 하는 피드백이 중요하다. 학생은 학습의 주체인 자기 자신에 대한 평가나 동료 평가에 적극적으로 참여하여 자신의 성장을 성찰하고 타인의 성장을 도울 수 있다.

초등 국어교육에서 평가는 동기 부여의 역할을 하는 것이 좋다. 즉 학습자가 자신의 국어 사용 능력의 변화를 정확하게 파악할 수 있도록 구체적인 피드백을 제공해야 한다. 또한 언어 능력과 함께 정의적 영역의 성장도 함께 견인해야 하므로 학습자가 스스로 작성한 국어 사용 일지나 학습 포트폴리오를 활용하여 학습자의 능력을 총체적으로 평가할 수 있어야 한다.

2) 실제적 국어 능력의 평가

국어 능력은 실제적이고 의미 있는 의사소통 맥락 속에서 효과적으로 작동해야 하며 평가 역시 실제적 언어 사용 능력을 대상으로 해야 한다. 지식이나 기능의 개별적인 성취를 포함하되 지식과 기능이 통합되어 적용된 수행 능력 전체를 평가하는 것이다.

이를 위해 듣기, 말하기, 읽기, 쓰기, 문학, 매체 등의 하위 영역을 분리하기보다 실제 언어생활과 유사한 복합적인 과업을 중심으로 평가를 설계해야 한다. 예를 들어 특정 사회적 쟁점에 대해 자료를 읽고 입장을 정리한 후 동료 학습자들과 토론하며 설득하는 글을 작성하도록 하고 이를 총체적으로 평가할 수 있다. 실제적인 언어 사용 상황을 재현하는 수행평가를 활용하고 정의적 영역은 관찰, 면담, 포트폴리오 등을 활용해 질적 정보를 수집하여 평가의 실효성을 높여야 한다.

초등 국어교육에서는 놀이와 체험의 요소를 결합한 실제적 과제를 제시하여 평가의 부담감을 줄이고 참여도를 높이는 것이 필요하다. 예를 들어 '내가 사는 지역의 문제를 해결하기 위한 토론회'를 개최해 토론 과정에서 듣기, 말하기 능력을 평가하고 토론 발표문에 나타난 쓰기 능력을 평가할 수 있다. 또는 '동료와 공동저자가 되어 이야기 만들기'를 수행하며 문학 능력과 쓰기 능력을 평가할 수 있다. 이때 동료와의 소통 과정을 정의적 영역에서 평가하는 것도 가능하다. 평가는 학습자의 흥미와 생활 경험을 바탕으로 언어 능력을 자연스럽게 측정할 수 있도록 설계되어야 한다.

3) 학습과 연계된 평가

평가는 학습과 분리되어서는 안 되며 학습 과정에 내재화되어 평가와 학습이 개선점을 제시하고 그것을 효과적으로 보완하는 선순환의 구조를 지녀야 한다. 평가는 학습의 종료가 아니라 학습을 촉진하고 개선하는 도구이다. 따라서 학습 도중에 이루어지는 형성 평가가 중요한 역할을 한다.

학습과 연계된 평가에서는 학생이 자신의 학습 방법, 오류 발생 원인, 해결 과정 등에 대해 스스로 기록하고 성찰하도록 해야 한다. 언어의 학습은 반복적인 언어 사용과 오류 수정을 통해 이루어지므로 학습자의 기록과 성찰이 중요하다. 예를 들어 쓰기 영역에서 초고를 작성하는 과정에서 어떤 자료를 선택했고 단락 구성을 어떻게 계획했으며 피드백을 어디까지 수용했는지 등을 기록하게 하고 이 기록지를 평가에 포함시켜야 한다. 또한 평가 결과는 학습자 입장에서의 개선뿐만 아니라 교사의 교수 방법을 개선하는 데 중요한 자료로 써야 한다.

초등 국어교육에서 학습 과정 중의 평가는 학습내용을 중심으로 이루어지며 학생의 자기 기록과 성찰을 위해 체크리스트, 면담 등의 방법을 사용할 수 있다. 예를 들어 읽기 활동 후 읽기 전략(밑줄 긋기, 요약하기, 주제문 발췌하기, 질문 만들기 등)을 기록하게 하거나 쓰기 활동 후 자신이 쓴 글의 부족한 점과 수정할 점을 말하게 할 수 있다. 이를 통해 학습자는 자신의 국어 사용이 주체적이어야 한다는 의식을 가질 수 있고 평가를 학습의 일부로 받아들일 수 있다.

다음은 2022 국어과 교육과정에 제시된 평가의 방향이다. 지금까지 논의한 성장 지향의 평가, 실제적 국어 능력의 평가, 학습과 연계된 평가의 관점이 포함되었으며 여기에 더해 학습자의 평가 참여와 디지털 도구 활용에 대해 언급하고 있다.

- '국어'의 성취기준을 고려하여 구체적인 평가 요소를 도출하고, 이들 평가 요소에 학습자가 도달한 수준을 정확하게 판단할 수 있도록 지필평가와 수행평가의 방법을 선정한다.

이때 성취기준과 관련하여 지엽적인 지식이나 분절적인 기능을 평가하기보다는 학습자가 실제적인 국어 활동 상황에서 지식과 기능을 통합하여 적용하는 능력을 평가할 수 있도록 평가를 계획하고 운용한다.

- 학습자의 수준과 관심사를 고려하여 평가의 난도, 과제 내용 등을 계획하고, 학습자가 평가에 참여하는 동안 흥미와 동기를 가지고 적극적으로 참여할 수 있도록 하며, 교사 주도의 평가 외에도 자기 평가나 동료 평가 등 학습자가 자기주도적으로 자신의 학습 상태를 짐검하고 개선할 수 있도록 평가를 계획하고 운용한다.
- '국어'의 성취기준을 고려하여 평가하되, 실제 언어생활 맥락에서 학습한 내용을 적용할 수 있는 역량을 평가할 수 있도록 한다. 또한 인지적 영역 외에도 정의적 영역의 평가가 균형을 이루도록 하여 '국어'의 학습에 대한 흥미, 동기, 효능감 등의 정의적 영역을 체계적으로 점검하고 지원할 수 있도록 평가를 계획하고 운용한다.
- 결과 중심의 평가 외에도 수행평가와 형성평가 등 과정 중심의 평가를 적극적으로 활용하여 학습자가 성취기준에 도달해 가는 과정을 평가하고, 학습자가 성장할 수 있는 기회를 제공할 수 있도록 한다. 또한 지필평가나 수행평가 외에도 수업 중 관찰, 대화, 질의응답, 면담 등을 활용하여 학습자의 학습 상태를 점검하고 지원할 수 있도록 평가를 계획하고 운용한다.
- 오프라인 수업과 마찬가지로 온라인 수업 상황에서도 다양한 평가 방법을 활용하여 학습자의 '국어' 학습 상태를 효과적으로 진단하고 피드백할 수 있도록 한다. 학습자의 발달 단계에 직합한 학습 플랫폼과 디지털 도구를 활용하여 학습자의 '국어' 성취기준 도달 과정을 상시로 확인하고 학습을 개선하기 위한 적절한 피드백을 제공할 수 있도록 평가를 계획하고 운용한다.

나. 국어과 평가의 내용: 영역별 평가

1) 듣기·말하기 영역의 평가

가) 혼자 말하기 평가

혼자 말하기는 일반적인 3분 스피치 같은 형식으로 대중 앞에 나와서 혼자 일정 시간 말을 하는 것이다. 주로 내용의 논리성이나 전달의 유창성을 중시하는 혼자 말하기 방식이 갖는 장점은 우선 평가 대상 한 사람에게 온전히 주목할 수 있다는 점이다. 한 명의 학습자가 일정 시간 혼자 말을 하므로 내용과 전달 차원 모두 학습자 한 명의 수행에 집중하여 채점할 수 있다. 또한 의사소통 불안 증상, 준비 정도, 평정심을 유지하며 상황에 대처하는 능력 등 화법 수행과 관련된 제반 사항도 동시에 확인이 가능하다. 반면에 일방적인 말하기이므로 상대와 상호작용하는 능력을 파악하기는 어렵다(박재현, 2015: 8~9).

평가 참여자의 규모에 따라 듣기·말하기의 평가 방식을 구분하면 발표형, 응대형, 대화형, 토의형으로 나눌 수 있다. 발표형은 평가 응시자 1인이 말하는 것이고, 응대형은 평가의 응시자가 청자의 입장에서 상대의 말에 대해 맞장구를 치거나 대화 기회를 독점하지 않고 말차례를 교대하거나 선행 발화에 대응하는 등의 반응을 보이는 것을 평가하는 것이다. 대화형은 2인 이상의 대화 상황을 평가하고, 토의형은 3인 이상의 참여자로 이루어진 실제 토의 수행을 평가한다(박재현, 2015: 12~13). 혼자 말하기 평가는 발표형 평가와 동일하게 볼 수 있다. 평가 참여자의 규모에 따른 평가 방식을 선택할 때, 혼자 말하기 방식은 안정성과 용이성을 확보할 수 있지만 상호작용을 반영하기 어렵고, 함께 말하기 방식은 상호작용성과 관계성을 적용해 평가할 수 있지만 변수를 통제하기 어렵다는 특성이 있다는 사실을 고려해야 한다(박재현, 2015: 10~11).

나) 토론 평가

토론은 상호작용적 담화의 대표적인 형태로서 토론 평가는 실제적 담화 수행을 평가한다는 점에서 의미를 지닌다. 학습자는 모둠을 이루어 모둠 내에서 사회자, 긍정 측, 부정 측의 역할을 맡아 토론을 수행한다. 이때 논증 절차에 따른 토론 내용 구성 능력과 화자로서의 의견 전달 능력, 청자로서의 의견 청취 능력, 사회자 역할을 맡은 학습자의 토론 진행 능력이 모두 평가의 대상이다. 토론 평가에서는 화자의 추론, 반박, 반대 신문 등의 말하기와 청자의 내용 이해, 내용 비판 능력을 통합적으로 관찰할 수 있다. 또한 토론 평가 장면을 바라보는 동료 학습자는 교사 외의 또 다른 평가자가 되어 동료 평가에 참여할 수 있다(전은주, 2003: 56~63).

토론 수행에 대한 평가 기준표 및 토론 사회자의 수행에 대한 평가 기준표는 아래와 같다. 토론 평가에서는 총체적 평가보다는 항목별로 분석적 평가를 실시하는 것이 적합하다.

〈표 10-1〉 토론 수행에 대한 분석적 평가 기준표(전은주, 2003: 58)

평가범주	평가 항목	평가척도(1~5)			
		긍정1	긍정2	부정1	부정2
분석 및 정의	용어에 대한 정의를 정확하게 할 수 있다.				
	논제에 대하여 다각도로 분석할 수 있다.				
증거	주장을 뒷받침하는 타당한 증거를 제시할 수 있다.				
	입론을 구축할 수 있다.				
추론	증거를 가지고 합당한 결론을 추론할 수 있다.				
반박	상대방 주장의 문제점을 논리적으로 반박할 수 있다.				
반대신문	상대방 주장의 문제점을 밝히는 질문을 할 수 있다.				
조직	입론을 문제 해결 방식으로 조직할 수 있다.				
	주장하고자 하는 바를 효과적으로 조직하여 말할 수 있다.				
표현 및 전달	토론 상황에 적절한 언어적 표현을 할 수 있다.				
	토론 상황에 적절한 비언어적 표현을 할 수 있다.				
	증거에 대한 시청각 자료를 준비하여 효과적으로 사용할 수 있다.				
	상대방에게 인신 공격, 감정적 표현, 불쾌한 표현 등을 하지 않는다.				
태도	상대를 존중하면서 말할 수 있다.				
	적극적이고 바른 자세로 말할 수 있다.				
	상대의 말을 바른 자세로 경청할 수 있다.				

[평가척도] 5: 아주 잘함. 4: 잘함. 3: 보통. 2: 부족함. 1: 많이 부족함.

〈표 10-2〉 토론 사회자의 수행에 대한 분석적 평가 기준표(전은주, 2003: 60)

평가범주	평가 항목	평가척도				
		5	4	3	2	1
기능	토론을 시작하면서 주제를 흥미롭게 전달할 수 있다.					
	토론자의 주장을 간략하게 정리하여 전달할 수 있다.					
	토론을 공정하게 진행할 수 있다.(시간, 기회, 내용 등)					
	토론 사회자에게 알맞은 언어적·비언어적 표현을 사용하여 말할 수 있다.					
태도	토론 참여자를 존중하면서 말할 수 있다.					
	바른 자세로 말할 수 있다.					
	토론 참여자의 말을 바른 자세로 경청할 수 있다.					

[평가척도] 5: 아주 잘함. 4: 잘함. 3: 보통. 2: 부족함. 1: 많이 부족함.

다) 듣기·말하기 포트폴리오 평가

듣기·말하기 영역의 포트폴리오 평가는 말하기 수행 과정에서 발생한 자료를 수집하여 총체적으로 평가하는 방식이다. 포트폴리오를 구성하는 요소는 말하기 수행을 위한 대본 등의 사전 준비 자료, 말하기 평가 기준표, 학습자의 자기 평가표, 말하기 수행 일지, 동료 평가지, 교사 평가지, 말하기 수행 녹취(촬영) 자료, 피드백 내용 등이다. 최근에는 이들 자료 수집에 전자기기를 활용하는 경우가 많다. 저장과 관리에 유리하기 때문이다.

포트폴리오 평가에서 학습자는 말하기 수행에 대해 미리 평가 기준을 안내 받고 안정된 상태로 준비를 할 수 있으며, 일회적인 수행으로 평가되는 것이 아니라 준비 과정 전체를 인정받을 수 있다는 데에서 오는 심리적 안정감 및 자아효능감을 획득할 수 있다. 또한 녹취록 및 동료 학습자와 교사의 피드백을 한눈에 볼 수 있어 실제적인 말하기 능력을 향상시키는 데 도움이 된다. 초등학생의 경우 말하기 불안을 가진 학습자라면 일회적 평가 이후 말하기에 대한 좌절과 학습 무기력을 겪기 쉬운데 포트폴리오 평가를 활용하면 자신의 장점을 발견하고 단점을 보완하는 경험을 할 수 있다. 예를 들어 실제 말하기 수행은 부족하지만 사전 준비는 충실히 한다거나 다른 사람의 말하기에 대해 비판적 관점의 의견 제시를 잘하는 경우 학습자는 자신의 장점을 발견해 자신감을 얻는 것은 물론이고 단점을 보완할 수 있는 실증적인 근거를 확보하게 되는 것이므로 이후 말하기 능력을 향상시킬 수 있다.

2022 개정 국어과 교육과정에 제시된 '듣기·말하기' 영역의 평가 시 유의사항은 다음과 같다.

> '듣기·말하기' 영역에서는 듣기와 말하기를 유기적으로 통합하여 구어 의사소통에 적극적이고 협력적으로 참여하는 데 필요한 능력과 상대를 배려하고 공감하는 소통 태도를 중점적으로 평가한다. 대화, 면담, 발표, 연설, 토의, 토론 등 담화 유형별 수행 능력을 평가할 때는, 각각의 담화를 수행하는 데 필요한 지식·기능·태도를 모두 평가하기보다 학년군별 내용 요소를 고려하여 해당 학년군의 성취기준에 부합하는 평가 기준을 설정한다. 구어 의사소통 활동을 직접 수행하는 과정을 평가하는 것이 중요하므로, 구체적이고 실제적인 담화 맥락을 조성하여 평가의 실제성을 확보하고, 직접 평가를 실시하도록 한다. 학습자 특성이나 학급 상황을 고려하여 녹화 기록법, 관찰 평가 등 다양한 방법을 활용할 수 있다. 태도를 평가할 때는 일상의 구어 의사소통을 개선하고 성찰적 태도를 형성하는 데 도움이 되도록 자기 점검표나 성찰 일지를 활용하여 태도 변화를 지속적으로 점검하고 그 결과를 누적하여 평가한다.

2) 읽기 영역의 평가

가) 빈칸 메우기 검사

빈칸 메우기 검사인 클로즈 테스트(cloze test)는 1950년 초 원어민을 대상으로 하여 읽기 자료의 난이도를 측정하는 도구로 테일러(W. L. Taylor)에 의해 개발되었다. 테일러는 'cloze'라고 표현한 이유에 대해 결여된 단어를 추측하여 빈칸을 메우는 과업이 일종의 완성 과정이기 때문이라고 말했다(W. L. Taylor, 1953). 빈칸 메우기는 학생들의 독서 능력 진단, 맥락을 활용한 독해 능력 진단, 텍스트의 이독성 수준의 평가 등을 위해 활용할 수 있다(이순영 외, 2018: 397).

초등 국어과에서 빈칸 메우기 검사를 할 때 다음의 예시문을 활용할 수 있다.

> 어느 날, 두 형제는 ( ) 길을 떠났습니다. 늙으신 부모님을 ( ) 돈을 벌어 오기로 마음 먹었습니다. ( ) 곁을 떠나기가 괴롭지만 떠나지 ( ) 수 없었습니다. 마음이 아팠습니다.
>
> (정답: 먼, 위해, 부모님, 않을) (박수자, 1997: 177)

위 예시문은 서사문의 성격을 띠므로 정답과 일치하지 않더라도 문맥상 적절하다고 판단되는 다른 단어를 답으로 허용할 수 있다.

나) 오독 분석법

오독 분석법(reading miscue analysis)은 학생에게 주어진 글을 읽히면서 잘못 읽은 것은 무엇이며, 그 원인은 무엇인지 밝혀 학생의 읽기 능력을 분석·평가하는 방법이다. 원래 읽기 과정에 숨겨진 인지심리학적 현상을 살피기 위해 개발된 것으로(한국어문교육연구소·국어과교수학습연구소, 2006: 349~350) 굿맨(K. Goodman)이 제안한 방법은 독자가 합리적인 단서 사용자(cue user)이며 독자는 글을 이해하기 위해 통사적·의미적·음성적으로 글자로 표현하는(grapho/phonic) 단서 체계를 사용한다는 사실을 전제로 삼는다(K. Goodman, 1968, 이순영 외, 2018: 398에서 재인용).

오독 분석법은 독서 발달 단계 중 독서 입문기나 기초 기능기에 해당하는 초등학교 저학년의 독서 평가에 적용하여 독서 과정에서 잘못 읽은 부분을 분석해 독서 상태를 평가할 수 있다. 학습자가 무엇을 잘못 읽는지, 무엇을 삽입하여 읽는지 등을 표시하여 학생이 추측하는 것은 무엇이며, 의미 구성을 하며 읽는지 여부를 파악한다. 또한 학습자의 통사적 능력, 의미론적 지식, 끊어읽기, 추론 여부 등을 구체적으로 알 수 있다(한국어문교육연구소·국어과교수학습연구소, 2006: 350).

오독 분석법은 준비 단계, 읽기 단계, 분석(평가) 단계를 거친다. 준비 단계에서는 오독 분석의 대상이 되는 학생을 선정하고, 분석에 사용할 글을 선택한다. 이 글은 학습자의 능력보다 약간 어려운 것을 택하여 흥미를 유도하고 되도록 글 전체를 다루는 것이 좋다. 다음으로 읽기 단계에서는 학생이 방해 받지 않는 환경에서 글을 읽도록 하고 교사는 그 상황을 기록하거나 녹음 및 녹화를 한다. 분석(평가) 단계에서는 오독의 유형을 파악하고 분석하되 오독의 개수에만 치중하지 말고 학생과 면담을 하면서 글을 읽는 동안 느낀 어려움, 재미있었던 부분 등을 파악하도록 한다. 오독의 유형에는 무반응, 삽입, 생략, 무의미 대치, 의미 대치, 자기 수정, 반복, 떠듬거림, 반전, 건너뜀 등이 있다(한국어문교육연구소·국어과교수학습연구소, 2006: 350~352).

예를 들어 학생이 "시간이 지날수록 윗동네는 점점 바뀌어 갔다."라는 문장을 읽을 때 '윗동네'를 반복해서 읽었다면 곧장 오류를 지적해서 제대로 읽는 연습만 하는 것은 바람직하지 않다. 교사는 전체 글에서 이와 같은 현상(주어를 반복하거나 특정 단어를 반복하는 경우)이 몇 회 발생했는지 확인해 반복의 경향성을 살피고, 반복 외의 다른 오독 유형과의 관련성을 파악하거나 이 부분에 대해 학생에게 직접 질문을 해 오독의 원인을 밝히는 데 집중해야 한다.

다) 사고 구술법

사고 구술법(think aloud method)은 학생이 읽기 중 사고 행위를 하는 동안에 자신의 머릿속에서 일어나고 있는 것을 그때 그때 최대한 자세하게 말하게 하고 그 내용을 면밀하게 분석함으로써 학생의 머릿속에서 이루어진 사고의 과정을 추론해 내는 방법을 가리킨다. 프로토콜 분석법(protocol analysis method)과 같은 의미이다. 프로토콜은 학생들이 읽기 과정 중에 말한 것을 녹음하여 산출한 녹취록을 가리킨다(한국어문교육

연구소·국어과교수학습연구소, 2006: 281).

사고 구술법은 사고의 과정이 드러나기 때문에 학습자가 읽기 수행 중에 어떤 전략을 사용했는지 알 수 있다는 장점을 지닌다. 또한 학습자의 읽기 기능, 전략의 내면화 정도, 강점과 약점, 보완할 점을 알 수 있다. 그러나 교사의 해석이 절대적이라는 점에서 객관성을 보장할 수 없기 때문에 사고 구술법의 결과에 따라 읽기 능력을 서열화하는 것은 적절치 않다. 따라서 사고 구술을 이용한 읽기 평가는 선발 등의 목적보다는 학생의 진단과 지도 등에 부합된다(한국어문교육연구소·국어과교수학습연구소, 2006: 283).

그리고 사고 구술법은 교사와 학생 모두 이 방법에 익숙해야 효과적으로 사용할 수 있다는 점에서 높은 전문성과 숙련성을 요구한다. 자료를 수집하고 해석하는 데 시간이 많이 걸리기 때문에 다수를 대상으로 실시하기는 어렵다(한국어문교육연구소·국어과교수학습연구소, 2006: 282).

라) 요약하기와 중요도 평정법

요약하기는 독자가 글을 읽고 난 뒤 글 속의 중요 정보를 추출하는 양상을 평가하는 방법이다. 독서의 인지적 과정으로서의 요약하기(summarizing)가 문어적 표현 활동으로 전환된 것이 요약문이다. 교사는 요약문을 통해 학습자가 글에 제시된 수많은 정보 가운데 이거해야 할 중요한 정보를 올바로 파악했는지 평가한다. 미숙한 독자는 글의 중요 정보를 효율적으로 추출하지 못할 뿐 아니라 중요 정보를 오래 기억하지 못한다는 특징을 보인다(이순영 외, 2018: 405~406).

중요도 평정법은 글 전체에 비추어 개별 정보가 갖는 중요도를 판정하도록 하는 평가 방법이다. 독서는 글 속의 수많은 정보를 낱낱이 이해할 뿐 아니라 글 전체의 주제나 목적에 비추어 각 정보들이 갖는 중요도를 판정하는 과정이다. 글에 포함된 정보를 중요한 정보와 그렇지 않은 정보로 가려낸다면 그 자체가 이미 글을 잘 이해하고 있다는 증거가 되므로 중요도 평정법은 타당성 있는 독서 평가 방법이다. 중요도 평정법은 의미 단위로 나누어 제시된 글을 읽고 각각의 의미 단위가 글 전체의 내용, 주제, 독서 목적에 비추어 얼마나 중요한지를 평가하는 방식으로 수행한다(한국어문교육연구소·국어과교수학습연구소, 2006: 436).

중요도 평정법의 예시는 다음과 같다.

〈표 10-3〉 중요도 평정법의 예시

○ 다음 글을 읽고 글 전체에서 중요하다고 생각되는 문장을 5개 찾아 그 번호를 써봅시다.

(1) '공정 무역 도시', '공정 무역 커피' 이런 말을 들어 본 적이 있나요? (2) 공정 무역이란 생산자의 노동에 정당한 대가를 지불해 생산자가 경제적 자립과 발전을 하도록 돕는 무역입니다. (3) 00광역시는 공정 무역 상품을 사용하고 공정 무역을 확산하려는 활동을 지원해 실질적인 변화를 만들어 내는 도시가 되었습니다. (4) 우리도 공정 무역 제품을 사용해 이러한 변화에 동참해야 합니다. (5) 공정 무역 제품을 사용해야 하는 까닭은 다음과 같습니다. (6) 첫째, 생산자에게 돌아갈 정당한 이익을 지켜 줍니다. (중략) (31) 여러분은 달콤한 초콜릿을 살 때 무엇을 보고 고르나요? (32) 겉으로 보기에는 모두 똑같아 보이지만 그 초콜릿이 우리 손에 들어오기까지의 과정은 제품에 따라 배우 다를 수 있습니다. (33) 그것을 만들려고 노력한 사람들이 학교도 못 다니고 음식도 제대로 먹지 못한, 여러분보다 어린 동생들이라면 그 초콜릿을 정말 맛있게 먹을 수 있을까요? (34) 가난한 나라에 일시적인 원조를 제공하는 데 그치지 않고 자립하도록 도와주는 방법이자 우리 환경을 보호할 수 있는 공정 무역 제품, 이제는 우리가 관심을 기울이고 사용할 때입니다.(교육부, 2019: 120~122)

○ 위 글의 내용에서 무엇이 중요한지 파악하기 위해 다음 문장의 중요도를 판단해봅시다.

문장	중요도				
'공정 무역 노시', '공성 부역 커피' 이런 말을 들어 본 적이 있나요?	1	2	3	4	5
공정 무역이란 생산자의 노동에 정당한 대가를 지불해 생산자가 경제적 자립과 발전을 하도록 돕는 무역입니다.	1	2	3	4	5
첫째, 생산자에게 돌아갈 정당한 이익을 지켜 줍니다.	1	2	3	4	5
겉으로 보기에는 모두 똑같아 보이지만 그 초콜릿이 우리 손에 들어오기까지의 과정은 제품에 따라 배우 다를 수 있습니다.	1	2	3	4	5

2022 개정 국어과 교육과정에 제시된 '읽기' 영역의 평가 시 유의사항은 다음과 같다.

'읽기' 영역에서는 교과서의 제재뿐 아니라 교과서 밖의 적절한 제재도 활용하여 실제적인 읽기 능력과 읽기 태도, 다양한 독서 경험 등을 종합적으로 평가하는 데 중점을 둔다. 또한 읽기 영역의 단독 평가뿐만 아니라, 타 영역과 통합한 평가를 실시하되, 읽기 평가 요소를 명시하여 읽기에 대한 구체적인 진단과 피드백이 가능할 수 있도록 평가 도구를 구성한다. 기초 수준에 있는 학습자나 느린 학습자 등 읽기에 어려움을 겪는 학습자의 읽기 문제를 진단하고 효과적인 피드백을 제공하기 위해 해독, 유창성, 독해 기능과 관련된 평가를 실시할 수 있다. 세부적으로는 자유 회상 검사, 오독 분석, 빈칸 메우기법, 자율적 수정, 중요도 평정, 요약하기 등의 평가를 실시할 수 있다. 읽기 태도나 습관 등을 평가할 때는 일회적 평가보다 누적적 평가를 실시하여 지속적으로 점검하고 학습자의 향상을 지원할 수 있도록 한다.

3) 쓰기 영역의 평가

가) 과제 제시형 쓰기 평가

과제 제시형 쓰기 평가는 쓰기 영역에서 이루어지는 일반적인 평가 방식, 즉 쓰기 과제를 제시하여 학습자가 쓴 글을 평가하는 것이다. 쓰기 과제를 구성하는 요소는 외적 제한 요소로 쓰기 시간, 분량, 평가 기준, 쓰기 내용과 관련한 자료 제시 등이 있고, 내적 제한 요소로 주제, 목적, 독자, 필자의 역할, 담화 유형과 같은 수사적 요소 등이 있다. 그밖에 학습자의 글쓰기 능력을 온전하게 드러내게 하기 위해 글쓰기의 과정(계획하기, 개요 작성, 초고 쓰기, 본문 쓰기, 고쳐 쓰기 등)을 제시하기도 한다(이병승, 2010: 2).

학습자의 쓰기 능력은 과제에 따라 다르게 측정될 수 있기 때문에 교사는 쓰기 평가에서 사용하는 쓰기 과제를 평가 목적에 따라 체계적으로 설계해야 한다. 예를 들어 쓰기 과제에서 제시하는 주제가 학습자에게 친숙할 경우 성취도가 높게 나타나겠지만 반대의 경우에는 성취도가 낮게 나타날 것이다. 그밖에도 글의 유형이나 쓰기 시간 등 쓰기 과제를 구성하는 거의 모든 요소는 쓰기 능력 평가에 영향을 끼치게 된다(이병승, 2010: 3).

초등 국어교육에서 쓰기 과제의 예시는 다음과 같다.

〈표 10-4〉 쓰기 과제의 예시(이병승, 2010: 6~7)

과제 유형: 쓰기 목적, 독자, 담화 유형을 제시
우리 생활 주변에는 편리함을 추구하기 위해 탄생한 다양한 일회용품들을 볼 수 있습니다. 일회용 종이컵, 일회용 젓가락, 플라스틱이나 스티로폼 그릇들이 그 예입니다. 그러나 이러한 일회용품들은 모두 긍정적인[좋은] 것만은 아닙니다. 어디에서나 쉽게 사용하고 버릴 수 있다는 장점이 있지만 환경 파괴의 결과를 초래하고 있기 때문입니다. 이렇듯 생활에 편리하다는 장점과 환경에 해를 끼친다는 단점을 동시에 지닌 일회용품 사용의 문제점과 자신이 생각하는 일회용품의 올바른 사용 방법을 설명하는 글을 쓰시오. 여러분들이 쓴 글은 동료들이 읽고 평가를 합니다.
과제 유형: 개요 작성을 안내
[개요표 작성 방법] 1. 10분 정도 쓸 내용을 생각하며 개요표를 씁니다. 너무 오랫동안 쓰면 뒷장에 써야 할 내용을 다 못 쓸 수 있습니다. 2. 너무 자세한 문장으로 쓰기보다는 간단한 중심 문장, 중요한 낱말이나 쓸 내용을 기록합니다. 3. 칸을 모두 채우지 않아도 되며, 주제에 대해 알고 있는 내용을 모두 떠올린 후 쓸 내용을 표시해도 좋습니다.
과제 유형: 쓰기 평가 기준을 제공
[채점 기준] ※ 아래의 채점 기준을 생각하며 글을 쓰거나 고치세요. 1. 글의 내용 ① 써야 할 글의 내용(일회용품 사용의 문제점과 올바른 사용방법)을 중심으로 글을 썼는가? ② 올바른 정보로 내용 구성을 하였는가? ③ 일회용품에 대한 풍부한 정보가 담겨있는가? 2. 글의 짜임 ① 글을 몇 개의 문단으로 구성하여 썼는가? ② 각 문단들의 내용은 글 전체의 주제에 맞추어서 연결되어 있는가? ③ 각 문단은 중심 생각과 뒷받침하는 내용으로 구성되었는가? 3. 표현 ① 어법에 맞는 문장을 사용하였는가? ② 자신이 나타내고자 하는 의미를 독자들이 이해하기 쉽도록 표현하였는가? ③ 문장의 의미가 명료한가? 4. 독자 ① 독자의 흥미와 관심을 고려하면서 썼는가? ② 풍부한 설명으로 독자의 이해를 돕고 있는가? ③ 독자에게 적절한 어휘와 정보를 사용하는가?

나) 쓰기 자기 평가

쓰기 자기 평가는 글을 쓰는 학습자가 평가의 주체가 되어서 자신의 글을 직접 평가하는 방식을 뜻한다. 쓰기 자기 평가는 글쓰기의 실행을 비롯해 쓰기 과정에서 발생하는 동기 및 자기효능감 등의 정서적 측면을 평가 대상으로 삼는다. 자기 평가는 교사의 평가 외에 다양한 평가 방법이 필요하다는 요구에서 도입되었으며 교수·학습 방법의 일환으로 활용하는 방향으로 의미가 확대되었다. 이후 쓰기 활동의 다면적 평가를 위해 자기 평가를 적극적으로 활용하고 있으며 자기 평가를 활용하여 학습자가 주도적으로 자신의 수행을 점검·조정하는 것을 지향한다. 자기 평가는 학습 과정에서 수행되는 활동이며 자기 성찰, 자기 점검 등을 실행한다는 특징을 지닌다. 쓰기 자기 평가는 쓰기 학습 과정에서 자신의 쓰기 과정과 결과를 평가하는 활동이며 학습자는 이를 통해 자신의 쓰기 수행에 대해 점검하고 성찰함으로써 자신의 쓰기 수행을 개선할 수 있다(김정자, 2023: 404~405).

쓰기에서 자기 평가가 필요한 이유는 쓰기 행위의 특성에 있다. 글을 쓰는 동안 필자는 여러 선택을 해야 하며 이러한 선택이 적절한 것인지 평가해야 한다. 글을 다 쓴 후에도 초고를 수정하기 위해서 자신이 쓴 글을 읽고 글의 내용이나 조직, 표현 등에서 부족한 부분이 없는지 판단해야 한다. 숙고 과정의 연속이라는 쓰기의 특성을 고려하면 쓰기에서 자기 평가는 필자에게 필요한 능력이다. 또 "쓰기는 학습자가 평생에 걸쳐, 장기적, 독립적, 자기 주도적으로 배우고 발전시켜 나가야 한다"(김진웅·주민재, 2016: 316)는 점에서 쓰기 영역의 특수성을 찾고 이러한 특수성에서 쓰기에 자기 평가가 중요한 위치를 차지하고 있는 근거를 찾을 수 있다(김정자, 2023: 405~406).

쓰기 자기 평가의 사례를 2015 개정 교육과정기 초등학교 국어 교과서에 제시된 학습 활동을 통해 살펴보면 다음과 같다.

- 자신이 평소에 어떻게 글을 쓰는지 확인해 봅시다.(2-1, 9단원)
- 자신만의 점검표를 만들어 봅시다./앞에서 만든 점검 기준을 생각하며 자신이 쓴 글을 읽어 봅시다.(3-2, 3단원)
- 자신이 쓴 글을 읽고 주장을 뒷받침하려고 제시한 근거가 적절한지 확인해 보세요.(5-1, 5단원)
- 글을 고쳐 쓰는 방법에 따라 자신이 쓴 글을 점검해 봅시다.(6-2, 7단원)

다) 쓰기 포트폴리오 평가

쓰기 포트폴리오 평가는 자신이 쓴 글을 지속적이고 체계적으로 모아 둔 개인별 글 모음집을 이용한 평가 방법이다. 학기 내내 학습자의 언어 능력이 발달 과정을 관찰했다가 주로 학기 말에 종합하는 방법으로서 양적 평가보다는 질적 평가를 중시하는 수행평가에 해당한다. 평가의 대상이 되는 것은 학습자의 글쓰기 과정 전반을 살펴볼 수 있는 자료들, 예를 들면 쓰기 계획 단계의 아이디어 구상 메모, 개요, 초안, 본문, 교사 및 동료 학습자의 피드백, 고쳐쓰기한 글, 글쓰기에 활용한 각종 자료 등이다. 학습자의 쓰기 과정과 발달을 보여주는 것이면 모두 포함된다(서울대학교 국어교육연구소, 1999: 760).

쓰기 포트폴리오 평가의 장점은 학습자의 쓰기 능력과 관련된 다양한 측면을 종합적으로 평가할 수 있다는 점이다. 학생은 자신이 만든 쓰기 포트폴리오를 통해 자신의 글쓰기가 어떻게 변화했으며, 어떤 어려움을 겪었고, 어떤 방식으로 어려움을 해결했고, 자신의 글쓰기가 가진 장점을 무엇인지 등에 대해 스스로 인식할 수 있다. 교사는 학생의 과거와 현재를 통해 앞으로의 발전 가능성에 대한 조언을 할 수 있다(서울대학교 국어교육연구소, 1999: 760).

쓰기 포트폴리오 평가를 실시하기 위해 교사는 학기초에 포트폴리오의 방법과 의미를 충분히 설명해야 하며, 글쓰기의 단계에 따른 산출물을 개인이 시기에 맞게 수집할 수 있도록 안내해야 한다. 또한 쓰기와 관련된 모든 자료를 주제에 상관없이 모을 수도 있지만 글의 종류에 따라 예컨대 '설명문 쓰기 포트폴리오' '감상문 쓰기 포트폴리오'와 같이 나누어 진행한 후 포트폴리오가 완성되었을 때 비교해볼 수도 있다. 이 비교는 학습자로 하여금 경험을 통해 장르별 글쓰기 방법을 이해하도록 한다. 한편 교사가 완성된 포트폴리오를 평가할 때에는 평가의 객관성과 신뢰성을 확보할 수 있도록 쓰기 포트폴리오 평가 기준표를 만들어서 활용해야 한다. 포트폴리오 방법의 특성상 정량적인 평가가 어렵기 때문에 동료 교사와 협의체를 구성하여 평가 목적에 부합하는 포트폴리오 평가 기준을 만드는 작업이 필요하다.

2022 개정 국어과 교육과정에 제시된 '쓰기' 영역의 평가 시 유의사항은 다음과 같다.

> '쓰기' 영역에서는 상황 맥락과 사회·문화적 맥락을 고려하여 글을 쓰는 능력과 긍정적이고 적극적인 쓰기 태도에 중점을 두어 평가한다. 기초 수준에 있는 학습자나 느린 학습자를 대상으로 평가할 때는 맞춤법 등의 형식적인 요소를 지나치게 강조하기보다 표현하고자 하는 의도와 내용을 얼마나 충실하게 표현했느냐에 주안점을 두어 평가함으로써 쓰기에 흥미를 느낄 수 있도록 평가 도구를 구성한다. 학습자가 작성한 한 편의 글을 평가할 때는 내용, 조직,

표현 등을 종합적으로 평가하되, 경우에 따라 특정한 평가 요소에 초점을 맞추어 평가 도구를 구성할 수도 있다. 태도와 같은 정의적 측면을 평가할 때는 일회적 평가보다 누적적으로 평가하고 지속적으로 피드백을 제공하여 쓰기 태도를 함양할 수 있도록 평가 도구를 구성한다. 학습자의 쓰기 과정과 결과물을 평가할 때는 교사 평가 이외에 자기 평가, 동료 평가를 적극적으로 활용하여, 학습자가 평가가 자신의 글쓰기 과정과 그 결과를 점검하고 보완할 수 있는 정보를 제공해 주는 학습 과정의 일부임을 이해하도록 유도한다.

4) 문법 영역의 평가

가) 문법 구술평가

문법 구술평가는 문법 영역의 지식을 입말을 통해 평가하는 방식이다. 구술평가는 음성 언어를 기반으로 한다는 점에서 언어적 정보를 수집하는 데 용이하며, 지필 평가에서 알 수 없었던 학습자의 다양한 능력을 평가할 수 있다는 점에서 학습자 중심의 평가 방법이다(이승왕, 2020: 149).

구술평가에서 평가하고자 하는 문법 능력은 문법과 관련된 지식을 이해하고 그것을 상황과 목적에 맞게 사용하는 능력이다. 문법 능력의 평가는 언어 경험을 기반으로 해야 하며 탐구와 해석을 중점에 두어야 한다. 그런데 문법 영역에서 평가가 문법 지식을 암기하고 재인하는 방법에 치중해왔기 때문에 그에 대한 대안으로 실제 의사소통 상황을 고려하는 평가가 주목 받고 있고 그중의 하나가 문법 구술평가이다(이승왕, 2020: 152~153).

실제성을 중시하는 문법 구술평가의 종류에는 담화형 구술 평가와 발표형 구술 평가가 있다. 담화형 구술 평가는 문법을 의미 생성 기저로 보고 문법에 대한 지식을 효과적으로 이해하고 표현하는 과정을 문법 능력으로 보는 관점을 바탕에 둔다. 담화형 구술 평가의 대표적인 유형은 토의와 토론으로 듣기, 말하기, 읽기, 쓰기, 문법을 통합하여 평가할 수 있다. 즉 학습자의 토의·토론 과정에서 자연스럽게 드러나는 국어 규범 준수 정도, 문장 구성의 적절성 등을 평가할 수 있다. 그에 더해 준비 및 참여 과정에서 태도가 구체적으로 드러나므로 정의적 영역의 평가가 가능하다. 그러나 학습자의 수행 전반을 관찰하여 문법 능력을 평가하는 것이 쉽지 않으므로 녹화 기록법 등을 활용할 수 있다(이승왕, 2020: 163~165).

발표형 구술 평가는 청중의 반응을 고려하는 의사 전달 과정을 평가하는 방식이다. 발표를 위해서는 발표 내용을 준비하고 효과적인 발표 방법을 선택해야 한다. 이때 자료 이해 및 분석 능력, 진술의 명료성, 발표 과정에 동반되는 언어적·비언어적 표현 등을 종합적으로 평가할 수 있으며, 사용하는 어휘의 양상이나 사용 맥락, 언어 예절 및 국어 문화 고려 등의 문법 요소를 평가하게 된다. 또한 문법 요소 자체를 발표의 주제로 삼는 평가도 가능하다(이승왕, 2020: 165~167).

구술평가는 학습자의 실제 언어 사용 양상을 평가한다는 장점이 있지만 지필평가에 비해 평가 절차와 시간이 많이 소요되며 평가자의 평가 능력이 중요하게 작용한다는 점에서 많은 준비가 필요하다. 무엇보다 문법 요소를 적절하게 평가할 수 있는 의사소통 상황을 정교하게 설계하는 것이 중요하다.

담화형 구술 평가와 발표형 구술 평가를 실시할 때 활용할 수 있는 체크리스트는 아래와 같다.

〈표 10-5〉 담화형 구술 평가를 위한 체크리스트(이승왕, 2020: 166)

세부 항목		내용	매우 잘함	잘함	보통
문법 능력		국어 규범을 준수하는가?			
		문장 구성이 적절한가?			
토론 준비		준비 자료가 충실한가?			
토론 수행	주장 펼치기	논리적으로 주장을 펼치는가?			
	반론하기	적절하고 효과적으로 반론하는가?			
	태도	반대 의견을 존중하는가?			
		토론에 적극적으로 참여하는가?			

〈표 10-6〉 발표형 구술 평가를 위한 체크리스트(이승왕, 2020: 166)

영역	내용	매우 잘함	잘함	보통
문법	언어 예절을 지키는가?			
	응집성과 응결성이 알맞은가?			
	국어 문화를 고려하였는가?			
말하기	예의를 지키면서 말하였는가?			
	알맞은 어휘를 사용하였는가?			
	정확하면서도 자신있게 말하였는가?			
듣기	상대의 이야기에 집중하였는가?			
	자신의 의견과 비교하면서 들었는가?			
	경청하는 태도가 바른가?			
쓰기	사실과 의견을 정리하여 썼는가?			
	글을 쓰면서 생각을 정리하였는가?			
	내용을 알맞게 정리하였는가?			

나) 단원활동 중심 수행평가

문법 영역에서의 수행평가는 문법 관련 과제를 수행하는 과정을 중심으로 지식, 기능, 태도 등을 총체적으로 판단하는 평가방식이다. 산출물을 만들어내거나 답안을 구성하는 과정에서 학습자에게 능력이나 기술을 보여주도록 요구하여 이를 평가한다(한국교육평가학회, 2023: 128). 문법 수행평가는 학습자가 문법을 의미 생성의 기저로 인식하고, 지식을 효과적으로 이해하며 표현하는 과정을 문법 능력으로 간주하는 관점에서 출발한다. 이는 문법 학습을 실제 언어생활과 연결시키려는 교육적 의도를 반영한다.

수행평가의 많은 종류 중에서 단원활동 중심 수행평가는 단원 학습 내용의 정리 및 확인을 위해 과제를 수행하는 것을 뜻한다. 단어 분류하기, 국어사전 활용하기, 문장의 짜임 이해하기, 높임 표현과 지시·접속 표현 이해하기, 표준어와 방언의 기능 파악하기, 문장 성분을 이해하고 호응 관계가 올바른 문장을 구성하기, 시간 표현 이해하고 표현하기 등 초등학교 문법교육의 내용을 중심으로 한 과제를 제시하고 학습자가 수행하는 것이다.

문법 수행평가의 문항은 교과서의 단원활동 문항보다 포괄적이며 총체적인 문법능력을 대상으로 구성해야 한다. 교과서의 문항이 단일하거나 분절된 문법 요소의 이해를 확인하는 데 초점을 맞춘다면 수행평가 문항은 여러 학습 요소를 유기적으로 연결하여 통합적인 적용에 대해 질문해야 한다. 또한 구체적이고 실제적인 언어 맥락 속에서 과제를 해결할 수 있도록 학습자가 일상생활에서 접할 수 있는 언어 사용 상황을 바탕으로 문항을 구성해야 한다.

초등 문법교육의 단원활동 중심 수행평가의 예시는 다음과 같다.

〈표 10-7〉 초등 문법교육의 단원활동 중심 수행평가의 예

수행평가 과제: 우리학교 소식지 오류 찾기 프로젝트	
수행 절차	수행 내용
자료 분석 및 오류 목록 작성	• 학교에서 배부한 주간 소식지나 학교 게시판의 안내문 등 실제로 유통된 자료를 선택한다. • 선택한 자료에서 발견할 수 있는 문법적 오류(띄어쓰기, 맞춤법, 높임법, 문장 성분 호응 오류, 부적절한 시간 표현 등)를 찾아 항목별로 분류하고 근거를 제시하여 목록을 작성한다.
오류 수정 및 지침서 작성	• 발견된 오류를 문법 규범에 맞게 수정한다. • 오류 발생 및 수정에 대한 문법적 이유를 담은 지침서를 작성한다.
발표 및 제안	• 작성한 오류 목록과 지침서를 발표한다. • 소식지 작성에서 오류를 줄이기 위한 방법을 학교에 제안한다.

2022 개정 국어과 교육과정에 제시된 '문법' 영역의 평가 시 유의사항은 다음과 같다.

> '문법' 영역에서는 문법 지식을 단순 암기하는 데 그치지 않고 국어의 구조와 문법의 작동 원리를 파악하고 이를 생활 속에 적용, 실천할 수 있도록 문법 지식의 이해와 탐구 및 적용 능력에 중점을 두어 평가한다. 태도와 같은 정의적 측면을 평가할 때는 자기 점검표나 성찰 보고서 등의 도구를 제공하여 지속적으로 누적 평가가 가능하도록 지원한다. 평가의 실제성을 확보할 수 있도록 다양한 국어 자료를 활용해 탐구 및 적용 과제를 설계하되, 과제 수행 결과뿐 아니라 국어 자료를 수집, 분석하고 언어 지식을 구성해 나가는 과정을 함께 평가할 수 있도록 평가를 설계한다.

5) 문학 영역의 평가

가) 비평문 쓰기

비평문 쓰기는 학생들이 대상 텍스트를 비판적으로 읽고 사고하여 의미를 재구성하며 스스로 비평문을 작성할 수 있는 능력을 기르는 데 목적을 두는 평가 방법이다. 비평문

쓰기를 평가 방법으로 삼는다는 것은 문학작품을 읽고 이해하는 능력과 비평 의견을 정리해서 쓰는 능력을 모두 평가한다는 것을 뜻한다. 문학 텍스트는 여러 구조 요소가 결합된 완결체이므로 부분적인 지식 확인보다는 부분들이 어우러져 만들어내는 의미를 파악하는 총체적인 관점에서 해석과 비평을 평가해야 한다. 따라서 학습자가 비평문을 쓰는 과정에서 산출하는 자료, 예를 들어 작품을 읽고 내용을 정리한 것, 작품에 대한 생각과 느낌을 쓴 것, 작품에 대한 판단을 내리고 근거를 찾아 정리하는 것, 비평문의 개요 등을 최대한 확보하여 과정에 대한 평가를 함께 하는 것이 좋다.

비평문은 학습자가 자신의 주체적인 관점을 개진한 결과라는 점에서 비평문 쓰기는 문학 이해 능력을 총체적으로 판단할 수 있다는 장점을 지닌다. 교사는 비평문을 평가할 때 미리 평가 기준을 마련하여 객관적인 평가가 이루어지도록 해야 한다.

초등학교 문학교육에서 제시할 수 있는 비평문 쓰기 과제의 예시는 다음과 같다.

〈표 10-8〉 초등 문학교육의 비평문 쓰기 과제의 예

비평문 쓰기 과제	동화를 읽고 인물의 선택에 대한 자신의 의견을 중심으로 비평문을 작성하세요.
비평문 대상 작품	황선미, 〈버들이를 사랑한 죄〉
비평문 작성을 위해 생각할 문제에 답하기	1. 작품에 등장하는 인물과 주요 사건의 흐름을 정리해봅시다. 2. 몽당깨비와 버들이가 한 말과 행동을 정리하고, 그것으로부터 인물이 추구하는 가치를 비교해봅시다. 3. 몽당깨비와 버들이에 대한 자신의 생각을 정리하고, 그렇게 생각한 이유를 정리해봅시다. 4. 만일 내가 작품 속 인물이라면 어떻게 행동할지에 대해 써봅시다.
비평문 작성하기	위의 생각할 문제에서 서술한 내용을 바탕으로 비평문의 제목을 정하고 비평문을 작성하세요.

나) 프로젝트 평가

프로젝트 평가는 학습자가 특정 주제나 과제를 실제 생활과 연관된 문제 상황으로 인식하고 이를 장기간에 걸쳐 스스로 계획하고 수행하여 결과물을 만들어내는 일련의 활동 과정과 그 결과물을 종합적으로 평가하는 방법이다. 문학지식과 기능을 통합적으로 적용하여 복잡한 문제를 해결하는 고차원적 사고 능력을 측정하는 데 중점을 둔다. 프로젝트 평가는 문학 작품을 읽고 이해하는 능력뿐만 아니라 자료 조사, 협업, 발표, 창작 등 다양한 영역을 평가할 수 있다. 또한 학습자는 프로젝트를 기획하고 실행하는 과정에서 자기 주도적 학습능력을 함양할 수 있다.

프로젝트 평가를 실시할 때 유의할 점은 다음과 같다. 첫째, 명확하고 구체적인 평가 요소와 평가기준을 사전에 제공해야 한다. 프로젝트 계획 수립, 자료 수집과 분석, 모둠 내 역할 수행 정도, 표현의 독창성과 창의성, 결과물의 완성도 등 평가 요소에 대해 설명한다. 둘째, 모둠 내 역할 분담을 할 때 개인의 기여도를 기록하게 함으로써 책임감을 부여한다. 셋째, 프로젝트 진행 과정에서 교사와의 지속적인 면담을 통해 준비 자체가 평가의 일부라는 점을 강조한다.

초등 문학교육에서 활용할 수 있는 구체적인 프로젝트 평가는 다음과 같다.

〈표 10-9〉 초등 문학교육의 프로젝트 평가의 예

프로젝트 과제명: 동화의 뒷이야기를 합동으로 이어쓰기	
프로젝트 과정	활동 내용
작품 선정	• 모둠별로 뒷이야기 이어쓰기를 할 작품을 선정한다.
2. 원작 이해	• 모둠원들과 작품을 읽고 대화를 나누며 내용을 이해한다.
3. 이어쓰기 계획 수립	• 뒷이야기 이어쓰기의 계획을 세운다. • 모둠원끼리 이어쓰기의 순서를 정하고 이어쓰기의 방향을 논의한다. • 이어쓰기의 방향을 논의할 때에는 원작을 어떻게 해석할 것인가, 원작의 어떤 부분에 초점을 맞출 것인가, 이어쓰기에서 원작과 변화된 점은 무엇이며 왜 변화시키는가 등에 대해 이야기한다.
4. 이어쓰기 수행	• 순서에 따라 이어쓰기를 수행한다. • 기간이 길게 소요된다는 점을 사전에 주지하도록 한다.
5. 이어쓰기 보완	• 완성된 이어쓰기 텍스트를 모둠원들이 함께 읽고 토의하며 수정할 부분을 찾아 수정한다.
6. 발표	• 학급의 전체 동료 앞에서 합동 이어쓰기 결과물을 발표한다.

2022 개정 국어과 교육과정에 제시된 '문학' 영역의 평가 시 유의사항은 다음과 같다.

'문학' 영역의 평가는 문학 영역의 지식을 이해하고 문학 작품을 해석, 감상, 비평하며 문학 작품을 창작할 수 있는 능력에 중점을 두어 평가한다. 단편적인 개념이나 작품의 부분에 대한 이해를 확인하기보다는 상상력을 발휘하여 작품의 부분과 전체를 주체적으로 수용할 수 있는 능력의 수준을 확인하는 한편, 학습자의 문학 능력 가운데 부족한 부분을 정확히 진단할 수 있는 평가를 설계한다. 또한 작품에 대한 감상이나 비평, 작품 창작 활동을 누적적으로 기록해 나갈 수 있는 평가 방법을 개발하여 작품 수용과 생산의 결과뿐 아니라 과정을 함께 평가할 수 있게 한다. 이와 함께 교과서에 일부만 수록된 작품에 한정하지 않고 책 한 권 읽기나 작품 전체 읽기에 바탕을 둔 평가 활동을 통해 긴 호흡으로 작품을 즐겨 읽는 태도를 형성하는 데 도움이 되는 평가를 기획한다.

6) 매체 영역의 평가

가) 매체 비평 평가

매체 비평 평가는 그림책, 만화, 뉴스, 광고, 웹툰, 애니메이션, 영화 등의 매체 자료를 대상으로 하여 학습자가 자료 감상 후 비평 의견을 제시하는 것을 평가하는 방법이다. 매체 자료는 창작자의 전달 의도가 명확하고 그 의도에 따라 효과적일 것이라고 생각한 전달 방법을 사용한 것이므로 수용자의 입장에서는 창작의 의도와 매체 자료의 전달 방법에 대해 동의하거나 동의하지 않는 등의 비평적 입장을 가질 수 있다. 가령 뉴스를 비롯한 정보 전달 매체의 경우 근거의 정확성을 따져 볼 수 있고, 광고의 경우 광고가 미치는 영향력에 대해 의견을 제시할 수 있다. 만화나 웹툰, 영화 등 서사성이 강한 매체 자료의 경우에도 그 내용을 있는 그대로 수용하는 것이 아니라 내용과 표현 방식 등에 대해 다양한 관점에서 비평할 수 있다.

매체 비평 평가를 할 때에는 비평 의견을 표현하는 방식을 반드시 글의 형태로 제한하지 않도록 한다. 비평문을 쓰는 방법도 있지만 그 외에 프레젠테이션 자료나 이미지, 영상 제작 등의 다양한 형식을 활용하여 평가에서도 매체 자료를 쓸 수 있다. 그리고 비평 의견을 표현할 때에는 학습자가 직접 비평의 기준을 설정하도록 한다. 즉 무엇을 기준으로 그 의견을 제시했는지 설명하게 함으로써 논리적 사고력을 평가할 수 있다.

나) 매체 제작 평가

매체 제작 평가는 학습자가 주제에 적합한 표현 방식을 선택하여 글, 발표 자료, 영상 등의 매체 자료를 만드는 것을 평가하는 방법이다. 매체 제작 평가는 3~4학년군의 '매체를 활용하여 간단한 발표 자료를 만든다.', 5~6학년군의 '적합한 양식과 수용자의 반응을 고려하여 복합양식 매체 자료를 제작하고 공유한다.'와 연계하여 실시할 수 있다.

매체 제작 평가에서 주제는 교사가 정해서 제시하거나 학습자가 직접 구성할 수 있다. 핵심어를 제시하고 해당 범위 내에서 주제를 정하도록 부분적인 자율성을 부여하는 방식도 가능하다. 그리고 매체 제작 평가에 앞서 교사는 매체 자료에 따른 제작 과정을 안내하여 학습자의 선택을 돕는 것이 필요하다. 각 매체 자료의 특성을 이해할 때 자신이 나타내고자 하는 메시지를 정확하고 효과적으로 표현할 수 있기 때문이다. 또한 매체 자료를 제작할 때에는 수용자를 고려해야 한다는 사실을 평가 시 안내한다. 학습자는 교실 밖 일상생활에서 이미 매체 자료의 수용자이자 생산자로 활발한 경험을 하고 있기 때문에 매체 자료를 중심으로 하는 소통 구도의 구성원이라는 사실을 주지시킬 필요가 있다.

매체 제작 평가를 할 때에는 학습자가 직접 제작 일지를 작성하게 하여 제작 과정을 글이나 영상으로 기록해 부족한 점이나 보완할 점을 스스로 알아차리도록 하는 것이 좋다. 매체 자료는 결과물로서만 의미를 갖는 것이 아니며 제작 과정 전체가 학습이라는 점을 강조해야 한다. 또한 매체 자료의 제작이 완료된 후 결과물은 학급이나 학교 구성원 또는 불특정 다수가 열람할 수 있는 플랫폼에 공개해 수용자의 반응을 확인하여 학습자가 사전에 고려하고 예상했던 수용자의 반응과 비교하도록 한다. 이를 통해 학습자는 자신이 제작한 매체 자료의 실제적인 효과성을 인식할 수 있다.

2022 개정 국어과 교육과정에 제시된 '매체' 영역의 평가 시 유의사항은 다음과 같다.

> '매체' 영역에서는 상황 맥락과 사회·문화적 맥락을 고려하여 매체를 수용하고 생산하는 능력과 능동적인 태도에 중점을 두어 평가한다. 특히, 매체와 관련한 개념이나 지식의 단순 암기에 그치지 않고 실제 언어생활 맥락에서 매체를 수용하고 생산하는 능력에 중점을 두어 평가하되, 이 과정에서 '국어'의 타 영역과 긴밀하게 통합하여 평가 과제를 구성할 수 있도록 한다.

3. 국어과 평가의 설계와 평가 유형

가. 국어과 평가를 위한 교육과정 설계 방법: 포워드 설계와 백워드 설계

타일러(R. Tyler)는 교육 목표가 자료의 선택, 내용 정리, 수업 절차의 개발, 시험 및 검사 준비의 준거가 된다고 말했다. 목표 진술의 목적은 학생에게서 모종의 변화를 일으키는 것에 있으며 수업 활동은 이런 목표들을 달성하는 방식으로 계획되어야 한다는 것이다. 그리고 목표 진술 이후에는 수업 활동을 계획하고 그 다음에 평가를 하는 것이 타일러의 목표 중심 모형의 핵심이다(조재식, 2005: 72).

위의 방식에 대해 위긴스와 맥타이(Wiggins & McTighe)는 수업 설계 이후에 평가가 이어지는 것이 포워드 설계(forward design)의 방식이라고 하면서 이와 다르게 백워드 설계(backward design), 즉 수업목표를 설정한 후에 평가를 먼저 계획하고 그에 맞는 학습 경험을 선정해야 한다고 주장했다. 백워드 설계의 단계는 다음과 같다.

〈표 10-10〉 백워드 교육과정 설계(Wiggins & McTighe, 1998: 9)

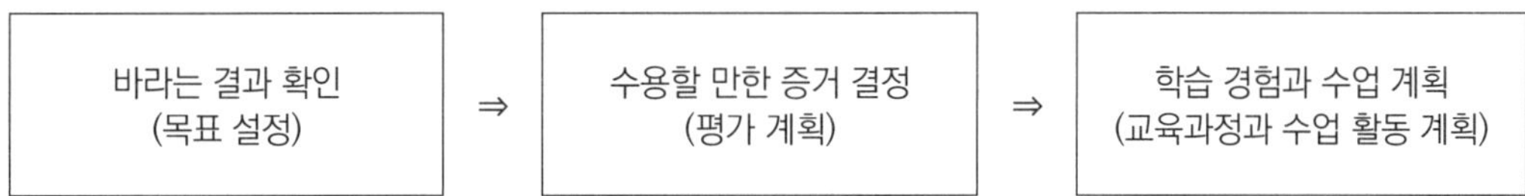

이 과정을 통해 학습자는 '영속한 이해(enduring understanding)'에 도달할 수 있다고 보았다. 이것은 상세한 것들을 잊어버린 이후에도 머릿속에 남아있는 큰(중요한) 개념이라는 뜻으로 브루너(J. Bruner)의 지식의 구조 이론의 영향을 받은 것이다. 즉 백워드 설계 모형의 첫 단계인 '바라는 결과 확인(목표 설정)'은 빅아이디어의 설정을 의미한다. 그리고 백워드 설계에서는 평가의 지위와 역할이 높아졌다. 백워드 설계의 두 번째 단계인 '수용할 만한 증거 결정(평가 계획)'은 수행 과제 제작과 활용 방안에서 형성 평가 및 종합 평가의 문항 개발, 자기 평가 방법에 이르기까지 평가의 모든 시나리오가 개발되어야 한다는 것을 뜻한다(조재식, 2005: 73~74).

나. 국어과 평가의 유형

국어과 평가는 무엇을 대상으로 하는가, 누가 시행하는가, 어떤 방법을 사용하는가, 평가의 주된 기능이 무엇인가, 평가의 중점이 어디에 있는가에 따라 다양하게 나뉜다. 아래에서는 국어과 평가의 영역을 평가 대상, 평가 주체, 평가 방법, 평가 기능에 따라 구분하여 제시한다.

1) 평가 대상에 따른 구분: 학생평가, 교원평가, 교육과정평가, 수업평가, 학교평가

학생평가(student evaluation)는 학생들의 성취도나 상태를 판단하기 위한 평가를 말한다. 교육의 궁극적인 대상은 학생이므로 학생평가는 전통적으로 교육평가의 가장 중요한 영역을 차지해 왔다. 교육평가라고 할 때 가장 먼저 떠올리는 것이 학생평가, 즉 교사가 문제를 출제하는 등의 평가 상황을 조성하고 평가를 실시하고 성적을 산출하는 작업이다. 물론 실제로 국어과 평가를 가리키는 다수의 상황에서 그 의미가 국어 수업 내에서 학생을 대상으로 하는 평가, 학생의 국어 사용 능력을 측정하는 평가인 경우가 많다. 그러나 엄밀한 의미에서 학생평가는 교육평가의 일부분이다.

학생평가의 하위 영역은 평가하고자 하는 학생 특성의 성질에 따라 인지적 평가와 정의적 평가로 구분된다. 인지적 평가(cognitive evaluation)는 지식, 사고과정, 인지능력을 대상으로 하는 평가이다. 학교에서 실시하는 시험을 위시하여 지능검사, 적성검사, 인지전략검사 등이 인지적 평가에 해당된다. 현재 학교에서는 인지적 영역의 평가(특히 성취도를 평가하기 위한 시험)가 우위를 차지하고 있다. 정의적 평가(affective evaluation)는 흥미, 태도, 동기, 가치관과 같은 정의적 특성에 관한 평가를 말한다. 정의적 평가에서는 자기 점검표, 성찰 일지 등의 방법을 활용하여 평가 및 피드백함으로써 학습자의 전인적 성장을 지원할 수 있다. 국어과에서는 국어 교과의 하위 영역인 듣기·말하기, 읽기, 쓰기, 문법, 문학, 매체의 특성과 목표에 따라 인지적 평가와 정의적 평가 중 하나를 선택하거나 둘을 혼합하여 활용한다(권대훈, 2016: 23~24).

교원평가는 교육을 담당하는 주체인 교사의 자질과 전문성이 학생의 학습에 큰 영향을 미친다는 전제 아래 이루어진다. 교원을 대상으로 실시되는 것에는 교원근무평정제와 교원능력개발평가 등이 있는데 평가 요소 중 하나인 학생과 학부모의 만족도조사가 평가의 신뢰도 및 교권 침해의 문제를 야기한다는 점에서 전면 개편될 예정이다. 교원평가는 교사의 교육자로서의 품성, 공직자로서의 자세, 학습지도, 생활지도, 교육연구 및 담당업무 등에 대해 평정자(교감), 확인자(교장), 동료교사가 평가를 실시한다. 이때 동료교사 3인 인상이 평가를 하는 것을 다면평가라고 칭한다. 교원평가의 구체적인 실행안은 사회적 요구에 맞추어 계속해서 변화된다. 교원평가의 궁극적 목적은 교사의 전문성 신장에 있으므로 평가에 따른 불필요한 부담을 줄이고 교사의 실질적인 역량 개발에 초점을 맞추는 방향으로 나아가고 있다(권대훈, 2016: 24~25).

교육과정평가(curriculum evaluation)는 교육과정의 일부 혹은 전체의 가치, 질, 장점을 체계적으로 판단하는 과정이다. 교육과정을 어떻게 정의하는가에 따라 교육과정평가는 교육과정 설계, 수업과정, 수업자료, 교육목표, 교사의 효과, 학습환경, 교육과정 정책, 자원, 교육의 성과를 평가대상으로 할 수 있다. 교육과정을 평가하는 목적으로는 교육과정이 의도하는 목적을 달성하고 있는가를 확인하고, 교육과정이 계획대로 운영되고 있는지를 점검하며, 교육과정을 개선하기 위한 정보를 수집하는 것 등을 들 수 있다(권대훈, 2016: 27).

교육과정은 교육의 질에 영향을 미치는 결정적인 요인이므로 교육이 제대로 이루어지려면 양질의 교육과정을 구성·운영해야 한다. 국가, 교육청, 각급 학교 등 교육과정을 운영하는 주체는 교육과정을 지속적으로 평가하여 교육과정의 질을 판단하고 교육과정을 개선하기 위해 노력해야 한다. 교육과정평가는 교육과정 산출평가(curriculum product evaluation)와 교육과정 프로그램평가(curriculum program evaluation)로 구분된다(M. C. Alkin, 1990, 권대훈, 2016: 27에서 재인용). 교육과정 산출평가는 교수요목, 강의요목, 교과서와 같은 산출물을 대상으로 하는 평가이다. 교육과정 프로그램평가는 운영 중인 교육 프로그램에 관한 평가를 뜻한다. 교육과정평가는 국가수준 및 학교수준에서 이루어진다. 국가수준의 교육과정평가는 교육과정의 질을 전반적으로 높이기 위한 교육정책을 수립하는 데 도움을 주고, 국가 수준에서 운영되는 교육과정의 존속 혹은 폐지 여부를 결정하는 근거를 제공한다. 학교수준의 교육과정평가는 교육목표, 교육과정 내용, 교수방법, 교육시설, 교직원 선발 및 교육과 같이 교육과정의 어떤 측면을 어떻게 개선할 것인가에 관한 정보를 제공한다(권대훈, 2016: 27~28).

2022 개정 국어과 교육과정의 경우 교육과정 개발 과정에서 국민의 의견을 수렴하는 단계를 거쳤는데 이 과정에서 이전 교육과정에 대한 평가가 이루어지고 개정의 방향을 수립할 수 있었다(노은희, 2025). 교육과정평가는 이와 같은 방향으로 이루어져야 한다.

수업평가(instruction evaluation)는 수업의 질과 효과를 판단하는 과정이다. 수업평가의 가장 중요한 기능은 수업 중 수업의 문제점을 보완함으로써 수업을 개선하기 위한 정보를 수집하고, 수업이 종료된 후 수업의 효과와 질을 최종적으로 판단하는 것이다. 수업을 하기 전에 상황요인과 투입요인에 관한 평가 결과를 바탕으로 적절한 수업의 내용과 방법을 계획하고, 교사와 학생들이 수업에서 바람직한 방향으로 행동하도록 자극하는 것도 수업평가의 기능이다. 수업을 평가하기 위한 자료는 교사 자신, 학생, 동료교사 등 다양한 원천으로부터 수집할 수 있으나 최근에는 학생을 수업평가의 가장 중요한 평가주체로 간주하고 있다(권대훈, 2016: 28).

학교평가(school evaluation)는 학교를 대상으로 하는 평가이다. 학교는 교육이 실제로 이루어지는 장(場)이므로 교육이 제대로 이루어지려면 학교가 본연의 역할을 해야 한다. 학교가 제대로 역할을 하고 있는지 판단하고 교육의 질을 개선하기 위해 학교의 질과 적합성에 대한 평가가 필요하다. 현재 초·중등학교와 대학을 대상으로 학교평가를 실시하고 있다. 초등학교에 대한 학교평가는 한국교육개발원이 주관하는 국가 수준의 학교평가와 시·도 교육청이 주관하는 학교평가로 나뉜다. 이는 〈초·중등교육법〉에 근거하여 실시된다(권대훈, 2016: 29). 학교평가는 학생, 학부모, 교원, 직원이 참여하며 협력적 학교자치문화, 교육과정 운영 및 교수·학습 방법, 교육 활동 및 교육 성과와 같은 영역을 중심으로 평가한다. 평가문항의 예시로는 '우리 학교는 학생별 맞춤 지도와 피드백을 통해 학습 결손을 줄이고 기초학력을 높이기 위하여 노력하였다.' '우리 학교는 업무조직 개편을 통해 행정 업무를 경감하고, 효율적 운영을 통해 선생님들이 학생 지도에 집중할 수 있도록 지원하고 있다.'[1] 등이 있다.

이상으로 평가 대상에 따라 학생평가, 교원평가, 교육과정평가, 수업평가, 학교평가의 내용을 살펴보았으며, 이하에서 다루는 내용은 학생의 교육 장면을 중심으로 하는 학생평가를 전제로 한다.

---

1) 서울특별시교육청교육연구정보원: https://www.serii.re.kr/fus/MI000000000000000588/board/BO00000246/ctgynone/view0010v.do?board_seq=5465

2) 평가 주체에 따른 구분: 교사 평가, 자기 평가, 동료평가

여기에서 설명하는 교사 평가는 위의 1)에서 거론한 교원평가와 성격이 다르다. 즉 1)에서는 교원을 대상으로 하는 평가를 가리켰다면 2)의 교사 평가는 교사가 주체가 되는 평가를 뜻한다. 교사가 갖추어야 할 평가 역량은 다음과 같다. 평가방법 및 절차를 제작·개발할 수 있는 역량, 평가방법 선정 역량, 평가 실시·채점·해석 역량, 평가결과 활용 역량, 성적 판정 및 보고 역량, 도덕 및 윤리적 소양이 그것이다(American Federation of Teachers, National Council on Measurement in Education, & National Education Association(AFT, NCME, & NEA), 1990, 권대훈 2016: 21~22에서 재인용).

자기 평가와 동료 평가는 학습자가 주도적으로 자신의 수행을 점검·조정하는 것에 초점을 둔다. 자기 평가(self assessment/evaluation)는 자신의 수행과정이나 결과, 행동, 특성 등에 대해 평가기준에 따라 스스로 평가하는 것이다. 자기평가는 특히 학습 상황에서 학생들이 과업의 목표와 관련하여 자신의 수행과정이나 결과, 행동, 특성에 대해 스스로 점검하고 판단하는 반성적 과정이 포함되므로 이후 학습의 조정 및 개선에 도움이 된다. 따라서 자기평가는 자기조절의 필수요소이기도 하다. 일반적으로 자기평가의 목적은 성찰 및 피드백에 있다. 자기평가를 위해 질문지법, 체크리스트법, 평정척도법, 학습일지 등을 활용할 수 있다(한국교육평가학회, 2023: 165).

자기평가는 학습자가 평가 기준을 이해하고 자신의 강점 및 약점을 분석하며 추후 계획을 세우게 함으로써 인지적으로 깊이 있는 이해를 도모하고 긍정적인 성취를 얻게 한다. 정서적으로는 학습자가 주체적으로 학습을 수행하는 과정을 통해 자기효능감과 학업 참여를 증진시킨다. 자기평가는 학습 개선을 위한 정보를 자발적으로 추구하여 자기 성장을 촉진시킨다는 점에서 자기주도적 학습에 요구되는 핵심 기술로 간주된다. 특히 초등학교 시기는 학습 습관과 태도가 형성되는 때이므로 이 시기에 자기평가를 실시하는 것은 장기적인 학습 성과에 긍정적인 영향을 미친다. 자기평가의 과정은 '평가 기준의 설정 및 파악 - 자기 모니터링과 판단 - 학습 수정과 성찰'로 이루어진다. 학습자는 평가 기준을 파악한 뒤 정보가 부족할 경우 피드백을 구할 수 있다. 자기평가를 수행할 때에는 평가의 목적을 명확히 인지하고 학습 결과물과 평가 기준 사이의 차이를 줄이는 노력을 해야 하며 자기 평가와 성찰의 과정이 순환적으로 이루어지게 해야 한다(박민애·

손원숙, 2025: 831~832).

초등 국어교육에서 실행할 수 있는 자기평가 검사 문항의 예시는 다음과 같다.

〈표 10-11〉 초등 국어교육 읽기 영역의 자기평가 검사 문항의 예

평가 주제: 글을 읽고 생략된 내용을 문맥을 고려하여 추론할 수 있다.					
평가 문항	평가 척도				
	1	2	3	4	5
나는 인물의 행동이나 말에 생략된 이유나 심정을 문맥을 통해 짐작할 수 있다.					
나는 글의 시간이나 장소에 대한 정보가 생략되었을 때 상황을 통해 짐작할 수 있다.					
나는 글쓴이가 직접 말하지 않은 사실이나 가치 판단을 글 전체의 흐름을 통해 추측할 수 있다.					
나는 글의 내용 전개에 필요하지만 생략된 정보를 앞뒤 문장의 단서를 통해 추론할 수 있다.					
평가 주제: 글을 읽고 함축된 표현을 문맥을 고려하여 추론할 수 있다.					
평가 문항	평가 척도				
	1	2	3	4	5
나는 글에서 사용된 비유적인 표현이 실제로 의미하는 바를 문맥을 통해 이해할 수 있다.					
나는 속담이나 관용 표현과 같은 함축된 언어 표현이 글의 주제와 어떤 관련이 있는지 파악할 수 있다.					
나는 같은 단어라도 글의 분위기나 상황에 따라 의미가 달라질 수 있음을 알 수 있다.					

동료평가(peer assessment)는 집단을 구성하는 구성원들이 평가기준에 따라 동료의 수행 과정이나 결과, 행동, 특성 등에 대해 평가하는 것을 말한다. 학교에서 동료 학생의 최종 수행 결과가 제출되기 이전에 평가하여 피드백 제공을 목적으로 하는 형성적 동료평가가 있다. 또한 동료의 수행 결과, 산출물, 참여도, 기여도 등을 평가하는 총괄적 동료평가가 있다. 동료평가는 또한 집단 구성원 사이에 형성되어 있는 상호관계를 측정하는 방법으로 사용하기도 한다(한국교육평가학회, 2023: 65~66).

동료평가는 쓰기 교육에서 효과적으로 사용되는데 그 의의는 다음과 같다. 첫째, 학습자의 참여를 증진시킨다. 학생들은 평가받는 대상으로만 인식될 때에는 소극적이고 수동적인 입장을 취한다. 그러나 평가 활동에 직접 참여하면서 평가의 주체로서 적극적이고 능동적인 역할을 수행하게 된다. 둘째, 학습자는 동료를 평가하는 과정을 통해 평가자 자신에게 피드백 되어 결국 평가자 자신의 쓰기 능력을 신장시킬 수 있다. 상대방의 글을 서로 돌려 읽고 상대방의 글에 대해 의견을 나누며 자신의 견해를 주장하거나 수정

하기도 한다. 이를 통해 동료의 글과 자신의 글을 비교해 봄으로써 자신의 글에서 잘못된 부분을 수정하거나 부족한 부분을 좀더 명확하게 하거나 생각하지 못했던 부분을 추가할 수 있다. 셋째, 동료 평가는 다인수 학급 상황에서 교사 1인이 모든 학생들을 평가하기 어려운 평가 장면에서 유용하다. 동료 평가의 신뢰성이 확보된다면 활발한 평가가 이루어진다는 점에서 유용하다. 또한 별도의 시간을 확보하지 않고 교수·학습 상황에서 자연스럽게 평가 활동을 할 수 있다는 장점이 있다(오택환, 2008: 278~279).

동료 평가를 활용할 때는 동료 학습자의 언어 수행에 대해서 단점을 위주로 평가하기보다는 장점과 개선점을 중심으로 평가하도록 하고, 동료의 피드백에 대해서 열린 마음으로 수용할 수 있도록 안내하는 것이 필요하다. 이를 통해 학습자가 동료들의 다양한 피드백을 긍정적으로 수용하면서 자신의 국어 수행을 점검하고 조정할 수 있도록 한다(교육부, 2022: 65).

3) 평가 방법에 따른 구분: 선택형 평가, 논술형 평가, 포트폴리오 평가

선택형(selection type) 평가는 주어진 답지 중에서 정답을 선택하는 문항 유형을 포괄하는 것으로 일반적으로 용어, 사실, 개념, 원리, 이론 등에 대한 지식을 측정할 때 사용한다. 하위 문항 유형으로는 선다형, 양자택일형, 진위형 등이 있다. 선다형문항(multiple choice item)은 선택형문항 유형 중 가장 일반적으로 사용되는 문항 유형으로 두 개 이상의 답지가 부여되어 그중 정답이나 최선답을 선택하는 문항 형태이다. 일반적으로 답지가 세 개, 네 개 또는 다섯 개로 이루어진다. 양자택일형 문항(two-choice item)은 선택지의 개수가 두 개인 경우를 지칭한다. 그리고 진위형(true-false type)의 경우 주어진 질문에 대하여 맞고 틀림을 결정하는 문항으로 선다형문항 중 양자택일형 문항의 하나로 볼 수 있다(한국교육평가학회, 2023: 120~121).

선택형문항은 학습 영역의 많은 내용을 효율적으로 측정할 수 있고 채점의 객관성을 확보할 수 있다는 장점이 있다. 그러나 주어진 답지 가운데 정답을 선택하는 과정에서 창의력, 분석 능력, 문제 해결 능력 등의 복합적 인지 능력을 평가하기 어렵고 추측에 의해 답변할 확률이 존재하는 단점이 있다(한국교육평가학회, 2023: 121).

논술형(essay type) 평가는 서답형(constructed-response) 평가 유형의 하나로 주어

진 질문에 제한 없이 여러 개의 문장으로 응답하는 평가 방식이다. 질문 접근, 정보 이용, 응답 구성 등 문항을 풀이하는 과정에서 제한을 받지 않기 때문에 고차원적 사고, 다양한 자원 활용 능력이나 복합적 인지 기술을 평가할 수 있다. 논술형 평가를 이루는 문항은 응답의 길이와 복잡성에 따라 제한된 논술형문항(restricted response essay item)과 확장된 논술형문항(extended response essay item)으로 구분하기도 한다. 확장된 논술형문항은 주어진 질문에 제한 없이 여러 개의 문장과 단락으로 답안을 구성하여 글의 완결성이나 주장의 완성도를 갖추도록 요구되는 형태이므로 다양한 정보와 지식을 조직하고 통합하는 능력을 측정할 수 있다. 제한된 논술형문항은 논술의 범위를 지시문에서 제한하거나 글자 수를 제한하는 유형으로 측정할 내용이 많을 때 활용하며 구체적인 내용과 연계시킬 수 있기 때문에 채점이 비교적 용이하다. 짧은 시간 내에 문항을 읽고 답안을 구성하도록 요구한다는 점에서 간단한 논술형문항(short essay, brief response essay item)이라고도 한다. 한 문장 이상의 글을 구성하여 설명, 분석, 해석, 추론 등의 사고력을 측정할 수 있는 서술형문항도 제한된 논술형문항으로 볼 수 있다(한국교육평가학회, 2023: 46~47).

포트폴리오 평가(portfolio assessment)는 작업결과나 작품 혹은 어떤 수행의 결과와 수행의 과정을 모아 놓은 자료집, 서류철인 포트폴리오를 대상으로 하여 특정 기준에 따라 평가하는 방법이다. 교실 상황에서는 기록 포트폴리오와 성장 포트폴리오를 주로 사용한다. 기록 포트폴리오는 학습목표를 성취한 증거를 보여주기 위해 최종 작품들을 모은 것이다. 성장 포트폴리오는 교수·학습이 진행됨에 따라 학생이 어떻게 변화되어 가는지 학습목표의 달성과정을 알 수 있도록 여러 시점에서 학습목표와 관련된 작품을 모은 것이다. 학생은 포트폴리오를 만들 때 자신의 작품을 선별하여 모으면서 자기평가와 자기반성 과정을 가질 수 있다. 포트폴리오는 학습목표와 관련한 학생의 수행 과정이나 결과에 대한 평가뿐만 아니라 학생의 발달과정까지 평가할 수 있다. 기록 형식에 따라 종이 포트폴리오, 전자 포트폴리오(e-portfolio)가 있다(한국교육평가학회, 2023: 230~231).

4) 평가 기능에 따른 구분: 배치평가, 진단평가, 형성평가, 총괄평가

국어과 수업 과정에서 평가가 수행하는 기능을 기준으로 평가형태를 배치평가, 진단평가, 형성평가, 총괄평가로 구분할 수 있다. 각각을 평가 시기로 구분하면 다음과 같다. 수업 전에는 배치평가를 통해 학생들의 개인차를 확인하고, 수업 중에는 진단평가를 통해 학습곤란의 원인을 진단하고 형성평가를 통해 학습의 진전 상황을 점검하며, 수업 후에는 총괄평가를 통해 성취도를 판단한다.

배치평가(placement evaluation)는 수업의 적절한 출발점을 결정하기 위해 수업 전에 실시하는 평가로 학생들의 개인차에 적극적으로 대처하려는 평가활동이다. 국어 수업에 참여하는 학생들은 저마다 어휘의 수준, 읽기 및 쓰기 능력 등이 다르다. 초등학교 저학년의 경우 한글 문해력이 갖춰지지 않은 학생이 있는 반면 길이가 길고 내용이 어려운 텍스트를 능숙하게 이해하는 학생도 있다. 이와 같이 수업 전에 학생들의 개인차가 엄연히 존재하는데도 불구하고 개인차가 없다고 전제하고 모든 학생에게 같은 내용을 같은 방식으로 수업하면 수업은 효과적일 수 없다. 기초지식이 부족한 학생은 수업의 내용을 따라가지 못해 좌절하고, 수업내용을 이미 이해한 학생은 지루해서 집중하지 못한다(권대훈, 2016: 48).

따라서 학생들의 개인차를 확인하여 맞춤형 수업을 하는 것이 중요하다. 배치평가는 학생 개인의 특성을 고려하여 적절한 수업을 제공하는 데 목적이 있다. 배치평가의 기능은 첫째, 학생이 교육목표를 달성하는 데 필요한 선수지식과 기능을 충분히 습득했는지 확인하는 것(이때 실시하는 평가를 준비도 검사(readiness test)라고 한다.), 둘째, 수업을 시작하기 전에 학생들이 교육목표를 이미 달성했는지 확인하여 심화학습을 준비하는 것, 셋째, 학생의 선행지식, 적성, 흥미, 동기 등을 확인하여 적절한 수업방식을 모색하는 것이다. 이를 위해 배치평가에서는 선행 성적 기록, 사전검사 점수, 자기보고식 검사 점수, 관찰 결과 등을 활용한다(권대훈, 2016: 49).

진단평가(diagnostic evaluation)는 지속적인 학습 실패의 원인을 정확하게 규명하여 그것을 교정하기 위한 계획을 수립하는 데 목적을 둔다. 진단평가는 넓은 의미에서 배치평가를 포함하는 의미로 사용된다. 따라서 수업 전과 수업 중에 모두 실시할 수 있다. 수업 중에 실시하는 진단평가의 경우 학생이 학습에 계속 실패할 때 실시하여 구체적으로 어떤 영역에서 어떤 문제가 있는지 정확하게 진단할 수 있다. 글쓰기에 미숙한 학생이 있다면 쓰기 전략을 이해하지 못한 것인지, 글의 구성 요소를 이해하지 못한 것인지, 또는 쓰기 과정 중 일부 단계에서 어려움을 겪는 것인지 등을 파악해야 한다. 그 후 해당 영역과 관련된 학습 내용이나 교사의 도움을 제공하여 글쓰기에 능숙해지도록 이끌 수 있다. 이처럼 진단은 그 자체가 목적이 아니라 적절한 교육내용과 방법을 선정하는 데 도움을 주려는 것이다(권대훈, 2016: 49).

배치평가가 아닌 수업 중 진단평가는 평가 시기의 측면에서 형성평가와 비슷해 보이지만 둘은 다르다. 진단평가는 수업방법이나 자료의 개선으로는 교정되지 않는 지속적인 학습 결함, 환경 요인, 신체적·정서적 문제를 확인하여 그것의 해결 방안을 수립하는 데 목적이 있다. 반면 형성평가는 수업자료 및 방법을 개선함으로써 학습을 촉진하는 데 목적이 있다. 수업 중 진단평가가 보다 근원적인 문제 탐색에 초점을 둔다면 형성평가는 당면한 문제의 해결에 초점을 둔다. 따라서 진단평가를 하는 데에는 특별히 제작된 각종 진단용 검사와 다양한 관찰 방법 등이 활용된다(권대훈, 2016: 49~50).

형성평가(formative evaluation)는 수업이 진행되는 상황에서 학습 진전도를 수시로 점검 및 확인하여 학생과 교사에게 피드백을 제공하기 위한 목적으로 실시하는 평가이다. 형성평가가 학생에게 제공하는 피드백은 학습에 성공했을 때에는 강화를 제공하고, 학습에 실패했을 때에는 구체적인 학습 오류를 확인하게 한다. 형성평가는 학습 속도를 개별화하고, 학습 동기를 높이며, 학습 곤란을 진단해서 교정하는 기능을 한다. 따라서 형성평가가 교사에게 제공하는 피드백은 수업방법이나 수업 절차를 개선할 수 있는 정보를 제공함으로써 궁극적으로 학습 효과를 극대화시킨다(권대훈, 2016: 50).

형성평가는 교육목표를 제대로 달성해 가고 있는지 수시로 점검하는 활동이므로 준거지향평가[2]로 실시하는 것이 원칙이다. 형성평가가 의도한 기능을 제대로 수행하려면 자주 실시해야 하고, 평가 결과를 학생에게 즉시 피드백 해주어야 하며, 평가 결과를 최종 성적에 반영하지 않는 것이 좋다. 형성평가에는 교사가 출제한 시험(쪽지시험, 퀴즈 등),

---

2) 준거지향평가(crterion-referenced evaluation)는 개인의 점수를 절대적인 성취수준에 비추어 해석하는 평가방식이다. 개인의 점수를 다른 학생들과 비교하여 상대적으로 해석하는 규준지향평가(norm-referenced evaluation)와 달리 준거지향평가는 점수를 절대적으로 해석하기 때문에 절대평가라고 한다. 점수를 절대적으로 해석한다는 것은 무엇을 어느 정도 알고 있고, 무엇을 어느 정도 할 수 있는가에 비추어 점수를 해석한다는 것을 뜻한다(권대훈, 2016: 39).

관찰 방법 등이 활용된다. 국어 교과의 내용 중 비유하는 표현을 학습하는 수업이라면 수업 시간 중에 대상을 정해 비유하는 표현을 떠올려 쓰는 활동을 형성평가로 제시할 수 있다. 이때 비유의 특성을 적용하지 못하는 학생이 있다면 즉시 피드백을 제공해 비유의 개념을 설명하고 비유하는 표현의 예시를 통해 학습자의 이해를 도와야 한다(권대훈, 2016: 50).

총괄평가(summative evaluation)(총합평가)는 일련의 활동이나 프로그램이 종료된 후 그 효과와 적합성을 최종적으로 판단하기 위한 목적으로 실시하는 평가이다. 일정 기간의 수업이 끝난 후 성취도를 판단하고 수업의 효과를 판단하기 위해 실시되는 시험, 예를 들어 학기말시험이나 학년말시험은 총괄평가에 해당한다(권대훈, 2016: 50~51).

총괄평가의 기능은 성적을 평가하고, 장래 성취도를 예측할 수 있는 근거를 제공하고, 집단 간 성취도를 상호 비교할 수 있는 토대를 제공하며, 수업의 효과를 판정하는 것이다. 형성평가와 달리 총괄평가는 비교적 장기간에 걸친 학습 성과를 총체적으로 나타낸다. 또한 총괄평가의 결과는 입학 시험이나 자격 시험의 기초자료로 활용된다는 특징을 지닌다. 따라서 총괄평가의 용도로 사용하는 검사나 시험은 출제와 관리에 유의해야 한다. 총괄평가는 형성평가에 비해 출제 범위가 넓기 때문에 전체 영역에서 균형 있게 출제해야 하며, 평가 형태는 규준지향평가와 준거지향평가가 모두 사용된다(권대훈, 2016: 51).

5) 평가 중점에 따른 구분: 과정 중심 평가, 결과 중심 평가

국어과 평가는 평가의 중점에 따라 과정 중심 평가와 결과 중심 평가로 구분할 수 있다.

두 평가의 초점을 살펴보고 평가 목적을 비교하겠다. 과정 중심 평가는 학습자가 지식이나 기능을 습득하고 적용하는 과정에 초점을 맞춘다. 핵심 목적은 학습의 진단과 개선에 있으며 평가 결과를 바탕으로 학습자에게 맞춤형 피드백을 제공하여 학습의 질을 향상시키는 데 기여한다. 과정 중심 평가의 관점에서는 학습을 역동적인 과정으로 본다.

이에 비해 결과 중심 평가는 학습 활동이 종결된 후 산출된 최종 결과물이나 획득한 지식의 양과 수준에 초점을 맞춘다. 주된 목적은 학습 목표의 달성 여부를 총괄적으로 확인하고 이를 토대로 학업 성취 수준을 객관적으로 측정하며 등급을 판정하는 데 있다.

이 관점은 학습을 명확한 도달점이 있는 것으로 간주하며 주로 인지적 영역의 최종 성취도를 측정하는 데 활용된다.

다음은 두 평가의 시점과 방법의 비교이다. 과정 중심 평가는 학습이 진행되는 동안 지속적이고 다면적으로 실행한다. 평가 시점은 교수·학습의 중간으로 설정되며 주로 형성평가의 성격을 갖는다. 평가 방식은 학습자의 실제 수행 능력을 파악할 수 있는 수행평가 유형이 대부분이다.

반면 결과 중심 평가는 학습의 종료 시점에 집중적으로 실시되며 총괄평가의 형태를 띤다. 평가 방식은 학습 목표 도달 여부를 효율적이고 객관적으로 측정하기 위한 지필평가 형태가 일반적이다. 선다형 문항, 서술형 문항 등을 통해 학습한 내용을 얼마나 정확하게 기억하고 이해했는지 측정하며 대규모 학습자를 대상으로 하는 경우가 많다.

마지막으로 평가 결과의 활용 측면의 비교이다. 과정 중심 평가의 결과는 학습의 질을 개선하는 데 직접적으로 활용된다. 교사는 학습자의 취약점이나 오개념을 실시간으로 파악하여 교수·학습 방법을 수정하고, 학습자는 구체적인 피드백을 통해 자기 주도적 학습 능력을 향상시킬 수 있다. 즉 평가 결과는 학습 촉진의 도구로 기능한다.

이에 비해 결과 중심 평가의 결과는 주로 학업 성취도의 판정과 진급 등의 목적에 활용된다. 학습자의 특정 학년/학기에서의 성취도를 수치화하고 다음 학년으로의 진급, 졸업 여부 또는 특정 전형에서의 선발 및 배치 등의 결정을 내리는 데 사용된다. 평가 결과는 객관적인 비교 자료로서 가치를 갖는다.

이상의 내용을 표로 정리하면 다음과 같다.

〈표 10-12〉 과정 중심 평가와 결과 중심 평가의 비교

	과정 중심 평가	결과 중심 평가
초점	학습이 이루어지는 과정 및 학습자의 성장	최종적으로 산출되는 결과물 및 성취 수준
평가 목적	학습 개선 및 학습자에게 피드백 제공	학습 목표 달성 여부 확인 및 등급 판정
평가 시점	교수·학습 활동의 중간 및 진행 중에 실시(→ 형성평가)	교수·학습 활동의 종료 시점에 실시(→ 총괄평가)
평가 방식	면담, 관찰, 포트폴리오, 프로젝트 평가 등	선다형 평가, 서술형 평가
평가 결과의 활용	학습 결손 진단 및 교수·학습 방법의 개선	학업 성취도 판정, 선발 및 배치

참고 문헌

교육부(2022), 「국어과 교육과정(교육부 고시 제2022-33호 [별책 5])」.

교육부(2019), 「초등학교 국어 6-2 가」.

권대훈(2016), 「교육평가(3판)」, 학지사.

김정자(2023), 쓰기 자기 평가의 경향과 쟁점 연구- 2015 개정 교육과정에 따른 초등 국어 교과서의 쓰기 자기 평가 활동을 중심으로 -, 「한국초등국어교육」 76, 한국초등국어교육학회.

김진웅·주민재(2016), 쓰기 평가 연구의 경향과 과제 탐구, 「한민족문화연구」 54, 한민족문화학회.

노은희(2025), "국민과 함께하는 교육과정"의 의견 수렴에 대한 반성적 고찰: 2022 개정 국어과 교육과정 개발 과정을 중심으로, 「교육과정평가연구」 28(2), 한국교육과정평가원.

박민애·손원숙(2025), 초·중학생용 자기평가 수행 척도의 타당화 연구: 평가 기준 파악, 자기주도적 피드백 추구 및 자기성찰의 과정, 「교육문화연구」 31(2), 인하대학교 교육연구소.

박수자(1997), 초등학교 국어과 언어능력 평가에서 빈칸메우기검사(cloze test) 활용 방안에 대한 연구, 「한국초등국어교육」 12, 한국초등국어교육학회.

박재현(2015), 화법 평가의 쟁점과 발전 방향, 「국어교육학연구」 50(2), 국어교육학회.

서울대학교 국어교육연구소(1999), 「국어교육학사전」, 대교.

오택환(2008), 논술문 쓰기에 나타난 동료 평가의 양상과 의의, 「새국어교육」 80, 한국국어교육학회.

이병승(2010), 쓰기 과제 제시 방식이 쓰기 성취도에 미치는 영향 - 평가 기준과 계획하기 시간 제시를 중심으로 -, 「작문연구」 10, 한국작문학회.

이순영·최숙기·김주환·서혁·박영민(2018), 「독서교육론」, 사회평론아카데미.

이승왕(2020), 문법 교육에서의 구술 평가 적용 방안, 「한국초등국어교육」 69, 한국초등국어교육학회.

전은주(2003), 말하기·듣기 영역 수행 평가의 방법 - 토론 교수-학습을 중심으로, 「어문학

교육」 27, 한국어문교육학회.

조재식(2005), 백워드(backward) 교육과정 설계 모형의 고찰, 「교육과정연구」 23(1), 한국교육과정학회.

한국교육평가학회(2023), 「교육평가 용어사전」, 학지사.

한국어문교육연구소·국어과교수학습연구소(2006), 「독서교육사전」, 교학사.

Alkin, M. C.(1990), Curriculum evaluation models, In H. J. Walberg & G. D. Haertel(Eds.), *The International Encyclopedia of Educational Evaluation*, New York: Pergamon Press.

American Federation of Teachers, National Council on Measurement in Education, & National Education Association(AFT, NCME, & NEA)(1990), *Standards for Teacher Competence in Educational Assessment of Students*, Washington, DC: American Federation of Teachers.

Goodman, K.(Ed.)(1968), *The psycholinguistic nature of the reading process*, Detroit, MI: Wayne State University Press.

Taylor, W. L.(1953), Cloze procedure: A new tool for measuring readability, *Journalism Quarterly* 30, 1953.

Tyler, R.(2024), 이형빈 역, 「타일러 교육과정과 수업 설계의 기본 원리」, 살림터.

Wiggins, G. & McTighe, J.(1998), *Understanding by Design*, Alexandria.

더 공부해 봅시다

1. 국어과 평가의 중요성을 중심으로 국어 교과서의 평가 관련 내용을 비판적으로 분석하시오.

2. 자신이 생각하는 국어과 평가의 방향에 대해 설명하시오.

3. 듣기·말하기 영역의 평가의 특징을 설명하시오.

4. 읽기 영역의 평가 중 '요약하기와 중요도 평정법'이 초등 국어교육에서 어떤 역할을 하는지 설명하시오. 이때 읽기 영역의 학년군별 내용을 참고하시오.

5. 쓰기 영역의 평가 중 '쓰기 포트폴리오 평가'를 하기 위한 준비 작업을 교사와 학생의 경우로 나누어서 설명하시오.

6. 문법 영역의 평가 중 '문법 구술평가'를 할 때 유의할 사항을 설명하시오.

7. 문학 영역의 평가를 참고하여 새롭게 시도할 수 있는 문학 평가 방법을 생각해 보시오.

8. 매체 영역의 평가인 '매체 비평 평가'와 '매체 제작 평가'를 할 때 평가 대상으로 어떤 매체 자료를 선택할 것인지 기준을 설계하고 실제로 선택해 보시오.

9. 국어과 평가를 위한 교육과정 설계 방법 두 가지를 비교하여 설명하시오.

10. 국어과 평가를 대상, 주체, 방법, 기능, 중점에 따라 구분하고 각각의 특징을 설명하시오.

제11장

한글 자모 교육의 이해

1. 한글 교육의 중요성

한글 교육은 학교 교육의 출발점이자 학습자가 문식 능력(literacy)을 형성해 가는 데 가장 기초적이고 필수적인 과업이다. 한글을 익히는 활동은 단순히 문자를 암기하는 것이 아니라, 문자라는 추상적인 기호를 시각적으로 식별하고 이를 음성과 의미로 연결하며 다시 문자로 산출하는 인지적 과정으로 구성된다. 이는 문자 해득을 넘어 향후 읽기와 쓰기 학습을 가능하게 하는 최소한의 조건이기도 하다.

한글 학습을 토대로 형성되는 기초 문해력은 성공적인 학교 적응을 도울 뿐만 아니라 학령기 전반에 걸쳐 학습의 성패를 좌우한다. 또한 현대 사회에서 필수적인 기초 의사소통 능력을 갖추고 성공적인 사회생활을 영위하는 데 기반을 제공한다는 점에서 결정적인 의미를 지닌다. 특히 공교육 내에서의 한글 교육은 가정 배경이나 환경적 요인으로 인해 학습 기회가 부족했던 아동들에게 균등한 출발선을 제공함으로써 교육 격차를 해소하고 평등한 교육 기회를 보장하는 책무성을 갖는다.

이러한 교육적 당위성과 사회적 요구의 증대는 국어과 교육과정의 정책적 방향에도 반영되었다. 2015 개정 교육과정에서는 한글 교육 강화 및 책임 교육을 전면에 내세우며 한글 학습 시수를 대폭 확대하였고, 한글 교육 관련 학습 요소를 이전보다 구체적으로 제시하였다. 이어 2022 개정 교육과정에서는 한글 학습을 위한 특화 단원으로서 '한글 놀이마당'을 신설하고 한글 이해 및 익힘을 위한 시간으로 34차시를 확보하였다. 이러한 변화는 학교 현장에서 한글 교육을 집중적으로 운영할 수 있는 제도적 기반을 마련하고, 한글 학습이 기초 문해력 형성의 핵심 과제로서 더욱 강조되고 있음을 보여준다.

2. 한글 학습자의 특성

한글 학습이 효과적으로 이루어지기 위해서는 한글 학습의 대상이 되는 한글 학습자에 대한 이해가 선행되어야 한다. 먼저 한글 학습자는 크게 입문기 모어 학습자, 이중언어 학습자, 외국인 학습자, 계승어 학습자의 네 유형으로 구분할 수 있다.[1] 이들은 인지적·정의적·사회문화적 배경에서 상이한 특성을 보이는데, 이러한 차이는 한글 자모 제시 방식, 학습량, 교수·학습 활동 구성 방식 등 교육 전반에 영향을 미친다. 따라서 한글 학습자의 유형별 특성을 구체적으로 파악하는 것이 중요하다고 할 수 있다(이병규, 2024). 한글 학습자의 특성을 살펴보면 〈표 11-1〉과 같다.

〈표 11-1〉 한글 학습자의 특성(이병규, 2024: 59)

	인지적	정의적	사회·문화 배경	의미 표상
입문기 모어 학습자	전조작기, 구체적 조작기	+흥미 유발 필요	한국	동작, 영상, 이미지 활용
이중언어 학습자	구체적 조작기	+흥미 유발 필요	한국 및 모국	동작, 영상, 이미지 활용
	형식적 조작기	−흥미 유발 필요		언어, 부호 활용 가능
외국인 학습자	형식적 조작기	−흥미 유발 필요	자국 및 한국	언어, 부호 활용 가능
계승어 학습자	구체적 조작기	+흥미 유발 필요	이민국 및 한국	동작, 영상, 이미지 활용
	형식적 조작기	−흥미 유발 필요		언어, 부호 활용 가능

먼저 인지적 측면에서 고려할 한글 학습자별 특성을 살펴보자. 입문기 모어 학습자는

1) 한글을 목표 문자로 하는 학습 대상은 크게 입문기 모어 학습자(Korean as a Mother Language in Elementary School:KMLES, KML), 이중언어 학습자(Korean as a Second Language:KSL), 외국인 학습자((Korean as a Foreign Language:KFL), 계승어 학습자(Korean as a Heritage Language: KHL)의 네 부류이다. 입문기 모어 학습자는 한국어를 모국어로 사용하는 만 7세 전후의 학습자로 대부분 초등학교 1학년 학생을 가리킨다. 이중언어 학습자는 중도 입국 학생과 같이 한국어를 제2언어로 익히는 학습자로 연령, 수준, 한국어 경험의 폭이 매우 다양하다. 외국인 학습자는 외국에 거주하는 한글 학습 대상자로 대체로 중등 이상의 연령이며, 계승어 학습자는 해외 이주 동포의 자녀들로 전 세계에 흩어져 있고 연령 또한 다양하다.

전조작기와 구체적 조작기에 해당하며, 추상적 개념보다는 시각적 단서가 되는 동작, 영상, 이미지 등 구체적 매개를 통해 의미를 표상하고 개념을 형성하는 경향이 크다. 따라서 한 차시에 다량의 자모를 제시하거나 음운론적 지식을 중심으로 설명하는 방식은 인지적 수준에 적절하지 않다. 반면 외국인 학습자는 형식적 조작기에 해당하는 경우가 대부분이어서 언어적 설명만으로 자모의 원리나 글자의 짜임을 이해할 수 있으며, 단기간에 비교적 많은 학습량을 소화할 수 있다. 이중언어 학습자나 계승어 학습자는 인지적 수준이 구체적 조작기와 형식적 조작기에 걸쳐 다양하게 분포하여 있으므로 각각의 특성에 맞는 접근이 필요하다.

정의적 측면에서도 한글 학습자 간 차이가 있다. 입문기 모어 학습자는 발달적 특성상 주의집중 시간이 짧기 때문에 놀이 기반의 활동을 중심으로 한 흥미 유발 요소가 지속적으로 필요하다. 반면 형식적 조작기에 있는 외국인 학습자에게는 이러한 접근 방식이 오히려 학습 동기를 저하시킬 수 있으며, 직접적인 설명 중심의 방법이 보다 효율적이고 효과적일 수 있다. 이중언어 학습자나 계승어 학습자는 연령대가 다양하여 각 시기에 적절한 방식으로 접근하여야 한다.

사회·문화적 배경 역시 교수·학습 설계에 영향을 미친다. 입문기 모어 학습자는 한국의 가정, 학교, 또래 문화 등을 기반으로 학습하므로 실제 생활 맥락과 밀접한 언어 자료가 효과적이다. 이에 반해 외국인 학습자는 대부분 형식적 조작기에 해당하기 때문에 한국과 자국의 문화적 배경을 비교하며 학습할 수 있으므로 상호 문화주의적 관점에서 접근하는 것이 유의미할 수 있다. 이중언어 학습자나 계승어 학습자에게는 한국 문화만을 일방적으로 주입하는 방식은 적절하지 않으며, 모국 또는 이민국을 배경으로 한 학습자의 문화적 정체성과 경험을 존중하는 교수 전략이 요구된다.

마지막으로 의미 표상의 방식에서도 학습자 간 특성이 구별된다. 입문기 모어 학습자는 그들의 인지적 수준을 고려할 때 자모의 형태와 소리를 대응시키는 과정에서 구체적 조작을 필요로 한다. 따라서 목표 자모가 포함된 어휘의 이미지·소리·맥락을 함께 제시하였을 때 개념 이해가 용이하고 효과적이다. 반면 외국인 학습자는 언어나 부호를 통한 개념 설명만으로도 이해가 가능하기 때문에 짧은 시간에 많은 개념을 소화할 수 있다. 이중언어 학습자와 계승어 학습자는 인지적 수준의 범위가 넓기 때문에 각각의 수준에 맞는 방식을 선택하여 접근할 필요가 있다.

이처럼 한글 학습자의 특성은 인지적·정의적·사회문화적 측면에서 유형별로 뚜렷한 차이를 보이므로, 획일적 교수·학습 방식을 적용하기보다 학습자 유형에 적합한 교육적 대응이 필요하다. 그런데 이들 중 초등 국어교육의 한글 학습 대상자로서 초점화할 유형은 입문기 모어 학습자와 이중언어 학습자(구체적 조작기)[2)]일 것이다. 이 시기의 학습자들은 인지적·정의적·사회적 발달 특성상 문식성 발달 격차가 크기 때문에 한글 교육은 각 학습자의 특성과 수준에 따라 개별적으로 지도되어야 한다.

피아제(Piaget)의 인지 발달 이론에 따르면 전조작기의 학습자는 조작(operation)을 통해 세상을 표상하고 이해하기 시작한다. 구체적 조작기에 이르면 학습자는 보존 개념이 형성되고 분류화, 서열화가 가능해지며, 무엇보다 구체적 사물을 통해 지식을 구성할 수 있다. 이 시기의 학습자들은 아직 추상적 사고가 충분히 발달하지 않았기 때문에 논리적 추론만으로 개념을 이해하는 데 어려움이 있다. 따라서 한글 학습을 설계할 때는 구체적인 상황이나 대상, 실제적인 경험과 관련지어 학습 내용을 제시하는 것이 필요하다. 또한 이 시기에는 유목화와 서열화 능력이 발달하므로 자모 학습이나 낱말 학습에서도 분류하기, 순서대로 배열하기 등의 구체적 조작 활동을 접목할 수 있다.

한편 브루너(Bruner)의 관점에서 보면, 이 시기의 학습자들을 동작적 표상(enactive representation)과 영상적 표상(iconic representation)으로 대상을 이해한다. 동작적 표상 단계에서는 행동이나 동작 등 직접적인 경험을 통해 대상을 이해하고, 영상적 표상 단계에서는 시각적 단서인 이미지, 영상, 도식 등 구체적 매개를 통해 의미를 표상하고 개념화한다. 브루너는 모든 지식이 지적으로 타당한 양식으로 제시된다면, 발달 단계와 관계없이 모든 아동에게 효과적인 교육이 가능하다고 주장하였다. 이는 효과적인 학습을 위해서 아동의 인지 발달 수준이나 환경에 적합한 표현 양식을 채택하는 것이 중요함을 시사한다. 즉, 한글 학습이 추상적인 문자와 소리를 익히는 것이기 때문에 그 자체로 어려운 과업일 수 있지만, 한글 학습자의 특성에 맞게 제시한다면 충분히 효과적으로 가르칠 수 있다는 것이다. 따라서 이 시기의 학습자에게 한글을 지도할 때에는 추상적인 문자 지식을 직접 제시하기보다는 동작, 그림, 사진, 영상 등을 충분히 활용하는 것이 중요하다고 할 수 있다.

---

2) 형식적 조작기는 만11세 이후이므로, 형식적 조작기에 해당하는 학습자 중 초등학생은 극히 일부라고 판단하고 이중언어 학습자 중 구체적 조작기의 학습자만 대상으로 삼았다(〈표 11-1〉에 음영 표시).

3. 한글 지도 방법

한글을 지도하는 방법은 크게 발음 중심 접근법, 의미 중심 접근법, 균형적 접근법으로 나눌 수 있다. 발음 중심 접근법은 문자와 소리의 대응 관계를 체계적으로 가르쳐 점차 낱말, 문장을 읽을 수 있도록 하는 데 중점이 있다. 반면 의미 중심 접근법은 낱말이나 문장을 제시하고 의미 단위로 이해하면서 자연스럽게 글자를 익히도록 하는 접근 방식이다. 균형적 접근법은 발음 중심 방식과 의미 중심 방식의 장단점을 고려하여 균형적으로 접근하는 방법이다. 각 지도 방법을 자세히 살펴보면 다음과 같다.

가. 발음 중심 접근법

발음 중심 접근법은 자소와 음소의 대응 관계를 익히는 것에서부터 시작하여 낱자를 알고 점차 낱말과 문장 수준으로 확대하며 지도하는 방법이다. 이 방법은 한글의 자모음 체계를 이해하고 특히 글자와 소리의 대응 규칙을 지도하는 데 적합하다. 특히 한글은 자소와 음소의 대응이 매우 규칙적이고 글자 형성의 원리가 체계적이기 때문에 몇 가지 원리만 터득하면 쉽게 새로운 글자를 읽을 수 있을 만큼 전이력이 높은 방법이기도 하다. 발음 중심 접근법은 자모식과 음절식의 두 가지 방법으로 나눌 수 있다.

자모식은 'ㄴ'에 'ㅏ'를 더하면 '나'가 되고, 'ㅁ'에 'ㅜ'를 더하면 '무'가 된다는 식으로 지도하는 방법인데 흔히 기역니은식 지도법이라고 불린다. 기본 음절표를 활용하여 자모를 가르치고 이후 'ㅎ'에 'ㅏ'를 더하면 '하'가 되고 여기에 받침 'ㄱ'을 더하면 '학'이 된다는 것을 가르치는 방식이다.

음절식은 음절을 단위로 지도하는 방법인데, 체계적 자모법과 동음절 연상법이 있다. 체계적 자모법은 기본 음절표를 활용해 '가갸거겨…'와 같이 초성과 중성이 결합한 개음절을 제시하고, 이후 여기에 종성을 덧붙여 '각갹걱격…'과 같은 폐음절로 확장하는 방식이다. 이 과정에서 음절의 구조와 결합 원리, 각 자소의 음가 비교 등을 분석적으로 가르친다. 자모식 지도법과 마찬가지로 음절을 자소 단위로 분석한다는 공통점이 있지만 기본 음절표를 활용해 음절 사이의 자모와 음가를 식별하도록 하여 자소-음소의 대응 관계를 체계적으로 가르친다는 점에서 다르다. 그러나 기본 음절표의 140개 음절 중 실제 사용 빈도가 낮거나 거의 쓰이지 않는 음절이 상당수 포함되어 있어 일면 비효율적이고, 입문기 학습자에게 불필요한 학습 부담을 줄 수 있다.

동음절 연상법은 학습자가 이미 알고 있는 단어에서 특정 음절을 추출해 그 음절을 단위로 새로운 단어를 만들거나 분석하도록 하는 방법으로, 음절을 쉽게 기억하고 이해하도록 돕는다. 예를 들면 '바다'라는 단어를 학습할 때, '바지'의 '바'와 '다리'의 '다'를 결합하여 '바다'라는 단어를 만들어 보도록 지도하는 것이다. 이 방법은 낱말을 활용하기는 하지만 '음절' 단위에 초점을 두어 지도하는 방식이기 때문에 의미 중심 접근법의 단어식 지도 방법과는 차이가 있다.

이처럼 발음 중심 접근법은 학습자보다 문자 체계 자체에 초점을 두는 지도 방식으로 이해할 수 있다. 한글의 자모-음소 대응이 규칙적이라는 점에서 체계적이고 논리적인 지도가 가능하며, 새로운 낱말로의 전이가 용이해 교육적 효율성도 높다. 또한 맞춤법 학습과도 자연스럽게 연계된다는 장점이 있다. 그러나 추상적 부호의 이해가 어려운 입문기 학습자에게는 이 방식이 직관적으로 받아들이기 어렵고, 학습 흥미나 관심을 유발하기도 쉽지 않다. 또한 받침 있는 음절이나 음운 변동이 있는 낱말을 읽고 쓰는 것을 지도하기에는 적합성이 낮으며, 읽기 이해 지도와 충분히 연계되지 않는다는 한계가 있다.

나. 의미 중심 접근법

의미 중심 접근법은 익숙한 낱말이나 문장을 읽고 쓰는 과정에서 의미를 이해하고, 그 속에서 글자의 형태를 인식한 뒤 점차 낱자 수준까지 분석하여 글자를 익히도록 하는 방식이다. 이 방법은 언어를 개별 요소로 분리하여 지도하기보다는 글 전체를 이해하는 과정 속에서 문장과 낱말의 의미를 자연스럽게 이해하도록 하는 관점에 기반한다. 따라서 발음에 집중하는 문자 해독보다는 그림이나 사진 등 시각 자료를 함께 제시하여 의미 파악 중심의 활동 구성을 중시한다. 또한 추상적인 낱자보다는 구체적인 낱말과 문장에 초점을 두기 때문에 학습자들의 관심과 흥미를 이끌어 내기 쉽다는 장점이 있다. 이러한 의미 중심 접근법에는 대표적으로 낱말식 지도와 문장식 지도 방법이 있다.

낱말식 지도는 학습자에게 친숙한 낱말을 제시하고 그 낱말 전체를 읽고 쓰는 활동을 중심으로 전개된다. 학습자가 실생활에서 자주 접하는 단어를 그림과 같은 시각 자료와 함께 제시하여 의미를 먼저 이해하도록 한 뒤, 해당 낱말을 통글자 형태로 익히게 하는 방법이다. 이후 의미 이해를 바탕으로 그 낱말을 구성하는 음절을 분석하고 낱자의 형태와 소리를 익히게 한다. 낱말식은 초기 한글 학습 단계에서 어휘를 시각화하여 제시하기에 용이하다는 점에서 학습자의 접근성을 높여 준다.

문장식 지도는 문장을 기본 단위로 삼아 문장의 전체 의미를 이해하는 과정에서 글자를 익히도록 하는 방법이다. 예를 들어 '나는 강아지를 좋아한다.'와 같은 기본 문장을 제시하고, 그 의미를 파악할 수 있도록 그림을 함께 보여주거나 이야기 맥락 속에서 제시한다. 이후 문장을 구성하는 낱말을 확인하고 글자를 인식하며 낱자를 분석하는 것까지 나아간다. 이 방법은 언어가 실제로 사용되는 단위인 문장을 기반으로 삼는다는 점에서 실제성이 높으며, 학습자가 텍스트와의 상호작용 속에서 의미를 이해하고 자연스럽게 문자 체계를 익힐 수 있다는 장점이 있다. 또한 이후의 읽기 이해 지도와 유기적으로 연계된다는 점에서도 교육적 효과가 있다.

이처럼 의미 중심 접근법은 문자 체계보다 학습자에게 초점을 두며, 의미 이해를 중심으로 가르치는 방식이다. 실생활 어휘나 익숙한 문상을 중심으로 접근하기 때문에 흥미를 유발하고 학습 동기를 지속시키기에 유리하며, 초기 학습자의 발달 특성과도 잘 부합한다. 또한 제한된 양의 낱말이나 문장만으로도 학습을 시작할 수 있어 입문기 학생에게 학습 부담이 적고 접근성도 높다는 장점이 있다. 또한 언어 기능을 하위 기능으로 세분화하여 지도하기보다, 실제 언어 사용과 같은 통합적 경험을 중시한다는 점에서 총체적 언어 교육의 성격을 지니며 읽기·말하기·쓰기의 통합 지도에도 적합하다. 다만 정확한 발음 지도가 어렵고 배우지 않은 낱말이나 새롭게 접하는 문장은 읽기 어려워 학습 전이가 낮다는 단점이 있다. 또한 이미지나 기억, 문맥에 의존하여 지나치게 추측하며 읽게 되면 오히려 의미를 오해하거나 부정확하게 파악하는 경우도 생길 수 있다. 학습 내용으로 다루는 낱말이나 문장이 제한적이기 때문에 학습량이 충분히 확보되지 않는다는 점, 자모-음소 대응 관계나 글자의 구성 원리를 이해하는 데는 시간이 상대적으로 오래 걸릴 수 있다는 점도 염두에 두어야 한다.

다. 균형식 접근법

발음 중심 접근법과 의미 중심 접근법은 각각의 장점과 한계를 지니고 있어, 어느 한 방법만으로는 입문기 학습자의 문식 능력을 충분히 발달시키기 어렵다. 이러한 점에서 균형식 접근법은 발음 중심과 의미 중심의 장점을 상호 보완적으로 적용하고, 학습자의 발달적 요구에 맞게 적절히 통합하여 지도하는 방법이라 할 수 있다. 이는 발음 중심과 의미 중심 접근법을 단순히 일정한 비율로 배분하여 양적인 균형을 맞추라는 의미가 아니라, 학습자의 발달 수준이나 상황에 맞추어 두 접근 방식을 조화롭게 적용하라는 뜻이다. 예를 들어, 문자의 의미는 이해하고 있으나 정확한 발음으로 읽지 못하는 학습자에게는 발음 중심으로 접근하고, 반대로 문자의 해독은 가능하지만 의미 파악이 어려운 학습자에게는 의미 중심 지도가 필요하다. 이와 같이 학습자의 문식성 발달 수준이나 개인차를 고려하여 지도 내용과 방법을 융통성 있게 적용하는 것이 균형적 접근법의 핵심이다. 또한 음운 인식나 단어 지도를 할 때에도 학습자의 흥미를 끌 수 있는 책이나 총체적 언어 프로그램을 활용하되, 직접적이고 명시적인 지도를 병행함으로써 두 접근 방법의 장점을 최대화할 수 있다.

균형식 접근법에서 '균형'의 의미는 여러 층위에서 적용될 수 있다. 앞서 살펴본 바와 같이 발음 중심과 의미 중심 지도 방법 간의 균형뿐만 아니라, 교수·학습 활동과 언어 자료 측면에서도 균형을 고려해야 한다. 읽기와 쓰기 활동의 균형을 이루고, 기본 음절표, 신체 움직임을 활용한 낱자 만들기, 놀이 활동, 동요, 동시, 그림책 등 다양한 언어 자료를 적절히 제공하여 기초 기능을 폭넓게 익힐 수 있도록 해야 한다는 것이다. 또한 인지적 요인과 정서적 요인 사이의 균형도 중요하다. 학습자의 흥미와 동기를 고려하여 즐거운 학습 경험을 제공하되, 단순히 재미에만 치중하지 않고 언어 기능 습득과 함께 고등 사고력의 신장을 도모하는 방향으로 수업을 구성해야 한다.

1

2. 글자의 짜임을 생각하며 자음자와 모음자를 써 봅시다.

기차

기 차

ㄱ ㅏ

도토리

도 토 리

ㄷ ㅗ ㄹ

117

118

3. □ 안에 알맞은 글자를 쓰고 소리 내어 읽어 봅시다.

자음자＼모음자	ㅏ	ㅑ	ㅓ	ㅕ	ㅗ	ㅛ	ㅜ	ㅠ	ㅡ	ㅣ
ㄱ	가	갸		겨	고	교		규	그	기
ㄴ	나	냐	너		노	뇨	누	뉴	느	니
ㄷ		댜	더	뎌		됴	두	듀	드	디
ㄹ	라		러	려	로		루	류	르	리
ㅁ	마	먀		며	모	묘		뮤	므	미
ㅂ	바	뱌	버		보	뵤	부			비
ㅅ	사	샤	서	셔		쇼	수	슈	스	

4. 3에서 글자를 찾아 낱말을 완성해 봅시다.

ㅣ ㅅ　ㅁ ㅏ　ㄷ ㅜ

〈그림 11-1〉 균형적 접근법의 교과서 구성(2022 개정 국어 교과서 1-1-1단원)

이처럼 균형적 접근법은 발음 중심과 의미 중심의 장점을 조화롭게 통합하고, 다양한 자료와 활동, 인지·정서적 요소들을 균형 있게 고려함으로써 입문기 학습자의 문식성을 발달시키고자 하는 지도 방법이다. 다만, 학습자 개인적 특성에 맞는 지도 방법을 판단하기가 쉽지 않으며, 이를 위해서는 학습자 수준을 파악할 수 있는 개별 진단과 평가 체제가 뒷받침되어야 한다.

4. 한글 자모 지도의 원리

한글은 표음문자로서 기본 자모 24자(자음자 14개, 모음자 10개)와 복합 자모 16자(자음자 5개, 모음자 11개)로 구성된다. 한글 자모를 지도하는 방법은 두 가지로 나누어 볼 수 있는데, 한글 맞춤법에 따른 자모 제시 방식과 훈민정음 창제 원리에 따른 자모 제시 방식이다. 각 방식에 따라 한글 자모의 교수·학습의 내용 조직과 제시 순서에 차이가 있다.

가. 한글 맞춤법식

한글 맞춤법에 따른 자모 제시 원리는 전통적으로 사용해 온 방식으로 사전을 편찬하기 위한 표제어의 배열 순서로도 일부 사용된다.[3] 자음자는 소리의 순서에 따라 기본 소리(ㄱ, ㄴ, ㄷ, ㄹ, ㅁ, ㅂ, ㅅ, ㅇ, ㅈ), 거센 소리(ㅊ, ㅋ, ㅌ, ㅍ, ㅎ), 된소리(ㄲ, ㄸ, ㅃ, ㅆ, ㅉ)의 순서로 제시하고, 모음자는 혀의 높이에 따라 단모음과 이중모음을 짝지어 제시하는 방식(ㅏ, ㅑ, ㅓ, ㅕ, ㅗ, ㅛ, ㅜ, ㅠ, ㅡ, ㅣ)을 말한다.

제4항

한글 자모의 수는 스물넉 자로 하고, 그 순서와 이름은 다음과 같이 정한다.

ㄱ(기역) ㄴ(니은) ㄷ(디귿) ㄹ(리을) ㅁ(미음)
ㅂ(비읍) ㅅ(시옷) ㅇ(이응) ㅈ(지읒) ㅊ(치읓)
ㅋ(키읔) ㅌ(티읕) ㅍ(피읖) ㅎ(히읗)
ㅏ(아) ㅑ(야) ㅓ(어) ㅕ(여) ㅗ(오)
ㅛ(요) ㅜ(우) ㅠ(유) ㅡ(으) ㅣ(이)

[붙임 1] 위의 자모로써 적을 수 없는 소리는 두 개 이상의 자모를 어울러서 적되, 그 순서와 이름은 다음과 같이 정한다.

ㄲ(쌍기역) ㄸ(쌍디귿) ㅃ(쌍비읍) ㅆ(쌍시옷) ㅉ(쌍지읒)
ㅐ(애) ㅒ(얘) ㅔ(에) ㅖ(예) ㅘ(와) ㅙ(왜)
ㅚ(외) ㅝ(워) ㅞ(웨) ㅟ(위) ㅢ(의)

〈그림 11-2〉 한글 맞춤법의 자모 제시 순서

이 방식은 한글 맞춤법 규정을 따르고 있어 국어 교과서나 한글 학습 교재에서 두루 사용되어 왔기 때문에 교수자나 학습자 모두에게 비교적 익숙한 방식이다. 그러나 정작

---

3) 사전에는 자음자가 ㄱ, ㄲ, ㄴ, ㄷ, ㄸ, ㄹ, ㅁ, ㅂ, ㅃ, ㅅ, ㅆ, ㅇ, ㅈ, ㅉ, ㅊ, ㅋ, ㅌ, ㅍ, ㅎ의 순서로 제시된다. 그러나 한글 학습에서는 이를 섞어서 제시하지는 않고, 기본 자음자(ㄱ, ㄴ, ㄷ, ㄹ, ㅁ, ㅂ, ㅅ, ㅇ, ㅈ, ㅊ, ㅋ, ㅌ, ㅍ, ㅎ)를 학습하고, 된소리(ㄲ, ㄸ, ㅃ, ㅆ, ㅉ)를 학습하고 있다. 모음자의 경우에도 사전에는 ㅏ, ㅐ, ㅑ, ㅒ, ㅓ, ㅔ, ㅕ, ㅖ, ㅗ, ㅘ, ㅙ, ㅚ, ㅛ, ㅜ, ㅝ, ㅞ, ㅟ, ㅠ, ㅡ, ㅢ, ㅣ로 되어 있지만, 한글 학습에서는 기본 모음자(ㅏ, ㅑ, ㅓ, ㅕ, ㅗ, ㅛ, ㅜ, ㅠ, ㅡ, ㅣ)를 학습한 후에 복합 모음자(ㅐ, ㅒ, ㅔ, ㅖ, ㅘ, ㅙ, ㅚ, ㅝ, ㅞ, ㅟ, ㅢ)를 학습하고 있다.

한글을 배우는 입문기 학습자의 발달적 특성을 고려해 볼 때 이 방식은 적합하지 않은 면이 있다. 기본 자음자부터 그 제시 순서에서 규칙을 찾기 어렵고, 거센소리와 된소리 역시 소리의 차이로 이들을 변별하여 그 원리를 이해하는 것이 쉽지 않다. 입문기 학습자의 수준에서 자음자의 소리를 기본 소리, 거센 소리, 된소리로 구분하고 그 변화의 차이를 기준으로 인식하기에는 인지적 부담이 크다는 것이다. 결국 자음자와 모음자라는 추상적인 기호를 원리를 통해 이해하기보다는 단순히 나열하며 외울 수밖에 없다.

2015 개정 교육과정의 국어 교과서에 한글 학습 내용은 한글 맞춤법식에 따라 구성되었다. 그리고 홑자음자(ㄱ, ㄴ, ㄷ, ㄹ, ㅁ, ㅂ, ㅅ, ㅇ, ㅈ, ㅊ, ㅋ, ㅌ, ㅍ, ㅎ), 단순모음자(ㅏ, ㅑ, ㅓ, ㅕ, ㅗ, ㅛ, ㅜ, ㅠ, ㅡ, ㅣ), 복합모음자(ㅐ, ㅔ, ㅚ, ㅟ, ㅘ, ㅝ, ㅙ), 쌍자음자(ㄲ, ㄸ, ㅃ, ㅆ, ㅉ) 순으로 지도하도록 설계되었다.

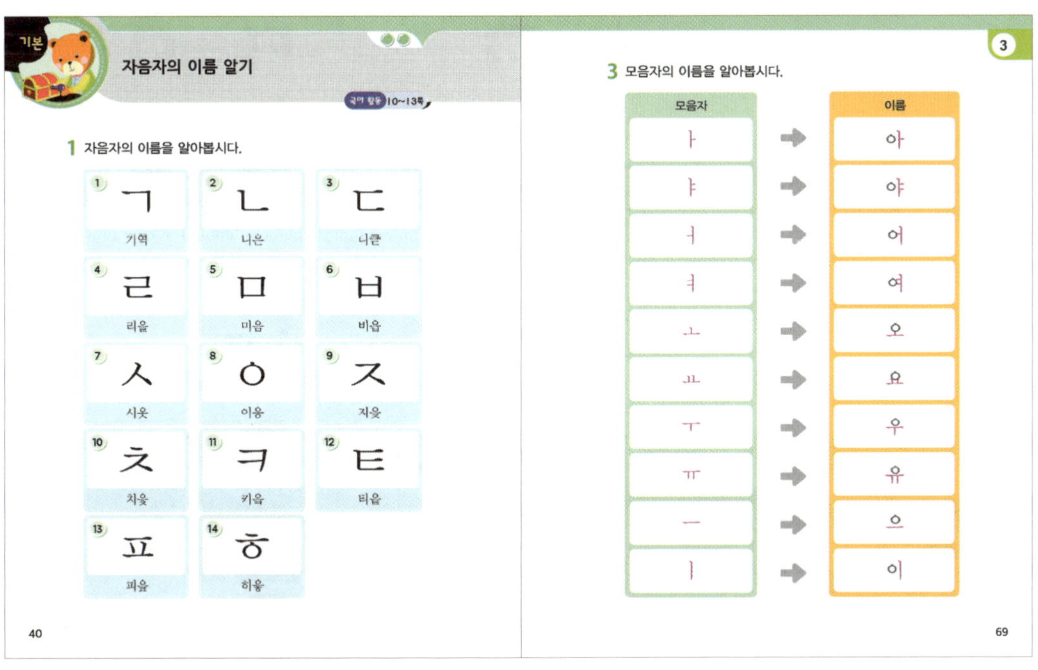

〈그림 11-3〉 2015 개정 국어과 교과서 자음자와 모음자 학습(1-1, 40쪽, 69쪽)

나. 훈민정음식

훈민정음식은 훈민정음 창제 원리를 기반으로 하여 비슷한 소리를 내는 비슷한 모양의 글자끼리 무리지어 제시하는 방법이다. 훈민정음 창제 원리란 상형의 원리, 가획의 원리, 합용의 원리를 가리킨다.

자음자는 상형의 원리에 따라 조음 기관의 모양을 본떠 'ㄱ, ㄴ, ㅁ, ㅅ, ㅇ'을 만들었다. 'ㄱ'은 혀뿌리가 목구멍을 막는 모양(어금닛소리, 아음), 'ㄴ'은 혀끝이 윗잇몸에 닿는 모양(혓소리, 설음), 'ㅁ'은 입술 모양(입술소리, 순음), 'ㅅ'은 이의 모양(잇소리, 치음), 'ㅇ'은 목구멍의 모양(목소리, 후음)을 형상화한 것이다.

〈그림 11-4〉 자음자의 제자 원리

이 기본 자음자에 획을 더해 자음자를 체계적으로 확장하였는데, 그것이 가획의 원리이다. 예를 들면 ㄱ과 ㅋ의 발음 위치는 동일하지만 가획의 원리에 의해 만들어진 ㅋ은 더 강한 소리가 난다. ㄱ, ㅋ/ ㄴ, ㄷ, ㅌ/ ㅁ, ㅂ, ㅍ/ ㅅ, ㅈ, ㅊ / ㅇ, ㅎ 과 같이 같은 계열에 있는 글자에서 획을 더하여 소리가 더욱 거세지는 특성을 표현한 것이다.[4]

모음자도 자음자와 마찬가지로 상형의 원리에 따라 만들어졌다. 모음자는 철학적 사상을 토대로 만물의 근본 요소인 하늘, 땅, 사람을 기본으로 삼아 그 모양을 본떠 만들었다. 하늘의 둥근 모양을 본떠 '•'를 만들었고, 평평한 땅의 모양을 본떠 'ㅡ'를 만들었으며, 곧게 서 있는 사람의 모양을 본떠 'ㅣ'를 만들었다. 그리고 이 기본 모음자를 적절히 결합하여 나머지 모음자를 만들었는데, 이를 합용의 원리라 한다.

〈표 11-2〉 합용의 원리에 따라 만들어진 모음자

	초출자	재출자
양성	ㅗ (ᆢ) ㅏ (ㅣ•)	ㅛ (ㅡ위 ••) ㅑ (ㅣ:)
음성	ㅜ (ㅡ아래 •) ㅓ (•ㅣ)	ㅠ (ㅡ아래 ••) ㅕ (:ㅣ)

예컨대 '•'를 'ㅡ' 위에 쓰면 'ㅗ'가 되고, '•'를 'ㅡ' 밑에 쓰면 'ㅜ'가 되는 방식으로 기본 모음자를 한 번씩 합쳐 'ㅗ, ㅜ, ㅏ, ㅓ'를 만든 것이다. 그리고 '•'를 두 번씩 써서 합치는 방식으로 'ㅛ, ㅠ, ㅑ, ㅕ'를 만들었다. 이 합성 과정은 소리의 음양 조화와도 관련이 깊은데, '•'가 'ㅡ'나 'ㅣ'의 위쪽 또는 오른쪽에 결합되면 양성 모음(ㅗ, ㅏ), 아래쪽 또는 왼쪽에 결합되면 음성 모음(ㅜ, ㅓ)이 된다.

2022 개정 교육과정의 국어 교과서에서는 훈민정음 창제 원리를 반영하여 학습 내용을 구성하였다. 또한 이전 교육과정과는 달리 자음자보다 모음자를 먼저 지도한다는 점도 특징적이다. 먼저 모음자는 아래아(•)가 한 번 결합한 초출자와 두 번 결합한 재출자를 비교하여 익힐 수 있도록 두 개의 모음자를 함께 제시하였으며 ㅏ, ㅑ/ ㅓ, ㅕ/ㅗ,ㅛ/ㅜ, ㅠ/ㅡ, ㅣ 의 순으로 학습하도록 구성하였다. 다음으로 자음자는 ㄱ, ㅋ, ㄲ/ ㄴ, ㄷ, ㅌ, ㄸ/ ㄹ/ ㅁ, ㅂ, ㅍ, ㅃ/ ㅅ, ㅆ, ㅈ, ㅊ, ㅉ/ ㅇ, ㅎ 의 순으로 제시하며 비슷한 소리와 비슷한 모양의 글자끼리 묶어서 학습 내용을 구성하였다. 그리고 복합모음자를 ㅐ, ㅔ/ ㅒ,

4) 15세기 훈민정음의 자음자는 총 17개였으나 현재는 사용하지 않는 세 개의 자음자(ㆆ, ㆁ, ㅿ)가 포함되어 있었다.

ㅔ/ ㅘ,ㅙ,ㅚ/ ㅝ,ㅞ,ㅟ/ ㅢ 의 순으로 익히도록 구성하였다.

〈그림 11-5〉 2022 개정 국어 교과서의 자음자 지도(1-1-한글마당)

다만 2022 개정 교육과정에서 모음자의 경우는 엄격한 의미에서 훈민정음식이라고 보기에 어려운 점이 있다. 훈민정음의 모음자는 기본 모음자인 천(•), 지(ㅡ), 인(ㅣ)을 기반으로 하여 여러 모음자로 확대되는데, 이 원리에 따르면 모음자 지도는 기본 모음자에 대한 지도가 먼저 이루어져야 한다. 그러나 2022 개정 교육과정에서는 'ㅡ'와 'ㅣ'를 가장 마지막에 지도하고 있어, 그 역시 한글 맞춤법에서 제시하는 순서와 다르지 않다. 훈민정음의 기본자인 'ㅡ'와 'ㅣ'를 먼저 지도하지 않고 단순히 초출자와 재출자인 'ㅏ'와 'ㅑ' 를 함께 제시하였다고 해서 훈민정음 창제 원리를 반영했다고 보기는 어렵다는 것이다.

이와 관련하여 훈민정음 창제 원리를 재해석한 자모 제시의 원리를 참고할 수 있다(김기영·이병규, 2021). 이는 훈민정음 창제 원리를 입문기 학습자의 인지 및 정의적 수준을 고려하여 재해석한 것으로, 상형의 원리, 가획의 원리, 합용의 원리, 계열성의 원리에 따라 한글 자음자와 모음자를 지도할 것을 제안한다.

먼저 상형의 원리는 앞서 설명하였듯이 기본 자음자와 기본 모음자의 제자 원리로서, 자음자는 발음 기관을 형상화하고 모음자는 하늘, 땅, 사람의 모양을 본떠 만든 것을 가리킨다. 이 원리는 자음자와 모음자의 기본자를 지도할 때 효과적으로 적용 가능하다. 대상을 형상화한 것은 그 형태가 어떻게 만들어진 것인지 시각적 이미지로 제시하기에 용이하며, 이는 입문기 학습자의 인지 발달 수준에도 적합하기 때문이다. 이에 자모 지도 시 기본자를 먼저 제시하여 자음 체계의 기초를 이해하도록 한다.

다음으로 가획의 원리는 기본자에 획을 더하여 확장해 가는 방법으로, 이 원리를 입문기 한글 교육에도 적용할 수 있다. 기본자와 함께 기본자에 획을 더하여 만든 가획자를 짝지어 가르치는 것이다. 가령 ㄱ에 획을 더해 ㅋ을 만들고, ㅂ에서 획을 더해 ㅍ을 만드는 방식을 반영하여, 이들을 무리지어 함께 가르친다는 것이다. 이러한 배열은 기본자와 파생자의 관계를 자연스럽게 드러내어 자모 간의 체계적 연관성을 학습자가 쉽게 파악할 수 있게 한다. 다만, 모음자는 자음자에 비해 가획의 원리에 따라 지도하는 것이 그리 간단하지 않다. 왜냐하면 모음의 기본자 중 '•'가 사라져 현재는 사용되지 않기 때문이다.

따라서 모음자를 지도할 때는 제자 원리에 따라 기본자인 'ㅡ', 'ㅣ'만 지도하고, '•' 는 현재 사용되지 않는다는 것을 안내할 필요가 있다. 그리고 'ㄱ→ㅋ(1획 가획)', 'ㄴ→ㄷ(1획 가획)→ㅌ(2획 가획)' 등으로 확장해 가는 가획의 원리를 동일하게 반영하여, 모음자도 기본자 'ㅡ'와 'ㅣ'에서 시작해 'ㅏ, ㅓ, ㅗ, ㅜ(1획 가획)', 'ㅑ, ㅕ, ㅛ, ㅠ(2획 가획)'으로 확장되는 과정을 지도한다. 사실 훈민정음 창제 원리에 따르면 'ㅑ, ㅕ, ㅛ, ㅠ'는 합용의 원리에 해당하지만, '•'가 사라진 현대 국어의 관점을 고려할 때 획을 더해 늘려가는 가획의 원리로 설명하는 것이 더 효율적이라고 보는 것이다.[5)]

합용의 원리는 모음자 확장에 반영된 것으로 낱자를 합하여 새로운 낱자를 만들어 가

5) 일례로 'ㅑ'는 훈민정음의 합용의 원리에 따라 'ㅏ'와 '•'가 합쳐져 만들어진 것이지만, 현대 국어에서 사라진 '•'를 다시 되살려 합용의 원리로 설명하는 것이 불필요하다는 것이다. 그보다는 'ㅏ'에 획 하나를 추가하여 'ㅑ'가 되는 것으로 설명하는 것이 입문기 학습자의 발달 수준에 더 적합하다고 판단한다. 한글 학습은 훈민정음 학습이 아니기 때문에 훈민정음의 제자 원리에 완전하게 부합하지 않는다는 것이 문제라는 비판은 타당하지 않으며, 학습자의 수준을 고려해 합성의 원리를 재해석하는 것이 더 효과적이라고 본다(이병규, 2024:65).

는 방식이다. 이 원리 역시 입문기 학습자의 인지 수준을 고려해 재해석하여 적용할 필요가 있다. 예컨대 쌍자음자 'ㄲ, ㄸ, ㅃ, ㅆ, ㅉ' 은 훈민정음 해례본에서 자음자 두 개를 나란히 쓰는 '병서의 원리'로 설명되지만, 이를 두 기본 자음을 결합하여 새로운 자모를 만드는 과정으로 보고 '합용의 원리'로 재해석할 수 있다. 즉, 'ㄱ'에 'ㄱ'을 합하여 'ㄲ'을 형성하는 방식으로 합용의 원리를 다루는 것이다. 이러한 원리에 따라 쌍자음자 'ㄲ, ㄸ, ㅃ, ㅆ, ㅉ'과 복합 모음자 'ㅐ, ㅔ, ㅒ, ㅖ, ㅘ, ㅝ, ㅙ, ㅞ, ㅚ, ㅟ, ㅢ'를 지도할 수 있다. 합용의 원리를 적용하면 익혀야 할 글자에 대한 학습 부담이 적고, 기억하기 쉽다는 장점이 있다.

마지막으로 계열성의 원리는 체계적인 문자인 한글을 규칙적인 원리와 기준에 따라 계열성을 고려하여 지도하는 것이다. 이러한 접근은 개념의 유목화나 서열화가 가능한 입문기 학습자의 발달적 특성에도 적합하다. 먼저 자음자의 계열성은 〈표 11-3〉과 같이 나타난다.

〈표 11-3〉 자음자의 계열성(김기영·이병규, 2021:44)

기본자	가획자	합용자
ㄱ	ㅋ	ㄲ
ㄴ	ㄷ → ㅌ	ㄸ
ㅁ	ㅂ → ㅍ	ㅃ
ㅅ	ㅈ → ㅊ	ㅆ, ㅉ
ㅇ	ㅎ	

한글의 자음자는 동일한 조음 위치를 가지더라도 형태 변화에 따라 소리가 달라진다. 예를 들어 'ㄱ'에 획을 더해 만든 'ㅋ'은 소리가 거세지며, 동일음을 반복하는 'ㄲ'은 더 강한 소리를 나타낸다. 즉, 가로줄에 있는 자음자는 조음 위치가 같은 계열이면서 가획과 합용을 통해 달라지는 음성적 특성을 확인할 수 있다. 따라서 한글 자모 지도 시 계열성을 살려 'ㄱ, ㅋ, ㄲ'을 함께 지도하면 자음자의 모양뿐만 아니라 음성적 변화도 보다 쉽게 이해할 수 있다.

〈표 11-4〉 모음자의 계열성(김기영·이병규, 2021:45)

기본자	1차 가획자		2차 가획자	
ㅣ	ㅏ	ㅓ	ㅑ	ㅕ
ㅡ	ㅗ	ㅜ	ㅛ	ㅠ
	양성계열	음성계열	양성계열	음성계열

한글 모음자 역시 자음자와 마찬가지로 〈표 11-4〉와 같이 일정한 규칙과 계열성을 지닌다. 기본 모음자인 'ㅣ'와 'ㅡ'에 1차로 획이 더해지면 'ㅏ,ㅗ'는 밝은 소리를 내는 양성계열을 이루고, 'ㅓ,ㅜ'는 어두운 소리에 해당하는 음성계열을 이룬다. 여기에 2차 가획이 되면, 'ㅑ, ㅛ'와 'ㅕ, ㅠ'가 만들어지는데 이들은 각각 양성계열과 음성계열의 특성을 갖는다. 이러한 계열성에 따라 모음자를 순차적으로 가르치면 모음자의 모양 변화와 함께 소리의 느낌도 함께 지도할 수 있다는 이점이 있다.

5. 한글 자모 지도를 위한 어휘 선정

한글 학습에서 어휘는 글을 바르게 이해하고 효과적으로 표현하기 위한 기본 언어 재료이다. 한글 학습에서 어휘를 활용할 때는 한글 학습의 범위를 자모와 글자 수준에 둘 것인지, 어휘 읽기와 쓰기, 문장 읽기와 쓰기까지 나아갈 것인지에 따라 대상으로 삼을 어휘의 양상에 차이가 있다. 여기에서는 한글 자모 지도를 위한 맥락에서 어휘 선정의 문제를 살피고자 한다.

한글 자모 지도를 위한 어휘는 주로 학습 목표에 해당하는 자모가 포함된 어휘를 읽고 쓰거나 비교하면서, 자모의 표기와 소리를 익히기 위한 목적으로 사용된다. 따라서 한글 자모 지도를 위한 어휘는 자모와 자모의 음가에 강조점이 있다. 자모 학습에서 다루어지는 어휘는 자모 학습을 위한 언어 재료이자, 실생활 기초 어휘 학습의 대상이기 때문에 자모 교육의 목적에 부합하면서도 학습자에게 유용한 쓰임이 있는 것들로 선별할 필요가 있다. 따라서 한글 자모 지도를 위한 어휘를 선정할 때에는 소리의 형태와 표기의 형태가 일치하는지, 비교적 고빈도인지, 구체적인 대상이 있는지를 고려하여야 한다.

2022 개정 교육과정의 1학년 국어 교과서에 구성된 한글놀이 단원에서 자모 지도를 위해 제시한 어휘 목록을 살펴보자.

〈표 11-5〉 2022 개정 국어 교과서에 제시된 한글 자모 학습을 위한 어휘

학습 내용		어휘
모음자	ㅏ, ㅑ	사자, 아기, 바지 / 야구, 이야기, 고양이/ **악어**, **악수**, **약국**, **약수**
	ㅓ, ㅕ	어머니, 머리, 거미 / 여우, 벼, 여름 / 거울, 허리, 겨울, 혀
	ㅗ, ㅛ	오리, 모자, 포도 / 요리, 교실, **학교** / 모기, 도토리, 교과서, 표범
	ㅜ, ㅠ	구두, 무, 우주 / 유리, 우유, 휴지 / 우리, 구슬, 휴식, 튜브
	ㅡ, ㅣ	그림, 흐림, 버스 / 이, 비누, 나비
자음자	ㄱ, ㅋ, ㄲ	가지, 고추, 고기/ 카레, 코, 코끼리/ 까치, **꽃**, 꿈/ 공, 콩, 꽁꽁
	ㄴ, ㄷ, ㅌ, ㄸ	나무, 노루, 비누/ 다리, 도장, 두부/ 타조, 토끼, 투호/ 딱지, 딸기, 떡/ 논, 돈, 탕, 땅
	ㄹ	라면, 리본, 소라
	ㅁ, ㅂ, ㅍ, ㅃ	마늘, 머리, 무/ 바다, 부채, 보물/ 파도, 포도, 피아노/ 빨대, 빵, 아빠/ 물, 불, 풀, 뿔
	ㅅ, ㅆ, ㅈ, ㅊ, ㅉ	사자, 소리, 시소/ 새싹, 썰매, 씨름/ 자두, 자라, 수저/ 차, 초, 초록/ 짜장면, 쪽지, 찌개 / 시계, **씨앗**, 잠, 참기름, 짬뽕
	ㅇ, ㅎ	아기, 아이, 우유/ 호두, 허리, 호랑이/ 오리, 우리, 하마, 휴지
여러 가지 모음자	ㅐ, ㅔ	모래, 배, 새/ 게, 그네, 제비
	ㅒ, ㅖ	얘기, 얘야/ 계단, 시계, **예의**
	ㅘ, ㅙ, ㅚ	과자, 기와, 사과/ 돼지, 왜, **횃불**/ **열쇠**, **참외**, 최고/
	ㅝ, ㅞ, ㅟ	병원, **월요일**, **태권도**/ 꿰매다, 스웨터/ 가위, 귀, 바위
	ㅢ	무늬, 의사, 의자

2022 개정 교육과정에서는 모음자, 자음자, 복합모음자의 순으로 자모를 지도하도록 구성하고 있으며, 각 학습 단계에 제시된 어휘 역시 목표 자모자의 학습에 적합한 단어들로 선정되어 있다. 다만 일부 어휘들은 자모 학습을 위한 어휘로서 적절하지 않은 부분이 있다.

먼저 자모 학습 초기 단계에서 종성자(받침)가 있는 어휘를 사용하는 것은 적절하지 않다. 이는 한글 학습의 위계상 이전 학습에서 종성자를 아직 지도하지 않은 상태이므로, 받침이 있는 글자는 제외하는 것이 바람직하다. 특히 입문기 학습자에게 받침이 있는 글자는 그렇지 않은 글자에 비해 더 복잡하고 어려운 글자로 인식하기 쉽고, 불필요

한 인지적 부담을 줄 수 있기 때문이다. 단순한 것에서 복잡한 것으로 점차 확장해 지도하는 것이 입문기 학습자의 발달 단계에 더 적절한 방법이 된다.

음운 변동이 있어 형태와 소리가 다른 어휘도 자모 학습을 위한 어휘로 알맞지 않다. '악수', '약국', '약수', '학교'는 된소리되기 규칙이 적용되어 형태와 소리가 일치하지 않는다. 자모 학습은 자모의 형태 인식뿐 아니라 그에 대응하는 소리를 정확하게 익히고 변별하는 과정을 포함한다. 이러한 단계에서는 음운 변동이 소리 인식에 혼란을 줄 수 있으므로, 자모 학습 초기에는 음운 변동이 개입되지 않는 형태로 지도하는 것이 바람직하다. '꽃, 씨앗'처럼 음절의 끝소리 규칙이 적용되는 낱말도 그러하다. 물론 'ㄱ, ㄴ, ㄷ, ㄹ, ㅁ, ㅂ, ㅇ'을 제외한 나머지 자음자가 받침으로 쓰이는 경우를 가르칠 때는 그 받침들이 대표음으로 발음된다는 점에서 불가피하게 표기와 소리 형태가 다른 단어를 사용할 수 밖에 없겠지만, 학습 순서상 종성자를 배우지 않은 시점이므로 이에 대한 고려도 필요할 것이다. 또한 '횃불, 열쇠, 참외, 월요일'과 같이 음운 변동 규칙이 복합적으로 적용되는 어휘들도 자모 학습의 대상 어휘로 적합하지 않다.

자모 학습을 위한 어휘로는 저빈도보다는 고빈도 어휘가, 추상적인 개념어보다는 구체적인 대상이 명확한 어휘가 바람직하다. 이러한 기준에서 볼 때 '약수'나 '횃불'은 입문기 학습자가 익혀야 할 만큼 어휘 사용 빈도가 높은 어휘로 보기 어렵다. 또한 '예의'와 같은 어휘는 그 의미가 추상적이어서 구체적인 대상을 드러내기 어렵기 때문에 자모 학습을 위한 어휘로 활용하기에는 적합하지 않다.

이상의 내용을 종합하면 한글 자모 학습에서 활용되는 어휘는 자모의 이름과 소리값을 정확하게 익히는 데 기여할 수 있어야 하며, 표기와 발음이 일치하는 어휘를 중심으로 선정하는 것이 바람직하다. 이는 발음과 표기의 관계를 교수·학습하기 위한 어휘 선정의 원리를 참고할 수 있다(이병규, 2012).

〈표 11-6〉 발음과 표기의 교수·학습을 위한 어휘 선정의 원리(이병규, 2012: 253)

어휘 학습을 위한 일반적인 기준
① 고빈도의 단어→저빈도의 단어 ② 구체적인 지시물과 관련된 단어→추상적인 개념을 나타내는 단어 ③ 음절의 수가 적은 단어→음절의 수가 많은 단어
발음과 표기 학습을 위한 어휘 선정 기준
① 형태와 소리가 일치하는 단어에서 형태와 소리가 일치하지 않은 단어 ② 받침, 복합 모음자가 포함되지 않은 형태가 단순한 단어에서 복잡한 단어 ③ 유사한 소리나 형태가 없는 단어에서 많은 단어 ④ 변동 규칙이 한 번 적용되는 단어에서 여러 번 적용되는 단어 ⑤ 보편·필연적 변동이 적용되는 단어에서 한정·필연적 변동이 적용되는 단어 ⑥ 명사·부사·관형사 등 활용을 하지 않는 단어에서 동사·형용사 등 활용하는 단어

자모 학습을 위한 어휘는 글자의 형태가 단순한 것에서 복잡한 것으로, 발음이 쉬운 것에서 어려운 것으로 점진적으로 배열하는 것이 바람직하며, 동시에 저빈도 어휘보다는 학습자의 일상 경험에서 자주 접하는 고빈도 어휘를 우선적으로 활용하는 것이 적절하다. 여기서 글자의 형태가 단순하다는 것은 획수가 적고 종성자가 없으며, 복합 모음자나 복합 자음자보다 기본 모음자와 기본 자음자가 사용된 낱말을 의미한다. 또한 발음이 수월한 어휘란 음운 변동이 없고 조음 방법이 단순하며, 소릿값의 변별이 비교적 용이한 자모로 구성된 어휘를 가리킨다. 그리고 사용 빈도가 높아 학습자에게 친숙하고, 추상적인 개념어보다는 구체적인 대상이나 장면을 직접 떠올릴 수 있는 어휘가 바람직하다. 이는 학습자가 문자와 의미를 연결하는 과정에서 시각적·경험적 표상을 떠올리기 쉬워 이해를 도울 수 있기 때문이다.

6. 한글 자모 지도의 실제: 2022 개정 국어 교과서 한글 놀이마당

한글 놀이마당은 2022 개정 교육과정에서 한글 이해 및 익힘 시간의 증가로 설정된 특화 단원이다. 초등학교 1학년 학생들의 인지적·정서적·사회 발달적 특성과 학습 준비도 등을 고려해 '한글 놀이'를 경험하며 자연스럽게 한글을 습득할 수 있게 구성하였다.

한글 놀이마당은 글자 놀이, 모음자 놀이, 자음자 놀이의 세 개 소단원으로 구성되어 있다. 각 소단원은 한글 놀이 공원으로의 여행을 시작으로 출발하여 이야기책으로 마무리되는 구조로, 전체가 하나의 이야기로 연결되어 있다.

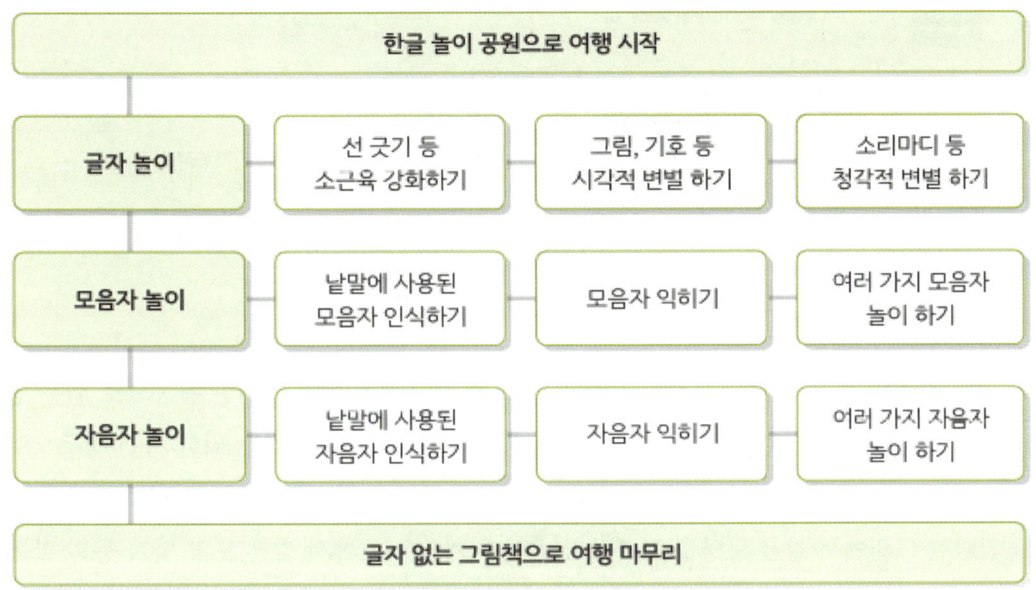

〈그림 11-6〉 한글 놀이마당의 내용 구성

가. 글자 놀이

글자 놀이는 한글 해득을 위한 준비 학습을 하는 소단원이다. 여기에서는 선 긋기, 그림 구별하기, 기호 변별하기, 기호와 글자 모양 구별하기, 소리마디(음절) 인식하기, 동음절 연상을 활용한 말놀이 하기 등의 내용으로 구성되어 있다.

〈그림 11-7〉 선 긋기 활동(좌)과 시각적 식별 활동(우)

선 긋기 활동은 학생들의 소근육 발달을 돕고 정교성을 높이기 위한 활동으로 쉬운 형태에서 복잡한 형태로 반복적으로 연습한다. 이 활동은 글자 쓰기를 위한 사전 활동으로 준비 학습의 성격을 띤다. 시지각 식별 활동도 한글 문해 준비를 위한 활동 중 하나이다. 간단한 그림에서 같은 모양을 구분하거나 여러 가지 기호에서 같은 모양 찾기 등의 활동을 통하여 학습자의 시지각 훈련을 돕는다.

〈그림 11-8〉 글자 형태 변별 활동

그림과 글자를 변별하여 글자를 인식하는 활동은 본격적인 문자 학습 이전에 문자의 형태를 인지하도록 하는 것이다. 글자를 익히기 위해서 학습자는 글자인 것과 글자가 아닌 것의 형태를 시각적으로 변별할 수 있는 능력을 길러야 한다. 또한 모양이 같은 글자 찾기 활동을 통해 문자의 형태를 인지하는 것도 중요하다.

다음으로 음운 인식 활동은 청각적 식별을 바탕으로 소리를 정확하게 듣고 구별하거나 결합할 수 있는 능력을 신장시키는 활동이다. 2022 개정 교과서에서는 음운을 '소리마디'라고 이름하여 지도한다. 음운 인식 활동으로 소리마디에 따라 손뼉치기를 하거나 소리마디 수가 같은 낱말 찾기, 같은 소리로 시작하는 낱말 찾기 등의 활동이 제시되어 있다. 또한 소리마디 수가 같은 낱말 이어 말하기, 앞 낱말의 끝 소리로 시작하는 낱말 이어 말하기 등 다양한 말놀이 학습을 통해 소리를 자각하고 식별하는 능력을 기르도록 구성되어 있다.

〈그림 11-9〉 음운 인식 활동

교과서에 제시된 활동 외에도 다른 소리 찾기, 음운 합치기, 음운 분절하기, 음운 바꾸기, 음운 탈락하기 등의 음운 인식 활동을 적용할 수 있다.[6] 음운 인식 활동은 이후 문자

6) 다른 소리 찾기 : '바다', '바지', '다리' 중에서 첫소리가 다른 것은 무엇일까?

와 소리의 대응 관계를 이해하는 데 중요한 토대가 된다는 점에서 중요하다.

나. 모음자 놀이

모음자 놀이는 낱말에 사용된 모음자 인식하기, 모음자 익히기, 여러 가지 모음자 놀이 하기의 내용으로 구성된 단원이다. 모음자의 모양과 이름을 익히고 모음자를 순서에 따라 바르게 쓰는 활동과 여러 가지 놀이 활동을 통해 모음자를 학습한다. 이 과정에서 학습자는 모음자에 대한 낱자 지식을 익히고 각 모음자에 대한 소릿값을 배우며 말소리와 낱자를 연결시키는 경험을 할 수 있다.

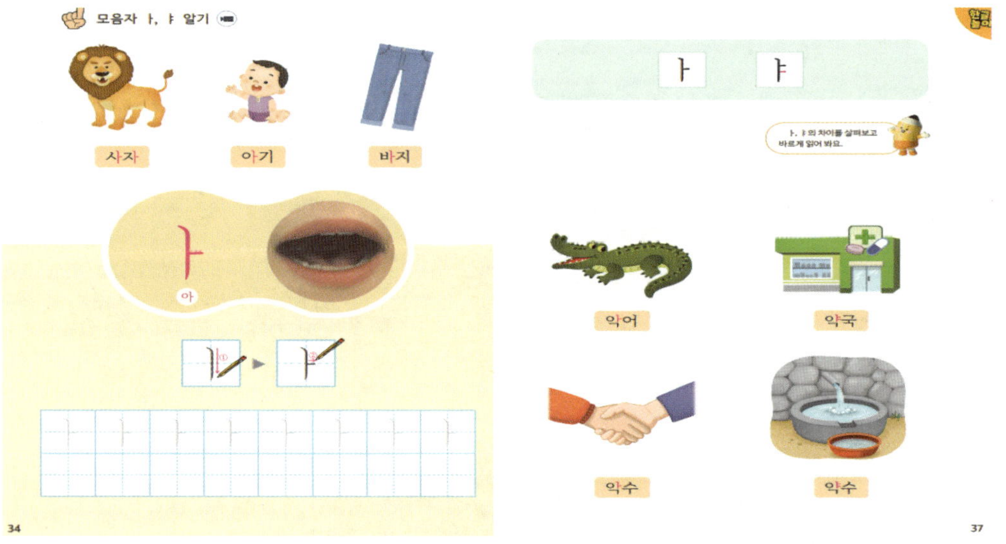

〈그림 11-10〉 모음자 알기 활동 구성

제시된 낱말에서 목표 모음자를 찾아 모음자의 이름을 확인한 후 이를 소리 내어 말하고, 해당 모음자를 발음할 때의 입모양을 함께 제시하여 시각적으로 관찰할 수 있게 하

음운 합치기 : '우'와 '유'를 합치면 어떤 소리가 될까?
음운 분절하기 : '머리'는 어떤 소리로 나눌 수 있을까?
음운 바꾸기 : '우리'에서 '우'를 '머'로 바꾸면 어떤 소리가 될까?
음운 탈락하기 : '나비'에서 '비'가 빠지면 어떤 소리가 남을까?

였다. 이어서 'ㅏ'를 쓰는 순서에 따라 바르게 쓰기 활동을 진행하도록 구성하였다. 그다음 'ㅏ'와 'ㅑ'를 쌍으로 제시하여 두 모음자의 차이를 색으로 구분해 시각적으로 드러내고 그 차이를 비교하여 익히도록 설계하였다. 또한 그림과 함께 'ㅏ'와 'ㅑ'가 포함된 다양한 어휘를 제시하여 그 의미를 이해하도록 돕는 한편, 해당 모음자의 소릿값을 실제 낱말 속에서 자연스럽게 익히도록 하였다. 다른 기본 모음자의 학습도 동일한 절차로 구성하였으며, 기본 모음자는 ㅏㅑ/ㅓㅕ/ㅗㅛ/ㅜㅠ/ㅡㅣ 순으로 제시하였다.7)

모음자를 익힌 후에는 몸이나 여러 가지 물건으로 모음자를 표현하기도 하고, 소리를 들으며 알맞는 모음자를 찾는 놀이 활동, 모음자 이름을 말하며 미로 빠져나가기 활동 등 다양한 놀이 활동을 한다. 이를 통해 학습자의 흥미를 유발하고 모음자에 대한 이해를 높인다.

다. 자음자 놀이

자음자 놀이는 낱말에 사용된 자음자 인식하기, 자음자 익히기, 여러 가지 자음자 놀이 하기의 내용으로 구성된 단원이다. 모음자 놀이와 마찬가지로 먼저 여러 가지 자음자가 글자 속에 있음을 인식하게 한 후, 자음자를 익히고 쓰는 활동으로 학습을 확장한다. 자음자는 기본 자음자에 획을 더해 확장되는 자음자를 함께 묶어 제시함으로써 예사소리, 된소리, 거센소리의 차이를 비교하며 학습할 수 있도록 설계되었다. 아울러 앞서 익힌 기본 모음자와 자음자를 결합하여 소리 내어 읽고 쓰는 활동을 통해 자음자와 모음자의 결합 원리를 자연스럽게 익히도록 구성되어 있다.

7) 복합 모음자는 한글 놀이마당 학습이 끝난 후, 1학년 1학기 1단원에서 ㅐ,ㅔ/ ㅒ,ㅖ/ ㅘ,ㅙ,ㅚ/ ㅝ,ㅞ,ㅟ/ ㅢ 순으로 지도한다.

〈그림 11-11〉 자음자 알기 활동 구성

자음자 학습은 먼저 그림에 제시된 낱말 가운데 색으로 표시된 부분을 찾아 자음자의 모양을 인식하고, 해당 자음자의 이름을 소리 내어 말하며 자연스럽게 익히도록 구성하였다. 이어서 각 자음자의 쓰기 순서를 알고 획순에 맞추어 자음자 쓰기 활동을 하며, 앞서 배운 모음자에 새로 익힌 자음자를 결합하여 달라지는 소릿값을 인식하는 활동으로 확장된다. 자음자를 제시할 때는 조음 기관의 모양을 함께 제시하고, 훈민정음의 제자 원리에 따라 기본자에서 가획되어 확장되는 자음자를 묶어 제시함으로써 음성적 특성도 함께 이해하도록 구성하였다. 각 계열의 자음자는 동일한 방식으로 전개되며 ㄱㅋㄲ/ ㄴㄷㅌㄸ/ ㄹ/ ㅁㅂㅍㅃ/ ㅅㅆㅈㅊㅉ/ ㅇㅎ 의 순으로 제시하였다.

〈그림 11-12〉 자음자 놀이 활동

자음자를 익힌 후에는 몸으로 자음자 만들기 활동, 같은 자음자로 시작하는 낱말 말하기 활동, 자음자 말판 놀이 활동, 자음자 모양대로 걷기 활동, 자음자를 이용한 글자 꽃 만들기 활동 등을 통해 한글 학습에 흥미와 재미를 느끼며 자신감을 키울 수 있도록 구성하였다. 읽기와 쓰기 활동의 균형뿐만 아니라 다양한 언어 자료와 학습 활동이 균형적으로 제시되어 있다.

자음자 놀이 단원이 끝나면 글자 없는 그림책을 보며 이야기를 나누는 활동으로 한글 놀이 단원은 마무리된다. 앞서 배운 한글 자·모음자를 활용해 그림책의 그림에서 나타내는 글자를 완성하고 바르게 읽는 활동을 하는 데 목적이 있다.

한글 자모 학습은 학습자가 글자를 말소리로 전환하는 해독(decoding)을 넘어, 유창하게 읽고 쓰는 기초 문식 능력을 갖추도록 하기 위한 핵심 과정이다. 한글은 제자 원리가 분명한 문자 체계로서, 상형의 원리, 가획의 원리, 합용의 원리를 비롯해 그 계열성을 이해할 때 한글 학습 내용을 효과적으로 구성할 수 있다. 또한 입문기 학습자의 인지적·정서적 발달 특성을 고려해야 하며, 학습자의 발달 단계와 문식성 수준에 따라 발음 중심과 의미 중심 접근의 장점을 유기적으로 조화시키려는 균형적 접근이 요구된다. 아울러 자모 학습에 사용되는 어휘 선정의 원리와 문제에 대한 이해도 전제되어야 할 것이다.

참고 문헌

강동훈(2023), 기초 문식성 함양을 위한 한글책임교육 정책의 성과와 지향점, 「한국초등국어교육」 76, 한국초등국어교육학회.

교육부(2017), 「초등학교 국어 1-1 (가)」, 교육부.

교육부(2024), 「초등학교 국어 1-1 (가)」, 교육부.

교육부(2024), 「2022 개정 초등학교 국어(1-1) 교사용 지도서」, 미래엔.

김기영·이병규(2021), 입문기 초등학생 한글 자모 교육의 원리, 「한국초등국어교육」, 특별호 5, 한국초등국어교육학회.

김도남(2003), 한글 해득 교육 원리 탐색, 「한국초등국어교육」 23, 한국초등국어교육학회.

안찬원(2011), 훈민정음 창제 원리에 따른 한글 자모 교육, 「문법교육」 15, 한국문법교육학회.

이경남·박혜림·이경화(2018), 한글해득을 위한 기초 어휘 선정 연구, 「청람어문교육」 65, 청람어문교육학회.

이경화·이수진·김지영·강동훈·최종윤(2018), 「세상을 향한 첫걸음, 한글 교육 길라잡이」, 미래엔.

이병규(2019), 「국어 문법교육론」, 집문당.

이병규(2024), 한글 교육을 위한 몇 가지 전제, 「한국초등교육」 35(4), 서울교육대학교 초등교육연구원.

이수진(2014), 초등 국어과 교과서의 입문기 문자지도관 변화 연구, 「국어교육연구」 54, 국어교육학회.

이수진(2021), 한글책임교육을 위한 증거기반 교수의 지원 체제 구축, 「한국초등국어교육」 72, 한국초등국어교육학회.

이승왕(2023), 한글 자모 제시 순서에 대한 교육적 고찰, 「우리말연구」 73, 우리말학회.

이재승(2023), 한글 해득용 교재 구성의 방향, 「한국초등국어교육」 77, 한국초등국어교육학회.

이천희(2008), 교과서 분석을 통한 한글 글깨치기 교과서 구성의 문제와 개선 방향 탐구, 「문법교육」 8, 한국문법교육학회.

천경록(2024), 문식성 지도에서 균형적 접근에 대한 고찰, 「초등국어과교육」 11, 광주교육대학교 초등국어연구소.

〈사진자료〉

한국인의 글자, 한글, 국립민속박물관,
https://www.nfm.go.kr/k-box/ui/annyeong/hangeul.do에서 2025.11.30. 인출.

더 공부해 봅시다

1. 한글은 제자 원리가 분명한 문자 체계이다. 훈민정음의 상형·가획·합용의 원리가 한글 자모 지도에 어떻게 반영되고 있는지 2022 개정 교육과정과 교과서 사례를 중심으로 설명하시오.

2. 'ㄱ-ㅋ-ㄲ'과 같이 같은 계열의 자음자끼리 묶어 지도할 때 학습자가 얻게 되는 이점이 무엇인지 설명하시오.

3. 한글 자모 학습에서 자음자(단순 자음자, 복합 자음자)와 모음자(단순 모음자, 복합 모음자)는 어떤 순서로 지도하는 것이 좋을지 입문기 학습자의 특성과 관련지어 논하시오.

4. 균형적 접근에서 말하는 '균형'의 의미는 무엇인지 서술하시오.

5. 자모 학습 단계에서 사용되는 어휘를 선정할 때 적절한 어휘와 부적절한 어휘는 무엇인지 구체적인 예시를 들어 설명하시오.

6. 2022 개정 교육과정의 '한글 놀이마당' 단원 구성은 기존 한글 지도 방식과 어떤 점에서 차별화되는지, 그 교육적 의의와 한계를 논하시오.

7. 디지털 기반의 한글 놀이 학습 및 학습 도구는 입문기 학습자의 한글 교육에 어떤 영향을 미칠지 균형적 접근의 관점에서 논의하시오.

제12장

초등학생 어휘 지도

초등 국어과에서 어휘 교육은 언어 이해와 표현의 기초를 형성하는 핵심 요소이다. 어휘는 듣기·말하기, 읽기, 쓰기, 문법, 문학, 매체의 전 영역에서 기반으로 작용하며, 학습자가 텍스트의 의미를 정확히 이해하고 자신의 생각과 감정을 적절하게 표현할 수 있도록 돕는다. 특히 초등 시기는 어휘가 급격히 확장되는 시기로, 이 시기의 체계적인 어휘 학습은 이후 학습 전반의 성취도와 밀접하게 연결된다. 또한 어휘 교육은 사고력과 개념 형성의 발달을 촉진한다. 낱말은 언어 표현의 단위에 그치는 것이 아니라 세계를 분류하고 개념화하는 도구이므로, 다양한 어휘를 익히는 과정은 사물과 현상에 대한 인지적 이해를 심화시킨다. 이는 추론, 비교, 설명, 비판 등 고등 사고 기능의 토대가 되는 것이다. 아울러 어휘 교육은 의사소통 능력과 언어문화 향유 능력의 신장에 기여한다. 상황과 목적에 맞는 어휘 선택을 통해 효과적으로 소통하고, 예술적, 정보전달적 텍스트를 깊이 있게 해석하며, 공동체의 언어문화를 이해하는 기반을 마련할 수 있는 것이다.

1. 어휘 발달을 고려하는 어휘 지도

가. 어휘 발달의 개념

어휘 발달은 인간의 언어 발달 과정에서 일어나는 어휘의 성장을 의미한다. 영아들의 어휘 발달이 진행되기 위해서는 우선 주변의 발화를 듣고 단어를 분절해 낼 수 있어야 하고 의사소통 과정에서 세계를 지각하고 특정 대상이나 사건을 개념화할 수 있어야 한다. 이러한 선행적 인지 발달을 바탕으로 하면서 특히 '공동주의적 상호작용'에 참여하고 성인의 의사소통 의도를 이해하려는 시도 속에서 아이들의 어휘는 발달한다. 영아의 언어 발달에서 '공동주의(joint attention)'는 중요한데, 이는 어떤 사물이나 사건에 대해 타인과 함께 주의를 기울이는 것을 의미한다. 영아의 주변에서 성인은 영아의 주의를 어떤 대상에 집중시키거나 자신의 주의를 영아가 관심을 보이는 대상에 맞추게 된다. 이러한 공동주의는 영아가 듣는 말을 세상과 연결시키는 사회적 상호작용을 의미하며 타인의 의사소통 의도를 식별하는 정보를 지니는 통로가 된다. 이러한 공동주의적 상호작용은 단어 학습에 결정적 바탕이 되는 것이다. 아이들이 자라나면서 어휘목록이 풍부해지는데, 이미 획득된 어휘 지식들은 새로운 단어 학습을 촉진하게 된다. 새로운 단어와 기존에 습득한 단어를 대조하는 방식이거나 단어의 의미를 추론하기 위해 그 단어가 사용된 언어적 맥락을 이용하는 것이다. 영아기에서 아동기까지 지속되는 이러한 어휘 습득 프로세스를 토마셀로(Tomasello, 2011)는 아래와 같이 정리하고 있다.

[어휘 발달 프로세스(Tomasello, 2011:89)]
- 선행 프로세스: 발화를 단어로 분절, 지시대상의 개념화
- 기초 프로세스: 공동주의적 상호작용, 의도 이해, 문화 학습
- 촉진 프로세스: 어휘 대조, 언어적 문맥

이러한 사회적이고 인지적인 프로세스를 통해 영유아들이 어휘목록을 늘려나가는 어휘 발달을 설명해 낼 수 있지만, 이러한 어휘 발달에는 일종의 '단어 학습 제약'이 있다는 점이 상술되어야 한다. 영유아들이 소리로 인지한 단어와 그 의미를 연결시키고 온전

한 '의미-형태(소리)' 결합체로서 단어를 학습하는 것에는 일종의 인지적 제약이 있는 것이다. 인지발달이론에서는 이러한 단어 학습 제약을 '가바가이(Gavagai) 문제'를 통해 설명한다. 어린아이들이 눈 앞에 놓인 과자를 보고 있고 성인이 그것을 가리키며 '과자'라고 말하면, 보고 있는 대상인 과자와 들리는 소리인 과자를 연결시키며 단어 '과자'를 학습하게 된다. 그런데 이러한 연합 학습에는 제약이 필요한데, 그러한 제약을 설명하는 데에 흔히 활용되는 것이 '가바가이 문제'이다. 전혀 모르는 언어를 사용하는 곳에서 누군가 토끼를 가리키며 '가바가이'라고 말했을 때, 그 말이 가리키는 것은 무엇일까? 토끼 전체일 수도 있지만, 귀, 잎발 등의 부분일 수도 있고 뛴다, 예쁘다, 하얗다 등의 동작이나 상태일 수도 있다. 이는 어린아이들이 어떤 지시대상을 보면서 단어 형태의 소리를 들었을 때와 그 경우가 같다. 즉 들리는 소리와 연결될 수 있는 지시 대상은 굉장히 많다. 따라서 소리와 의미를 연결시키는 인지적 프로세스는 제약되어야 하는 것이다.

일반적인 인지발달이론에서는 단어 학습의 제약을 '전체 대상 제약'과 '상호 배타성 제약'으로 설명한다. 영유아들이 새로운 단어를 인지할 때는 그 지시 대상이 그 대상의 일부거나 속성, 행동과 같은 것이 아니라 그 대상 전체를 의미할 것이라는 가정을 지닌다. 이러한 인지적 제약이 있기 때문에 소리와 대상의 연결 관계는 확연히 줄어든다는 것이다. 또한 자신이 보고 있는 대상이 여럿인 상황에서 새로운 단어는 자신이 이름을 알지 못하는 대상과 연결될 것이라는 가정을 한다. 이것이 상호 배타성 제약이다.

이러한 내재적인 인지적 제약 외에도 아이들이 놓인 상호작용의 환경 또한 어휘 발달에 주요한 역할을 한다. 사회문화적 맥락은 영유아들이 듣는 소리가 어떠한 의미와 대응되는 것인지, 그 해석의 가능성을 제약하는 것이기 때문이다. 모어를 습득하는 영유아의 시기에 마주하는 상호작용의 환경은 개별 언어 공동체의 문화적 관례를 배경으로 하는 일상들이다. 여러 언어 공동체에 공통된 양식들도 물론 존재하지만, 언어마다 개별화된 관습들도 존재하며 그러한 문화적 틀 내에서 성인은 아이들에게 말을 걸고, 행동을 보여주고, 눈을 맞추는 상호작용을 하게 된다. 이때 아이들은 어른의 말로 표현되고 있는 의사소통의 의도를 이해하려는 다각도의 시도를 할 것이며, 이 과정에서 특정 단어가 지니는 의미들, 지시하는 대상들을 확인해 내는 인지적 이해에도 도달한다. 이러한 사회적이고 화용적인 인지 능력 또한 단어 학습을 효과적으로 제어하는 기제가 된다.

[단어 학습에 놓여 있는 제약]
- 내재적 인지 제약: 전체 대상 제약, 상호배타성 제약
- 사회인지적 제약: 상호작용의 사회문화적 맥락, 의도 이해와 그 결과로서 문화 학습을 가능하게 하는 사회화용적 인지 능력

아이들의 어휘 발달은 음운 발달이나 개념 발달을 전제로 하고 어휘 학습을 가능하게 하는 인지적 정보 처리 기제를 통해 진행된다는 점은 분명하다. 또한 어휘의 성장은 또 다른 어휘의 습득을 견인하고 형태와 통사에 대한 언어 발달을 통해 어휘의 성장이 촉진되기도 한다. 그러나 어휘 교육의 측면에서 더욱 주목되는 점은 어휘 발달은 사회문화적 환경에서 이루어지는 타인과의 교류, 의사소통 의도를 이해하려는 기본적인 능력과 수행 없이는 불가하다는 점이다. 어린이들은 자신의 대화 상대자인 성인과 공통의 사회문화적 장을 공유하는 유의미한 상호작용을 하는 가운데 어휘를 습득해 나간다. 따라서 어휘 발달을 지속시키고 확장시키는 어휘 지도는 함께 주목하고, 함께 탐색해 나갈 수 있는 공동의 목적, 공유된 의도를 지니는 사회적이고 문화적 상호작용을 바탕으로 이루어지는 것이 중요하다.

나. 구어적 상호작용 기반 어휘 지도

어휘 발달의 관점에서 보면 아이들에게 가장 익숙한 어휘 학습의 환경은 음성 발화를 주고받는 대화라 할 수 있다. 스스로가 관심을 가지는 대상들을 말하는 성인의 발화를 들으면서, 혹은 자신의 주의를 끌고 관심을 갖게 하려는 타인의 의도가 표현되는 발화를 알아들으려 하면서 모어를 습득하고 어휘를 늘려 왔던 것이다. 학교 교육이 시작되면서 어린이들이 참여하는 상호작용의 초점이나 양식은 달라지지만 주변의 말을 듣고 대화를 나누며 자연스럽게 어휘를 배워왔던 어휘 성장의 기제들이 그 효과를 상실하는 것은 아니다. 따라서 기초문식성 교육의 시기에 어휘력 향상을 위해서는 구어적 상호작용을 기반으로 하는 어휘 지도를 모색할 필요가 있다. 또한 이는 기계적으로 어휘를 배우거나 암기하는 교수·학습을 지향하기보다는 상호작용의 과정에서 자연스럽게 실행되는 어휘 습득을 이끌어 내는 데에 초점을 두어야 할 것이다.

구어적 상호작용을 기반으로 하는 어휘 지도는 학생 개인의 발화 수행이나 듣기의 기회를 늘리고 집합적인 발화 교환이나 교사와의 대화를 풍부하게 하는 것에 초점을 두게 되겠지만, 어휘력 향상의 측면에서 이는 분명한 어휘 학습의 목적을 지니도록 구성될 수 있다. 이때 고려되어야 하는 것은 학습자들이 구어적 상호작용의 과정에서 특정 어휘를 분명히 배우고 기억하도록 하는 데에 관여하는 인지적인 기제들이 있다는 사실이다. 네이션(Nation, 2012)은 이러한 인지적 기제들로서 알아차리기(noticing), 회상(retrieval), 창조적 사용 즉 생성(generation), 세 가지를 들고 있다.

대화나 이야기 주고받기, 수업 활동이나 모둠회의 등의 과정에서 어휘 학습이 일어나기 위해서는 특정 단어 항목에 대하여 주목하는 것이 필요하다. 이는 전혀 알지 못하는 단어일 수도 있고 명확히 알지 못하지만 추측 가능한 수준의 어휘일 수도 있다. 중요한 것은 그러한 단어가 있다는 사실, 그리고 그 단어를 아는 것이 유용할 것이란 사실을 학습자들이 인지하는 데에 있다. 이것이 단어를 알아차리는 것이며 이는 학습자들의 관심이나 흥미와도 관련이 되지만 교사에 의해 유도될 수 있다. 단어를 알아차린다는 것은 그 단어를 지금의 사용 맥락에서 분리하여 의식적으로 바라보는 것과 같기 때문이다. 교사가 관련 단어를 판서하여 강조하거나 의미를 정의하거나 설명하는 것을 통해 학습자들은 현재 진행되고 있는 상호작용의 맥락에서 잠시 벗어나 단어 자체에 주목하게 되고 이러한 단어 알아차리기는 단어 학습으로 이어지는 바탕이 된다. 한 번 주목되었던 단어는 이후 그 형식이나 의미를 다시 떠올리는 '회상'을 통해 단어 학습을 보다 강화하는 효과가 나타날 수 있다. 즉 배운 단어를 반복적으로 떠올리고 사용하는 것을 통해 좀 더 잘 기억하게 되는 것이다. 마지막으로 생성(generation)은 창조적인 사용 또는 생성적인 사용을 의미하는 것으로서, 이미 알고 있는 단어들 혹은 배웠던 단어들을 다른 의미에서 이해하거나 다른 용법에서 사용하는 것에서 발현한다. 기존의 단어 의미나 용법을 재구성하는 것이라는 점에서 생성적이며, 이는 단어의 의미나 용법 이상의 형태와 문법 관련 요소에 대한 학습에도 기여할 수 있다. 이는 어휘의 양적 성장을 넘어서는 질적 성장을 가능하게 하는 기제라 할 수 있다.

2. 어휘 장벽 넘기: 학교 의미 체계로의 진입을 위한 명시적 어휘 교육

초등학교에 입학하는 어린이 학습자들은 익숙한 일상의 의미 체계를 벗어나 학교 의미 체계로 진입해야 하는 어휘 환경의 변화를 겪게 된다. 한글 해득과 읽기 및 쓰기의 기초 기능을 익히는 중에도 수업의 맥락을 이해해야 하고, 입학 후 몇 개월 사이에 국어 및 다른 교과 학습의 측면에서 학습자에게 주어지는 텍스트는 두드러지게 변화한다. 학습자들이 이해하고 또 산출해야 하는 어휘가 이러한 학교의 의미 체계에 맞춰 변화되어야 할 것인데, 이는 제도적인 교육 체계에 적응하기 위해서 학습자가 반드시 넘어야 하는 '어휘 장벽(Corson, 1983)'과도 같은 것이라 할 수 있다. 기초문식성 교육의 시기부터 이러한 어휘 장벽을 예상하고 어휘에 초점을 맞추는 교수·학습 활동이 이루어진다면, 학습자들의 기초문식성 향상을 효과적으로 지원하는 어휘력을 갖추게 할 수 있을 것이다.

그런데 기초문식성 시기의 '어휘 장벽 넘기'는 어휘의 양적 성장과는 다른 측면의 질적 어휘력이 고려되어야 한다. 이 시기 학습자들은 학교의 사용역에서 읽고 쓰는 것을 배우기 때문에 이 과정에서 새롭게 사용하는 어휘들, 알던 어휘지만 달리 사용해야 하는 어휘들을 경험할 수밖에 없다. 학교 사용역의 어휘들은 그 용법과 의미에서 학습자들에게 어휘 장벽으로서 예상되며 저학년 학습자를 대상으로 하는 국어 어휘 교육은 어휘력의 질적 측면에서 그 내용과 방법을 마련해야 한다. 이러한 명시적 어휘 학습을 위해서는 기초문식성 교육 시기 학습자들의 어휘 지식, 어휘 교육의 대상이 되는 학교 어휘의 속성, 어휘 교수의 방법을 면밀하게 살피는 것이 필요하다.

가. 학습자들의 어휘 지식

한국어를 모어 또는 제1언어로 습득한 국어 학습자들은 언어 발달을 통해 획득한 어휘 지식을 지니게 된다. 이는 단어들의 양적인 성장 이상을 의미하는 어휘목록으로 자리하는 것으로서 개인의 어휘목록에는 단어의 의미, 발음, 철자 및 문법 정보 모두가 포함되어 있다. 개별 언어의 어휘를 연구하는 학문 분야로서 어휘론은 국어 사용자들의 어휘

목록을 국어 어휘의 체계로서 기술하고 있다. 어휘의 체계는 일정한 기준을 가지고 어휘를 분류하여 기술한 결과인데, 국어 어휘의 경우, 그 기원 정보가 되는 어종과 문법적 기능을 나타내는 품사 유형, 그리고 의미 분류의 기준으로 그 체계가 일반적으로 논의될 수 있다. 그러나 그 외에도 어휘의 사용 양상을 사용역의 기준에서 분류할 수 있고, 어휘의 구성 형태나 어휘 서로의 관계 정보를 체계 범주로서 더 포함할 수 있다. 어휘 분류의 여러 기준을 아울러 보면, 아래와 같은 어휘의 체계를 볼 수 있는데, 이를 통해 국어 사용자의 어휘목록을 이해할 수 있다.

[일반적인 어휘의 체계]

- 어종: 고유어 한자어, 외래어
- 사용역(양상): 높임말, 비속어, 완곡어, 은어, 방언, 전문어 등
- 어휘 형태: 단일어, 복합어, 관용어 등
- 품사: 문법적 기능인 품사에 따른 분류
- 의미 분류: 어휘 의미에 따른 분류
- 어휘 관계: 어휘장, 유의 관계, 반의 관계, 상하의 관계 등

학습자가 지니게 되는 어휘 지식은 어휘의 형식과 의미 및 사용에 있어서 여러 층위의 정보들을 포함한다. 또한 문해력의 발달과 함께 시각적 정보를 활용하여 어휘 정보를 저장해 나가면서 발음 및 문자 형식의 어휘 정보가 함께 중요해진다. 어휘 지식의 차원에서 한 가지 더 고려되어야 하는 점은, 바로 수용(이해) 어휘와 생산(표현) 어휘의 구분 문제이다. 모어와 외국어 모두를 막론하고 어휘 학습은 수용 어휘가 생산 어휘의 속도를 앞지른다. 즉 수용 어휘 능력이 훨씬 빨리 발달하게 되는 것이다. 수용 어휘는 읽거나 듣는 수용적 언어 기술이 사용되는 동안 어휘의 형태를 인지하고 그 의미를 이해할 수 있는 어휘들이고, 생산 어휘는 쓰거나 말하는 생산적 언어 기술을 쓸 때 의미를 표현하기 위해 적절한 발음 형식이나 문자 형식을 산출해 낼 수 있는 어휘들을 가리킨다. 네이션(Nation, 2012)은 학습자들의 어휘 지식을 어휘의 형식, 의미, 사용 범주에서 수용적 지식과 생산적 지식의 측면까지 고려하여 아래와 같이 제시하고 있다.

〈표 12-1〉 단어를 안다는 것에 관련하는 것(Nation, 2012:35)

형식	구어	수용	단어가 어떻게 들리는가?
		생산	단어를 어떻게 발음하는가?
	문어	수용	단어가 어떻게 생겼는가?
		생산	단어를 어떻게 쓰는가?
	단어구성소	수용	단어에서 어떤 구성소를 인식할 수 있는가?
		생산	의미를 표현하는 데에 단어의 어떤 구성소가 필요한가?
의미	형태와 의미	수용	이 단어의 형태는 어떤 의미를 나타내는가?
		생산	이 의미를 표현하는 데는 어떤 단어 형태를 사용할 수 있는가?
	개념과 지시대상	수용	이 개념에는 무엇이 포함되는가?
		생산	이 개념이 어떤 항목을 지시할 수 있는가?
	연상관계	수용	이 단어는 어떤 단어들을 연상시키는가?
		생산	이 단어 대신에 어떤 단어를 사용할 수 있는가?
사용	문법적 기능	수용	이 단어는 어떤 패턴으로 출현하는가?
		생산	이 단어를 어떤 패턴으로 사용해야 하는가?
	연어 관계	수용	이 단어가 어떤 단어, 어떤 단어 유형과 함께 출현하는가?
		생산	이 단어를 어떤 단어, 어떤 단어 유형과 함께 사용해야 하는가?
	사용제약 (사용역, 빈도 등)	수용	언제, 어디서, 어느 정도의 빈도로 이 단어를 만날 것이라고 기대하는가?
		생산	언제, 어디에서 어느 정도의 빈도로 이 단어를 사용할 수 있는가?

나. 학교 어휘의 속성

학교 의미 체계 또는 수업 맥락을 구성하는 어휘들은 학습자들이 모어 발달과 함께 획득하는 '일차어휘'와 구분되는 '이차어휘'의 속성을 지니고 있다. 이차어휘는 지적 기본어휘에 해당하는 것으로서 '고등 정신의 구현을 위해서 도구로 사용되는 어휘, 전문적이고 특수한 의미를 지닌 어휘, 학습의 성취도나 지식의 수준에 비례하는 어휘, 그리고 의도적이고 특수한 훈련 과정을 거쳐야만 학습되는 어휘(김광해, 1993:326)'라 할 수 있다.

〈표 12-2〉 일차어휘와 이차어휘(김광해, 1993:325)

일차어휘	이차어휘
1. 언어발달 과정의 초기부터 음운부문이나 통사부문의 발달과 병행하여 습득된다.	1. 기초적인 언어발달이 완료된 후 고등 정신기능의 발달과 더불어 학습된다.
2. 언중 전체의 공동자산으로서 기본적인 통보를 위한 도구로 사용된다.	2. 언중에게 공유되는 것이라기보다는 나뉜 전문분야에 따라 어휘의 분포가 한정되는 것이다.
3. 어휘의 의미영역이 광범위하여 전문적인 의미내용보다는 보편적이고 일반적인 의미내용을 지닌다.	3. 어휘의 의미영역이 협소하며 용법상의 제약이 존재하며 전문적이고 특수한 용법으로 사용되는 것이 일반적이다. 전문적인 분야의 작업이나 이론의 전개를 위한 술어로서의 기능을 담당한다.
4. 학습 수준이나 지식 수순의 고저와는 관계없이 대부분의 언중에게 공통적으로 습득된다.	4. 학습의 성취도나 지식의 정도에 비례하여 학습된다.
5. 체계적인 교육활동이나 전문적인 훈련과 관계없이 일상생활을 통하여 자연스럽게 습득된다.	5. 의도적이며 인위적인 교육과 특수한 훈련 과정을 거쳐서 학습된다.

이차어휘는 학교 교육을 통해 습득하게 되는 교과별 개념어나 관련 전문어들을 포괄하며 사회적으로 확장된 주제나 이슈, 복잡한 텍스트 장르에 접근하며 새로 배우게 되는 어휘들이 관련된다. 김광해(2003)는 국어의 총어휘 목록을 등급화하여 제시하고 있는데, 정규 교육이 개시되면서 새로 배워야 하는 3등급의 어휘는 8,358개에 이른다. 정규 교육 이전의 시기에 습득하게 되는 1등급(기초어휘) 어휘 1,845개, 2등급 4,245개와 함께 누적 어휘량은 14,442개에 이르는 것이다. 초등학교 시기의 어휘 학습은 주로 3등급의 어휘를 대상으로 하며 여기에는 특히 '사고도구어'의 일부가 포함되는 것으로 제시된다(김광해, 2003:49).

사고도구어는 일반적인 학업의 수행, 고차원적인 학문적 활동을 사용역으로 하는 소위 학술 용법의 어휘라 할 수 있다. 학업, 학문의 내용이 되기보다는 그 사용역에서의 수행을 위해 사용되는 것으로서, 신명선(2004)는 사고도구어를 학술텍스트에 등장하는 단어들 중 기초어휘 및 전문어가 아닌 단어로 정의한다. 이는 어떤 학문적 대상에 대한 과학적 탐구 과정을 드러내는 어휘들, 일상생활에서는 잘 사용되지 않아 전문어가 아니면서도 전문어적인 특성을 드러낸다. 전 학문 분야에 걸쳐 두루 나타난다는 점에서 전문어와 다르며 일상생활에서는 비교적 자주 사용되지 않는다는 점에서 기초어휘와는 다르다고 할 수 있으며 사고 및 논리를 전개하는 틀이 된다는 점에서 일종의 프레임 기능을 한다고 볼 수 있다. 사고도구어의 가장 중요한 특징은 학술텍스트에서 주로 나타난다는 점이기 때문에 이러한 어휘 범주의 학습에는 사용역을 고려하는 것이 중요하다.

기초문식성 교육의 시기는 이차어휘나 새로운 등급의 교육용 어휘, 사고도구어를 학습하고 사용하게 되는 과정에 들어서는 입문기라 할 수 있을 것이다. 교과별 학습이 심화되면서 이들 어휘는 점진적으로 성장하겠지만, 특히 학교에서의 활동 전반에 관여하는 사고도구어는 국어과의 어휘 교육 측면에서 좀 더 주목될 필요가 있다. 사고도구어 자체가 본래적으로 어려운 어휘들의 속성을 지니고 이들에 대한 학습이 초등학교 저학년 시기에 이루어지는 것이 조심스러울 수 있지만, 사실 사고도구어들 중에는 기초어휘적 속성을 함유한 어휘들이 다수 존재한다. 따라서 이들 범주의 어휘들은 일찍부터 어휘 교육의 차원에서 다룰 수 있는 것이다.

〈표 12-3〉 기초어휘적 속성 함유 사고도구어(신명선, 2004:138)

1.	개념	2.	문제06	3.	성격02	4.	조직
5.	검사03	6.	방법	7.	소개02	8.	존재
9.	결과02	10.	방향	11.	실제02	12.	준비
13.	경제04	14.	변화	15.	양20	16.	중심01
17.	계획01	18.	복잡(복잡하다)	19.	역사04	20.	출발
21.	과정03	22.	부분01	23.	연구03	24.	통일02
25.	과학	26.	사상15	27.	원인02	28.	표현
29.	관계05	30.	사실04	31.	의미02	32.	필요
33.	관심01	34.	사회07	35.	의식03	36.	학문02
37.	기록02	38.	상황02	39.	일반02	40.	현실02
41.	기억02	42.	생략	43.	자연01	44.	형식01
45.	내용02	46.	생산	47.	전체01	48.	환경02
49.	능력02	50.	설명	51.	조사30	52.	활동02

기초어휘는 김광해(2003)의 등급에 따르면 1등급의 어휘들로서 학교에 입학하기 전, 아동기의 초반에 어휘 발달을 통해 획득되는 것들이다. 따라서 이들 어휘가 초등 저학년 단계의 학습자들에게 완전히 생소한 것이라 보기는 어렵다. 그러나 이러한 어휘들을 명확히 알고 있을 것으로 확신하는 것 또한 어려울 것이다. 이들은 일상의 제보적이거나 교류적 맥락에서 사용될 때와 학교에서의 관찰, 기술적이고 분석적이며 나아가 추상적이고 문제해결적인 서술 맥락에서 사용될 때의 의미 기능이 달라진다. 사용 맥락의 차이

는 곧 학업적 수행 맥락이 관여하는 정도의 차이일 수 있겠지만, 결국 그러한 맥락의 차이 때문에 이들 어휘가 어떠한 말들과 어울리고 또 어떠한 예문을 통해 정의될 수 있는가의 문제는 그 해답을 달리한다.

다. 사고도구어 어휘 교육 방안

기초어휘적 속성을 지니는 사고도구어 교육은 어휘의 의미와 사용에 대한 어휘 지식을 정교화하는 방향에서 이루어져야 할 것이다. 이미 알고 있는 어휘를 새로운 맥락에서 사용하는 것으로 그 의미와 용법을 확장하고 재구성하는 것으로서 이는 네이션(Nation, 2012)의 '생성적 사용'을 목표로 하는 활동들을 요구한다. 그리고 이러한 생성적 사용은 우선 어휘의 사용을 사고도구적 용법 측면에서 맥락화하는 연어 구성적 예문의 내용을 요구한다. 동시에 어휘를 초점화하는 설명과 비교 등이 이루어질 수 있도록 하는 탈문맥화가 작용하는 것이어야 한다.

어휘의 생성적 사용은 동일 패턴의 용법을 반복해보는 것이 아니라 동일 어휘의 다른 의미들, 다른 맥락에서의 용법을 바탕으로 어휘의 이해와 사용을 경험해 보는 것과 같다. 이를 위해 교사는 몇 가지 맥락이 결합된 긴 텍스트를 학습자들과 함께 읽어 나가면서 하나의 어휘가 복수의 용법에서 여러 번 출현하는 모습을 살필 수 있도록 할 수 있다. 이는 학습자들로 하여금 어휘의 사용을 맥락화하고 또 이와 관련된 연어 구성적 예문에 접근하게 하는데, 음성적 의사소통의 과정을 통해서도 이루어질 수 있다. 교사가 관점, 입장, 경우를 달리해 가면서 어휘를 사용하도록 유도하거나 이야기를 듣고 다른 맥락에서 재구성하여 말하게 하는 등의 활동을 통해 이루어질 수 있는 것이다. 더불어 어휘의 의미와 용법을 구체화하고 실제화하는 그림이나 장면 등을 통해 어휘를 경험하는 활동 또한 가능하다.

학습자가 사고도구적 용법을 지니는 어휘를 보다 명확히 학습하도록 하기 위해 교사는 이를 따로 칠판에 쓰거나 또는 써 보게 하는 등의 강조를 할 수 있다. 텍스트나 대화의 내용이나 맥락, 장면에서 잠시 벗어나서 어휘 자체를 초점화하고 정의하거나 설명할 수도 있을 것이다. 이러한 모든 의도적인 어휘 지도는 사실 탈문맥화된 활동으로서 어휘를 따로 배우려는 시도가 명확히 표출된다. 어휘 의미에 대한 협상(negotiation)과 정의

(definition)로서 탈문맥화는 어휘 학습의 효과를 이끌어낼 수 있지만, 이들이 언제 또 어느 정도에서 도입되는가는 어휘 학습의 성과를 달리하게 된다. 기초문식성 교육의 시기에 병행될 수 있는 사고도구어 교육에 있어서도 어휘 용법의 종류, 학습 난이도나 효과, 기초문식성 함양에의 역할 등을 기준으로 탈문맥화된 생성적 사용 활동이 구성되어야 할 것이다.

3. 어휘 교육의 내용

가. 2022 개정 교육과정의 관련 성취기준

어휘를 대상으로 하는 교수·학습 활동은 국어과의 모든 영역에서 고루 나타난다. 어휘 능력은 국어를 사용하는 기본적인 언어 기능, 즉 듣기, 말하기, 읽기, 쓰기 기능을 발휘하는 데에 있어 기초를 이루고 있으며 국어와 국어 문화, 국어 문학의 개념들은 어휘를 매개로 소통된다고 할 수 있기 때문이다. 국어과 하위 영역 중 명시적인 어휘 지도 내용을 주로 밝히는 문법 영역 내에서는 어휘에 대한 국어 지식 교육의 내용 요소가 마련되어 있다. 2022 개정 교육과정에서 초등학교 학년군을 중심으로 성취기준을 살펴보면 다음과 같은 어휘 지도의 내용을 확인할 수 있다.

- 1~2학년군 문법 영역

  [2국04-02] 소리와 표기가 다를 수 있음을 알고 단어를 바르게 읽고 쓴다.

1~2학년군의 어휘 교육 내용은 기초 문식성 교육의 관점에서 이해되어야 한다. 읽기 영역의 '읽기의 기초', 쓰기 영역의 '쓰기의 기초'에서 제시된 아래와 같은 성취기준과 연계하여 '낱자, 글자, 단어, 문장'에 대한 순차적이고 체계적인 학습이 제공되어야 하는 것이다.

•1~2학년 읽기 영역
[2국02-01] 글자, 단어, 문장, 짧은 글을 정확하게 소리 내어 읽는다.

•1~2학년 쓰기 영역
[2국03-01] 글자와 단어를 바르게 쓴다.

앞서 제시한 문법 영역 어휘 지도와 관련하여 교육과정의 '성취기준 적용 시 고려 사항'에 명시된 바에 따르면, '단어를 다룰 때에는 소리와 표기가 일치하는 단어부터 소리와 표기가 일치하지 않는 단어로 학습 범위를 점차 확장하여, 소리와 표기가 일치하지 않지만 자주 쓰이는 단어를 어법에 맞게 적고 바르게 읽을 수 있도록' 지도해야 함을 확인할 수 있다. 학습자들은 이를 통해 한글 학습 및 맞춤법의 기초를 닦을 수 있게 된다.

• 3~4학년군 문법 영역
[4국04-01] 단어와 단어 간의 의미 관계를 파악한다.
[4국04-02] 단어를 분류하고 국어사전을 활용하여 능동적인 국어 활동을 한다.
[4국04-04] 글과 담화에 쓰인 높임 표현과 지시·접속 표현을 이해하고 상황에 맞게 표현한다.

3~4학년군의 성취기준에서는 단어의 의미 관계, 단어의 분류와 국어사전 활용, 높임 표현, 지시·접속 표현 등과 같은 어휘 지도 요소를 확인할 수 있다. 중학년 학습자의 어휘 지도는 단어에 대한 기본적인 이해를 바탕으로 국어사전을 활용하며 능동적인 국어 생활을 할 수 있는 능력을 기르는 데에 초점이 놓여 있다. 이러한 어휘 학습은 명사, 동사, 형용사에 대한 기본적인 이해를 바탕으로 하되, 상황에 따라 다양하게 해석되는 단어의 의미를 국어사전에서 찾을 수 있도록 동형이의어와 다의어가 국어사전에 수록된 방식을 이해하고, 동사와 형용사의 기본형과 활용형을 구분할 수 있도록 한다. 또한 높임 표현, 지시·접속 표현 등은 관련된 어휘 표현을 아는 것을 넘어, 상황 맥락을 기반으로 글과 담화에서 이를 적절히 사용할 수 있는 어휘 사용 능력의 차원에서 접근하고 지도할 수 있도록 하고 있다.

• 5~6학년군 문법 영역

[6국04-02] 표준어와 방언의 기능을 파악하고 언어 공동체와 국어생활과의 관계를 이해한다.

[6국04-03] 고유어와 관용 표현의 쓰임과 가치를 이해하고 상황에 맞게 표현한다.

[6국04-05] 글과 담화에 쓰인 시간 표현을 이해하고 상황에 맞게 표현한다.

[6국04-06] 글과 담화에 쓰인 단어 및 문장, 띄어쓰기를 민감하게 살펴 바르게 고치는 태도를 지닌다.

5~6학년에서는 주요한 어휘 범주들의 교육 문제가 제시되는데, 표준어와 방언, 고유어, 관용 표현, 시간 표현 등이 이와 관련된다. 교육과정의 '성취기준 해설'을 보면, '방언의 형성과 존재 양상을 파악함으로써 지역적 요인에 따라 자연스럽게 한국어에 변이가 일어남을 이해하도록 하고, 이러한 다양성을 아우르는 언어 공동체 규준인 표준어의 개념과 필요성'을 함께 다루도록 한다. 또한 의사소통의 공적·사적 상황에 따라, 상대방과의 거리감 조절 등 화자의 의도에 따라 표준어와 방언을 선택함으로써 다양한 의사소통 기능이 실현된다는 점을 확인할 수 있도록 한다. 또한, 고유어, 관용 표현, 시간 표현 등은 모두 의사소통에서의 쓰임을 면밀히 살피고 적절한 사용 양상을 확인하는 어휘 지도 전략과 자료를 요구하는 내용 요소들이다. 고유어와 관용 표현에 대한 어휘 지도는 상황과 표현 의도에 따라 어휘를 적절하게 사용하면서도 한자어, 외래어와 함께 국어 어휘의 일부를 이루는 고유어의 가치와 특성, 고유어에 다양하게 발달해 있는 관용 표현의 쓰임 등을 이해하는 데에 중점을 두어야 할 것이다.

나. 어휘 교육의 내용 구성을 위한 주요 개념

국어과 어휘 교육의 내용은 편의상 두 가지 범주로 나누어 살필 수 있다. '어휘에 대하여 배우는 것'과 '어휘를 배우는 것'을 나누는 것이다. '어휘에 대하여 배우는 것'은 어휘가 무엇인지 개념적으로 정의하고 어휘를 단위로 하여 국어를 기술하고 탐구하는 데에 필요한, 한마디로 '어휘'라는 개념 자체를 대상화하는 지식을 내용으로 한다. 이를 '어휘에 대한 문법적 지식'이라고 부를 수 있을 것이다. 이에 반하여 '어휘를 배우는 것'은 말 그대로 어휘의 양을 늘리고 어휘의 의미와 용법을 배우는 것, 즉 양적, 질적 측면 모두에서 어휘력을 늘리는 교육을 의미한다. 다양한 유형의 텍스트를 수용하거나 생산하면서 새로 발견하는 어휘들의 의미를 확인하여 익히는 것이다. 그런데 어떤 어휘를 이해하거나 사용하는 데에는 특정한 사고와 탐구가 뒤따르는 경우가 많다. 어휘 의미는 사전적 의미로 고정되는 것이 아니고 다양한 맥락에서 새로 만들어지기도 하며 이를 통해 특정한 의사소통 효과를 발생시킬 수 있기 때문이다. 따라서 어휘를 배우는 데에는 어휘의 의미와 기능적 용법, 나아가 어휘를 단위로 발생하는 분석력과 사고력을 그 내용으로 포함하게 된다.

1) 어휘에 대한 문법적 지식

국어과 교육 내에서 어휘에 대한 문법적 지식에는 세 가지 주요한 내용 범주가 포함된다. 첫째, 어휘의 분류 체계에 관한 것으로 어휘의 기원에 따른 어종 분류, 어휘가 사용되는 양상에 따른 양상 분류가 여기에 포함된다. 둘째는 어휘의 의미 체계이다. 개별 어휘 내적으로 형성되는 다의 관계, 어휘들 사이에서 형성되는 상하 관계, 유의 관계, 반의 관계 등의 의미 관계가 이에 해당된다. 셋째는 어휘의 형태 특성으로서 단일어와 복합어를 논의하는 조어(造語) 특성을 다루게 된다.

가) 어휘의 분류 체계

① 어종 분류

국어과 교육에서 다루는 어휘들은 어휘의 기원에 따른 분류 체계를 기본으로 하고 있다. 이것이 '어종'에 의한 분류인데 고유어, 한자어, 외래어의 구분을 통해 어휘의 체계를 인식하고 있는 것이다. 국어 어휘 중 본래부터 국어에 있었던 어휘가 고유어(토박이말)이다. 예를 들어 '길, 하늘, 땅, 사람' 등과 같이 일상에서 자주 사용되는 단어를 들 수 있다. 고유어와 달리 국어가 아닌 다른 언어에서 그 기원을 찾을 수 있는 어휘가 한자어와 외래어이다. 한자어는 '한자로 표기되며 한국 한자음으로 읽히는 어휘'로서 '학교(學校)', '공부(工夫)' 등을 그 예로 들 수 있다. 외래어는 외국어인 단어들이 국내로 유입되면서 우리말 문맥 속에서 널리 사용되어 국어의 특징에 동화된 어휘를 일컫는다. '라디오', '초콜릿' 등을 예로 들 수 있다.

② 양상 분류

어휘가 사용되는 다양한 양상을 여러 기준에서 분류할 수 있다. 예를 들어 사회적 변인을 기준으로 계층어나 연령어, 직업어 등의 양상을 분류할 수 있고 표현의 효과나 의도를 기준으로 통속어, 완곡어, 높임말 등의 양상을 확인할 수 있는 것이다. 전통적으로 국어 어휘론 연구는 이러한 어휘 양상에 주목해 왔다. 어휘의 기원이나 문법적 자질로 인한 어휘 체계가 상대적으로 정적인 분류 체계를 형성한다면 양상의 문제는 어휘의 변이와 팽창이 진행되는 역동적 측면을 포착하기 때문이다.

지금까지 양상 분류를 통해 논의되어 왔던 주요한 어휘 범주로는 먼저 지역에 따라 사용의 변이가 확인되는 '방언 어휘', 특정 사회 집단 내적으로 비밀스럽게 사용하는 '은어'가 있다. 직업적으로 은어가 발생하기도 하지만(예를 들어'띠적났다'는 산삼 채취인들에게는 '산삼이 무더기로 났다'를 의미) 학생 집단에서도 은어가 발생하여 유행어처럼 쓰이기도 한다. '골때리다(어이없다)'와 같은 '속어'도 양상 유형의 하나로 분석될 수 있고 특정 언어 공동체에서 금기시하는 '금기어'나 이를 우회적으로 표현하는 '완곡어'도 어휘 양상에 포함된다. 마지막으로 '신어'와 '유행어'를 들 수 있다. 인터넷 및 모바일 매체가 발달하면서 '열공(열심히 공부하다)' 등과 같은 '줄임말', 'ㅂㅂㅂㄱ(반박불가)' 등과 같은 '두문자어' 등의 유행어, 신어 사용이 크게 증가하는 양상이다. 신어의 경우는 '우리말 다듬기'의 일환으로 국어 순화의 관점에서 조어되기도 하는데, 이렇게 조어된 신어가 정착한 대표적인 예로 '나들목(인터체인지)'을 들 수 있다.

나) 어휘의 의미 관계

어휘의 의미 관계에는 먼저 개별 어휘 내적으로 형성되는 '다의 관계'가 있다. 다의 관계를 구성하는 의미들은 중심 의미에서 확장된 파생 의미들인데, 이들이 의미적 관련성을 상실하게 되는 경우 동음이의 관계를 형성한다. 예를 들어 '배'의 경우는 [船]과 [腹]의 의미가 다의 관계를 형성하던 다의어에서 출발하였지만 지금은 두 의미가 연관성을 잃고 두 개의 동음이의어가 된 경우이다. 또한 어휘들 사이에서 형성되는 의미 관계로는 의미의 논리적 포함 관계로서 상하 계층 구조가 만들어지는 '하의 관계'가 있다. 보다 일반적이고 포괄적인 것이 상위어, 좀 더 특수하고 한정적인 것이 하위어인데, 예를 들어 '식물'이 '꽃'에 대하여는 상위어이고 '무궁화'는 '꽃'에 대하여 하위어가 된다. 개념적 의미의 중첩이 있는 경우 '유의 관계'가 형성된다. 유의 관계를 지니는 단어들은 의미가 완벽하게 일치하는 관계에 있기보다는 어느 정도 중첩되는 수준에서 공존하는 어휘들이다. 예를 들어 '틈'과 '겨를'은 유의 관계를 이루지만 이는 '시간적인 여유'에서만 중첩되고 '사람들 사이', '벌어져 난 자리' 의미에서는 '틈'만 사용될 수 있다. 한자어 '진지'와 고유어 '밥'의 경우에도 유의 관계를 지니지만 '진지'는 높임말의 사용역을 지니기 때문에 두 단어 사이의 의미 중첩은 지시물을 공유하는 수준에서만 이루어진다. 공통된 의미 성분을 공유하면서 하나의 유표적 의미 성분에서만 반대 가치를 지니는 의미 관계는 '반의 관계'이다. 예를 들어 '길다'와 '짧다'는 길이의 의미 영역을 공유하지만 [長](혹은 [短]) 의미 성분을 설정했을 때, 이것 하나에서 반대 가치를 지니기 때문에 서로 반의어로 이해된다.

다) 어휘의 조어(造語) 형태 특징

어휘의 형태 특성을 어휘 교육 내용으로서 고려하는 이유는 무엇보다도 어휘의 조어 특성에 대한 탐구가 어휘 의미를 정교하게 이해하는 데에 기여하고 나아가 어휘 확장에도 도움을 줄 수 있기 때문이다. 어휘 중에는 하나의 형태소로 이루어지는 '단일어'가 있고 두 개 이상의 형태소로 이루어진 복합어도 있다. 복합어는 어근에 접사가 결합한 파생어('맨눈', '코흘리개')와 어근과 어근이 결합하는 합성어('논밭', '큰형', '덮밥')로 나눌 수 있다. 파생어를 형성하는 접사는 '접두사'와 '접미사'를 나누어 볼 수 있으며, 합성어가 형성될 때에는 국어의 문법적 결합 속성을 잘 따르는 '통사적 합성어'와 비문법적 결합 양상을 보이는 '비통사적 합성어'를 구분하기도 한다. '덮밥'과 같은 합성어는 용언 '덮다'의 어간 '덮-'과 명사 '밥'이 바로 결합하는 것으로서, 활용어미 없이 용언 어간이 바로 명사와 결합하는 비문법적 결합 속성을 보여주는 '비통사적 합성어'의 예가 된다.

신어나 유행어가 만들어지는 양상을 보면 새로운 조어가 이루어지는 경우를 흔히 볼 수 있다. '신조어'의 범주에서 살필 수 있는 '느좋(느낌 좋은)', '커엽다(귀엽다)', '갓생(god+生)' 등을 예로 들 수 있다. 신조어가 국어생활과 국어능력에 미치는 부정적 영향력이 우려되는 측면도 적지 않지만, 합성어나 파생어 측면에서는 조어에 대한 국어 사용자의 직관을 잘 드러내는 것이기도 하다. 또한 새로운 말이 생성되고 유지되고 공존하다가 사멸하는 어휘의 생태를 보여주는 것으로 분석될 수 있다.

2) 어휘 용법

어휘는 말이나 글로 어떤 내용을 표현하거나 혹은 특정 내용이 담긴 말이나 글을 이해하는 데에 있어서 주요한 원천이 된다. 듣고 말하고 읽고 쓰는 기본적인 언어 기능의 수행에 있어서는 적절한 어휘를 많이 알고 또 활용하는 것이 필요한 것이다. 이렇게 주요한 언어 기능을 수행하는 데에 소위 '도구'가 될 수 있는 어휘 용법을 배울 수 있도록 교육의 내용이 구성되어야 한다. 전통적으로 어휘 용법에 대한 교육 내용은 어휘 의미와 어휘 사용역(어휘 사용의 상황과 조건) 두 측면을 고려한다.

가) 어휘 의미

일반적으로 어휘 의미는 대응되는 실제 세계의 지시물, 혹은 추상적인 개념으로 이해된다. '사과'라는 어휘의 의미는 실제 세계에 존재하는 [사과]라는 대상을 통해 이해되고, '사랑'이라는 어휘의 의미는 사람들의 마음속에 있는 [사랑이라는 개념]을 통해 이해되는 것이다. 어휘의 의미에 대한 정의는 여러 방식으로 논의되어 왔는데 사전에 기술되는 어휘 의미들은 주관적인 사용의 가치나 문맥적 효과를 배재한 고정된 의미들이다. 이렇게 사전에 기술되어 있는 의미들은 '개념적 의미', '사전적 의미' 등으로 불리며 '연상적 의미'와 대립되는 것으로 여겨져 왔다. 연상적 의미는 개방적이고 가변적인 특성을 지닌다. 또한 이들은 내포적 의미(함축적 의미), 정서적 의미, 사회적 의미, 연어적 의미(후속 명사와의 연어적 환경 의미), 주제적 의미(의도된 의미) 속성 등을 지닌다. 개념적 의미와 연상적 의미 모두 그것이 사용되는 맥락을 고려할 때 정확하고 적절하게 이해될 수 있다. 하나의 어휘가 한 개의 의미와 대응되는 경우는 극히 드물다. 객관적으로 고정된 의미가 사전에 기술되는 반면에 주관적이고 관습적인 사용이 의미로 해석되어야 하는 경우도 많다.

나) 어휘 사용역

어휘 사용역은 어휘가 사용되는 상황이나 조건을 의미한다. 어휘가 사용되는 상황과 조건은 '문맥' 혹은 '맥락'으로도 이해되지만 좀 더 구체적으로 보면, 표현과 이해의 상황이 다르고 구어와 문어의 매체가 다르다. 나아가 격식성과 규범성 등의 상황과 조건이 모두 다른 것이다. 따라서 '표현 어휘'와 '이해 어휘'를 구분하고 '구어 어휘'와 '문어 어휘'를 구분하는 어휘 교육 내용이 모색될 필요가 있다. 이해 어휘는 그 의미나 용법을 이해할 수는 있지만 직접 사용하지 못하는 어휘이고 표현 어휘는 말이나 글에서 직접 사용할 수 있는 어휘를 일컫는다. 일반적으로 표현 어휘의 양이 이해 어휘의 양에 비해 적다고 알려져 있어 그 어휘량의 차이를 얘기할 수는 있지만 실상 둘 사이의 구분이 그리 명확한 것은 아니다. 국어과 교육에서는 어휘의 이해가 표현의 영역으로 이어지고 그 결과 표현의 어휘력까지 신장될 수 있는 교육 활동에 의미를 두고 있다.

일상성이나 즉각성 그리고 상호작용성의 특성을 강하게 지니는 구어는 문어와 구별되는 어휘적 수행 양상을 지닌다. 구어와 문어의 차이는 '구어체'와 '문어체'의 차이로도 이해가 되는데, 어휘의 용법에는 이들을 구별하는 사용의 방법이 포함된다. 좀 더 정확하고 적절한 문자 언어적 의사소통의 비중이 높아지고 문어적 수행을 통해 이루어지는 학습 활동이 많아지는 학교생활에서는 구어체와의 혼동 없이 적절한 문어체를 사용할 수 있는 어휘 능력이 함양될 필요가 있는 것이다.

4. 어휘 교육의 방법

국어과 교육에서는 어휘 교육을 수행함에 있어서 '어휘를 배우는 것'과 '어휘에 대하여 배우는 것' 모두를 강조한다. 어휘에 대하여 배우는 것은 어휘에 대한 문법적 지식을 그 내용으로 하기 때문에 국어과의 하위 영역 중 특히 문법 영역과 관련되어 있는 것이 사실이다. 문법 영역은 적절한 국어 자료를 통해 문법 지식을 발견하는 탐구의 방법을 강조하고 있다. 따라서 어휘에 대한 문법적 지식을 다루는 데에 있어서도 국어 자료를 기반으로 하는 탐구 활동이 활용될 수 있다. 어휘의 의미와 용법을 배우는 데에 있어서는 여러 차원에서 다양한 교수·학습 활동이 모색되어 왔다. 듣기나 말하기와 같은 음성언어적 의사소통보다는 읽기와 쓰기와 같은 문자언어적 의사소통에서 이러한 기능 수행에서 요구되는 어휘에 대한 교수·학습 활동이 주를 이룬다. 이 경우 어휘 형태와 의미를 확인하는 독서 활동을 강화하여 양적인 어휘를 늘려 나가는 전통적인 방법도 사용될 수 있다. 그러나 언어 기능, 매체, 맥락, 텍스트 장르에 따라 역동적으로 발휘되는 어휘의 용법이 더욱 적극적으로 고려되면서 기계적이고 개별적인 어휘 학습보다는 좀 더 맥락적이고 탐구적인 방법이 강조되는 추세이다.

어휘 교육의 방법이 학교 현장과 학계에서 다각도로 모색되고 있고 교사용 지도서나 보조 학습 자료 등을 통해서도 관련 활동들이 소개되고 있다. 여기서는 주요한 세 가지 방법을 선별하여 소개하도록 하겠다. 첫째, '어휘의 의미구조 기반 활동', 둘째, '담화 중심의 어휘 사용 전략 교수·학습', 마지막으로 매체 환경이 인터넷 중심으로 바뀌면서 함께 변화하고 있는 '국어사전 활용 교육'이다. 이들은 의도적이고 계획적인 어휘 교수·학습으로 지속될 수 있으면서도 학습자들의 경험과 사전 지식을 활용하고 개념적 의미와 문맥적 추론을 모두 활성화할 수 있는 인지적이면서도 기능적인 활동들이다. 나아가 국어과의 하위 영역에 두루 결합할 수 있으면서도 최근의 매체 환경 변화가 고려되어 있다는 장점이 있다.

가. 어휘의 의미구조 기반 활동

어휘 교육은 어휘들의 관계를 인지하고 탐구하는 활동들을 통해 학습자의 어휘를 확장시키는 효과를 거둘 수 있다. 이러한 관점에서 '의미 지도 그리기', '의미 구조도 그리기' 등의 방법이 활용되어 왔다. 의미 지도의 경우는 특정 어휘의 개념이 어떤 연관 개념과 연결되는지를 떠올리고 그러한 연관 개념을 어휘화하여 학습하는 방법이다. 예를 들어 초등학생들이 쉽게 떠올릴 수 있는 일상적인 어휘로서 '사과'가 있다면 [사과]라는 개념에 연관되는 [사과의 속성], [사과의 쓰임], [사과의 종류] 등을 자유롭게 떠올리고 각 연관 개념을 어휘화하는 것이다. [사과의 속성]은 색이나 모양, 구조를 나타내는 어휘로 드러날 것이고 [사과의 쓰임]은 상품이 되거나 맛을 나타내는 어휘를 떠올릴 수 있다.

의미 구조도는 의미 구조 중 의미적 포함 관계(하의 관계), 반의 관계, 유의 관계 등의 관계를 지니는 어휘들을 구조적으로 배열해 보는 방법이다. 의미 구조도는 위계를 지니고 가지를 쳐 나가는 나무꼴 그림(tree diagram)이 사용된다. 의미 지도와는 달리 의미 구조도의 경우는 어휘의 의미 속성을 좀 더 명확히 파악할 필요가 있다. 따라서 개별 어휘들의 의미를 개념적 자질 혹은 성분의 형태로 기술해 보는 방법이 병행되기도 한다. 예를 들어 '여성'의 상위어는 '사람'이고 반의어는 '남성'이며 하의어는 '소녀'가 있다. '여성'은 [사람], [여자], [어른]이라는 의미 성분을 가지고 있어서 이러한 성분의 대비를 통해 상하관계와 반의, 유의 관계를 확인하는 것이다.

이러한 의미구조 기반 활동들은 어휘의미론에서 발달했던 어휘장 이론을 그 바탕에 두고 있다. 어휘장 이론의 핵심은 '모든 단어의 의미는 그 언어 내의 다른 단어들의 의미에 의지하여 정의될 수 있다(이익환, 1985)'는 관점에 있다. 하나의 단어는 그 주위에 이 단어와 개념적으로 연관되는 단어들이 있다. 이러한 연관 관계가 의미적인 구조를 형성하는데 의미구조에 대한 반복적이고 심층적인 인지는 필연적으로 여러 어휘들의 정교한 이해로 이어질 수 있는 것이다.

문제는 의미구조 기반 활동은 상당한 수준의 사전 지식과 사고력, 분석력을 요구한다는 점이다. 특히 의미 구조도를 그리는 활동은 개념을 편안하게 떠올리는 수준에서 진행되기 어렵다. 성분 분석 등의 방식을 통해 각 어휘의 의미적 속성을 분석적으로 확인하거나 적어도 국어사전 등을 확인하여 개념적 의미를 명확히 인지해야 한다. 따라서 초등학생들의 수준에 맞게 적용될 수 있는 구체적 방법이 모색되어야 한다. 의미 지도 그리기 활동의 경우에도 초등학생들에게 적용되기 위해서는 고려해야 할 점이 있다. 연관 개념을 떠올리고 이를 여러 가지 형식으로 구조화하는 인지적 절차는 단순히 학생들의 사전 지식으로만 진행되기 어렵다는 점이다. 결과로서 만들어지는 의미 지도가 일종의 '백과사전적 의미' 형태로 형성되기 때문에 아예 처음부터 특징 개념에 대한 백과사전 기술을 자료로 제공하여 학생들의 사전 지식을 활성화시키는 것이 선행될 필요가 있다. 이를 통해 연관 개념을 구조화하는 데에 부담을 덜고 각 연관 개념을 어휘로 표현하는 데에 있어서도 도움을 받을 수 있다.

나. 담화 중심의 어휘 사용 전략 교수·학습

국어과 어휘 교육에서 최근 강조되고 있는 것은 보다 확장된 맥락, 즉 담화에서 해석되는 어휘 의미의 문제이다. 문학적 장르의 글에서 수사적 표현의 선택이 그러하듯이 담화에서 선택되는 어휘들은 사전적, 개념적 의미만 고려되지 않는다. 의사소통의 특정 효과를 지닌다는 점에서 어휘 사용은 전략적 양상을 지니고 있으며 이러한 어휘 사용 전략의 이해와 표현 능력은 국어 능력의 주요한 부분을 차지하고 있다. 이제 어휘 교육은 어휘의 담화적 용법을 내용으로 해야 하는 것이다.

어휘의 담화적 용법으로 흔히 찾을 수 있는 예는 신문의 사설 등에서 동일한 정치적 사건에 대하여 신문사마다 다른 어휘로 서술한다는 점이다. 이러한 어휘 사용이 어떤 효과를 불러일으키는지, 그러한 효과를 통해 신문사들의 특성을 어떻게 확인할 수 있는지를 논의하는 것이 가능하다. 특정 방송사가 특정 기간 동안 어떤 어휘를 방송 뉴스에서 주로 사용하고 있는지를 분석하면 그 방송사가 지향하는 관점과 정치·경제적 이해관계를 살필 수 있다. 초등학생들이 일상적으로 하는 대화나 수행한 쓰기 과제를 대상으로 동일한 의미 개념이 다르게 표현되는 경우나 주로 사용되는 어휘를 분석해서 어휘 전략의 의도나 효과를 발견적으로 탐구할 수 있다. 자기 변명을 하거나 또래 친구, 교사를 설득해야 할 때는 또한 어떤 어휘를 선택하는지를 분석하면 어휘의 이해뿐만 아니라 표현에 대하여도 어휘의 가치를 중요하게 생각하는 적극적인 언어 활동을 이끌어낼 수 있을 것이다.

다. 국어사전 활용 활동

국어사전은 전통적으로 어휘 교수·학습의 주요한 원천이 되어 왔다. 국어사전에서 찾을 수 있는 어휘들은 '표제어'의 지위에서 사전에 오르는 것이며 각 표제어에 대한 기술 정보는 발음, 어종, 의미, 용언의 경우는 문법적 활용, 다의적 관계, 동음이의 관계 등을 포함한다. 어휘의 개념적 의미에서부터 문법적 특성, 의미 관계적 체계까지 확인할 수 있기 때문에 어휘에 대한 정보가 사실상 망라되어 있는 셈이다. 또한 표제어 검색을 위해서는 어휘의 형태에 대한 지식이 요구되는 경우가 많다. 용언의 경우는 활용되지 않은 기본형을 알아야 하고, 접사와 어미 등 낱말이 아닌 형태소를 찾아야 하는 경우도 있다. 외국어 수준에 머물러 있는 어휘들은 사전의 표제어가 되지 않기 때문에 국어사전에서 찾을 수 없고 합성어의 경우에도 결합한 두 어근이 두 낱말로 취급되면 각각의 단어가 사전에 따로 오른다.

2022 개정 교육과정을 보면 3~4학년군에서 국어사전의 활용법을 배우는 성취기준이 있다. 국어사전을 사용하는 방법을 숙지하고 난 후, 다양한 이해 활동과 표현 활동에서 국어사전을 상시적으로 활용할 수 있다. 특히 종이사전을 이용하지 않더라도 온라인 사전을 활용할 수 있고 다양한 목적에서 개발된 어휘 사전들, 예를 들어 유의어 사전, 전문어 사전, 방언 사전 등의 활용 가능성도 크다. 학습 부담을 크게 늘리지 않으면서도 어휘 정보와 의미를 확인하는 상시적인 활동은 학생들에게 국어 어휘의 특성, 나아가 국어 어휘의 가치나 중요성을 자각하게 할 수 있다. 궁극적으로는 어휘력을 늘리는 데에 기여할 수 있을 것이며 동시에 학생들이 스스로 어휘 학습을 할 수 있는 습관을 형성해 준다는 점에서도 의의가 있다.

특히 주목되는 것은 인터넷 중심으로 국어 생활의 매체 환경이 변하면서 일종의 개방형 어휘 사전에 대한 접근이 가능해졌다는 점이다. 국립국어원에서 운영 중인 〈우리말샘(https://opendict.korean.go.kr/main)〉은 '개방형 한국어 지식 대사전'을 표방하면서 신어, 생활 용어, 전문 용어, 방언 등을 표제어로 올리고 있다. 또한 사용자가 집필자로서 참여하는 것이 가능하고 사용자들의 집필 내용은 감수를 통해 수록되는 시스템이다. 기존의 폐쇄형 국어사전은 신어와 생활 용어에 대한 표제어 검색이 어려웠고 고정된 의미의 일방적 제공에 초점을 두고 있다면 개방형 사전은 이를 사용하는 과정에서 사용자의 어휘 능력과 사전이 상호작용하는 것이 가능하다. 개방형 사전은 수록된 표제어나 기술된 어휘 정보에서 주요한 어휘 학습의 자료이자 도구가 될 수 있다. 또한 개방형 사전의 이용 방식은 어휘의 교수·학습 활동으로서 응용될 수 있는 여지가 크다.

참고 문헌

교육부(2022), 「교육부 고시 제2022-33호에 따른 국어과 교육과정」.

김광해(1993), 「국어 어휘론 개설」, 집문당.

김광해(2003), 「등급별 국어교육용 어휘」, 박이정.

박종미(2014), 이해 어휘의 표현 어휘 전환을 위한 유의어 바꿔 쓰기 교육 방법 연구, 「국어교육」 145권, 한국어교육학회, 1-25.

송현주·권미경·기쁘다·박다은·박혜근·성지현·송경희·이새별·이윤하·진경선(2020), 「최신 발달심리학」, 사회평론아카데미.

신명선(2004), 「국어 사고도구어 교육 연구」, 서울대 박사학위논문.

엄훈, 염은열, 김미혜, 박지희, 진영준(2022), 「초기 문해력 교육」, 사회평론아카데미.

이익환(1985), 「意味論 概論」 한신문화사.

최경봉(2021), 「어휘의미론: 의미의 존재 양식과 실현 양상에 대한 탐구」, 한국문화사.

최경봉·도원영·황화상·김일환·이지영(2022), 「한국어 어휘론」, 한국문화사.

Brooks, P. J. & Kempe, V.(2021), 「언어 발달」, 성미영 역(2021), 학지사. (원저출판 2012).

Corson, D. J.(1985), Lexical Bar, Oxford: Pergamon Press.

Nation, I. S. P.(2012), 「I.S.P. Nation의 외국어 어휘의 교수와 학습」, 김창구 역, 소통. (원저 출판 2011).

Owens Jr, R. E.(2013), 「언어 발달」, 이승복·이희란 역, 시그마프레스. (원저 출판 2012).

Tomasello, M.(2011), 「언어의 구축」, 김창구 역, 한국문화사. (원저 출판, 2003).

더 공부해 봅시다

1. 어휘 발달의 주요 특성을 설명해 봅시다.

2. 구어적 상호작용 기반 어휘 지도의 특성을 설명해 봅시다.

3. 학교 어휘의 속성을 설명해 봅시다.

4. 초등 학습자들에게 '사고 도구어'를 가르칠 때의 어려움을 예상해 봅시다.

5. '어종 개념'이 반영되어 있는 2022 개정 교육과정의 성취기준을 찾아 설명해 봅시다.

6. '어휘 의미 관계'가 반영되어 있는 2022 개정 교육과정의 성취기준을 찾아 설명해 봅시다.

7. 신조어의 예를 찾아 들고, 그 예에서 드러나는 국어의 조어적 특성을 설명해 봅시다.

저자 약력

이병규 Lee Byounggyu

서울교육대학교 졸업

연세대학교 대학원 석사, 박사

현 서울교육대학교 국어교육과 교수

국어과 교육과정 심의회 심의위원 역임

국정도서 국어편찬위원회 집필진, 연구진 역임

손희연 Hui-Youn Son

프랑스 파리7대학 언어학 박사

현 서울교육대학교 국어교육과 교수

국정도서 국어편찬위원회 연구진(5~6학년군) 역임

심유나 SIM YUNA

경인교육대학교 졸업

고려대학교 대학원 국어교육학과 박사

현 서울강덕초등학교 교사

현 서울교육대학교 국어교육과 강사

이현진 Lee Hyunjin

서울교육대학교 국어교육과 및 동 대학원 석사 졸업

고려대학교 대학원 국어교육학과 박사

현 서울송전초등학교 교사

현 서울교육대학교 국어교육과 강사

홍인영 Hong Inyoung

서울교육대학교 국어교육과 졸업

서울대학교 국어교육과 석사, 박사

현 조선대학교 자유전공학부 교수